불로소득 자본주의 시대

지은이 | 브렛 크리스토퍼스Brett Christophers

스웨덴 웁살라 대학교 사회경제지리학과 교수로 재직 중이다.
2018년에 출간된 『새로운 인클로저: 신자유주의 영국에서 공공토지의 전유The
New Enclosure: The Appropriation of Public Land in Neoliberal Britain』는 학계와 평단에
서 큰 호평을 받았으며, 2019년 이삭 타마라 도이처 기념상을 수상한 바 있다.
이어 『불로소득 자본주의 시대』라는 명저를 출간함으로써 저자의 학술적 위치
가 더욱 확고해졌다.
그 밖에 『거대한 평준화: 법정에서의 자본주의와 경쟁The Great Leveler: Capitalism
and Competition in the Court of Law』(2016), 『데이비드 하비: 그의 사상에 대한 비
판적 입문David Harvey: A Critical Introduction to His Thought』(공저, 2022), 『포트폴
리오에 담긴 우리의 삶: 자산 관리자가 세계를 지배하는 이유Our Lives in Their
Portfolios: Why Asset Managers Own the World』(2023) 등 다수의 책을 펴냈으며, 조
만간 『가격은 틀렸다: 자본주의는 왜 지구를 구하지 못할까The Price Is Wrong:
Why Capitalism Won't Save the Planet』라는 신간이 출간될 예정이다.

누가 경제를 지배하고 그들은 어떻게 자산을 불리는가?

불로소득 자본주의 시대

브렛 크리스토퍼스 지음

이병천
정준호
정세은
이후빈 옮김

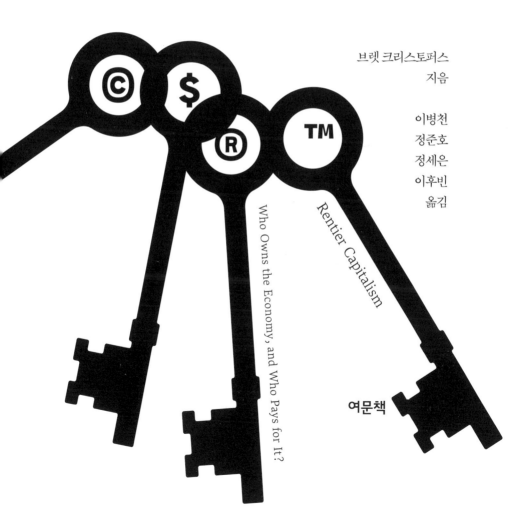

Rentier Capitalism

Who Owns the Economy, and Who Pays for It?

여문책

추천의 말

우리는 부와 소득의 불평등, 생산성 하락, 투자 부진, 양극화로 고통받고 있다. 이러한 현상들은 어떻게 서로 연결되어 있는가? 크리스토퍼스는 우리가 살고 있는 경제가 금융, 특허부터 탄소 추출, 토지 소유에 이르기까지 모든 측면에서 지대rent가 어떻게 권력의 비호를 받고 있는지를 보여줌으로써 그러한 질문에 확실한 답을 주고 있다. 당신이 이 세계를 보고 있는 방식을 근본적으로 뒤흔들 수 있는 책은 얼마 없는데, 이 책은 그들 중 하나다.

— 마크 블라이스Mark Blyth(『긴축Austerity』의 저자)

실증 사례가 풍부하고 이론적 빈틈이 없는 이 책은 신자유주의하 자본주의의 핵심적 특징, 즉 비생산적 자산이 가진 권력이 새롭게 부상함을 정확하게 설명하고 있다.

— 윌리엄 데이비스William Davies(『긴장한 국가들Nervous States』의 저자)

이 책은 지금의 자본주의를 이해하고자 하는 모든 사람의 필독서다.

— 가브리엘 주크먼Gabriel Zucman(『불공평의 승리The Triump of Injustice』의 저자)

이 세밀한 분석은 신자유주의 이론이 이야기하는 기업가가 아니라 이미 사라진 지 오래되었다고 하는 불로소득자야말로 우리 시대를 특징짓는 자본가임을 생생하게 보여준다.

— 데이비드 에저턴David Edgerton(『영국의 흥망성쇠Rise and Fall of the British Nation』의 저자)

실증적으로 정교하고 이론적으로 통찰력 있는 이 책은 영국 자본주의의 변신에 대한 논의에 매우 매력적인 기여물이다.

— 그레이스 블레이클리Grace Blakeley(『도둑맞다Stolen』의 저자)

현대 자본주의는 가치 있는 무언가를 만들기보다 가치 있는 무언가를 통제하기에
더 기대고 있다. 이 책은 뛰어날 뿐 아니라 꼭 필요한 책이다.

— 조디 딘Jodi Dean(『동지Comrade』의 저자)

만일 현대 자본주의의 복잡성을 이해하고 싶다면 불로소득주의rentierism에 관한
브렛 크리스토퍼스의 야심적인 새로운 탐구부터 시작하는 것이 가장 이상적이다.
이 책은 정치경제를 공부하는 모든 진지한 학도를 위한 핵심적인 읽을거리다.

— 그레타 R. 크리프너Greta R. Krippner(『계급을 자본주의화하기Capitalizing on Class』의 저자)

어떻게 자본주의가 '활동하기'에 관한 문제에서 '소유하기'에 관한 문제로 전환했는
가? 이제야 우리는 이러한 중대한 변화를 정의하고 법의학 수준의 과학적 분석을
실시한 책을 가지게 되었다. 대단히 통찰력 있을 뿐 아니라 매혹적인 책이다.

— 에드 콘웨이Ed Conway(『정상The Summit』의 저자)

현대 자본주의를 규정짓는 부와 권력의 불평등을 이해하고자 한다면 이 책을 읽어
야 할 것이다.

— 티모시 미첼Timothy Mitchell(『탄소 민주주의Carbon Democracy』의 저자)

브렛 크리스토퍼스의 이 책은 틀림없이 올해 가장 중요한 책 중 하나다!

— 윌 허튼Will Hutton(『가디언Guardian』 기고문 중에서)

차례

서문

서장

1장 기능 없는 투자자: 금융 지대

결론: 불로소득 자본주의를 어떻게 넘어설까

그림과 표 목록

약어

ABP	영국항구연합Associated British Ports
ABPI	영국제약산업협회Association of the British Pharmaceutical Industry
AWS	아마존 웹서비스Amazon Web Services
BAT	브리티시 아메리칸 토바코British American Tobacco
BIA	영국바이오산업협회Bio Industry Association
BIG	영국인프라그룹British Infrastructure Group
BNOC	영국국영석유공사British National Oil Corporation
CAA	민간 항공청Civil Aviation Authority
CAGR	연평균성장률Compound annual growth rate
CAP	공동농업정책Common Agricultural Policy
CCT	의무경쟁입찰Compulsory competitive tendering
CGT	자본이득세Capital gains tax
CHPI	건강과공중보건싱크탱크Centre for Health and the Public Interest
CMA	경쟁·시장관리청Competition and Markets Authority
CRC	사회적 갱생기업Community Rehabilitation Company
CRE	상업용 부동산Commercial real estate
CSU	위탁지원단Commissioning support unit
DEFRA	영국환경·식품·농무부Department for Environment, Food and Rural Affairs
DHSC	보건·사회복지부Department of Health and Social Care
DRC	콩고민주공화국Democratic Republic of Congo
DTI	영국통상·산업부Department of Trade and Industry
ECU	유럽통화단위European Currency Unit
FBA	아마존 물류 일괄 대행서비스Fulfillment By Amazon
FSA	금융감독원Financial Services Authority
GDP	국내총생산Gross domestic product
GLC	광역런던의회Greater London Council

GNP	국민총생산Gross national product
GOS	총영업이익Gross operating surplus
GVA	총부가가치Gross value-added
HMRC	영국국세청Her Majesty's Revenue and Customs
HR	인적 자원Human resources
IFA	무형 고정자산Intangible fixed asset
IP	지식재산Intellectual property
IPPR	공공정책연구소Institute for Public Policy Research
IWGB	전영독립노동자연합Independent Workers' Union of Great Britain
KPI	핵심 성과 지표Key performance indicator
LSE	런던증권거래소London Stock Exchange
LSEG	런던증권거래소그룹 상장사London Stock Exchange Group
MHCLG	주택·공동체·지방자치부Ministry of Housing, Communities and Local Government
MoD	국방부Ministry of Defence
NAO	감사원National Audit Office
NFC	국영화물공사National Freight Corporation
NIC	국가인프라위원회National Infrastructure Commission
NIDP	국가인프라구축계획National Infrastructure Delivery Plan
OE	옥스포드 이코노믹스Oxford Economics
OECD	경제협력개발기구Organisation for Economic Co-operation and Development
Ofcom	영국방송통신규제국Office of Communications
Ofgem	영국가스·전력시장규제국Office of Gas and Electricity Markets
OFT	영국공정거래위원회Office of Fair Trading
Ofwat	영국상하수도규제국Water Services Regulation Authority
ONS	영국통계청Office for National Statistics
OPEC	석유수출국기구Organization of the Petroleum Exporting Countries

OSI	옥스퍼드 대학 벤처캐피탈Oxford Sciences Innovation
OUI	옥스퍼드 대학 기술이전창업지원센터Oxford University Innovation
PFI	민간투자개발사업Private Finance Initiative
QE	양적 완화Quantitative easing
R&D	연구개발Research and development
REIT	부동산투자신탁 Real estate investment trust
ROSCO	철도차량임대회사Rolling stock company
RPI	도매물가지수Retail price index
SIC	표준산업분류Standard industrial classification
SMEs	중소기업Small and medium-sized enterprises
SPC	추가보호증명Supplementary protection certificate
SPV	특수목적회사Special purpose vehicle
TfL	런던교통공사Transport for London
TOC	철도운영사Train operating company
TRIPS	무역 관련 지식재산권에 관한 협정Agreement on Trade-Related Aspects of Intellectual Property Rights
UKCS	영국 대륙붕UK Continental Shelf
VAT	부가가치세Value-added tax
WTO	세계무역기구World Trade Organization

일러두기

- 본문 하단의 각주는 모두 옮긴이가 단 것이며, 원주는 미주로 처리했다.
- 장별 소제목은 원서에 없고 옮긴이가 새로 추가한 것이다.
- 원제 'Rentier Capitalism'은 '지대 수취자 자본주의'나 '불로소득자 자본주의'로 번역할 수 있지만, 저자가 'rent'(지대)를 자산의 소유·통제와 시장지배를 통해 얻는 불로소득의 의미로 쓰고 있으므로 후자가 이 의미를 더 잘 살리는 번역어라 보았다. 또한 이것이 오늘날 전 세계적 현상임을 반영해 한국어판 제목에 '시대'를 덧붙였다.
- 이 책의 번역은 이병천(한국어판 서문, 서문, 서장, 결론), 정준호(3장, 5장, 6장), 정세은(2장, 7장), 이후빈(1장, 4장) 네 명이 분담해 공동작업으로 이루어졌다. 번역 전에 기본용어 통일을 위한 논의를 했으며 각자 번역을 완료한 후 이병천이 최종 교열을 했다.
- '불로소득/불로소득자', '지대'와 관련된 주요 용어들은 다음과 같이 통일했다.

rentier	불로소득자(경우에 따라 불로소득 기업이나 기업 불로소득자)
rentier capitalism	불로소득 자본주의
rentierism	불로소득주의
rentierization	불로소득 경제화
rentier economy	불로소득 경제
rentier nation	불로소득 국가
rentier dynamics	불로소득 동학
rentier income	불로소득자 소득
rentier assets	불로소득자 자산
rentier regime	불로소득 체제
rentierized capitalism	불로소득 추구 자본주의
rentierist	불로소득 지향적
infrastucture rent	인프라 지대
natural-resource rent	자연자원 지대
IP rentiers	지식재산 불로소득자
IP rights	지식재산권
rent-seeking	지대 추구

제가 쓴 『불로소득 자본주의 시대』의 한국어판이 출간되어 정말 영광입니다. 이 책의 번역을 의뢰하고 준비하는 데 참여해주신 한국의 모든 분, 무엇보다 고된 번역 작업을 맡아주신 이병천 교수님과 동료 번역자분들께 진심으로 감사를 드립니다.

이 책에서 핵심 개념은 지대입니다. 경제적 '지대'란 무엇을 말하는 걸까요? 정의는 다양하지만, 이 책에서 지대는 어떤 종류의 희소자산에 대한 독점적 지배로 발생하는 지불을 가리킵니다. 물론 경제적 지대의 고전적 형태는 토지 지대인데, 이는 임차인이 토지를 어떤 식으로든 점유하거나 이용할 수 있는 권리에 대한 대가로 토지에 대한 독점적 지배권을 누리는 지주에게 지불하는 것입니다.

지대는 항상 자본주의 경제의 중요한 특징이었습니다(비자본주의 노선을 따라 조직된 다양한 형태의 경제는 말할 것도 없습니다). 자본주의는 통상 사적 소유로 정의되는데, 이러한 소유권은 물리적 상품의 생산수단과 마찬가지로 다양한 형태의 지대를 창출하는 자산에도 적용됩니다. 토지 지대는 그러한 형태 중 하나일 뿐이며, 주식이나 국채와 같은 금융자산의 보유자가 얻는 금융 지대는 또 다른 형태입니다.

그런데 지대 없이 자본주의가 존재할 수 없고 존재하지도 않는다는 사실이 명백한데도 지대는 오랫동안 자본주의에 주변적인, 심지어 비정상적인 것으로 취급받았으며, 자본주의가 더 성숙한 형태로 발전하면 결국 사라질 것으로 여겨져왔습니다. 이것은 커다란 역설입니다. 예를 들어 마르크스는 토지 지대에 대해 정확히 그런 방식으로 생각했습니다. 그는 토지 지대를 주로 봉건제와 연관시켰고, 자신이 목격했던 초기 산업자본주의 아래에서도 지대는 분명히 지속되었지만 궁극적으로는 그 규모와 중요성이 줄어들 것이라고 믿었습니다. 확실히 그가 보기에 지대는 자본주의를 자본주의로 만드는 핵심 요소는 아니었습니다.

　수십 년 후 케인스도 이런 생각에 동의했습니다. 케인스의 특별한 관심사는 마르크스와는 달랐는데, 토지에 대한 지대가 아니라 금융 지대였습니다. 하지만 도달한 결론은 거의 같았습니다. 다시 말해 시간이 지나면서, 자본주의가 성숙해짐에 따라 금융 지대도 쇠퇴할 것으로 예상했던 것입니다. 케인스는 이러한 결과를 예측했을 뿐만 아니라 잘 알려진 대로 (금융) '불로소득자rentier'를 안락사시켜야 한다고 주장하고, 이를 적극적으로 요구하기도 했습니다.

　그러나 21세기 초에 접어든 지금, 적어도 경제적 지대에 관한 한 자본주의 세계는 마르크스와 케인스가 예견했던 것과는 전혀 다른 모습을 보이고 있습니다. 즉, 지대가 자본주의의 주변부가 아니라는 사실, 덜 위험한 것도 아니라는 사실이 점점 더 분명해지고 있습니다. 오히려 지대는 전 세계에 걸쳐 현대 자본주의 경제에 필수요소로 존재하고 있으며, 심지어 지배적 요소로 자리 잡고 있다고 보는 사람들도 있습니다. 이는 토마 피케티의 『21세기 자본』부터 마리아나 마추카토의 『가치의 모든 것』에 이르기까지 최근의 가장 영향력 있고 널리 읽힌 경제학 문헌의 주요 메시지 중 하나였습니다.

　그런데 위에서 언급한 책들은 의심할 나위 없이 유용하고 계발적이지만, 관련된 모든 질문에 대해 묻거나 답하고 있지는 않습니다. 예를 들어 오늘날 경제적 지대는 대체로 어떤 형태를 취하고 있을까요? 지대는 여전히 주로 토지 지대와 금융 지대의 문제일까요? 오늘날 지대는 얼마나 중요하며, 그 중요성을 측정하려면 어떻게 해야 할까요? 이러한 중요성을 설명하는 것은 무엇일까요? 그리고 오늘날의 주요 불로소득자는 정확히 누구일까요? 오늘날의 불로소득자는 마르크스나 케인스 시대의 불로소득자와 비슷한 모습일까요, 아니면 관련 주역들은 달라졌을까요?

　이 책은 이상의 모든 질문과 함께 그 밖의 질문들도 던지고 답하고 있습니다. 이를 통해 대부분의 독자가 익히 알고 있는 현대 자본주의의 모습과는 매우 다른 그림을 그리고, 그에 따라 현대 자본주의의 다양한 장점과 단점을 어떻게 평가할 수 있는지에 대해 아주 다른 결론을 도출합니다. 이 책은 오늘날의 자본주의를 머리에서 발끝까지 지대와 불로소득자들이 지배하는 자본주의, 즉 다름 아닌 '불로소득 자본주의'라고 묘사합니다.

　이 책의 주요 실증적 분석 초점은 영국입니다. 1970년대 이후 지대와 불로소득자가 영국 경제를 지배하는 정도는 세계 어느 곳에서도, 특히 다른 부유한 주요 자본주의 국가에서도 유례를 찾아볼 수 없을 만큼 커졌습니다. 이 책에서 확인하고 정교하게 설명한 생산성 저하,

고질적인 경기 침체, 소득과 부의 불평등 같은 불로소득 자본주의의 모든 병폐를 고스란히 안고 있는 영국은 불로소득 자본주의의 전형으로 변모했습니다.

실제로 이 책이 영미권에서 출간된 이후 영국에서 일어난 모든 일은 이 책의 주요 논지에 실체를 더해주는 데 기여했습니다. 지난 3년 동안 영국과 영국 경제는 한 차례 위기에서 또 다른 위기로 넘어가면서 연이어 새로운 최저치를 경신했습니다. 이 책에서 설명하는 특정한 경제 패턴과 과정, 즉 불로소득주의의 패턴과 과정을 직접적으로 언급하지 않고 이처럼 음울한 진행 궤적을 이해한다는 것은 불가능한 일입니다. 이 책이 처음 출간된 이후 영국이 취한 실제적 경제 궤적보다 이 책의 핵심 주장을 더 잘 입증해줄 수 있는 것은 없습니다.

이러한 핵심 주장은 영국을 넘어 훨씬 더 넓은 적실성과 호소력을 갖고 있습니다. 이 책에서 이론화되고 검토된 바와 같이, 불로소득 자본주의는 자본주의의 새로운 단계나 시대, 즉 그 이전과는 완전히 다른 자본주의가 아니라 언제 어디서든 자본주의의 일부이자 구성 부분인 불로소득 동학rentier dynamics이 강화된 것을 의미합니다. 이는 다름 아닌 한국에서도 마찬가지입니다.

이러한 불로소득 동학이 세계 각지에서 반드시 똑같이 나타나거나 똑같은 결과를 초래하는 것은 아니며, 실제로 그렇게 될 것이라고 상상하는 것은 터무니없는 일입니다. 그러나 현대 영국의 상황을 특징짓는 불로소득 자본주의의 다면적 동학은, 예를 들어 영국이 아닌 어떤 다른 나라들에서 토지 지대가 갖는 중요성이 다르다고 하더라도, 심지어 그 나라에서 토지 불로소득자가 다른 제도적 형태를 취한다고 하더라도, 본질적으로 세계 다른 곳에서 나타나는 불로소득 자본주의의 동학임에는 변함이 없습니다. 즉, 이 책이 말하고자 하는 것은 그것이 경험적(영국) 특수성에서 나타나는 경제적 일반성이라는 것입니다. 다시 말해 이 책은 영국 경제 그 자체에 대한 렌즈일 뿐만 아니라 독자들이 다른 곳에 존재하는 경제의 본질을 '성찰'해볼 수 있는 거울 역할을 하도록 집필되었습니다.

무엇보다도 이 책을 읽고 나서 독자들이 다시는 경제 세계, 나아가 정치 세계를 예전과 같은 방식으로 바라보지 않기를 바랍니다. 저자로서 이 책의 연구 결과와 주장이 한국의 독자들에게 공감을 얻기를 바라고 있음은 두말할 나위도 없습니다.

2023년 11월

브렛 크리스토퍼스

지금의 자본주의는 지대가 완전히 복귀했을 뿐 아니라
다양한 유형으로 분화했다는 특징을 가지고 있다.
— 카를로 베르첼로네Carlo Vercellone(파리 8대학 교수), 2008

사람들이 진짜 돈을 어떻게 벌고 있는지 이야기해보자.
영국 정부는 부를 창출하고 열심히 일하는 가문들이
대우받는 기업가적 사회를 지향한다고 하지만,
진정한 보상과 인센티브는 지대에 맞추어져 있다.
— 조지 몽비오George Monbiot(영국 칼럼니스트), 2014

불로소득 자본주의란 무엇인가

영국 사람 중에 아르키바Arqiva에 대해 들어본 사람은 거의 없다. 더 멀리 있는 사람은 말할 것도 없다. 그러나 최근 수십 년 동안 영국에 살았거나 막 방문한 적이 있다면 아르키바가 핵심 공급자로 제공하는 서비스를 써보았을 법하다. 당신은 텔레비전을 보는가? 라디오를 듣는가? 모바일 기기를 쓰는가? 영국에서 하나라도 이런 일을 한 적이 있다면 필경 아르키바 덕을 보았을 것이다.

아르키바는 국제기관투자자 컨소시엄이 소유하고 있다. 이 중 가장 큰 지분을 보유한 두 곳은 캐나다연금계획투자위원회Canada Pension Plan Investment Board와 호주 금융 서비스회사인 맥커리Macquarie다. 아르키바는 다름 아닌 민간 통신회사다. 영국 엔터테인먼트와 통신환경의 기본 인프라 대부분을 통제한다. 거기에는 약 2,000개의 텔레비전과 라디오 방송 전송 사이트, 약 8,000개의 '매크로 셀룰러' 통신탑, 그리고 라디오와 텔레비전 신호를 전달하기 위해 라디오 주파수가 허가된 네 개의 전국 규모 '멀티플렉스'가 포함된다.

아르키바는 어떤 종류의 회사인가? 기업에 대해 생각할 때 우리는 경제를 세 가지 활동 부문, 즉 원재료 추출(1차 부문), 제품 제조(2차 부문), 서비스 제공(3차 부문)으로 나누는 고전적 3부문 모델로 생각하는 경향이 있다. 그러나 아르키바는 이 세 가지 유형 중 어느 것에도 들어맞지 않는다. 아르키바가 주로 하는 일은 추출하거나 만들거나 제공하는 것이 아니다. 사실 그 사업 모델의 핵심은 전혀 **활동하기**doing(추출/제조/제공)에 있지 않다. 오히려 그 핵심은 **소유하기**having다.

아르키바의 주요 고객이 누구이며, 그들이 아르키바에 무엇을 지불하는지 생각해보라. 두 가지 주요 고객 그룹이 존재한다. BBC와 ITV* 같은 영국의 주요 지상파 텔레비전 방송사가 그중 하나고, 다른 하나는 BT-EE, 보다폰Vodafone, 텔레포니카Telefónica, 오투O2, 스리Three 같은 영국의 주요 이동통신 사업자다. 전자는 전송 사이트와 무선 주파수를 이용하기 위해 아르키바에 요금을 지불한다. 후자는 통신탑을 이용하기 위해 요금을 지불한다. 그러니까 아르키바는 어떤 가치를 창출하는 것이 아니라 통제하기 때문에 돈을 번다. 따라서 고객이 지불한 돈은 원재료, 제품 또는 서비스 같은 것을 받는 데 대한 보수가 아니라 접속하거나 이용하는 데 따른 보수다. 일반적으로 이러한 접속또는 이용 대가를 지칭하는 데 쓰이는 단어가 바로 **지대**다(전송 사이트, 주파수와 통신탑은 기본적으로 지대를 받고 이용하게 된다). 그리고 아르키바는 그러한 지대가 생명선인 한, **불로소득자**로 불리는 전형적 기업이다.

지대와 불로소득자는 각각 이 책에서 검토하는 특정한 유형의 경

---

* Independent TeleVision: 영국 최대의 민영방송사.

제적 이전과 행위자를 말한다. 아르키바는 오늘날 어리둥절할 정도로 다양한 불로소득자 형태 중 단지 한 가지 예일 뿐이다. 그들에 공통된 것은 돈을 버는 방식으로 똑같이 지대에 초점을 둔다는 것이다. 지대의 정의 문제에 대해서는 곧 더 말하게 될 테지만, 일단 이 책에서 본질적으로 이해하는 지대란 순전히 가치 있는 **어떤 것을 통제함으로써**—이것이 핵심 요소다—통제하는 경제적 행위자(불로소득자)에게 돌아가는 대가다. 그 '어떤 것'이란 형태야 어떻든 일반적으로 '자산'이라 불린다. 그것의 통제가 소유자에게 미래소득을 창출할 능력을 부여한다는 사실 때문에 가치 있는, (표준사전의 정의를 빌리면) '소유가치 아이템'이 곧 자산이다.

집은 무엇이 지대이고 지대가 아닌지, 누가 불로소득자이고 불로소득자가 아닌지를 설명하는 데 도움이 되는 좋은 예다. 건설회사가 토지 소유자를 위해 집을 짓고 그 소유자는 집을 세입자에게 임대한다고 가정하자. 그 집은 어떤 의미에서 건설회사와 토지 소유자 모두에게 돈을 '벌게earn' 해준다. 그러나 각각의 경우 근본적으로 다른 유형의 경제 활동, 행위자와 지불이 관련되어 있다. 건축비는 집의 소유권과는 무관하게 집을 짓는 데 관련된 작업에 대한 지불이다. 그러니까 아무 일도 하지 않았다면 결국 집도 없고 지불도 없었을 것이다. 따라서 건설회사는 불로소득자가 아니다. 자산을 통제하기 때문이 아니라 자산을 창출하기 때문에 돈을 번다. 이에 반해 임대수수료는 지대이고 집주인은 불로소득자다. 집주인이 지불을 받는 이유는 집의 소유자이기 때문이고, 따라서 세입자가 집을 점유할 권리에 대해 대가를 청구할 능력이 있기 때문이다.

불로소득자 자산은 불로소득자만큼이나 다양하다. 주택, 통신 인프라, 디지털 플랫폼 같은 경우는 실제 공간이 아니더라도 가상공간에서 물리적으로 구성된다. 이와 달리 지식재산권, 외주화 계약은 물리적 구성물이라기보다 순전히 법적인 것이다. 그리고 이와 달리 토지, 자연자원은 전혀 인공적으로 건설되지 않고 단지 부존되어 있다. 자연자원이나 외주화 계약 같은 자산은 물리적으로 또는 그냥 시간이 지남에 따라 이용 과정에서 소진된다(예: 70년 저작권 보호). 통신탑, 주택, 심지어 페이스북 같은 디지털 플랫폼조차도 어느 정도 쓰다 보면 마모가 발생할 수 있다. 반면 무선 스펙트럼 같은 경우에는 아무리 써도 자산 손상이 일어나지 않는다. 그러나 자산의 특성이 어떤 것이든 지대가 있으려면 자산이 있어야 한다. 지대는 어떤 의미에서 가치 있는 자산에 대한 통제가 기본 전제가 되는 소득이며, 불로소득자는 그러한 소득의 수취자다. 자산이 없으면 지대도, 불로소득자도 없다.

지대와 불로소득자가 이 책의 핵심 주제인 만큼 이 책은 지대가 소득을 지배하고 불로소득자들이 경제생활을 지배하는 경제적 생산과 재생산 체제에 주로 관심을 기울인다. 다른 많은 사람들과 마찬가지로 나는 불로소득 **자본주의**라는 체제에 대해 언급한다. 불로소득 자본주의는 지대와 불로소득자에 지배되는 경제체제일 뿐 아니라 훨씬 더 심대한 의미에서 지대를 창출하고 불로소득자를 떠받쳐주는 자산을 중심으로 그 골격이 실질적으로 짜이고 조직되는 경제체제다. 예컨대 전형적 불로소득자인 아르키바의 자산을 생각해보라.

기업가적 정신이 아니라 소유자적 정신이 만연한 불로소득 자본주의는 일종의 '대차대조표 자본주의'로 이해하는 것이 적절하다. 손익

계산서(사업의 수익, 비용과 이익을 자세히 설명한다), 현금흐름표(사업에서 들어오고 나가는 현금의 흐름을 보여준다)와 함께 대차대조표는 기업 또는 가계의 금융 활동과 포지션을 기록하는 세 가지 주요 재무제표의 하나다. 그것은 특정 시점에서 제삼자에 대한 미래의 금융적 의무('부채')와 양陽의 미래 경제적 이익을 창출할 것으로 기대되는, 앞서 언급한 '소유가치의 항목', 즉 자산을 모두 보여준다.

주로 '활동하기'에 초점을 맞춘 자본주의의 형태는 자산이 수익성 있는 만들기나 조달하기를 용이하게 하고 부채가 이를 수월하게 해주는 정도만큼만 대차대조표에 주의를 기울인다. 이와 대조적으로 '소유하기'를 중심으로 짜인 자본주의 형태, 즉 원칙적으로 자산 통제 여하에 성공이 달려 있는 경제조직 양식인 불로소득 자본주의에서는 대차대조표가 처음이자 끝이라고 할 정도로 가장 중요하다. 가계와 (특히) 기업의 대차대조표에 보유된 자산은 불로소득 자본주의의 초석이다. 기업 경영진이 회사 대차대조표의 '강점'과 '건전성'에 대해, 그것을 '활용하는' 법에 대해, 그것을 '효율적으로' 활용하고 '작동시키기'에 대해 노래하는 것을 당신이 듣는다면, 이는 그 회사가 불로소득 자본가, 대차대조표 자본가라는 확실한 신호다.

불로소득 자본주의는 경제학자들의 상상 속에만 그리고 이 책처럼 표지 안에서만 존재하는 단순한 이론적 구성물이 아니다. 불로소득 자본주의는 실제 현실이다. 그것은 널리 존재한다. 그러나 불로소득 자본주의는 아르키바의 활동 영역인 영국에서 특히 진전되고 뚜렷한 형태로 나타나는데, 그것은 통상 '신자유주의'라고 불리는 지난 40년에 걸쳐 형성되었다. 이 책은 신자유주의하 영국에 주로 초점을 맞추어 서구 불로소득 자본주의가 취하는 형태, 그 실현을 설명하는 요인, 그리고 그 부상의 결과를 탐구한다.

지대의 새로운 개념화: 비주류와 주류의 통합

최근 몇 년 동안 세계 최고로 저명한 경제 논평가들이 서구 불로소득주의와 불로소득 자본주의에 대해 많은 글을 썼다. 2014년에 출간된 토마 피케티Thomas Piketty의 『21세기 자본』은 이 분야에서 촉매적 개입 역할을 했다.[1] 그 책은 지대와 불로소득자 자체에 관한 책은 아니다. 주된 초점은 불평등에 있다. 그러나 지대는 그 책과 피케티의 자본주의 이론화에서 중추적 변수다. 지금까지 잘 알려진 대로 피케티는 적극적 견제가 없는 한 자본주의하에서 부의 불평등은 가차 없이 증가하는 경향이 있다고 주장한다. 유명한 r>g 동학 때문에 그렇다는 것인데, 여기서 g는 경제성장률을 나타내고, r은 자본수익률 또는 기존 자산스톡에서 지대를 추출할 수 있는 비율을 나타낸다. 요컨대 피케티는 r>g 부등식에서 지대를 정면으로 부각시킴으로써, 자본수익률이 경제성장률을 초과하는 경향이 바로 불평등이 증가하는 근본적 이유라고 주장한다.

피케티의 책은 이후 논의의 수문을 열었다. 이제 불로소득자는 어디에나 있다. 앤드류 세이어Andrew Sayer가 『왜 우리는 부자를 부양할 수 없는가Why We Can't Afford the Rich』(2015)에서 지목한 부자가 바로 불로소득자인 부자다.[2] 가이 스탠딩Guy Standing은 2016년에 펴낸 책에서 '자본주의의 부패'에 대해 책임이 있는 것은 불로소득자라고 설명했다.[3] 그리고 마리아나 마추카토Mariana Mazzucato의 저서, 『가치의 모든 것: 위기의 자본주의, 가치 논의로 다시 시작하는 경제학』(2018)에서 '창출하기'가 아니라 '추출하기'를 하는 자들 역시 이 불로소득자들이다.[4] 지대와 불로소득자는 이제 어디에나 널려 있어서 2016년 필리프 아스케나지Philippe Askenazy가 21세기가 채 20년도 지나지 않은 지금 우리는 모두 불로소득자라고 인정했을 정도다.[5] 이는 19세기의 윌리엄 하코트William Harcourt("지금 우리는 모두 사회주의자다")와 20세기의 밀턴 프리드먼Milton Friedman("지금 우리는 모두 케인스주의자다")을 뒤따른 것이다. 『이코노미스트Economist』와 『파이낸셜 타임스Financial Times』 같은 글로벌 자본주의의 일급 잡지와 신문조차 위에서 언급한 저명한 학자들보다 더 애호하는 듯이 불로소득주의에 대한 글을 써왔다.[6]

그러나 불로소득자에 대해 이처럼 폭증하는 포스트-피케티 저작들을 대할 때 직면하는 주요 문제 중 하나는 정의와 개념화가 여러 가지라는 점이다. 저자마다 지대와 불로소득주의에 대해 하는 말이 다를 뿐 아니라 종종 분석 대상도 같지 않다. 하지만 이는 놀랄 일은 아니다. 모든 핵심 경제 용어와 개념들 가운데 '지대'만큼 다양한 용어적 또는 이론적 용도로 쓰인 경우가 없다. 그러므로 불로소득 자본주의에 대한 나의 탐구를 시작하려면 먼저 내가 '지대'라는 용어를 어떻게 이해하는지, 그 이유는 무엇인지를 분명히 해야 한다. 현존하는 수많은 용법 중에서 두 가지 주요한 이해방식을 나눌 수 있다. 나는 이 책에서 언급한 구체적인 사용법을 상황과 맥락에 맞게 설명하기 위해 이것들을 검토하고자 한다.

내가 '이단'이라고 부르는 첫 번째 이해는 일상적 용법에서 기원한다. 일상적 용법이 최초의 변형태로, 즉 고전적 자유주의 정치경제학의 형태로 서구 경제사상 속으로 들어갔다. 애덤 스미스Adam Smith와 데이비드 리카도David Ricardo 같은 이들의 경우, 인구 전체에 대해 지대는 토지 지대였다. 토지 지대는 도시든 농촌이든 지역에 상관없이 임차인이 토지 소유자에게 지불하는 것이다. 제각기 지대 이론을 발전시키면서 스미스와 리카도 모두 토지 소유권의 독점적 성격을 강조했다. 스미스는 지주가 자신의 자산에 대해 독점권을 누렸다는 사실은 이 토지의 사용에 대해 지불하는 가격, 즉 지대가 '자연스럽게'(원천적으로) 독점 가격임을 의미한다고 말했다. 뒤이어 마르크스Karl Marx도 이 생각에 동의했다. 마르크스의 경우 토지 지대란 토지 소유의 독점이 자본주의하에서 경제적으로 가치증식을 하는 형태를 의미했다. 그는 그것에 다른 이름('토지 지대')을 부여하고 그 상이한 하위 변형(이른바 '절대' 지대와 두 가지 유형의 '차등' 지대)을 검토했지만, 마르크스의 지대는 본질적으로 다른 모든 이들이 지불하는 지대였다. 즉, 토지의 독점적 통제에 대한 대가였다.

결정적으로, 지대에 대한 이러한 첫 번째 이해방식은 마르크스와 그의 선행자들의 저술 이후 극적으로 확대되었다. 이러한 확장된 이해에 따르면, 이제 지대는 자산의 독점적 통제에 대한 대가지만 그 자산이 꼭 토지일 필요는 없다. 자산은, 그것의 통제가 접근 또는 사용에 대한 모종의 대가를 낳는 경우, 어떤 것도 될 수 있다. 데이비드 하비David Harvey는 마르크스가 다음과 같은 것을 예상하지 못했다고 이렇게 지적한다.

새로운 형태의 자본주의적 지대가 또한 자본주의의 진화적 구조 내에서 진화할 수 있으며, 지대 추구는 마르크스가 성숙한 형태의 자본주의 발전을 위해 정치적으로 용인될 수 있을 뿐 아니라 필요하고 기능적이라고 생각한 것 이상으로 발전할 수가 있다. 토지시장과 부존자원(유정과 같은)에 대한 투기를 통한 지대 추구는 충분히 나쁘다. 그러나 지식재산권의 소유를 통한 지대 추구에 대해 우리는 어떻게 해야 할까?

하비의 질문은 불로소득자 영역이 확장되어 그의 말대로 '모든 종류의 자산시장'[7]을 편입시킴에 따라 오늘날 지대의 분석자들이 묻게 되는 질문이다.

하비는 지대를 "어떤 중요한 자산에 대한 사적 소유의 독점력으로의 회귀"라고 확대된 의미로 정의하고 있지만, 사실 그가 불로소득주의를 다룰 때 빼놓은 한 가지 중요한 자산 유형이 있다. 금융자산이 바로 그것이다.[8] 마르크스와 마찬가지로 하비는 지대(불로소득자가 버는 것)와 이자(금융자본이 버는 것)를 범주상 완전히 다른 것으로 간주한다. 모순적이어서 혼란스럽기도 하지만 하비와 정반대로 보는 저술가들이 여전히 존재하는데, 그들이 지대에 대해 말할 때는 곧 금융 지대(그리고 오직 그것만)를 염두에 둔다. 가장 유명한 사람은 존 메이너드 케인스John Maynard Keynes로서, 그가 (금융) 불로소득자, 즉 금융자산 소유자의 안락사를 촉구한 것은 잘 알려져 있다.[9] 오늘날 『이코노미스트』지가 불로소득자를 "저축 또는 상속된 부로 살아가는 사람들"로 정의하는 것은 협소한 케인스주의적 이해를 고수하는 것이다.[10]

그러나 오늘날 비주류 전통 안에서 작업하는 대다수 사람들은 지대와 불로소득주의를 훨씬 더 광범위하게 개념화한다. 이들의 경우 지대를 벌 수 있는 자산의 범위는 본질적으로 제한이 없다(금융자산을 포함해서). 예를 들어 피케티, 세이어와 스탠딩은 모두 매우 광범위하고 고전적인 자산 중심적 지대 정의를 동원한다. 피케티의 경우 지대는 "어떤 노동과도 무관한 자산 소유에 대한 보수"를 의미한다. 세이어의 경우 지대는 "다른 사람들이 가지고 있지 않지만 필요하거나 원하는 토지, 건물 또는 장비와 같이 이미 존재하는 자산을 통제하는 이들에 의해 추출되는 대가이며, 그 사용에 대해 청구할 수 있는 대가"다. 그리고 스탠딩의 경우 지대는 "희소하거나 인위적으로 희소하게 만든 자산의 소유, 점유 또는 통제"에서 발생하는 소득이다.[11]

지대에 대한 두 번째 주요한 이해로 넘어가기 전에, 비주류적 개념화에서 자주 주어지는 어떤 주목할 만한 변곡점에 대해 언급하는 것이 좋겠다. 어떤 비주류 저자들은 지대가 자산 기반 소득일 뿐 아니라 가치 창출보다 가치 추출과 관련된 소득이라고 주장한다. 다시 말해 불로소득자는 기생충으로 간주된다. 자산의 통제를 통해 다른 곳에서 창출된 가치를 자기 것으로 가져가기 때문이다. 이는 바로 리카도의 견해였다. 오늘날 저명한 리카디언(적어도 지대 이론에서)에는 의도적이든 아니든 마추카토와 루트거 브레그먼Rutger Bregman이 포함되는데, 후자는 불로소득자가 "다른 사람들을 빨아먹는다"고 생생하게 썼다.[12] 이런 생각에 이어 기생충-숙주 이미지를 특수하게 지리적·지정학적으로 돌려서 말하는 사람들이 있다. 예컨대 마이클 로버츠Michael Roberts 같은 이는 영국을 포함한 많은 현대 서구 경제는 특히 다른 나라들의 생산적 발전을 먹고산다는 의미에서 불로소득 지향적이라고 꼬집었다.[13] 이런 비판은 특히 1910년대에 유럽 제국주의가 '불로소득자 계층', 즉 "어떤 기업 활동에도 참여하지 않고 게으름을 직업으로 삼아 '쿠폰을 잘라먹고 사는 사람들'의 '비정상적 성장'을 가져왔다"고 주장한 레닌의 저작을 상기시킨다. "자본 수출은 (중략) 생산에서 불로소득자를 더 완전히 분리시키며, 여러 해외 국가들과 식민지의 노동을 착취해서 살아가는 국가 전체에 대해 기생충이라는 낙인을 찍는다."[14]

경제적 지대에 대한 두 번째 주요한 이해는 매우 다르며, 다른 인식 공동체에 속한다. 주류('정통') 경제학 내에서 지대는 대가를 나타내는 그 자산의 유형(토지 지대, 금융 지대 등)에 기초하지 않고 시장 지배력의 양에 따라 정의된다. 즉, 그것은 시장경쟁의 부족 때문에 얻을 수 있는 특정한 이윤이다. 따라서 '정상' 수준의 이윤이 경쟁 상황에서 실현될 수 있는 수준이라면, 지대는 그 이상적 시나리오에서 벗어날 때 얻게 되는 '초과' 수익, 즉 시장을 독점하는 자본가적 권력 때문에 발생하는 비정상적 이윤이다.[15]

이 주류의 정통적 의미에서 정의된 지대는 자산 통제로부터 나올 수 있지만 반드시 그럴 필요는 없다. 이 지대는 모든 유형의 시장 생산과 교환의 맥락에서 발생할 수 있다. 그러한 지대의 교과서적 정의('생산요소에 지불하는 금액과 현재 용도로 쓰이기 위해 지불해야 하는 금액의 차이')를 인용하면서, 『이코노미스트』지는 다음과 같이 자산 통제가 없는 한 가지 예를 든다. 어떤 축구 스타가 팀 경기에서 5만 달러를 받을 수 있지만 단지 1만 달러만 받고 기꺼이 경기를 뛰려고 한다면 그의 경제적 지대는 주당 4만 달러다.[16] 제리 엡스타인Jerry Epstein과 후안 안토니오 몬테치노Juan Antonio Montecino는 또 다른 예를 드는데, "은행가의 경우 지대는 자신의 활동을 수행하는 데 필요한 것 이상으로 명령할 수 있는 소득 금액이다"라고 설명한다. 같은 저자들의 다음과 같은 추가 설명이 도움이 된다. "더 일반적으로 우리는 지대를 초과지불로 생각하는데, 이때 초과라는 것은 효율적 경제의 필요에 의해 정당화되지 않는 지불이라는 의미다."[17]

이 책에서 언급한 지대의 정의는 비주류적 전통과 그것의 자산에 대한 강조에 확고히 기반을 두고 있다. 그러나 이단적 이해만으로는 결코 충분하지 않기 때문에 주류적 용법에 중심적인 시장조건에 대한 관심도 통합한다. 비주류적 전통에서 지대는 자산의 독점적 통제로 회귀하는 것이라는 점을 상기하기 바란다. 자산의 희소성과 결합된 그 같은 독점적 통제가 소득 창출을 보장하는가? 아니다. 새로운 특허를 받은 생산기술이나 광물연료자원처럼 어떤 자산은 희소하고 그래서 원칙적으로 가치를 가질 수 있다. 그럼에도 소유주가 그것을 상업화할 경우 지대를 벌지 못하게 하는 정도의 경쟁에 직면할 수 있다. 예컨대 더 좋고 저렴한 대체상품을 생산하기 위해 다른 기술이 쓰일 수도 있다. 정부가 개입해서 한 종류의 광물자산(예: 화석연료)을 '좌초'시키고 대체연료자원(예: 재생 가능 에너지)의 생산과 시장화에 보조금을 지급할 수도 있다.

요컨대 지대를 낳는 자산의 특징은 비주류적 전통에서 강조한 것처럼 소유나 통제에서 나오는 독점력뿐만 아니라 또한 시장에서 상업화하는 측면에서도 독점력을 갖는다는 것이다. 시장지배력의 중요성을 짚고 있는 한, 이것은 주류 경제학의 지대에 대한 이해가 가치를 더하는 부분이다. 즉, 불로소득자가 성공하기 위해서는 자신이 통제하는 자산의 특성 때문이든 다른 요인 때문이든 구체적인 시장우위가 필요하다는 사실을 짚고 있다. 자산을 독점적으로 통제해도 소유자가 시장교환에서 해당 자산을 화폐화할 수 있는 권력이 없으면 경제적으로 아무 소용이 없다. 예를 들어 배전망의 소유자가 그 망을 운영해 배전하거나 하청을 주려고 하는데 정부면허가 없다고 생각해보라. 성공적인 불로소득자가 누리는 시장지배력에 대한 주요 설명 중 하나는 앞으로 보게 되듯이 대부분의 경우 진입 장벽, 즉 경쟁력 있는 지대 창출 자산을 확보할 수 있는 장벽이 엄청나게 높다는 것이다. 한두 가지 부분적 예외를 제외하고는, 그러한 자산은 값싸지 않으며, 자주 정부의 규제명령 때문에 이용할 수도 없게 된다.

따라서 여기서 내가 말하는 지대의 정의는 실제적으로 비주류와 주류의 혼합이다. 그 정의란 **경쟁이 제한적이거나 부재한 조건에서 희소자산의 소유 또는 통제에서 발생하는 소득이 바로 지대**라는 것이다. 이제 곧 보게 되겠지만, 이 두 부분으로 구성된 정의는 통상적으로 인식되고 있고 오늘날 중요한 모든 불로소득주의 형태에 잘 들어맞는다. 정의의 두 부분 모두 불가결하다. 우리는 시장지배력이 지대와 불로소득주의에 필수적이라는 주류 경제학자들의 견해에 동의할 수 있다. 그러나 이러한 조건은 필요하지만 충분하지는 않다. 예를 들어 카르텔화되거나 매우 집중된 산업의 경우처럼 희소자산을 통제하지 않고도 독점이윤을 얻을 수 있기 때문이다. 한편, 희소자산의 통제가 지대와 불로소득주의에 필수적이라는 데 대해 우리는 하비에서 피케티에 이르는 비주류 학자들의 견해에 동의할 수 있다. 그러나 이 조건만으로는 충분하지 않다. 그 자산 소유자는 예컨대 대체상품이나 서비스의 형태로 경쟁적 힘의 지배를 받을 수 있기 때문이다. 자산 소유주로서 그리고 자산을 상업적으로 이용함에 있어 불로소득자는 모든 구멍에서 독점을 위해 땀을 흘린다.

내가 선호하는 정의는 지대에 대한 전형적인 비주류적 정의에 시장 조건에 관한 한정을 추가하는 것이다. 하지만 이 정의는 여전히 넓다. 바로 여기서 중요한 질문이 제기된다. 즉, 불로소득자가 지대를 버는 자산의 성격에 아무런 제한이 없다면, 어떤 자본가 소득이 지대가 아닌가? 불로소득자가 아닌 자본가가 어디 있겠는가?

궁극적으로 모든 중요한 경제 개념과 마찬가지로 '지대'는 그 경계가 흐릿하다. 칼로 자르듯이 깔끔하게 구분되지 않는다. 대부분의 경제적 재화나 서비스의 생산에는 지대 요소가 포함되어 있다. 그러나 이러한 요소는 대개 미미하다. 희소하고 배타적으로 통제되는 자산이 생산에 활용되지 않는 경우를 생각해보자. 예컨대 널리 이용 가능한 장비를 써서 기성품을 제조, 판매하는 제조업체라든가 주문형 방식으로 주거용 청소 서비스를 제공하는 회사를 들 수 있다. 이런 경우는 지대를 벌지 않는다. 모든 자본가가 불로소득자는 아닌 것이다.

다른 한편, 지대를 번다고 해서 불로소득자의 모든 소득이 지대 형태를 띠는 경우는 드물다. 뒤에서 살펴볼 대부분의 불로소득주의 유형에서 소득은 자산에 대한 통제와 자산이 보증하는 제품 또는 서비스의 제공과 관련된 작업에서 동시에 발생한다. 수입이 자동적으로 발생하는 자산은 거의 없다. 자산들은 통상적으로 작동을 시켜야 한다. 이는 전형적인 불로소득자 자산인 부동산의 경우도 마찬가지다. 집주인이 임대 대리인을 활용하는 이유는 무엇일까? 마찬가지로 특허로 보호되는 의약품의 예를 생각해보라. 그 약품으로 벌어들인 수입 중 특허에 내재된 독점적 통제로 얻는 대가는 얼마이고, 그 약의 제조 와 유통에 관련된 작업에 대한 대가는 얼마일까? 이에 대해서는 확실하게 답하기 어렵다.

일반적으로 우리는 다음과 같이 말할 수 있다. 지대는 일반적으로 불로소득자 소득의 전체가 아니라 일부일 뿐이다. 이후 분명해지겠지만 불로소득자가 창출하는 소득에 대한 자산 통제(불로소득주의의 본질)의 중요성 정도는 매우 다양하다. 그럼에도 정의상의 핵심은 모든 불로소득주의의 경우에 그러한 통제가 실질적으로 중요하다는 것이다. 그렇지 않다면, 즉 소유적 자산* 없이도 똑같이 소득을 올릴 수 있다면 임대료도 없고 임차인도 없을 것이다. 따라서 불로소득주의는 희소하고 독점적으로 통제되는 자산이 생산에서 단지 차용되는 것이 아니라 실질적으로 활용되어 경제 활동의 성격과 그에 따른 수입의 양에 영향을 미치는 경우에 일어난다. 여하튼 이 책에서 검토하는 모든 형태의 경제적 생산에서 자산에 대한 통제는 근본적이다. 즉, 자산 통제 없이는 불로소득 창출이 최소한 심각하게 손상될 것이며, 상상도 할 수 없을 경우가 많다.

---

* proprietary assets: 소유적 자산이라는 말은 흔히 쓰는 개념어는 아니지만 저자는 불로소득 추구 자산의 의미로 쓰고 있다. 참고로 마르크스도 자본론(3권)에서 '소유적 자본'과 '기능적 자본functionary capital'을 대비시키며 쓰고 있다.

불로소득 자본주의에 대한 정치경제적 비판

마르크스, 케인스, 주류(정통) 경제학에서 지대와 불로소득주의에 대한 정의가 다르지만, 그들이 공유하는 것은 아마도 더 중요하고 두드러질 것이다. 세 경제학 모두에서 지대(따라서 불로소득자)는 자본주의 내에서 한계적이고 잔여적이거나 일시적인 현상이다.

내가 말했듯이, 마르크스는 불로소득 자본주의의 토지 형태를 강조하고, 따라서 불로소득자를 봉건제의 잔여물로 취급한다. 19세기 산업자본주의하에서 토지 불로소득자가 아직 어둠속으로 사라지지 않고 여전히 생산노동자가 창출한 잉여가치의 일부를 추출할 수 있다는 사실에 마르크스는 당황했다.

내가 또한 지적했듯이 케인스는 불로소득 자본주의의 금융적 형태에 초점을 맞추고 있다. 그의 견해는 마르크스에게 토지 불로소득주의가 그랬던 것처럼 금융 불로소득주의가 시대착오적이며 마땅히 사라져야 할 과거 유물이라는 게 아니었다. 오히려 케인스는 상황이 정상화되면 금융적 불로소득주의는 곧 사라질 것이라고 믿었다. 1장에서 볼 수 있듯이, 케인스의 주장은 자본이 더 풍부해지면(그가 강력히 옹호했다) 금융적 불로소득자의 안락사를 가져오리라는 것이었다.

한편 주류 경제학은 지대를 이상화된 규범에서 벗어난 일탈로, 즉 역사적으로나 이론적으로 한계 현상으로 취급한다. 주류 경제학의 전체 구조는 시장 시스템에서 경쟁이 궁극적으로 그리고 일반적으로 우세할 것이라는 기대를 중심으로 구성된다. 독점이 필요하고 심지어 기능적이라고 간주되는 몇몇 특정 부문을 예외로 하면, 이러한 전통에서 초과 이윤의 추출로 이해되는 불로소득주의는 필경 잠식될 것이다.

그러나 21세기 초반의 현실은 마르크스, 케인스, 주류 경제학, 이 셋 모두를 배신한다. 토지 지대는 사라지지 않았다. 금융 지대도 마찬가지로 사라지지 않았다. 그리고 주류 경제학의 주장과는 반대로 지대 일반도 사라지지 않았다. 불로소득주의는 믿을 수 없을 정도로 완강하게 존재한다는 사실이 입증되었다. 그것은 마르크스나 케인스가 상상할 수 있었던 것보다, 그리고 주류 경제학이 인정하는 것보다 현대 자본주의에서 훨씬 더 중요한 현상이다.

이 책 『불로소득 자본주의 시대』는 불로소득주의가 이처럼 매우 확고한 현실을 보여준다. 나아가 현대 불로소득주의에 대한 역사적 기원을 추적해 일반적으로 '신자유주의'라 불리는 일련의 정책개혁에 따라 그것이 어떻게 가속화되었는지 보여준다. 마지막으로, 현대 자본주의에서 불로소득자 지배의 중요한 함의를 파악한다. 불로소득주의는 혁신을 짓누르고 자본주의 경제의 역동성을 억누른다. 그리고 불로소득주의는 우리 사회에서 불평등을 야기하는 주요한 메커니즘이다. 피케티가 『21세기 자본』에서 r>g라는 추상적 산식을 활용해 보여준 것보다 훨씬 더 깊숙하게 세부적으로 파고들어 이 메커니즘을 탐구한다.

말 그대로 이 책은 불로소득 자본주의에 대한 **정치경제적** 비판이다. 그것은 불로소득주의의 물질적 진전이 거시경제적 결과에 대해 그리고 불로소득 드라마의 핵심 행위자들—노동자, 고객, 투자자, 불로소득자 자신들—의 변화하는 '미시경제적' 경험에 대해 어떤 의미를 갖는지 묻는다. 이 정치경제적 캐스팅은 앞서 확인한 대로 서구 불로소득주의에 대해 피케티의 영감을 받은 다양한 설명들과 결정적으로 구별된다. 이 차이점을 간략하게 살펴보는 것이 좋겠다.

필리프 아스케나지는 『모든 불로소득자 여러분!*Tous Rentiers!*』이라는 저서에서 불로소득 자본주의에 대해 대체로 이데올로기적이거나 '관념상의' 비판을 제공한다. 지대를 경제적 자산의 통제로부터가 아니라, 경제적 권력만큼이나 법적 또는 정치적일 수 있는 권력이 부여한 우위(종종 '지대 추구'라 불리는 사회정치적 환경의 조작 형태를 포함)로 자본가가 얻는 소득이라고 정의한다. 아스케나지의 주장은 본질적으로 다음과 같다. 최근 수십 년 동안 소유주의 이데올로기가 부상해 일반 노동자의 노동을 '비생산적'이라고 지목함으로써 부의 창출에 대한 그 기여를 경시하거나 단호하게 부정한다. 이 이데올로기는 임금 디플레이션을 정당화하고, 그리하여 소득과 부를 교묘한 자본가 불로소득자의 수중에 넘기는 것을 정당화한다. 그러므로 무엇보다 노동과 노동자들이 하는 일에 대한 근본적인 재평가가 필요하다.

특히 피케티의 경우도 『21세기 자본』의 후속 연구인 『자본과 이데올로기』(2020)에서 비슷한 길을 따른다.[18] 『21세기 자본』이 어떻게, 왜 자본주의가 불평등을 낳았는지를 검토했다면(뭉뚱그려놓긴 했지만 지대에 주연 역할을 부여한다), 『자본과 이데올로기』는 사회적 엘리트가 역사적으로 어떻게 그 같은 불평등을 이데올로기적으로 정당화했는지를 검토한다. 그리고 이 책에서는 지대와 불로소득자에 대해 거의 언급하지 않고 있지만, 피케티가 주로 해명하려고 하는 '불평등 체제'(그의 용어)는 명백히 불로소득 추구 자본주의 사회다. 그렇게 함으로써 그는 아스케나지와 동일한 개념을 가지고 1970년대 이후의 불로소득주의와 그에 수반되는 불평등을 '신소유주의neo-proprietarianism'라고 이름지었다.

한편, 앞에서 언급한 불로소득주의에 관한 세 권의 중요한 책인 마리아나 마추카토, 앤드류 세이어와 가이 스탠딩의 책은 아주 많이 '도덕경제'의 전통에 따라 쓰였다. 이것은 그들이 불로소득 자본주의에 내재된 도덕적 규범에 주로 관심을 가졌다는 것을 의미하지는 않는다(비록 그러한 규범이 논의에서 설명되기는 하지만). 오히려 그들은 그 경제 체제를 비판할 때 주로 도덕적 고려를 한다. 비판은 명시적으로 도덕적 주장에 근거한다.

세이어가 도덕경제에 관한 그의 강력한 초기 저작에서 설명했듯이, 그러한 도덕적 주장은 다양한 형태를 취할 수 있다.[19] 예컨대 자본주의, 봉건제, 사회주의 등에 대해 찬성하거나 반대하는 주장은 정의에 대한 공약, 개인의 권리와 책임에 대한 이해, '자유'의 원칙 또는 '선'의 관념에 뿌리를 두고 있다. 불로소득주의에 대한 과감한 비판에서 마추카토, 세이어와 스탠딩은 정도의 차이는 있지만 정의와 공정의 개념에 명확하게 기반을 두며 그 부분에서 정확히 동일한 근거를 공유한다. 그들은 불로소득 자본주의가 불공정하고 부당하다고 주장한다. 노동자들이 받는 소득이나 저자들이 '생산적' 자본가라고 말하는 자들의 소득과 달리 '활동'보다는 '소유'에 기초하고 있어서 불로소득자의 소득rentier income은 부당한 불로소득unearned income이기 때문이라는 것이다.

이와 달리 이 책『불로소득 자본주의 시대』는 그 비판이 이데올로기나 도덕에도, 불로소득주의의 고유한 윤리적 지위에도, 그것에 활력을 불어넣는 이념에도 관심을 갖지 않는 한에서 새로운 관점을 제공하고 있다. 물론 정치-경제적 비판과 도덕-경제적 비판을 완벽하게 구분하기란 불가능하다. 예컨대 불평등 증가에 대한 우리의 반대는 최종적으로 거의 항상 부분적으로는 도덕적이다. 우리는 불평등이 옳다고 생각하지 않는다. 그러나 마추카토나 위에서 언급한 다른 저자들의 불로소득주의에 대한 비판은 그저 단순히 도덕주의적이다. 불로소득자가 활동하기보다 소유함으로써 소득을 창출하는 한, 그 소득은 부당한 불로소득으로 이해되며, 따라서 응분의 자격이 없다undeserved. 나로서는 한편으로 불평등 증가와 같은 정치경제적 결과에 대한 윤리적 평가와 다른 한편으로 도덕 우선적 판단, 예컨대 필요한 '노력hard work'을 하지 않았기 때문에 소득을 받을 자격이 없다는 원론적인 도덕적 판단 사이에는 상당한 차이가 있다고 믿는다.

현대 불로소득주의의 다양한 형태

이 책의 또 다른 주요한 주장은 불로소득주의가 대부분의 분석에서 제시한 것보다 훨씬 다양한 형태를 띠고 있다는 것이다. 이에 상응해, 이 책의 또 다른 고유한 기여의 하나는 모든 주요한 유형의 불로소득주의를 면밀히 살펴보는 것이다. 지대에 대해 확대된 정의를 사용하는 많은 비주류 학자들은 불로소득자 자산의 몇 가지 유형을 나누어 언급한다. 이때 가장 일반적으로 식별되는 자산은 토지, 지식재산(특히 제약 분야), 금융자산과 점차 증가하는 디지털 플랫폼이 있다. 하지만 누구도 주요한 현대 불로소득주의의 포괄적 범주화를 제시하지는 않고 있다. 각각에 대한 세밀한 연구는 두말할 것도 없다. 이 작업을 바로 이 책에서 하려는 것이다.

따라서 이 책은 불로소득 자본주의에 대한 연구일 뿐 아니라 일련의 여러 상이한 불로소득 **자본주의들**에 대한 연구다. 여러 불로소득 자본주의들은 희소자산의 통제에 바탕을 둔 소득 창출 면에서 공통된 기반을 갖고 있음에도, 너무 다양해서 우리가 흔히 읽는 '지대'와 '불로소득자들'에 대한 광범위한 일반화가 결국에는 부적절할 정도다. 자산 창출 메커니즘이나 소유와 통제의 지배적 형태 같은 요소들이 지대수입을 실현하기 위해 어떻게, 누구에 의해 자산이 상업적으로 이용되는지를 규정한다. 나는 일곱 가지의 핵심 자산 유형을 식별하고 일곱 개 장에서 각 자산을 중심으로 배열된 특정 불로소득 경제의 형태를 자세히 탐구한다. [표 P-1]은 일곱 가지 자산 유형을 보여준다. 또한 민간 부문 불로소득자가 일반적으로 각 자산을 통제하는 방식과 각각의 경우 통제를 통해 얻을 수 있는 지대 유형을 요약한다.

이 같은 구분은 내가 찾아낸 일곱 가지 형태의 지대 사이에 중복이 없음을 말하는 것은 아니다. 사실 상당한 중복이 있다. 예를 들어 많은 금융 불로소득자는 토지 불로소득자이기도 해서 금융자산과 함께 부동산 자산에서 나오는 지대를 받는다. 그러나 여러 유형의 자산과 불로소득주의가 연결되어 있긴 해도 각기 별도로 다루어야 할 만큼 충분히 구분된다. 따라서 이 책의 일곱 개 장에서는 노동자, 고객, 투자자 등 각각이 현저히 다른 방식으로 영향을 받게 되는 경제의 일곱 가지 구별된 불로소득자 지배 영역에 대해 정치경제적 비판을 전개한다. 한편, 이에 앞서 서장에서는 불로소득주의 일반의 부상이 영국

자산	자산 통제 획득의 주요 수단	주요 소득 흐름
금융	• 민간은행의 신용화폐 창조 • 1차, 2차 시장에서 금융자산의 인수	• 이자 • 배당 • 자본이득
자연자원	• 광물권 소유자와 임대 계약	• 제품 판매
지식재산	• 국가 지식재산 관리처에 권리 등록(예: 특허, 상표)	• 제품 판매 • 로열티
디지털 플랫폼	• 자체적 발생	• 수수료 • 광고수입
서비스 계약	• 입찰 과정(다양함)	• 서비스 요금
사회간접자본	• 국유기업의 민영화 • 정부의 면허 • 자체적 발생	• 서비스 요금 • 면허료
토지	• 시장에서 인수 • 공공 부문 보유 토지의 민영화	• 토지 지대

출처: 저자

의 전체 정치경제 수준에서 어떤 결과를 가져왔는지에 초점을 맞춘다.

1장에서는 케인스가 질색하는 작자, 즉 금융 불로소득자를 다룬다. 케인스의 경우 금융 지대의 주요 형태는 금융자산 보유자가 '버는' 이 자소득이었다. 케인스에 따르면 투자자들이 실제로 노력해서 이 소득을 얻은 것은 아니기 때문에 인용부호가 필요하다. 그는 '진정한 희생' 덕분이 아니라 자본의 양이 제한되어 있어 차입자가 돈에 접근하려면 이자를 지불해야 했기 때문이라고 말했다. 케인스가 보았듯이, 자본이 부족할 '내재적 이유'는 어디에도 없었다. 그는 금융 불로소득자들이 자본을 그런 방식으로 관리했기 때문에 희소한 것이라고 추측했다. 따라서 '자본의 희소가치를 활용하는' 금융자본가 계급의 능력을 케인스는 '누적적 억압권력'으로 묘사했다.[20] 그러나 이자소득은 금융 불로소득자가 통제하는 자산으로 얻는 유일한 지대 형태는 아니다. 지대는 배당금과 자본이득의 형태로도 발생한다. 이처럼 금융 지대의 다양한 유형들에서 상대적 기여는 무엇보다 불로소득자의 전략, 금융시장의 동태와 이자율의 추세에 따라 언제나 유동적이다. 일반적으로 지구 북반구Global North 전체에 걸쳐 불로소득자들이 수익원을 적극적으로 다변화함에 따라, 최근 수십 년 동안 이자소득의 상대적 중요성은 감소했다.[21]

2장에서는 자연자원 지대에 주목한다. 이는 에너지 제품(석유, 가스, 석탄)과 기타 광물(금속광물, 돌, 모래, 소금)을 포함해서 자연적으로 생겨나는 자원을 활용해 창출되는 지대다. 자연자원은 가장 널리 알려진 불로소득 기관 형태의 하나인 이른바 '지대국가'의 특정한 지대 원천이다. 그러나 그런 지대는 정부에만 발생하는 것은 아니다. 그것은 또한 주요 화석연료회사나 광산회사와 같은 자본주의 기업에 귀속된다. 일반적으로 자연자원에서 얻는 지대는 광물권 소유자(일반적으로 국가 또는 토지 소유자)와 자원을 개발, 추출해 미가공 또는 가공 형태로 시장에 출시하는 조직 사이에 공유된다. 특히 서구에서 사기업이 광범위하게 수행하는 것은 후자의 역할이다. 그러한 사적 단위가 담당하는 역할이 나의 주요 주목 대상이다. 즉, 자본가적 자연자원 불로소득자가 하는 일과 전리품이다.

3장에서는 지식재산IP에서 나오는 지대를 다룬다. 현대 자본주의에서 가장 가치 있는 자산의 다수는 자연자원과 같은 물리적 자산이 아니라 오히려 법으로 인정되는 자산적 '소유권'인 정신이나 지성의 창조물이다. 지식재산권의 가장 일반적인 예는 특허권·상표권·저작권이다. 특허는 회사 또는 개인이 발명한 제품 또는 공정에 대해 소유권을 부여한다. 상표는 브랜드 이름과 같이 제품 또는 서비스 식별자에 대해 소유권을 부여한다. 저작권은 노래, 책 또는 영화와 같은 독창적 창작물에 대해 소유권을 부여한다. 지식재산 지대는 정신의 창조가 경쟁 우위의 중요한 원천을 나타내는 현대 경제의 모든 부문에서 중요한 특징이다. 특허는 제약과 생명공학 부문에서 두드러지게 나타난다. 상표는 소비재 산업 어디에나 있다. 저작권은 대부분의 엔터테인먼트와 출판 부문을 떠맡는다. 권리 소유자는 지식재산을 자체적으로 활용(예: 자체 특허 의약품 중 하나를 제조하거나 판매하는 제약회사)하거나 제삼자에게 라이선스를 제공해(저작권-보호 자산 소프트웨어의 경우) 지대를 창출할 수 있다.

지식재산은 급성장하는 디지털 플랫폼 비즈니스—에어비앤비·페이스북·우버 등의 세계—의 중요한 특징이다. 4장에서는 이러한 플랫폼을 검토하고 좀 더 일반적으로 플랫폼 자본주의의 맥락에서 자리매김한다. 그들이 활용하는 기술과 운영 규모는 네트워크 시대에 새로운 것이지만 핵심 '서비스'(참가자들 간 상호작용이 일어날 수 있는 모종의 '공간' 제공을 통한 중개와 시장 형성)는 명백히 그렇지 않다. 대로변의 쇼핑센터는 이베이eBay와 같은 온라인 쇼핑몰 못지않은 자본주의 플랫폼 운영자다. 플랫폼은 그 소유자에게 세 가지 주요한 수익 유형을 창출해준다. 이 수익이 플랫폼 자산의 통제로 발생하는 대가인 한, 그것은 분명히 지대다. 하나는 간단히 멤버십 또는 가입요금이다. 두 번째는 플랫폼을 통해 일어나는 거래에 부과되는 수수료 또는 커미션이다. 세 번째는 광고수입인데, 이를 통해 플랫폼 소유자는 플랫폼이 끌어들이는 트래픽의 '주목' 가치를 활용하는 것이다.

5장에서는 매우 다른 유형의 자산과 그것에 상응하는 지대 형태를 분석한다. 경영 컨설팅업계에는 오랜 주문呪文이 있는데, 그것은 공공과 민간 부문의 고객이 모두 전적으로 소위 '핵심 역량'에 집중하고 다른 모든 활동은 외주화해야 한다는 것이다. 그 결과 수십 년에 걸쳐 외주화 산업이 폭발적으로 증가했고, 자체 핵심 사업은 없이 다른 기업의 비핵심 부문—케이터링(음식 제공)·청소·IT·급여 등—을 맡아서 하는 여러 회사들이 등장했다. 외주화의 대체 이름인 '민간 위탁 contracting out'이 우리의 목적에는 더 잘 맞는다. 어떤 조직이 활동을 외주화할 때 일반적으로 그들은 제공할 서비스에 대한 계약을 수주해 수행하고, 해당 계약은 외주화 분야의 회사에 소중한 주요 자산이 되기 때문이다. 이러한 계약자산은 각기 고유하고 특성상 수가 제한되어 있다는 점에서 희소하다. 더욱이 그 계약자산들은 종종 수년 동안, 심지어 어떤 경우에는 수십 년에 걸친 서비스의 제공을 포함하며, 따라서 그 자산이 창출하는 수입은 지대 형태를 취한다. 이 지대는 계약기간 동안 모든 경쟁에서 계약자를 보호하는 자산을 보유함으로써 보장되는 소득이다.

6장에서는 인프라 지대를 다룬다. 이는 에너지나 물의 공급에서 통신과 운송에 이르기까지 주요 서비스 제공의 기초가 되는 핵심 프레임워크, 시설과 시스템을 통제함으로써 생겨나는 지대다. 이것은 물론 서두에서 언급한 아르키바의 홈그라운드다. 그러나 이는 또한 예컨대 전기와 가스 송배전망의 소유자 그리고 이보다는 덜하지만 오늘날 광대한 클라우드 컴퓨팅 인프라 소유자의 영역이기도 하다. 그러한 기반시설에 공통된 것은 서비스를 제공할 때 그것들이 반드시 필요하다는 사실이다. 이는 주거용 집의 주인이 제공하는 '서비스'에 주거지가 필수적인 것과 매우 흡사하다. 전기를 판매한다거나 텔레비전 채널을 방송하고 싶은 사람, 또는 상당한 저장공간과 처리용량을 필요로 하는 온라인 비즈니스를 운영하려는 사람은 누구나 많은 비용이 들고 종종 규제가 심하면 불가능할 수도 있는 인프라를 자체 구축하든지 인프라를 소유한 기존 타사에 접근해 이용료를 내야 한다. 바로 후자의 경우, 지대를 지불하는 것이다(명시적으로 그렇게 부르지 않는 경우에도).

마지막으로 7장에서는 토지 지대를 다룬다. 이는 가장 유서 깊고 널리 인정되는 자본주의 지대의 형태이며, 어떤 의미에서 이후의 모든 지대 형태는 토지 지대를 모델로 삼는다. 토지 지대는 점유 지대 occupancy rent다. 또는 적어도 이 책에서는 그렇게 이해한다. 그 때문에 우리는 이 토지 지대 속에 임차인이 점유하는 상업용 또는 주거용 토지에 더해진 여러 재산에 대해 지불하는 지대—두 가지를 분리하기 어렵다는 점도 있다—를 포함시킨다. 건물 세입자가 건물주에게 지대를 지불할 때 이는 결국 물리적 재산과 그것의 위치 둘 다에 대해 지불하는 것이다. 위치의 중요성에 대한 진부한 지표는 지주들이 실제로 땅 주인으로 불린다는 단순한 사실이다. 더 의미 있는 지표는 모종의 위치에 있는 부동산에 지불하는 지대가 다른 곳에 위치한 정확히 같은 유형의 부동산에 지불하는 지대보다 훨씬 더 높을 수 있다는 사실이다.

불로소득 자본주의, 시공간적 특수성과 일반성

대부분의 서구 나라들에서 이같이 다양한 형태의 지대는 대부분 기업체에 지불된다. 국가 아니면 대부분의 경우 자본주의 기업이다. 이것은 그 자체로 놀라운 일이다. '불로소득자'라는 용어를 쓸 때 이는 일반적으로 개인의 이미지를 연상시키기 때문이다. 그러나 현실에서 대부분의 불로소득자는 개인이 아니라 기관이다. 더 정확하게는 '벌어들이는' 지대의 전체 규모 측면에서 볼 때 현대의 불로소득주의는 개인이나 가계의 문제라기보다 지배적으로 기업의 문제다.

어느 정도 이 규칙의 예외에 해당하는 두 가지 주요 유형의 지대가 존재하는데, 이에 대해서는 이 책의 첫 번째 장과 마지막 장에서 살펴볼 것이다.[22] 많은 나라에서 개인이 상당량의 토지와 주거용 부동산을 소유하고 있어 상당한 부류의 개인적 토지 불로소득자 계급을 대표한다. 마찬가지로 많은 나라에서 상당량의 금융자산도 개인이 소유하고 있는데, 특히 연금의 보유 형태가 그렇다. 따라서 종종 금융적 불로소득주의는 기업뿐만 아니라 개인이기도 한 것이다.

어쨌든 가계의 토지·금융 불로소득주의는 내가 불로소득 자본주의 연구의 초점을 맞추고 있는 나라인 영국에서 중요한 현상이다. 이것은 이 책을 불로소득 자본주의에 대한 선행 연구들과 구별 짓는 마지막 요소다. 위에서 언급한 논의들과 달리 이 책은 특정 장소와 시간 속의 불로소득 자본주의에 대한 사례 연구다.

그럼에도 이 책은 제목에서 알 수 있듯이 실제로 **불로소득 자본주의** 그 이상을 추구한다. 영국의 불로소득 자본주의를 검토할 때, 이 책은 모든 설명에서 한층 일반적으로 선진 자본주의 경제 전반에 걸쳐 점점 더 지배적인 경제의 조직화 방식을 탐구한다. 불로소득 자본주의는 장소에 따라 달리 보일 수도 있다. 실제로 거의 확실히 같지 않다. 그러나 그것은 불로소득자의 공통된 자산 형태와 범주는 말할 것도 없고 특정한 동학과 결과를 공유한다. 특히 영국에서 불로소득자 지배의 역사적 조건, 진화의 형태와 그 결과를 검토하면서 이 책은 영국의 경계 너머 어느 정도 일반화될 수 있는 주장을 전개한다.

당연히 자산 포트폴리오와 부문별 불로소득자 세력의 배열과 가중치는 나라마다 다를 것이다. 앞으로 살펴보겠지만 금융(1장)과 자연자원(2장)은 영국 경제에서 유별나게 중요한 역할을 한다. 더욱이 어느 나라 정부도 외주화와 민영화를 통해 각각 계약 불로소득자(5장)와 인프라 불로소득자(6장)가 부상하는 길을 닦아준 정도에서 영국과는 경쟁상대가 되지 않는다. 하지만 다른 한편으로, 어떤 주요 자본주의 경제에서도 이 책에서 탐구한 모든 형태의 불로소득주의가 중요한 현상을 나타낸다고 생각된다(자연자원 불로소득주의는 예외일 것이다). 영국은 분명히 그 나름의 독특한 특징을 갖고 있다. 하지만 이 책은 영국의 경험이 피케티와 대화를 나눈 사람들의 여러 연구가 초점을 맞춘 서구 불로소득 자본주의의 좀 더 넓은 시스템을 대략적으로 대표한다는 확신 속에서 집필되었다.

Rentier Capitalism

서장

영국 불로소득주의의 역사와 새로운 귀환

영국 정치경제사에서 가장 큰 아이러니 중 하나는 영국이 산업혁명의 발상지라는 지위를 갖고 있음에도 문화적으로, 정치적으로, 심지어 경제적으로 진정한 산업국가가 된 적이 없다는 사실이다. 잘 알려져 있다시피 지난 19세기 몇십 년 동안 '세계를 향한 작업장workshop'이 있었다. 그러나 현실은 영국 자본주의 오디세이의 맨 처음부터 이 나라와 경제를 조종하고 이익을 얻는 사람들은 산업주의자가 아니라 주로 불로소득 추구자였다는 것이다. 그들은 생산적 활동보다 자산을 소유하는 데 몰두했다.

이 문제의 핵심은 토지와 지주였다. 페리 앤더슨Perry Anderson은 전통적인 농업 계급이 "유럽뿐만 아니라 북미와 일본에서도 근대 자본주의 국가로 가는 길을 열었던 모든 주요 정치적 격변을 주도하거나 격변에서 살아남았다"는 역사적 사실에 주목했다(혹자는 그 신기함에 대해 말할 것이다). 그러면서 그는 자본주의로 이행하면서 집요한 전통적 지주 계급이 정치적으로나 경제적으로나 영국만큼 번창한 곳은 없다고 주장했다. 그에 따르면 "이 부분에서 영국의 토지 소유자들은 어디에도 라이벌이 없었다." 농민이 철저히 농촌의 생산수단에서 분리되었다는 이유로 영국의 농업은 유럽 어느 곳보다 더 빠르게, 더 전반적으로 자본주의적인 모습을 띠었다. 따라서 결과적으로 이 나라의 주요 지주들은 산업혁명보다 적어도 100년 앞선 시대에 앤더슨이 '고유의 자본가 계층'이라고 묘사한 존재가 되었다.[1] 영국은 나중에 마틴 던턴Martin Daunton이 '봉건적이라기보다 자본가적인' 토지 소유 계급이 지배하는 '귀족적 불로소득 자본주의'라고 묘사한 정치경제의 특징을 가졌다. 마틴 위너Martin Wiener의 말을 빌리면 이 소유자 계급은 '기업가적이거나 생산적이지 않고 기본적으로 불로소득자'였다.[2]

산업계가 역사의 무대에 등장했을 때 영국의 토지자산 기득권 구조는 신흥 산업 부르주아지를 그들의 이미지로 재구축하는 데 놀라울 정도로 성공했다. 에릭 존스Eric Jones는 "공장은 농촌에 위치해 있는 데다가 대지주가 궁극적인 시회적 준서집단인 상황에서 성공적인 기업가는 대량의 토지를 구입함으로써 기존의 지위구조에 동화될 모든 유인을 가졌다"라고 썼다. "그는 참신한 수단과 비전통적인 태도로 부유한 명성을 얻었을지는 모르지만, 태어날 때부터 그의 자녀들을 사회적 창공에 고정시키려면 이미 확립된 토지 사회의 규칙에 따라 행동해야 할 것이다."[3] 더욱이 지주 불로소득자 계급이 우월성을 유지했고 산업과 산업 부르주아지는 종속적이었다. 앤더슨에 따르면 주로 소규모 기업을 소유한 영국의 주요 산업가들은 '자연적 질서의 하위 파트너'였으며, 영국의 '지배 블록'은 "본질적으로 19세기 거의 전 시기에 걸쳐 토지를 소유하고 있었다."[4] 실제로 1809년에서 1879년 사이에 영국 백만장자 중 약 90퍼센트가 지주였다.[5] 모든 물적 생산성에서 산업은 2위도 되지 못했다. 사회적으로뿐만 아니라 경제적으로 토지 소유 다음 순서는 "제조업보다 상업이었다"라고 앤더슨은 말한다.[6]

두말할 것도 없이, 논쟁의 여지가 없는 토지 소유자 지배가 영원히 지속된 것은 아니었다. 시대가 변하고 있었다. 그러나 새로운 지배 블록이 마침내 전면에 등장했을 때, 그것은 또 다른 불로소득주의 블록이었다. 19세기에 이르면 런던은 암스테르담을 제치고 세계 최고의 금융 중심지가 되었다. 시티*의 주요 활동은 19세기 중반부터 "산업화 이전의 두 가지 주요 활동, 즉 국채 거래와 대외무역에서의 할인과 보험"에다 해외투자가 추가되면서 국내 산업과 크게 유리되었다. 따라서 "농업자산의 비중이 떨어졌을 때 사회적·문화적으로 여러 면에서 공장보다 자산의 부에 더 가까운 시티에서 자본의 헤게모니적 형태가 된 것은 산업이 아니라 금융이었다." 사실, 토지자산은 언제나 단지 부분적으로만 금융자본으로 대체되었을 뿐이었다. 앤더슨이 말했듯이, 영국에서 빅토리아 시대 후기에 실제로 사람들이 본 것은 주로 금융가와 '지주 거물'이 모두 거주하는 '점점 더 통합된 금권정치'의 출현이었다고 말하는 것이 사실에 더 가깝다.[7]

영국에서는 불로소득주의의 강이 대단히 깊게 흐른다. 이 나라의 현대 정치경제에 관해 많은 저술가들은 불로소득 지향적인 과거를 잊었거나 그냥 잊어먹고 있다. 하지만 모두가 그렇지는 않다. 2014년 스

---

* 런던 내 금융가의 중심지로 흔히 그냥 시티the City라고 부른다. 잉글랜드 은행을 비롯해 JP 모건 체이스, 골드만 삭스, 모건 스탠리, 아메리카 은행, 시티그룹, HSBC 등 5,000개가 넘는 금융기관이 밀집해 있다.

튜어트 홀Stuart Hall이 사망하기 직전에 도린 매시Doreen Massey와 미셸 러스틴Michael Rustin은 홀과 함께 영국에서 구체화된 신자유주의의 윤곽을 그리기 위해 고안된 킬번 선언문을 발표했는데, 거기서 금융자산과 토지자산 이해의 오랜 영향에 주목하지 않으면 현대 영국을 이해하기는 불가능하다고 주장했다. 매시와 러스틴은 이 두 가지 이해관계가 생산과 인간 노동보다는 주로 '자산의 보유'에서 이익을 얻으려 하며(즉 둘 다 명백히 불로소득 지향적이었으며) 둘 다 "영국의 계급구조에 전적으로 뿌리내리고 있다"라고 강조했다.[8] 매시와 러스틴은 장기시간대로 볼 때 지대는 "영국 지배 계급의 정신과 실천에서 산업 생산보다 더 중요했다"라고 주장했다.[9] 요컨대 역사적 성향으로 볼 때 영국은—적어도 자본가 계급의 수준에서는—불로소득 국가다.

영국 경제의 골수와 그 엘리트 사회구조에 대한 불로소득주의의 깊은 뿌리를 널리 망각할 수 있었던 한 가지 이유는 영국에서 20세기 초에서 중반에 걸쳐 불로소득주의가 결코 완전히는 아니지만 실질적으로 제압되었기 때문이다. 이는 토마 피케티가 보여주었듯이, 이 시기에는 다른 대다수 선진국에서도 여러 종류의 불로소득자들이 이전에 누렸던 경제적·사회적 우위를 상실했다.[10] 영국에서는 과거의 지배적 불로소득자였던 금융자산과 토지자산의 이해에 효과적으로 족쇄가 채워졌다. 방대한 양의 토지가 공공 소유로 전환되었다.[11] 20세기 중반 노동당 정부의 재무부 장관이었던 휴 달턴Hugh Dalton은 당시 상황이 완전한 토지 국유화가 실현되는 방향으로 돌아가고 있다고 확신했다.[12] 한편, '빅파이브' 청산은행clearing banks은 "재무부로부터 자신들의 유동성뿐만 아니라 대출 우선순위에 대해 정확한 지시"를 받을 정도로 국가의 통제 아래 있었다.[13] 1950년대 후반 로이드Lloyds의 회장이었던 올리버 프랭크스Oliver Franks보다 이 시기에 금융 부문의 상업적 자유가 동결되는 것을 가장 잘 설명한 사람은 없다. 그는 나중에 작가 앤서니 샘슨Anthony Sampson에게 "그것은 시속 20마일로 힘 좋은 차를 운전하는 것과 같았다"라고 말했다. "은행은 마취됐다. 이는 일종의 꿈같은 삶이었다."[14]

1970년대 말 이래 영국 은행과 은행가들은 악몽상태에서 분명히 깨어났고 거의 상상할 수 없을 정도의 부를 얻는 시기를 누리고 있다. 물론 2008년에 갑자기 중단되긴 했지만 장기적으로는 은행과 은행가에게는 비용이 들지 않고, 그들 자신이 아니라 오히려 정부와 납세자에게 비용이 전가되었다. 금융의 부활은 신자유주의 시대 영국 경제의 두드러진 변혁적 이야기로 널리 인식될 만큼 활기차고 지속적으로 일깨워졌다. 그리하여 미국 경제와 꼭 마찬가지로 영국 경제도 '금융화'되었다는 주장이 나온다. 그레타 크리프너Greta Krippner는 금융화를 "이윤이 교역이나 상품 생산보다 금융 채널을 통해 점점 더 많이 발생한다"는 의미로 정의한다.[15] 2008년에 에발트 엥겔렌Ewald Engelen은 미국과 영국 경제를 "진정으로 '금융화'되는 방향으로 가장 멀리 나아간 경제"라고 묘사했다.[16] 더 최근에는 애런 데이비스Aeron Davis와 캐서린 월시Catherine Walsh가 "영국 경제는 다른 어떤 경쟁국들보다 더 금융화되었고 더 뚜렷한 탈산업화 과정을 겪고 있다"라고 언급했다.[17] 그러한 선언은 더는 심각하게 의심받지 않는다. 영국이 금융화된 경제라는 것은 이제 다소간 정형화된 사실이며, 현재 학계에서도 일반적으로 받아들여진다.[18]

하지만 이는 사실이 아니다. 혹은 단지 작은 부분에서만 사실일 뿐이다. 금융화는 신자유주의하 영국 경제의 더 넓은 구조적 변화의 한 부문일 뿐이다. 예를 들어 토지 불로소득주의의 도가니인 부동산 부문도 1970년대부터 이전의 유도된 혼수상태에서 깨어남으로써 토지 불로소득자가 경제적·사회적 권력이라는 자신들의 역사적 위치를 되찾게 되었다. 그리고 금융 지대와 함께 최근 수십 년 동안 중요성이 급증한 것은 토지 지대만이 아니다. 서문에서 확인한([표 P-1] 참조) 바와 같이, 이 책에서 자세히 검토한 모든 주요 유형의 불로소득주의가 갖는 중요성이 크게 높아졌다.

이와 관련해 두 가지 주요 관찰이 뒤따른다. 첫째, 영국은 지난 40년 동안 단지 불로소득자가 우세해진 것이 아니라 장기간 휴면상태에 있다가 복귀한 것이다. 그런 만큼 이는 이전 시기, 그러니까 1차 세계대전 이전, 영국의 토지와 금융이 지배하던 불로소득주의 시대보다 훨씬 더 다양함을 보여주는 존재의 복귀였다. 머리가 둘 달린 괴물이 머리가 많은 히드라로 되돌아왔다.

둘째, 1980년대 초반부터 금융이 영국 경제의 더 큰 부분을 차지하게 된 것은 의심의 여지가 없다. 하지만 현재 많은 논자들처럼 그 경제가 금융화되었다고 주장하는 것은 오해의 소지가 크다. 그렇게 보는 것은 더욱 광범위한 구조 변환의 한 가지 줄기에 특권을 부여하고 다른 모든 것을 무시하는 것이다. 데이터에 따르면 그중 몇 가지는 금융의 확장만큼이나 중요하다. 비록 그 이상은 아니라 해도 말이다.

금융화는 최대로 봐서 신자유주의하 영국의 경제적 변혁의 선두에 있었다. 그 전반적 과정은 금융화의 과정이 아니라 **불로소득 경제화** 과정으로 이해할 수 있다. 크리프너의 말을 풀어서 하자면 이윤은 교역이나 상품 생산으로 얻는 소득보다 금융 지대를 포함하되 이에 국한되지 않는 경제적 지대의 형태를 점점 더 많이 취하고 있다고 말할 수 있다.

통계로 보는 영국의 불로소득주의

영국 경제의 불로소득 경제화를 실증적으로 입증하는 일은 당장 해낼 수 있는 문제는 아니다.[19] 국민계정에는 이 책에서 정의한 '지대'에 대한 항목이 포함되어 있지 않다. 국민경제national economy를 보여주는 다른 통계체계도 마찬가지다. 그럼에도 관련 데이터 원천을 주의 깊게 평가해보면 지대가 실제로 오늘날 지배적이라는 사실이 확인된다. 영국 경제는 배타적 자산에 대한 통제가 어느 때보다 중요한 경제로 변모했다. 우리는 본격적인 국민적 불로소득 자본주의, 더 정확히 말해 영국에 중심을 두지만 영토 경계를 훨씬 넘어 확장된 불로소득 자본주의 체제의 발전을 목도했다. 오늘날 영국의 주요 기업은 대부분 불로소득자 기업이며, 경제의 가장 큰 부문을 불로소득 동학이 차지한다는 특징을 갖고 있다. 기업과 산업 부문 두 범주를 차례로 살펴보는 것이 도움이 된다.

[표 0-1]에서 영국의 선두기업이 어느 정도 불로소득자인지를 볼 수 있다. 이는 2019년 말 현재 런던증권거래소London Stock Exchange에 상장된 30개 회사의 시가총액(시가 기준 순위)을 보여준다. 이 표에는 각 회사의 시가총액 기록 외에도 회사의 주요 사업 활동에 대한 간략

[표 0-1] 런던증권거래소 상장 상위 30대 기업의 불로소득주의

회사	시장가치 (10억 파운드)	설명	금융	자연 자원	지식 재산	플랫폼	계약	인프라	토지
			지대 명칭						
로열더치셀	199.0	석유/가스 생산		●					
HSBC홀딩스	134.8	은행/금융 서비스	●						
BP	109.7	석유/가스 생산		●					
아스트라제네카	93.5	의약			●				
글락소스미스클라인	85.2	의약			●				
브리티시 아메리칸 토바코	72.1	담배			●				
유니레버	58.5	소비재 (식품, 음료, 세제, 퍼스널 케어)			●				
리오틴토	57.8	광업		●					
레킷벤키저그룹	44.5	소비재(건강, 위생, 영양)			●				
프루덴셜	44.3	생명보험/금융 서비스	●						
BHP빌리톤	40.6	광업 금속/석유 생산		●					
보다폰그룹	40.3	이동통신						●	
RELX	38.1	출판			●				
로이드뱅킹그룹	37.4	은행/금융 서비스	●						
글랜코어	34.3	광업/무역		●					
콤파스그룹	33.3	식품 서비스 계약					●		
내셔널그리드	28.9	전력/가스 송배전						●	
앵글로아메리칸	27.5	광업		●					
바클레이스	27.2	은행/금융 서비스	●						
로열뱅크오브 스코틀랜드그룹	26.4	은행/금융 서비스	●						
런던증권거래소그룹	24.7	증권거래				●			
엑스페리안	23.0	신용정보 솔루션				●			
스탠더드차터드	22.5	은행/금융 서비스	●						
테스코	22.1	소매유통업							●
CRH(건축자재회사)	21.8	철도장비 제조		●				●	
임페리얼 브랜드	20.5	담배			●				
BT그룹	19.3	통신			●				
어소시에이티드 브리티시 푸드	19.2	식품 생산/비식품 소매업			●				
BAE시스템	17.8	방위/우주항공업			●		●		
스미스앤드네퓨	16.7	의료장비 제조			●				

2019년 8월 1일 기준 시장가치; 로열더치셀의 시장가치는 A주와 B주 주가의 합계다.

출처: 저자

서장

한 설명도 제공된다. 마지막으로 이 표는 목록에 있는 각 회사가 이 책에서 조사한 일곱 가지 유형의 지대 중 어느 것을 실질적으로 창출하는지를 알려준다. 상위 30개만 표시한 것은 당연히 임의적이다. 런던 증권거래소에는 2,000개 이상의 회사가 상장되어 있다. 이 표의 목적은 단지 최대 기업들에서 발생하는 불로소득주의의 범위와 가장 통상적인 유형을 설명하는 것일 뿐이다. 이런 목적으로는 선두에 있는 20개나 50개 또는 100개 회사가 똑같이 유용할 것이다. 물론 이 표에 표시된 대로 각기 약간 다른 결과를 낳기는 할 것이다.

이 표의 주요 메시지는 분명하다. 흔히 영국 상업 공동체 전체를 일컫는 'UK plc'*의 지휘권을 불로소득자가 지배한다는 것을 말해준다. LSE에서 거래되는 가장 큰 시장가치를 가진 30개 회사 각각이 모두 상당 규모의 모종의 지대를 벌어들인다. 지대는 [표 0-1]에 나열된 회사라면 모두가 벌어들이도록 짜여 있다. 지대란 그들이 공유하는 **존재 이유**이고 불로소득주의는 그들 개인과 집단의 DNA에 내재되어 있다.

나는 여기서 각 회사가 낳는 지대 유형을 기록할 때 의도적으로 논쟁의 여지가 없는 특정 지대 범주에 대한 회사의 참여만을 나타냈음을 지적해둔다. 예를 들어 브랜드 소유권에 기반을 둔 지식재산 지대의 경우 나는 특히 신중했다. 그러니까 프루덴셜Prudential, 테스코Tesco, 보다폰과 같이 표에서는 지식재산 지대를 실현하지 못하는 것으로 표시되어 있지만 그 여러 회사들의 브랜드가 상당한 가치를 가지고 있고 지대를 벌수 있음은 의문의 여지가 없다(그들은 필경 지대라는 용어를 쓰지

---

* 'public limited company'의 줄임말로 영국 주식회사를 가리킨다.

않을 테지만). 그러나 표에는 그러한 지대는 포함되어 있지 않다.

그럼에도 이처럼 한계적이거나 종속적인 유형의 지대를 제외하더라도 의심의 여지 없이 다중적 불로소득자 역할을 수행하는 여러 회사들이 있다. BT그룹이 좋은 예다. 이 회사는 물리적 형태(영국의 유선전화와 광대역 네트워크의 대부분)나 가상의 형태(값어치 있는 무선 스펙트럼)로 일련의 중요한 통신 인프라를 운영하면서 거기서 지대를 벌어들인다. 또한 그것은 세 개의 주요 인터넷 서비스 제공업체 브랜드를 운영함과 동시에 정보·통신 기술에서 많은 특허를 낳는 선도적인 지식재산 불로소득 업체이기도 하다. 다른 다차원 불로소득자에는 CRH가 포함된다. CRH의 수익은 석회석, 모래, 자갈의 산악 매장지와 함께 건설계약에 의존한다. 그리고 BAE시스템이 있는데 이 회사는 방대한 계약장부 외에도 방대한 특허망에서 경쟁우위를 가진 세계 최대 방위산업 계약업체 중 하나다.

[표 0-1]에서 보여주는 다양한 불로소득주의의 종류에 관해 가장 통상적인 것(금융, 자연자원, 지식재산 기반)과 덜 알려진 것 사이에는 분명히 불균형이 존재한다. LSE에 상장된 최고 순위 30개 회사 중 세 곳만 인프라 지대를 버는데, 이는 계약 지대를 버는 것과 동일한 숫자다. 플랫폼 지대는 두 번에 불과하다. 토지 지대는 한 번뿐이다. 실제로 목록에서 확인된 단 하나의 토지 불로소득자인 테스코가 전혀 토지 불로소득자가 아니라고 주장하는 사람도 있을 수 있다. 그러나 내가 7장에서 보여주듯이, 테스코와 같이 그 자신 주요 토지 소유자인 오프라인 소매업체의 사업에서 토지 지대가 중심적 역할을 한다는 점은 영국의 경우 경쟁규제당국을 비롯하여 오랫동안 알려져왔다.

표가 금융, 자연자원, 지식재산 쪽으로 불균형하게 대표되어 있다는 것은 확실히 중요한 이야기를 알려준다. 즉, UK plc가 그쪽으로 특히 순위의 최상단에서 결정적으로 높은 가중치가 부여되어 있다는 것이다. 그러나 [표 0-1]에서 인프라, 토지, 계약, 플랫폼 지대가 상대적으로 낮게 대표되어 있는데, 이는 상위 30개 기업만을 임의적으로 선택한 결과를 반영한다. 목록이 그 지점을 넘어 확장되면 다양한 유형의 불로소득주의 간의 불균형이 어느 정도 남아 있긴 해도 과소 대표된 영역의 불로소득자로 빠르게 채워질 것이다. 사업이 주로 인프라, 토지, 계약, 플랫폼 지대와 같은 네 가지 지대 유형의 창출로 구성되는 회사는 상위 30위 바로 아래 회사 계층에서 특히 많다(2019년 하반기). 만약 상위 100위 이내로 한정한다면 첫 번째 범주에는 SSE(시장가치: 112억 파운드), 유나이티드 유틸리티스United Utilities(54억 파운드), 세번트렌트Severn Trent(48억 파운드), 센트리카Centrica(43억 파운드)가 포함된다. 두 번째는 세그로Segro(83억 파운드), 퍼시먼Persimmon(64억 파운드), 랜드시큐리티스Land Securities(59억 파운드), 버클리그룹Berkeley Group(50억 파운드), 브리티시 랜드British Land(47억 파운드)가 포함된다. 세 번째는 롤스로이스 홀딩스Rolls-Royce Holdings(163억 파운드), 렌토킬 이니셜Rentokil Initial(82억 파운드), 세이지그룹Sage Group(79억 파운드), 분즐Bunzl(73억 파운드), 디에스 스미스DS Smith(47억 파운드)가 포함된다. 네 번째는 저스트잇Just Eat(52억 파운드), 플러터 엔터테인먼트Flutter Entertainment(51억 파운드), 오토트레이더그룹Auto Trader Group(50억 파운드), 라이트무브Rightmove(47억 파운드)가 포함된다.

런던증권거래소에 상장된 가장 큰 회사의 사업 모델은 현대 영국 경제에서 지배적 형태의 불로소득주의에 대한 유용한 창을 제공한다. 하지만 유일하거나 완벽한 창은 아니다. 적어도 두 가지 중요한 요소가 그것이 제공하는 장면에 실질적 영향을 미치며 필경 왜곡된 윤곽을 낳을 수 있다.

첫째, 기업이 런던에 상장되어 있다고 해서 모든 수입이 영국에서 발생하는 것은 아니다. [표 0-1]에 들어 있는 많은 기업이 영국 이외 지역에서 광범위한 사업을 운영하고 있다. 이것은 이러한 운영과 지대 또는 여타 수입을 어떻게 취급해야 하는지에 대한 물음을 제기한다. 그러한 사업이 영국 경제의 일부를 형성하고 그 수입이 영국 경제에 기여하는가? 이것은 부분적으로는 실증적인 질문이다. 해외에서 발생한 소득은 어떻게 되는가? 영국으로 환류되는가? 그러나 이는 또한 개념적 질문이기도 하다. 우리가 '영국 경제' 또는 더 일반적으로 '국민경제'라고 할 때 이것이 의미하는 바는 무엇일까?[20]

국민계정은 그 덕분에 우리가 '국민경제'를 그 자체로 이해할 수 있는 주요 통계 틀인데, 이것은 위의 개념적 질문에 대해 실제로 두 가지 대안적인 답변을 제공한다. 국내총생산GDP은 한 국가의 국경 내에서 생산된 경제적 산출을 측정하는 반면, 국민총생산GNP은 지역에 상관없이 해당 국가의 거주 기업과 시민이 생산하는 산출을 측정한다. 그러나 중요한 것은 이러한 측정치와 '경제' 자체에 대한 정의보다 단일한 정답이 없다는 사실이다. 우리가 그 개념을 채택하기로 한 이상, 영국을 포함해서 '국민경제'란 다양한 방식으로 구성될 수 있고, 이는 우리가 정확히 무엇을 파악하려 하는지에 따라 각기 고유한 장점과 단점이 따른다.

최근 수십 년 동안 단지 한 가지 프레임을 활용할 때 있을 수 있는 함정이 증가했다. 세계화가 진전됨에 따라 영국과 같은 경제는 점점 더 큰 규모의 경제구조, 경제 동학과 얽히게 되었다. 데이비드 에저턴David Edgerton이 관찰한 바와 같이, 1950년대와 1970년대 사이에 영국은 거의 "수입 통제로 보호를 받는 국가 자본주의였고, 영국이 설계하고 만든 제품의 수출을 늘리려는 개입주의·기술관료 국가와 밀접하게 연결되어 있었다." 그러나 결코 절대적이지는 않았던 국민적·지리경제적 '통합성'은 빠르게 무너졌다. "1970년대 이후 상황이 근본적으로 바뀌었다. 오늘날 영국의 국가 자본주의는 존재하지 않는다. 런던은 세계 자본주의가 사업을 하는 곳이다. 이제 영국 자본주의는 세계의 사업을 하는 곳이 아니다."[21] 이는 전적으로 맞는 말이다. 에저턴 자신의 특별한 관심은 영국에서 해외 자본의 확장된 역할과 외부로부터 상대적으로 응집력 있는 '영국 경제'의 해체가 특히 브렉시트와 관련해 영국 정치를 어떻게 재구성했는지에 놓여 있다. 이는 내가 다시 이 책 마지막 부분에서 되돌아가 살펴볼 물음이다(결론 참조). 그러나 영국 자본이 자신의 공간적 발자취를 확장함에 따라 '영국 경제'의 통합성도 내부에서 외부를 향해 해체되었다. [표 0-1]과 영국에 기반을 둔 초국가 기업의 목록이 이를 잘 보여준다.

둘째, 영국에서 주요 사업을 영위하는 모든 회사가 런던증권거래소에 상장된 것은 아니다. INEOS(화학제품 제조), 그리너지Greenergy(연료 공급), 존 루이스 파트너십John Lewis Partnership(소매)과 같은 일부 회사는 개인 소유다. 골드만 삭스Goldman Sachs(은행/금융 서비스)에서 구글에 이르기까지 여타 기업들은 영국 외 증권거래소에 상장되어 있다.

내가 [표 0-1]을 여기서 작성했던 것보다 12개월 전에 했더라면 다른 곳에 상장된 더 큰 회사가 중간에 인수했다는 사실 때문에 누락된 주요 불로소득업체 두 곳 이상이 포함되었을 것이다. 두 업체 중 영국 미디어·통신그룹인 스카이Sky는 컴캐스트Comcast(미국에 상장됨)에 인수되었다. 영국의 바이오 제약회사인 샤이어Shire는 다케다Takeda(일본과 미국에 상장됨)에 인수되었다. 물론 영국에서 주요 사업을 영위하고 있는 모든 기업이 LSE에 상장되었다 해도 거기에 상장된 최대 기업들에 대한 분석은 UK plc에 대한 부분적인 그림을 제공할 뿐이며, '영국경제' 전체에 대해서는 더욱 그렇다.

따라서 [표 0-1]의 내용을 다른 각도에서 살펴볼 수 있게 하는 다른 대안으로 보완할 필요가 있다. 보완 자료로는 산업 부문별 상황, 특히 '국민경제'에 대한 그 상대적 기여 몫(생산 GDP에서 비중)이 유용하다.[22] 이를 위해 [그림 0-1]과 [그림 0-2]에서는 영국의 기업 총영업잉여에 대한 영국통계청ONS 데이터를 활용한다. 이것은 기업이윤에 대해 영국에서 활용 가능한 최상의 대리변수이며, 경제 분석가들이 경제의 산업 부문별 분석을 알아보기 위해 선호하는 지표이기도 하다.[23] 총영업잉여는 총거래이윤에 건물에서 나오는 지대소득을 더하고 재고보유 수익을 뺀 것을 나타낸다. 전체 영국 기업 총영업잉여에 다양한 경제 부문들이 기여하는 몫을 분석함으로써, 우리는 불로소득주의의 중요한 요소가 있는 부분과 없는 부문의 상대적 기여도를 평가할 수 있다.

[그림 0-1]은 2016년의 상황을 보여준다(작성 당시 연간 데이터를 쓸 수 있었던 것 중 최신 자료). 이는 경제 활동에 대한 영국 표준산업분류

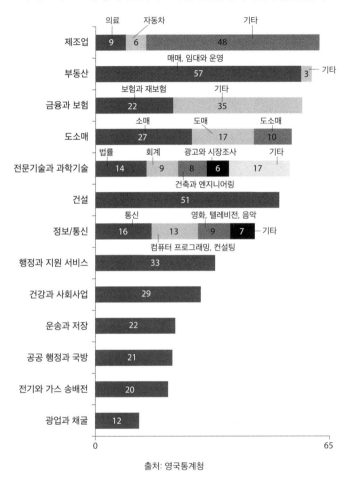

[그림 0-1] 2016년 경제 부문과 주요 하위 부문별 영국 기업의 총영업잉여

출처: 영국통계청

SIC로 식별된 각 주요 산업 부문 그리고 해당 부문 내 각 주요 산업 하위 부문에서 창출된 잉여의 가치, 이 두 가지를 보여준다.

[그림 0-2]는 1997년(영국통계청이 부문별 자료를 제공하는 가장 빠른 연도)과 2016년 사이에 동일한 주요 산업 부문이 차지하는 각각의 몫

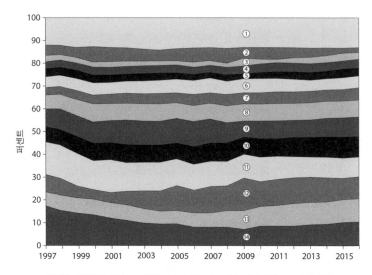

[그림 0-2] 1997~2016년 영국 기업 총영업잉여의 부문별 점유율

①기타 ②광업과 채굴 ③전기와 가스 송배전 ④공공 행정과 국방 ⑤운송과 저장
⑥건강과 사회사업 ⑦행정과 지원 서비스 ⑧정보와 통신 ⑨건설 ⑩전문기술과 과학기술
⑪소매와 도매 ⑫금융과 보험 ⑬부동산 ⑭제조업

출처: 영국통계청

을 차트로 보여준다. 두 차트 모두에서—다시, 다소 임의적으로—해당
산업 부문에서 (a) 2016년 전국 총영업잉여의 3퍼센트 이상 또는 (b)
1997년과 2015년 사이 1년 이상 총영업잉여의 5퍼센트 이상을 창출
한 경우만 해당 데이터를 표시했다.[24] [그림 0-1]의 경우, 표시된 부문
들은 2016년 영국 전체 기업 총영업잉여 5,960억 파운드의 87퍼센트
(누적으로)를 차지했다. [그림 0-2]에서는 개별적으로 표시되지 않은
모든 부문의 누적 점유율이 '기타'로 표시되어 있다. 두 그림 모두에서
소유자-점유자의 주택에 따른 영업잉여—자신의 집을 소유하고 거주

서장

[그림 0-3] 1970~2010년 영국 기업 총부가가치의 부문별 점유율

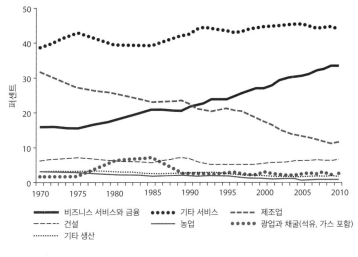

출처: 영국통계청

하는 가구가 명목상 스스로 '생산'하는 주택 '서비스'의 추정가치―는 합계에서 제외되었다.[25]

하지만 [그림 0-2]에서 부문별 영업잉여를 1997년으로 거슬러 올라가면, 20년은 영국 경제의 최근 역사적 진화를 파악하는 데 비교적 한정된 기간임을 분명하게 보여준다. 가능한 구조적 변환의 문제를 다루려면 경제발전을 살피는 기간을 늘리는 것이 중요하다. 따라서 [그림 0-3]은 1970~2010년 기간을 차트로 표시해주고 있다. 명심해야 할 두 가지 중요한 정의상 포인트가 있다. 첫째, [그림 0-3]의 산업그룹은 [그림 0-1], [그림 0-2]와 동일하지 않다. [그림 0-1]과 [그림 0-2]에서는 영국의 2007 SIC 코드를 채택한 반면, [그림 0-3]은 이전의 2003 분류를 따른다. 둘째, 표시된 부문별 몫은 총영업잉여가 아

니라 총부가가치에 대한 것이다. 이미 지적한 바와 같이 영국통계청은 후자의 부문별 자료를 1997년부터 제공한다.[26]

우리가 구분한 일곱 가지 종류의 불로소득주의를 이 세 가지 차트에서 보여주는 부문별 분류에 곧바로 대응시킬 수는 없다는 점을 지적해야 한다. 어떤 경우에는—특히 금융 지대와 토지 지대의 경우—확실히 밀접한 관련이 있다. 즉, [그림 0-1]과 [그림 0-2]에서 '금융과 보험'은 금융 지대에 해당하고 '부동산'은 토지 지대에 해당한다. 그럼에도 금융화에 대해 점차 쌓여가는 문헌들이 보여주고 있고 이 책에서도 보게 되듯이, 금융 지대를 버는 것은 금융 부문의 회사만이 아니다. 그리고 '부동산' 범주도 모든 중요한 형태의 토지 지대를 포괄하지는 않는다.

한편, 금융 지대·토지 지대와 달리 다른 경우에는 그러한 대응관계가 없다. 여러 중요한 형태의 불로소득주의가 각 개별 사례에 여러 경제 부문에 걸쳐 분산되어 있으며, 각 부문에서 실질적 특징을 나타내긴 하지만 어느 부문도 독점하지는 않는다. 계약 불로소득주의가 좋은 예다. 하지만 오늘날 제조, 도매, (특히) 건설 산업의 많은 활동이 계약 기반으로 수행될 뿐 아니라 점점 더 비핵심적 활동을 떠맡아 계약을 체결한 많은 민간 위탁회사의 작업이 여러 부문에 퍼져 있다. 앞서 살펴본 세 개의 그림에서 피할 수 없는 문제가 하나 있는데, 거기에 불로소득주의의 증거가 포함되어 있기는 해도, 항상 명확하게 보이지는 않는다는 점이다. 그럼에도 불로소득 동학이 현저한 부문이 영국 경제 전반에 미치는 중요성만큼은 분명하다. '부동산'과 '금융과 보험'이 가장 두드러진 예다. [그림 0-2]에서 보듯이, 전체 잉여에 대한 두 부문

의 기여도가 1997년 13.8퍼센트에서 2016년 19.6퍼센트로 크게 증가
했다. 또한 이 부문 외에 2016년에 한 부문에서 300억 파운드 이상의
영업잉여를 창출한 다른 각 산업 부문들([그림 0-1]) 또한 상당히 불로
소득 지향적인 차원을 가지고 있다.

- 제조업은 이미 언급한 대로 상당한 계약 지대의 요소를 특징으
  로 갖고 있다. 지식재산 지대는 또한 제조업의 많은 부분에 필수
  적으로 수반된다. 특허와 브랜드가 매우 중요한 역할을 하는 제
  약과 자동차 제조라는 두 개의 가장 큰 하위 부문이 그 예다.
- 건설업은 거의 전적으로 계약 기반이다.
- '정보와 통신' 부문도 마찬가지로 잘 알려진 불로소득자 영역
  이다. 인프라와 지식재산 지대는 통신 분야에서 매우 중요하며
  (앞서 BT와 관련해 논의한 바와 같이), 지식재산은 영화, 텔레비전,
  음악 제작뿐만 아니라 컴퓨터 프로그래밍과 컨설팅의 기본이다.
- '전문기술, 과학기술'과 '행정과 지원 서비스'는 영국의 다수 민간
  위탁회사가 활동하는 주요 영역이다. 내가 언급했듯이 그러한 회
  사는 이들 부문을 넘어 훨씬 더 광범위하게 계약자산을 추구하
  고 있다.
- '소매업과 도매업'에서 가장 중요한 불로소득 동학은 특히 소매업
  에서 토지와 관련된다. 7장에서 살펴보듯이, 이는 소유하지만 이
  용하지는 않는 토지에 지대를 부과하는 소매회사의 문제가 아
  니다. 더 중요한 문제는 기존 상점 근처에 있는 토지를 먼저 사들
  임으로써 경쟁자들이 구입해 거기에 건물을 못 짓게 하는 일이

더 중요하다. 이는 말하자면 능동적이기보다 부정적으로 창출되는 경제적 지대다.

사실 [그림 0-1]과 [그림 0-2]가 제공하는 영국 경제의 모습은 분명코 불로소득주의의 실제 정도를 과소평가한다. 그것은 [표 0-1]이 제공하는 것보다 더 완벽하거나 객관적인 그림이 아니다. [표 0-1]은 우리가 보았듯이, 런던증권거래소에 상장된 가장 규모가 큰 회사(와 불로소득자) 중의 일부가 광업, 금속, 석유와 가스 생산 회사(예: BP, 글렌코어, 리오틴토, 로열더치셸), 그리고 담배(브리티시 아메리칸 토바코와 임페리얼 브랜드)와 군수품(BAE시스템) 제조업체임을 보여준다. 그러나 이러한 부문들은 [그림 0-1]과 [그림 0-2]에는 드물게 나온다. 예를 들어 2016년에 담배와 군수품 하위 부문의 총영업잉여는 40억 파운드 미만이었다. 이는 브리티시 아메리칸 토바코만으로 그해 47억 파운드의 수익을 올린 것과 비교된다. 유사하게 '광업과 채굴'(석유와 가스 추출 포함)도 2016년 영국 총영업잉여의 단지 2퍼센트에 불과했다. [그림 0-2]가 보여주는 시기에 잉여에서 차지하는 광업과 채굴의 비중은 훨씬 높아 2000년에 6.8퍼센트로 정점을 찍었다. 그러나 그때조차 이 부문이 [표 0-1]에 열거된 상위 20개 회사 중 6개 이상을 차지하고 있음을 감안한다면 이 부문에서 훨씬 더 높은 성과가 나오리라고 예상하는 것이 합리적이다. 이러한 간극을 어떻게 설명할 수 있을까? 답은 영국의 국경 밖에서 발생한 소득에 있다. 이 단락에서 언급된 모든 회사들은 해외에서 그들 수익과 이윤의 불균형한 몫을 창출하며 이러한 이윤은 [그림 0-1]과 [그림 0-2]에는 나타나지 않는다. 이것이 우리가 거기서 보는 비정상적으로 낮은 값을 설명해준다.

요컨대 한편으로 [표 0-1], 다른 한편으로 [그림 0-1]과 [그림 0-2]를 결합함으로써 현대 영국 경제에서 불로소득주의의 역할에 대해 가장 의미 있는 그림을 찾아낼 수 있다는 것이 바로 나의 견해다. [그림 0-1]과 [그림 0-2]는 오늘날 영국 경제가 불로소득 지향적 부문들—그중 일부는 **전적으로** 그런 지향을 보인다—에 지배되고 있음을 보여준다. 여기에 [표 0-1]은 특정해서 경쟁우위의 원천인 불로소득주의에 대한 정보를 추가해준다. 경제를 지배하는 것은 단지 불로소득 부문만이 아니라 불로소득 **기관**이기도 하다. LSE에 상장된 상위 30개 회사는 모두 불로소득 기업이다. 지대는 분명히 알 수 있듯이 시장가치다. 경제 일반 모두가 지대에 관한 것은 아니다. 그럼에도 승자는 불로소득자다.

여하튼 오늘날 영국 경제에서 불로소득주의의 실제 정도보다 더 중요한 것은 필경 지대가 별로 멀지 않은 과거에 비해 기업소득에 훨씬 더 중요해진 단순한 사실 때문이다. 오늘날 불로소득자 지배의 정확한 수준에 대해 논쟁하는 것은 어떤 의미에서 마치 머리카락을 쪼개는 일과 같다. 명백히 불로소득자가 부상했다. 불로소득 경제화는 본질적인 이야기다.

[그림 0-3]이 복잡한 이야기를 간략하게 보여준다. 이 그림에서 알 수 있듯이 1970년과 2010년 사이에 '기타' 서비스가 기여한 부가가치의 몫이 점차 증가했다. 이러한 성장의 대부분은 특히 이 기간 후반부에 부동산 부문의 확장과 토지 지대의 증가를 나타낸다. 그러나 차트에서 볼 수 있는 이 기간의 가장 중요한(그리고 잘 알려진) 발전은 분명

히 제조업의 쇠퇴와 금융·비즈니스 서비스의 상응하는 증가다. 즉 전자의 부가가치 비중이 절반 이상 감소한 반면, 후자의 비중은 두 배 이상 증가했다. 우리는 제조업부터 시작하여 불로소득주의에 대한 이해라는 관점에서 이러한 '가위 운동'*을 적절히 파악할 수 있다.

결정적으로 1970년에 제조업 활동이 맡았던 전체 영국 경제의 3분의 1은 오늘날의 제조업 부문과는 매우 다르게 보였다. 단지 규모만 달라진 것이 아니다. 영국—실제 지구 북반구 전체—은 생산 조직의 혁명적 변환의 첨단에 서 있었지만 아직 그것을 겪지는 않았다. 포드주의 시대의 수직적으로 통합된 제조업 거물들이 탈출구로 등장했다. 1970년대 중·후반부터 '유연 전문화'와 '적기' 생산이 포스트포드주의의 전략적 표어가 되었을 때, 포드주의의 공룡들은 가차 없이 작업을 분해해 외주화하기 시작했고, 이에 따라 최종 제품 생산자, 계약자, 하청업체 간 복잡한 계약관계의 그물망을 낳았다. 이는 오늘날에는 훨씬 익숙한 상황이 되었다.[27] 1970년에는 적어도 영국 제조업에서는 계약 지대가 거의 없었다. 지식재산 지대도 마찬가지였다. 3장에서 보게 되겠지만, 전후 수십 년 동안 영국 제조업 부문의 상황은 지식재산 불로소득자에게 유리하지 않았으며, 영국의 주요 제조업체는 경쟁우위를 위해 오늘날보다 훨씬 덜 지식재산권에 의존했다.

그렇다고 1980년대 이전 수십 년 동안 영국의 주요 제조업체가 독점력이 없었다는 것은 아니다. 그렇지 않다. 그러나 그들이 지닌 권

---

* 제조업이 쇠퇴하는 반면 금융·비즈니스 서비스가 증가하는 추세가 마치 가위 모양처럼 대조를 이룬다는 뜻이다.

력은—오늘날 훨씬 더 그러하듯이—지식재산권이나 안전하고 종종 장기적인 계약과 같은 희소자산을 통제함으로써 얻어진 것은 아니었다. 그것은 주로 가격을 유지하기 위해 카르텔을 형성함으로써 발생하는, 범주적으로 볼때 유형이 다른 독점력이었다. 스티븐 브로드베리Stephen Broadberry와 니콜라스 크래프츠Nicholas Crafts의 추정에 따르면, 1958년에 영국 제조업 부가가치 중 약 36퍼센트가 카르텔화된 부문에서 나온 반면, 거의 같은 비율이 "가격 담합 시도가 분명히 있었지만 다소 덜 포괄적이었던" 산업에서 생산되었다. 단지 부가가치의 약 27퍼센트만이 "가격 담합 행위가 전혀 없다"고 간주된 부문에서 생산되었다.[28] 그리고 1960년대부터 비로소 영국에서 새로 출범한 경쟁규제당국이 카르텔화를 진지하게 보기 시작하고 제거하려고 했다.[29] 제조업체의 카르텔화가 왜 그렇게 만연했을까? 명백한(그러나 피상적인) 대답은 그것이 독점력을 제공함에 따라 독점이윤을 거두었다는 것이다. 그러나 더 완전한 대답이 있는데, 당시에는 카르텔화가 오늘날보다 훨씬 공급이 부족했던 상황이 희소하면서 지대를 창출하는 자산과 같은 더 강력한 독점력 원천을 대신하고 있었다는 것이다.

1960년대 이후 제조업이 장기적으로 쇠퇴한 현상의 이면에는 불로소득 지향적이지 않았던 과거에 비해 이제는 매우 분명하게 그런 성향을 가진 부문의 부상이 있다. 그 부문, 즉 금융은 항상 불로소득자의 구역이었다. 그러나 앞서 내가 주장한 바에 따르면, [그림 0-3]이 보여주듯이 1960년대 이후 경제의 '비즈니스 서비스와 금융' 구성요소의 성장에 대해 금융의 기여도를 과장하지 않는 것이 중요하다. 그 라인의 부상으로 추적되는 이야기는 주로 금융(또는 금융화)에 관한 이야기가 아니다. 금융은 분명히 성장하고 있었지만 이 부문은 2010년 영국 총부가가치의 9퍼센트만 기여했다. 그러니까 '비즈니스 서비스와 금융'이 차지하는 2010년 부가가치의 누적 33퍼센트 중 나머지(거의 4분의 3)는 **비금융** 비즈니스 서비스가 기여했다. 문제의 추세선이 보여주는 상승 궤적이 주로 금융화 이야기가 아니라면, 그것은 확실히 불로소득 경제화에 관한 이야기다. 비금융 비즈니스 서비스는 계약 지대와 영국 민간 위탁회사의 본거지다. 이 민간 위탁회사는 다른 업체에 서비스를 제공하는 회사가 스스로 수행하지 않기로 선택한 여타 서비스를 제공한다.

따라서 1970년과 2010년 사이에 제조업의 쇠퇴와 금융·비즈니스 서비스의 부상을 나란히 보여주는 생생한 [그림 0-3]은 근본적으로 비불로소득 경제의 쇠퇴(제조업의 남아 있는 부분 자체가 더 불로소득 지향적으로 변하긴 했지만)와 불로소득 경제의 부상을 각각 보여준다. 말하자면 우리는 카르텔화된 자본주의에서 불로소득 경제화된 자본주의로의 전환 과정을 목도하고 있는 것이다.

우리는 영국의 불로소득 경제화를 어떻게 설명할 수 있는가? 그 결과는 무엇이었나? 이 책의 일곱 개 장은 모두 이 질문에 대해 독특한 답변을 제공한다. 각 분야의 불로소득 자본주의는 구조적 특징과 작동 동학 측면에서도 다르고, 불로소득자의 부상 요인과 주요 이해당사자(고객, 노동자, 투자자 등)에 대해 그 부상이 갖는 의미도 다르다. 물론 매우 분명한 공통점이 있다. 불로소득주의의 공통된 동인 또는 비교 가능한 결과가 존재한다 해도, 각각의 불로소득자 영역에 그것이 꼭 동등하게 적용되는 것은 아니다. 각 영역은 다른 곳에서는 볼 수 없는 특유의 역동성을 특징으로 갖고 있다. 이러한 차이점에 주의를 기울이는 것은 물론 중요하다. 하지만 전체 그림에 대해 논의해야 할 더 중요한 이야기가 있다. 1970년대 이후 시대가 단지 특정 범주의 불로소득자에게뿐만 아니라 불로소득주의 일반에 있어 그처럼 호시절이 된 이유는 무엇인가? 불로소득주의가 공고하게 된 경제의 특정 영역에서뿐만 아니라 경제와 그 주요 행위자 집합, 따라서 영국 사회 전반에 대해 불로소득자의 귀환이 어떤 영향을 미쳤는가? 이 후자의 의미에서 구별되지만 서로 연결되어 있는 불로소득주의 귀환의 누적적 결과는 무엇이었나? 이제 이 서장의 나머지 부분에서는 공통된 원인과 누적된 결과라는 질문을 놓고 살펴보고자 한다.

신자유주의 거버넌스와 불로소득 친화적 정책 패키지

'신자유주의'라는 단어는 많이 남용되고 좌파 테두리를 벗어나면 널리 비웃음거리가 된다. 만약 1970년대 이후 영국에서 불로소득자의 부활 이유를 요약하려면 이 단어로 설명하는 것이 가장 효과적일 것이다. 다시 말해 불로소득 경제화는 단지 신자유주의와 경계를 공유하고 있을 뿐만 아니라 상당 부분 신자유주의의 결과였다. 쉽게 말하자면 특히 통화·재정 거버넌스, 자원 배분 그리고 재산권이라는 중심적 영역에서 신자유주의라는 용어와 점점 더 깊이 얽히게 된 특정한 생각과 행동의 집합체가 낳은 결과였다는 것이다.

경제학자 호세 팔마José Palma는 중요한 기고문에서 국제적으로 신자유주의가 "점점 증가하는 과점적 자본의 지대 추구 관행"을 촉진하는 데 기여했다고 주장했다. 그는 신자유주의가 "대기업에 대해 실물 경제에서 경쟁적 투쟁에 참여하도록 하는 압력"을 효과적으로 덜어주어 "자본주의를 불로소득자의 즐거움으로 전환"하는 데 도움을 줌으로써 그렇게 했다고 말한다.[30] 팔마의 분석은 도움을 준다. 내가 볼 때 바로 이것이 본질적으로 영국에서 일어난 일이기 때문이다. 신자유주의의 영국 스타일은 바로 그런 불로소득자의 '즐거움'을 만들어냈으며—조너선 포드Jonathan Ford는 『파이낸셜 타임스』에서 21세기 초반 영국을 '불로소득자 천국'으로 묘사한 바 있다—그 결과 불로소득 경제화는 다소간 피할 수 없는 결과였다.[31]

나는 이제부터 신자유주의가 불로소득 경제화를 조장하고 부추긴 주요 메커니즘을 살펴보고자 한다. 그러나 먼저, 적어도 영국에서는 신자유주의나 불로소득 경제화가 1979년 마거릿 대처Margaret Thatcher가 집권했을 때 준비도 되지 않고 비우호적인 정치경제 상황에서 갑자기 등장한 것이 아니라는 점에 주목하는 것이 중요하다. 영국의 역사학, 그리고 일반적으로 서구의 역사학은 대처 이전(케인스주의, 사회민주주의)과 대처주의/포스트대처주의(신자유주의) 시대를 뚜렷하게 구분하는 경향을 보여왔다. 물론 이들 간에 엄청난 차이점이 있다. 영국 정치경제의 오랜 고질병인 불로소득주의는 내가 언급했듯이 전후 수십 년 동안 잠잠해졌다가 대처가 집권하면서 다시 활기를 띠기 시작했다. 그러나 불로소득자 부활의 가장 중요한 씨앗 중 일부는 이미 1960년대와 1970년대에 뿌려졌고, 대처가 수상에 취임하기 훨씬 전에 이미 불로소득주의의 새싹이 나타나기 시작했다.

서장

영국의 신자유주의와 불로소득 경제화의 '전사前史'의 기초는 톰슨 E. P. Thompson이 1965년에 쓴 비범하고 선견지명 있는 기고문에 포함되어 있다.[32] 그것은 세 가지 주요하고 두드러진 관찰 결과를 제시했는데, 그 각각은 이후 입증되었다. 불로소득 자본주의는 분명히 부활의 길을 걷고 있었다. 국가는 그 부활을 가능하게 하는 데 깊이 관여했다. 19세기 후반에 대해 페리 앤더슨이 묘사한 토지와 금융적 이해의 '통합적 금권정치' 대신에, 톰슨은 1960년대에 '새롭고 완전히 다른 약탈적 복합체'가 등장했으며, "공무원, 전문직, 노동조합과 노동운동 자체에까지 광범한 영향력을 행사"하면서 다음과 같은 특징을 가지고 있다고 묘사했다.

> 민간 산업과 국가의 상호 침투(특히 전례 없는 규모의 전쟁물자 정부 계약, 보조금, 민간 금융에 대한 지자체 부채 등), 주요 커뮤니케이션 매체에 대한 통제, 시티의 협박, 공공 부문의 종속적인 역할 축소, 노동당 정부가 지켜야 하는 조건을 지시할 수 있는 능력.[33]

이 새로운 불로소득자 복합체는 단지 금융(또는 부동산)에 관한 것만이 아니다. 하지만 금융은 매우 중요한 역할을 했고, 앞으로도 그럴 것이다. 톰슨이 직접 '시티의 협박'이라고 언급한 것처럼 말이다. 이 역할은 특별한 언급이 필요하다. 앨레드 데이비스Aled Davies가 최근 주장했듯이, 신자유주의로의 전환은 대처 수상 시절 영국에서 일어났으며 1960년대와 1970년대의 금융 시스템이 변화하면서 더욱 촉진되었는데, 이는 국가의 사회민주적 정치경제 핵심 구성요소를 약화시키고 무너뜨렸다.[34] 이러한 변화 중 특히 주목할 만한 것은 국가와 카르텔화된 은행 과점 간의 자발적 협력이라는 전후 타결 모델의 붕괴, 런던 중심의 유로시장의 출현, 브레턴우즈 국제통화 체제의 해체 같은 것들이다. 데이비스도 지적했듯이, 1970년대에 영국 사회민주주의자들은 단순히 변화에 대해 무지하지 않았고, 그 변화가 불러온 도전에 대해 운명론적으로 대하지도 않았다. 오히려 그들은 "전후 타결을 넘어 사회민주주의 기획을 발전시키기 위해 1970년대의 경제전략을 재구성하고 재구축하려고 했다."[35] 그러나 그들은 궁극적으로 실패하고 말았다.

정치적 행동에 생기를 불어넣는 관념과 그러한 행동 자체를 분리하는 것이 가능한 한에서 내가 집중하는 것은 후자다. 이제부터는 영국의 신자유주의가 어떻게 1960년대의 예비적 발전에 이어 1980년대에 완전히 꽃을 피워 불로소득자의 부활을 촉진했는지 요약해서 설명한다. 이것은 관념이 중요하지 않다는 이야기가 아니다. 관념은 매우 중요하다. 그러나 서문에서 설명한 대로 나의 비판의 본질은 관념적인 것이 아니라 정치경제적이다. 게다가 불로소득자가 지대를 버는 능력을 제고시켜준 신자유주의 이념에 대한 강력한 비판은 이미 존재한다. 필리프 아스케나지라든가 토마 피케티의 신소유주의 이데올로기에 대한 분석(서문 참조)이 대표적이다. 그뿐만 아니라 유사하게 앤드류 세이어의 경우, 신자유주의가 자신의 역할을 '부의 추출이 아니라 부를 창출'하는 것이라고 오도함으로써 어떻게 신자유주의가 불로소득자를 강화하고 그 영역을 확대했는지를 설명했다.[36] 영국의 맥락에 구현된 그러한 이데올로기들은 틀림없이 탐구할 가치가 있는 특수한 지역적 변곡점을 갖고 있다. 하지만 이는 내가 여기서 취하는 접근방식은 아니다. 연관 이데올로기와 그것들이 일관되게 수행해온 '일'을 염두에 두되, 나는 실제 취해진 조치들과 그것이 불로소득주의 자체의 가능 조건에 미치는 영향에 초점을 맞춘다.

또한 영국에서 40여 년 동안 불로소득자 친화적인 거버넌스와 정책에 기여한 정치적 책략과 민간 부문 로비에 대해서도 언급하지 않을 수 없다. 이러한 영향이 실질적이고 눈에 보이는 정도에 따라(종종 보이지 않는 곳에서 비공개로 운영됨) 관련 장에서 논의할 것이다. 일반적으로는 다음과 같이 말할 수 있다. 영국의 신자유주의가 지속되어 민간 부문 불로소득자에게 유리하게 작용한 것은 부분적으로 불로소득자들이 영국 역대 정부에 불로소득자 친화적인 정책을 적극적으로 촉구하고, 종종 그들의 입이 있는 곳에 돈을 집어넣었으며, 해당 행정이 놀랍도록 수용적인 태도를 보였기 때문이다. 예를 들어 지난 40년 동안 불로소득자의 이익 증진을 위해 가장 많은 노력을 기울여온 영국 정당인 보수당에 제공하는 기부금의 주를 이루는 세 개의 산업 부문이 금융 부문(1장), 석유와 가스 부문(2장), 부동산 부문(7장)이라는 것은 우연이 아니다.[37]

정치적·경제적 거버넌스와 그것들이 결합되어 발전한 변화가 신자유주의 지배의 영국 불로소득주의와 불로소득자에 심대하게 이익을 안겨준 네 가지 주요한 측면이 존재한다. 가장 가시적이고 중요한 것은 불로소득자들이 이용 가능한 자산 풀pool의 규모와 관련되어 있다. 지구 북반구의 신자유주의 시대는 전례 없는 민영화의 시대였는데, 영국을 능가하는 나라는 어디에도 없었다. 첫 번째 대처 정부가 시작된 이래 영국은 민영화의 확실한 선구자였다. 막대한 양의 공공자산이 민간 부문에 매각되었는데(종종 저렴하게), 이 과정에서 물 공급망, 에너지 송배전망, 통신망 등의 민영화를 통해, 특히 인프라 지대(6장) 영역이, 토지와 재산의 민영화를 통해 토지 지대(7장) 영역이 대대적으로 확대되었다.

그러나 불로소득자 포트폴리오를 상당히 성장시킨 것은 단지 민영화만이 아니다. 지대 창출 자산의 재고를 크게 증가시킨 다른 주목할 만한 발전에는 다음과 같은 것들이 포함된다. 금융의 규제완화와 자유화에 따라 이자를 부담하는 가계, 기업과 국가의 부채 수준에서 엄청난 성장(1장), 북해에서 화석연료자원의 주요한 발견(2장), 새로운 정보와 통신기술 덕에 가능해진 새로운 지대 창출 디지털 플랫폼의 출현(4장), 공공·민간 부문에서 비핵심 서비스를 외주화하려고 끊임없이 추진한 것과 관련된 계약 지대의 확산(5장). 요컨대 거의 모든 불로소득자 영역에서 영국의 신자유주의 시대는 사적 소유 자산의 점진적 창출과 그에 따라 엄청난 규모의 지대를 벌어들이기 위한 기회가 점차 증대되는 현실을 목도했다.

영국 경제에서 불로소득주의의 발흥에 대한 두 번째 일반적인 설명은 불로소득자가 그들이 통제하는 자산을 상업적으로 활용하는 능력 면에서 정책 주도적인 변화와 관련되어 있다. 중요한 것은 단지 오늘날 그러한 희소자산이 더 많아졌다는 사실만이 아니다. 존재하는 자산은 많은 경우 그들에 부여되는 권리가 강화되었기 때문에 효과적으로 우월한 가치를 갖게 되었다. 확실히 이 점에서 가장 중요한 것은 경쟁 정책의 장기적 중립화였다. 여러 이유로—특히 법학과 경제학 내에서 시카고학파 정통주의의 영향력 증대—영국 경쟁규제당국은 1980년대 이후 다양한 형태의 독점권력에 대해 훨씬 더 관대해졌는데, 거기에는 다음 내용도 포함된다. 불로소득자 기관이 점점 더 '자산'의 질이 중요해진 '자원'을 보유함으로써 독점력을 갖게 되는데, 이를 경쟁으로부터 보호해 안정적으로 수입을 창출할 수 있게 해준다.[38] 반독점 집행 수준의 지속적 감소가 불로소득자 자산의 상업적 생존력을 전반적으로 강화했다고 한다면, 특정 불로소득 부문에 대한 일련의 정책 변화는 각각의 자산 유형에 비슷한 효과를 미쳤다. 이러한 변화에는 지식재산권(3장), 무선 스펙트럼 면허권(6장)의 확대와 강화가 포함되며, 특히 주거용 부동산의 경우 세입자로부터 집주인으로 권력 균형이 기울어진 것(7장)이 포함된다.

셋째, 일련의 정책이 개발됨으로써 불로소득자가 지대를 더 쉽게 창출할 수 있게 했을 뿐 아니라 창출된 불로소득을 최대화할 수 있게 했다. 여기에는 불로소득자 친화적인 재정·통화정책이 특히 중요했다. 통화정책은 금융 불로소득자에게 유난히 중요했다. 긴축 통화정책은 본질적으로 금융위기가 시작될 때까지 1970년대 후반부터 높은 실질 이자율을 뒷받침함으로써 금융 지대 수준을 유지시켰다(1장). 재정정책, 특히 조세영역은 더 광범위한 영향을 미쳤다. 한 가지 예로, 역대 영국 정부는 자연자원(2장)과 지식재산(3장)으로 지대를 버는 사람들을 포함하여 특정 유형의 불로소득자들에게 상당한 세금 보조금을 제공했다. 또한 일반적으로 영국의 조세정책은 최근 수십 년 동안 불로소득 흐름에 점점 더 맞추어지고 있다.

가장 중요한 예는 전형적인 불로소득, 즉 자산 처분 시 발생하는 자본이득에 부과되는 자본이득세CGT다. 일찍이 1982년에 대처 정부는 자산가치 인플레이션 효과를 완화시켜주는 자본이득세 연동수당을 도입함으로써 불로소득자의 돛대에 자신의 정치적 색깔을 맞추었다. 그런 다음, 1988년에는 1982년 3월 31일에 보유했던 모든 자산의 원가가 그 당시의 시장가치로 '재평가'되어 그 이전에 발생한 이익에 대해서는 세금이 부과되지 않도록 했다.

이들 두 가지 형태의 구제 중 첫 번째가 1998년에 수정되었는데, 다시 한 번 명시적으로 불로소득자의 이익에 기여하는 방식이었다. 1998년 4월 이후 자산 보유 기간 동안, 연동에 의해 제공되는 구제는 이른바 '체감 공제taper relief'로 대체되었으며, 이에 따라 세금 부과가 가능한 이익은 자산 보유 기간에 따라 체감된다. 체감 공제의 근본적 관대함은 세금 체감이 '허용 가능한' 손실을 공제한 후 순이익에 적용되었으며(지금도 여전히), 가장 낮은 세금을 내는 순서대로 이익에 대해 설정된다는 사실에 있다. 더욱이 1998년에 도입된 불로소득 기업을 위한 추가 조치로 세금 체감은 비사업 자산보다 사업 자산에 더 관대했다. 이후 세 차례(2000년, 2001년, 2004년)에 걸쳐 사업 자산의 정의가 넓어졌다.[39]

무엇보다 영국은 세금회피에 대한 음습한 기록을 가지고 있는데, 이는 불로소득자를 이롭게 할 뿐 아니라 불로소득자 기관에 의해 뻔뻔하게 활용되어 막대한 이익을 가져다준다. 특히 금융(1장)과 인프라(6장) 부문에서 그렇다. 조세정의네트워크Tax Justice Network의 최근 보고서는 이렇게 쓰고 있다.

법인조세피난처 네트워크를 보유한 영국은 단연 세계 최대의 법인세 회피

지원 국가이며, 세계 법인세 회피 위험의 3분의 1 이상을 차지하는 글로벌 법인세 시스템을 무너뜨리는 데 최대의 노력을 기울였다. 이는 법인세 회피 위험의 다음 순위 기여자보다 네 배 이상이며 네덜란드의 경우는 7퍼센트 미만을 차지한다.[40]

이 보고서에 따르면, 조세회피에 가장 효율적인 부문은 금융이었다.

넷째, 마지막으로 신자유주의적 거버넌스는 불로소득자 자산에서 발생하는 소득만 지원한 것이 아니다. 이러한 자산 자체의 가치도 지원함으로써 불로소득자의 자산증식에 중대한 영향을 미쳤다. 이는 모든 자산에 해당되지만 금융(1장)과 토지(7장) 영역에서 가장 쉽게 측정되고 파악된다. 피케티는 이러한 현상을 선진 산업국가와 관련해 더욱 광범위하게 논의했다. 그의 말처럼 "부동산과 [금융] 주식의 가격은 2차 세계대전의 여파로 역사적으로 낮은 수준으로 떨어졌다. (중략) 하지만 1950년 이후가 되면", "이러한 자산 가격은 1980년 이후 가속화하면서 점차 회복되었다."[41]

말할 필요도 없이 그러한 가속에서 '자연스러운' 것은 아무것도 없었다. 이는 영국의 경우 최근 몇 년 동안 특히 토지 가격에서 두드러졌으며, 금융위기 이후 양적 완화 방식의 비전통적 통화정책이 결정적 역할을 했다. 자산 가격의 가속은, 피케티가 신자유주의하 서구 사회에 대해 좀 더 일반적으로 관찰했듯이, "전후 수십 년보다 전반적으로 사적 부에 더욱 우호적으로 변화된 정치적 맥락에서 발생했다."[42] 영국에서 사적 부의 축적에 대해 이처럼 우호적임을 가장 강조한 것은 1998년 피터 맨델슨Peter Mandelson이 통상·산업부 장관이었던 짧은 재임 기간에 신노동당의 관점을 다음과 같이 표현했을 때였다. "사람들이 세금을 내는 한, 추잡한 부자가 되는 것에 대해 우리는 아주 편안하다." 맨델슨으로서는 영국의 불로소득자 계급이 앞부분(세금 내는 일)을 널리 무시하면서 뒷부분(추잡한 부자 되기)을 쉽게 흡수한 것이 자신이나 토니 블레어Tony Blair의 잘못은 아니라고 주장할 법하다.

이상과 같이 각각 자산 규모, 지대 추출의 용이성, 지대 수준·자산 가치와 관련된 네 가지 중요한 정책개발 세트가 결합되면 위에서 조너선 포드가 언급한 바로 그 '불로소득자의 천국'이 만들어진다. 놀랄 것도 없이, 1980년대 초부터 불로소득자 기관들과 훨씬 더 작은 규모의 영국 불로소득자 가계들은 그들의 욕심을 채우기 위해 더는 격려할 필요가 없었다.

시장 독점력과 거시경제 침체

그러면 불로소득자의 부활은 영국과 전체 정치경제의 총체적 수준에서 무엇을 가져왔는가?

이 문제에 대해서는 이론이 우리를 크게 도와줄 수 있다. 마르크스는 『자본론』의 서술을 상품으로 시작했는데, 이는 상품이 자본주의 사회에서 부가 나타나는 '기본 형태'라서 자본주의의 비밀을 푸는 열쇠이기 때문이다. 상품이 이러한 의미에서 자본의 '본질'이라면 지대의 본질은 무엇이고 불로소득 자본주의 부상의 효과를 이해하는 열쇠는 무엇일까? 답은 독점이다. 독점은 자산이 소득을 창출할 수 있는 조건을 제공함으로써 불로소득자가 헤엄치는 바로 그 바다가 된다. 따라서 우리는 독점에서 시작한다.

비주류 경제학적 관점과 정통 경제학적 관점 모두에서 독점권력에 대한 비판의 대부분은 자주 독점이윤을 실현한다는 사실에 근거한다. 결국 이것이 자본가들이 일차적으로 독점권력을 확보하려는 이유의 큰 부분을 차지한다. 앞으로 보겠지만, 의심의 여지 없이 오늘날 영국 경제를 지배하는 다수의 불로소득자 기관은 그들이 누리는 독점적 지위 없이는 상상할 수 없는 높은 수익성을 달성한다. 대부분의 자본주의 기업이 15퍼센트에서 20퍼센트의 영업이익률을 달성하는 것을 즐겁게 생각하는 반면, 우리는 지속적으로 30퍼센트, 40퍼센트, 50퍼센트 또는 그 이상의 마진을 올리는 불로소득자를 만나게 된다. 그것은 행동하는 독점이다.

그러나 독점을 즐기는 불로소득자가 지배적 지위에 올라선 가장 중요한 함의는 독점이윤과 관련이 없거나 적어도 직접적으로 관련되어 있지는 않다. 그것은 다른 곳에서 유래하는데, 이는 마르크스와 그 이후의 대담자들을 언급함으로써 가장 잘 이해할 수 있다.

마르크스와 엥겔스를 읽어본 적이 없는 사람들만이 자본주의에 대해 그리고 그것이 19세기 중반까지 이미 달성한 것에 대해 그들이 끊임없이 비판적이었다고 상상한다. 『공산당 선언』의 시작 페이지를 살펴보라. 그들은 유럽 전역에서 진행 중인 산업생산의 혁명화에 경탄한다. 마르크스와 엥겔스는 자본주의가 "이전의 모든 세대를 합친 것보다 더 방대하고 거대한 생산력을 창출했다"라고 인식했다. 그것은 "이집트 피라미드, 로마 수로, 고딕 대성당을 훨씬 능가하는 불가사의를 달성했다. 그것은 진정한 혁신의 엔진이었다. 자연의 힘이 인간에 종속된 것, 기계, 산업과 농업에 화학을 적용한 것, 기선 항해, 철도, 전기 전신, 경작을 위한 대륙 전체의 개간, 운하 건설, 전체 인구를 땅 바깥으로 끌어낸 것―이전 세기에는 그러한 생산력이 사회적 노동의 무릎에서 잠자고 있다는 예감이나 있었던가?"

물론 마르크스와 엥겔스의 말은 여러 해석의 여지가 있다. 그러나 그들이 이 모든 것에서 긍정적 결과를 보았다는 것에는 의심의 여지가 없다. 오늘날 자본주의의 옹호자들은 덜 '개발된' 국가들을 빈곤에서 끌어낼 수 있는 능력을 환영하지만, 마르크스와 엥겔스에 따르면 자본주의는 "인구의 상당 부분을 농촌 생활의 멍청함에서 구해냈다. (중략) 부르주아지는 모든 생산도구의 급속한 개선과 엄청나게 촉진된 통신수단을 통해 모든 국가를, 심지어 가장 야만적인 국가까지 문명으로 끌어들인다."[43] 말할 필요도 없이 이 '문명'의 어두운 부분은 얼핏 거래의 일부로 보였던 착취였다.

자본주의가 이끈 생산의 혁명화에 박수를 보내야 했다면, 마르크스의 경우 이 혁신경제의 원동력은 경쟁의 동학에 있다는 것이 분명했다. 그 이전의 애덤 스미스처럼 마르크스는 자본가들이 경쟁을 원하지 않는다는 사실을 날카롭게 인식하고 있었다. 선택할 수만 있다면 개별 자본가는 독점가가 되기를 훨씬 더 선호하며, 데이비드 하비의 말처럼 "거칠고 험난한 경쟁에서 벗어나 독점적 스타일로 일하고 생활하는 확실성, 조용한 삶, 여유롭고 신중한 변화의 가능성"을 즐기고 싶어 한다.[44] 그들이 직면한 문제는 그러한 선택이 항상 가능한 것은 아니라는 사실이다. 공고한 독점권력을 소유하고 있지 않다면 자본가는 별수 없이 경쟁력을 유지하고 살아남기 위해 혁신을 해야 한다.

이 실존적인 죽기 살기 노력에 대한 마르크스의 가장 분명한 진술은 다음과 같이 『자본론』 3권에 나온다. 살아남기 위한 노력은 "일반적인 경쟁적 투쟁과 생산을 개선하고 규모를 확대해야 할 필요성, 단지 자기보존 수단으로, 그리고 몰락할 고통"으로 강제된다. 그것은 혁신 또는 "생산방법 자체의 끊임없는 혁명"으로 나타난다. 그리고 이는 "자본을 확대하려는 추진력과 더 큰 규모의 잉여가치를 낳는다."[45] 다른 한편, 『자본론』 1권에서 마르크스는 경쟁 '법칙'의 작용을 설명하기 위해 '강압coercion'이라는 놀라운 단어를 반복해서 언급한다. 그는 이렇게 쓰고 있다. "자유경쟁 체제에서 개별 자본가는 자본주의적 생산의 내재적 법칙을 외부의 강제력으로서 대면하게 되며, (중략) 따라서 이 법칙은 개별 자본가의 의식 속에 그를 앞으로 나아가게 하는 동기로 삽입된다."[46] 요컨대 경쟁은 자본가가 정직하도록 강제한다. 그것은 마르크스의 악당들, 즉 독점을 본능적으로 선호하는 자본가들에게 그가 긍정적이라고 생각하는 일, 즉 혁신을 하도록 강요한다.

이와 대조적으로 불로소득주의에 내재된 독점력은 일반적으로 역동성과 혁신에 적대적이다. 다른 자본가들을 덮치는 경쟁의 강압적 힘에서 면제되어, 불로소득자는 통상적으로 조용한 삶을 선택하고, 기존의 소득 창출 자산을 굴리는 데 에너지를 집중한다. 예컨대 신제품이나 서비스의 개발에 관심을 갖고 혁신하기보다 주변에 배치된 방어선을 강화하고 그들이 끌어내는 돈의 흐름을 막는 모든 시도에 맞서 싸운다. 마르크스의 뒤를 이어 레닌은 불로소득자의 독점력이 가하는 혁신 둔화 영향이 "필연적으로 정체와 쇠퇴의 경향을 낳는다"라고 지적했다. "독점 가격이 구축되기 때문에 잠정적이라 해도 기술을 비롯한 다른 모든 진보의 동기가 어느 정도 사라져버린다."[47]

확실히 조지프 슘페터Joseph Schumpeter는 이 명제에 대해 이의를 제기한 것으로 유명하다. 그는 『자본주의, 사회주의, 민주주의』에서 다음과 같이 항의했다. 독점력은 사실 일반적으로 그러한 '수면 효과'를 갖지 않는다. 독점적 지위는 "특히 제조업에서", "일반적으로 잠을 자고 있을 쿠션이 없다. 이익은 기민함과 에너지에 의해서만 얻을 수 있고, 또 그렇게 해서만 유지될 수 있다." 그러나 슘페터는 틀렸다. 우선 불로소득자가 누리는 독점적 지위는 '기민함과 에너지'[48]로 얻는 경우가 거의 없다. 예를 들어 영국의 경우 1980년대와 1990년대 민영화를 통해 민간 기업에 넘겨진 전기·가스·수도·철도·기타 부문의 자연독점(6장)이라든가 귀족 가문의 몇 세대를 통해 상속된 사유지(7장)에 대해 생각해보라. 그러한 독점적 지위를 유지하는 데는 기민함이나 에너지를 거의 필요로 하지 않는 경우가 흔하다. 더욱이 슘페터는 강제력으로서 경쟁의 중요성을 과소평가했다기보다 아예 무시했다. 즉, 독점력이 쿠션 효과를 갖는다는 사실을 부정하고 경쟁이 그 반대 효과를 미친다는 사실을 무시했으며, 그리하여 경쟁의 제거가 갖는 함의를 생각하려고 하지 않았다.

여하튼 불로소득자는 일반적으로 혁신 동기가 부족하다. 그뿐만 아니라 '캐시카우'를 소유하게 되면, 레닌이 논평했듯이, 혁신하지 않으려 하고 다른 사람들의 혁신을 가로막는 적극적 이유를 갖게 된다.[49] 데이비드 하트David Hart는 슘페터가 간과한 그러한 방해주의에 대해 "기존 제품으로 이윤을 늘리기 위해 기술변화 속도를 늦추려는 불로소득자의 유인"이라는 측면에서 언급한다.[50] 늘 그렇듯이 예외는 있다. 팀 하포드Tim Harford는 '독점자'가 "때로 규모와 현금 흐름을 이용해 진정한 혁신을 낳을 수 있다"라고 인정하면서 "벨 연구소Bell Labs의 영광스러운 때가 생각난다"라고 말한다. 하지만 그런 예외는 드물다. 계속해서 하포드는 다음과 같이 말한다. "소규모 경쟁자들의 치열한 경쟁이 일상에서 중요한 혁신을 낳는 더 신뢰할 수 있는 방법인 것 같다."[51] 본성상 불로소득주의는 이 모든 것에 적대적이다.

그리고 예상할 수 있는 바로 그대로 신자유주의 시대에 불로소득자가 영국 경제의 중심 무대로 귀환한 것은 두드러지게 우울한 효과를 가져왔다. [그림 0-4]가 이 심화되는 무기력함을 강력하게 보여준다. 경쟁의 강제로부터 벗어난 불로소득자의 이익에 점점 더 의존함에 따라 혁신에 대한 추진력이 부족해지면서 경제 전반에서 자본투자율이 급락했다. 1970년대에는 국내총생산의 20퍼센트 이상이 지속적으로 자본형성에 재투자되었다. 이와 대조적으로 지난 10년간 투자율은 14~18퍼센트 사이를 맴돌았다. 가장 최근 수치(17.2퍼센트, 2017년)로 보면 영국 투자율은 세계은행이 보고한 데이터 202개국 중 놀랍게도 184위였다.

[그림 0-4]에서 보듯이 특히 연구개발R&D 투자도 감소하고 있는데, 대체로 투자 감소의 비율이나 정도와 추세가 비슷하다. 1987년(포함)까지 GDP 대비 연구개발 지출은 2퍼센트를 약간 상회했다. 그러나 다시 그 임계치를 넘지 못했고 2017년 1.66퍼센트를 기록해 영국은 경제협력개발기구OECD가 보고한 데이터의 31개 회원국 중 17위를 차지했다. 이것은 투자 수치만큼 나쁘지는 않았지만 인상적이지 못했다.

[그림 0-4] 1970~2017년 영국의 투자율

출처: OECD, 세계은행

노동생산성은 주류 경제학자들이 분명 다른 어떤 것보다 더 즐겨 측정하며 경제성장의 뛰어난 척도로 활용되는데, 이 지표에서 중요한 결과가 나타났다. 주류에 있는 누군가에게, 아마 최근 수십 년 동안 [그림 0-5]의 실선만큼 영국 경제의 성장 둔화를 강력하게 웅변해주는 것은 없을 것이다. 실선은 3년간 이동평균 기준으로 영국 노동자 1인당 연간 산출의 성장을 보여준다(단순 연간 데이터는 그림에서 표시된 매끄러운 데이터보다 훨씬 더 불안정하다). 여기서 볼 수 있듯이 영국 경제가 불로소득 경제화되면서 투자와 마찬가지로 노동생산성 성장도 둔화되었다.

오로지 불로소득 경제화만 비난할 일은 분명히 아니다. 예를 들어 동유럽에서 영국에 도착한 값싼 노동력의 가용성이 최근 수십 년간 광범위하게 확장되었는데, 이것이 노동생산성 향상을 위한 투자 유인을 강력히 억제하는 역할을 했다. 여기에 놀라운 것은 없다. 마르크스

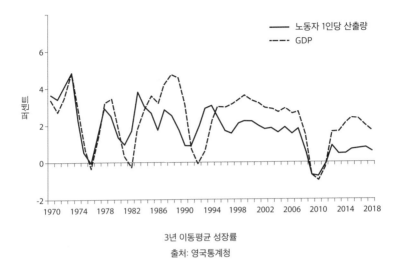

[그림 0-5] 1970~2018년 영국 생산성과 산출량 증가

노동자 1인당 산출량
---- GDP

퍼센트

3년 이동평균 성장률
출처: 영국통계청

라면 수사학적으로 이렇게 질문할 법하다. 기업이 절대적 잉여가치(노동자가 동일한 보수로 더 오래 일하게 해서 발생하는 초과이윤)를 창출할 수 있을 때 왜 상대적 잉여가치(노동자가 특정한 일을 수행하는 데 필요한 시간을 단축시킴으로써 발생하는 초과이윤)를 창출하려고 투자할까?

그럼에도 마이클 로버츠가 다음과 같이 설명했듯이, 불로소득 경제화는 영국의 생산성 성장의 둔화에 명백히 기여했다. 우선, "생산성 성장은 자본투자가 얼마나 충분히 큰가에 달려 있는데", 이는 우리가 보았듯이([그림 0-4]) 불로소득자 지배가 강화된 기간 동안 그런 일은 영국에 없었다.[52] 그러나 이게 전부는 아니다. 계속해서 로버츠에 따르면 "영국의 경우 또 다른 특별한 문제가 있다. 영국은 점점 더 금융·비즈니스 서비스와 부동산에 의존하는 불로소득 경제가 되고 있다. 이는 노동생산성을 높이지 않으면서 생산적 투자를 위한 가용이윤을 축소시키는 비생산적 활동이다."[53] 자신의 논문을 뒷받침하기 위해 로버츠는 우수 경제통계센터Economic Statistics Center of Excellence의 연구원들이 수행한 작업을 인용하여 영국 생산성 성장의 하락(2011~2015년)에 주된 책임이 있는 경제 부문을 확인했다.[54] 물론 주된 범인은 불로소득 부문이었다. 다시 말해 금융(1장 이하), 채광과 채석(2장), 통신·전기·가스(6장), 의약품(3장), 컴퓨터와 전문 서비스(5장) 부문이다.

이 모든 것의 누적된 부정적 효과를 파악하는 데 경제학 박사 학위가 필요한 것은 아니다. 투자, 특히 연구개발 투자가 감소하고 노동생산성 성장도 둔화된다면 실제로 결과는 한 가지뿐이다. 경제 전체의 침체, 즉 경제산출량 성장이 감소하는 것이다. 이것 역시 [그림 0-5]가 보여주는데 이 그림은 생산성 성장과 함께 GDP의 연간 싱장을 차트로 표시하고 있다(마찬가지로 3년 이동평균 기준). 노동생산성 성장(이는 불가피하게 매우 밀접하게 추적됨)과 마찬가지로, GDP 성장도 최근 수십 년 동안 변화의 진폭이 매우 격렬했는데 일반적 추세는 명백히 하향 추세다.

불로소득 자본주의와 불평등 심화: 소득과 부

만약 소득성장에서 최근의 역사적 후퇴가 영국 국민소득 수취자의 여러 주요 범주들에서 대체로 비례적으로 일어났다면 데이비드 캐머런David Cameron풍으로 그 과정에서 '모두가 함께'했다고 말할 수 있겠다. 그러나 그런 일은 전혀 일어나지 않았다. 그게 아니라 장기적인 경제성장 둔화와 나란히 소득의 주요한 '재분류'가 일어나서 성장 중단에 따른 고통의 가장 큰 몫은 노동자, 특히 저소득 노동자가 짊어져야 했다. 다시 말해 영국은 자본과 노동, 그리고 소득 스펙트럼의 최상단과 말단의 노동자들 사이에서 소득 불평등이 증가하는 현상을 목도했다. 결정적으로 이 소득 불평등의 증가는 근본적으로(완전히는 아니라 해도) 경제적 불로소득화의 함수다.

어떻게 이런 현상이 일어나게 되었을까. 이를 이해하기 위해 먼저 자본소득과 노동소득의 관계부터 검토해보자. 오랫동안 비주류 경제학자들은 노동착취 정도를 나타내는 간접적 척도로 이 두 부분 사이의 소득분배를 해석해왔다. 쉽게 말해 자본소득 쪽 비중이 클수록 노동자는 더 성공적으로 착취당하고 있다는 것이다. 비교적 최근까지 주류적 견해—물론 '착취'라는 단어는 쓰이지 않는다—는 이 분배가 다소간 역사적으로 일정했다는 것이다. 즉, 경제에 무슨 일이 일어났든 간에 자본소득과 노동소득의 몫은 거의 동일하게 유지되는 경향이 있었다. 예컨대 이는 바로 케인스의 입장이었다. 그는 노동 몫의 종단면적 안정성을 "가장 놀랍지만 아직 경제 통계의 모든 범위에서 가장 잘 확립된 사실"이라고 서술했다.[55]

그러나 케인스의 관찰은 이제 맞지 않는다. 1970년대 이후, 국민소득에서 노동소득이 차지하는 비중은 급격히 하락했다. 이것은 영국만의 추세가 아니라는 점에 유의해야 한다. 경제학자 루카스 카라바부니스Loukas Karabarbounis와 브렌트 니먼Brent Neiman은 1970년대 중반 이후 노동소득의 몫이 전 세계적으로 5퍼센트포인트 감소했다고 기록했다. 1975년과 2012년 사이 최소 15년간의 데이터를 보유한 59개국 중에서 42개국이 노동 몫의 하락 추세를 보였다.[56] 그러나 영국은 이러한 하락 추세의 극단적 사례였다. 영란은행Bank of England의 앤드류 할데인Andrew Haldane이 보여주듯이, 어떤 데이터를 활용하든(약간 다른 결과를 보여주지만), 영국에서 노동소득 분배 몫은 1970년대 초반 이래 거의 70퍼센트에 가까운 높은 수준이었다가 오늘날 약 55퍼센트로 극적으로 감소했다.[57]

이러한 전개를 설명하기 위해 몇 가지 주장이 제기되었다. 카라바부니스와 니먼을 비롯해 일부 저자들은 노동을 기술로 대체한 것이 한 가지 역할을 했다고 믿는다. 그러나 합의가 늘어나고 있는 견해에 따르면―다시 영국뿐만 아니라 더 넓게―핵심 기여 요인은 우리가 보았듯이, 실질적으로 불로소득주의를 정의하는 현상인 독점력이다. 전통적으로 경제학자들이 독점력에 대해 논의할 때는 독점자가 상품이나 서비스를 판매하는 시장에서 독점력을 행사하는 효과에 초점을 맞추었다. 그러나 하락하는 노동의 몫을 설명하기 위해 그들은 상품과 서비스가 조달되는 시장, 특히 노동시장 쪽으로 관심을 돌렸다. 다른 고용주를 선택할 여지를 갖지 못한 노동자들에 대해 강력한 협상력에 의거해 임금을 억제하면서 노동시장을 지배하는 독점자의 힘, 이는 수요독점으로 불리는 것이다. 증대되는 수요독점력이 자본이 노동으로부터 소득을 탈취해온 것을 설명해준다는 주장이다.[58]

최근 수십 년 동안 영국 사례와 영국 노동 몫의 하락에 대한 이러한 주장의 가장 설득력 있는 적용은 윌 아벨Will Abel, 실바나 텐레이로Silvana Tenreyro와 그레고리 스웨이츠Gregory Thwaites가 1998년부터

2017년까지 영국 민간 부문의 수요독점 효과를 분석한 작업에서 볼수 있다.[59] 그들의 분석에서 특히 두 가지 측면이 중요하다. 첫 번째, 수요독점이 임금에 미치는 영향이 상황 의존적라는 것이다. 즉, 수요독점의 증대가 임금 하락을 가져오는데, 전체 경제로 확대하면 단체협약의 적용을 받지 않는 노동자의 경우 노동소득 몫의 하락을 낳는다. 다시 말해 노동조합이 존재하는 경우 착취에 대한 방벽 역할을 한다. 그러나 잘 알려진 바와 같이 신자유주의 시대는 영국에서 오랫동안 노조가 쇠퇴한 기간이었다. 1980년에는 피용자 임금의 약 70퍼센트가 단체교섭으로 결정되었다.[60] 2018년경 그 수치는 전체 노동력의 26퍼센트로 급락했고, 심지어 민간 부문에서는 15퍼센트 미만이다.[61] 방벽이 제거된 것이다.

우리의 목적을 위해 이 저자들의 분석에서 더욱 중요한 것은 두 번째로 주목할 만한 요소다. 그들이 찾아낸 것은 수요독점력이 산업 부문에 따라 현저하게 다르며, 이 책에서 불로소득자 부문으로 식별한 것에서 집중도가 가장 높은 수준이었다. 달리 말해 잠재적 고용주 수가 가장 적었다는 것이다. 그들의 분석에서 재생한 [그림 0-6]이 이를 생생하게 보여준다. 가장 집중된 산업이 발견되는 차트의 상단을 보면 여기가 불로소득자 출현의 거점임을 확인할 수 있다. 특히 여러 번 나타나는 인프라 지대(6장), 자연자원 지대(2장), 지식재산 지대(3장)가 그런 부문이다. 우리는 각 장에서 이 독점력의 '국지적' 효과를 탐구할 예정이지만 여기서 핵심 포인트는 다음과 같다. 영국 경제는 1970년대 이래 불로소득 경제화됨에 따라 점점 더 수요독점을 특징으로 하는 부문으로 중심이 이동했으며, 따라서 총체적 수준에서 이전보다 더

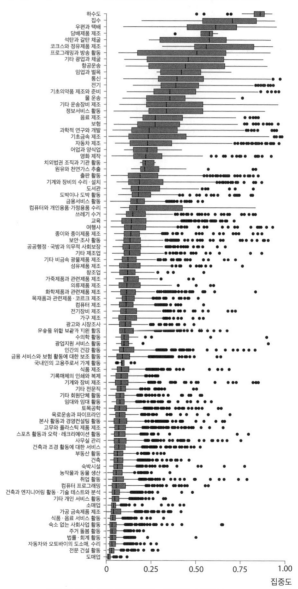

[그림 0-6] 1998~2017년 산업별 영국 민간 부문의 고용 집중

출처: 윌 아벨, 실바나 텐레이로, 그레고리 스웨이츠

수요독점적으로 구조화된 모델 쪽으로 이동했다. 그런 맥락에서 그리고 노동조합의 힘이 널리 해체되는 과정에서, 그 어떤 것도 노동소득 몫의 현저한 하락만큼 두드러진 현상은 없다.

자본, 특히 불로소득자 자본이 영국의 정체된 전체 소득에서 차지하는 몫이 증가함과 동시에 노동자 사이의 소득 불평등도 증가하고 있다. 어떤 의미에서 이것은 내가 이미 논의한 내용에 근거한 추론에 해당한다. 자본이 노동을 효과적으로 압박해왔다면 자본이 모든 노동자를 평등하게 압박해왔다고 믿는 것은 매우 순진한 생각이다. 결국 노동자 급여를 결정하는 최상위 계층이 쥐어짜기를 하고 있는 계층이며, 그들 스스로가 희생자가 될 가능성이란 거의 없다. 물론 많은 대형 상장회사에는 임원 보상을 설정하기 위해 '독립적인' 보수위원회가 있지만, 임원 급여 인플레이션을 억제하는 데 자신들이 얼마나 참담한 일을 했는지 모두가 알고 있다.[62]

불로소득 경제화는 영국 노동자 소득의 불평등 증가에서 필수적 동반자였다. 사실, 소득 불평등은 어느 정도 불로소득자 사업 모델에 녹아들어 있다. 즉, 불평등 증가는 불로소득 자본주의의 출현과 지배에 대한 시녀다. 근본적으로 불로소득주의란 희소한 자산을 확보하고, 보호하며, 최대한 활용하는 일에 관한 것이다. 자산에 대한 일의 상이한 '관계방식'이라는 관점에서 생각할 수 있는 이 같은 다양한 역할들은 그만큼 매우 차별화된 금전적 보상을 가져다준다. 불로소득자 기관에서 이익은 극도로 중요한 지대 창출 자산을 생성, 포획하거나 경쟁 또는 손상으로부터 보호하는 소수의 개인들 쪽으로 불균형하게 흘러들어간다. 예를 들어 이국적인 새로운 금융상품을 설계하는 '퀀트',

자원이 풍부한 국가의 정치인과 라이선스 계약을 체결하는 석유산업 임원, 블록버스터 신약에 대한 특허 승인을 확보하는 법률가, 10년 외주화 계약을 따내는 '레인메이커'들이 그런 이들이다.

실제로 불로소득 자본주의의 부상은 인류학자이자 경제학자인 데이비드 그레이버David Graeber가 최근 관찰한 바와 같이, 영국에서 변호사와 회계사가 각각 약 15만 명과 31만 2,000명에 달할 정도로 "엄청나게 높은 비율의 노동인구"를 차지한다는 사실에 대해 우리가 갖고 있는 유일하게 신뢰할 수 있는 설명이다.[63] 변호사와 회계사는 기본적으로 대차대조표 자본주의의 필수공급자다. 변호사는 불로소득자의 자산가치를 보호하고 평가절하 위협에 대항해 소송을 제기한다. 회계사는 불로소득자의 자산가치를 보정하고 감사함으로써 경영진과 투자 커뮤니티가 읽기 쉽고 대체 가능하며 접근할 수 있게 해준다.

한편, 노동력 스펙트럼의 다른 끝에서 99퍼센트는 그들 상사가 영웅적으로 확보한 자산(콜센터 배치, 청소계약 이행, 네트워크 인프라 수리 등)을 매일 땀 흘리며 고되게 작업한다. 이러한 양극화의 뚜렷한 예로 브리티시 아메리칸 토바코라는 런던증권거래소에 상장된 영국 시거·담배 제조업체가 있다. 이 회사는 시장을 선도하는 브랜드로서 던힐Dunhill, 럭키스트라이크Lucky Strike, 로스만Rothmans을 포함한 지식재산 불로소득자 업체다([표 0-1] 참고). 회사 소득 계층의 최상위에는 총보수가 1,100만 파운드(2017년)가 넘는 최고경영자이자 최고 브랜드 관리자인 니칸드로 듀란테Nicandro Durante가 있다. 맨 아래에는 최대 1만 5,000명의 아동 노동자가 있는데, 그 일부는 세 살 어린이로, 무급으로 일하거나 빈곤 임금을 받으며 말라위Malawi 밭에서 회사를 위해 담배를 수확하는 일을 하는 것으로 알려져 있다.[64] 좀 더 일반적으로 2018년 공인 인사개발연구소Chartered Institute of Personnel and Development 는 FTSE(Financial Times Stock Exchange의 약자로 영국의 대표적인 주식시장지수) 100대 기업의 급여액에 대한 흥미로운 보고서를 발표했다. 임원 급여와 평균 직원 급여 사이의 격차가 가장 큰 사람들—그들 중 다수는 이후 페이지에서 나타난다—은 당연히 불로소득자였다.[65]

사실, 좀 더 특별한 일이 진행되고 있는 불로소득 경제의 중요한 부문이 존재한다. 5장에서는 계약 지대를 탐구한다. 계약 지대는 오늘날 영국에서 민간 부문과 공공 부문을 포괄한 여타 조직들에서 더는 사내에서 수행하지 않는 활동이 외주화한 회사로 흘러들어감에 따라 생기는 막대한 수입이다. 이는 아마도 금융적 측면에서 최대의 불로소득자 부문일 것이다. 앞으로 보게 되겠지만, 그토록 많은 조직들이 계약직 불로소득자에게 외주화를 선택한 주된 이유 중 하나는—요청받았을 때 그들이 분명히 제시하지는 않는다—정확히 노동력을 쥐어짜기 위해서다. 연구에 따르면 외주화는 노동자들이 사내에서 일할 경우 받을 수 있는 비교적 괜찮은 급여를 비롯한 혜택을 광범위하게 박탈하는 것으로 나타났다. 영국의 한 고용변호사가 냉소적으로 관찰한 바와 같이, 만약 계약직 노동자의 조건이 그들이 속한 회사의 노동자와 동일하다면, 이는 "외주화를 거의 무의미하게 만들어버릴 것"이다.[66] 불평등은 외주화가 존재하는 이유의 일부다.

플랫폼 불로소득자(4장)가 플랫폼을 통해 불안정하지만 고용을 확보한 사람들을 피용자가 아니라 계약자로 취급할 수 있는 한, 노동을 짜낼 수 있는 동일한 능력은 이 불로소득자 영역에도 내재되어 있다.

여하튼 계약 불로소득주의와 플랫폼 불로소득주의의 결합 성장은 델핀 스트라우스Delphine Strauss의 말대로 "저임금 불안정 노동의 팽창을 가져왔는데, 2019년 중반 그 규모는 500만 명을 넘는다. 여기에는 단기 작업을 비롯해 예측할 수 없는 시간과 보수의 계약이 포함되는데, 그들의 가계수지는 적자다."[67] 영국 프레카리아트의 이러한 확대는 토르스텐 벨Torsten Bell과 로라 가디너Laura Gardiner가 최근 금융위기 이후 기간 동안 영국 경제의 최대 변화로 서술한 것을 이해함에 있어 결정적이다. 다시 말해 고용 '붐'은 노동인구 비율이 73퍼센트에서 76퍼센트로 증가한 것으로 나타났다.[68] 그들이 설명하듯이, "사람들이 더 많이 일하는 주된 이유는 대부분의 사람들이 [그들이] 기대했던 것보다 훨씬 더 가난"하기 때문이다.[69]

한편, 소득 스펙트럼의 최상단에서 불로소득 경제화에 따른 임금 압박으로부터 대체로 보호받는 사람들은 불로소득자 기관에서 일하든 일하지 않든 스스로 불로소득자가 됨으로써 임금소득에 불로소득을 추가했다. 그들은 개인 또는 가계의 능력으로 금융자산과 부동산 자산의 양을 늘림으로써 그렇게 했다(각각 1장과 7장 참조). 부동산 자산의 경우 주로 주거용 부동산을 매입하고 임대하는 형태다. 이 같은 누적적 현상을 피케티를 따라서 여기서는 '프티'불로소득주의라고 부르는데, 이는 이미 확대되고 있는 소득격차를 더욱 확대시켰다.[70] [그림 0-7]은 1980년에서 2016/17년 사이에 전체 가처분소득으로 순위가 매겨진 영국 가계의 각 10분위당 연간 투자소득(주거용 부동산 임대소득 포함, 자본이득 제외)을 보여준다. 어떤 기준으로 봐도 눈에 확 띄는 차트다. 10분위 하위 두 계층 이하에서는 근본적으로 아무 일도 일어

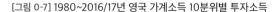

[그림 0-7] 1980~2016/17년 영국 가계소득 10분위별 투자소득

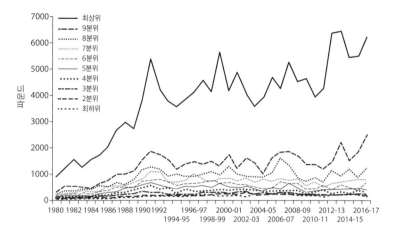

균등화된 전체 가처분소득을 기준으로 정렬된 가구 수

출처: 영국통계청

나지 않았다. 대부분의 영국 가구 중 이 계층에서는 불로소득자를 찾을 수 없다(다만 연금소득은 제외).[71] 9분위에서는 투자소득이 완만하게 증가하고 있다. 그러나 불로소득자의 소득은 본질적으로 최상위 10분위의 특징이다. 여기서는 연간 투자소득(금융 지대와 토지 지대 합산)이 1980년 평균 1,000파운드 미만에서 2016/17년 6,000파운드 이상으로 증가했다.

이러한 모든 이유로 영국의 소득 불평등은 불로소득주의가 팽배해지면서 급증했다. 그 같은 불평등은 서로 다른 자료 원천에 기반을 둔 상충되는 내러티브의 진정한 지뢰밭이다. 최근 논문에서 리처드 버크하우저Richard Burkhauser와 그의 동료들은 잡초를 제거하는 데 어느 정도 도움을 주었다.[72] 그들이 말했듯이, 어떤 자료를 활용하든 1980년대에 영국의 소득 불평등이 극적으로 증가했음이 분명하다. 논란은 다음에 일어난 일에 관한 것이다. 가계 조사 자료에 따르면 불평등은 1980년대 이전보다 훨씬 높은 수준이지만 1990년 전후로 정체 상태에 있는 것으로 보인다. 반면 경제학자들이 선호하는 세금신고 자료는 소득 불평등의 지속적인 증가를 보여주며, 오늘날 소득 불평등은 1980년대 초반은 물론이고 1990년대 초반보다 훨씬 높은 수준에 도달했다.[73]

그러나 이 영역에서 언급할 가치가 있는 마지막 세부사항이 하나 있다. 세금신고 자료를 기반으로 해도 금융위기 이후 10년은 공식 자료에 따르면 2009년에 최고조에 달한 불평등 감소가 특징으로 나타난다. 그러나 이것은 공식 자료에 불과하다는 점을 염두에 두어야 한다. 영국 불평등 연구의 대가인 토니 앳킨슨Tony Atkinson을 비롯해 많은 논평가가 지적했듯이, 이러한 자료는 비거주자에게 돌아가는 소득의 대부분, 모든 자본이득, 저축과 투자에 대한 비과세 수익 등 매우 중요한 여러 소득원을 제외한다는 점에서 큰 문제를 안고 있다. 이러한 소득은 소득분포의 최상위에 집중되어 있을 뿐만 아니라 불로소득자가 압도적으로 많다.

만약 세금신고 자료를 기반으로 한 측정에 이처럼 누락된 소득 원천을 포함시키면 영국 소득에서 상위 계층이 차지하는 비중은 현재 공식 통계에서 추정되는 것보다 훨씬 더 클 것이다. 누락된 소득 유형의 중요성을 보여주는 한 가지 예로 자본이득의 불평등을 고려해보자. [그림 0-8]은 2017/18년 자산 처분으로 다양한 규모의 과세대상 이익을 실현한 영국 개인납세자 수에 대한 정부의 추정치를 보여준다. 최상위층에서는 약 9,000명의 개인이 각기 100만 파운드 이상의 수익

[그림 0-8] 2017년 이후 영국 개인납세자의 자본 처분에 대한 과세대상 이익추정치

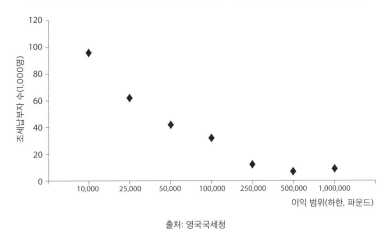

출처: 영국국세청

을 올렸다. 한편, 차트에 등록하지 않은 납세자의 약 99퍼센트는 과세 대상 자본이득이 전혀 없었다.[74] 매우 중요하지만 아직 발표되지 않은 연구에서, 법학자 앤디 서머스Andy Summers는 누락된 소득원이 포함된 영국 소득분배의 변화를 잠정적으로 추정했다. 그는 지난 10년 동안 이러한 누락된 소득이 (관찰된) 과세소득에 비해 더 늘어나 실제 존재하는 소득 불평등은 지속적으로 증가했다는 사실을 알아냈다.[75]

영국에서 불로소득 자본주의의 부상이 소득 불평등을 심화시켰다면 부의 불평등은 어떤가? 물론 여기서 최근 몇 년 동안 주요한 학술적 참고사항은 피케티의 작업과 그의 유명한 공식 r>g이다. 『21세기자본』은 자본주의하에서 부의 불평등이 증가하는 주요 동인이 자본수익률이 경제성장률을 초과하는 경향이라고 제시했다. r과 g 사이의 간극이 클수록 불평등 증가가 더욱 두드러진다. "성장률이 낮으면서 자본수익률이 성장률보다 뚜렷하게 높을 때 필경 부는 [고도로] 집중

될 것이다."[76]

그렇다면 불로소득 경제화되고 있는 영국의 경우는 어떤가? 우리는 r과 g 둘 다에 대해 논의했다. r은 불로소득주의의 기본 척도, 즉 그 맥박 수이자 불로소득자 생존력의 주요 지표다. r이 높을수록 그만큼 더 불로소득자가 되는 것이 좋다. 불로소득자 친화적인 통화·재정정책을 통한 r의 적극적 증폭은 신자유주의가 지배하는 영국에서 불로소득자 부활에 대한 한 가지 핵심적 설명을 말해준다. 한편, g는 우리가 방금 본 것처럼 점점 더 억압되어왔다. 이는 불로소득주의의 강화와 그것이 부여하는 독점력에 따른 투자 둔화 효과의 결과다.

이러한 의미에서 영국과 같은 불로소득 경제는 적어도 이론상으로는 부의 불평등이 증가한다는 피케티의 '법칙'이 성립하기 위한 완벽한 실험실 조건이 구현되고 있음을 갈수록 보여준다. 불로소득 경제는 정의상 r의 극대화와 g의 극소화의 경제다.

어느 정도 자료가 이를 뒷받침한다. 피케티의 자료를 포함해 지난 세기 동안 영국의 부의 불평등을 보여주는 차트에서 그러한 불평등 진화를 추적하는 선은 고전적인 하키 스틱의 경로를 따른다. 20세기 초부터 1980년경까지 영국의 부의 불평등은 가파르게 하락했다. 사실, 영국의 하락은 선진국 중 동급의 어느 국가들보다 더 심했고 더 빨랐다. 그러나 이후 영국 역사의 흐름이 바뀌었다. 부의 불평등은 단지 하락을 멈춘 것만이 아니었다. 그것은 상승하기 시작했고(그리고 여전히 상승하고 있다), 상승선의 모양새는 지난 수십 년 동안 따랐던 궤적에서 거의 수직으로 출발했다.[77] 이제 영국은 불로소득 경제의 길을 걷게 된 것이다.

영국의 주택 소유구조와 가계부채

　그럼에도 1980년대 초반 이후 영국의 부의 불평등 증가가 미국, 러시아, 중국 등 다른 국가들만큼 크지 않았다는 점은 주목할 만하다. 그 이유는 주택과 관련되어 있는 듯하다. 영국에서는 부동산 가격이 유난히 급격하게 상승했으며 주택 소유 분포는 다른 자산들과 현저히 다르다. 전체 주택 부문에서 최상위 계층은 비교적 낮은 비율만을 차지한다. 영국은 지난 40년 동안 사회주택을 소유자 거주주택으로 대량 전환했는데, 이는 부를 여러 10분위에 걸쳐 분배하는 결과를 가져왔다. 그리하여 가브리엘 주크먼Gabriel Zucman이 지적했듯이, 영국의 주택 가격 상승은, "중간층이 부의 대부분을 주택에 투자하기 때문에 중간층 부의 몫을 높이는 경향을 가져왔다. 한편 상위 계층은 대부분 금융자산을 소유한다."[78] 또한 파쿤도 알바레도Facundo Alvaredo, 토니 앳킨슨, 살바토레 모렐리Salvatore Morelli는 영국에 대해 다음과 같이 지적한다. "주택자산은 최근 몇 년 동안 주택을 제외한 총자산의 상위 몫이 증가하는 뚜렷한 경향을 완화시켰다."[79]

　그러나 이는 영국 불로소득 경제화가 낳은 주요 정치경제적 결과에 대한 마지막 설명이 아니다. 앞서 언급한 것처럼 최근 수십 년간의 집값 상승을 감당하기 위해 영국 가계는 급격히 증가하는 주택담보부채를 져야 했기 때문이다. 더욱이 소득과 부의 불평등이 증가함에 따라 가계 또한 점점 더 많은 양의 무담보부채에 의존했다([그림 0-9] 참조).[80]

　이러한 현상은 정체된 실질 임금을 보상하기 위해 부채를 이용하는 소득 스펙트럼의 하위 가계에만 해당되는 것은 아니다. 불평등이 심화

[그림 0-9] 1987~2018년 영국의 가계부채

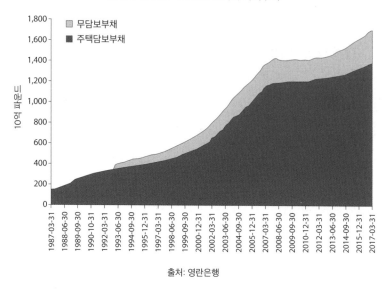

출처: 영란은행

되면 이는 또 좀 더 간접적인 방식으로 부채 부담을 커지게 한다. 모든 소득 계층 사람들이 적어도 그들의 소비패턴 측면에서, 멀어져가는 상위 계층의 행태를 올려다보면 볼수록 그것을 따라가게 하는 동기가 부여된다. 불평등에 내재되어 있고 불평등에 의해 구동되는 이러한 '존스네 가족 따라가기 동학'*이 부채의 축적을 실질적으로 촉진시킨다. 여하튼 전반적인 결과는 1980년대 이후 소득 대비 가계부채 비율이 크게 증가했다는 것이다([그림 0-10] 참조). 이는 당분간은 이자율의 장기적 하락 덕분에 견딜 수 있었을 뿐이다(1장).

---

* Keeping Up With The Joneses: 잘나가는 이웃을 따라가려고 부단히 애쓰는 모습을 통해 허영을 모방하는 심리를 꼬집는 표현이다.

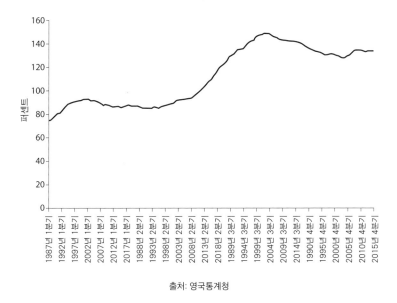

[그림 0-10] 1987~2018년 영국 가계의 소득 대비 부채 비율

출처: 영국통계청

　어떤 이의 부채는 다른 이의 금융자산이다. 회계사는 결코 지치지 않고, 아주 충분히 이 점을 상기시켜준다. [그림 0-9]에 묘사된 산더미 같은 부채의 증가는 영국 가계의 관점에서는 아주 위압적으로 보이지만, 대조적으로 그것에 아주 입맛을 다시는 반대 관점이 필경 존재한다. 이것은 누구의 관점일까? 이런 가계부채의 폭증으로 누가 수혜를 누렸나? 물론 금융 불로소득자다. 이들은 30년 전만 해도 약 2,000억 파운드의 가치가 있었지만 현재 추세에 따르면 곧 그 열 배가 될 자산더미의 창출자이자 보유자, 이자를 부과하는 착취자다.

Rentier Capitalism

1장

기능 없는 투자자:
금융 지대

금융 불로소득자는 어떻게 그리고 왜 되살아났는가

사회와 경제의 고통이 광범위하게 퍼져 있는 상태에서 개인의 큰 재산을 발표하는 것은 예외 없이 적개심과 분노를 불러온다. 이것은 영국 최대 은행 중 하나인 바클레이스Barclays가 2009년 실적을 공표한 2010년 2월에 예상된 일이었다. 세전 그룹 이익은 전년 대비 거의 두 배로 증가하여 사상 최대인 116억 파운드에 달했다. 영국이 그 당시로부터 10년이 지난 지금에도 여전히 회복되지 못하고 긴축의 시기에 접어들었다는 점을 고려할 때, 바클레이스 직원의 연간 보너스가 27억 파운드로 눈에 띄게 급증했다는 소식은 아마도 더욱 해로웠을 것이다. 노동조합회의Trades Union Congress 총서기 브렌던 바버Brendan Barber는 분노하면서 많은 동지를 대변하여 다음과 같이 말했다. "금융 부문에서 초래된 붕괴로 사람들이 여전히 일자리를 잃고 기업이 필요한 대출을 받을 수 없을 때 막대한 보너스를 지급하는 것은 공정성의 모든 개념에 위배된다."[1] 영국 수상 데이비드 캐머런은 긴축의 민주화를 추구하기로 악명이 높았는데, [바클레이스가 2009년 실적을 발표하기] 불과 4개월 전에 "우리는 모두 이것에 동참한다"라고 대담하게 선언했다.[2] 하지만 분명 바클레이스는 그렇지 않았다.

지루할 수도 있지만, 바클레이스가 회사와 직원의 터무니없는 2009년 번영을 기록한 연례 보고서는 반드시 읽어봐야 한다.[3] 그 보고서는 17세기 후반 런던의 시티에 설립되어 소소한 은행 영업으로 시작한 바클레이스가 어떻게 현대적이고 수익성이 매우 높은 사업 유형이 되었는지를 그 어떤 금융 기사나 학술 해석보다 더 잘 보여준다. 그 내용은 우리가 자산 경계asset vigilance*라고 부르는 것으로 가득 차 있다. 2009년 사업의 우수한 성과는 '효율적인 대차대조표 활용'과 '자산 건전성' 개선에 기인한 것으로 보고된다. 다양한 사업 부문의 상대적 성공은 각 자산 포트폴리오의 규모와 개별 포트폴리오의 '자산 마진' 측면에서 주로 설명된다. 자산 마진은 자산으로 수익을 창출하는 바클레이스의 효율성을 정량화하는 척도다(2009년 말 그룹의 전체 자산 가치는 1.4조 파운드로 평가되었다). 건전한 대차대조표를 계속 유지한 것이 전체 사업을 정상궤도에 올려놓은 비결로 꼽힌다. 2009년 '유동자산 잉여금 증가'를 달성한 경영진은 변함없이 '대차대조표의 규모와 구성에 매우 주의를 기울일 것'을 굳게 약속했다. 자산의 규모, 건전성, 생산성에 몰두하는 현대의 바클레이스는 서문에서 대차대조표 자본주의라고 기술한 것의 주요 사례로서 전형적인 불로소득자에 해당한다.

물론 예전 바클레이스도 일종의 불로소득자 기관이었다. 설립자는 '금세공 은행가'였다. 다시 말해 그들은 금과 다른 귀금속을 세공하는

---

* 이때의 경계는 방심하지 않는 불침번의 의미다. 따라서 자산 경계는 시장 상황에 맞춰 자신이 투자하고 있는 자산의 조합, 즉 포트폴리오를 끊임없이 재구성하는 것을 가리킨다.

작업을 전문으로 하는 금속 노동자인 동시에 그들의 세공 활동이 우리가 현재 은행 업무로 인식하는 기능 일부를 맡을 수 있게 해주었다는 점에서 은행가이기도 했다. 17세기 금세공 은행 업무는 주로 화폐 교환과 귀중품 보관을 수반했지만, 시간이 지남에 따라 바클레이스를 포함하여 이와 같은 원시적인 금융기관은 상당히 다양한 금융 서비스로 확장되었으며, 그중 하나는 이자를 받고 돈을 빌려주는 것이었다.[4] 금화, 동전, 환어음 등 자산은 그들의 기본적인 장사 수단이었고, 자산 유통을 통제하는 것이 바클레이스가 경쟁에서 우위에 서게 된 주요 원천이었다.

그리하여 바클레이스와 다른 영국 금융기관의 장기 상승 궤도가 시작되었고, 19세기 후반까지 이어졌다. 은행 부문은 국내뿐 아니라 세계 경제에서도 지배적인 지위로 이동했다. 세계적 지배는 주로 국제무역에 자금을 대는 파운드화의 역할 덕분이었다. 베어링스Barings, 쿠츠 Coutts, 로이드, 로스차일드Rothschilds와 같은 금빛 명성이 이끄는 영국은 진정으로 '세계의 은행가'가 되었다.[5] 이러한 경제적 우위는 그것이 가져오는 사회적 특권은 말할 것도 없고, 2007~2009년 금융위기 이후 쏟아진 비난에 버금가는 오명을 그 당시에 불러왔다. 마르크스는 『자본론』에서 영국의 '소위 전국은행과 이를 둘러싼 대형 대금업자, 고리대금업자'를 '굉장한 권력을 가진 기생 계급'으로 묘사했다.[6] 특히 1880년대와 1890년대 복본위제주의자들*이 그의 비평을 활발하게 받

---

* 복본위제는 금을 화폐로 활용하는 금본위제 이전의 제도이며, 복본위제주의자bimetallists는 금과 은을 동시에 화폐의 기준으로 삼자고 주장한 사람들을 가리킨다.

아들였는데, 그들은 점점 커지는 금융의 영향력을 저주로 여기고 영국이 "주택담보대출 채무자와 불로소득자'의 국가가 되는 것"을 두려워했다.[7]

하지만 영국의 금융 불로소득 계급의 운명은 그 후 나락으로 떨어졌다. 대공황을 사이에 두고 벌어진 두 차례 세계대전은 영국이 주도한 금융 세계화의 첫 번째 시대를 좌절시켰고, 2차 세계대전 이후 다시 등장한 국내 금융 부문은 전쟁 이전 자신만만하고 모든 것을 정복하는 선조의 옅어진 그림자일 뿐이었다. 대공황 한가운데서, 존 메이너드 케인스는 잘 알려졌듯이 금융 불로소득자였던 '기능 없는 투자자'의 안락사를 촉구했다. 1950년대 케인스주의 정책 환경에서 정부는 금융 부문이 이전의 권력을 되찾도록 내버려두지 않았다. (바클레이스와 로이드를 포함한) 대형 은행은 로이드 회장의 표현을 빌리자면 '마취된 상태로' 꼼짝 못 하게 잡혀 있었다. 금융은 이제 주인이 아니라 하인이었다.[8] 그 결과 빈약하고 위축된 금융 부문이 만들어졌다. 1950년대 동안 단 1년, 1959년에만 금융기업이 모든 영국 기업의 전체 총영업잉여(본질적으로 이윤)에서 2퍼센트 이상을 차지했고, 1960년대에도 1967년과 1968년에만 2퍼센트를 초과했을 뿐 그다지 나아지지 않았다. 간단히 말해 불로소득주의는 그 당시 벌이가 안 되는 장사였다.

다음 반세기는 굉장한 변화를 가져왔다! 바클레이스에게 기록적인 해인 2009년에 금융기업의 영업잉여 비중이 전체 영국 기업의 20퍼센트에 조금 못 미치는 수준으로 급증했고(최고 기록), 그들의 영향력은 금융 세계화의 두 번째 시대에 다시 한 번 전 세계로 확장되었다. 최근 수십 년 동안 영국에서 금융 불로소득자의 번영이 이처럼 놀라울 정도로 되살아난 것을 어떻게 설명할 수 있을까? 이 기간에 바클레이스로 대표되는 오늘날의 선도적인 금융 불로소득자가 원래의 소박한 금세공업자는 말할 것도 없고 어떻게 1950년대와 1960년대 단순 청산은행보다 훨씬 더 복잡한 동물이 되었는가, 그리고 왜 그렇게 되었는가? 이 장에서는 이와 같은 두 가지 질문에 대해 다룰 것이며, 그 대답들은 밀접하게 연결된 것으로 밝혀질 것이다. 이 책이 주장하듯이, 신자유주의 시대 영국 경제 전반에 걸쳐 불로소득자가 증가했다면, 그 선봉에는 분명히 금융 불로소득자들이 서 있었다. 결국 지금은 '금융화' 시대다.[9] 따라서 금융 분야는 현대의 영국 불로소득주의를 분석하기 위한 최적의 시작점이다.

정부 지원에 올라탄 금융 불로소득자의 자산 규모 확대

한 장의 사진이 1,000마디 말보다 가치가 있다고 하는데, [그림 1-1]에서는 확실히 그렇다. [그림 1-1]은 1990년부터 2017년까지 영국 국내총생산과 (최종 소유자의 국적과 관계없이) 영국에 기반을 둔 은행이 보유한 전체 자산의 성장을 보여준다. 그림에서 알 수 있듯이, 이 시기 동안 자산 증가가 생산량 증가를 크게 앞질렀다. 사실 두 개의 시계열은 1990년 이전부터 이미 갈라져 있었다. 비록 은행 자산에 관한 정의를 일관되게 적용하는 영란은행 자료는 1990년부터 시작하지만, 은행 분석가들은 이 두 선이 이미 1970년대 중반에 교차했다는 것을 확인했다. 달리 말해 그 기간에 은행 자산의 가치는 1975년 1,150억 파운

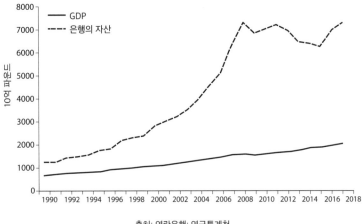

[그림 1-1] 1990~2017년 영국 GDP와 영국 기반 은행의 전체 자산

출처: 영란은행; 영국통계청

드였던 국가 연간 경제 생산량의 가치와 거의 똑같았다.[10] 2017년 말 은행 자산이 7조 3,000억 파운드에 이르렀을 때 GDP 대비 자산 비율은 3.6퍼센트였고, 이 비율은 2008년 4.6퍼센트로 정점을 찍었으며, 그 이후에는 자산 보유 순증가에 일정한 한계가 있었다.

[그림 1-1]의 핵심은 영국에서 금융기관이 지대를 획득할 수 있는 자산 재고가 놀랄 만큼 급격하게 증가했다는 것이다. 이 사실을 올바르게 인식하는 것이 금융 불로소득자의 부활을 이해하는 첫걸음이다. 그림에서 나타났듯이, 이러한 급격한 증가는 더 광범위한 경제의 성장률로부터 완전히 분리되었을 뿐만 아니라, 영국 은행 시스템의 자산 기반이 다른 선진 자본주의 국가보다 상대적으로 훨씬 더 큰 비율로 팽창했다는 것을 보여준다. 프랑스·독일·일본·미국은 모두 은행 자산을 각각의 국민경제의 산출량과 비교하여 측정할 때 영국보다 상당

히 빈약한 은행 부문을 가지고 있었다.[11] 제임스 미크James Meek는 이처럼 특별한 "세계에서 영국이 차지하는 현실적 위치"를 최근에 훌륭하게 잘 포착했다. "세계 경제의 2퍼센트, 세계 인구의 1퍼센트 미만이 세계 국제은행 부채의 18퍼센트를 관리한다."[12] 철저하게 자산 규모 측면에서, 신자유주의 시대는 다른 어떤 곳보다 영국의 금융 불로소득자에게 비례적으로 더 풍부한 수확을 창출했다.

금융 지대의 국가 영역이 이처럼 이례적으로 확대된 것에 대해서는 서로 맞물려 있는 여러 가지 설명이 존재한다. 하지만 이런 다양한 설명을 고려할 때, 각각의 개별적 특징이 그것들이 공유하는 정책과 정치에 뿌리를 두고 있음을 감추지 않도록 하는 것이 중요하다. 최근 수십 년 동안 영국에서 금융 불로소득주의의 부상, 더 구체적으로 그것을 뒷받침하는 자산 증가는 자연적으로 발생하지 않았으며, 다시 말해 시간의 흐름에 따라 1차(농업), 2차(제조업), 3차(서비스업) 부문을 거친 경제가 불가피한 '4차' 단계로 진입한 것이 아니며, 국내 제도와 정책 결정자의 영향이나 통제를 벗어난 외생시장 또는 기술동력의 결과도 아니다. 오히려 그것은 연이은 영국 정부, 특히 금융 부문과 금융 활동에 적극적으로 특권을 부여했던 정부 내부의 강력한 지지자에 의해 추진되었다.

애런 데이비스와 캐서린 월시, 타미 오렌Tami Oren과 마크 블라이스Mark Blyth의 최근 연구에서 알 수 있듯이, 그러한 특권은 일찍이 1970년대 후반에 시작되어 견고하게 지속되었다.[13] 데이비스와 월시는 1970년대 중반부터 재무부가 통상·산업부를 능가하기 시작했는데, 정부 내에서 재무부의 권력이 커지는 것이 특히 중요했다고 주장한다.

"재무부의 금융과 연결된 제한적 경제 세계관이 통상·산업부의 더 넓은 산업 경제 비전을 지배하게 되었다."[14] 화이트홀*의 내부 공작에 대한 이러한 특정 해석이 약간의 편향을 일으킬 수 있겠지만, 핵심 인물 인터뷰와 새롭게 기밀이 해제된 문서의 분석에 기초한, 데이비스와 월시의 설명 그리고 오렌과 블라이스의 설명은 모두 영국 경제정책이 금융 불로소득주의를 선동하는 방향으로 변화했고, 이러한 변화가 전략적이었음을 명확하게 보여준다. 데이비스와 월시는 다음과 같이 언급했다. "이것은 단순히 자유시장을 향한 갑작스러운 요동이 아니라 금융에 유리하고 영국 산업의 금융화를 지원하는 특정한 경제정책 패러다임이었다. 그것은 당시의 다른 어떤 선도적인 경제보다 더 빠르게 영국을 금융화로 이끌었다."[15]

이러한 변화의 중심축은 폭넓은 규제완화와 자유화에 기초하는데, 금융시장과 그 내부에서 작동하는 금융기관이 모두 변화의 대상이었다. 가장 널리 인용되는, 거의 한 시대를 정의하는 사례는 물론 1980년대 중반에 있었던 이른바 빅뱅이고, 그 기원은 전쟁 직후에 시작되었다. 1950년대와 1960년대 미국의 대형 은행들은 새로운 국내 규제의 엄격한 적용으로 자신의 본거지에서 쫓겨났다. 그들은 미국과 대조적으로 자유방임 체제를 운영하는 영국이 눈에 띄게 우호적인 후원자라는 것을 깨달았다. 그 결과 런던을 중심으로 미국 은행이

---

* Whitehall: 영국 정부를 가리키는 별칭이다. 런던 중심에 있던 화이트홀 궁전이 1698년에 불타고 그 자리에 영국 정부와 의회의 건물들이 들어서면서 화이트홀 거리가 형성되었다. 이후 영국 정부를 화이트홀이라고 부르기 시작했다.

지배하는 유럽 시장이 20년 동안 급격하게 성장했고, 그 뒤에 시티는 1970년대 초반 오일머니를 환류하는 주요 중심지로서 완벽하게 자리를 잡았다. 하지만 수많은 평론가가 논평했듯이, 1970년대 후반 영국 관료들은 일반적으로 런던, 특히 런던증권거래소가 외국 은행기관에 매력을 잃고 있다고 우려의 목소리를 냈다.[16] 일부 사업 유형은 런던을 떠나기 시작했는데 적지 않은 수가 뉴욕으로 다시 돌아갔고, "증권거래소가 방치될 수 있다는 전망은 영란은행에 극심한 충격을 주었다." 그 뒤를 이어 빅뱅이 일어났다.[17]

특히 1986년 런던증권거래소가 증권거래에 대한 고정 수수료를 포기했고, 다음 해에 존 플렌더John Plender가 지적했듯이, 사실 빅뱅은 궁극적으로 '시티 혁명*으로 알려진 것의 핵심 조각'에 불과했다. 유사하게 혁명적인 영향을 미치는 동시대 다른 조치로는 외국인 딜러의 거래소 진입 장벽 제거와 상업은행이 투자은행과 밀접하게 관련되는 (중략) 금융합병에 대한 시티 규제당국의 좀 더 완화된 태도 함양이 있다.[18] 은행은 점점 더 많은 새로운 활동에 참여할 수 있게 되었고 대담해졌다.

또한 주요 규제완화의 실시는 보수당 통치 기간으로만 국한되지 않았다. 1990년대 후반 시티의 규제 시스템을 최소한의 형태인 금융감독원Financial Services Authority(이하 FSA)으로 축소한 것은 신노동당이었다. 로버트 웨이드Robert Wade가 언급했듯이, FSA의 설계자와 관리자는 새

---

* City revolution: 시티가 런던 내 금융 중심지를 가리키므로, 시티 혁명은 금융 중심지를 위한 대폭적인 규제완화를 의미한다.

롭게 축소한 이 규제기관이 얼마나 간섭하지 않고 관대할 것인지에 대해 전적으로 솔직했다. 당시 FSA를 설립한 고든 브라운Gordon Brown 수상은 이 기관이 '가벼울 뿐만 아니라 제한된 규제'를 예고한다고 말했다. FSA 초대 회장인 하워드 데이비스Howard Davies는 가장 인상적인 용어로 다음과 같이 뒷받침해주었다. "내가 그것을 설립할 때 신조는 말하자면 '성인 간의 은밀한 동의?* 그것은 정말로 그들만의 문제야.'"[19] 20년이 지난 후 금융위기가 금융 부문에 대한 이처럼 '경미한' 규제의 어리석음을 전 세계에 폭로한 다음에야, 애덤 투즈Adam Tooze는 "FSA가 금융감독에 대해 낮은 기준을 새롭게 설정했다"라는 평가를 내렸다.[20]

이러한 금융 규제완화와 자유화의 역사는 영국 은행 시스템에 넘쳐흐르도록 자산 규모를 끊임없이 증가시켰는데, 그 결정적인 방법은 금융지리학자인 앤드류 레이션Andrew Leyshon과 나이절 스리프트Nigel Thrift가 '거의 모든 것의 자본화'라고 명명한 것을 허용하고 심지어 장려했다는 점이다.[21] 이것은 영국 은행과 다른 금융기관이 모든 종류의 정기적인 소득 흐름을 금융시장에서 투자자에게 판매할 수 있는 자산으로 바꾸고 그 투자자에게 해당 소득의 미래 흐름에 대한 소유권을 실제로 부여할 수 있었다는 것을 의미한다. '자본화'라는 단어는 이런 방식으로 새로운 자산을 창출할 때 은행이 이를테면 자본을 만들어낸다는 것을 가리킨다. 비록 그것이 마르크스가 '가공'자본이라고 부

---

* '성인 간의 은밀한 동의consenting adults in private'는 성적인 의미를 담고 있다. 특히 성인 간의 동의는 법적으로 동성애 행위가 허락되는 성인 또는 동성애 자체를 가리키기도 한다.

르는 것일지라도 어쨌든 자본을 만들어낸다. 물론 아마도 증권화가 더 나은 용어일 것이다. 법적으로 그리고 기술적으로 생산되는 것은 금융증권이기 때문이다.

물론 일부 유형의 소득 흐름은 오래전부터 그러한 증권화의 대상이 되어왔다. 특히 (해당 자본자산이 주식인 경우) 회사 배당금과 (채권인 경우) 기관의 이자 지급이 가장 두드러진다.[22] 하지만 빅뱅의 관련 규제 완화 이후, 영국의 은행은 이전에 자산화되지 않은 광범위한 다른 미래 소득 흐름에 증권화의 오래된 기술을 확장하여 적용할 수 있었다. 그 범위는 인프라 임대료 지급부터 가계의 신용카드 부채, 전기·가스 요금, 마지막으로 가장 중요한 주택담보대출에 대한 원리금 지급에 이른다. 다시 말해 그들은 '거의 모든 것'을 자본화했다. 따라서 완전히 새로운 자산군이 나타나게 되었고, 금융 불로소득자의 작동 영역은 크게 확장되었다.

주택금융 발전은 이와 관련하여 특별히 언급할 필요가 있는데, 사회경제적으로 특히 중요하기 때문이다. 지난 수십 년간 영국 가계 주택담보대출 부채의 놀랄 만한 확장([그림 0-9] 참조) 탓에 금융과 주택 소유는 영국 금융 부문뿐만 아니라 일부 측면에서 영국 경제 전체에서 점점 더 중추적인 위치를 차지했다.[23] 하지만 주택금융 발전은 다른 측면에서도 주목할 만한데, 신자유주의하 영국에서 금융 불로소득주의와 관련이 있는 최초의 대형 정책 개입이 나타난 곳이 바로 이 분야이기 때문이다.

대처 시대 이전에 영국 주택담보대출 시장은 엄격하게 규제되었다. 전문주택금융조합은 사실상 시장 지배를 통해 대출 제약이 시행되었다. 전문주택금융조합은 사실상 누구의 방해도 받지 않고 이자율 카르텔을 운영했다. 하지만 (대처가 집권한 해인) 1979년 주택금융조합 대출 실행의 직접 통제가 폐기되면서 시작된 다단계 규제완화 과정은 천천히, 그러나 확실히 주택담보대출 시장을 은행과 경쟁하도록 개방했다. 1983년 이후부터 은행은 이 시장의 붙박이 존재가 되었다. 이것은 "빌릴 수 있는 금액과 빌릴 수 있는 사람 측면에서 주택담보대출 금융의 접근 확대"라는 중요한 변화를 이끌어냈다.[24] 주택 소유를 위한 대출 실행이 호황을 누렸고, 그 이후 은행의 주택담보대출 보유가 끊임없이 부풀려졌다. 1995년부터 10년 동안, 주택담보대출은 500퍼센트 넘게 증가했다.[25] 물론 주택담보대출 증권화의 성장이 이러한 과정에 필수적이었는데, 그것은 대출자가 도매시장에서 제공하는 엄청난 규모의 자금조달에 접근할 수 있도록 했다.[26]

하지만 주택담보대출과 그 밖의 (거의) 모든 것의 증권화가 1970년대 이래 영국에서 금융 규제완화와 자유화가 금융자산의 엄청난 다각화와 축적을 촉진한 유일한 방법은 아니다. 파생상품은 금융 혁신과 확장의 또 다른 분명하고 논쟁적인 초점이었다. (신규 자산과 기존 자산을 모두 포함하는) 이러한 다양한 자산군에서 얻는 지대의 특성에 대해이 책의 적절한 곳에서 더 자세하게 언급하겠지만, 여기에서는 다음과 같은 사실에 주목할 필요가 있다. 오늘날 많은 경우에 지대는 문자 그대로의 뜻을 가진다. 자산은 실제로 대여된다. 다시 말해 아파트처럼소유자가 자신의 자산을 제삼자에게 빌려주고, 제삼자는 자산의 일시적 이용에 대한 수수료를 소유자에게 지급한다.

이것이 발생하는 한 가지 시나리오는, 예를 들어 공매도인데, 이는 최근에 언론이 특히 나쁘게 평가하는 시장 활동이다. 공매도는 일반적으로 이전에 수수료를 주고 다른 당사자에게 빌린(임대한) 금융자산을 판매하고 나중에—이론상—더 낮은 가격에 그것을 다시 구매하여 대출자에게 갚는 것을 포함한다. 또 다른 적절한 사례는 환매조건부 협정('레포' 또는 '역레포')으로, 이는 금융자산을 빌리는 것이 아니라 실제로 구매하는 것을 포함하지만, 사실은 해당 자산의 일시적인 임대에 해당하는데, 구매자가 원래 소유자에게 미래 날짜 또는 요구에 따라 합의된 가격으로 그 자산을 다시 판매하기로 약속하기 때문이다. 이 협정을 레포 또는 역레포로 부를지는 단순히 거래의 어느 쪽에서 보는지에 달려 있다. 그것들은 동전의 양면이다. 자산을 재구매하기로 계약한 판매자에게는 레포고, 구매자에게는 역레포다.

이러한 유사-임대 계약들은 언뜻 보기에 난해할 수 있지만, 이것들이 현대 영국 금융 불로소득주의 세계의 주변부 특징이라고 생각하면 오판일 것이다. 파생상품과 함께, 특히 레포는 현대 은행 자산 포트폴리오에서 눈에 띄게, 종종 지배적으로 중요한 몫을 차지한다. 2014년 영란은행은 "영국 소유 은행이 보유한 자산 중 절반 정도만 비은행 차입자에 대한 대출"이라고 보고했다. "영국에서 가장 큰 외국 자회사의 경우, 이 수치는 훨씬 더 낮다. 자산의 10퍼센트 미만이 비은행 차입자에 대한 대출이며, 파생상품과 역레포는 자산의 약 60퍼센트를 차지한다."[27] 그리고 2007~2008년 폭락 직전에는 그 비율이 훨씬 더 높았다.

이와 관련하여, 영국의 나태한 '규제기관'은 금융기관에 사실상 무한한 규모로 새로운 자산을 창출할 수 있도록 전대미문의 자유를 부여했는데, 이를 '담보 재설정'이라고 알려진 과정만큼이나 적나라하게 보여주는 것은 없다. 당신이 앞서 언급한 환매조건부 협정에 따라 다른 금융기관에서 금융자산, 예를 들어 채권을 '빌린' 은행이라고 가정하자. 그런 다음 당신이 그 자산을 원래 소유자에게 다시 되팔기 이전에 해당 자산을 매각하고 재매입하여 제삼자에게 '빌려'주기로 결정했다고 가정하자. 이것이 바로 담보 재설정인데, 해당 자산이 판매와 재판매 각각의 결과로 주인이 바뀌는 현금에 대해 담보 역할을 한다. 금융 불로소득자의 화려한 신세계에 온 것을 환영한다. 그런데 미국에서는 그러한 재설정이 항상 제한되었다. 하지만 영국에서 위기 이전에는 그렇지 않았다. 만모한 싱Manmohan Singh과 제임스 에이트켄James Aitken이 지적했듯이, '무한한 양'의 자산이 그곳에서 재담보될 수 있었다.[28] 그리고 그것은 사실이었다. 2007년 말까지 자그마치 약 4조 달러의 추가 자산이, 애덤 투즈의 말을 빌리자면, '어디서인지도 모르게' 생겨났다.[29]

담보 재설정은 그 자체로는 특별히 흥미롭지 않다. 하지만 그것은 영국 금융 불로소득주의의 자산 기반을 비교할 수 없을 정도로 비대해진 규모로 부풀렸던 역사적 과정이 어떻게 일어났는지를 강력하게 예시한다([그림 1-1] 참조). 담보 재설정은 또한 [금융 불로소득자의 자산 규모가] 그토록 비대해지는데도 규제를 가하지 않은 것이 중심적인 역할을 했음을 보여준다. 그리고 마지막으로 현대 금융이 아무리 '복잡'해졌다고 하더라도 여전히 서로에게 물건을 빌려주는 사람들로 현대 금융의 대부분이 구성된다는 것을 증명한다.

금융 불로소득자에게 호의를 베푸는 관대한 조세정책

서장에서 다양한 유형의 '임대할 수 있는' 민간 자산의 규모가 정책 주도로 확장된 것이 신자유주의하 영국에서 불로소득주의의 부활에 근본적인 역할을 했다고 언급하면서, 불로소득자 소득에 대한 정책 주도적 보호, 예를 들어 관대한 조세 처리도 마찬가지라고 주장했다. 이러한 두 개의 동인을 따로 논의했지만, 물론 현실에서 두 개의 동인은 서로 연결되어 있다. "자연자원 추출의 면허(2장)부터 사회주택의 민영화(7장)까지, 그리고 공공 부문의 외주화(5장)부터 에너지 인프라의 민영화(6장)"까지 민간 불로소득자 자산 재고의 증가는 정부 정책의 '추진'뿐만 아니라 민간 부문 수요의 '유도'에서 비롯되었다. 여기서 '유도'가 확실히 강력했는데, 그 이유는 정책이 불로소득주의에 호의를 베풀었기 때문이다. 달리 말해 자본이득세의 점진적 약화(서장 참조)와 같은 정부 조치는 불로소득자 소득을 부풀림으로써 영국의 불로소득 경제화에 어느 정도 직접적으로 기여했으며, 동시에 기업과 가계가 그렇게 하면 성과를 거둘 것이라는 확신을 가지고 자산 포트폴리오를 확장하도록 권장함으로써 어느 정도 간접적으로 기여했다.

이러한 정부와 불로소득자의 상호관계는 영국 금융 부문에 확실히 적용된다. 금융기관은 얼마 전까지만 해도 생각할 수 없을 정도로 대차대조표를 확장했는데, 여기에서 어느 정도는 정부의 역할이 중요했다. 정책에 힘입어 금융기관은 대차대조표에 있는 자산이 평균적으로 창출할 수 있는 소득을 점점 더 증가시킬 수 있었다. 예를 들어 영란은행은 영국의 거대한 은행 시스템을 설명하면서 그러한 방법 중 하나인 암묵적 국가 보조금을 파악했다. 대형 은행들이 (금융위기에 그랬던 것처럼) 정부가 자신들의 파산을 막아주기를 기대한다는 사실은 그들이 사실상 보험 보조금을 받고 있고, 이는 그들이 투자와 관련된 위험에 완전히 노출되었을 때보다 더 큰 정도로 자산 축적에 투자하도록 장려한다는 것을 의미한다.[30] 국제통화기금IMF은 2011~2012년에 경제학자들이 '도덕적 해이'의 한 형태라고 부르는 이와 같은 암묵적 보조금의 전체 가치가 영국 주요 은행에 대해 대략 200억 달러에서 1,100억 달러 사이였다고 제시했다.[31]

하지만 만약 '정책'이 시스템상 중요한 은행들이 파산하지 않도록 보장하는 암묵적 국가 약속을 표현하는 적절한 단어라면, 이 정책이 금융 불로소득주의에 보조금을 지급하여 금융자산 성장을 촉진하는 영국 정책 중에서 물질적으로 가장 중대한 것 같지는 않다. 조세정책은 거의 확실하게 더 큰 역할을 했다. 여러 부문에 걸쳐 일반적으로 중요한 조세인 자본이득세에 대해 앞서 논의했다. 1980년대와 1990년대를 거쳐 자본이득세는 불로소득자 이득의 극대화를 적극적으로 옹호하는 방식으로 여러 차례 개정되어 불로소득주의를 자극했다.

한편, 금융 부문에서 특히 중요한 조세는 영국 법인 기업의 주식 거래에 대한 조세인 인지세였다. 1970년대 후반과 1980년대 초반에 런던증권거래소의 경쟁력에 사실상 가장 불리하게 작용한 것은 (당시 2퍼센트로 설정된) 인지세였다.[32] 이 조세가 1984년 1퍼센트, 1986년 0.5퍼센트로 인하되면서 거래소의 운명을 되살렸고, 더 중요하게 영국에서 금융 불로소득주의의 절대적 비용을 상당히 낮췄다. 동일한 기간에 또 다른 조세 조정은 금융 불로소득자가 되는 상대적 비용을 감소시켰다. 재화와 (비금융) 서비스에 대한 부가가치세 세율은 인상되었지만, 금융과 보험 서비스의 부가가치세는 면제되었다.[33] 그리고 금융과 같이 물적 자산이 적은 부문에 혜택을 주는 만큼 제조업에 불리한 전체적인 기조에서, 정부는 기계와 공장에 대한 자본투자공제를 없애 법인세율 인하로 부족해진 세수를 추가로 확보했다.[34]

마지막으로 조세회피처에 대한 영국 정부의 입장이 중요하다. 물론 정책적인 측면에서 정부는 영국 기반 은행들이 완곡하게 '효율적 조세 계획'이라고 불리는 것을 명시적으로 지원하지 않는다. 하지만 매우 최근까지 정부는 어쨌든 이 쟁점을 다루는 어떤 중요한 조치도 하지 않았다. 조세운동가 존 크리스텐슨John Christensen이 지적했듯이, 알려진 조세회피처 전체의 약 절반은 해외 영토, 왕실 속령의 지위를 통하거나 영연방의 회원 자격을 통해 영국과 직접적으로 연결된다. 이러한 관할권은 "자율성의 느낌을 풍기지만", 대다수는 "단순히 런던의 시티와 다른 주요 금융 중심지에서 결정하는 지침에 따라 움직인다."[35]

이러한 사실에 기초하여 크리스텐슨은 2011년 다음과 같이 놀라운 결론을 내렸다. 영국 정부는 근본적으로 "자신의 왕실 속령이 탈세를 촉진하는 것을 계속하도록 허용하고", 이에 따라 영국은 "가장 부패한 국가의 목록에서 높은 순위를 받을 만하다."[36] 2013년 자선단체 액션 에이드Action Aid가 영국 100대 공기업의 조세회피처 사용에 관해 실시한 연구에 따르면, 금융 부문은 적수가 없는 '가장 활발한 이용자'였다. 조세회피처에 가장 많은 자회사를 둔 상위 10개 영국 회사 중 6개 이상이 금융기관이었으며, 그중 4개는 은행이었다(바클레이스, HSBC, 로이드, RBS). 바클레이스는 믿기 힘들게도 케이맨 제도에만

120개가 넘는 자회사를 포함하여 거의 500개에 가까운 자회사를 보유했다.[37] 또 다른 자선단체 옥스팜Oxfam이 2017년에 발표한 더 최근 연구는 이러한 상황이 거의 개선되지 않았음을 보여주었다. 영국에 기반을 둔 은행들은 "법인세율이 매우 낮거나 전혀 없는" 국가에서 여전히 자산과 그것이 창출하는 불로소득자 이익을 광범위하게 신고했다. 다시 한 번 바클레이스는 인상적인 사례인데, 2015년 룩셈부르크에서 5억 5,700만 유로에 달하는 이익을 신고하면서 이에 대해 단지 100만 유로(0.18퍼센트)의 세금만 납부했다.[38]

영국 기반 금융기관의 '효율적' 조세 계획이 실제 어느 정도로 이루어지든지 간에, 수년간 조세회피처 활용에 관한 정부의 느슨한 접근이 영국 기반 금융 불로소득주의의 부활뿐만 아니라 그것의 가장 주목할 만한 중요한 특성 중 하나를 설명하는 데 도움이 된다는 것은 분명하다. 바로 방대한 공간적 발자취다. 그런데 흥미롭게도 이 지점에서 영란은행은 영국 내 외국계 은행이 중요하다는 완전히 다른 지리적 특징을 강조한다. 구체적으로 영란은행은 영국에 위치한 은행기관이 보유한 전체 자산의 약 절반이 실제로는 다른 곳에 있는 은행 본사로 회계 처리된다는 점을 지적하면서, 이처럼 과중한 국제적 업무가 영국 은행 시스템의 "본질적인 의미를 규정하는 특징"이라고 여긴다.[39] 우리가 지금까지 살펴봤듯이, 이는 결코 새로운 발전이 아니라 유럽 시장의 전후 전성기에 역사적 뿌리를 두고 있다. 아마도 영란은행과 영국 관료는 이러한 지리적 특징의 다른 측면, 즉, 우리가 여기서 관심을 갖는 측면에 대해 훨씬 관심이 적을 것이다. 그것은 바로 영국에서 외국계 은행의 역할이 아니라 영국에 기반을 둔 은행이거나 영국 소유 은행이 국외에서 하는 역할에 관한 것이다. 이러한 특색은 똑같이 중요하며, 앞서 살펴본 것 못지않게 영국 금융 시스템의 결정적인 특징이다.

작고한 도린 매시는 2007년 현대 세계에서 런던이 차지하는 위치에 대한 책 『세계 도시World City』에서 다음과 같이 주장했다. 21세기 초반 시티의 기관 금융 불로소득자는 첫 번째 시대와 마찬가지로 사실상 금융 제국주의 시대로 볼 수 있는 금융 세계화 시대에 국제적 의존성으로부터 지대를 추출한다. 특히 최근 수십 년 동안 영국 기반 은행들이 "금융 공물을 다시 한 번 거둬들여 새로운 제국을 건설하기 위해 오래된 제국의 외투를 집어 들었다"는 점에 주목했다.[40] 제국주의 프레임이 적절하든 그렇지 않든, 그리고 매시가 그렇다고 믿는 유일한 사람은 분명 아니었지만, 어쨌든 시티의 금융 지대가 대부분 해외에서 발생한다는 사실은 논쟁의 여지가 없다.[41]

금융 지대의 해외 창출은 어느 정도 국내 보유 자산이 지원하는 서비스의 수출을 통해 이루어진다. 따라서 2017년 (보험을 포함하여) 금융 서비스는 총액 기준으로 영국 전체 수출 가치의 거의 3분의 1에 달하는 780억 파운드(총액 전체의 28퍼센트)를 기록했고, (수출에서 수입을 뺀) 순액 기준으로 측정하면, 610억 파운드로 순액 전체의 55퍼센트를 차지했다.[42] 하지만 막대한 지대는 해외에 보유한 자산으로도 벌어들였다. 영국 바깥에서 영업하는 은행들에 있어서 해외 금융자산의 편중된 중요성은 [그림 1-2]에 분명히 나타난다. 절대적인 측면과 국내 보유 자산과의 상대적인 측면 모두에서 국경을 초월한 대출과 채무증권의 가치는, 달리 말해 해외에서 발행한 채권의 가치는 국제적으로 중요한 금융 서비스 부문을 갖춘 다른 선진 자본주의 국가들보다 영

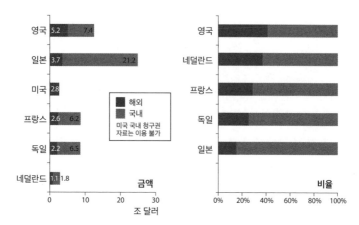

[그림 1-2] 2018년 1분기 해외 은행과 국내 은행의 청구권(대출과 채권) 잔액:
보고 위치에 따라 해외와 국내 구분

출처: 국제결제은행

국에 기반을 둔 은행에서 더 크다. 그리고 이것은 조세회피처가 결정
적으로 관련된 부분이다. 물론 조세회피처가 유일한 고려사항은 아니
므로 모든 것을 설명하지는 못한다. 하지만 영국 은행들이 [그림 1-2]
에서 나타나듯이 엄청난 규모로 해외 자산 보유를 과감하게 늘릴 수
있었던 것은 그러한 자산이 보유된 다수의 장소에서 조세 의무를 벗
어나거나 적어도 최소화할 수 있음을 알고 있었기 때문이다.

자본 확대에도 금융 불로소득자가 안락사하지 않은 이유

존 메이너드 케인스가 살아서 봤더라도 신자유주의 시대에 그를
놀라게 했을 만한 것은 별로 없다. 그는 19세기 중반부터 20세기 초반

1장 기능 없는 투자자: 금융 지대

까지 이어진 고도 자유주의 시대뿐만 아니라 자유주의 이후 반자유주의와 파시즘으로의 비참한 추락에 대한 매우 예리한 관찰자였다. 또한 그는 자유주의 세계가 다수의 옹호자들이 주장하는 유토피아가 아니라는 사실도 알고 있었다. 서구의 자유주의 '문명'은 풍요 속의 빈곤에 시달렸다.[43] 케인스는 아마도 1970년대 후반부터 서구 사회가 전후 케인스주의 정치경제를 거부하도록 이끈 충동, 그리고 시장이 주도하는 정통주의로의 복귀가 초래하는 사회경제적 결과를 모두 알고 있었을 것이다.

하지만 신자유주의 시대에 관해 그를 놀라게 하고 심지어 곤혹스럽게 했을 법한 사실이 하나 있다. 그것은 바로 금융 불로소득자의 강건한 복귀다. 이러한 불로소득자를 케인스는 특히 싫어했다. 그는 특정 금융 행위, 즉 빌려준 자금으로 이자를 버는 것을 가리키기 위해 불로소득자 딱지를 활용했다. 이자 수취는 고전적이거나 전형적인, 그리고 확실하게 가장 유서 깊은 금융 불로소득주의의 형태다. 원칙적으로 그것은 빌려줄 수 있는 자본의 부족에 기인한다. 케인스는 『고용, 이자 및 화폐의 일반이론*The General Theory of Employment, Interest and Money*』(이하 『일반이론』)에서 단도직입적으로 "자본의 소유자는 자본이 희소하기 때문에 이자를 획득할 수 있다"라고 썼다. 만약 자본이 풍부하다면, 결국 자본의 소유자가 자본에 접근하는 데 비용을 청구할 수 있는 능력은 그에 따라 감소해야 한다. 케인스의 가장 중요한, 심지어 급진적인 통찰력은 금융 지대를 뒷받침하는 희소성이 자연적으로 발생하지 않는다는 것이다. 그는 "토지의 희소성에 대해서는 본질적인 이유가 있을 수 있지만, 자본의 희소성에 대해서는 본질적인 이유가 없다"라고 주장했다.[44] 오히려 제프 만Geoff Mann이 케인스주의 이론에 관해 최근 작성했듯이, "희소성은 예상되는 실질 수익을 창출하기 위해 사회적으로 생산된다. (중략) 자본은 희소해야 하기 때문에 희소하게 만들어진다."[45] 그리고 케인스는 자본 희소성을 만드는 과정이 매우 계급적인 프로젝트라는 것을 깨달았다. 그는 은행이 가지고 있는 "자본의 희소가치를 악용하는" 능력을 "누적적 억압권력"으로 묘사했다.[46]

게다가 케인스의 견해에 따르면, 이자 형태의 지대는 "토지의 지대가 그러한 것처럼 진정한 희생 없이" 보수를 주는 것으로, 그는 사회의 목표가 마땅히 이러한 금융 지대 창출이 불가능하게 하는 필요조건을 마련하는 것이어야 한다고 믿었다. 어떻게 그렇게 할 수 있을까? 더는 희소하지 않을 정도로 유통되는 자본의 양을 증가시킴으로써 그렇게 할 수 있다. 케인스는 "따라서 우리는 희소하지 않게 될 때까지 자본의 양을 늘리는 것을 실제로 목표로 삼을 수 있고(이것에서 성취할 수 없는 것은 아무것도 없으므로), 그러면 기능 없는 투자자가 더는 보너스를 받지 못할 것이다"라고 언급했다. 그는 이를 "한두 세대 내에" 달성할 수 있다고 조심스럽게 내다봤다.[47]

여기서 우리는 케인스가 금융 불로소득자를 '기능 없는' 존재로 묘사할 때 정확히 무엇을 의미했는지를 가장 명확하게 이해할 수 있다. 그는 대출사업이 자본주의 경제에 유용한 목적이 없다는 것을 의미하지 않았다. 대출사업의 유용성은 그에게 명백했다. 실제로 잉여자본을 가진 사람들과 그것을 빌리려고 하는 사람들 사이에서 전자에서 후자로 자금을 전달하여 양자를 중개하는 은행 시스템은 화폐화된 자

1장 기능 없는 투자자: 금융 지대

본주의 경제의 필수적인 구성요소였다. 그 대신에 케인스의 요점은 중개인 역할을 할 때 은행가 입장에서 희생이 결핍되었다는 것이다. 케인스에게 금융 지대는 리카도에게 토지 지대와 정확히 같은 의미에서 '노력 없이 얻은' 것이었다. 중개는 중요한 기능이지만, 중개인은 기능이 없다. 왜냐하면 중개인은 그가 통제하는 자산이 인위적으로 희소하게 되는 **경우에만** 이 기능을 수행하는 데 있어 케인스가 말하는 '보너스'를 후하게 지불받기 때문이다.

그러므로 사회는 중개 자체를 없애지 않고, 불로소득자 또는 최소한 그가 누리는 보너스(지대)를 없앨 수 있다. 케인스가 구상한 희소성이 없는, 따라서 지대가 없는 유토피아에서 중개인은 여전히 존재할 것이고, 빌려준 자본은 여전히 대가를 요구할 것이다. 은행은 '위험 그리고 기술과 판단의 활동'을 충당하기 위해 적당한 이자율을 계속 부과해야 할 것이다. 그러나 결정적으로 케인스 시대에는 은행이 부과하는 부를 창출하는 이자율, 즉 희소성에 기반을 둔 지대가 사라질 것이다. 따라서 금융 불로소득주의 자체를 위한 돈벌이 위주의 제도와 실행도 마찬가지로 사라질 것이다. 케인스가 추천한 방식으로 자본의 양을 늘리는 것은 "불로소득자의 안락사를 의미할 것이고", 따라서 "자본주의의 불로소득자 측면"에 종말을 고할 것이다.[48]

따라서 케인스를 놀라게 하고 아마 곤혹스럽게 했을 것은 자본이 증가하는 상황에서 금융 불로소득자가 소멸하지 않았다는 사실이다. 우리가 보았듯이, 신자유주의 시대 동안 유통되는 자본의 양이 특히 영국에서 급격하게 증가할 것이지만, 고전적인 이자 낳는 금융 불로소득자가 사실상 소멸하지 않았다. 그와 반대로, 고전적인 금융 불로소

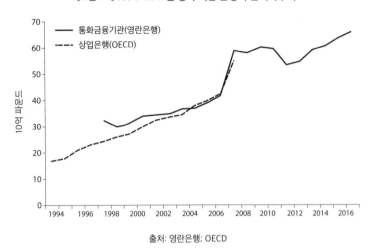

[그림 1-3] 1994~2017년 영국 기반 은행의 순이자수익

출처: 영란은행; OECD

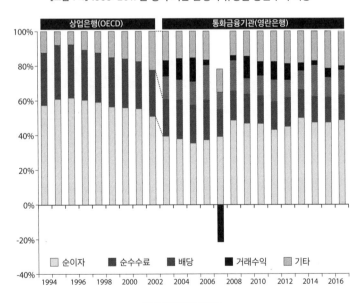

[그림 1-4] 1995~2017년 영국 기반 은행의 유형별 총순수익 비중

출처: 영란은행; OECD

1장 기능 없는 투자자: 금융 지대

득자는 번성했다. 이자수익이 30년 또는 40년 전보다 오늘날 영국 기반 은행의 수입에서 더 낮은 비중을 차지하더라도, 그 몫은 여전히 상당하며([그림 1-4] 참조), 절대적인 수익 금액도 마찬가지다([그림 1-3] 참조). 중요한 질문은 이것이 왜 그리고 어떻게 발생했느냐다. 케인스가 왜 틀렸는가? 이 수수께끼를 푸는 것은 금융 불로소득자의 귀환에 관한 광범위한 이야기를 설명하는 데 꼭 필요하다. 아니나 다를까, 그 대답은 여러 부분에서 나온다.

오늘날 영국에 기반을 둔 은행은 네 가지 주요 유형의 자산에 대한 이자 지대를 획득한다. 대출, 채권, (역레포를 포함하여) 레포 그리고 단기금융상품이다. 그중 마지막은 주로 은행이 짧은 기간 동안 서로에게 빌려주고 빌리기 위해 활용하는 수단이다. 하지만 최근 수십 년간 도입된 모든 이색적인 신규 금융자산에도 불구하고, 단순 대출은 영국과 같은 선진 금융 시스템을 갖춘 국가에서도 은행의 생계 수단으로 남아 있다. 지난 20년 동안 어떤 해든 영국 기반 은행의 전체 취득 이자에서 대출로 처리한 이자의 비중은 대체로 약 70퍼센트(64~73퍼센트)였다. 단기금융상품이 차지하는 비중은 계속 적었다. 2000년 이후 매년 5퍼센트 미만이었다. 채권과 레포를 합치면 전체 이자의 (2000년) 22퍼센트와 (2007년) 34퍼센트 사이 어딘가를 차지했다. 레포시장은 2007년까지 규모가 증가하다가 2008년과 2009년에 붕괴했고, 채권시장은 부진한 상태에서 점차 회복했다.

케인스의 예측, 즉 자본이 대규모로 확장하는 상황에서 금융 불로소득자의 있을 법한 운명이 왜 틀렸는지에 대한 대답의 첫 번째 부분은 상대적으로 단순한 공급과 수요의 문제다. 케인스는 궁극적으로 은행이 부과하는 이자율이 실제로는 주로 자본에 대한 공급과 수요의 함수라고 여겼고, 공급이 크게 증가하여 이자율이 성공적으로 하락하면, 수요가 이에 비례하여 증가하지는 않을 것이므로, 불로소득자를 안락사시킬 수 있다고 추론했다.[49] 달리 말해 그는 자본이 수요 제약적이라고 생각했다. 그는 아마도 자신의 주장에 대한 반대를 예상하며, "나는 자본의 한계 효율성을 매우 낮은 수치로 떨어뜨리는 지점까지 자본 재고를 늘리는 것이 어렵지 않다는 의미에서 자본에 대한 수요가 엄격하게 제한된다고 확신한다"라고 썼다.[50]

이것이 케인스의 첫 번째 큰 실수였다. 기업, 정부, 가계 모두에서 자본에 대한 수요는 케인스가 상상했던 것보다 훨씬 더 광범위하다는 것이 입증되었다. 만약 그가 기업과 정부의 미래 수요 증가를 얼마간 상상할 수 있었다고 하더라도, 1970년대 이후 영국에서 볼 수 있었던 신용에 대한 가계의 수요 급증은 그가 이해할 수 있는 범위를 넘어서는 일이었을 것이다([그림 0-9] 참조). 케인스가 사망한 1946년에 영국 주택의 3분의 1 미만이 자가 거주였다. 주택담보대출 신용의 광범위한 확장으로 추진되는 주택 소유 사회에 대한 대처의 비전은 1940년대 당시의 이념적 지평을 넘어섰다. 신용카드 부채로 부양하는 소비주의 사회의 전망도 마찬가지였다. 최초의 신용카드는 케인스가 사망한 지 20년이 지나서야 영국에 등장했다. 그러므로 케인스가 무시하거나 솔직히 말해 제대로 인정하지 않은 것은, 자본 공급의 희소성이 사회적으로 생산되는 것처럼, 자본의 수요를 조성하는 소비자 욕구, 즉 주택, 휴일, 자동차 등 다른 모든 종류의 상품에 대한 소비자 욕구도 마찬가지라는 사실이다. 그리고 그러한 욕구는 한계가 있다고 증명되지 않았으며, 오히려 만족할 줄 모르고 게걸스럽게 먹어치웠다. 이런 이유로 자본에 대한 수요는 계속 증가하고 있다. 그리고 규제완화와 자유화를 통해 이전의 족쇄에서 해방된 은행은 높은 이자율을 포기하지 않고도 그 수요를 맞추려고 공급을 늘렸다.

물론 실제 이야기는 그렇게 간단하지 않다. 은행은 일반적으로 누군가에게 빌려주기 위해 스스로 또 다른 누군가한테 빌려야만 하는데(반드시 이 순서일 필요는 없지만), 자본에 대한 수요가 증가하여 은행이 빌려주는 사람에게 높은 이자율을 부과할 수 있다면, 은행 자신도 빌리기 위해 높은 이자율을 지불해야만 한다는 것을 짐작할 수 있다. 당연히 공짜 점심은 없다. 하지만 자본은 다 똑같은 자본이 아니다. 그것은 다양한 형태로 나타나고, 은행은 다양한 유형의 자본을 빌리고 빌려주는 경향이 있다. 특히 은행은 대개 단기로 빌려(단기 '성향'의 자본을) 장기로 빌려준다. 이것이 이른바 은행의 '만기 전환' 기능이다. 그리고 '정상적인' 시기에 이자율은 장기보다 단기에 더 낮으므로, 수익률 곡선은 시간에 따라 위쪽으로 향한다. 은행의 수익에 궁극적으로 중요한 것은, 적어도 은행이 케인스가 묘사한 고전적인 불로소득자 역할을 수행할 때에는, 차입자에게 부과하는 이자율이 아니라 자신이 빌려오는 이자율과 빌려주는 이자율의 차이, 즉 '스프레드'다. 은행이 스스로 돈을 빌리기 위해 동일하거나 더 많은 이자를 지급해야 한다면, 5, 10, 15 또는 심지어 20퍼센트의 높은 대출 이자율도 아무 소용이 없다. 그러므로 은행 실적의 분석가는 은행이 벌어들이는 이자 금액보다 순이자수익, 즉 받는 이자와 지급한 이자의 차이에 더 많은 관심을 기울인다.

많은 연구에 따르면, 빌리는 이자율과 빌려주는 이자율 사이의 스프레드를 실현하는 은행 능력의 중요성을 고려할 때, 은행이 영업하는 금리 환경은 매우 중요하다. 시장 금리, 특히 '실질' 금리, 즉 인플레이션을 차감한 금리가 높으면 일반적으로 은행 수익성은 향상된다.[51] 이것은 이치에 맞다. 그러한 환경에서는 수익성 있는 스프레드를 끼워 넣을 수 있는 '여유공간'이 존재한다. 예를 들어 4퍼센트 대출 금리와 2퍼센트 차입 금리 사이에는, 즉 4퍼센트로 빌려주지만 2퍼센트로 빌릴 수 있다면 그런 공간이 있다. 하지만 시장 금리가 0에 가까워지면, 은행은 차입 금리와 대출 금리 사이에 가장 중요한 이익-창출 스프레드를 삽입할 수 있는 범위가 점진적으로 좁혀질 위험에 처한다.

자본에 대한 수요는 이자율 환경의 양상을 결정하는 중요한 요인이지만, 그렇다고 그러한 환경을 독립적으로 형성하지는 않는다. 통화정책도 근본적인 역할을 하는데,[52] 신자유주의 시대에 통화정책이 엄청나게 중요해졌다. 세계 금융위기 이전까지 그 시대 전체 동안 영국의 실질 금리는 자본 공급이 빠르게 확장하는 상황에서도 높은 수준을 유지했다. 왜냐하면 자본에 대한 수요가 급증했을 뿐만 아니라, 분명히 비케인스주의적 통화정책이 그처럼 높은 금리를 유지하는 데 도움이 되었기 때문이다. 제리 엡스타인과 아르준 자야데프Arjun Jayadev에 따르면, "대처 정권의 '통화주의자'와 카터Carter 대통령 임기 말 미국연방준비제도US Federal Reserve 의장인 폴 볼커Paul Volcker는 1979년 또는 1980년에 각각 영국과 미국에서 긴축적 통화정책으로 전환했는데, 이러한 전환은 (중략) 훨씬 낮은 인플레이션과 높은 실질 금리의 시대를 열었다."[53] [그림 1-5]가 이 특징을 잘 보여주는데, 이 그림은

1장 기능 없는 투자자: 금융 지대

[그림 1-5] 1971~2017년 영국 단기 실질 금리

중앙 금리(3개월 금리의 연간 평균)에서
인플레이션(연초 향후 1년 예상) 차감

출처: 영란은행

영란은행의 기준 금리(상업은행이 영란은행에 보유한 준비금에 지급하는 이자율)*로 나타낸 '실질' 금리를 도표로 만든 것이다. 2007년까지 실질 금리는 신자유주의 시대 동안 1970년대 평균보다 계속 높았다. 이것은 고전적인 금융 불로소득자가 사업을 유지할 수 있도록 해주었다. 1992년부터 2009년까지 영국을 분석한 피에르조르지오 알레산드리Piergiorgio Alessandri와 벤저민 넬슨Benjamin Nelson은 "시장 금리가 은행 수익성에 긍정적인 효과를 체계적으로 끼쳤다는 것"을 발견했다.[54]

그렇기는 하지만 [그림 1-5]에서 볼 수 있듯이, 영국의 실질 금리는 1990년대 초반부터 하락하기 시작했고, 영국에 기반을 둔 은행은

* 영국에서 이 기준 금리를 고유명사로 Bank Rate라고 부른다. 이하에서 Bank Rate는 영란은행 금리, 줄여서 중앙 금리로 옮겼다.

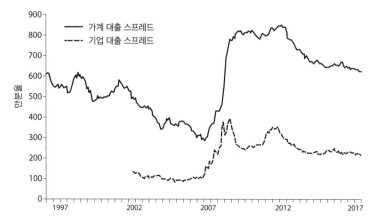

[그림 1-6] 1997~2017년 영국 기반 은행의 대출 스프레드

가계 스프레드는 주택담보대출 스프레드(주택담보대출 금리에서 무위험 금리 차감)와 무담보대출 스프레드
(중앙 금리 대비 신용카드, 당좌대월, 개인대출 스프레드)의 가중 평균으로 표시된다. 기업 스프레드는 중소기
업 대출 금리에서 중앙 금리 차감, 상업용 부동산 평균 선순위 마진에서 중앙 금리 차감, 은행이 상업용
부동산이 아닌 대기업에 빌려주는 금리의 대리변수로 영국 투자등급 회사채 스프레드에서 만기-일치 국
채 수익률 차감의 가중 평균으로 표시된다.

출처: 영란은행

확실히 그 영향을 느꼈다. 실제로 차입 금리와 대출 금리 사이의 스
프레드는 압박을 받았다. [그림 1-6]은 가계 대출의 경우 1997년과
2007년 사이, 기업 대출의 경우 2002년과 2007년 사이에 이러한 압
박의 정도를 보여준다. 그러므로 전체 이자 낳는 자산에 대한 은행의
순이자수익 비율('순이자마진')은 감소했는데, 알레산드리와 넬슨에 따
르면, 이것은 [그림 1-5]에 표시된 시장 금리의 하향 경향이 '강력하게
기여한' 효과였다.[55]

하지만 금리와 스프레드의 하락은 상대적으로 완만했다. 더 중요하
게 [그림 1-3]에서 알 수 있듯이, 은행의 이자 스프레드 압축이 은행

1장 기능 없는 투자자: 금융 지대

순이자수익의 절대적 수량에 미치는 부정적 영향은 은행이 이자로 지대를 얻고 있는 자본의 동시 증가가 은행 순이자수익에 미치는 긍정적 영향으로 상쇄되었다. 순이자수익은 1990년대 초반부터 2007년까지 매우 굳건하게 증가했다. 실제로 (금리에서) 전자의 추세는 (자산 규모에서) 후자를 적극적으로 자극했다. "금리 하락은 은행이 신용 제공을 늘리고, 대차대조표를 확대하도록 촉진했다."[56] 또한 금리 하락은 이자마진과 자산수익률을 떨어뜨렸고, 은행이 자기자본수익률(위기 이전 시대에 시장이 은행을 판단하는 탁월한 지표)을 방어하기 위해 레버리지를 높이도록 했다.[57]

그러나 이것은 금융위기의 시작과 함께 모두 바뀌었다. 자본에 대한 수요가 엄밀히 말해 고갈되지는 않았지만, 상승 기세는 확실히 저지되었다. 이러한 흐름은 [그림 1-1]에 나타난 영국 기반 은행 자산 규모의 2008년 이후 경향에 반영되어 있다. 그런데 더 중요한 것은 통화정책이 완전히 새로운 영역에 진입했다는 점이다. 신자유주의 시대 관행의 긴축 성향이 사라졌고, 정반대의 양적 완화로 알려진 확장 통화정책으로 대체되었다.

양적 완화와 금융 불로소득주의와의 관계에 대해 이 장의 뒷부분에서 더 이야기할 것이지만, 양적 완화의 명시적인 목적은 '실물'(비금융) 경제에서 차입을 활성화하기 위해 금리를 낮추는 것이었다. 실물경제의 활성화라는 목표가 오직 제한적인 성공을 달성했다면(다시 [그림 1-1] 참조), 금리 하락의 목표는 매우 성공적이었다. [그림 1-5]에서 볼 수 있듯이, 영국의 실질 금리는 2008년에 급락했고, 2009년 이후 마이너스 영역에 깊이 빠져 있다. 요컨대 자본은 더는 희소하지 않왔다. 2007년까지 신자유주의 시대에 자본을 희소하게 만든 요인들, 즉 수요 활황과 긴축 통화정책 중 어떤 것도 계속 적용되지 않았다. 이렇게 오랜 세월이 지난 후에, 케인스가 주장한 불로소득자의 안락사가 일어날 법한 국면이 언젠가 있었다면, 사람들은 바로 이때라고 생각했을 것이다. 정확하게 케인스가 원하는 바대로, 틀림없이 금리가 바닥을 치고 있는 상황에서 그의 예언은 옳다고 증명될 것이고, 고전적인 형태의 금융 불로소득주의는 쇠퇴하여 조용히 어둠 속으로 사라질 것이다.

하지만 다시 한 번 그런 일은 일어나지 않았다. 『이코노미스트』지는 『파이낸셜 타임스』의 마틴 울프Martin Wolf가 "저렴한 돈으로 불로소득자를 쓸어버릴 수 있는 정책을" 요청한 것에 대한 응답으로 2014년에 머리를 긁적이며 다음과 같이 언급했다. "그래서 어떻게 되었는가? 우리는 현재 5년 동안 거의 제로 금리 정책과 양적 완화를 시행해왔지만 [그럼에도] 불로소득자들은 나가떨어지지 않고 있다. 오히려 그들은 무법자처럼 날뛰고 있다."[58] 그리고 그들은 이 책을 쓰고 있는 지금도 계속 무법자처럼 날뛰고 있다. 그 증거로 [그림 1-3]의 순이자수익 추세를 살펴보자. 놀랍게도 위기 이후 고전적인 금융 불로소득자에게 명백하게 풍요로운 시대였다. 기능 없는 투자자는 자본의 희소성이 분명하게 없는데도 보너스를 계속 받는다. 어떻게 그렇게 될 수 있는가? 이 질문에 대답하기 위해 우리는 '희소성'이라는 개념 자체를 다시 검토해야만 한다.

넘치는 돈으로 돈을 벌 수 있는 권력의 희소성

사실 지대의 경제학은 단순히 불로소득자가 통제하는 자산의 희소성에 관한 것만은 아니다. 그 실마리는 바로 '통제'라는 단어에 있다. 지대를 창출하는 역량에 있어 현실에서 지대를 실현하는 조건은 자산을 보유하고 상품화하는 조건만큼 중요하다. 어떤 자산이 매우 가치가 높으면서 믿을 수 없을 정도로 희소할 수 있지만, 만약 희소성이 그 자산에 접근하고 상업적으로 활용할 수 있는 권리에 귀속되지 않는다면 지대를 전혀 창출할 수 없다. 마찬가지로 어떤 자산이 확고한 사유재산권으로 쉽게 보호될 수 있지만 풍부하게 존재하고 누구나 접근할 수 있으면 지대 창출은 불가능하다. 지대를 획득할 기회는 자산의 희소성과 그것으로 돈을 벌 수 있는 권력의 희소성 모두에 근거한다.

이러한 권력에 대한 인식은 기능 없는 투자자에 대한 케인스의 유명한 비판과 안락사 요구에서 빠져 있는 또 다른 핵심 요소다. 분명히 케인스는 불로소득자가 권력을 가지고 있다는 것을 알았다. 하지만 이것은 자본의 공급을 통제하고, 따라서 오로지 자본의 희소성을 유지하는 데 한정된 권력이었다.[59] 『일반이론』과 케인스의 다른 저술에는 불로소득자가 자본의 희소성을 유지하는 것을 통해서가 아니라 더 일반적으로 공급과 수요의 광범위한 흐름을 형성하여 자본의 가격을 통제할 수 있는 권력을 가지고 있다는 의미가 전혀 없다. 우리가 보았듯이, 케인스는 (현금의) 공급과 (신용의) 수요가 이자율을 결정한다고 믿었다. 그러므로 자본의 희소성을 끝장내는 데 필요한 정도로 공급을 늘리면 불로소득자의 '보너스'를 좌절시키기에 충분하다고 여겨졌다.

자본이 더는 희소하지 않은 세상에서 은행이 이자 기반 지대를 명령할 수 있는 권력을 가지고 있겠는가? 케인스는 적어도 암묵적으로 그렇지 않다고 제시했다.

하지만 그는 이것에 대해서는 틀렸다. 금융위기 이후 영국 기반 은행의 실적이 명백한 증거를 제공한다. 자본은 더는 희소하지 않았다. 한 논평가의 말에 따르면, 위기 이후 영국의 통화정책은 "시장이 저렴한 돈으로 넘쳐나도록" 했다.[60] 우리가 확인했듯이([그림 1-5] 참조), 실질 금리는 1970년대 이후 볼 수 없었던 낮은 수준으로 10년 동안 머물렀다. 하지만 고전적인 금융 불로소득자는 계속 성과를 올렸다([그림 1-3] 참조).

위기 이후 순이자수익 급증에 대한 가장 직접적인 설명은 충분히 이해할 수 있고, [그림 1-6]에서 명확하게 확인할 수 있다. 2007년 중반부터 은행은 차입 금리와 대출 금리 사이의 가장 중요한 스프레드를 빠르게 그리고 대규모로 늘렸다. 여기서 영란은행 홈페이지에서 공식 기준 금리(중앙 금리)를 설명하는 한 줄을 인용할 가치가 있다. "은행은 **일반적으로** 중앙 금리의 어떤 변화든지 고객에게 전달한다. 우리가 중앙 금리를 올리면, 은행은 **보통** 고객이 빌리는 데 지불해야 하는 금리와 저축으로 얻는 금리를 올리고, 그 반대의 경우도 마찬가지다."[61] 이때 '일반적으로'와 '보통'이라는 단어를 강조한 이유를 분명히 해야 한다. 금융위기 동안과 그 이후 영국에서 은행들의 금리 설정은 영란은행이 일반적/보통이라고 여기는 것이 아니었다. 공식 금리는 급격하게 떨어졌다. 그러므로 영국 기반 은행은 이전에 가능했던 것보다 훨씬 더 저렴하게 빌릴 수 있었다. 그러나 알레산드리와 넬슨이

1장 기능 없는 투자자: 금융 지대

언급했듯이, 은행은 특이하게 "금리 인하를 차입자에게 전달하기를 꺼렸다."[62] 이러한 꺼림이 차입/대출 스프레드를 넓게 벌려놓은 것이었다.

지급해야 할 금리와 받을 수 있는 금리 각각의 흐름이 은행에 미치는 영향은 정말로 특이한 것이었다(그리고 어떤 사람은 이것이 수치스러운 스캔들이나 다름없다고 덧붙여 말할 수 있다). [그림 1-7]을 살펴보자. 겉으로 보기에 은행의 대출사업은 위기 이후 낭떠러지로 떨어졌고, 수취이자는 2008년 3,780억 파운드에서 불과 5년 후 1,390억 파운드로 감소했다. 하지만 만약 공식 금리 인하가 제대로 전달되었다면, (총)이자수익의 이러한 감소는 분명히 훨씬 더 가파르게 진행되었을 것이다. 또한 은행은 이자비용을 훨씬 더 크게 낮추기 위해 새롭게 이용할 수 있는 저렴한 돈의 공급 과잉을 놓치지 않았다. 그 결과 첫째, 총이자수익에 대한 순이자수익의 비율이 2008년 15.5퍼센트에서 2013년 39.3퍼센트로 증가했으며, 2016년에는 적어도 50퍼센트가 되었다. 그리고 둘째, 총이자수익이 극적으로 **감소했음에도** 순이자수익의 절대적 수준은 증가했다([그림 1-3] 참조).* 분명히 말해 고전적인 금융 불로소득자는 자본의 희소성이 명백히 끝났는데도 살아남았을 뿐만 아니라 오히려 번성하고 있다.

만약 상당히 확장된 스프레드가 불로소득자의 이러한 번영을 가장

---

* 은행의 총이자수익은 [그림 1-7]에서 차입자로부터 받은 수취이자interest received를 의미한다. 순이자수익은 수취이자로부터 은행의 비용인 지급이자interest paid를 뺀 것을, 즉 [그림 1-7]에서 수취이자와 지급이자의 차이를 가리킨다. 2008년부터 살펴보면 수취이자 총액은 절대적으로 낮아졌지만, 두 총액의 차이는 상대적으로 증가했다. 이러한 차이의 증가는 수취이자에 비해 지급이자가 차지하는 비율이 낮아지는 것에서도 확인할 수 있다.

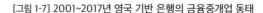

[그림 1-7] 2001~2017년 영국 기반 은행의 금융중개업 동태

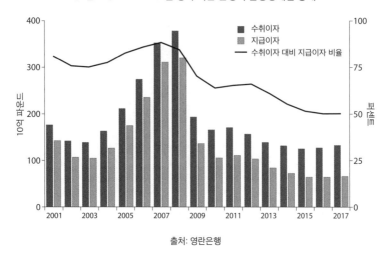

출처: 영란은행

직접적으로 설명할 수 있는 요인이라면, 더 흥미롭고 중요한 질문은 이렇게 확장된 스프레드를 우리가 어떻게 이해해야만 하느냐다. 요컨대 영국 기반 은행은 이러한 스프레드를 어떻게 실현할 수 있었을까? 그것은 분명히 공급(풍부함)과 수요의 원칙과는 상관이 없다. 이것은 자산 희소성이 작용한 것이 아니다. 오히려 유일하게 신뢰할 수 있는 설명은 권력의 희소성이다. 위의 발전이 강조한 것은 공급과 수요의 역학을 뒤엎는 영국 은행 부문의 엄청난 권력인데, 이 권력은 영국 은행 부문이 그 자체로 희소하다는 사실에 기인한다. 상업은행이 공식 금리 인하를 차입자에게 전달할 것이라고 가정하거나 믿은 영란은행의 실수는 케인스처럼 공급과 수요가 좌우한다고, 달리 말해 자본의 공급과 수요가 상호작용하는 금융시장이 그런 시장에서 운영되는 은행을 지배할 수 있다고 생각한 데 있었다. 지난 10년의 발전은 그렇지 않다

1장 기능 없는 투자자: 금융 지대

는 것을 보여준다. 대형 은행들은 온순한 가격 수용자가 아니라 가격 결정자다. 그들은 한편으로 시장에서 이용할 수 있는 낮은 차입 금리를 고르면서 또한 다른 한편으로 (그들 자신의 차입자에게 자본 희소성 시나리오에서는 적합하지만 자본이 희소하지 않은 실제 세계에서는 그렇지 않은 대출 금리를) 부과할 수 있다.

이 묘기를 잘 해낼 수 있는 능력은 사실 대부분 타고난 것이다. 자본주의에서 민간 은행은 오랫동안 신규 신용의 공급을 거의 완벽하게 통제해왔다. 로리 맥팔레인Laurie Macfarlane과 그의 동료들은 다음과 같이 말한다. "영국과 같은 현대 경제에서 국가가 만들어내는 유통 화폐, 즉 실물 현금은 전체 화폐 공급의 단지 약 3퍼센트에 불과하고, 나머지 97퍼센트는 상업은행의 디지털 IOUs*로 경제에 대출된다. 은행이 신규 대출을 할 때 우리 은행 계좌에 예금으로 입금된다."[63] 이 이론에서 은행 간 경쟁은 은행이 이처럼 타고난 사유화된 권력을 남용하는 것을 막을 수 있다. 하지만 그것은 단지 이론일 뿐이다. [그림 1-1]에 나와 있는 영국 은행 시스템이 소유하고 있는 방대한 양의 자산과 그 자산이 생성되는 시점에 가격 책정을 통제할 수 있는 권력은 고도로 집중되어 있으며, 이런 경향은 지난 20년 동안 더욱 강고해졌다. 다시 말해 신용을 창출하고, 그 가격을 책정하고, 그것으로 돈을 벌 수 있는 권력은 본질적으로 희소한데, 더 희소해졌다.

수많은 연구가 이러한 자산 집중이 증가하고 있음을 증명한다.[64] 결정적으로 집중 수준은 금융위기 동안 특히 강하게 증가했는데, 이때는

---

* 'IOU'는 'I owe you'를 가리키는 줄임말로 여기서는 부채를 의미한다.

은행의 차입 금리와 대출 금리 사이의 격차가 갑자기 벌어진 바로 그 순간이었다([그림 1-6] 참조). RBS가 ABN AMRO를, 로이드가 HBOS를, 바클레이스가 스탠더드생명을 인수하면서 산업 집중도를 나타내는 가장 일반적인 척도, 허핀달-허쉬만 지수Herfindahl-Hirschman Index가 급증했다. 전체 영국 은행 자산에 대해 2000년이 시작할 때 1,000미만이었고 2006년까지만 해도 약 1,360이었는데 2010년 상반기에 거의 1,900으로 급증했다. 이러한 놀라운 수치를 감안하여 영란은행의 경제학자는 다음과 같이 평가했다. "시장 지대를 추출하는 은행의 능력은 위기 동안 그리고 위기 이후까지 지속되는 것 같다."[65] 실제로 정말 그랬다.[66] 2016년까지 영국의 가장 큰 일곱 개 은행들은 전국 은행 시스템 자산의 75퍼센트를 넘게 차지했는데, 이러한 비중은 일본(71퍼센트), 스위스(71퍼센트), 독일(48퍼센트), 미국(48퍼센트)보다 더 높았다.[67] 요컨대 경쟁의 제한과 감소는 영국의 지배적인 은행들이 경쟁적인 대출 금리*를 제공하도록 가하는 압력 자체가 제한적이거나 감소했음을 의미한다. 앞서 보았듯이 지대는 경쟁이 제한되거나 없는 조건에서 자산의 통제로부터 파생되는 소득을 나타낸다. 금융 지대의 경우에는 경쟁이 충분히 제한적이라면 해당 자산이 심지어 희소할 필요조차 없다.

---

* 영어 원문에는 borrowing rates라고 적혀 있지만 문맥상 lending rates가 맞으므로 차입 금리가 아니라 대출 금리로 번역했다. 시장에서 경쟁이 약하기 때문에 대형 은행은 공식 기준 금리가 낮아서 중앙은행으로부터 돈을 빌리는 차입 금리가 낮음에도 불구하고 자신의 고객인 차입자에게 경쟁의 결과가 아닌 높은 대출 금리로 빌려줄 수 있다. 참고로 영어 원문은 다음과 같다. "In short, limited and declining competition had translated into limited and declining pressure on the UK's dominant banks to offer competitive borrowing rates."

양적 완화의 자산 가격 상승과 자산 소유 기반 비이자수익의 확대

케인스에게 불로소득자는 구체적으로 빌려준 자금에 대한 이자를 받는 존재, 즉 금융 불로소득자의 고전적인 화신을 가리켰다. 하지만 신자유주의 시대 금융 불로소득자는 새로운 분야로 확장했다. 그들은 지대를 받을 수 있는 소득 흐름을 다양화했는데, 이렇게 된 데에는 금리 경향이 부분적인 영향을 미쳤다. 영국에 기반을 둔 은행은 대중이 생각하듯 단순히 예금을 받아 대출하는 중개자에 결코 머물지 않았고, 빅뱅 무렵에는 이미 이자수익에 대한 전통적인 의존도를 어느 정도 줄였다. 그 후에는 이자에 기초하지 않은 활동이 확장되었는데, 1990년대 금리가 장기적으로 하락하기 시작하자 이러한 확장은 더 강력해졌다.

영국에서 금융 불로소득자의 현대적 부흥은 금융자산 증가로 가능했던 이러한 수익 다각화가 없었다면 지금처럼 강력하지 않았을 것이다. 금융자산 자체가 여러 가지 종류로 다각화되었는데, 대표적으로 파생상품, 주택저당부채증권, 역레포 등이 급증했다. 1984년 비이자수익은 영국 기반 은행 전체 순수익의 3분의 1을 조금 넘는 정도에 불과했는데(35.6퍼센트), 1990년에는 이 비율이 38.7퍼센트로 증가했고, 1995년에는 42.7퍼센트였다.[68] [그림 1-4]에서 알 수 있듯이, 그 뒤에 성장이 과도하게 진행되어 2006년 비이자수익 비중이 3분의 2에 약간 못 미치는 수준에서 정점을 찍었고(64.6퍼센트), 금융위기 직전에 이자수익 비중이 다시 50퍼센트 선으로 회복하면서 원래 사업으로 상당 부분 돌아왔다.

만약 자본 수문을 열고 실질 금리를 낮춤으로써 (실제로 그렇지 않았고, 확실히 의도상 그렇지 않았지만) 금융위기 이후 영국의 통화정책이 이론적으로 고전적인 금융 불로소득주의에 불리하게 작용했다고 하더라도, 동시에 그 통화정책은 이자수익이 아니라 자산 가격 상승이 주도하는 자본이득에 기초한 금융 불로소득주의의 또 다른 중요한 종류에 명백히 유리하게 작용했다. 2009~2013년에 집중된 양적 완화의 결과로 영란은행은 약 3,750억 파운드의 금융자산을 매입했다. 이러한 시장 개입은 자산 가격에 매우 긍정적인 영향을 미쳤다. 영란은행의 필립 번Philip Bunn과 그의 동료들은 만약 양적 완화가 없었다면 런던증권거래소에 상장된 주식의 실제 가격은 2014년보다 약 25퍼센트 더 낮았을 것이라고 추정했다.[69] [그림 1-4]에서 가격 상승과 더불어 생기는 불로소득자 이득을 확인할 수 있다. 2007년 전체 부문 수익의 극히 일부만이 감소한 후 2008년에 완전히 저자를 냈지만, 영국 기반 은행의 자기자본 거래 활동*에 따른 수익은 양적 완화 영향이 시작되자마자 견고한 수준으로 빠르게 회복되어 2010년부터 4년 동안 매년 100억 파운드를 초과했다.

오직 단 하나의 부분적인 예외(수수료)를 제외하면, [그림 1-4]에 표시된 모든 비이자 기반 범주의 은행수익은 이자와 마찬가지로 자산 소유에서 비롯된다. 물론 이러한 경우에 불로소득자는 이자를 낳는 자

---

* proprietary trading activities: 금융기관이 자기자금으로 투자하여 수익을 추구하는 행위를 가리키는데, 특히 2010년대 은행이 자기자금으로 고위험 금융상품에 투자하여 단기 차익을 추구하는 행위가 사회적으로 비판을 받으면서 이에 대한 규제가 만들어졌다. 대표적인 것이 미국의 볼커룰Volcker Rule이다.

산의 잠재력 말고 다른 특성을 활용한다. 그런데 각각의 경우에 약간씩 다른 불로소득 동학이 작용하며, 이를 알아내는 것이 중요하다.

거래수익은 비교적 파악하기 쉬운 형태의 금융 불로소득주의를 나타낸다. 이 형태는 다양한 유형의 금융자산을 소유하는 동안 자본가치의 수익이나 손실로 간단하게 단정할 수 있다. 그런데 [그림 1-4]의 전반적인 거래수익 수치는 자산군 간의 상당한 차이를 감춘다. 2004년과 2006년 사이 위기 직전 거래수익이 증가하는 동안, 영국 기반 은행의 이익 실현의 대부분은 유가증권(주택저당증권을 포함하여 주식, 채권 등)에서 발생했다. 외환과 파생상품 자산의 거래는 수익성이 있었지만 규모 측면에서 훨씬 적은 수익을 창출했다. 말할 것도 없이 2008년은 특별한 해였는데, 외환은 잠잠하고 모든 행동이 증권과 파생상품에서 일어났다. 은행은 증권에서 730억 파운드에 달하는 막대한 거래 손실을 입었고, 파생상품 이익(430억 파운드)으로 단지 부분적으로 메웠는데, 이 파생상품 중 다수는 증권거래 위험을 관리하기 위해 취득했던 것이다. 위기가 절정에 달한 이후 몇 년 동안 (2009~2017년 포함) 2008년 패턴은 본질적으로 역전되었다. 위기를 벗어나고 자본시장이 사상 최고치에 이르자 증권의 누적수익은 총 1,410억 파운드에 달했다. 물론 파생상품 760억 파운드의 누적손실은 이러한 수익을 상당히 줄였다. 한편, 외환 거래는 눈에 띄지는 않지만 꾸준했으며 240억 파운드의 누적수익을 산출했다.

배당수익도 파악하기 쉬운 형태의 불로소득주의다. 거래수익과 마찬가지로 금융자산의 소유에 근거를 두지만, 이 경우에는 오직 특정 유형의 자산, 즉 기업의 분할소유권을 나타내는 주식 또는 회사 지분만 해당한다. 배당은 자본이득이 아니라 회사가 보통 이윤의 분배로서 지분 자산의 보유자에게 정기적으로 지급하는 것이다. 이러한 측면에서 이것은 이자 지급의 직접적인 계통으로 볼 수 있다. 배당은 회사가 사실상 자본을 빌린 사람에게 지급하는 경상 자본비용이다.

신자유주의 시대 직전과 그 이후 동안 영국 조세정책의 변화는, 자본이득의 형태를 취하는 불로소득주의에 그랬던 것처럼, 은행에 보조금을 지급하고 배당에 기초한 기관의 금융 불로소득주의의 매력을 높이는 역할을 했다. 첫째, 1973년 영국은 배당에 관한 고전적인 제도를 폐지했다. 기존 제도는 법인 주주가 지급받은 배당금에 대해 법인세를 완전히 부과했으며, 따라서 이미 조세가 납부된 회사 이윤에서 배당금이 지급되는 한 '이중과세'를 의미했다. 그것은 귀속 제도로 옮겨갔다. 존 케이John Kay와 머빈 킹Mervyn King이 설명했듯이, 이 새로운 제도는 주주에게 배당금을 지급한 회사가 이미 납부한 조세에 대해 공제를 제공했고, 배당의 조세 부담 일부를 상쇄하는 데 활용될 수 있었다. 그러므로 귀속은 이중과세 일부를 없앴다.[70] 그 이후 1988년부터 영국에 주재하는 회사가 지급하는 배당금에 대해서는 법인세가 전혀 부과되지 않는다.[71] 2009년에 규칙이 다시 한 번 고쳐졌지만, 현실은 여전히 "[영국에 기반을 둔] 회사가 받는 배당금은 거의 항상 영국 조세에서 면제될 것이다"로 남아 있다.[72] 2000년대 초반부터 지금까지 배당금은 영국 기반 은행의 연간 순수익의 9~20퍼센트 사이를 차지하고 있다([그림 1-4] 참조).

한편, [그림 1-4] 순수익의 '기타' 범주도 주로 자산 소유에서 파생된다. 배당, 이자, 거래수익과 마찬가지로 '기타' 범주도 대개 지대를 의

1장 기능 없는 투자자: 금융 지대

미한다. 여기에는 두 가지 구성요소가 있다. 하나는 토지와 건물에 대해 받는 문자 그대로의 지대다. 금융기관이 하는 토지와 건물의 투자가 엄밀하게 금융투자인 한, 그것이 산출하는 지대는 거의 틀림없이 이 장에서 논의된 금융 지대의 다른 유형과 마찬가지로 금융 지대로 취급될 수 있다. 하지만 그것은 실제로 토지 지대로 더 잘 이해된다(7장 참조). 일부 불로소득 기관은 이 책의 여러 장에서 검토하는 지대의 유형 중 하나 이상을 창출하는데(서장 참조), 영국의 금융기관도 이 경우에 해당한다. 1970년대 이후 토지 지대는 금융기관 사업에서 중요한 부분이 되었다. 1970년대 후반 도린 매시와 알레한드리나 카탈라노Alejandrina Catalano는 '토지 소유의 금융적 형태'를 최초로 분석한 이들 중 하나였다.[73] 영국 기반 금융기관은 그 이후 수십 년 동안 토지에 막대한 투자를 계속했으며, 특히 런던의 주요 토지 소유자가 되었다.[74]

'기타' 범주의 두 번째 주요 구성요소는 금융리스에 대한 수입이다. 이것은 다시 한 번 영국 기반 은행이 추구하는 전형적인 불로소득주의를 보여준다. 즉 자산을 소유하고, 비록 이 경우에는 금융자산이 아니지만, 그 자산에서 임대료를 뽑아낸다. 금융리스는 다른 자산임대 계약과 본질적으로 똑같다. 여기서 '금융'이라는 수식어는 금융회사가 자산, 예를 들어 차량 또는 공장, 기계의 어떤 품목을 소유한다는 것을 나타낼 뿐이다. 제삼자(임차인)는 리스 기간 동안 자산을 이용하며, 일반적으로 리스가 종료될 때 그 자산을 취득할 수 있는 선택권을 갖는다. 금융회사(임대인)는 임차인에게 정기적인 임대료를 받는다. 금융회사 자산에 대한 투자가 금융투자인 만큼, 이러한 임대료는 금융기관이 토지에 대해 받는 것과 마찬가지로 금융 지대로 볼 수 있다. 실제로 영국 조세당국은 정확히 그렇게 처리한다. "금융리스에 따른 총 임대료는 '이자'와 '자본' 상환금을 합친 금액과 같다."[75] 갖가지 비금융-비토지 자산을 구매하여 제삼자에게 빌려주기만 하는 것은 은행의 운영방식으로 이상해 보일 수 있지만, 금융리스는 은행 입장에서 꽤 큰 사업이 되었다. 예를 들어 2017년 말 기준으로 바클레이스가 평가하기에 금융리스로 받을 수 있는 최소 미래 지급액의 현재 가치는 29억 파운드였다.[76] 이러한 종류의 금융 불로소득주의는 구체적으로 어떤 매력을 가질까? 이 장에서 지금까지 다룬 내용에 근거하면, 독자는 조세 특혜가 주요한 것임을 발견할 수 있다. 영국에서 임대자산의 자본비용은 보통 자본공제를 받을 수 있다.

[그림 1-4]에서 다루는 마지막 항목은 수수료다. 무수히 많은 유형이 있는데, 그 범위는 주택담보대출을 받는 주택 구입자에게 부과히는 약정 수수료부터 인수합병을 하는 기업에 부과하는 자문 수수료까지, 당좌예금 보유자에게 부과하는 당좌대월 수수료부터 자기자본 또는 부채자본을 조달하는 기업에 부과하는 인수 수수료까지, 신용카드 소지자에게 부과하는 연간 계정 수수료부터 주택저당증권과 같은 '이색' 자산과 관련된 발행·인수·서비스 수수료까지 이른다. 당장 자명하지 않을 수도 있지만, 이것들은 모두 궁극적으로 금융 지대의 형태다.

일부 경우에 지대는 이전 단락에서 논의한 것과 형식상 동일하다. 다시 말해 자산 소유에서 파생된다. 예를 들어 당좌예금 자산에서 '획득하는' 당좌대월 수수료, 신용카드 계정 자산에서 '획득하는' 연간 서비스 수수료 또는 주택담보대출 자산에서 '획득하는' 약정 수수료가 이에 해당한다. 매우 실질적인 의미에서 이러한 수수료는 단순히 자본화된 이자다. 수수료를 징수하는 대신 더 높은 이자율을 부과하는 것이 대안이 될 수 있다. 실제로 영국에서 특정 유형의 금융 규제는 지대의 형태가 겉모습이 다를지라도 그 본질은 똑같다는 것을 명백하게 인지한다. 예를 들어 2016년 이후부터 주택담보대출업자는 주택담보대출 관련 수수료를 공시된 연간 이자율의 일부로 포함해야만 했다.

하지만 어떤 경우에는 뭔가 다른 일이 진행되고 있다. 예를 들어 투자은행은 기업공개(주식시장 상장)를 관리하고 인수할 때 만들어지는 주식을 모두 소유하는 것은 아니다. 하지만 이 작업에 대한 보수는 후하게 받는다. 일반적인 수수료는 조달한 자본가치의 7퍼센트에 해당한다. 이 사례는 극도로 중요한 것을 보여준다. 금융자산(여기서는 회사 주식)이 창출하는 지대는 해당 자산을 직접 통제하거나 소유하는 사람에게만 발생하는 것이 아니라, 해당 자산의 수명 주기, 즉 자산의 생성·관리·보관·거래 등에 직접적으로 영향을 미치는 광범위한 서비스 활동에 실질적으로 참여할 수 있는 권한을 가진 사람에게도 발생한다. 자산 발행·인수·거래의 필수적인 금융 인프라를 통제하는 이러한 자산 수문장은 6장에서 검토할 인프라 불로소득자와 비슷한 역할을 하며, 이들이 얻는 지대는 유사한 능력과 동학에서 비롯된다. 독점 경향이 결정적이다. 자산 순환 인프라에 대한 권한이 희소할수록, 즉 소수의 손에 그것이 더 집중될수록, 자산에서 흘러나오는 지대에 한 몫 끼어들 수 있는 자산 수문장의 능력이 더 커진다.

최근 수십 년 동안 영국에서 금융자산 소유권의 상당한 합병이 있었던 것처럼(위 참조), 앞서 언급한 자산시장 인프라의 통제권에서도 종종 바로 그 똑같은 기업이 아주 유사한 합병을 한 경우가 있었다.[77]

2012년 영국 주식시장을 구체적으로 분석한 유명한 보고서에서 존 케이는 이러한 합병 추세를 다음과 같이 설명했다. "1986년 '빅뱅'이 금융 서비스 사업의 합병을 가로막는 장애물을 제거한 이후, 규제는 그 자체로 시장구조의 쟁점이 되지 않았다. 실제로 시장구조에 영향을 미치는 주요 정책수단으로 경쟁정책은 금융 서비스에서 제한적으로 적용되었다."[78] 주식시장이 아닌 금융 서비스에서도 제한적이었으며, 이것은 지대를 추출하는 해당 부문의 선도적인 수문장의 능력에도 동일한 영향을 미친다.[79]

놀랍게도 존 플렌더는 1987년 빅뱅에 대한 그의 초기 의견에서 정확히 이러한 결과를 예견했다. 그는 일반적으로 "규제완화는 거인에게 유리한 경향이 있다"라고 언급했으며, 금융자산 수문장의 세계에서 살아남고 번영하는 데 규모가 필수적일 것이라고 결론 내렸다. 그에 따르면 "전 세계에 걸쳐 증권을 발행하고, 유통하고, 시장을 형성해야 하는 새로운 합병 게임에 처한 기업들이 만약 활발하게 움직일 수 없다면, 그들은 경쟁에서 도태될 가능성이 높다."[80] 이것은 금융 불로소득자의 운명에 관한 하나의 예측이었고, 케인스와 달리 그 예측이 옳다는 것도 완벽하게 입증될 수 있다.

금융기업을 넘어 더 널리 퍼지는 가계의 금융 불로소득주의

신자유주의 시대는 영국에 기반을 둔 기관 금융 불로소득자에게 풍성한 수확을 제공했지만, 당연히 대부분의 영국 가계에는 그런 일

1장 기능 없는 투자자: 금융 지대

을 하지 않았다. 이것은 현대 금융 지대의 양면적 이야기에서 훨씬 더 잘 알려진 측면이다. 지대를 버는 금융기업은 번창했지만, 금융 소비자로서 직접적으로 또는 채무자 국가의 납세자나 채무자 기업의 소비자로서 간접적으로 지대를 지불하는 가계는 점점 더 침체에 빠져 허우적거리고 있다. 영국의 가계부채 수준은 담보와 무담보를 막론하고 급증했다([그림 0-9] 참조). 가계부채는 금융위기, 경기 침체 그리고 이에 따른 실질 임금 하락 압력으로 상당히 악화되었다. 실질 임금은 10년이 지난 지금도 2008년 초반 수준을 회복하지 못했다.[81] 또한 주택 가격 폭등으로 더 악화되었다. 우리는 곧 영국에 대해 살펴볼 것이고(특히 7장 참조), 토마 피케티가 선진 자본주의 국가에 대해 좀 더 일반적으로 관찰했듯이, 1980년대 이후 정치적 맥락, 즉 피케티가 "전쟁 직후 수십 년간 그랬던 것보다 사적인 부에 훨씬 더 유리하다"라고 묘사한 정치적 맥락에서 상당한 가격의 팽창을 보인 것은 금융자산만이 아니다.[82] 1997년과 2017년 사이에 잉글랜드와 웨일스에서 중위 주택 가격 대비 중위 연간 소득 비율이 신규 주택의 경우 4.62퍼센트에서 9.68퍼센트로, 기존 주택의 경우 3.44퍼센트에서 7.57퍼센트로 증가함에 따라 가계는 주택담보대출 부채 금액 증가분을 떠맡았고, 젊은 세대가 불가피하게 주요 부담을 짊어질 수밖에 없었다.[83]

물론 모든 가계가 빚더미에 휩싸이지는 않았다. 더욱이 금융 지대는 이 책에서 검토하는 일곱 가지 서로 다른 유형의 지대와 불로소득주의에서 특별한 위치를 차지하는데, 토지 지대(7장)와 더 적은 정도로 지식재산 지대(3장)도 그렇지만, 이러한 지대는 오로지 기업 지대로만 볼 수는 없다. 가계가 토지와 주택 또는 금융자산의 소유자인 경우 불로소득자가 될 수 있다. 그러므로 우리는 불로소득 자본주의 지형에서 가계 자체의 독특한 참여 형태를 고려할 필요가 있다.

실제로 이 장에서 다룬 금융 지대의 특정 사례에서 상황은 훨씬 더 복잡하다. 금융 불로소득자에는 금융기업(위 참조)과 일부 가계(아래에서 설명)뿐만 아니라 일부 비금융기업까지 포함된다. 금융화에 관한 급증하는 문헌의 주요 명제 중 하나는 비금융기업의 이익에 대한 금융 지대의 기여가 1970년대 말부터 증가했다는 것이다. 달리 말해 비금융기업이 그 자체로 '금융화'되었다. 만약 이것이 정말 사실이라면, 이러한 발전은 금융 불로소득자 부흥의 또 다른 중요한 차원을 나타낸다. 말하자면 이 경우에만 다른 것의 외피 아래 위장되어 있다.

비금융기업의 금융화에 관한 대부분의 논의는 미국 기업에 초점을 맞추고 있는데, 실제로 미국에서 그 추세가 상당히 두드러져 보인다.[84] 영국의 자료는 다소 덜 뚜렷하지만 유사한 경향을 제시한다. [그림 1-8]은 1987년부터 2017년까지 영국 비금융기업의 총영업잉여 중 금융 지대로 표시되는 비율을 보여준다. 금융 지대는 기업의 분배수익(배당금과 준법인기업 수익의 인출을 합하여 구함)과 이자수익(총이자와 순이자로 구분하여 모두 표시)으로 구성된다. 금융 지대의 이익 기여도는 수시로 변하지만, 신자유주의 시대에 전반적인 추세는 매우 분명하게 나타나는데, 특히 순이자수익을 고려할 때 그렇다. 비금융회사에게 금융을 원천으로 한 수익이 점점 더 중요해지고 있다.

그렇다면 영국 가계 부문의 금융 불로소득주의는 어떠한가? 피케티의 작업을 참고하는 것이 이러한 형태의 불로소득주의를 검토하는 데 유용하다. 피케티는 영국을 포함하여 오늘날 선진 자본주의 국가

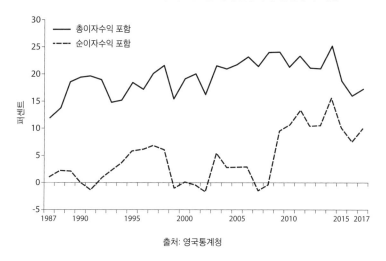

[그림 1-8] 1987~2017년 영국 비금융기업 총영업잉여 중 금융수익 비율

출처: 영국통계청

대부분이 19세기에 고전적인 '불로소득 사회'였다고 주장한다. 부가 극도로 집중되면서 동시에 전반적인 소득체계가 소득 스펙트럼 맨 위에 있는 최상위 계층이 자본 소유로 벌어들이는 높은 소득, 즉 지대에 장악되었기 때문이다. 그 후 1차 세계대전과 1970년대 사이에 불로소득주의는 세 가지 주요 이유로 (기업뿐만 아니라) 가계에서 훨씬 덜 중요한 현상이 되었다. 첫째, 두 번의 세계대전으로 기업과 공공은 물론이고 가계의 보유 자산, 즉 불로소득자 방앗간으로 가는 곡식이 파괴되었다. 둘째, 전쟁 직후 수십 년 동안 경제는 상대적으로 강력하게 성장했고, 이와 더불어 효과적인 노동조합주의와 임금협상이 노동 기반 가계소득을 뒷받침했으며, 그러므로 소득분배에서 노동소득의 상대적 중요성이 증가했다. 셋째, 1920년대와 1970년대 사이에 널리 퍼져 있던 자산에 대한 상대적으로 높은 세금이 자본수익률을 크게 떨어뜨

렸다.

　그러나 신자유주의 시대가 시작된 이후 피케티가 1910년대부터 1970년대까지 묘사했던 양상은 사실상 지구 북반구에서 역전되었다. 한편으로 경제성장이 둔화되었고 동시에 그러한 성장에 관여할 수 있는 노동자의 역량은 조직화된 노동에 대한 초국가적 정치 공격으로 약화되었다. 다른 한편으로 불로소득자 가계는 우리가 이미 영국의 맥락에서 언급한 두 가지 현상 덕에 이익을 얻었다. 바로 재산에 대한 세금 감면과 그것이 자극하는 자산 가격 상승이다.

　하지만 이러한 과정이 서구 국가에서 불로소득 자본주의의 대응물이자 필수요소로서 불로소득 사회의 재출현을 촉진했다면, 피케티가 올바르게 지적했듯이, 그것은 19세기 후반에 존재했던 것과는 현저하게 다른 불로소득 사회다. 우선 불로소득자 가계가 지대를 얻는 자산은 오늘날 매우 다르게 보인다. 현재 가계의 주요 지대 창출 사산은 일반적으로 농지를 대신한 택지(7장 참조)와 금융자산이다. 주요 자산군의 이러한 변화와 밀접하게 관련된 것은 100년 또는 그 이전보다 오늘날 불로소득자에 해당하는 가계의 비율이 훨씬 더 높다는 사실이다. 현대의 가계가 금융자산을 소유하는 주된 형태, 즉 개인연금은 그때에는 일반적으로 존재하지 않았다. 만약 존재했다고 하더라도, 극소수 상류층의 전유물이었다. 또한 우리가 영국 사례에서 확인했듯이, '주택 소유 사회'도 그때는 존재하지 않았다.

　가계 불로소득주의의 확산 또는 상대적 '민주화'는 피케티가 프랑스에 대해 인용한 통계로 잘 설명된다. 그는 최하위 50퍼센트의 평균 평생소득보다 더 많은 재산을 물려받는 프랑스 인구의 비율이 1910년과 1920년 사이에 태어난 인구집단에서는 단지 2퍼센트지만 1970년과 1980년에 태어난 인구집단에서는 약 12퍼센트로 증가할 것이라고 예측한다.[85] 피케티는 이러한 두드러진 변화를 '프티불로소득 사회'라는 개념으로 포착한다. 그는 현대 서구 자본주의가 19세기의 더 지독한 '초세습주의'에는 미치지 못하지만 '세습적'일 뿐이라고 주장한다. 요컨대 우리는 "소수의 매우 부유한 불로소득자가 있는 사회에서 훨씬 더 많은 숫자의 덜 부유한 불로소득자가 있는 사회로 이동한 덜 극단적인 형태의 불로소득 사회"에 살고 있다.[86]

오늘날 영국은 프티불로소득 사회의 이러한 묘사에 꼭 들어맞는데, 특히 금융자산과 금융 지대와 관련하여 그렇다. 대다수 가계는 어느 정도 순금융자산을 가지고 있으며, 따라서 엄격한 의미에서 금융 불로소득자에 해당한다. 하지만 이것이 곧 금융자산이 균등하게 분배되었다는 사실을 나타내지는 않는다. 실제로는 어떤 다른 형태의 자산보다 더 불균등하게 분배되었다. 2014년 7월부터 2016년 6월까지 동안 가장 일반적인 불평등 척도인 지니계수는 개인연금자산에서 0.72, 기타 순금융자산(은행계좌, 주식과 지분 등)에서 0.91이었다. 순부동산자산과 물적 자산*의 경우 각각의 수치는 0.67과 0.46이었다.[87] 참고로 지니계수에서 0은 불평등이 없음을, 1은 최대 불평등을 나타낸다. [그림 1-9]는 2012년 7월부터 2014년 6월까지 동안 금융자산 분포의 이러한 불평등을 그래프로 명확하게 보여준다. 금융자산은 최상위에 심

---

* physical wealth: 부동산을 제외한 가계의 실물 자산을 나타내는데, 대표적으로 자동차, 수집품, 가정용품 등이 있다.

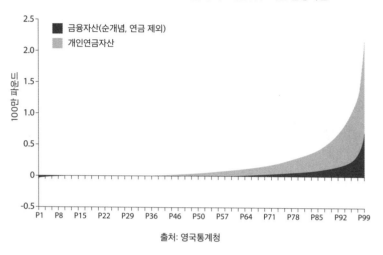

[그림 1-9] 2012년 7월~2014년 6월, 영국* 백분위수 기준 금융자산

출처: 영국통계청

하게 집중되어 있으며, 이 자산 분포의 하위 25퍼센트에 있는 모든 백
분위수는 전체 순금융자산이 음수다. 분포의 비대칭은 50번째, 75번
째, 99번째 백순위수가 보유하는 전체 순금융자산의 수치로 잘 드러
난다. 각각 5만 3,000파운드(연금 4만 7,000파운드와 기타 6,000파운드),
23만 7,000파운드(연금 19만 7,000파운드와 기타 4만 파운드), 220만 파운
드(연금 150만 파운드와 기타 70만 파운드)다.

가계 금융자산 소유의 이러한 불평등을 감안할 때, 그 소유에서 발

---

* 원문에는 Great Britian이라고 나오지만 '대브리튼'이라고 번역하지 않고 그냥 영국이라고 옮
겼다. 기본적으로 영국United Kingdom은 잉글랜드, 웨일스, 스코틀랜드, 북부 아일랜드로 이
루어졌는데, 여기서 브리튼Britian은 잉글랜드와 웨일스를, 대브리튼은 잉글랜드, 웨일스, 스코
틀랜드를 가리킨다. 따라서 영국, 대브리튼, 브리튼은 모두 구별할 수 있는 용어다. 하지만 이런
구분이 문맥상 굳이 필요하지 않으므로, 고유명사 브리튼과 대브리튼도 모두 영국으로 옮겼다.
다만 잉글랜드는 영국과 구분하여 잉글랜드라고 번역했다.

생하는 지대는 불평등하게 실현될 수밖에 없다. 예를 들어 가장 부유한 가계에 금융 불로소득주의가 집중하는 현상은 위기 이후 통화정책이 자산 가격에 미치는 영향에 관한 영란은행 연구원의 보고서에서 잘 설명된다. 이 보고서의 추정에 따르면, 가계 자산 상위 10분위가 2007년과 2012~14년 사이에 순전히 통화정책 변화의 결과로 개인연금 자산에서 20만 파운드 이상의 평균 이득을 실현했지만, 평균 가계 이득은 4만 파운드 미만에 그쳤다.[88] 또한 금융 불로소득주의와 그 과실의 불균등한 분포는 [그림 0-8]에 적어도 간접적으로 분명하게 나타난다. 이것은 개별 과세대상 자본이득의 평균 크기와 이처럼 서로 다른 크기의 이득을 실현하는 개인의 숫자 사이에 존재하는 반비례 관계를 보여준다. 해당 자본이득은 모든 자산 유형의 처분을 포괄하여 기록된 것이었지만, 영국에서 주요 거주 주택자산*은 자본이득세에서 면제된다는 점을 고려할 때, 여기서 나타난 이득의 대부분은 금융자산 판매에서 파생되었다고 간주할 수 있다.

그러나 오늘날 영국 가계 금융 불로소득주의의 전반적인 규모를 파악하려면 [그림 0-8]의 원래 논의에서 언급한 핵심 요점을 다시 생각해볼 필요가 있다. 2017~2018년에 1만 파운드 이상의 과세대상 자본이득을 신고한 26만 명 정도의 개인은 영국 전체 개인납세자 약 3,100만 명의 1퍼센트 미만에 해당했다. 훨씬 더 높은 비율의 영국 개인(과 가구)이 비자본이득 기반 금융 지대를 받는 것이 사실이다. 따라서 이는 불로소득주의가 오늘날 피케티가 언급한 초세습주의 시대

---

* primary residences: 가계가 소유한 부동산 중에서 직접 거주하는 주택을 가리킨다.

보다 훨씬 더 광범위하다는 증거가 된다. 하지만 대부분의 경우 이러한 더 확산되고 광범위하게 퍼진 가계 금융 불로소득주의는 명백하게 '프티'하다. [그림 1-10]에서 알 수 있듯이, 고소득 가계에서도 금융자

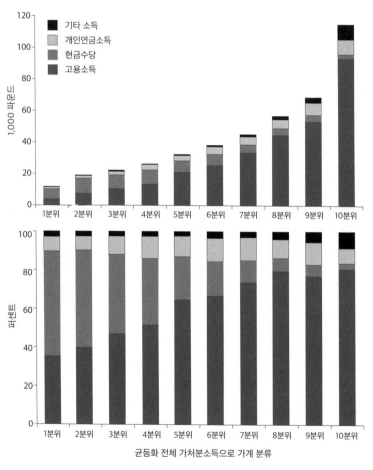

[그림 1-10] 2016/17 회계연도 소득 유형과 10분위수에 따른 영국 가계소득

출처: 영국통계청

1장 기능 없는 투자자: 금융 지대

본에서 파생되는 반복적인 비자본이득 기반 지대는 고용소득에 비해 왜소하다. 여기서 비자본이득 기반 지대는 개인연금소득, 이자소득, 배당금의 조합이다. 이자소득과 배당금은 주거용 부동산 임대소득과 함께 '기타 소득' 범주에 포함된다.

실제로 이 그래프는 오늘날 프티불로소득자 사회와 19세기 불로소득자 사회의 차이에 대한 피케티의 중심 생각 중 하나를 보여준다. "오늘날 자본소득이 노동소득을 능가하려면 사회계층제에서 훨씬 더 높게 올라가야 한다."[89] 19세기 후반 프랑스에서 지대(자본으로부터 버는 소득)는 소득분배 상위 1퍼센트 정도에서 노동소득을 초과했다. 반면에 오늘날 프랑스에서 소득분배 오직 상위 0.1퍼센트만이 이 기준을 충족한다. 공개적으로 이용할 수 있는 통계청 자료로는 현대 영국에서 위에 상응하는 사회집단의 규모를 정확하게 파악할 수 없지만, [그림 1-10]은 금융자본에서 발생하는 소득이 관련된 경우 프랑스와 유사하게 그 규모가 작을 수 있음을 시사한다. [그림 0-8]도 마찬가지다. 2017~2018년에 25만 파운드 이상의 자본이득을 신고한 영국의 개인납세자 비율은 정확하게 0.1퍼센트였다. 한편, 영국 납세자의 상위 0.1퍼센트에 속하려면 약 65만 파운드의 연간 총과세소득이 필요했다.[90] 이것은 소득분배의 매우 높은 수준에서도 노동소득이 여전히 금융 지대를 초과함을 나타낸다.

여기서 한 가지 복잡한 요소는 영국 소득분배 최상위에서 노동소득과 금융 지대의 구별이 결코 명확하지 않다는 점이다. 영국 최고 소득자의 다수는 금융 부문 종사자이고, 그러한 개인이 고용으로 벌어들이는 소득은 이 책의 개념화에 따르면 직접적인 의미에서 금융 지대는 아니다. 즉, 금융자산 소유에서 파생된 것은 아니다. 하지만 이 장에서 지금까지 검토했듯이, 개인의 고용소득은 고용기관이 획득한 지대 중에서 지불되므로 확실히 금융 지대의 간접적인 형태다.[91]

사실 이러한 간접적인 금융 지대는 신자유주의 시대 동안 영국에서 소득 불평등이 증가하는 과정에서 중요한 구성요소로 작용한다. 1979년과 2007년 사이 영국의 상위 소득 10퍼센트가 전체 가계소득에서 차지하는 비율은 28퍼센트에서 43퍼센트로 증가했다. 이 증가의 3분의 2 이상이 상위 1퍼센트에게 돌아갔다.[92] 브라이언 벨Brian Bell과 존 반 리넨John van Reenen은 1990년대 중반부터 공적 용도 세금 환급 기록을 살펴보면서 누가 상위 1퍼센트에 속하는지 그리고 그들이 어떤 유형의 소득자인지 조사했다. 1998~1999년과 2007~2008년 사이 10년 동안 상위 1퍼센트는 소득 파이에서 자신의 몫을 3퍼센트 증가시켰고, 이러한 승가의 약 60퍼센트를 금융 부문 종사자가 차지했다. 소득의 증가분이 어떤 유형인지 살펴보면 그 전체가 급여가 아닌 보너스의 형태로 발생했다.[93] 이 경우에 우리는 보너스를 불평등으로 읽을 수 있다.

금융 지대가 야기한 불평등 악화는 악순환의 자기강화 주기를 촉진했다. 서장에서 언급했듯이, 불평등 증가는 영국 가계가 더 많은 부채를 짊어지도록 부추겼다([그림 0-9] 참조). 그리고 제임스 우드James Wood가 최근에 보여준 것처럼, 가계부채 증가는 다시 불평등 수준을 사정없이 더욱 크게 악화시켰다.

부채가 있는 가계로부터 금융 부문으로 수입이 이동하여, 소득 규모 상위에 있는 관리자, 주주, 직원에게 분배되며 (중략) 1966년과 2016년 사이 영국의 가계부채 확대는 소득분배 상위 5퍼센트가 차지하는 몫을 증가시키는 동시에 상위 소득과 중간 소득 간 불평등 수준을 높였다.[94]

오늘날에도 이런 현상은 계속된다. 벨과 반 리넨 분석의 중요성은 이러한 부채와 불평등의 순환이 가계로 직접 흘러가는 자본소득보다는 주로 기업 지대와 고용소득을 통해 작동한다는 것을 강조하는 데 있다. 1998~1999년과 2007~2008년 사이 상위 1퍼센트의 소득 점유율 상승 중 15퍼센트 미만이 투자소득 증가에 기인하는데, 이러한 증가는 모두 고용에서 은퇴하지 않은 근로연령층에서 발생했다.[95]

간단히 말해 대체로 그 정의상 연금이 주요 소득 창출 기제가 되는 연금생활자 가계를 제외하면, 직접적인 종류의 금융 불로소득주의는 현대 영국 사회 지형에서 상대적으로 주변적인 특징이다. 사실상 오늘날의 프티 금융 불로소득 계급은 연금생활자 '계급'과 동일하며, 따라서 연금을 수령하는 가계 금융 불로소득주의로 볼 수 있다. 확실히 연금 수령은 그 자체로 매우 중요한 사회적·경제적 현상이다. 영국에서 전체 개인연금자산은 5조 파운드 이상으로 평가되고, 약 20퍼센트의 개인이 언젠가 한 번은 개인연금을 받으며, 연간 총 개인연금 지급액은 현재 1,200억 파운드에 달한다.[96] 하지만 연금 지급이 실제로는 금융 지대가 아니라 오히려 지연된 노동소득이라는 설득력 있는 주장을 펼칠 수 있다. 이 입장을 받아들인다면, 금융위기가 물려준 저금리 세계에서 상당한 금융 지대를 얻는 영국 가계의 비율은 매우 작을 뿐만 아니라 이 중에서 한층 더 적게 살아남고 있다. 결국 금융 불로소득주의, 특히 규모가 있는 금융 불로소득주의는 기업 현상이다. 또한 다음 장에서 우리가 다룰 불로소득주의의 종류, 즉 자연자원 지대의 발생도 마찬가지다.

Rentier Capitalism

2장

탄소 신자유주의:
자연자원 지대

자연자원 불로소득주의의 대표 사례

2013년 9월, 광산업체 앵글로아메리칸Anglo American사는 알래스카의 브리스톨 만Bristol Bay에서 추진해오던 페블 광산Pebble Mine 프로젝트에서 철수한다고 발표했다. 앵글로아메리칸사는 철수 이유를 밝히지 않았다. 그러나 논평가들은 이 광산이 세계에서 가장 큰 야생 연어 어장 바로 아래에 위치해 있다는 점,[1] 그런 이유로 이곳에서 막대한 매장량의 금과 구리를 채굴하는 사업에 대한 미국 환경보호국의 승인 여부가 불확실하다는 점이 철수 선언의 배경일 것이라고 추측했다. 앵글로아메리칸사는 철수 이유를 알리는 대신 과거 6년 동안 금이나 구리를 전혀 채굴하지 못한 상태에서 프로젝트를 추진하기 위해 얼마나 많은 비용을 지출했는지 밝혔다. 이에 따르면 연방정부와 주정부에 허가를 신청하기 직전에 이르기까지 들어간 비용이 5억 4,100만 달러였고 철수하는 데 들어가는 비용이 3억 1,100만 달러여서 전체 비용은 10억 달러에 가깝다고 했다.[2] 앵글로아메리칸사는 이와 같이 힘든 프로젝트에서 철수하기를 선택했다.

또 다른 거대 광업회사인 BHP빌리톤Billiton사는 역시 문제가 많은 광산 프로젝트를 진행하고 있긴 하지만 포기하지 않은 것으로 보인다. 2017년 초 칠레에 있는 세계 최대 구리 광산인 에스콘디다Escondida에서 문제가 발생했다. 에스콘디다는 1990년대 초반부터 구리 정광을 생산하기 시작해서 현재 전 세계 생산량의 약 5퍼센트를 차지하고 있는데, 바로 BHP사가 이 광산 지분의 대부분을 소유하고 있었다. 2017년 당시 BHP사가 광산 운영비를 줄이기 위해 새로운 노동 계약서를 작성했는데, 노동자들이 이에 반대해 파업을 벌였다. 당시 44일 동안 지속된 파업은 그 이전 40년 동안 칠레 광업 부문에서 발생한 파업 중 가장 긴 것이었다. BHP사와 협력업체들은 이 파업으로 약 10억 달러의 손실을 보았는데, 광산의 규모가 매우 컸기에 회사의 분쟁은 "전 세계 구리시장에 영향을 끼쳤고 칠레의 경제성장도 충격을 받을 정도였다."[3] 그러나 BHP사는 자신이 원하는 바를 고수했다. 노동자들은 기존 임금과 복리후생을 지키기 위해 파업했지만 그들이 파업을 끝내고 업무에 복귀했을 때에도 BHP사는 여전히 새로운 계약을 밀어붙였고 이 글을 쓸 시점까지 분쟁은 해결되지 않은 상태였다. 파업의 손해가 매우 큰데도 왜 회사는 타협하지 않았을까? 회사 측에 따르면 분쟁은 '고통스럽지만' '에스콘디다의 미래를 보호하려면 어쩔 수 없었기' 때문이라고 한다. BHP사의 미주 사업 책임자는 "우리는 지금뿐만 아니라 향후 5년에서 10년, 그리고 향후 수십 년 동안에 대해서도 에스콘디다의 경쟁력을 보호해야 한다"라고 언급했다.[4]

한편, 대서양 반대편 콩고민주공화국에서는 또 다른 대형 광업회사인 글렌코어Glencore사가 사업을 추진하고 있었는데, 이 회사가 당면한 어려움은 전혀 다른 종류의 것이었다. 2018년 3월, 조지프 카빌라 콩고민주공화국 대통령은 아프리카의 주요 구리 생산지인 자국에서 운영되는 광산회사들에 대해 로열티와 세금을 대폭 인상하는 새로운 법안에 서명했다. 새로운 법안이 자회사인 카탕가 광업Katanga Mining과 무탄다 광업Mutanda Mining을 가지고 현지 영업을 수행하고 있는 글렌코어사에 얼마의 비용을 떠안길지 정확히 알 수 없지만, 분명 상당한 액수가 될 것이었다. 이는 글렌코어사가 법 제정을 막기 위해 오랜 기간 심혈을 기울였다는 것을 보면 능히 짐작할 수 있다. 법 제정 전 5년 동안 콩고민주공화국 정부 관료들과 글렌코어사 임원들은 후자의 주도하에 장기간의 협상을 진행했다. 2018년 1월에는 글렌코어, 랜드골드Randgold, 차이나몰리브데넘China Molybdenum Co.을 포함한 광업회사들이 콩고민주공화국 상하원 의장들에게 새로운 법안을 채택하지 말아달라고 요청하면서 '국내외 모든 수단을 동원하여' 자신들의 투자를 보호하기 위해 노력할 것이라는 서한을 보냈다. 이 편지가 무시당하자 글렌코어사의 최고경영자인 이반 글라센버그Ivan Glasenberg는 조지프 카빌라와 직접 최후의 회담을 하기 위해 콩고민주공화국으로 날아갔다. 그러나 이 역시 실패로 돌아갔고 콩고 의회는 그달 말에 법안을 통과시켰다(논평가들은 글렌코어사의 영향력을 드러내기 위해 "글렌코어조차도 대통령을 설득할 수 없었다"라고 회고했다).[5] 글렌코어사와 다른 광업회사들이 할 수 있는 최선은 조지프 카빌라가 법안에 서명하기 전에 그에게 협상을 재개하도록 설득하는 것이었다. 그러나 서명 이틀 전 여섯 시간 동안 담판을 벌였으나 성공하지 못했다.[6]

　세 개 대륙에서 벌어진 세 개의 에피소드는 광업과 연관되어 있다는 것 외에는 서로 별 관련성이 없지만 각각의 방식으로 현대 자본주의의 공통적이면서 핵심적인 특징을 드러낸다. 이 회사들은 자연이 만들어낸 광물자원을 독점적으로 통제되는 수익 창출 상업자산 commercial assets으로 전환하기 위해(알래스카에서 앵글로아메리칸사의 사례), 또는 이미 성공적으로 자산 형태로 전환된 자원의 지속적인 이윤과 수익 창출 능력을 지키기 위해(BHP빌리톤사와 글렌코어사의 사례) 무엇이든 할 수 있을 뿐 아니라 막대한 비용을 부담하는 것도 마다하지 않는다. 이와 같이 특정한 전략적 과제들을 추구한다는 점에서 이 세 회사들은 모두 자연자원 불로소득주의natural-resource rentierism 추구자를 대표한다. 그런데 이 세 개의 에피소드에 국적이라는 또 다른 공통점이 있다. 그들은 영국계 불로소득자 또는 준영국계 불로소득자(앵글로아메리칸사는 영국-남아프리카계, BHP사는 영국-호주계, 글렌코어사는 영국-스위스계)이고, 이 세 회사의 주식은 런던증권거래소에 상장되어 있다.

자연자원 매장량의 가치 평가의 중요성

자연자원 불로소득자들은 자연적으로 발생한 광물연료(석탄, 석유, 가스, 우라늄)와 다른 광물자원(금속광석, 돌, 모래, 소금)을 수익을 위해 추출·가공·판매하는 회사들이다. 이 회사들이 자원을 합법적으로 채굴하거나 자원을 통해 수익을 거두는 단계에 이르기 한참 전인 단지 '자산'(사전적 정의에 따르면 소유하고 있는 가치물)으로 생각할 수 있는 단계에 이르기 위해서도 막대한 자금을 투자해야 하는데, 그 이유는 수많은 조건이 먼저 충족되어야 하기 때문이다. 페블 광산에서 앵글로아메리칸사가 실패한 것처럼 모든 회사가 성공하는 것은 아니다. 첫째, 말할 것도 없이 매장된 자원을 발견해야 한다. 페블에서 1980년대 후반에 토양 표본, 탐사 구멍 뚫기, 지구물리학적 조사를 통해 자원을 발견했다. 둘째, 매장된 자원이 경제적으로 개발할 가치가 있다는 믿음이 있어야 한다. 페블의 경제적 가치는 의심의 여지가 없었다. 심지어 프로젝트에서 철수한 후에도 앵글로아메리칸사는 "페블 광산이 보기 드물게 규모가 크고 양질의 광산이라는 믿음"[7]을 반복해서 언급했다. 셋째, 불로소득자가 되려면 자원에 대해 법률적de jure 소유권을 가지고 있거나, 그렇지 않다면 최소한 사실상de facto 소유권, 즉 채굴권과 판매권을 가지고 있어야 한다. 그리고 이것이 앵글로아메리칸사의 페블 광산 프로젝트가 좌초한 지점이다. 앵글로아메리칸사는 그러한 권리를 확보하지 못했을 뿐만 아니라 미래에 확보할 가능성도 매우 낮았다. 그렇게 판단한 순간 그간의 비용을 손실로 여기고 정리한 것이다.

　광물자원 개발과 관련된 권리의 유형, 그 권리들의 양도를 관장하는 규칙과 규정들은 그 자체가 진정한 지뢰밭이다. 규칙과 규정들은 국가마다 다르다. 그리고 개별 국가 내에서도 광물 유형에 따라서 다른 경우가 많다. 말할 필요도 없이, 애초에 누가 그 자원을 소유하고 있는지에 많은 것이 달라진다. 예를 들어 영국에서는 국가가 모든 금과 은의 매장량과 연료에 대한 권리를 소유하지만, 그 외 광물에 대한 권리는 일반적으로 개인이 보유하며, 항상 그런 것은 아니지만 땅 소유주가 보유한다. 영국 정부가 소유하고 있는 자원의 경우, 탐사 또는 개발 활동을 하려면 국가의 허가, 즉 라이선스가 필요한데 라이선스가 주어질 때는 탐사 또는 개발 중 어떤 활동을 허가대상에 포함할지가 명시된다. 개인이 소유한 광물자원들의 탐사와 개발의 경우에는 국가 차원의 라이선스 제도는 없지만, 채굴을 위해서는 반드시 그에 대한 허가를 받아야 한다.

일반적으로 전 세계의 광물권 소유자들이 채굴권을 제삼자에게 주는 경우에 보통 두 방식 중 하나를 선택한다. 첫 번째는 양허 계약concessionary arrangement으로, 기업들은 특정 지역에서 특정 기간 동안 자신이 위험을 안고 비용을 부담하면서 자원을 탐사하고 개발할 수 있는 배타적 권리를 부여받는다. 양허권을 소유한 회사는 채굴 위치(예를 들어 석유의 경우 유정)에 있는 자원에 대해 법적 소유권을 갖는다. 두 번째는 수익공유 계약contractual arrangement으로, 여러 형태를 취할 수 있지만 일반적으로 원래의 소유자가 자원에 대한 권리를 계속 보유하고 개발을 맡기로 한 회사(또는 회사들)와 개발의 수익을 공유하는 것이다. 지구 북반구에서는 양허 계약이 일반적이지만 그 외 지역에서는 수익공유 계약이 더 흔하다. 이는 수익공유 계약이 양허 계약에 비해 개발업자가 져야 할 위험과 부담이 더 작기 때문이다. 또 다른 중요한 점이 있는데, 그것은 양허나 수익공유 계약을 맺는 개발업자들이 항상 사기업은 아니라는 것이다. 그들은 국영기업일 수 있는데, 석유수출국기구OPEC 내의 석유 부국에서는 국영기업인 경우가 많다.

어쨌든 위의 세 가지 기준(매장량 발견, 경제성 입증, 개발권 확보)이 모두 충족되어야 자연자원 불로소득자가 비로소 그 자원을 자신의 자산으로 여길 수 있게 된다. 이러한 자산은 '매장량reserves'이라는 특별한

2장 탄소 신자유주의: 자연자원 지대

이름을 갖는데, 그 매장량은 '장부기입booking'을 통해 자산으로 인식된다. 즉, 매장량을 '장부에 기입'하는 것은 그 자원이 지대를 생성할 잠재력이 있는 독점자산이라고 공식적으로 인정하는 것이다. 자연적으로 생겨난 광물자원이 자본주의적 가치를 가진 사물, 즉 자산으로 전환되었다는 인식이 장부기입 절차를 핵심으로 하는 회계, 즉 주요 자본주의적 가치 평가capitalist valuation 수단을 통해 생겨난다는 점에서 '장부기입'이라는 용어가 타당하다. 매장량을 보고하는 것은 간단히 말해 그 가치를 기입하는 것, 즉 그것의 현재 가치를 확인하는 것이다. 대규모 광업회사, 석유회사와 가스회사에서 발행한 연례 보고서와 재무 보고서를 보면 각 광물 범주에서 회사가 보유한 매장량이 얼마인지, 지난번 회계기간에 추가된 매장량, '고갈' 또는 '손상'된 매장량이 얼마인지(예를 들어 채굴 성공이나 면허기간 만료, 권리상실 등에 따른)를 알려주는 수십 페이지의 매장량 정보를 찾을 수 있다.

자연자원 불로소득주의가 전적으로 매장량과 관련된 것이라고 말한다고 해도 그리 큰 과장은 아니다. 앵글로아메리칸사가 알래스카에서 큰 비용을 들였으나 결국 실패한 사례가 보여주듯이 매장량을 확보하려는 것, BHP빌리톤과 글렌코어가 각각 칠레와 콩고민주공화국에서 치열하게 싸운 사례가 보여주는 것처럼 최대한의 지대를 창출하기 위해 권리를 보호하는 것 등이 모두 매장량과 관련된다. 매장량은 또한 자원 불로소득자들의 미래에 대해 투자자들이 평가를 내리기 위한 근본적 기초다. 요컨대 자산을 감시하는 것vigilance이 불로소득자들에게 있어서 최우선으로 챙겨야 할 전략적 사항인데, 그것은 금융 투자자들에게 있어서도 마찬가지다. BHP는 상장회사로서 회사의 비즈니스 위험이 무엇인지 투자자들에게 알려야 할 의무가 있는데, 2018년 연례 보고서의 '비즈니스 리스크' 섹션에서 "새로운 자원을 발견하거나 획득하지 못한다면, 매장량을 유지하거나 새로운 자산을 개발하지 못한다면 우리의 미래 성과와 재무 상태는 부정적 영향을 받을 수밖에 없다"라고 인정했다.[8]

그러나 1장에서 주장했듯이, 금융자본이 단순한 금융자본이 아니듯이, 매장량도 단순한 매장량이 아니다. 회사의 매장량 보고서를 보면 매장량들은 광물자원의 유형에 따라서 분류될 뿐 아니라 매장량들이 창출할 것으로 기대되는 지대에 회사가 어느 정도 참여할 것인지(그 매장량과 관련된 양허 협정이나 계약 협정에 일부 결정된다), 또한 장래 지대 흐름의 실현 가능성이 어느 정도일지에 따라 분류된다. 방금 이야기한 여러 분류 기준 중 마지막은 일반적으로 매장량을 '입증된proven', '가능성이 상당한probable', '가능한possible'이라는 세 개의 범주로 분류한다. 2015년 에너지·기후변화부를 대체해서 영국 내 석유와 가스의 인허가를 담당하는 기관이 된 석유·가스청Oil and Gas Authority은 위의 범주를 다음과 같이 정의했다. 입증된 매장량은 "이용 가능한 정보에 따르면 기술적으로나 상업적으로 생산 가능성이 거의 확실한 매장량, 즉 생산 가능성이 90퍼센트 이상인 매장량", 가능성이 상당한 매장량은 "기술적으로나 상업적으로 생산 가능성이 50퍼센트 이상인 매장량", 마지막으로 가능한 매장량은 "생산 가능성이 있지만 그 확률이 50퍼센트 미만인 매장량"으로 정의된다.[9]

그런데 이렇게 분류함에 있어 주관과 재량이 개입될 수밖에 없다는 점, 즉 실제로 매장량의 개발 가능성이 88퍼센트일지 혹은 92퍼센트에 가까울지를 결정하는 객관적 수단이 없다는 점을 고려하면 매장량 통계는 있는 그대로의 **사실**facts이라기보다 기업의 가치 평가 결과인 가**공물**artefacts이라는 점을 분명히 알아야 한다. 매장량 보고서의 작성과 공표는 일정량의 가치가 존재함을 약속함으로써 기업의 가치를 만들어내는 행위라는 점에서 말 그대로 가치 창출performance of value이다. 그러한 평가의 중요성은 의심의 여지가 없다. 아니, 그 중요성은 매우 크다. 예를 들어 2004년 영국-네덜란드계 메이저 석유기업인 로열더치셸Royal Dutch Shell(이하 '셸')이 자신이 소수 지분으로 참가한 오만 석유개발에 대해 과거 입증된 매장량을 40퍼센트 과장했다고 발표했다가 회장과 탐사·생산 부문 최고 책임자가 사임하는 사태가 발생하기도 했다.[10] 실제 매장된 석유의 양은 변하지 않았으며 그 매장량에 대한 셸의 재무적·법적 이해관계도 변하지 않았다. 사실, 매장량 보고서에 있는 숫자 외에 중요한 것은 아무것도 바뀌지 않았다. 하지만 그 숫자가 중요한 것이다. 자본주의 기업의 주식을 소유한 사람들의 관점에서 볼 때, 가치는 항상 주식 소유가 가져올 소득에 대한 기대와 결합된 미래 지향적인 현상이다. 매장량 추정치는 본질적으로 미래에 관한 이야기다. 이야기가 바뀔 때, 가치 그 자체와 모든 것, 관련 임원들의 경력까지도 그에 따라 달라진다.

광물자원 분야의 역사에서 잘못된 미래 전망의 가장 터무니없는 예는 1990년대 악명 높았던 브리엑스Bre-X 스캔들이다. 당시 브리엑스라는 캐나다 회사가 보르네오 섬의 부상Busang에서 5,700만 온스의 금 매장량을 발견했다고 발표했다. 이후 회사의 시장가치는 40억 달러 이상으로 치솟았지만, 나중에 5,700만 온스는 과장된 수치라고 인정했다.[11] 독립적인 분석 결과 금은 없는 것으로 밝혀졌다.[12] 브리엑스는 존재하지 않는 자산을 존재하는 것처럼 조작해서 불로소득자를 만들어내려고 했던 것이다. 그 에피소드는 매장량 추정치의 장부기입이 얼마나 중요한지를 잘 보여주었다. 그 이후 자연자원 불로소득자들은 매장량 보고서가 적시한 그 자산을 잘 관리하기 위해 노력하는 것만큼이나 보고서의 신뢰도를 지키기 위해 노력하게 되었는데, 그러한 변화는 너무 당연하다. BHP빌리톤의 2018년 연례 보고서에 포함된 다음 항목은 이를 잘 보여준다.

석유매장량그룹PRG은 매장량 평가와 보고 프로세스를 감독하는 전담 그룹이다. 개발과 생산 활동을 직접 담당하는 운영팀들과는 독립적이다. (중략) PRG 관리자는 (중략) BHP사의 정규 직원으로서 이 연례 보고서에 포함될 매장량 추정치의 준비 과정을 감시하고 이 보고서에 포함될 정보를 수집한다. 그는 공학 부문에서 석사 이상의 학위를 받았으며 저류층 공학, 매장량 평가, 유전 개발과 기술 관리 분야에서 35년 이상의 다양한 업계 경험을 보유하고 있다. 석유 매장량 추정치는 [그의] 감독하에 작성된 정보와 증빙문서를 기반으로 공정하게 작성된다. 그는 [이 보고서]에 포함된 정보를 검토하고 그에 동의했으며 보고서 발행에 대해 사전에 서면 동의했다. PRG 구성원에 대한 개별 보상의 어떤 부분도 보고된 매장량에 의존하지 않는다.[13]

영국 자연자원 불로소득주의의 제국주의적 성격

현대 영국 경제 전체와 관련하여 자연자원 불로소득주의의 규모는 어느 정도일까? [그림 2-1]은 이 규모를 파악하는 한 가지 방법— 아마도 가장 일반적인 방법—을 제시하고 있다. 신자유주의 기간뿐만 아니라 역사적 맥락을 보여주기 위해 그 이전 10년을 포함한 기간에 대해 광업·채석업(석유와 가스 등을 포함한 광물자원 추출을 포괄)이 영국 산업의 총부가가치GVA에서 차지하는 비중을 보여주는 것이다. 산업 부문 GVA는 국민경제 생산에 각 산업이 얼마나 순기여를 하고 있는지 보여주는 지표이며, 기술적으로는 각 산업의 총생산물에서 '중간 투입물'의 가치를 뺀 것으로 측정된다. 모든 산업에 걸쳐 GVA를 합산하고 세금과 보조금을 조정하면, 국내총생산GDP이라고 하는 더 잘 알려진 지

[그림 2-1] 1970~2016년 광업·채석업(석유와 가스 추출 포함)이 영국 GVA에서 차지하는 비중

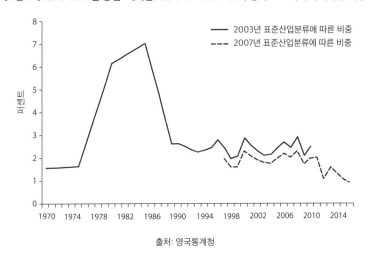

출처: 영국통계청

표를 얻을 수 있다. 본질적으로 [그림 2-1]이 우리에게 말해주는 것은 1970년 이후 매년 영국 경제에서 자연자원 불로소득자의 활동이 어느 정도의 비중을 차지해왔느냐다.

[그림 2-1]의 두 가지 특징은 자세히 살펴볼 필요가 있다. 첫 번째는 1970년대 중반부터 15년 동안 일어난 급변동 현상이다. 1970년대 중반, 광업·채석업의 GVA 비중이 급격히 상승했다가 다시 급격히 하락해서 1980년대 중반의 정점보다 훨씬 낮은 수준에 안착했다. 그래도 그 수준은 1970년대 상반기보다는 상당히 높은 수준이었다. 이에 대해서는 조금 후에 다시 언급할 것이다.

[그림 2-1]의 두 번째 중요한 특징은 1980년대 후반 이후 지난 30년 동안 광업·채석업의 GVA 기여도의 절대적인 수준이다. 도표에서 알 수 있듯이, 이것은 표준산업분류표SIC Code로 산업을 분류할 때 산업 부문을 어떻게 정의하느냐에 따라 다소 달라진다. 하지만 어느쪽이든, 도표의 의미는 충분히 명확해 보인다. 광업·채석업은 영국에서 중요하지 않은 경제 활동이어서 전 기간에 걸쳐 전체 경제 생산량의 3퍼센트를 넘지 못했으며, 어떤 해에는 심각하게 낮은 비중을 보이기도 했다.

따라서 [그림 2-1]을 보는 이 책의 독자들은 다소 근본적인 질문을 제기하게 된다. 현대 영국의 불로소득 자본주의를 다루는 이 책에 자연자원 불로소득주의를 포함한 이유는 무엇인가? 특히 1970년대 중반 이후 15년을 제외하면 이러한 불로소득주의가 영국 경제에서 중요한 역할을 하지 않는 것으로 보이는데 한 장 전체를 할애한 이유는 무엇인가? 이 질문은 중요하며, 이 장의 나머지 부분에서 직접적이지는

2장 탄소 신자유주의: 자연자원 지대

않겠지만 이에 대한 일련의 해답을 제시하고자 한다. 앞으로 이야기할 다양한 이유 때문에 현대 영국 경제를 제대로 이해하고자 한다면, 특히 현대 영국 경제를 지배하는 불로소득자 동학에 관심이 있다면, 채굴산업에 세심한 주의를 기울여야 할 것이다.

내가 가장 먼저 제시하고자 하는 해답은 국민경제를 어떻게 개념화하고, 틀을 짜고, 측정할 것인지의 문제와 관련된다. '영국 경제'란 무엇인가? 이러한 큰 규모의 경제적 개체entity가 어떤 형태를 취하는지 알기 전까지는 이 산업 혹은 저 산업이 국민경제에 얼마나 중요한지 논의하기 어렵다. 그리고 불행히도 이 질문에는 단순하거나 단일한 답변이 없다. 서론에서 언급했듯이 '영국 경제'는 다양한 방식으로 정의되고 측정될 수 있기 때문이다. [그림 2-1]에 표시된 GVA 데이터는 경제 규모를 지리통계적 틀의 형태로 나타낸다. 우리는 그것을 영토territorial 프레임이라고 부를 수 있다. GDP처럼 GVA는 누가 생산하는지에 관계없이 특정 국가 내에서 생산된 상품과 서비스의 가치를 나타낸다. 따라서 [그림 2-1]과 같이 경제 산출물(GVA 기여)은 영국 회사뿐 아니라 프랑스 또는 캐나다 회사에서 만들었을 수 있다. 중요한 것은 생산이 영국의 영토 경계 내에서 발생한다는 것이다.

그러나 영토 기준이 '국민경제'를 이해하는 유일한 프레임이 아니며 '국민경제'라는 이해하기 까다로운 현실을 제대로 이해하게 해주는 가장 의미 있고 손쉬운 방법도 아니다. 영토 기준 못지않게 여러 측면에서 의미 있는 기준이 거주지residency다. 이 프레임에서는 어떤 사람이나 기업이 어디에서 생산을 하든 생산되는 생산물을 거주지를 둔 국가의 경제에 속하는 것으로 간주하는 방식이다. 이 프레임은 GDP,

GVA와 함께 경제 규모를 측정하는 데 통상적으로 쓰이는 또 다른 주요 지표인 국민총생산GNP을 측정할 때 활용되는 것이다. GDP가 국내에서 생산된 재화와 서비스의 가치라면, GNP는 한 나라의 거주자('국민')가 생산한 재화와 서비스의 가치이며, 실제 생산이 세계 어디에서 이루어지는지는 상관없다.

경제의 일부 부문에서는 영토 기반 프레임을 채택하든 거주 기반 프레임을 채택하든 크게 문제되지 않는다. 어느 프레임을 활용하든 해당 부문의 상대적 중요성은 어느 정도 비슷하게 나타난다. 실제로 이는 앞 장에서 살펴본 금융에서는 대체로 사실이다. 영국에서는 영국 국적을 갖지 않은 사람들이 금융 부문 생산량의 상당 부분을 창출한다. 이것은 미국 주요 은행들이 오래전에 런던에 진출한 것을 상기해보면 쉽게 이해할 수 있다. 그러나 동시에 바클레이스, HSBC, 로이드 같은 영국계 금융회사는 국제적으로 상당한 양의 생산량을 창출하고 있다. 영란은행 소속 경제학자들이 경제와 마찬가지로 은행 시스템도 금융자산이 위치한 장소 또는 자산 소유자의 국적을 기준으로 정의될 수 있다는 사실을 논의하면서 언급했듯이, 영국 은행 시스템의 주요 특징은 어느 정의를 적용하든 본질적으로 동일하게 나타난다.[14]

그러나 1990년대 중반 이후의 영국 광물자원 추출 부문에서는 어떤 '국민경제' 프레임을 활용하는지가 매우 중요하다. 유감스럽게도 영국통계청은 국민총생산에서 산업이 차지하는 비율에 대한 데이터를 공표하지 않는다. 하지만 만약 데이터를 공개한다면 광물자원 추출산업의 GNP 기여도는 GDP 기여도보다 훨씬 더 높을 것이다. 세계 최대의 자연자원 불로소득자 중 다수는 런던에 주식을 상장한 영국계 회사다. 실제로 2019년 말 런던증권거래소에 상장된 기업 중 시가총액 순으로 상위 20개를 꼽아보면 그중 자연자원 범주에 속하는 기업은 셸, BP, 리오틴토, BHP빌리톤, 글렌코어, 그리고 앵글로아메리칸 등 여섯 곳에 달했다([표 0-7] 참조).[15] 광물자원 추출산업이 1980년대 후반 이후 영국 GDP에 대한 기여도가 상대적으로 적었던 이유는 영국의 많은 대기업이 정확히 그 활동에 참여하고 있음에도 이 기업들의 방대한 광물 매장량의 일부만이 영국에 존재하고, 그래서 개발을 통해 발생하는 지대의 일부만 영국 GVA 또는 GDP로 인식되기 때문이다. 영국계 은행들은 자산의 약 40퍼센트를 영국 바깥에서 운영하는 등 국제 시장에 대한 노출도가 높은 것(1장 참조)으로 유명하다([그림 1-2]). 그러나 이러한 영국계 은행들의 해외 자산 비중은 영국계 자연자원 불로소득자들의 해외 자산 비중에 비한다면 새 발의 피일 뿐이다. 이들은 영국 내부에 적지 않은 니켈, 소금, 칼륨의 매장량, 그리고 이것들을 능가하는 석유 매장량을 가지고 있지만, 이들이 가진 영국 내 자산은 이들이 해외에 보유한 자산에 비하면 초라한 수준이다. 다른 어떤 주요 산업 부문과 비교해도 영국의 법인 불로소득자 계층이 해외에 이만큼 막대한 자산 비중을 가지고 있는 경우는 없다.

　[그림 2-2]는 이 기업들이 해외 사업에 집중하고 있음을 생생하게 보여준다. 앞서 언급한 자연자원 영역의 '빅 6' 기업 중 다섯 개 기업에 대해 2016년과 2017년 말 소유 자산의 지리적 분포를 영국(분석 기업이 영국 비중을 정확히 보고하지 않는다면 데이터가 존재하는 그다음으로 작은, 영국을 포함하는 지역 수준)과 영국 이외 지역으로 나누어 보여준다. [그림 2-2]에서 유일하게 누락된 기업은 BP로, 2009년부터 자산 소재

[그림 2-2] 영국계 메이저 자연자원 불로소득자 기업 자산의 지리적 분포(가치 기준)

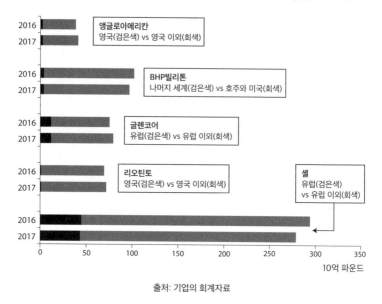

출처: 기업의 회계자료

지를 미국 또는 미국 이외 지역으로만 보고하고 있다. 좀 더 세분화된
지역별 분석이 가능한 마지막 회계연도인 2008년 말 기준 BP는 자산
2,280억 달러 중 17.8퍼센트만이 영국에 있었다.[16] 이 비중은 2016년
과 2017년에 다른 다섯 기업들이 영국에 소유한 자산의 비중보다
큰 것이었다. 결론적으로 [그림 2-2]는 오늘날 자연자원 지대가 영국
GDP에서 기여하는 부분이 매우 작은데, 자연자원 불로소득자들은 영
국의 대표 기업들로 자리매김하고 있는 대조적인 현상을 시각적으로
잘 보여준다. 간단히 말해 불로소득자들은 그들의 지대를 다른 나라
에서 벌고 있는 것이다.

이러한 측면에서 보면 영국 자연자원 불로소득주의에는 어느 정도

2장 탄소 신자유주의: 자연자원 지대

제국주의적 요소가 존재하는 것처럼 보인다. 유럽에 본사를 둔 일단의 거대 자본주의 기업들이 자연자원과 지대를 주로 세계의 다른 지역(특히 많은 경우 영국을 비롯한 유럽의 과거 식민지였던 지역)에서 추출하고 있다. 예를 들어 앞서 살펴본 것처럼 칠레와 콩고민주공화국에서 사업을 벌인 BHP빌리턴과 글렌코어가 그러하고, 셸이 나이지리아에서 벌인 사업이 오랫동안 논란거리였다는 사실도 잘 알려져 있다. 또한 앵글로아메리칸의 주요 사업국은 남아프리카공화국이며 BP는 앙골라에서 큰 규모로 사업을 벌이고 있다. 이러한 사례는 끝이 없다.

이와 같은 제국주의적 요소는 영국계 자연자원 불로소득자들이 해외에 어떻게 그토록 많은 자산을 갖게 되었는지에 대한 우선적이고 납득할 만한 설명을 제시한다. 앵글로아메리칸, BP, 리오틴토, 셸의 역사는 제국의 정치경제와 떼려야 뗄 수 없는 관계에 놓여 있는 것이다. 특히 석유와 관련된 기업, 즉 BP와 셸이 관련되는 부문에서는 더욱 그러하다.[17] 반식민주의자들이 탈식민화 이전 시기에 제국과 서구의 메이저 석유기업의 상호침투를 소위 '석유 식민주의petroleum colonization'라고 이름 붙였던 것은 충분히 일리가 있다. 실제로 그들은 식민주의라는 구조적인 불평등이 BP나 셸이 전통적으로 활용하는 양허 모델에 경제적으로나 상징적으로나 내재되어 있다고 보았다. 이와 관련해 크리스토퍼 디트리히Christopher Dietrich는 OPEC의 초대 사무총장인 이란의 푸아드 루하니Fuad Rouhani가 1962년에 양허에 대해 비서구 국가들이 자국에서 석유를 추출하는 서구 기업들한테 "너무 적은 대가를 받고 너무 큰 것을 주는 일"이라고 한 말을 인용했다. 디트리히는 "이렇게 부정적으로 정의하는 것이 산유국과 서구 기업 간의 관계의 요점을 제대로 포착하는 방법"이라고 보았다. 루하니가 이야기한 것처럼 문제는 단순하다. 양허란 정의상 "강자에게 주는 약자의 선물"이라는 것이다.[18]

이는 비단 석유만의 일은 아니었다. 앵글로아메리칸은 1917년 남아프리카공화국에서 설립되었는데, 당시 남아프리카공화국은 그리 오래되지 않은 영국의 식민지였다. 한편 리오틴토는 1~2차 세계대전 사이에 성장했는데, 당시 영국령 로데시아Rhodesia였던 구리벨트에 대한 투자 기회를 잡았기 때문이다.[19] BP, 셸과 마찬가지로 영국에서 그렇게 멀리 떨어진 곳에서도 이들 두 불로소득자들은 영국 제국주의의 영향력에 힘입어 성장할 수 있었던 것이다.

그러나 니콜라스 샥슨Nicholas Shaxson은 서구 석유기업들의 이미지를 '제국주의의 대리인agents of imperialism'이라고 보는 것은 이미 낡은 사고방식이라는 비판적인 견해를 제시했다.[20] 이러한 주장은 부분적으로는 타당하다. 루하니가 앞에서 언급한 발언을 하기 전에 석유가 풍부한 비서구 산유국들이 이전 석유 제국주의자들에게서 경제적 이권을 되찾아오는 데 성공한 몇몇 사례가 이미 있기 때문이다. 특히 이란이 좋은 사례다. 세 개의 새로운 유전 개발과 관련해서 1957년에 이탈리아 석유기업ENI과 맺은 협정으로 이란은 무려 총수익의 75퍼센트를 확보할 수 있게 되었는데, 이는 전통적인 배분보다 훨씬 높은 수준이었기 때문에 서구 기업에 대한 복속이라고 하기는 어렵다.[21]

특히 미국은 탈식민지화가 진행되는 상황에서는 ENI가 이란에서 그랬던 것처럼 서구 자원 개발 기업들은 세금과 로열티에 있어서 자원 보유국이 원하는 바를 들어주는 것이 석유 생산시설 국유화와 같은 핵폭탄급 리스크와 비교해 훨씬 현명하고 수익성 높은 전략이라는 견해를 오랫동안 유지해왔다. 그러나 BP와 셸은 1970년대까지도 이와 같은 흐름에 반대하면서 닉슨Nixon 정부에 대해 자신들의 이익을 지켜줄 강력한 조치를 취해달라고 로비를 벌였다.[22] 이와 같은 시대착오적인 전략의 결과였는지 서구 생산시설 중에서 처음으로 자원 보유국이 국유화 대상으로 삼은 것이 바로 리비아의 BP 시설이었다. 이라크와 마찬가지로 리비아는 냉전을 이용해 러시아와 러시아 동맹국들과 거래를 함으로써 서방의 블랙리스트 등재에 따른 충격을 피할 수 있었으며, BP는 보상도 제대로 받지 못하고 철수했다.[23]

확실히 오늘날 개발도상국에서 사업을 수행하는 서구의 자연자원 불로소득자들은 해당 국가들에 대해 더는 과거 식민지 시절과 같은 지배적인 지위를 점하지 못하고 있다. 카빌라 대통령은 결국 콩고민주공화국 내에서 광업에 대한 세금과 로열티를 조정하는 데 성공했고, BHP빌리톤도 칠레 노동조합과 분쟁을 벌였음에도 원하는 결과를 얻지 못했다. 샥슨은 BP가 투명성 운동에 직면하여 앙골라에서 벌인 석유사업의 재무정보를 공개하기로 2001년에 약속했다가 앙골라 정부의 계약 파기 위협에 직면하게 된 일을 흥미로운 사례로 언급했다. 결국 무슨 일이 일어났는가? "BP는 현명하게도 기존 주류적 흐름으로 곧 돌아왔다."[24]

그럼에도 오로지 개발도상국 정부들과 서구의 자연자원 불로소득자 간의 관계에 초점을 맞추는 것은 해당 지역 주민들, 특히 원주민들의 입장을 무시하는 것이다. 원주민들은 처음에는 제국주의에, 최근에는 적어도 그들 입장에서는 분명히 화석연료 제국주의fossil-fuel imperialism라고 부를 수 있는 것에 이중적으로 착취당했다. 페넬로페 안티아스Penelope Anthias는 2018년 연구를 통해 볼리비아 원주민들이 땅을 빼앗긴 이후 지금까지 벌이고 있는 저항에 대해 다루었는데, 그 이야기에서 핵심은 BP의 현지 자회사가 벌이고 있는 광물자원 거버넌스와 채굴에 관련된 정치경제다. 이와 같은 상황은 지구 남반부의 자원 부국뿐만 아니라 지구 북반부 자원 부국의 정착민-식민주의자 settler-colonialist 사회인 캐나다와 호주에도 적용된다.[25]

여전히 남아 있는 질문은 두 개의 그림 중 어떤 그림이 오늘날 영국 경제나 자연자원 불로소득자의 역할에 대한 설명으로 더 타당하냐다. 기업들의 존재감을 낮추는 [그림 2-1]인가, 아니면 [그림 2-2]처럼 빅 6가 해외에서 산출하고 있는 막대한 생산량을 포함하는 거주자 기반 설명인가? 이와 같은 질문에 확정적인 대답을 하기는 어렵다. 현대 영국 경제의 복잡성과 관련해 두 가지 설명 모두 흥미롭고 중요한 이야기를 말해준다. 그러나 현대 영국 경제의 복잡한 모습을 이해하기 위해서는 후자의 그림이 전자의 그림만큼이나 적절하다. 분명히 두 번째 그림을 저평가할 필요는 없다. 그 이유를 다음과 같이 생각해보자. 외국계 기업이 영국에서 발생한 지대를 본국으로 이전한 경우와 영국 기업이 해외에서 발생한 지대를 영국으로 이전한 경우 중 영국 경제에 더 중요한 부분은 무엇인가? 바로 이 같은 문제를 위해 영국통계청과 같은 국가통계사무소들은 전통적으로 GDP와 GNP를 모두 공표하고 있는데, 두 가지 통계를 통해 지역 기반과 거주자 기반의 중요하고 유익한 정보를 파악할 수 있다.

1970년대 영국령 북해에서 발견된 석유와 가스의 민영화

　지난 5년간 영국은 유럽연합 탈퇴 문제로 뜨거웠기에 영국인이라면 1975년을 아마도 유럽공동시장Common Market 관련 국민투표가 실시된 해로 기억할 것이다. 그해의 투표는 영국에서 벌어진 최초의 국민투표이자 2016년 브렉시트에 대한 국민투표가 실시될 때까지 유럽과 관련해서 벌어진 유일한 국민투표였다. 영국은 1973년에 유럽공동체에 가입했는데 1975년 투표에서 투표자의 3분의 2가 유럽공동체 잔존을 선택했다. 그런데 이보다 더 심대한 영향을 미칠 중요한 사건이 그달 말에 일어났다. 영국령 북해, 구체적으로는 스코틀랜드 북동부 해안의 아가일 유전Argyll field에서 추출한 최초의 석유가 6월 18일에 당시 에너지부 장관 토니 벤이 "황폐하고 황량한 산업지대"라고 묘사한 잉글랜드 남동부 메드웨이 강 하구에 정제 처리를 위해 도착했다. 벤 장관이 묘사한 것은 그 지역의 풍광만이 아니라 그 사건이 불러 모은 사람들이기도 했다. "국제 자본 세력과 영국 보수당 정치인들의 완벽한 조합이었다."[26]

　그날 메드웨이에서 자본가와 우파 정치인들의 존재감이 두드러졌다는 것은 사실일 뿐 아니라 미래에 대한 예언과도 같은 것이었다. 북해의 석유와 가스가 이후 수십 년 동안 두 집단의 운명을 근본적으로 결정할 것이기 때문이었다. [그림 2-1]에서 보여주듯이 영국 경제의 총생산에서 추출산업이 차지하는 비중은 1975년에 '급증'했는데, 이것은 영국에서 벌어진 탄소 경제의 성장, 그와 관련된 정치경제적 전환을 잘 드러낸다. 1960년대 말에서 1970년대 초 영국 대륙붕UKCS

중 북해 지역에서 상당한 양의 석유와 가스가 발견되었다. 1976년에는 드디어 석유와 가스 추출로 상당한 이익이 창출되어 BP, 셸 등과 같은 영국계 기업들과 다국적 기업들로 흘러들어갔다. 이제 막 성장하기 시작한 석유·가스산업은 자원 추출산업을 팽창시켜 1980년이 되자 [그림 2-1]이 보여주는 바와 같이 이 자원 추출산업이 영국 GVA에서 차지하는 비중이 1.6퍼센트에서 불과 5년 만에 6퍼센트로 증가했다. 영국계 자연자원 불로소득자들은 오랫동안 주로 해외에서 성공을 거두어왔는데, 이들이 갑자기 영국 내부에서도 중요한 행위자들이 되었다.

이와 같은 새로운 불로소득자 자산은 단순히 우연의 결과다. 영국 내 석유와 가스 생산의 증가, 자연자원 지대의 증가가 자원 탐사와 시추의 결과라는 점에서는 비슷한 시기에 급증한 금융이나 금융 지대와 다르다(1장). 많은 학자가 지적한 바와 같이, 특히 금융위기 이후 금융자산은 그 기반이 되는 구체적인 실물과의 관련성이 점점 약화되었다. 심지어 금융자산은 희박한 공기에서도 창조될 수 있게 되었다.[27] 그러나 이것은 자연자원 불로소득자의 자산에는 해당되지 않는다. 그들에게는 실물자원이라는 기반이 필요하다는 것이다. 1970년대 영국 북해에서 추출되기 시작한 석유와 가스의 양은 1980년에 각각 20억 배럴에 이르렀으며, 1990년까지 누적 생산량은 석유 105억 배럴과 가스 44억 배럴에 달했다.[28]

그러나 다른 핵심적인 측면에서 볼 때, 자연자원 지대와 지대 수취 기업들의 성장은 금융 분야에서 일어난 일과 크게 다르지 않다. 당초 영국 정부가 석유와 가스 소유권을 보유했기 때문에 영국 대륙붕에서 석유와 가스를 발견한 것은 민간 자연자원 불로소득자의 이익으로 귀결될 일이 아니었다. [그림 2-1]은 민간 기업의 순생산량을, [그림 2-3]은 석유와 가스 생산으로 민간 기업이 얻은 이윤을 보여준다. 예를 들어 영국보다 한참 앞서 1930년대 초에 최초로 석유를 발견한 이후 영국과는 비교할 수 없는 규모로 석유와 가스를 생산해온 사우디아라비아의 경우를 생각해보자. 사우디아라비아에서 석유와 가스를 추출하면서 생긴 이윤의 어느 정도가 민간 부문으로 흘러갈까? 거의 없다. 사우디아라비아의 석유와 가스 개발은 사우디 정부가 98.5퍼센트의 지분을 보유한 사우디 아람코Saudi Aramco의 통제 아래 있기 때문이다.[29] 영국도 국가가 자연광물에 대한 권리를 가지고 있었으므로 1960년대부터 1980년대까지 북해에서 국가가 독점적으로 석유와 가스 개발을 진행함으로써 자연자원 지대를 국가가 차지할 수도 있었을 것이다. 두말할 필요 없이 국가의 독점 지대 획득은 운과는 상관없는 것이다. 그러나 영국 정부는 민간 기업에 그 권리를 넘겼고, 그 덕에 민간 부문 불로소득자들이 그 운을 누렸다. 그러한 점에서는 금융 부문과 비슷하다.

금융 부문과의 비교를 조금 더 진전시켜보자. 오늘날 영국의 금융 부문은 부분적으로는 막강한 로비력에 기대 영국 정부에서 상당한 정책적 지원을 받고 있다. 타마신 케이브Tamasin Cave는 영국 금융이 단순한 로비 세력을 넘어 "영국 국가 그 자체와 분리할 수 없도록 긴밀히 결합되어 어디까지가 금융이고 어디부터가 국가인지 알 수 없는 지경에까지 이르렀다"라고 주장했다.[30] 그리고 금융 부문에서 볼 수 있는 이 같은 상황은 오늘날 석유 부문에서도 마찬가지로 벌어지고

[그림 2-3] 1977~2015년 영국의 석유와 가스 생산량: 산업 부문 수입과 세수 기여도

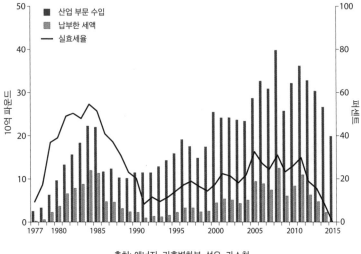

출처: 에너지·기후변화부, 석유·가스청

있다. 크리스토퍼 하비Christopher Harvie는 1990년대 중반까지 이어신 북해 석유·가스산업 발전에 대한 기념비적인 책을 썼는데, 그 책에서 그는 북해 석유·가스 개발 면허권이 발급되기 시작한 1960년대에 에너지부 장관직을 수행한 프레더릭 에롤Frederick Errol이 나중에 "처음 면허권을 발급할 때 대형 민간 석유기업들에 부당한 혜택을 주었다"라고 인정한 사실을 기록했다. 에롤 장관은 "행여나 총선으로 사회주의 정부가 집권하게 되면 민간 기업에 대한 면허 발급을 불허할까 우려했다"라는 것이다.[31] 이와 같은 영국 정부와 정부 정책에 대한 메이저 석유기업들의 영향력은 1960년대 하반기와 노동당이 집권한 1970년대 하반기에 다소 약화되었으나 마거릿 대처가 집권한 1979년부터 다시 시작되었고 더욱 강력해졌다. 앤드류 컴버스Andrew Cumbers는

2012년에 다음과 같이 썼다. "1979년 이후 영국의 석유정책은 부끄러운 줄도 모르고 BP나 셸과 같은 영국계 다국적 석유기업들의 이해관계에 따라 결정되어왔으며, 그 기업들과 그들의 '대리인'은 다른 이해관계자들을 배제시킨 채 정책 토론과 공식 토론의 장을 지배해왔다."[32]

이를 배경으로 민간 불로소득자 집단이 꾸준히 특혜를 누려온 것은 놀랄 만한 일이 아니다. 1960년대 에너지부 장관이었던 에롤이 석유 부문에서 공공기관을 축출했는데, 그러한 결정을 이후의 장관들도 유지한 결과 북해의 석유·가스와 관련해 영국 정부의 개입은 미미한 수준으로까지 위축되었다. 컴버스는 BP가 영국이라는 국가의 산물이라고 해도 틀리지 않다고 이야기했는데, 바로 그 BP가 점진적인 민영화의 길을 걸었다. 1979년 임기를 시작하자마자 대처 수상은 BP의 지분 5퍼센트를 매각함으로써 정부의 지분 보유 비율을 51퍼센트에서 46퍼센트로 줄였으며, 이후에도 매각을 지속해 1987년 말에 정부 보유 지분 전체를 처분하고 완전히 민영화시켰다.[33] BP 말고 역시 민영화의 길을 걸은 영국국영석유공사British National Oil Corporation, BNOC도 있다. BNOC는 석유와 가스 개발 부분에서 공적인 개입을 목적으로 1975년 토니 벤*이 설립했는데, "미국과 영국의 메이저 석유기업들을 귀찮게 하기는 했다. [그러나] 그들의 우위를 무너뜨리는 데는 실패했다."[34] 이후 BNOC는 1982년에 영국 경제 전반에 걸쳐 국가의 역

---

* Tony Benn: 20세기 영국에서 영향력이 큰 정치인 중 한 명이었다. 노동당 좌파 정치가이자 노동당 전 대표였으며 2014년에 사망했다. 그가 열심히 활약했음에도 대처 정부가 영국을 극단적 신자유주의 체제로 바꾼 것을 막지 못했다는 점에서 이 책은 그를 유령 같은 존재라고 표현했다(205쪽 참조).

할을 축소하려는 정부 목표의 일환으로 민영화되었다. 그 이후로 영국 석유·가스산업의 상류 부문 구성요소인 탐사와 생산은 '완전히 민영화'되었다.[35]

민간 영역은 민영화를 통해 공기업이 축출된 덕에 특혜를 누렸을 뿐 아니라 다른 나라들보다 훨씬 더 광범위하고 강력한 혜택을 제공하는 정책을 통해서도 큰 이득을 누렸다. 이미 보았듯이 불로소득자들의 지대 창출 능력은 무엇보다 지대를 낳는 자산에 대한 권리의 강도와 범위에 영향을 받게 된다. 그런데 영국의 석유와 가스 부문의 경우 영국 정부의 양허 면허 시스템이 그러한 권리를 높은 수준으로 보장해주었다. 1972년의 하원 공공회계위원회는 이에 대해 거의 믿을 수 없다는 투로 "처음 면허권이 발급될 때 100제곱마일 단위의 거대한 해역들이 마치 영국이 셰이크국*인 것처럼 무려 46년간 보장이라는 매우 관대한 조건으로 기업들에 주어졌다"라고 기술했다.[36]

미국의 전설적인 개인 채굴업자이자 세계 최대의 독립 석유기업 중 하나인 메사Mesa를 설립한 분 T. 피켄스Boone T. Pickens에게 있어 영국 정부의 이 같은 정책은 믿기 어려운 것이었다. 그는 나중에 다음과 같이 회상했다. "석유 개발자로서 5만 에이커에 달하는 지역이 무상으로 제공된다는 소식을 들었을 때, 나는 대서양 건너편에서 제공된 거대한 기회에 대한 생각을 멈출 수가 없었다. 단지 시추권을 확보하기 위

---

* Shekihdom: 셰이크라는 지도자가 지배하는 지역이나 정치체제를 의미한다. 아랍 국가들에서만 발견할 수 있는 정치체제이며, 특히 아라비아반도의 국가들이 이러한 정치체제를 갖는 것이 일반적이다. 예를 들어 쿠웨이트의 국명은 영어로 'Sheikhdom of Kuwait'다. 본문에서는 이 국가들이 외국 기업들에 석유 개발권을 장기간 보장한 것을 빗대어 이야기하고 있다.

해 수백만 달러를 지급해온 나 같은 채굴업자에게 그것은 정말 대단한 인센티브였다."[37] 피켄스는 기회를 놓치지 않았다. 메사는 북해를 훑었고 1976년 자신의 역사상 최대 유전인 비트리스 유전Beatrice Field을 발견했다.

그러나 시간이 지남에 따라 모든 인센티브 중에서 가장 크고 중요한 인센티브, 그리고 무엇보다 북해를 영구적인 법인 불로소득자의 천국으로 만드는 데 기여한 인센티브는 영국 정부가 고안한 세금제도일 것이다. 이는 원래는 국가가 자연자원을 직접 소유하지 않거나 그와 관련된 공기업을 소유하지 않아도 자연자원에서 나오는 수익에 동참할 수 있게 해주는 수단이다.

1980년대 석유와 가스에 대한 특혜적 조세제도 구축

최초 권리 보유자인 국가가 자연자원 추출과 생산의 일부 또는 전부를 민영화한 상황에서는 조세제도가 자연자원 지대의 분배를 결정하는 중요한 수단이라는 점에서 조세제도는 대단히 중요하다. 광물자원 생산과 관련한 과세 시스템을 '조세체제fiscal regime'라고 부르고자 한다. 이것은 (보통 생산 단위당 부과되는) 로열티, (자본 지출 감면이 적용되는) 소득세, (사업 프로젝트와 현금 흐름을 기초로 부과되는) 특별광물세 중의 하나 혹은 여러 개의 결합에 따라 다양한 방식으로 운영된다.[38] 이러한 조세체제는 자연자원 개발에 따른 지대를 정부와 민간 불로소득자가 어떤 비율로 나눌 것인지를 결정하는 주요 수단이기 때문에 매우 중요하다.

세금은 지극히 가벼운 수준에서부터 매우 무거운 수준까지 부과될수 있는데, 정부 수입과 기업 이윤에 큰 영향을 미친다. 이러한 이유로 BHP빌리톤과 글렌코어 같은 자연자원 불로소득자들은 사업(그리고 이윤)의 핵심 리스크가 무엇인지 나열할 때 조세체제를 자연재해나 토지 소유권 주장과 함께 항상 가장 먼저 제시한다. 다시 한 번 BHP의 2018년 연례 보고서를 살펴보자.

우리의 영업용 자산과 비영업용 합작 벤처들은 장기 세제 안정성에 기반을 둔 장기 실물투자에 근간을 두고 있는 까닭에 세제 변화 또는 법령 해석 변화, 세무당국의 정기조사와 시정조치, 세제와 관련된 법적 절차 이행 등에 따라 부정적인 영향을 받을 수 있다. 자원 개발산업은 변함 없이 세금 수입의 원천으로 간주되고 있으며, 사업 전반에 적용되는 광범위한 세제조치로 부정적인 영향을 받을 수 있다.

이 보고서는 계속해서 BHP가 그 당시 "수많은 세금과 로열티와 관련해 불확실한 문제들에 직면해 있다"라고도 언급했다.[39] 마찬가지로 앞서 살펴본 바와 같이, 글렌코어도 콩고민주공화국에서 BHP가 언급한 바로 이런 유형의 문제로 어려움을 겪었다.

반면 영국에서는 북해에서 석유와 가스가 채굴되는 대부분의 기간 동안 완화적이고 기업 친화적인 조세체제를 제공함으로써 민간 부문에 큰 혜택을 주었다. [그림 2-3]은 1970년대 중·후반 이후 연도별로 영국의 석유·가스 생산에서 발생한 총수입과 총세수, 유효세율(총수입

대비 총세수 비율)의 수치를 통해 조세체제가 어떻게 변화해왔는지를 보여준다. 버나드 모머Bernard Mommer가 기술한 바와 같이, "석유 부문에서 영국의 조세체제는 1982년까지는 강화되었으나 이후 약화되기 시작했다."[40]

사실 유효세율이 가장 높던 1980년대 초반에도 그 수준은 단지 50퍼센트대에 머물렀다. 이는 상당히 높은 수준으로 보일 수도 있지만, 아프리카에서 가장 큰 산유국들의 정부가 통상적으로 70~90퍼센트 수준을 부과하는 것과 비교하면 그렇다고 볼 수는 없다.[41] 또한 50퍼센트의 비율은 단기간 부과되었을 뿐이다. 1980년대 중반부터는 후안 카를로스 부에Juan Carlos Boué가 대처 정부의 '일관된 공격'이라고 묘사한 분위기 아래서 채굴기업이 국가에 내야 할 로열티가 점차 줄어들었다.[42] 게다가 정부는 자본투자에 대해 허용 가능한 극단적 세제 혜택을 밀어붙여 마침내 투자 지출이 발생하는 해에 100퍼센트 감가상각을 허용함으로써 투자비 회수가 보장될 때까지 세금을 내지 않아도 되게 만들어주었다. 캐럴 나클레Carole Nakhle는 나중에 100퍼센트 감가상각 제도에 대해 "투자자에게 특히 더 매력적인 제도"라고 언급했다.[43]

그리하여 1990년대 초반이 되면 세율이 10퍼센트 근처까지 떨어졌고, 부에가 보수당 정부의 오래된 비전이라고 언급한 '저세율 탄소 경제'라는 것이 제대로 실현되었다. 부에는 이에 대해 북해 유전들은 "제과점이나 자전거 판매점과 같은 세제 혜택을 누리게 되었다. 바꿔 말하면, 영국 정부는 국가 소유의 탄소자산을 개발했으나 정확히 아무런 소득을 얻지 못하고 있는데도 만족해했다"라고 언급했다.[44]

이 점과 관련해 북해에서 생산되는 석유에 대한 1980년대 중반 이후의 대단히 적극적인 세 부담 인하의 더 큰 의미를 반추할 필요가 있다. 모머의 연구를 근간으로 필립 라이트Philip Wright와 공동으로 진행한 연구에서 부에는 석유산업과 관련해 '소유 기반proprietorial' 조세체제를 '비소유 기반non-proprietorial' 조세체제와 비교하고, 1980년대 영국이 전자에서 후자로 변모하게 됨에 따라 '점점 더 비소유 기반화' 되었다고 주장한다. 소유 기반 조세체제에서는 "세입자에게 아파트를 임대해주는 집주인"처럼 국가는 "국가의 탄소자원 이용에 대한 지대"를 요구한다. 다시 말해 당연하게도 국가가 그 자원을 소유하고 있기 때문이다. 비소유 기반 조세체제에서는 이와 반대로, "국가는 조세정책과 국가 자원을 이용해 생산 활동을 하는 기업의 생산성과 수익성 전망 간의 관계에 대해 고민하게 된다."[45]

이러한 일이 대처의 토리당(보수당) 집권기에 발생했다. 노동당 집권 시기에는 국가와 국가의 지대 추구권을 우선시했는데, 보수당 아래서 영국 정부는 민간 부문과 민간 부문의 지대 추구권을 우선하는 방향으로 전환했다. 1980년대 중반부터 영국 조세체제의 기본 원칙은 국가(결국 세금을 내는 국민)가 받아야 할 공정한 지대 몫을 보장하는 것이 아니라, 민간 부문의 탐사와 시추 열정을 방해하지 않는 것이었다. 부에는 이러한 변화가 조세체제 자체를 근본적으로 위축시키고 그것을 마진이 거의 발생하지 않을 프로젝트의 수익성 보장을 위해 동원되는 '조정 변수'로 전락시켰다는 것이 그나마 도출할 수 있는 시사점일 것이라고 말했다. 그가 지적한 대로, "투자를 촉진하는 것이 조세체제의 역할이라고 말하는 것은 자원 소유자(국가)와 자원 개발자(기업)의 정치적 관계를 완전히 뒤집는 것과 마찬가지다."[46] 국가는 공공이

2장 탄소 신자유주의: 자연자원 지대

소유한 가치 있는 자연자원의 충실한 관리자로서 자신이 정하는 조건에서만 그 자산에 민간 부문의 접근을 허용해야 하는데, 그러기는커녕 민간의 투자와 수익성을 보호하기 위해서라면 필요한 모든 세제 혜택을 주겠다고 약속하며 석유산업의 애완견이 된 것이다.

몇 가지 소소한 조치와 함께 영국 정부가 1990년대 중반 이후의 유가 회복을 반영해 2002년에 법인세에 추가 부담을 더하자 영국의 석유와 가스 생산에 대한 세수가 늘어났다. 그러나 세수는 1990년대 초반 바닥을 찍은 이후 계속 증가하고 있지만 다시 33퍼센트라는 과거의 정점을 넘긴 적은 없다. 특히 영국의 석유·가스산업 상류 부문(석유 생산, 정제)에 대한 낮은 과세는 하류 부문(석유 최종 소비)에 대한 높은 과세와 대조를 이룬다. 영국의 휘발유 가격은 수십 년 동안 유럽에서 가장 높은 수준이었다. 탄소산업 하류 부문과 상류 부문 간 세수 격차는 1999년 약 12대 1 수준으로 정점을 찍었는데, 이때 [그림 2-3]과 같이 생산자에게 부과된 상류 부문 세금은 25억 파운드였고, 소비자에게 부과된 하류 부문 세금은 300억 파운드였으며, 후자는 대부분 도로 이용자가 지불하는 부가가치세와 유류세였다.[47]

1980년대 초반 영국이 석유와 가스에 대해 특혜적 조세제도를 구축한 것에는 여러 가지 복잡한 요인이 있다. 물론 일부 요인은 이념적인 것으로 설명할 수 있다. 즉, 어떤 산업 부문이든 간에 자본에 대한 낮은 과세는 신자유주의 국가의 오래된 신념이라는 것이다. 또한 우리가 이미 보아온 바와 같이 로비의 영향도 있다. 예를 들어 모머는 1980년대 중반부터 조세 부담을 낮추려는 보수당의 움직임과 산업계의 지속적인 로비에 영국 정부가 포섭되는 일이 동시에 진행되었다고 언급했다.[48] 실제로 영국의 석유 과세정책은 적어도 기후변화가 담론에 끼어들기 전까지는 영국 화석연료업계가 로비 활동을 가장 일관적으로 펼쳐왔고 그만큼 가장 효과를 많이 본 핵심 전장이었다.

라이트와 부에가 관찰한 바와 같이, 석유와 가스 '업계의 로비'는 1980년대 조세체제에 대한 공론이 자신들에게 유리하게 전개되도록 만드는 데 성공해 보수당의 감세정책에 대한 노동당의 반대를 눌러버렸다.[49] 최근에 그레그 무티트Greg Muttitt와 그의 동료들이 지적했듯이, 역사적으로 영국의 조세체제를 수립하고 재구축하는 과정 자체가 기업의 로비가 작동하는 통로가 되어왔다. 조세정책은 "석유기업들, 기업들의 세무 자문가들과 긴밀한 협력을 통해 만들어진다. 다른 이해관계자들과는 논의가 거의 이루어지지 않는다." 한편, 정기적으로 구성되는 '전문가 그룹'도 역시 "전부 석유기업들과 각 기업들의 관련자, 세무 자문가들로 채워진다."[50]

영국의 석유와 가스에 대한 특혜적인 조세정책은 역사적·지정학적 맥락으로도 설명될 수 있다. 1970년대와 1980년대에 영국 정부는 북해의 석유와 가스를 가능한 한 빠르게 추출하는 데에 급급했는데, 이는 1973년 오일 쇼크로 전 세계 에너지 공급과 가격에 대한 영향력이 상당히 높았진 OPEC을 약화시키려는 열망 때문이었다.[51] 빠른 추출을 가속하기 위한 방법 중 하나가 바로 세금 유인 정책이었다. 그리고 나중에 모머가 기술한 바와 같이 "세 부담 인하가 생산에 긍정적인 영향을 미쳤다는 것은 의심의 여지가 없다."[52]

마지막으로 앞의 요인들만큼이나 매장량 추정치가 자의적으로 결정된다는 것 역시 매우 중요한 역할을 했다. 1970년대와 1980년대를

        2장 탄소 신자유주의: 자연자원 지대

거치면서 북해가 막대한 양의 석유와 가스를 품고 있다는 사실이 점점 분명해짐에 따라, 정부가 세금 부담을 늘릴 것을 두려워한 업계는 이러한 풍부한 자원 수준을 일부러 과소 추정하기 시작했다. 나는 앞에서 자연자원 불로소득자들이 매장량 규모를 강조하지만 이는 양날의 칼이 될 수 있다고 이야기했다. 즉, 이것은 투자자 관점에서 기업의 매력도를 증가시킬 수 있지만, 정부 관점에서는 잠재적 세금 수입원으로서 높은 가치를 지니는 것으로 인식될 수 있다. 따라서 자연자원 불로소득자들은 항상 위험한 줄타기를 하는 중이다. "석유기업들은 매장량 추정치의 증가를 좋아하지만, 정부 개입이 강화될지 모르기 때문에 매장량 추정치가 크게 늘어나는 것은 좋아하지 않는다"라고 하비는 언급했다.[53] 북해의 매장량이 실제로는 충분하지 않고 얼마 되지도 않는다고 강조하는 것은 정부가 세금 인상을 검토하지 못하게 만들기 위한 의도다. 다시 말해 업계는 세금을 인상하면 석유 생산이 불가능해질 수도 있다는 것을 효과적으로 전달하고 있다. 따라서 기업들의 실제 매장량 수준을 공개하려고 시도한 전문가들은 그 탓에 석유기업들의 환영을 받지 못했는데, 피터 오델Peter Odell이 정확히 이에 부합하는 사례다. 오델은 석유 매장량이 780억 배럴, 아마 최대 1,000억 배럴에 달할 것이라 주장했다(105억~130억 톤 해당). 석유기업들은 이러한 주장을 전혀 반기지 않았다. 오델은 토니 벤에 필적할 만큼 유령 같은 존재가 되었다.[54]

영국의 석유·가스산업은 신자유주의 불로소득주의의 전형

어쨌든 정부가 오렐의 의견을 듣지 않은 탓에 여전히 세금은 최저 수준을, 기업 이윤은 최대 수준을 지속하고 있다. 21세기로 접어들 무렵 모머는 "영국 북해는 오늘날 세계에서 가장 낮은 세 부담과 높은 수익성을 보이는 유전 지역이다"라고 기술한 바 있다. 영국 정부는 "급진적 자유주의 조세체제"를 고수함으로써 "석유에 있어서 자유주의 거버넌스의 교과서적 본보기이자 모범 학생"이 되었다.[55] 실제로 1980년대 초부터 영국의 석유·가스 부문, 특히 탄소 부문은 급진적 자유주의 거버넌스의 모델, 민영화된 자연자원 불로소득자 체제의 원형이 되었을 뿐 아니라 더 일반적으로는 (신)자유주의 불로소득주의 모델이자 영국이라는 국가와 자연자원 이외의 다른 영역에 대해 (신)자유주의 불로소득주의를 위한 모델이라는 역할을 했다. 즉, 자연자원 부문에서 성립한 이 모델이 가장 먼저 충분히 발전하여 완전해졌다.

정부가 제공한 낮은 과세와 사유재산권에 대한 강고하고 광범위한 보호가 이러한 발전의 중요한 메커니즘이었다는 것은 이론의 여지가 없다. 그러나 단순히 그것들만이 발전을 결정지은 것은 아니다. 불로소득자에 내재되어 있는 독점력이라는 관점에서 볼 때 불로소득주의가 동반하는 두 개의 중요한 현상도 자연자원 불로소득주의의 발전을 결정지은 주요 원인이었다. 하나는 노동의 약화이고 다른 하나는 혁신의 질식이다. 두 현상 모두 영국의 석유·가스산업에서 지속된 특징이자 자유주의적 불로소득자 원형이라는 그 지위에 걸맞은 핵심적 요인들이었다.

2장 탄소 신자유주의: 자연자원 지대

석유기업들에 부여된 독점권에 독점력이 내재되어 있는 한, 모든 불로소득주의가 그러하듯이 석유와 가스 생산에 있어서 경쟁은 본질적으로 제한된다. 그럼에도 이 부문에 경쟁요소를 도입하려는 산발적인 시도가 있었지만 그러한 시도는 미미한 수준에 불과했다. 예를 들어 1980년대 초 대처의 초대 에너지부 장관인 데이비드 하웰David Howell은 BP와 셸의 독점을 깨기 위해 소규모 기업들을 북해 대륙붕에 진입시키려 했다. 그러나 하웰은 대처를 비롯한 "그의 보수당 동료들"이 "민영화와 경쟁을 완전히 별개의 것으로 본다"는 사실을 발견하면서 이렇다 할 진전을 이루지 못했다.[56] (다시 말해 하웰은 민영화가 경쟁을 촉진할 것이라는 보수당의 공언을 정말로 믿었지만, 그러한 믿음은 실제로는 사실에 근거했다기보다 이데올로기에 근거한 것이었다.)[57]

따라서 1970년대와 1980년대에 북해에서 구체화된 '석유체제'는 하비의 표현을 빌리자면 '사실상 과점'이었고,[58] 반노동 관행이 이 과점 모델에 결합되어 있었다. 메이저 석유기업들은 처음부터 '적극적으로 노조에 반대'했다. 노동자들은 "비노조적 노사관계 구조에 도전할 때마다 권한의 박탈, 블랙리스트 등재, 희생"을 경험했다.[59] 하비는 "영국 내 다른 어떤 산업에서도 노동자에 대한 그런 대우가 그렇게 확고한 경우는 없다"라고 썼다.[60] 이 산업의 일부 핵심 전문가와 관리자 역할을 하는 노동자들이 높은 보수를 받는 것은 사실이지만, 이 책의 서론에서 언급한 뿌리 깊고 본질적으로 불평등한 불로소득자 임금 모델, 즉 자산을 창출하거나 획득하는 사람들에게는 매우 높은 소득을 주고 그들을 위해 땀 흘리는 사람들에게는 불안정하고 낮은 소득을 주는 임금 모델이 계속 이어져왔다. 직원 이직률은 항상 높은 수준을 보였다. 게다가 최근 몇 년 동안은 중요한 일자리 보호 규정과 조건들이 다수 완화되었다.[61] 제로시간 계약*이 급증하고, 연금 보장은 줄었으며, 영국의 고용법이 해안선 기준 12마일 이내에만 적용된다는 사실 때문에 그보다 해안에서 더 멀리 떨어진 곳에서 일하는 사람들은 국가가 정한 최저임금보다 더 낮은 임금을 받을 가능성에 직면하게 되었고, 실제 그러한 사례가 발생하기도 했다.

원칙적으로 노사관계만큼이나 건강과 안전 문제에 있어서도 이 문제들을 적극적으로 규제하는 것을 꺼려온 역대 보수당 정부는 세계화 담론의 확산과 규제 '부담'의 가중이 자본 이탈을 촉진할 것이라는 상식에 근거해 일련의 규제완화정책을 전개했다.[62] 또한 1990년대 초 167명의 목숨을 앗아간 파이퍼 알파Piper Alpha 참사** 이후 업계에 대한 구조적 개혁이 요구되었을 때, '새로운 시대를 위한 원가 절감 이니셔티브Cost Reduction Initiative for the New Era'는 경쟁을 더욱 방해하는 전형적인 과점시장적 대응이었다. 오히려 시장의 진입장벽을 높이고, 기존 대기업의 지배력을 보장하며, 관료주의적 비효율성을 조장하고, 혁신을 억제하며, 가격 담합과 카르텔화 여건을 조성했다.[63] 간단히 말해

---

* Zero-hour contract: 영국 노동법에서 고용주와 피고용인 사이의 고용 계약의 한 유형으로, 고용주가 피고용인에게 최소한의 일감을 제공할 의무가 없는 계약이다. 고용주는 일감이 있으면 일을 시키고 일감이 없으면 일을 시키지 않는 선택을 할 수 있다. 그리고 고용 계약을 했더라도 일감을 주지 않으면 피고용인에게 임금을 지불할 필요가 없다. 피고용인의 처지가 매우 열악해지는 고용 계약이다.

** 북해에 설치된 해양 플랜트 파이퍼 알파가 1988년 화재로 붕괴하면서 167명이 사망한 참사를 가리킨다. 비상경보가 울렸으나 '자주 있는 일'이라 여겨 무시하다가 큰 피해로 이어지고 말았다.

이것은 바로 신자유주의 시대 불로소득주의의 패러다임적 사례였다. 북해에서 형성된 독점적이고 자산을 기반으로 이윤을 극대화하는 경제 모델의 원형이 머지않아 육상의 다른 영역에서도 기준 모델이 되는 것은 필연이었다.

북해 세수입을 안전망으로 활용한 '탄소 신자유주의'의 탄생

만일 영국 정부가 석유·가스산업에 대해 영국 이외 국가들이 부과하는 평균적 세금을 적용했다면 민간 부문의 북해 대륙붕 개발 속도는 다소 느려졌을지 몰라도 훨씬 더 많은 세금을 거두어들였을 것이다. 2000년 이후 유가가 급등했을 때 영국 정부가 실제로 거둬들인 석유소득세Petroleum Revenue Tax와 생산량에 변화가 없다는 가정 아래 북해에서 석유를 생산하던 다른 국가들의 세율을 적용했을 때 거둘 수 있을 것으로 추정되는 세수의 차이를 분석한 결과는 후안 부에 따르면 '놀라운 수준'이었다.[64] 그는 2002년과 2012년 사이 영국의 실효세율이 노르웨이와 동일한 수준이었다면, 석유와 가스 부문에서 거둬들인 세금은 약 1,110억 파운드 더 많았을 것으로 추정했다.[65] 그렇다고 북해에서 영국의 전반적인 세수 규모가 형편없었다는 것은 아니다. 훨씬 큰 액수가 될 수 있었다는 것이며, 실제 거둔 액수도 상당해서 2015년까지 누적 기준으로 세수는 2,000억 파운드에 달했다([그림 2-3] 참조). 두드러진 세수 확대의 시기는 1980년대였는데, 그 시기에만 총 650억 파운드를 거둬들였다. 세수 규모가 가장 많았던

1980년대 초·중반에 석유와 가스 생산으로 발생하는 정부 수입 중 가장 큰 비중을 차지한 것은 석유소득세였다.[66] 이 세금은 각 유전에서 발생하는 현금 흐름을 합해서 그 금액이 양(+)일 때 부과하는 것으로 1975년에 노동당 정부가 도입했다. 그러나 1980년대 중반부터 적용세율이 점차 하락하고, 1993년 3월 이후에는 허가를 받은 개발 사업들에 대해 면세 혜택을 줌에 따라 세수 규모가 줄어들게 되었다.

소위 '석유과세 정점Peak Oil Taxation'라고 일컬을 수 있는 시기, 즉 실효세율이 50퍼센트에 달했던 1980년대 초·중반이 지나고 나자 당시 거두어들인 세수의 용처와 관련해서 하나의 강고한 담론, 구체적으로는 그 세수가 남용되었다는 담론이 형성되었다. 그런데 흥미롭게도 좌파, 우파 논객이 모두 이러한 담론을 공유했다. 그 담론이란 당시 영국 정부가 세수를 잘못 썼거나 낭비했다는 것이고, 그것을 주장하는 사람들은 보통 영국 정부에 대해 비판하면서 노르웨이 정부에 대해서는 탄소세 세수를 훨씬 신중하고 생산적으로 집행했다고 칭찬하는 식이었다.[67] 사실 이러한 주장은 너무 전형적이고 상투적인데, 대략 다음과 같다.

1970년대 후반 영국과 노르웨이 정부가 직면한 상황은 그보다 몇 년 전에 네덜란드가 석유를 발견했을 때와 비슷했다고 한다. 그리고 정확히 네덜란드에서 일어났던 일을 피하는 것이 두 국가에 주어진 도전이었다. 네덜란드가 경험한 것은 '네덜란드병Dutch disease'이라는 새로운 경제 용어를 만들 정도로 상당한 고통을 야기했기 때문이다. 더그 샌더스Doug Sanders는 당시의 네덜란드 상황에 대해 "석유 수출이 호황을 누리게 되자 국내 경제로 돈이 몰린 탓에 물가가 상승하고 타

2장 탄소 신자유주의: 자연자원 지대

산업의 수출이 위축되어 이후 10년간 실업과 불평등 증가가 발생했다"
라고 기술했다.[68] 그런데 노르웨이는 어떻게든 네덜란드병을 성공적
으로 피할 수 있었지만, 영국은 그러지 못했다. 샌더스와 그 외 많은
사람에 따르면, "1980년대 영국에서는 네덜란드에서 발생한 것과 같
은 일이 훨씬 더 큰 규모로 반복됐다. 북해 유전이 발견된 이후 영국
의 산업 경제는 사실상 말살되었고 400만이 일자리를 잃었다"라고 말
했다.[69] 대처 집권 후 처음 2년 동안 영국 경제는 실제로 2.5퍼센트 위
축된 반면, 석유를 갖지 못한 이웃 국가들은 경제성장을 경험했다. 가
장 큰 타격을 받은 분야는 바로 제조업이었다. 영국 GDP에서 제조업
이 차지하는 비중은 1979년 25퍼센트에서 1986년 20퍼센트 미만으
로 줄어들었다.[70]

영국 제조업 기반 쇠퇴와 실업률 상승의 주요 원인은 북해로 투자
의 방향이 전환된 것이었다. 1970년대 중반에서 1990년대 중반 사이,
북해 대륙붕은 영국 전체 산업투자의 10~20퍼센트라는 꽤 많은 비
중을 지속적으로 빨아들였다.[71] 그러나 그 시대를 연구한 역사가들은
영국이 고통을 겪게 된 근본적인 원인으로 영국 정부의 북해 석유와
가스 관련 정책의 실패를 꼽았으며, 그 정책은 크게 두 가지라고 주장
했다. 첫째, 보수당의 통화정책은 과거 네덜란드가 그랬던 것처럼 석유
가 야기한 인플레이션을 가속했다. "1979년과 1981년 사이 [대처는]
이미 과대평가된 환율로 페트로-파운드 정책*을 실시했다. (중략) 그리
고 교조적으로 화폐공급 억제를 목표로 하는 정책을 추진함으로써 그

---

* 원유 거래 시 오직 파운드로만 구입하는 정책. 가격 책정도 파운드를 기준으로 했다.

러한 체제를 더 강화했다. (중략) [이 정책은] 산업투자를 질식시키고 수출을 위축시켰다."[72] 둘째, 보수당은 석유와 가스에서 발생한 세수를 현명하게 집행하는 데 실패했다. 탄소 생산에 훨씬 더 높은 세율을 적용하지 않았을 뿐만 아니라 석유와 가스 세수의 대다수를 장기 투자 기금에 집어넣어 널리 찬사를 받은 노르웨이와 달리 영국 정부는 그 세수를 경상지출을 메울 수 있는 횡재로 취급했다.

이러한 지출의 주요 항목은 경제구조 조정비용을 충당하는 것이었는데, 특히 실업수당으로 지불된 것이 그에 해당한다. 어떤 의미에서는 이 특정 지출 항목은 불가피한 것이었다고 볼 수 있겠지만 다른 항목들은 그렇지 않았다. 특히 가이 로지Guy Lodge가 지적했듯이 "영국 중산층을 끌어들이기 위한 값비싼 감세"가 대표적이다. 이 감세를 메우는 데 석유 '횡재'의 대부분이 투입되었다.[73] 로지와 다른 사람들이 주장하는 바의 요점은 영국 정부가 석유와 가스에서 거둬들인 세금을 더욱 생산적으로 집행했다면, 예를 들어 인프라(로지는 영국 정부가 이를 "썩도록 방치했다"라고 표현했다), 공공 서비스("자원의 부족으로 고통받았다"), 또는 가장 바람직하게는 "대처 혁명의 타깃에서 벗어났던 산업 부문이 미래 일자리를 창출하는 데에 투자했다"면, 노르웨이와 마찬가지로 사회보장급여 급증에 따른 상당한 지출을 피할 수 있었을 것이다.[74] 하지만 보수당은 실패했다. 이에 대해 하비는 다음과 같이 지적한다. "영국의 제조업 전반의 이익을 주도록 석유를 개발하는 것은 '전쟁 사회주의war socialism' 유형의 조직을 요구한다. 즉, 중앙집중적이고 전문성이 있으며, 장기 계획에 전념하고 노동조합을 의사결정 과정에 통합시키는 조직이 필요하다. 이러한 유형의 계획은 노르웨이의 전

2장 탄소 신자유주의: 자연자원 지대

매특허다. 그러나 영국에서는 정치적 나침반이 장기 계획보다는 자유시장을 향하기 때문에 이러한 조직은 배제되어 있다.”[75]

이러한 표준적 설명에는 동의할 수 있는 부분이 많기는 하지만, 여전히 설명의 내용보다는 시각과 관련된 서로 연결된 두 개의 핵심적인 문제점을 안고 있다. 첫째는 파괴에 대한 강조이고, 둘째는 의도의 전가 또는 의도의 결여다. 전통적인 설명에 따르면, 보수당은 실패했다. 북해에서 석유와 가스 생산이 붐을 이루면서 충분한 세수가 창출되던 1979년 중반에 선거에서 승리를 거두며 집권한 대처의 보수당은 석유와 가스 붐에 잘못 대처하고 북해에서 나오는 세수를 남용했다. 그 결과 영국의 제조업을 후퇴시켜 400만 명의 노동자를 실업으로 몰아넣었다. 이 설명은 국가의 자연자원을 낭비하는 과정에서 무엇인가를 잃어버리고 파괴당했다고 한탄하는 것이다. 그러나 이러한 설명은 이 과정에서 창출된 무엇인가를 인식하지 못하게 한다. 이것이 안개 속에 있는 듯 흐릿한 것은 안타까운 일이다. 석유와 가스가 유도한 영국의 정치경제 변화, 그리고 그 변화가 만들어낸 바로 그것이 우리가 신자유주의라고 부르는 현 자본주의의 근본적 구성요소이기 때문이다.

이 지점에서 정치이론가인 티모시 미첼Timothy Mitchell이 ‘탄소 민주주의’라는 용어로 정의한 현상에 관심을 기울이는 것은 도움이 된다.[76] 미첼의 전반적인 주장은 한 사회의 구조적·정치적 결과를 이해하기 위해서는 말 그대로 그 사회가 동력을 얻는 방식, 달리 말해 주요 연료원이 소유·관리·개발되는 방식에 세심한 주의를 기울일 필요가 있다는 것이다. 연료체제가 정치체제를 결정적으로 좌우하는 것은 아니지만, 미첼에 따르면 정치적 가능성의 영역을 결정하기 때문이다. 그는 정치적 가능성은 "에너지의 흐름과 집중이 이루어지는 다양한 방식에 따라 열리고 닫힌다"라고 말한다. 또한 탄소 기반 에너지 시스템과 민주적 정치 시스템 사이에 특히 긴밀한 역사적 관계가 있다고 주장한다. 즉, 그는 '화석연료'는 "현대 민주주의의 가능성과 그 한계 둘 다에 기여했다"라고 기술한다.[77] 이런 이유로 이 둘 간의 관계에 '탄소 민주주의'라는 개념을 붙인 것이다.

여러 유형의 에너지와 에너지 활용을 조직하는 다양한 방식이 단지 정치적 측면에만 영향을 미치는 것은 아니다. 그것들은 정치-경제적 측면에도 영향을 미쳤는데, 1980년대 초의 영국이 대표적인 사례다. 웬디 브라운Wendy Brown의 주장에 따르면, 1980년대에 나타난 것은 탄소 민주주의의 대척점에 서 있는 신자유주의였다. 즉, 탄소 영역에서 신자유주의가 확립된 것이었다.[78] 나는 이것을 '탄소 신자유주의'라고 부르고자 하는데, 이것의 역사저 전개 과정의 주요 윤곽을 간략히 살펴보자.

대처를 앞세운 보수당은 1979년 "노조운동의 급진화, 임금 인상 기대와 노동당 좌경화 간 상호 강화"를 배경으로 집권했다.[79] 신자유주의의 핵심이 자본가 계급 권력의 회복이라고 본 데이비드 하비가 옳다고 했을 때(그리고 그가 옳았다는 증거는 해가 갈수록 더 강해지고 있다), 1970년대 말 영국 상황은 신자유주의의 등장이 가능하다고 상상하기 매우 어려운 상태, 즉 자본의 권력이 약한 상태였다.[80] 그러나 5년 후 정치경제 지형이 완전히 바뀌어 자본과 자본을 지지하는 보수당 정치인들에게 매우 유리한 상황이 조성되었다. 반면에 노동자 계급은 비인간적 취급을 받게 되었고 비참한 처지에 떨어지게 되었으며 1970년대였다면 불가능했을 착취, 즉 소위 신자유주의적 착취를 당하게 되었다.

　1980년대 초 영국에서 노동자 계급이 겪은 비참함이 너무도 심각했기 때문에 광범위한 사회 불안이 야기되고 심지어 혁명이 일어났을 것이라고 대개는 생각할 수 있다. 그러나 그러한 일은 일어나지 않았다. 아무런 일이 일어나지 않은 이유로 우리는 북해 개발 이익에 대한 과세North Sea tax가 적지 않은 세수를 안겨준 것을 들 수 있다. 대처 정부가 북해에서 일어난 석유와 가스 붐에 대해 잘못 대응한 탓에 산업(광공업)에서 대규모 실업이 야기되었고, 그에 따라 사회 지출도 크게 증가했지만, 북해 개발로 많은 세금이 들어오게 되자 대처 정부가 이를 그 재원으로 활용함으로써 정치적 위기를 모면하게 되었다. [그림 2-4]는 당시 사회 지출이 얼마나 크게 증가했는지를 보여준다. 1980년과 1987년 사이에 영국 정부의 복지 지출은 실질 기준으로도, 총지출 대비 비중으로도 크게 증가했다. 다만 GDP 대비 비중으로는 그보다 약하게 증가했다. 1987년이 되면 신자유주의적 개혁이 거의 완료되었고 대처는 선거에서 이미 3연승을 거둔 상태였기 때문에 북해에서 들어오는 세수의 감소가 크게 문제되지 않는 상황이 도래했다. 결국 북해가 대처 정부를 구한 것이다. 토니 블레어도 북해에서 거둬들이는 세금은 1983년과 1987년 선거에서 대처가 승리하는 데 있어 핵심 중의 핵심적인 요인으로 작용했다고 말했다.[81] 테리 브라더스톤Terry Brotherstone도 북해 오일머니가 제공한 사회안전망 덕분에 대처는 자신의 잘못된 "초기 경제정책으로 발생한 위기를 극복"할 수 있었다고 언급했다.[82]

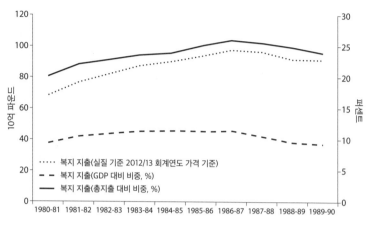

[그림 2-4] 1980/81~1989/90 회계연도* 영국 정부 복지 지출

······ 복지 지출(실질 기준 2012/13 회계연도 가격 기준)
- - - 복지 지출(GDP 대비 비중, %)
—— 복지 지출(총지출 대비 비중, %)

출처: 노동·연금부

이 모든 일에는 단순하지만 비극적인 대칭이 존재한다. 즉, 북해의 호황이 제조업 쇠퇴라는 문제의 원인이자 치유책이라는 것이다. 물론 북해에서 거둬들인 세금으로 제공한 사회안전망이 그리 충분치 않았다는 점에서 '치유책'이라는 용어를 쓰는 것은 과장스러운 면이 있다. 그것은 단지 반창고에 불과했다고 할 수 있다. 사실, 치유라는 은유 자체가 부적절하다. 영국은 부상을 입거나 시간이 흐르면 나을 수 있는 병에 걸린 것이 아니었다. 영국 정치체제는 찰스 울프슨Charles Woolfson과 그의 동료들이 나중에 자본과 노동 사이의 '힘의 균형'을 영구적으로 [변화시키는] 일종의 '근본적인 수술'이라고 묘사한 것을 겪었다. 이 수술은 북해에서 나온 세수의 안전망이 없었다면 아마도

---

* 영국은 회계연도가 매년 4월 6일에서 시작해서 이듬해 4월 5일에 끝난다.

2장 탄소 신자유주의: 자연자원 지대

실패했을 것이라는 점에서(정치체제는 정치 지형의 변화를 용인하지 않았을 것이다), 그 세수입이 수술을 가능하게 한 셈이다.[83] 브라더스톤은 '석유에서 나온 수입'이 "대처식 신자유주의를 가능하게 하는 데 기여했다"라고 언급했다.[84]

다른 부문에서도 비극적인 대칭, 즉 원인이자 치유책이 작동했다. 많은 수의 일자리가 사라진 것은 제조업 분야에서만 일어난 일이 아니었다. 수십만 명의 광부들도 1980년대에 일자리를 잃었다. 북해 유전과 가스전의 개발은 영국 정부가 제조업 혼란의 폭풍을 이겨낼 수 있도록 도왔지만 동시에 영국이 전기를 생산하기 위해 오랫동안 국내 채굴 석탄에 의존해오던 시스템을 끝내는 데도 기여했다.[85] 한 유형의 탄소가 다른 유형의 탄소를 대체한 것에 불과했지만, 새로운 탄소의 추출과 상업화는 근본적으로 다른 정치경제를 만들어냈다. 이미 살펴본 바와 같이 영국의 신흥 석유·가스산업은 거대하고 과점적인 민간 자본과 분절화되고 조직되지 않는 노동력으로 특징지어지는 신자유주의의 전형이었다. 소멸되던 석탄 부문은 이와 대척점에 서 있는 광부 노조의 온상이었는데, 이 노조는 한때 막강한 힘을 자랑했으며 대처 수상에게는 '내부의 적'이었다. 이것이 바로 대처가 석탄산업을 없애기로 결심한 이유였다.[86] 석유와 가스 수익이 가능하게 해준 대처 수상의 신자유주의는 탄소 신자유주의의 형태를 띠었다고 할 수 있는데, 탄소 신자유주의가 대체한 것은 (석탄을 동력으로 한 제조업 국가 형태로 존재하는) 탄소 사회민주주의였다고 말할 수 있다.

우리는 다음 장에서 1970년대 이후 영국의 신자유주의에 대해 더 많이 알아볼 것이다. 그러나 1980년대와 그 이후 영국에서 발전한 신자유주의가 명백히 불로소득 지향적 특징을 갖고 있었음은 분명하다. 북해의 잘못된 개발이 촉발하고 뒤를 받쳐준 것이 바로 그러한 신자유주의, 즉 극단적인 국가 신자유주의 불로소득 체제였다. 대처가 설치한 금융이 이 체제를 뛰게 하는 심장의 역할을 맡았다. 금융은 소수의 불로소득 수취 기득권층이 고부채를 안은 다수 노동자 계급에게 지대를 뜯어내는 것이 그 핵심이다. 최초로 남동쪽 해안에 상륙한 북해 석유는 그것이 상징하는 것, 즉 자연자원 불로소득을 넘는 어떤 것으로 연결되었다. 다시 말해 메드웨이를 타고서 시티(런던의 금융 중심가)로, 즉 북해 석유에서 금융 빅뱅으로 빠르게 이어졌고 이후 그 길은 다른 지대 추구 영역들로 확장되었다. 전파 주파수대에서 지식재산권, 토지에 걸친 광범위한 불로소득 자산이 소수 특권층의 수중에 집중되는 일이 발생했는데, 특히 이러한 집중이 1980년대와 1990년대에 급속히 진행된 것은 대처 수상을 필두로 한 정치조직이 급진적인 수술을 단행하기 전에는 상상할 수 없었을 것이다. 요컨대 영국의 석유와 가스는 이후 영국에서 등장한 광범위한 불로소득자 경제에 대한 단순한 모델이나 원형 이상의 것을 제공했다. 한마디로 석유와 가스 부문이 이후의 것들을 가능하게 했다고 이야기할 수 있다.

이것은 순전히 우연이었을까? 그러니까 사건들에 대해 서술할 때 보통 상정하는 그런 우연의 결과일까? 그럴 가능성은 없어 보인다. 물론 탄광산업과 제조업(영국 노동자들의 또 하나의 전통적 근거지)이 붕괴하고 그에 따라 대규모 실업이 발생한 것이 정확히 석유-가스 호황과 그에 대한 정책을 통해 영국 보수당이 의도한 결과라는 음모론을 믿을 필요는 없다. 단지 울프슨과 그의 동료들이 지적했듯이 분명히 '일부

2장 탄소 신자유주의: 자연자원 지대

산업 부문'과 그 부문의 자본이 어려움을 겪었는데, 대처 정부는 아마도 그것을 영국 자본 전체가 누릴 장기적 이익을 위해 지불할 필요가 있는 비용이라고 간주했을 것이다. 즉, 국지적으로 발생한 곤란함은 그러한 이익에 비한다면 "큰 비용도 아니고 (중략) 단기적으로 지나갈 어려움"이라고 생각한 것으로 보인다.[87] 어려움에 처한 산업은 자본 전체를 위해 희생이 얼마나 크든 기꺼이 치를 것이라고 보았다.

실제로 브라더스톤은 1980년대 초 에너지부 장관이었고 나중에 재무부 장관이 된 나이절 로슨Nigel Lawson이 1982년 연설에서 북해 석유가 '전례 없는 가치와 전략적 중요성'을 가지고 있다고 말했는데 바로 그 시점이 자본과 노동 간 균형이 심대한 변화를 겪은 시점이었다고 주장한다.[88] 다시 말해 그 시기에 증가한 실업비용이 탄소 과세로 거둬들인 정부 수입의 증가와 어느 정도 일치한 것은 단순한 우연이 아니었다.[89] 브라더스톤은 탄소 과세를 통해 수입이 발생하리라고 기대한 것이 적극적으로 실업을 유도하는 전략을 실행함에 있어서 결정적이었다고 주장한다. 북해는 영국 보수당의 전략가들이 "대규모 '시장 청산' 작전"을 계획하고 실행하는 작전공간이자 실행무대였다. "오일머니는 [정부]가 대량 실업이라는 충격요법을 실시하는 동안 안전망을 제공할 것이다."[90] 그 후에 일어난 일은 실패가 아니었다. 그것은 완전하고도 계산된 성공이었다. 칼 폴라니Karl Polanyi가 주장한 것처럼 자유방임과 그에 수반되는 모든 것은 계획된 것이었고, 자연자원 불로소득주의가 영국 보수당의 청사진을 실현시켜준 것이다.[91]

탄소자산의 좌초자산화 가능성과 그에 대한 제국주의적 대응

물론 최근 몇 년 동안 자연자원 불로소득자들, 특히 광물연료를 지대 획득의 원천으로 삼고 있는 사업자들이 새로운 위협 요인에 직면해 있다는 이야기들이 많이 들려온다. 기후변화의 위협은 지금까지 언급한 것들과 매우 다른 종류의 위협이다. 이것은 자원 자체를 손상시키거나 자연재해처럼 기업이 자원에 안전하게 접근하고 추출할 수 있는 능력을 위협하지 않는다. 또한 기후변화는 세수 확보에 혈안인 자원보유국 정부가 하는 것처럼 자원 자산에서 발생하는 불로소득에서 기업의 몫을 줄이겠다고 위협하지도 않는다. 물론 탄소에 대한 더욱 포괄적인 조세제도가 기후변화를 해결하기 위한 일국 차원의 접근법일 수는 있지만 말이다.

그보다 기후변화가 탄소 지대에 야기히는 핵심적인, 거의 실존적인 위협은 그것이 화석연료 사용을 막는 규제를 통해 탄소자산을 좌초자산, '무가치'한 자산으로 만들어 소비를 질식시킬 것이라는 점이다. 이 위협에 대한 논의가 확대되면서 '피크 오일'(전 세계의 양질의 석유 매장량이 모두 바닥날 수 있다는 생각)에 대한 논의가 점점 더 '피크 수요'에 대한 논의로 대체되고 있다.

지금까지 이러한 위협에 대한 메이저 석유·가스기업들의 대응은 불로소득자가 보일 수 있는 가장 전형적인 형태의 대응이었다. 그 대응법이란 지대를 창출하는 자산의 능력을 유지하도록 최대한 방어하는 것이다. 그들은 사적으로는 정부가 피크 수요 이론을 현실화시킬 제도 변화를 취하지 않도록 로비를 했다.[92] 그리고 그러한 로비를 하면서 공개적으로는 그러한 위협이 존재한다는 사실을 부인했다. 수년 동안 이것은 기후변화 자체를, 적어도 공개적으로는 부정하는 것을 의미했다.[93] 그러나 이러한 반과학적 노선을 계속 고수하는 것이 본질적으로 불가능해진 시점이 다가오자 담론은 기후변화가 석유와 가스 매장량의 가치를 심각하게 위협한다는 사실을 부인하는 쪽으로 바뀌었다. 즉, 석유·가스기업들은 기후변화가 현실이라고 인정하지만, 그렇다고 해도 자신의 자산은 위협받지 않는다고 단언한다. 기후변화로 에너지 수요 환경에 실질적인 변화가 있기 훨씬 전에 회사들이 석유와 가스를 이미 개발해두었기 때문이라는 것이다. 화석연료 자산이 좌초된다 해도, 그것은 자기 회사들의 자산이 아니라는 것이다. BP와 셸 모두 이 주장을 한다.[94] 다시 한 번 이것은 매장량 그리고 가용 매장량의 가치 평가와 관련되는 문제다.

게다가 BP와 셸 같은 회사들은 단지 이야기만 하는 것이 아니다. 석유와 가스에 대해, 그리고 석유와 가스 매장량의 가치에 대해 맹목적으로 신뢰함에 따라 실제 사업에서도 그것들을 매우 중시한다. 이해되지 않고 심지어 비합리적으로 들리겠지만 오히려 그들은 최근 화석연료에 훨씬 더 초점을 맞추어왔다. 2013년, BP는 "석유와 가스에 더욱 집중하기 위한 지속적인 노력의 일환"으로 미국 풍력 에너지 사업체를 매각한다고 발표했다.[95] 실제로 BP는 1980년대와 1990년대 초에 비해 최근 몇 년 동안 저탄소 기술 개발에서 훨씬 실망스러운 성과를 거두고 있다.[96] BP얼터너티브에너지Alternative Energy는 2009년에 문을 닫았고 2011년에 BP솔라Solar가 그 뒤를 이었다. 최근 BP의 가장 큰 거래는 모두 석유와 가스였다. 가장 주목할 만한 것은 2018년 BHP빌

리톤으로부터 105억 달러에 미국 셰일오일 자산을 인수한 것이다.[97]

셸 역시 소위 '전통적이지 않은' 석유와 가스에 집중하고 있다.[98] 그리고 역시 재생 에너지 연구에는 미미하게 투자하고 있는데, 그마저 점차 줄어들고 있다. 2006년에 태양열을 포기했고, 대체 에너지원에 대한 지출은 2007년에 총자본 대비 2.5퍼센트로 정점을 찍은 이후 감소하고 있다.[99] "결론적으로 석유회사들이 1980년대 초 '전성기'에도 [대안 에너지 투자라는] 양동이에는 단지 한 방울만 투자했다"라고 더글라스 코건Douglas Cogan은 말한다.[100] 현재의 불로소득자의 세계 이상으로 기후변화라는 명확하고 당면한 위험을 고려할 때, 이 모든 것은 이상하게 들린다. 그러나 자산을 축적하고 "땀 흘려 불로소득을 추구하며" 기존 자산의 가치와 자산 계층을 지키는 것은 불로소득자들이 하는 일 중 가장 핵심적인 일이다. 바로 이것과 이것이 야기하는 정체stagnation가 불로소득주의의 핵심이다.

곧 고갈될 것이라는 선언이 반복적으로 나왔음에도 토니 벤이 북해 석유가 최초로 해안으로 운반된 것을 관찰한 지 40년이 넘은 지금까지 북해는 여전히 이 불로소득 이야기에서 중요한 역할을 하고 있다. 영국은 유럽에서 석유와 천연가스의 주요 생산국 중 하나로 남아 있다. 영국 대륙붕에는 아직도 200개가 넘는 해상 유전과 가스전이 생산을 계속하고 있다.[101] 2017년 석유·가스청이 추출 가능한 영국의 '매장량과 자원'을 추정한 결과에 따르면, 잔존량 추정치는 191억 배럴의 석유와 맞먹었다. 그중 57억 배럴은 추출 가능성이 높은 매장량으로 확인되었고, 74억 배럴은 추출 잠재성이 있는 '불확실한 자원'으로 확인되었으며, 60억 배럴은 확인되지 않았지만 추출 가

2장 탄소 신자유주의: 자연자원 지대

능 잠재성이 있는 자원이다. 그 시점까지 생산된 양은 435억 배럴이었다.[102] 2018년 프랑스의 에너지회사 토털은 북해 셰틀랜드 제도 해역에서 10년 만에 가장 큰 규모의 석유와 가스 부존을 발견했다고 발표했다.[103]

결정적으로 석유·가스산업의 지속적인 로비의 영향을 받고 있는 영국 조세체제는 여전히 이들에게 세제 혜택을 주고 있으며, 이는 영국 에너지 중 화석연료 비중이 여전히 많은 이유를 잘 설명해준다. 젠노 페트롤리엄Zennor Petroleum이 2018년 애버딘 북동쪽에 있는 브리타니아 천연가스와 초경질유 유전의 지분을 인수했을 때, 회사의 경영 파트너는 "세제 혜택이 점점 많아지고 있다"라고 언급했다.[104] 그러나 이것은 세제 혜택이 매우 크다는 사실을 완곡하게 말한 것이다. 2014년 영국의 석유·가스 탐사와 개발에 대한 세제 혜택이 연간 10억 파운드 이상에 달한다는 연구 결과에 기후운동가들이 크게 분노했고, 이에 영국 정부가 세제 혜택을 절반으로 줄인 바 있다.[105] 그러나 2016년에 석유소득세를 폐지하고 법인세에 대한 가산세도 20퍼센트에서 10퍼센트로 절반이나 줄였다.[106] 이어 당시 영국 수상은 2017년 "지난 3년간 23억 파운드 패키지를 통해 석유와 가스 부문에 전례 없는 지원을 제공했는데 이 체제"를 강화하기 위해 추가로 세금을 감면해주겠다고 발표했다.[107]

석유와 가스 개발에 대한 세수가 이미 크게 감소한 것을 고려하면 ([그림 2-3] 참조), 이 모든 추가 부양책에 대해 의문을 제기하지 않을 수 없다. 2016/17년에 세수는 실제로 마이너스(-3억 1,600만 파운드)가 되었는데, 이것은 특히 석유 시추시설의 폐쇄와 같은 손실에 대해 환급해준 세금이 이익을 본 사업자에게서 거두어들인 세수를 초과했기 때문이다.[108] 이윤에 대한 세율 인하, 투자에 대한 소득 공제와 시추시설 폐쇄비용에 대한 세액 공제는 화석연료와 관련해 정부가 쓰는 세 개의 세제 혜택 수단이다. 그러나 우리가 보아왔듯이 영국 정부는 이미 오랫동안 석유·가스기업들이 북해 석유·가스 사업성과 전망에 대해 고의적으로 보수적 입장을 취하는 것에 휘둘려왔다. 지금도 마찬가지다. 2014년에 정부는 2016년과 2017년을 염두에 두고 석유·가스 관련 세제정책을 재검토한 결과를 발표했는데, 이를 통해 "상업적으로 마진이 크지 않은" 자원의 개발을 유도하는 데 있어 세 부담을 낮추어 주는 것이 중요하다고 언급했다.[109]

영국 정부는 또한 지속적인 상업적 개발을 통해 대륙붕에서 최대한 많은 양의 화석연료를 추출하자는 전통적인 입장을 고수하고 있다. 2017년 석유·가스산업에 추가 세금 감면을 부여한 필립 해먼드Philip Hammond 재무부 장관은 그해 하원에서 정부는 "채산이 맞는 모든 석유와 가스의 마지막 한 방울까지 추출하기 위해 업계와 협력"하고 있다고 발표했고, 이것은 잘못 해석될 여지를 전혀 남기지 않고 있다.[110] 그 암울한 약속의 환경적 결과가 어떨지 상상하는 것은 어렵지 않다. 애덤 투즈는 최근에 그에 대해 다음과 같이 말했다. "북해 개발이 계획대로 진행된다면 영국의 전력 시스템에서 석탄을 축출함으로써 달성될 탄소 배출 감소분의 **몇** 배나 되는 탄소량이 배출될 것이다. 광물자원 자산에 대해 필요한 조치는 그대로 땅에 두는 것"이다. 그러나 그가 덧붙이듯이 부를 포기하는 것은 "절대로 쉽지 않다."[111] 슬프게도 이것은 영국과 같은 불로소득주의 국가보다 더 진실인 곳은 없다.

영국계 메이저 석유기업인 BP와 셸은 북해에서 계속 활동하고 있다. 예를 들어 셸은 영국 대륙붕 전체에 걸쳐 57개 유전과 가스전의 지분을 보유하고 있는데, 이는 영국의 잔존 매장량의 약 10퍼센트에 달한다.[112] 그러나 1990년대 중반 이후 이 두 메이저 기업이 점점 더 영국 이외 다른 국가들의 에너지에 집중하게 되면서 북해에서는 앞서 언급한 젠노 페트롤리엄과 같은 독립회사들이 더 큰 비중을 차지하게 되었다.[113] 화석연료 생산에 대한 대규모 보조금은 영국만의 현상이 아니어서 BP와 셸은 그 돈을 좇아 움직였다. 새로운 생산지에는 미국도 포함되어 있다. 미국은 화석연료 로비가 영국보다 훨씬 강하고, 석유·가스·석탄산업에 대한 생산 보조금이 연간 200억 달러를 초과하는 것으로 추정되고 있다. 2015~2016년 선거 당시 이 부문은 선거운동에 대한 기부와 로비로 3억 5,400만 달러를 쓴 것으로 알려져 있다.[114]

최근 몇 년간 인기 있는 또 다른 투자처는 브라질이었다. 브라질 정부는 2017년 말 BP와 셸이 모두 대규모로 투자하고 있는 '프리솔트 pre-salt'(브라질 심해유전) 해역에서 이루어지는 석유와 가스 개발에 대해 대규모로 세 부담을 완화해주었다. 그린피스는 "영국 정부가 대형 석유기업들을 대신해 비밀 로비를 벌인" 후에 그러한 정책이 실시되었다고 폭로했다.[115] 이것은 아마도 니콜라스 샥슨이 언급한, 가장 명백한 제국주의적 방식의 자연자원 불로소득주의의 한 예일 것이다. 어쨌든 기후변화라는 회피할 수 없는 위협이 불로소득주의 중에서 가장 더러운 유형인 자연자원 불로소득주의에 제국주의적 성격을 추가한 것은 분명하다. 기후위기에 대해 역사적으로 가장 큰 책임이 있는 북반구의 선진국들이, 그들의 선도적인 화석연료 불로소득자의 활동으로 그 비극적인 결과에 가장 적게 노출될 것이다.

Rentier Capitalism

3장

에버그린:
지식재산 지대

지식재산권의 정의와 경제적 근거

최근 영국에서 가장 성공적인 산업 분야는 무엇인가? 2010년 영국 원로 경제사학자 니콜라스 크래프츠는 영국 정부의 기업·혁신·기술부에서 의뢰받아 작성한 보고서에서 위험천만한 답변을 내놓았다. '산업혁명의 대표적인 영국 성공담'이었지만 20세기 후반에 장기간 쇠퇴를 겪은 섬유산업과는 완전히 대조적으로, 크래프츠는 오늘날 영국 경제에서 특히 호황을 누리는 네 부문을 꼽았다. 그 하나는 금융 서비스인데—비록 이를 '성공적인' 부문으로 명명하는 아이러니는 2010년에 크래프츠에서 사라진 것처럼 보였지만—우리는 1장에서 이미 접하고 검토했다. 나머지 세 부문은 항공우주·제약·창조산업이었다.[1]

크래프츠는 이 네 가지 성공담을 명명하는 것 외에도 성공 원인에 대한 몇 가지 의견을 제시했다.

성공의 가장 분명한 공통 요인은 부문의 요소 집약도와 영국 내 관련 전문지식의 가용성 측면에서 인적 자본의 중요성이다. 항공우주·제약·금융 서비스·창조산업은 모두 고도로 숙련된 노동력을 집약적으로 활용하는 것

으로 설명할 수 있다. 반면에 섬유는 저숙련 부문이므로 저임금 경쟁에 훨씬 더 취약하다.[2]

크래프츠는 영국이 이러한 산업 분야에서 성공을 거둔 이유는 각 분야가 숙련된 노동자에게 과도할 정도로 의존하기 때문이며, 영국이 다른 국가에 비해 경쟁우위가 있는 부문이라고 설명했다. 영국은 가장 중요한 '인적 자본'이 풍부하다는 것이다.

이 장에서 나는—매우 다른 유형의 '자본'을 강조하면서—항공우주·제약·창조산업과 같은 부문이 현대 영국 경제에서 의심의 여지 없이 중요한 이유에 대해 매우 다른 설명을 제시한다(여기서 금융 서비스는 내 관심사가 아니다). 아마도 세 부문 모두 실제 고도로 숙련된 노동력을 집약적으로 이용하는 분야일 것이다. 그러나 세 부문 모두 인적 자본이 아니라 특허(항공우주와 제약 분야에서 보편화되어 있는)와 저작권(창조산업의 근간인)과 같은 지식intellectual 자본 또는 재산에 대한 이용도 매우 집약적으로 이루어지고 있다. 신자유주의 시대에 영국은 지식 재산권의 창출, 보호, 경제적 활용을 비정상적일 정도로 수용하는 환경이 되었다. 또한 지식재산권을 소유한 기업이 벌어들인 수익은 단순한 수익이 아니다. 오히려 영국의 금융 서비스 기업이 벌어들이는 수익처럼 이는 명백히 지대다.

현대 자본주의에서 가장 가치 있는 자산 대부분은 토지와 비토지 자연자원과 같은 물리적 자산이 아니라 정신이나 지성이라는 무형적 창조물이다. 물론 대부분 정신의 창조물은 이 책에서 언급한 의미의 '자산'이 아니다. 아무도 사랑의 개념이나 달걀을 삶는 방법에 대한 지식을 소유하지 않는다. 그러나 정신의 일부 창조물은 법률이 이에 대한 배타적 재산권을 인정하고 관리하는 한 실제로 소유권이 있다. 이것이 소위 '지식재산권'의 영역이다. 이는 해당 지식 창작물과 그에 첨부된 재산권을 모두 지칭하는 데 쓰이는 용어로, 이를 독점자산으로 만드는 역할을 한다.

지식재산권의 가장 일반적인 사례는 특허, 상표, 디자인과 저작권이다. 특허는 회사나 개인이 발명한 제품이나 공정에 대한 소유권을 부여하는 권리다. 상표는 브랜드 이름과 같은 제품 또는 서비스 식별자에 관한 소유권을 부여하는 권리다. 상표와 유사한 등록 디자인은 분명히 또 다른 유형의 제품 식별자인 제품의 물리적 외관(모양, 구성, 장식을 포함한)에 대한 소유권을 부여하는 권리다. 저작권은 노래와 같은 독창적인 창작물에 대한 소유권을 부여하는 권리다.

영국과 같은 자본주의 사회에서 지식재산권과 이를 보호하는 법률이 존재하는 이유는 무엇인가? 정책 입안자와 학자들이 다양한 정당성을 제시했으며, 그중 가장 일반적으로 인용되는 것은 공리주의적인 경제적 논거다. 지식재산권 옹호론자는 지식재산권이 투자와 혁신을 고무하기 때문에, 전반적인 사회적 효용이 증가한다고 말한다.[3] 여기에서 핵심 전제는 지식재산권이 존재하지 **않는다면** 새로운 제품, 공정, 디자인, 저작물 등이 창작자가 이를 통제하고 상업화를 통해 이익을 얻을 수 있다고 확신할 수 없으므로 애초에 생산될 가능성이 줄어든다는 것이다. 다른 사람들은 제품을 자유롭게 복제하거나 식별자를 채택하거나 창작물을 복사할 수 있다. 배타적 재산권을 제공하면 그러한 권리가 부여된 창작물이 실제로 창작될 수 있다. 케이스 마스쿠스Keith Maskus가 논쟁을 얼버무리듯이, 지식재산권의 부재 또는 "지나치게 약한 시스템은 적절한 투자수익을 제공하지 못해 혁신을 저해할 수 있다."[4]

지식재산권에 대한 근거가 무엇이든, 그 중요한 효과는 소유자에게 독점권을 부여한 것이다. 이것은 특히 특허와 저작권에 해당한다고 오랫동안 인식됐다. 따라서 독점적 경쟁 이론의 창안자인 에드워드 체임벌린Edward Chamberlin은 1933년에 특허는 "독점가치의 원칙이 조건 없이 적용되는 사례이며, (중략) 저작권도 이와 마찬가지다. 저작권이 있는 책, 정기 간행물, 그림, 극작물은 독점물"이라는 견해를 밝혔다.[5]

한편, 상표와 디자인에 대한 더 많은 논쟁이 있었다. 다니엘 맥클루어Daniel McClure가 나중에 언급했듯이 경쟁업체가 유사한 '상표'나 기타 '식별 기호'를 사용할 수는 없지만, 예를 들면 제네릭generic 콜라 음료와 같은 유사한 제품을 생산할 수 있으므로[6] 상표권이 거의 '명확하지 않은' 것이었다. 그러나 체임벌린은 본질적으로 이 논쟁을 덮었으며, 상표가 "특정 생산자가 아닌 특정 품질, 특정 제품을 의미하는 만큼 상표를 침해로부터 보호하는 것은 (중략) 독점의 보호이고, 한 생산자에게만 그 이름을 이용하도록 허용하는 것은 그 생산자에게 이 제품에 대한 독점권을 부여하는 것"이라고 주장했다.[7] 오늘날 어쨌든 경제학자들은 일반적으로 지식재산권을 '독점을 창출하는 법적 도구'로 간주한다.[8] 실제로 이러한 권리에 비판적인 사람들은 이러한 독점적 특성을 이들을 때리기 위한 도구로 활용한다. 예를 들면 미셸 볼드린Michele Boldrin과 데이비드 레빈David Levine은 "일반적으로 지식재산권으로 불리는 것을 '지식 독점'이라고 부르는 것이 더 나을 수 있다"라

3장 에버그린: 지식재산 지대

고 제안한다.[9]

체임벌린은 지식재산권과 관련해 또 하나의 중요한 통찰력을 제공했다. 지식재산권이 혁신을 부채질했든 아니든(그는 이에 대해 양가적이었다), 그가 보기에 의심할 여지 없이 이것이 뒷받침하는 한 가지가 있었다. 바로 이윤이었다. 더 정확하게는 지식재산권에 내재한 독점력이 그가 '지속적 독점이윤'이라고 설명한 것을 뒷받침했다. 회사가 경쟁업체의 상표권을 침해해 소송을 제기한 일련의 법원 판결 목록—'골드더스트Gold Dust'는 '골드드롭Gold Drop', '락토-펩틴Lacto-Peptine'은 '락토페신Lactopepsine', '유네다Uneeda'는 '아이완타Iwanta' 등에 의해 침해받았다는—을 나열하며 체임벌린은 법률이 경쟁을 유지하고 있다고 믿는 동료 경제학자들을 비난했다. 말도 안 되는 소리라고 일축한 그의 논리는 철통같았다.

한 생산자가 다른 생산자의 이름, 기호, 포장 또는 제품을 모방하면 그 결과 상품이 거의 표준화되고 모방자가 성공하면 경쟁자의 이윤이 감소한다. 이러한 이윤(필요한 최소치를 초과하는 한)은 (중략) 전적으로 독점요소에 기인한다. 상품이 완벽하게 표준화된다면 구매자는 차별의 근거가 없을 것이다. 한 생산자는 다른 생산자보다 더 많은 판매량을 확보할 수 없으므로 더 큰 이윤도 얻을 수 없다. (중략) [이윤은] 상품의 유사성이 아니라 상이성에 기인하고, 따라서 경쟁요소가 아니라 독점요소에 기인한다.

예를 들면 '업계 최초가 되는 이점'과 같이 생산자가 약간의 노력으로 얻을 수 있는 일시적인 '초과'이윤과는 달리, 이들은 경쟁할 수 없으므로—지식재산 보호가 유지되는 한—특히 지식재산 소유자에게 발생하는 독점이윤은 지속된다. "법이 그것을 막는다."[10]

희소한 자산의 통제와 제한적 또는 무경쟁적 조건에서 파생된 체임벌린이 말한 바 지식재산권 소유자가 향유하고 지식재산권 법률에 따라 보존되는 독점이윤은 물론 내가 지대라고 언급한 것의 구체적인 예다. 이러한 지식재산 지대는 크게 두 가지 형태가 있다. 첫 번째는 소유주 자신이 지식재산권을 이용하는 경우다. 예를 들어 제약회사가 자체 특허 의약품 중 하나를 제조·판매하는 경우다. 두 번째는 소유주가 제삼자에게 지식재산권 라이선스를 부여해 후자가 제품을 제조·판매할 수 있도록 할 때 발생한다. 라이선스가 없으면 소유자의 재산권을 침해하는 것이다. 여기서 지대는 일반적으로 사업자가 지불하는 로열티 또는 수수료의 형태를 취한다. 한 가지 중요한 예는 소스 코드의 저작권으로, 때로는 특허로 보호되는 독점 소프트웨어의 라이선스와 제삼자의 활용이다(이러한 두 번째 지식재산 불로소득주의 모형을 인식하는 것은 마이크로소프트가 아마도 자본주의 역사상 가장 많은 불로소득자임을 알아채는 것이다). 또 다른 하나는 맥도날드나 서브웨이와 같은 회사가 식당 프랜차이즈에 지식재산권을 라이선스하는 것이다. 이 후자의 예를 간략히 살펴보면 지식재산 불로소득자 사업의 핵심적 동학을 명확히 이해하는 데 도움이 될 것이다.

100명에게 맥도날드의 주요 사업이 무엇인지 묻는다면 99명은 틀림없이 '패스트푸드 생산과 소매' 노선을 따라 무언가라고 말할 것이다. 그러나 이것은 사실이 아니다. 맥도날드는 주로 불로소득자다. 전 세계적으로 맥도날드 식당 사업의 약 93퍼센트는 맥도날드 자체가 아닌 독립적인 개인 또는 회사, 즉 프랜차이즈 사업자가 소유하고 운영한다. 이것은 다음의 질문을 던진다. 프랜차이즈 식당이 법인으로서 맥도날드와 독립적이라면 맥도날드는 어떻게 이들을 통해 돈을 버는가?

그 해답은 지식재산권에 라이선스를 부여하는 것이다. 프랜차이즈는 브랜드 이름, 디자인 특징(예컨대 유명한 골든아치Golden Arches), 식당 배치 안내판, 메뉴, 조리법 등 지식재산을 활용한다. 이 특권을 위해 맥도날드 가맹점은 초기 프랜차이즈 가맹비(통상 20년 동안 프랜차이즈 가맹권 부여)와 순매출액(총매출액에서 현지 판매세를 가감한)의 비율로 계산된 지속적인 로열티를 지급한다. 이는 영국의 경우 현재 '서비스 수수료' 5퍼센트와 회사 광고 기여금 4.5퍼센트로 구성된 9.5퍼센트로 설정되어 있다. 중요한 점은 맥도날드 식당 건물은 일반적으로 프랜차이즈 가맹점이 아닌 맥도날드 자체 소유이기 때문에 프랜차이즈 가맹점은 일반적으로 임차인이므로 건물 임대료도 지불해야 한다. 이는 2018년 전 세계의 맥도날드 가맹점이 지불한 부동산 임대료가 총 71억 달러로 로열티 지급액 39억 달러의 거의 두 배였기 때문에 중요한 의미가 있다.[11] 따라서 맥도날드가 지식재산 불로소득자인 것은 분명하지만, 대부분의 관찰자에게 분명히 알려지지 않은 주요 토지 불로소득자이기도 하다(7장).

맥도날드는 영국의 헤비급 프랜차이즈 기반 지식재산 불로소득자지만 가맹점 수로는 최대 규모가 아니다. 그 영광은 서브웨이에 돌아간다. 사실 영국은 맥도날드에 다소 이례적인 곳이다. 전 세계적으로 맥도날드 식당의 93퍼센트가 프랜차이즈지만(그리고 회사의 명시된 전략적 목표—'전체의 성과 최적화를 돕는 것'—는 장기적으로 약 95퍼센트의 프랜차이즈화를 목표로 하며, 이는 각 불로소득자와 소유·운영 비즈니스 모델의 상대적 수익성에 대해 알아야 할 모든 것을 알려준다), 대략 1,200개의 영국 식당 중 약 절반만이 프랜차이즈다. 이는 현재 약 2,500개의 영국 프 랜차이즈 식당을 운영하는 서브웨이에 훨씬 뒤처져 있음을 의미하며, 서브웨이의 프랜차이즈 운영업체는 맥도날드보다 훨씬 더 많은 로열티 를 지불하고 있다. 이는 순매출의 12.5퍼센트로 8퍼센트의 서비스 수 수료와 광고에 대한 동일한 4.5퍼센트의 기여금으로 나뉘며, 임대료가 추가된다.

서브웨이의 평균 매출이 맥도날드 식당보다 상당히 낮으므로 서브 웨이는 영국에서 경쟁사보다 더 큰 지식재산 불로소득자가 아닐 수도 있지만, 확실히 더 순수하다. 모든 식당이 프랜차이즈로 운영된다. 개 인 소유인 서브웨이는 단 한 곳의 식당도 직접 운영하지 않는다. 음식 이 아닌 경제적 지대가 서브웨이의 사업이다. 서브웨이는 서브웨이 식 당의 콘셉트 형태로, 그리고 그러한 식당이 어떤 모습과 느낌을 고객 에게 제공해야 하는지에 대한 자산을 소유하고 지속해서 미세 조정 한다. 그리고 이를 활용하려는 사람들에게 그 콘셉트에 대한 특권적인 접근 권한을 판매한다.

영국 경제에서 차지하는 지식재산권의 가치

말할 필요도 없이 지식재산 지대는 소유할 수 있는 정신의 창조 물—그렇다. 6인치 미트볼 서브웨이® 샌드위치라는 아이디어는 소유할 수 있는 지식 창조물—이다. 이것은 경쟁우위의 핵심 원천으로서 현대 경제의 모든 분야에서 중요한 특징이다. 예를 들면 특허는 제약·생명공학 분야에서 두드러지게 나타난다. 상표는 소비자 제품 산업 어디에나 있다. 저작권은 엔터테인먼트와 출판 부문의 많은 부분을 뒷받침한다. 그리고 우리가 본 것처럼 이러한 지식재산권 집약적 산업 부문은 현대 영국 경제의 진정한 보루다.

그러나 영국 경제에서 지식재산권의 가치를 정확하게 수치로 산정하는 것은 쉽지 않다. 이를 위한 다양한 시도가 있었지만, 모든 접근방식에는 단점이 있다. 첫째, 크래프츠와 같이 지식재산권이 중요한 역할을 하는 산업이 영국에서 특히 중요하다는 연구 결과가 많이 있다. 따라서 예를 들어 유럽특허청European Patent Office과 유럽연합 지식재산권 사무소의 2016년 공동 보고서에 따르면, 2011~2013년에 지식재산권 집약 산업이 영국 연간 GDP의 평균 44퍼센트를 창출했으며, 이는 EU 평균을 상회하는 수치다.[12] 물론 '지식재산권 집약'을 어떻게 정의할 것인가에 대한 문제가 제기될 수 있다. 문제의 보고서는 "다른 지식재산권 이용 산업과 비교해 직원 1인당 평균 이상의 지식재산권 활용"을 기준으로 정의하고 있다. 그러나 다른 정의를 적용할 수 있으며, 그러면 다른 결과가 나올 수도 있다. 보고서 저자는 "대부분의 산업이 어느 정도는 지식재산권을 활용"한다고 언급했다.[13]

지식재산권의 중요성을 정량화하는 두 번째 방법은 업계 투자 동향을 조사하는 것이다. 여기서 놀라운 사실을 발견할 수 있다. [그림 3-1]은 1990년에서 2015년 사이 영국 시장 부문(공공 부문과 부동산을 제외한)의 무형·유형자산에 대한 투자를 보여준다(그러나 1997년 이

[그림 3-1] 1990~2015년 유형별 영국 시장 부문의 투자

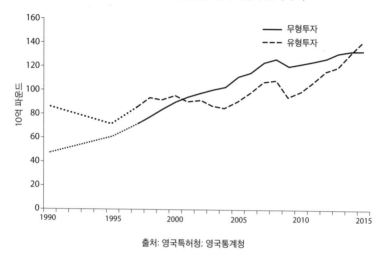

출처: 영국특허청; 영국통계청

전 자료는 1990년과 1995년에 대한 자료만 쓸 수 있다). 우리가 볼 수 있듯이 유형자산에 대한 투자는 밀레니엄에 접어들기 전까지는 무형자산에 대한 투자를 초과했다. 그러나 그 시점부터 후자의 금액은 2015년을 제외하고 매년 더 커졌다. 즉, 영국 경제의 무게중심이 무형자산의 방향으로 이동한 것으로 보인다.

모든 무형투자가 소유권만으로 보호되는 것은 아니지만 많은 부분이 소유권으로 보호된다는 점에 유의해야 한다. 영국특허청은 이 비율을 대략 절반으로 추정하고 있으며, 이 비율은 지난 20년 동안 상대적으로 안정된 상태를 유지하고 있다고 보고 있다. 하지만 이는 논쟁의 여지가 있는 일련의 가정을 기반으로 한 추정치일 뿐이다.[14] 예를 들면 그 추정치에서 논쟁의 여지가 있는 측면은 다양한 유형의 지식재산권으로 보호되는 무형투자의 금액을 상호 배타적인 조건으로 계산

3장 에버그린: 지식재산 지대

한다는 것이다. 따라서 2015년 보호 대상 총투자액 추정치 635억 파운드(보호 여부와 관계없이 무형자산에 투자된 1,340억 파운드 가운데) 중에 약 259억 파운드는 저작권, 150억 파운드는 디자인 권리로, 76억 파운드는 특허로, 그리고 150억 파운드는 상표로 보호되는 것으로 추정되었다.[15] 그러나 현실은 아래에서 볼 수 있듯이 오늘날 무형자산에 대한 많은 투자는 중복 지식재산권으로 보호된다는 것이다.

　이론적으로 지식재산권의 중요성을 측정하는 또 다른 방법은 지식재산권 출원과 등록의 추세를 조사하는 것이다. 그러나 이러한 방법은 복잡하기 이를 데 없을 것이다. 우선 저작권을 제외해야 한다. 영국에서는 대부분의 다른 국가와 마찬가지로 저작권 보호가 자동으로 이루어진다(원작 창작자는 출원할 필요가 없으며 저작권 등록도 필요 없다). 따라서 저작권 창출 추세를 평가하는 것은 그리 간단하지 않다. 더 중요한 것은 다른 형태의 지식재산권 출원과 등록이 여전히 영국과 같은 국민국가의 단위에서 추세를 파악하기 매우 어려운 방식으로 이루어지고 있다는 점이다. 아래에서 자세히 살펴보겠지만 지식재산권 거버넌스는 국제적이다. 간단히 말해 국가와 초국가 지식재산권 체제 regime와 조약, 그리고 국가와 초국가 지식재산권 등록기관 모두가 존재한다. 이러한 기관은 다양한 국가와 국제 지식재산권 신청자에게 지식재산 권리를 부여하며, 이러한 체제와 조약을 통해 다양한 지역 수준에서 지식재산 권리를 보호한다.

　가령 영국특허청에서 지식재산권 출원과 등록 추세를 조사해도 영국 또는 영국 기업의 지식재산권 창출 강도 변화와 관련해 의미 있는 내용이 반드시 드러나지는 않는다는 것이다. 예를 들면 1995년과

2017년 사이에 영국특허청에 대한 상표 출원은 두 배 이상 증가했지만, 디자인과 특허 출원은 기본적으로 변동이 없었다.[16] 이는 이 기간에 영국 경제가 디자인과 특허 집약적으로 되지 않았음을 의미하는가? 아니다. 유럽특허청에 제출된 특허 출원, 특히 영국 보호를 지정한 출원이 급격히 증가했다. 한 번의 출원으로 여러 국가에 특허권을 부여하는 특허협력조약Patent Co-operation Treaty에 따라 제출한 출원도 증가했다. 다시 말해 영국에서 특허 보호를 위한 출원인은 영국 자체의 지식재산권 기관을 통하지 않고 '대체 경로를 통해 보호받으려는 선택'을 하는 것으로 보인다.[17] 2003년부터 유럽연합 지식재산권 사무소의 출원인이 등록공동체디자인권Registered Community Design의 형태로 EU 전체에 걸쳐 보호받을 수 있게 되었기 때문에 디자인도 비슷한 상황으로 보인다.

그럼에도 지식재산권 출원 자료원에서 수집해야 할 확실히 중요한 정보, 특히 다양한 영국 경제 부문의 지식재산권 집약도와 그 안에 있는 핵심 기업이나 기관의 신원에 관한 중요한 정보가 있다. [그림 3-2]는 2017년 유럽특허청에 가장 많은 수의 출원을 제출한 영국 기업이나 기관 열 곳의 특허 출원 건수를 보여준다.

이 목록에서 10위를 차지한 기관은 분명 눈에 띄며 논평할 가치가 있다. 이는 옥스퍼드 대학이다. 대학과 기타 연구기관은 경제적으로 가치 있는 지식 제품이나 공정의 생산—그리고 사실상 사유화—에서 점점 더 중요한 역할을 하고 있다.[18] 영국에서는 옥스퍼드 대학이 앞장서고 있다. 옥스퍼드 대학은 30년 넘게 '기술 이전' 사무소를 운영하고 있다. 현재 OUIOxford University Innovation라고 불리는 이 대학 전액

3장 에버그린: 지식재산 지대

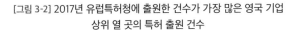

[그림 3-2] 2017년 유럽특허청에 출원한 건수가 가장 많은 영국 기업
상위 열 곳의 특허 출원 건수

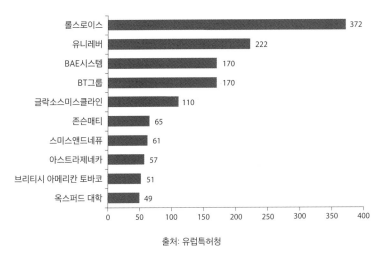

출처: 유럽특허청

출자 자회사는 대학을 대신해 특허 출원을 하고 현재 4,300개 이상의 특허를 보유하고 있는 지식재산권 포트폴리오를 관리하는 민간 기업이다. OUI는 또한 대학의 연구자에게 연구 성과의 상업화에 대해 조언하고, 그러한 상업화가 자주 이루어지는 분리 신설spinout 기업의 설립을 관리하며, 마지막으로 중요한 것은 이러한 기업에서 대학의 지분을 관리하는 것이다. 그 보유 자산은 이제 1억 5,000만 파운드 이상의 가치가 있다.

이 모든 과정에서 OUI는 OSIOxford Sciences Innovation와 긴밀히 협력해 분리 신설 기업에 많은 자금을 제공한다. 2015년에 설립된 OSI도 민간 기업이다. 그러나 이 경우에 옥스퍼드 대학은 소액 주주에 불과하다. 구글 벤처스Google Ventures를 비롯한 주주의 대부분은 벤처캐피털회사로 OSI는 전체적으로 현재까지 6억 파운드 이상의 종자 자본을 조달했다. OSI는 지금까지 주로 의료와 보건 기술 분야에 약 70개의 대학 분리 신설 기업에 투자했다. 이 글을 쓰는 시점에 이들 기업에 대한 보유 지분은 2억 파운드가 넘었다. OSI, OUI 같은 회사와 옥스퍼드 같은 대학은 영국 고등교육 시스템의 광범위한 상업화에서 핵심 행위자다. 지식재산권과 지식재산 불로소득주의는 이러한 상업화의 많은 부분이 이루어지는 매개체다.

옥스퍼드 대학을 제외하고 [그림 3-2]의 나머지 목록은 막대한 지식재산권을 보유한 영국 민간 거대 기업의 명사록Who's Who을 나타내며, 런던증권거래소에서 가장 가치 있는 기업 중 지식재산 불로소득자 목록과 거의 일치한다([표 0-1] 참조). 크래프츠의 영국 부문별 성공담 중 하나인 창조산업은 [그림 3-2]에서는 빠져 있지만, 우리는 그 이유를 알고 있다. 이러한 사업에서 지식재산권의 수요 형태는 [표 0-1]에서 높은 순위를 차지한 거대 출판기업 리드엘제비어RELX와 마찬가지로 특허가 아닌 저작권이다. 이와 대조적으로 크래프츠의 목록에 있는 다른 두 개의 지식재산권 집약 산업 부문인 항공우주와 제약은 예상대로 눈에 띄며, 전자의 경우 롤스로이스(2019년 말 [표 0-1]의 상위 30위권 밖에 있는)와 BAE시스템이고, 후자의 경우 글락소스미스클라인, 존슨매티Johnson Matthey(역시 런던증권거래소의 상위 30위권 밖에 있지만 상위 100위권 내에는 수월하게 있는)와 아스트라제네카가 대표적이다.

[그림 3-2]의 나머지 네 개 회사는 모두 [표 0-1]에 나와 있다. 정보·통신 기술 분야에 특허가 집중된 BT그룹은 다차원적 불로소득자라는 점에서 주목할 만하다. 이는 확실히 지식재산 지대를 창출하는

반면, 그 인프라 자산도 그에 못지않게 중요하며 어쩌면 훨씬 더 중요할 수 있다(6장 참조). 한편, 유니레버와 브리티시 아메리칸 토바코BAT는 위에서 언급한 세 제약회사와 마찬가지로 중복 지대 형태가 아니라 중복 형태의 지식재산권으로 유명하다. 각각은 특허 포트폴리오 외에도 막대한 상표(즉 브랜드) 무기를 휘두른다(유니레버의 경우 세척·퍼스널 케어 제품과 식음료 제조 공정에 대한 특허, BAT의 경우 전자담배, 가열담배, 무연담배 제품에 대한 특허를 포함한다). BT는 또한 특허뿐만 아니라 브랜드도 풍부하며, 현재 소매 사업부는 BT, EE, 플러스넷Plusnet의 세 가지 주요 브랜드로 운영되고 있다. 마지막으로 스미스앤드네퓨가 보유한 특허는 주로 의료기기 제조에 관한 것이다.

[그림 3-2]와 유사한 목록이 상표와 디자인에도 적용될 수 있다면(현재 제공되지 않는), 글락소스미스클라인, BAT, 유니레버 같은 기업뿐만 아니라 [표 0-1]에 소개된 다른 유명 브랜드의 부유한 불로소득자인 레킷벤키저(소비재), 임페리얼 브랜드(담배), 어소시에이티드 브리티시 푸드(식품 생산과 비식품 소매)도 포함될 수 있을 것이다.

지식재산권의 중요성과 대차대조표 자본가

영국의 다양한 주요 기업에 대한 지식재산권의 중요성은 각 기업의 대차대조표에 명확하게 드러나 있다. 물론 대차대조표의 목적은 기업이 역사적으로 축적해온 자산과 부를 기록하는 것이며, 그러나 더 중요하게는 미래의 경제적 이익이 발생할 것으로 예상되는 자산을 기록하는 것이다. 이러한 기업들은 내가 서문에서 대차대조표 자본가라고 설명한 대표적인 예다. [그림 3-3]은 위에서 언급한 영국의 주요 지식재산 불로소득자를 대상으로 비지식재산권 자산과 함께 독점 지식재산권 자산의 추정가치를 보여주고, 후자 범주의 심대한 중요성을 명확하게 예증한다.[19] 세 회사 모두의 대차대조표에 중요하지만, 어색한 형태의 무형자산인 '영업권'이 존재한다는 것에 주목하자. 한 회사가 다른 회사를 인수하고 그 인수 대가가 피인수 회사의 개별적으로 확인할 수 있는 자산의 누적가치(부채를 차감한)보다 큰 경우, '초과' 금액에 해당하는 영업권이 발생하므로 이를 회계 처리해야 한다.

자연자원 '매장량'(2장 참조)과 마찬가지로 지식재산권 자산에 가치를 부여하는 것은 틀림없이 과학만큼이나 예술이다. 그럼에도 가치를 매기는 아이디어는 비물질성을 띠지만 그 가치 자체는 그보다 더 물질적일 수는 없다. 우선 지식재산권 가치는 의심할 여지 없이 '허구 fictitious'가 아닌 실재real다.[20] 이 시점에 '지속적인 독점이윤'이라는 체임벌린의 말이 우리 귀에 쏙쏙 들어올 것이다. 결국 특허는 법적 보호를 제공하는 한 독점 조건을 제공한다(이것이 바로 중요한 특허를 소유한 회사가 투자자에게 특허 만료 날짜를 공개해야 하는 이유다). 이는 저작권과 관련해서도 동일하게 적용된다. 한때 경제학자들이 의심했던 상표는 만료되지 않으므로(소유자가 갱신하는 것을 잊어버리지 않는 한), 브랜드 인지도와 마케팅 지원이 충분하다면 영구적인 독점 조건이 주어진다. 체임벌린은 '상표 보호로 가능해진 영구적인 이윤'을 언급했고, 글락소스미스클라인은 마치 그의 이론을 입증이라도 하듯 오늘날 대차대조표에 '무기한 브랜드'라는 범주를 가지고 있다.[21]

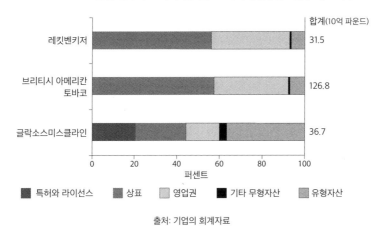

[그림 3-3] 2017년 말 영국 주요 지식재산 불로소득자의 유형별 비유동자산 비중

합계(10억 파운드)

레킷벤키저 31.5

브리티시 아메리칸 토바코 126.8

글락소스미스클라인 36.7

퍼센트

■ 특허와 라이선스　■ 상표　□ 영업권　■ 기타 무형자산　■ 유형자산

출처: 기업의 회계자료

또한 광물자원 매장량의 경우와 마찬가지로 기업실적performativity 주제에서 지식재산권 가치는 실제 투자 결정을 내리는 데 도움이 된다는 점에서 본질적으로 중요하다. 뮤추얼펀드와 기타 자산 관리자는 이러한 대차대조표 수치를 기반으로 투자를 선택한다. 따라서 전체 산업 부문이 이러한 가치의 추정을 중심으로 생겨났다는 것은 어쩌면 그리 놀라운 일이 아니다. 현재 영국에는 전문 지식재산권 가치평가 서비스를 제공하는 회사가 약 40개 있다.[22]

요컨대 [그림 3-3]의 지식재산권에 대해 표시된 것과 같은 가치 평가는 사회적 구성물일 수는 있지만 분명히 중대한 영향을 미친다. 이는 실제로 영국의 가장 크고 중요한 많은 회사가 소유하고 활용하는 주요 실물 자산을 나타내며, 이러한 자산과 자산의 가치 평가를 활용해 심오한 방식으로 국내·국제 경제를 형성한다.

영국적인 특성을 나타내는 지식재산권 제도의 확대와 강화

오늘날 영국에서 지식재산권 자산과 지대의 경제적 중요성은 최근 수십 년 동안 지식재산권이 확대되고 강화된 것에 기인한다. 특히 지식재산권 보호를 통해 독점할 수 있는 지식 창작물의 범위가 넓어져서 지대의 영역이 커졌다. 동시에 이러한 보호의 법적 효력이 강화되면서 불로소득자가 급증하는 지식재산권 자산을 현금화할 수 있는 능력도 향상되었다. 이러한 두 가지 발전의 결과로 지식재산 불로소득주의가 급성장하고 있다.

따라서 지식재산권 개발자와 소유자가 점점 더 탐욕스러워지는 구체적인 방법의 목록은 길다. 과거에는 지식재산권 범위 밖에 존재했던 제품이나 공정이 지식재산권의 보호 범위 안으로 들어왔으며, 가장 유명한 사례로는 유전자 변형으로 특허를 받은 후 실험실의 암 연구에 활용된 '하버드 쥐'가 있다. 이로써 특허와 저작권 보호 기간이 연장되었고, 지식재산권 취득에 대한 제한도 사라졌다. 법원은 피고가 지식재산권을 침해한 것으로 간주되는 기준을 낮추고 동시에 원고에 대한 침해 입증의 부담도 줄였다. 법원은 또한 경쟁법의 관점에서 지식재산권에 대해 더욱 관대해졌다. 한편, 지식재산권 보호 대상이 되는 제품 또는 공정의 속성 범위도 확대되어 침해 혐의자를 고소할 수 있는 소유자의 선택권이 늘어났다. 특허를 받을 수 있는 의약품 속성의 예를 들어보자. "1980년대에는 관련 의약품 속성 목록이 상대적으로 제한되었다. 1990년대에 이 목록은 사용 범위, 치료 방법, 작용 메커니즘, 포장, 전달 개요delivery profiles, 투약 경로, 요법과 범위, 약물 조합, 스

크리닝과 분석 방법, 약물의 비대칭성drug chirality, 생물학적 표적·사용 분야와 관련해서 보호를 확장했다."[23]

이러한 지식재산권의 확대·강화는 영국에만 국한된 것이 아니다. 지금까지 살펴본 바와 같이, 지식재산권 보호와 거버넌스는 철저하게 국제화된 현상이다. 많은 국가 지식재산권 당국이 각자의 지식재산권 체제를 강화했지만, 초국가 기구도 마찬가지였다. 1970년대 중반과 1990년대 후반 사이에 EU는 일련의 지침을 발표하여 EU가 인정하는 지식재산권의 범위를 실질적으로 강화하고 확장했다.[24] 이와 유사한 확장 추세가 세계적 수준에서 발생했는데, 특히 세계무역기구와 1994년 무역 관련 지식재산권에 관한 협정Trade Related Aspects of Intellectual Property Rights(이하 TRIPS)을 통해 보호를 강화하고 기존의 예외 조항과 제한을 축소했으며, 새로운 주제 범주에 대한 권리를 확대했다.[25]

실제로 영국의 규정은 대체로 다른 나라의 규정을 따랐다. 예를 들면 영국의 1977년 특허법은 1973년에 체결된 유럽특허협약을 반영했다. 1989년 디자인권(반도체 토포그래피Topographies) 규정은 EU의 1987년 토포그래피 권리 지침을 이행했다. 1992년 저작권(컴퓨터 프로그램) 규정은 1991년 EU 컴퓨터 프로그램 지침을 현실화했다. 그리고 1994년 상표법은 EU의 1989년 상표 지침을 따랐다.[26] TRIPS도 역시 매우 규범적이었다. 수전 셀Susan Sell이 지적한 바와 같이, 국가가 WTO에 가입하기 위해 이 협정을 준수하고 국내와 국제 모두에서 이 협정이 규정하는 보호를 적용해야 한다는 점에서 사실상 지식재산권 보호를 세계화했다.[27] 발보나 무자카Valbona Muzaka는 "매우 다른 경제적·사회적·법적·정치적 조건에도 불구하고 대다수 국가가 거의 유사하고 다소 높은 수준의 지식재산권 보호와 집행 기준을 채택하기로 합의한 순간을 나타내므로", TRIPS를 지금까지 가장 중요한 지식재산권 협정으로 설명했다.[28]

그러나 두 가지 중요한 측면에서 이 역사에는 특히 영국적인 특성이 있다. 이를 구체화하면, 왜 영국이 지식재산 불로소득주의가 더 확산된 역사에서 핵심적인 축인지, 그리고 그에 못지않게 중요한 부분인데, 최근 수십 년 동안 왜 지식재산 불로소득주의가 영국 경제발전의 역사에서 핵심 요소가 되었는지가 분명해질 것이다.

구체적으로 영국적인 첫 번째 측면은 영국이 이후 채택하거나 준수한 초국가적(EU와 WTO) 지식재산권 규칙, 협정 제정, 비준에 대한 영국 자체의 역할과 관련된 것이다. 영국은 외국 관료들이 당시 시행할 수밖에 없었던 확장주의적 지식재산권 보호를 새롭게 고안하는 것을 무력하게 지켜보는 불운한 방관자가 아니었다. 오히려 영국은 이러한 초국가적 규칙과 협정의 많은 부분을 작성하고 승인하는 데 도움을 주었다. 그리고 그럴 만한 이유가 있었다. 이는 더 정확하게는 기업 부문의 명백한 경제적 이익에 부응했기 때문이다. 물론 1980년대와 1990년대 초에는 항공우주·생명공학·소비재·제약·창조산업 등 영국에서 가장 지식재산권 집약적인 산업이 지금처럼 두드러지지 않았지만, 그렇다고 그 비중이 미미한 것도 아니었다. 많은 영국 기업은 국내외에서 더 강력한 지식재산권 보호를 통해 막대한 이익을 얻었으며, 따라서 그들은 국내에서 동일한 목적을 달성하기 위한 국내 규칙뿐만 아니라 더 강력한 보호를 뒷받침하는 초국가적 협약을 적극적으로 옹호했다.

이를 위해 영국의 지식재산권 로비는 오랫동안 '경쟁력' 개념을 중심으로 한 주장에 의존해왔다. 그것은 정책 입안자에게 경제의 성공과 경쟁력—청중에 따라 영국 또는 유럽—이 가장 지식재산권 집약적인 산업과 기업의 성공에 달려 있으며, 이들의 성공은 강력한 지식재산권 보호에 달려 있다고 주장했다. 무자카가 말했듯이, 이 논리는 대략 '지식재산권의 보호 제고=혁신 증가=경쟁력 향상'으로 나타낼 수 있다.[29]

영국 지식재산권 로비는 매우 강력한 것으로 널리 알려져 있다. 2011년 당시 수상 데이비드 캐머런이 의뢰한 영국의 지식재산권 틀framework에 대한 검토 보고서에서 디지털 경제학 교수인 이언 하그리브스Ian Hargreaves는 지식재산권 집약 산업에는 "영국 정치계에서 가장 능숙하고 영향력 있는 로비스트 일부가 있다"라고 언급했다.[30] 지식재산권법 교수인 로빈 제이콥 경Sir Robin Jacob은 이듬해 하원 경제·혁신·기술위원회에서 하그리브스의 견해에 대해 논평해달라는 요청을 받았을 때 이에 동의했다.[31]

영국의 지식재산권 업계에서 가장 강력한 로비그룹은 제약업계의 로비라고 할 수 있다. 영국제약산업협회ABPI는 지식재산권 보호를 전담하는 상설 로비기구인 지식재산권위원회를 두고 있다. 이 단체의 캠페인에는 특허 보호 기간을 단축하려는 시도에 맞서 싸우는 것과 상표를 대체하는 제네릭의 이름을 쓰는 것에 반대한다.[32] 존 에이브러햄John Abraham은 2008년에 "제약산업은 다른 어떤 이익단체보다 정부 규제정책에 대한 특권적인 전략적 접근과 참여가 허용되었으며 지금

도 허용되고 있다"라고 썼다.[33]

1990년대 후반 영국제약산업협회 활동에 대해 논의하면서 메이어 푸가치Meir Pugatch는 국내에서 영국제약산업협회가 통상·산업부, 특허청, 보건부 등의 담당자들과 자주 만났다는 사실을 언급하면서 이러한 지식재산권 로비스트의 작업 방식에 대한 정보를 제공했다. 그는 "1998년 영국제약산업협회는 약 250명의 의회 의원으로 구성된 핵심 그룹을 대상으로 설명 자료를 보내고 개별 회의를 진행하고 의원들을 전문 학술회의에 초대했다. (중략) 업계와 눈을 마주치지 않는 '문제적' 의원들에게 각별한 관심을 기울였다"라고 썼다.[34] 그런 다음 공공 부문과 민간 부문 사이의 회전문이 있는데, 최근 몇 년 동안 너무 빠르게 회전하고 있어 『영국의학저널British Medical Journal』 8월호에서도 비판적인 논평을 이끌어냈다. 데이비드 올리버David Oliver는 한편으로는 영국 국가보건의료서비스NHS와 보건부, 그리고 다른 한편으로는 "정부 정책에 영향을 미치거나 사업을 확보하려는" 제약회사와 민간 의료 서비스 제공자 간에 오락가락하는 정책 변동에 관한 수많은 사례를 확인했다(또한 5장 참조).[35] 에이브러햄은 자신의 처지에서 "규제 국가와 제약산업은 대부분 협력관계를 맺고 비밀의 장막 뒤에서 활동한다"라고 썼다.[36]

분명히 그러한 로비는 효과적이다. 예를 들면 에이브러햄은 영국 의료 서비스 시스템으로 의약품을 공급하는 것과 관련해 "다른 요인보다 [제약]업계가 규제정책 결과(또는 그 결여)를 결정하는 데 결정적인 역할을 하는 경우가 더 많았고, 지금도 그러하다"라고 결론을 내렸다.[37] 제약업계의 로비만이 매우 효과적인 지식재산권 로비도 아니다. 영국 저작권 정책의 경우 하그리브스는 2011년 보고서에서 "유명 인사와 영국의 주요 창조산업 내 기업의 설득력이 정책 결과를 왜곡했다는 것은 의심의 여지가 없다"라고 썼다. 2010년 디지털 경제법의 통과가 난항을 겪은 것이 그 사례다. 하그리브스는 이 법안의 주요 입안자 중 한 명인 퍼트넘 경Lord Puttnam의 말을 인용하며 다음과 같이 말했다. "우리는 엄청난 수준의 로비를 받았다. (중략) 이 법안에 들어간 로비 과정은 상당히 파괴적이었으며, 우리 중 누구에게도 큰 도움을 주지 못했다."[38]

결정적으로 영국 지식재산권 로비의 영향력은 국내에 그치지 않았다. 다시 말하지만, 하그리브스는 저작권 보호 문제를 고수하면서 이에 대해 구체적으로 언급했다. 그는 "저작권은 창작자에게 새로운 저작물을 생산하도록 경제적 유인을 제공하기 위해 존재한다는 핵심적인 지식재산권 옹호 주장 측면에서 정당화될 수 없다는 명백한 증거가 있는데도" 최근 수십 년 동안 보호 기간이 이미 반복적으로 연장되었음을 언급했다. 그러면서 그는 2006년에 앤드류 가워스Andrew Gowers가 영국의 지식재산권 틀에 대한 검토 보고서에서 지식재산권 보호 기간 연장에 반대했음에도, 2008년 영국 정부가 당시 '불완전한' EU 절차를 지지하여 음반 소유자의 권리를 50년에서 70년으로 추가 연장하기로 한 사례를 언급했다.[39]

영국 기업 로비가 확장주의적 유럽 지식재산권 정책에 미친 영향을 가장 명확하게 보여주는 사례는 식물 품종과 유전자 염기서열을 포함한 생명공학 발명품의 법적 보호에 관한 1998년 EU 지침과 관련이 있는데, 이 지침은 매우 논란이 많다. 이 지침을 만드는 데 꼬박 10년이 걸렸다. 이런 완만한 진전은 부분적으로 로비의 영향력을 반영한 것으로, 평론가들은 이를 "EU 역사상 가장 광범위한 로비 캠페인"이라고 꼬집었다.[40] 1990년대 초에 이미 이 지침이 '생산자 중심'이라는 사실은 너무나 분명했다. EU는 이 지침의 통과를 추진하면서 "생명공학 제품에 특허를 부여하라는 압력―그 압력은 이 분야의 연구개발에 대한 투자 규모를 반영한다―에 대응하고 있었다."[41]

영국 이해관계자의 압력은 특히 강력했다. 글락소스미스클라인의 전신인 스미스클라인 비첨SmithKline Beecham은 지침을 지지하는 로비 캠페인에 3,000만 ECU*를 투자했다.[42] 또한 환자 이익단체를 "선별하고 자금을 지원"했다는 의혹도 제기되었다. 1997년 7월 투표 당일, 일부 환자 이익단체의 휠체어를 탄 많은 사람이 스트라스부르의 본회의장 밖에서 "특허 없이 치료도 없다No Patents, No Cure"라는 제약업계의 슬로건을 외치며 의원들에게 이 지침에 찬성표를 던져줄 것을 호소하는 시위를 벌였고, 의원들은 이를 정당하게 통과시켰다.[43]

보완적인 다른 이야기도 이에 대한 실상을 알려준다. 닉 스콧람Nick Scott-Ram은 1990년대 초 영국바이오산업협회BioIndustry Association(이하 BIA)에서 근무할 당시를 회상했다. 여기서 지식재산권 업무를 담당한 그 자신이 "[생명공학 지침]이 유럽연합 집행위원회와 유럽의회를 통과하는 과정에서 이에 대한 업계 대응을 지원하는 데 중심에 서게 되었다는 것"을 알게 되었다고 말했다. 스콧람과 BIA는 영국제약산

---

* 이는 유럽공동체의 통화단위European Currency Unit로 1979년 3월 13일에 도입되어 1999년 1월 1일에 유로화로 대체되기 전까지 회원국의 공통 화폐로 기능했다.

업협회와 긴밀히 협력해 "유전자 특허에 관한 산업계의 입장을 집행위원, 유럽의회 의원과 이를 경청하고자 하는 모든 이에게 전달했다." 이후 1990년대 중·후반 민간 생명공학 컨설팅회사인 퀘르쿠스 매니지먼트Quercus Management에서 역할을 맡은 스콧람은 "[생명공학 보호] 법안을 통과시키기 위해 브뤼셀과 스트라스부르에서 여전히 유럽연합 집행위원회와 소수의 유럽의회 의원과 긴밀히 협력하는 데 많은 시간을 보냈다."[44]

또한 지식재산권 정책 입안에 대한 영국의 영향력은 더 멀리까지 퍼져나갔다. TRIPS는 주로 미국의 이해관계(주로 기업의 이해관계)에 따라 형성된 협정으로 이해되는 경우가 많지만, 무자카가 강조한 것처럼 이는 이야기의 일부일 뿐이다. 그는 또한 "EU 정책 입안자가 대부분의 다른 (전통적인) 산업 부문이 상대적으로 쇠퇴할 때 성장과 경쟁력 향상을 가져올 수 있는 가장 유망하고 역동적인 부문으로 자신을 기술하는 데 [성공한] 토착의 '첨단기술, 브랜드 이름과 저작권 산업'에 영향을 받고서 TRIPS를 만드는 데 결정적 역할을 했다는 것을" 보여준다.[45] 영국 지식재산권 집약적 업계의 대표주자는 가장 설득력 있고 효과적인 목소리를 냈다.

최근 수십 년 동안 지식재산권 강화와 확대에 관한 이야기의 구체적으로 영국적인 두 번째 측면은 그 집행에 관한 것이다. 영국, EU, WTO가 지식재산권의 보호 확대를 포함하는 새로운 법률, 지침과 조약을 마련하는 것은 매우 좋은 일이지만, 이를 집행할 책임이 있는 기관에서 효과적으로 관리하지 않는다면, 결국 이 모든 것이 소용없을 것이다. 법률은 법원의 해석과 규제 이행에 관한 조약 약정에 따라 달라질 수 있다. 예를 들면 WTO 회원자격의 준수를 의미하는 TRIPS를 비롯한 무역 규칙을 제대로 적용하지 않는 회원국 정부를 제재하기 위해 WTO가 대기 중인 공식적 분쟁 해결 메커니즘이 마련되어 있는 것에는 충분한 이유가 있다. 회원국이 규정을 지키지 않는 때도 있으며, 집행이 고르지 못하다.

그러나 집행은 영국이 오랫동안 선구자였던 또 다른 영역이다. 또한 영국 법원은 시간이 지남에 따라 지식재산권법과 관련해서 관할권 범위를 적극적으로 확장함으로써 지식재산권 보호를 언제, 어떻게, 어디서 집행해야 하는지, 그래서는 안 되는지(흔하지는 않지만)에 대한 자신의 해석이 미치는 영향의 범위를 실질적으로 넓혔다.

지식재산권이 발행되고 관리되는 모든 범위의 영토 수준에서 지식재산권의 집행은 대부분 국민국가 내에 국한되어 있다. '유럽' 특허의 유익한 예를 들어보자. "유럽특허청은 유럽특허협약에 따라 특허를 부여하기는 하지만", 유럽 특허는 "실제로 각 지정 국가에 등록된 국가 특허들의 묶음이며, 각 국가 지정은 특허 등록 후 독자적인 수명을 갖는다. 이는 유럽 특허가 일반적으로 국가별로 집행(또는 무효화)되어야 함을 의미한다."[46]

'유럽' 특허에 해당하는 내용은 일반적으로 지식재산권에도 적용된다. 국민국가는 국가별로 한정되고 등록된 권리에 대한 사법 관할권을 갖는다. 예를 들면 영국은 영국 저작권, 영국 특허, 영국 상표와 디자인에 대해 사법 관할권을 갖는다. 또한 한 국가에 등록된 지식재산권은 다른 국가에서 발생한 행위로 침해될 수 없다는 것이 역사적으로 지배적인 법적 인식이었다. 따라서 국내 법원은 국내 지식재산권의 해외 침해에 대한 청구 또는 해외에 등록된 지식재산권의 침해에 대한 청구(침해 주장이 어디서든 발생하든지 간에) 모두를 정당하다고 간주하지 않았다.[47] 그러나 영국 법원은 이러한 경직된 지리적·법적 지식재산권 보호의 전통적 논리를 무너뜨리는 데 앞장서고 있다. 그 과정에서 영국 자체의 집행 규범이 그 어느 때보다 더욱더 광범위하게 적용되고 있다. 침해의 주요 사례는 크게 두 가지다.

한편으로는, 해외에서 수행된 행위가 영국 지식재산권 침해에 해당하지 않는다는 추정이 도전받았는데, 가장 악명 높은 사건은 메나쉬 비즈니스 머컨틸사Menashe Business Mercantile Ltd 대 윌리엄 힐 오거나이제이션사William Hill Organization Ltd.(2002) 사건*이다. 후자의 회사(영국에 본사를 둔 청구인)는 전자가 영국 기반 온라인 게임 고객에게 라이선스 없이 소프트웨어를 공급하여 영국 소프트웨어 특허를 침해했다고 주장했다. 메나쉬의 주소지가 [과테말라] 안티구아Antigua 섬이므로 명목상으로는 영국 법원의 사법 권할권 밖에 있었다. 마찬가지로 베팅이 안티구아 섬에 위치한 호스트 서버를 통해 이루어졌다는 것도 사실이었다. 그러나 영국 항소법원은 이에 동의하지 않았다. 서버가 안티구아 섬에 있더라도 법원은 그 이용자가 고객punter이고 그 고객의 소재지가 영국이므로 특허 발명이 영국에서 '효력을 발휘'한다고 판시했다. 법원은 메나쉬에게 불리한 판결을 했다. 변호사 존 리밍John Leeming은

---

* 게임 판매업체인 특허권자 메나쉬가 온라인 베팅업체 윌리엄 힐을 상대로 소송을 제기한 사건으로 영국 법원은 여기서 시스템의 일부 구성요소가 해외에 있더라도 영국 이용자가 그 시스템의 활용 이익을 누릴 때는 침해 책임에서 자유로울 수 없다고 판시했다. 즉, 영국 법원은 시스템이 활용된 장소가 이용자가 위치한 영국으로 봐야 한다고 판시한 것이다.

2017년 '메나쉬 대 윌리엄 힐' 사건에 대한 영국 항소법원 판결 이후 영국 외부 서버에서 시스템의 처리를 수행하는 방법으로 프로세서나 처리 단계를 포함한 특허 청구권 침해를 피할 수 있다고 가정하는 것은 안전하지 않다"라고 썼다.[48]

한편, 영국 법원은 또한 해외 지식재산권의 침해에 대한 청구가 잉글랜드와 웨일스 법원에서 처리될 수 없다는 오랜 인식을 깨뜨렸다. 여기에서 가장 유명한 사건은 루카스필름Lucasfilm Ltd 대 에인스워스Ainsworth(2011) 사건이다. 청구인 에인스워스는 영국에 본사를 둔 소품 제작사인 루카스필름이 영화 〈스타워즈Star Wars〉에 쓰인 돌격대원 헬멧의 복제품을 동의 없이 생산·판매하여 자사의 저작권을 침해했다고 주장했다. 다시 말하지만, 저작권이 미국에 기반을 두고 있는 한 선례는 청구인에게 불리하게 작용하는 것 같았다. 이 사건에서 영국 항소법원은 선례를 고수해 이 청구를 결정할 사법 관할권이 없다고 판시했다. 그러나 이 항소에 대해 영국 대법원은 동의하지 않았다. 영국 대법원은 에인스워스가 잉글랜드에서 사업을 운영했으므로 이 사건은 영국에서 재판할 수 있다고 판결했다. 즉, 루카스필름의 저작권은 법원의 사법 관할권에 속하지 않았을지는 몰라도 피고는 법원의 사법 관할권에 속했다. 메나쉬 대 윌리엄 힐 사건과 마찬가지로, 이 판결은 지식재산권 집행과 그 지리적 효력의 변동에 중대한 함의를 지닌다. "영국 법원은 잠재적 피고인에 대한 대인 사법 관할권이 있으며, 쟁점이 되는 권리의 유효성 문제가 제기되지 않는 경우" 변호사 차터스 맥도널드-브라운Charters Macdonald-Brown과 존 콜본John Colbourn은 2011년에 "영국 법원은 이제 해외 지식재산권 침해에 대한 사법 관할권을 행사할 수 있는

'승인'을 받았다"라고 썼다.[49]

새로운 밀레니엄이 영국 법원이 지식재산권 판결의 적용 가능성 범위를 확장한 것으로 유명했다면, 1980년대와 1990년대는 그러한 판결에 연계된 집행 규범이 크게 강화된 것으로 유명했다. 1990년대 중반에 이미 영국은 전 세계 기업들이 현지에 등록한 지식재산권만 있으면 강력한 보호를 받을 수 있다는 사실을 알고 안심하고 사업할 수 있는 곳으로 명성을 쌓아가고 있었다.

예를 들면 레스터 서로Lester Thurow는 1997년에 지식재산권 보호의 새로운 국제 시스템을 요구하면서 영국이 유럽에서 불법 복제율 추정치가 가장 낮다는 사실에 찬성하며 고개를 끄덕였다.[50] 그는 컴퓨터 소프트웨어 불법 복제 비율이 급증하는 것에 우려를 표명했다. 이는 일부 국가에서 "컴퓨터 제조업체가 저작권을 침해하는 데 있어 현지 정부의 암묵적인 승인을 받았다"라는 사실을 보여주는 것이었다. 영국은 지난 수십 년 동안 엄격한 지식재산권 집행으로 명성을 공고히 해왔으며, 최근 정부는 "영국은 세계 최고의 지식재산권 집행 체계로 국제적으로 인정받고 있다"라고 자랑했다.[51] 테일러베싱Taylor Wessing의 영향력 있는 글로벌 지식재산지수Global Intellectual Property Index에서 영국은 네덜란드와 독일에 이어 세 번째(평가 대상 43개국 중)로 강력한 국가 지식재산권 체제로 평가되었다.[52] 미국 상공회의소의 국제 지식재산지수US Chamber International IP Index 보고서인 「크리에이트Create」에서 영국은 미국에 이어 2위를 차지했지만, "두 국가가 지식재산권 보호와 집행 분야에서 글로벌 리더로 어깨를 나란히 하고 있다는 것이 분명해졌다"라고 평가할 만큼 미국에 매우 근접했다.[53]

지식재산권 보호와 공정경쟁

지식재산권 보유자에게 제공하는 보호 수준은 국가별로 상당한 차이가 존재한다. 이 차이가 특히 중요한 것은 서로 다른 국가별 경쟁법 체제에 따라 지식재산권에 대한 대우가 다르기 때문이다. 지식재산권은 오랫동안 반독점(경쟁) 이론과 실무에서 골치 아픈 문제였다. 경제학자들이 지식재산권을 독점력(시장지배력)의 원천으로 간주한다면, 법도 똑같이 해야 하는가? 그렇다면 그러한 독점력이 경쟁의 논거로 개입을 정당화해서 독점 지대의 수취를 위태롭게 할 수 있는가?

서로 다른 국가와 해당 경쟁규제당국은 서로 다른 시기에 이러한 질문에 대해 서로 다른 답변을 제시해왔으며, 이는 사실상의 지식재산권 보호 수준에 직접적인 영향을 미쳤다.[54] 일반적으로 독점에 대한 태도가 완화될수록 지식재산권 소유자에게 더 유리하다. 특히 1994년 TRIPS는 국가 경쟁정책이 명시한 지식재산권 보호 원칙(한스 울리히가 '경쟁정책의 과도한 행사에 대한 경고'로 읽은 규정)과 일치하도록 요구했음에도 지식재산권 관련 경쟁정책은 주권국가의 결정으로 남겨졌다.[55] 즉, 세계화되고 일치된 것으로 추정되는 지식재산권 보호의 용감한 신세계에서도 경쟁규제당국이 지식재산권 집행 결과에서 국가별로 상당한 차이를 형성할 수 있는 여지가 남아 있을 것이다.

전후 수십 년 동안 영국의 경쟁규제당국은 지식재산권이 독점적이고 경쟁에 해롭다고 간주해 일반적으로 비판적인 견해를 취했으며, 가능한 한 경쟁을 장려하려고 했다.[56] 그러나 1980년대와 1990년대에 들어서면서 지식재산권이 영국 기업에 점점 더 중요해졌으며, 역대 정부

3장 에버그린: 지식재산 지대

가 더 강력하고 광범위한 지식재산권 법률을 입법화함에 따라, 국내 경쟁정책은 점진적으로 반전의 효과를 가져왔다. 이것은 별로 놀라운 일도 아니다. 지식재산권 로비의 촉수가 미치지 않는 곳이 거의 없었다. 정부가 한 손으로는 지식재산권을 강화하고, 다른 한 손으로는 정반대의 경쟁정책을 펼치면 이상할 수도 있었을 것이다. 어쨌든 1990년대 중·후반에 이르러 영국의 경쟁규제당국은 지식재산권의 소유와 이용이 더는 자동으로 독점 조건을 생성한다고 생각하지 않았다.

더욱 놀라운 사실은 드물지만 독점이 발생하는 상황에서도 일반적으로 지식재산권은 경쟁에 반하기보다는 경쟁 친화적인 것으로 여겨졌다는 것이다.[57] 이처럼 영국 경쟁규제당국은 지식재산권에 대한 예외적으로 우호적인 관점을 채택하여 현재 지식재산권의 상업적 이용이나 법적 집행에 거의 간섭하지 않고 있다. 지식재산권 관련 경쟁 문제에 대해 1997년 OECD 원탁회의에 영국이 제출한 보고서는 이러한 분위기를 반영했다.

지식재산권은 활용되도록 설계되었다. 의회(저작권의 경우 국제협약)는 기업의 혁신과 창의성에 대한 보상으로, 그리고 다른 기업의 미래 혁신과 창의성에 대한 유인을 제공하기 위해 이러한 권리를 기업에 부여했다. 지식재산권 창출의 핵심은 기업이 해당 자산을 활용할 수 있도록 하는 것이다.[58]

요컨대 지식재산권의 엄격한 집행에 대한 영국의 최근 명성은 부분적으로 경쟁규제당국이 시행하는 지식재산권에 대한 명확한 불간섭주의 접근hands-off approach에 기반을 두고 있다.

지식재산권 제도 운용과 정부의 역할

영국은 1990년대 후반까지 꾸준히 지식재산권을 성실하게 집행하는 국가임이 입증되었지만, 영국 최고의 지식재산 불로소득자는 여전히 만족하지 못했다. 그 이유를 이해하려면, 잠시 논의를 멈춰서 그들이 벌어들이는 지대의 지리적 위치를 고려하는 것이 필요하다. 금융, 자연자원, 지식재산권에서 파생된 지대가 이 책의 처음 세 장에서 함께 분류되어 있는데, 이는 이것이 영국의 최대 상장기업에 특히 중요하기 때문이기도 하지만([표 0-1] 참조), 적어도 영국에서는 이 세 가지 형태의 불로소득주의가 이후 장에서 살펴볼 어떤 유형의 불로소득주의와도 공유하지 않는 핵심 동학, 즉 해외에서 상당한 (그리고 많은 기업의 경우 지배적인) 소득을 벌어들인다는 공통점이 있기 때문이다. [그림 3-4]는 특히 지식재산권과 관련된 이 현상을 정량화하여 영국의 일부 주요 불로소득자가 국내 시장에서 벌어들이는 수익의 비중이 얼마나 적은지를 보여준다.

[그림 3-4]에 나타난 불로소득자 중 한 가지 예외는 해외 시장에 크게 의존하지 않는 BT그룹이다. 그러나 우리가 본 것처럼 BT는 기본적으로 지식재산 불로소득자가 아니다. 그 지대는 주로 인프라 지대로 국내 집중도가 상당히 높다. 영국의 지식재산권 집약 산업 중 전형적인 수출 지향 산업은 아마도 창조산업(2015년 수출액이 210억 파운드인)이다. 정부는 가장 최근에 창조산업무역·투자위원회Creative Industries Trade and Investment Board를 설립해 오랫동안 국제화를 직접 지원해왔다.[59] 이 부문에서 국제적으로 창출되고 활용되는 대표적 자산은

[그림 3-4] 2017년 영국 주요 지식재산 불로소득자가 국내 시장에서 창출한 외부 매출 비중

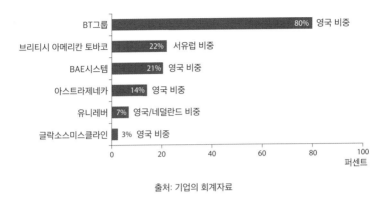

출처: 기업의 회계자료

〈누가 백만장자가 되고 싶은가?Who Wants to Be a Millionaire?〉를 포함한다. 이는 영국 제작사 셀라도르Celador가 제작한 엔터테인먼트 포맷으로 150개 이상의 국가에 라이선스를 제공했으며, 각 지역의 제작자가 포맷(지식재산권) 소유자에게 로열티를 지불한다.[60]

국제 시장에 대한 영국 지식재산 불로소득자 사업의 높은 비중은 미국을 포함한 다른 부유한 국가에 기반을 둔 지식재산 불로소득자에게도 어느 정도 적용되며, 역사적으로 리처드 스턴Richard Stern이 한때 '지식재산권 제국주의'라고 불렀던 비난이 이어져왔다. 그가 선택한 사례는 지나간 시대처럼 느껴지는 플로피디스크 특허였으며, 1990년대 중반에는 "이러한 특허가 강요당할 수 있는 개발도상국의 법 문화와 경제성장에 미칠 수 있는 영향"에 대한 우려가 있었다.[61] 비슷한 시기에 헥터 맥퀸Hector MacQueen이 관찰한 바와 같이, 당시 진행되던 국제적 지식재산권 강화는 "기술적이든 문화적이든 아이디어의 생산과 다양한 형태로 아이디어를 표현"하는 것에 점점 더 기반을 둔 것이 비

서구 경제가 아니라 바로 서구 경제였기 때문에 서구의 경제적 이득에 막대하게 기여했다.[62]

맥퀸은 TRIPS와 같은 글로벌 시스템을 통해 대부분의 서구 지식재산권을 보호하려는 서구 주도의 시도가 다른 나라에서 저항에 부딪힌 것은 "놀랍지 않다"라고 말했다. 그는 이를 "선진국이 기술·교육·문화의 격차를 유지하고 정보 이전을 스스로 통제하려는 또 다른 장치로 보았다."[63]

지식재산권 집행을 적극적으로 지지하는 대형 법률회사 테일러베싱조차도 지식재산권이 "위조품과 불법 복제품의 흐름을 막기 위해 가난한 나라에 부유한 나라의 법을 부과해 가난한 나라를 억압하기 위한 부유한 나라의 도구"라는 부정적 시각에 어느 정도 진실이 있거나 적어도 그랬다는 것을 인정한다.[64] 문제의 상품은 모두 백만장자와 같은 사소한 문제가 아니다. 지식재산권 보호가 법적으로 적용되는 서구 제품이 생사를 가를 수 있는 의약품인 경우에 문제는 매우 심각하다. 종종 서구 지식재산'권'이 집행되면서 가장 필요한 곳에서 특허 의약품을 구할 수 없게 되는 경우가 있다. 조지프 스티글리츠Joseph Stiglitz는 유명한 예를 들었다. "1997년 남아프리카공화국 정부가 HIV/에이즈 치료를 위한 저렴한 제네릭 의약품을 공급하기 위해 법 개정을 시도했을 때, 글로벌 제약업계의 강력한 법적 힘에 밀려 법 시행이 지연되고 많은 인명 피해가 발생했다."[65]

어쨌든 영국의 주요 지식재산 불로소득자가 1990년대 후반에 여전히 불만을 품은 이유는 지식재산권의 국내 집행 측면에서 영국이 차트 1위라는 성과를 냈음에도 고객 수요의 대부분을 차지하는 해외

3장 에버그린: 지식재산 지대

시장에서 집행된 권리가 수준 이하로 여겨졌기 때문이다. 메나쉬 대 윌리엄 힐 사건에 대한 판결은 아직 나오지 않았으며, 어쨌든 이는 영국에 등록된 지식재산권의 해외 침해 혐의에 대해서만 다루었다. 훨씬 더 큰 문제는 영국 기업이 해외 지식재산권 기관에 등록했거나 이를 위해 노력한 지식재산권의 해외 집행이었으며, 이는 지금도 마찬가지다. 이와 관련하여 자신의 권리가 침해당했다고 주장한 서구 기업을 대신해 TRIPS에 따라 유럽공동체EC나 미국 또는 둘 다가 시작한 제소로 WTO 분쟁 해결 시스템에 대한 불만이 꾸준히 제기되고 있었다.[66] 영국에서 특히 격렬한 불만을 제기한 단체는 BIA였는데, BIA는 지식재산권 자문위원회를 통해 2003년 일본과 싱가포르를 제외한 아시아에서 "복제와 위조가 만연하고 있으며, 단속 조항이 마련되어 있는 곳에서도 현대 경제에서 지식재산권의 긍정적 역할, 지식재산권 존중과 집행의 필요성에 대해 기업이 거의 인식하고 있지 않다"라고 주장했다.[67]

2006년 영국 블레어 정부의 지식재산권 시스템에 관한 검토 보고서에서 앤드류 가워스는 이러한 우려를 다음과 같이 지적했다. "개발도상국 정부와 특허청은 현재 국제 지식재산권 틀 안에서 얻을 수 있는 잠재적 혜택을 인식하는 것이 중요하다." 그들[개발도상국]은 무엇이 자신들에게 좋은지 모른다는 식민주의적 어조가 식민주의적 충동으로 여기에 반영되었다. 영국 정부(나 영국 법원)가 해외에서 지식재산권 보호를 강화하기 위해 할 수 있는 일이 제한적이라는 점을 인식하면서도, 가워스는 "필요하다면 유럽 또는 더 광범위한 국제적 수입import에 관한 권고안을 제시하는 것을 [주저]"하지 않았다. 그의 권고안에는 단기적으로는 "개발도상국(특히 아프리카)이 지식재산권에 대해 한층 전략적인 접근법을 취할 수 있도록 도와주는 기술 지원"을 제공하고, 즉 전략적이지 않을 뿐만 아니라 인식하지 못하는 것으로 간주되는 국가를 지원하는 것과 함께, 장기적으로는 "최빈 개발도상국이 지식재산권 제도를 '강화'할 수 있도록 하는 것"이 포함되었다.[68]

정부는 귀를 기울이고 있었다. 사실, 그 이전에도 정부가 완전히 소극적인 것은 아니었다. 가워스가 인정한 바와 같이 영국은 이미 "출원 절차와 집행정책을 지원하기 위해" 예컨대 중국에서처럼 외국의 특허청과 강력한 관계를 구축하고 있었으며, 영국특허청은 이미 "개발도상국의 특허청과 좋은 관계"를 맺고 있었다.[69] 그러나 해야 할 일이 훨씬 더 많았다. 가워스는 '추가적인 공동 작업'을 구상했지만, 영국 정부가 이후 취한 조치는 그 본질상 일방적이었다. 주요 혁신은 2011년에 특허청을 통해 지식재산권 담당관attachés 해외 네트워크를 구축한 것이다(대영제국의 행정에서 식민지 '담당관'의 역할을 고려할 때 여기에는 명백히 식민지적 저의가 숨어 있었다). "영국 기업이 때때로 해외 지식재산권 이용을 통제하기 어렵다"라는 사실이 "현지 지식재산권 집행기관과 협력"하여 "주재국 내에서 영국 기업의 이익을 증진하고 보호하는 데 주력"할 이들 담당관을 임명하기 위한 주요 근거였다.[70]

중국 주재 첫 담당관이 2011년 12월에 채용되었다. 그 후 인도·브라질·동남아시아가 그 뒤를 따랐다. 2016년 초까지 특허청은 이들 네 지역의 주요 시장에서 약 1만 4,000개의 영국 기업이 4억 4,000만 파운드 상당의 지식재산권을 보호하는 데 이들이 도움을 준 것으로 추정했다.[71] 영국특허청의 글로벌 협력 책임자인 빌 러셀Bill Russell은 담당관

3장 에버그린: 지식재산 지대

이 "주재국의 지식재산권에 대한 인식에 영향을 미치고" 개별 기업에 지원을 제공할 것으로 기대된다고 설명하며, 이 중요한 '외교' 업무를 다음과 같이 설명했다. "이는 신뢰, 상호 존중과 이해를 구축하는 긴 과정이다. 여기에는 지식재산권이 부유한 서구 기업에만 유익하며 종종 현지 노동자, 현지 기업과 경제를 희생시키면서 집행된다는 선입견을 깨는 것이 포함된다."[72]

2014년에 발표된 이러한 담당관 네트워크에 대한 외부 평가에 따르면, 영국 기업은 담당관이 활동한 지역에서 지식재산권을 인식하고 집행하는 데 담당관 네트워크가 매우 유용하다는 사실을 알게 되었다. 평가자는 현장에서 어떻게 집행이 이루어졌는지에 대한 세부적인 내용을 유용하게 공개했다. "기업들은 담당관의 도움을 받아 정부 관리에게 접근할 수 있으며, 담당관은 기업 자체의 행위가 성과가 없는 것으로 판명된 시장에서 정부 관리와의 만남을 주선한다. 기업들은 다른 방법으로는 불가능했던 더 높은 집행 가능성에 접근할 수 있다. 정부 서한을 통한 영국 영사의 '압력muscle'은 특히 중요하다."[73]

'압력'은 아마도 영국 지식재산 불로소득자의 지대 수취가 어떻게 점진적으로 신속하게 이루어졌는지에 대한 의문을 해소할 수 있는 적절한 은유다. 우리가 살펴본 바와 같이, 1980년대와 1990년대에 일반 국가와 초국가적 수준에서 지식재산권 보호의 강화와 확대를 추진하기 위한 영국의 기업 지식재산권 로비와 그 대의에 동조한 정책 입안자의 노력에는 이러한 일종의 압력이 핵심적인 역할을 했다. 이제 우리는 더 강력하고 확장된 권리를 위해 성공적으로 로비를 벌인(따라서 더 강력하고 확장된 자산을 확보한) 글락소스미스클라인과 같은 영국 지식재산 불로소득자가 다른 형태의 압력을 이용함으로써 1990년대 이후 국내외에서 매우 강력한 권리 집행으로 점점 더 많은 보상을 받았다는 사실을 알고 있다. 요컨대 영국은 특히 자국의 불로소득자에게 우호적인 지식재산 불로소득주의 세계화의 장을 형성하는 것뿐만 아니라 규칙 준수를 위한 감시 활동에도 앞장섰다.

지식재산 지대와 재정 환경

내가 이 장에서 지금까지 살펴본 지대 수취를 가능케 하는 메커니즘은 모두 근본적으로 지식재산 불로소득자가 활용하는 자산 특성과 관련이 있다. 자산(즉 지식재산)으로 구성될 수 있는 현상과 속성의 범위가 넓어졌다. 지식재산에 부여된 독점권이 강화되었으며, 집행의 개선을 통해 그러한 독점권에 대한 위협에 직면한 지식재산의 회복력이 강화되었다. 그러나 영국에서 지식재산 불로소득주의가 용인되는 또다른 중요한 방식이 있는데, 이는 자산 자체가 아니라 자산이 상업화되는 재정 환경, 즉, 특정 조세체제에 작동하는 것이다. 이러한 메커니즘은 위에서 논의한 것과는 달리 단지 지대 수취가 아니라 지대의 극대화를 촉진하는 역할을 해왔다. 이는 여전히 매우 중요하기 때문에 간략하게나마 검토할 필요가 있다.

이러한 재정 메커니즘 일부는 지식재산 지대 자체를 대상으로 하는 것이 아니라 지식재산권 집약적인 산업 부문을 대상으로 하므로, 의도적이기보다는 기본적으로 이러한 지대를 뒷받침하는 역할을 한다.

가장 좋은 예는 창조산업 사업자에게 제공되는 다양한 조세 유인에 관한 것으로, 이는 석유와 가스 탐사에 대한 세금 보조금과, 2장에서 논의한 자연자원 지대와 비교할 수 있다. 영국 정부는 최근 "영국의 창의적 조세 감면 제도"는 "세계에서 가장 경쟁력 있는 것 중 하나"라고 홍보했다.[74] 이는 틀린 말이 아니었다. 이 글을 쓰는 시점에 창조산업의 세금 감면에는 크게 일곱 가지 범주가 있다. 이는 [표 3-1]에 도입 연도, 2018년 7월까지의 청구 건수, 해당 청구와 관련해 지급된 전체 경감액이 나와 있다.

한편, 다른 재정 메커니즘은 지식재산 지대 자체를 대상으로 한다. 여기에는 크게 두 가지 유형이 있다. 첫 번째는 저작권, 특허, 상표와 같은 자산을 다루는 영국 법인세 시스템의 방식을 근본적으로 바꾼 무형 고정자산Intangible Fixed Assets(이하 IFA) 제도가 2002년에 도입되면서 생겨

[표 3-1] 영국 창조산업의 세금 감면액

세금 감면액	도입 연도	전체 청구 건수 (2018년 7월까지)	총감면액 (100만 파운드)
영화	2007	4,495	2,700
하이엔드 텔레비전	2013	535	563
비디오 게임	2014	770	230
극장	2014	1,670	137
애니메이션	2013	230	44
어린이 텔레비전	2015	85	18
오케스트라	2016	60	7
계	–	7,845	3,699

출처: 영국국세청의 2018년 7월 창조산업 통계

났다. 이 제도가 도입되기 전에는 이러한 자산의 상각 또는 잠식에 대한 감면이 허용되지 않았으며, 자산가치의 변동은 일반적으로 자산이 매각될 때만 조세체계tax system에서 인식되었다. 이와 대조적으로, '영국 경쟁력'을 지원하기 위해 고안된 IFA 제도는 기업 회계에 인식된 상각과 잠식 차감에 대해 매년 소득, 즉 세금을 납부해야 하는 지대에서 공제를 허용함으로써 무형 고정자산 취득비용에 대한 경감을 기업에 제공한다.

2013년 영국의 특허 박스* 도입을 통해 IFA 제도를 대체하기보다는 보완적인 방향으로 지식재산권에 대한 영국 법인세 처리에 추가 변경이 이루어졌다. 특허 박스는 영국의 지식재산권 박스 제도로, 특정 형태의 지식재산권에서 파생된 소득에 대한 법인세율을 크게 낮춰주는 재정정책의 도구로 점점 인기를 얻고 있다[75] 영국의 경우, 2013년 4월 1일부터 기업은 해당 날짜 이후에 발생한 이윤 중 "특허와 이와 동등한 형태의 지식재산에 귀속되는" 이윤에 대해 더 낮은 세율(표준세율 20퍼센트에 비해 10퍼센트)을 적용할 수 있게 되었다. 명시된 정책 목표는 영국에서 개발된 지식재산권의 특허 수준을 높이고, 신규 특허와 기존 특허가 영국에서 더욱더 개발되고 상용화되도록 하는 것이다.[76] 덜 너그럽지만 틀림없이 더 신뢰할 수 있는 해석은, 특허 박스의 도입

---

* Patent Box: 기업이 특허(지식재산권)에 관한 이익을 창출한 부분에 기존 법인세율보다 낮은 법인세율을 부과하여 세금을 감면해주는 제도다. 이 제도의 적용 대상은 특허 외에도 상표, 디자인, 저작권 등으로 다양하고 국가마다 차이가 있다. 그리고 지식재산권을 이용한 제품의 매출수익뿐 아니라 지식재산권 자체의 라이선싱, 양도 등으로 얻을 수 있는 로열티와 거래수익에 대해 법인세를 감면해주기도 한다. 이러한 특허 박스를 통해 당국은 기업의 연구개발을 간접적으로 지원할 수 있다.

이 기업들이 "지리적 위치가 명확하지 않은 지식재산권"을 이용해 회계 측면에서 지식재산권과 그것에서 발생하는 지대 모두를 세금이 낮은 관할구역으로 이동하려 한다는 우려에서 촉발된 국가 간 조세 경쟁의 한 형태로 볼 수 있다는 것이다.[77]

영국 특허 박스 도입의 즉각적인 효과는 말할 필요도 없이 지식재산 불로소득자가 자산을 활용하여 더 쉽게 수익을 창출할 수 있게 되었다는 점이다. 이 글을 쓰는 당시 자료가 가용한 가장 최근 회계연도 2016/17년 자료에 따르면, 기업의 수익에 직접적으로 영향을 미치는 이러한 영국 세금 보조금의 전체 금액은 9억 4,300만 파운드였으며, 전체 세금 감면의 96퍼센트가 정부에서 '대기업'으로 분류한 기업이 청구했다.[78] 특히 글락소스미스클라인은 막대한 이익을 얻었다. 실제로 이 기업의 회계 계정은 불로소득자 관점에서 볼 때 지식재산 불로소득주의의 과세 지형geographies에 대한 귀중한 통찰력을 제공한다. 한편으로 이 회사는 이윤 대부분을 "영국 법정 세율보다 높은 세율을 적용하는 국가에서 벌어들이고 있으며, 2017년에는 미국·벨기에·인도가 가장 큰 비중을 차지하고 있다"는 사실에 한탄한다. 다른 한편으로, 이 회사는 영국 특허 박스와 같은 지식재산권 유인의 혜택 증가로 이러한 "부정적인 영향이 부분적으로 상쇄되었다"라는 사실을 높이 평가한다. 이로써 연간 세금 청구가 총 4억 5,800만 파운드 감소했다.[79] 특허 박스가 영국에 기반을 둔 혁신을 촉진하는 의도된 효과를 거둘 수 있을지는 아직 미지수다. 그러나 더 광범위한 유럽 수준에서 지금까지 수행된 연구에 따르면, 이러한 유인의 주요 효과는 법인소득이 세율이 낮은 관할구역으로 이동하는 바로 그 추세를 촉진하고 가속화하는 것으로 나타나 고무적이지 않으며, 이는 이러한 유인에 대한 대응책이라고 말하는 것은 어쩌면 당연한 결과일지도 모른다.[80]

지식재산권과 혁신

영국의 혁신 수준에 대한 국가 차원의 지식재산권 중심 조세 유인의 긍정적 효과를 의심할 이유가 있다면, 바로 지식재산권 제도 자체에 관한 혁신 관련 주장에 대해서도 의심할 이유가 있다. 이 장의 서두에서 나는 지식재산권 옹호자들의 다음과 같은 기본 전제를 분명히 설명했다. 사람과 기업은 상업적으로 가치 있는 새로운 제품이나 공정을 만들어도 그 창작물을 통해 수익을 벌어들일 수 있다고 확신할 수 없다면 굳이 수고를 감수하지 않을 것이기 때문에 아이디어 관련 혁신을 장려하려면 지식재산권과 그 보호가 필요하다. 지식 창작물에 대한 통제권을 상실할 수 있다는 위협, 즉 소유권이 없는 창작물에 대한 위협은 혁신을 저해할 수 있다.

하지만 최근 들어 이러한 전제에 의문을 강력히 제기하는 연구들이 늘어나고 있다. 그렇다고 지식재산권의 장점에 의문을 제기하는 것이 완전히 새로운 것은 아니다. 『이코노미스트』의 2015년 기사에서 지적한 바와 같이, 그 기원은 적어도 1851년으로 거슬러 올라간다. 그때 이 잡지는 특허 개혁을 둘러싼 의회 토론에서 특허가 혁신을 장려하지 못한다는 특허 폐지론자들을 열렬히 지지했다. 이는 "뮬 방적기에서 철도, 증기선, 가스등에 이르기까지 특허가 산업혁명의 위대한 기술적 돌파구를 촉진하는 데 필요하지 않았다는 주장과 사실에 근거한 것이었다."[81] 그러나 지식재산권이 강화되고 확대된 현대에 강력한 지식재산권의 긍정적인 사회적 효용은 적어도 주류에서는 대체로 의문의 여지가 없었다.

밀레니엄이 시작될 무렵부터 영향력 있는 사람들이 반대의 목소리를 내기 시작했다. 이는 처음에 주변부에서 지식재산권 강화와 관련해 나타난 현상이었다. 가령 1998년 소니 보노 저작권 보호 기간 연장법Sonny Bono Copyright Term Extension Act이 미국의 저작권 보호 기간을 50년 이상에서 70년 이상으로 연장했을 때, 논평가들은 인센티브의 관점에서 이 법안이 가치가 없다고 말했다.[82] 그 후 지식재산권 자체의 가치에 관한 질문이 점점 더 많이 제기되기 시작했는데, 특히 미셸 볼드린과 데이비드 레빈이 대표적이다.[83] 이들에 따르면, 혁신의 역사적 파동에 관한 수많은 연구는 지식재산권과 혁신에 대한 정통적 사고가 본질적으로 앞뒤가 맞지 않는다고 지적한다. 특허는 성공적 혁신을 고무한다기보다는 그 결과다. 혁신의 진정한 원동력은 (카를 마르크스가 한때 주장한 바대로) 경쟁이다.

사실, 현대의 지식재산권 보호 체계system가 혁신을 촉진한다는 명분과 달리 실제로는 비생산적이라는 증거가 많이 있다. 바로 권리가 너무 강력하고 잘 집행되고 있으므로 이는 오히려 '지대 추구'라고 불리는 행위를 조장하고 있다.

지대 추구는 지대에 관한 모든 책에서 다루기 까다로운 개념이다. 정의상 모든 불로소득자는 지대 추구자가 아닌가? 물론 그렇게 해석할 수도 있다. 그럼에도 이 책에서 정의한 '지대'가 제한된 경쟁 조건에서 희소한 자산을 통제함으로써 발생하는 모든 유형의 소득을 포함한다면, 내가 이해하는 지대 추구는 특정한 방식의 불로소득주의를 수반한다. 이는 새로운 자산을 만드는 데 필요한 연구와 개발을 수행하는 것보다 기존 지대를 창출하는 자산을 땀 흘려 관리하는 데 더 많은 시간과 노력을 기울인다. 모든 불로소득자는 그런 퇴행적 경향을 보인다. 그러나 어떤 불로소득자는 다른 불로소득자보다 훨씬 더 두드러지게 이러한 경향을 보이는데, 특히 최근에는 지식재산 불로소득자가 그러하다. 현행 확장주의적인 지식재산권의 체계에 분명히 일부 책임이 있다. 이러한 체계가 지대 추구를 조장한다는 것이 스티글리츠의 핵심 주장이다. "연구는 종종 새로운 제품을 생산하는 것이 아니라 [기존] 특허를 통해 부여된 독점력을 연장, 확대, 활용하는 데에 초점을 맞추고 있다."[84]

실제로 스티글리츠는 현행 지식재산권 체계가 바로 지대 추구 기회를 창출할 목적으로 구성되어 있다고 생각한다. 그의 견해로는 강력한 지식재산권 보호를 위해 항상 제시되는 공리주의적 정당성은 허구에 지나지 않는다. "선진국이 선호하는 지식재산권 표준은 일반적으로 혁신과 과학적 진보를 극대화하기 위해 고안된 것이 아니라, 대형 제약회사 등의 이익을 극대화하기 위해 설계된 것이다."[85] 이처럼 공모하는 듯한 독해가 옳든 그르든, 분명한 것은 지식재산권이 부여한 독점적 권한이 매우 강력해지면서 지대 추구에 대한 유인이 주어지고 널리 확대되고 있다는 사실이다. 서장에서 인용한 조지프 슘페터의 말을 떠올려보면 지식재산 불로소득자의 독점적 지위는 실제로 "편히 잠을 잘 수 있는 쿠션"이 되었다. 또는 다른 은유를 활용하자면, 즉 이번에는 법학 교수 로버트 머지스Robert Merges의 말을 빌리자면, 자본은 한동안 "지식 재산권이라는 여물통에 코를 박고 '돼지처럼 게걸스럽게 먹고 있다.'"[86]

이 여물통은 충분한 먹을거리를 제공한다. 지식재산 불로소득주의를 논의할 때 놓칠 수 없는 한 가지는 강력한 지식재산권이 창출하는 엄청난 수준의 수익성이다. 가장 악명 높은 사례는 학술 출판이다. 여기서도 『이코노미스트』지는 비판적인 목소리를 냈다. 20여 년 전 『이코노미스트』지는 런던증권거래소에 상장된 리드엘제비어와 같은 학술지 저작권의 '준독점' 소유자가 달성한 40퍼센트의 이윤 마진―매출 수익률(영업 마진)―에 놀라움을 금치 못하며, 전자 출판의 도래와 함께 이러한 엄청난 수익성의 시절이 "[업계에서 일찌감치 큰 재산을 모은] 로버트 맥스웰Robert Maxwell처럼 머지않아 막을 내릴 수도 있다"라는 희망을 표명했다.[87] 그러나 그런 일은 일어나지 않았다. 데이비드 매튜스David Matthews는 최근 업계 3대 골리앗 엘제비어Elsevier(리드엘제비어의 전신), 인포마Informa, 와일리Wiley에 대한 재무제표를 분석한 결과, 이들의 마진이 각각 37퍼센트, 38퍼센트, 30퍼센트였다는 것을 보여주었다.[88]

지식재산 불로소득자의 하늘을 찌를 듯한 높은 마진은 학술 출판에 국한된 것이 아니다. 아스트라제네카의 2017년 핵심 영업이익률은 31퍼센트였다. 디아지오Diageo의 순수 영업이익률도 31퍼센트였다. 브리티시 아메리칸 토바코의 영업이익률은 32퍼센트였다. 글락소스미스클라인의 조정 영업이익률은 28퍼센트였다. 레킷벤키저의 조정 영업이익률은 27퍼센트였다. 이 목록은 계속 늘어나고 있다. 물론 상대적으로 부진한 기업도 있다. 유니레버는 18퍼센트의 기초 영업이익률로 때웠으며, 롤스로이스는 16퍼센트에 불과했다. 그러나 이러한 천덕꾸러기조차도 미국과 영국 모두에서 10퍼센트 선을 맴도는 경향이 있는 일반적인 상장기업 부문의 평균보다 훨씬 더 높은 마진을 누리고 있다.[89] 강력한 재산권 덕에 발생하는 독점적 권한으로 이렇게 부풀려진 마진이 가능한 상황에서 지식재산 불로소득자가 스스로 여물통에서 게걸스럽게 먹기 위해 할 수 있는 모든 일을 다하는 것은 놀라운 일이 아니다.

지대 추구―또는 "돼지처럼 게걸스럽게 먹어대는"―가 영국에서 지식재산 불로소득주의에 영향을 미친다는 증거는 설득력이 있다. 이 문제를 검토하는 한 가지 방법은 헤드라인 수치를 살펴보는 것이다. 혁신성으로 찬사를 받는 지식재산권 집약적 사업이 영국에서 매우 중요한 역할을 하고 있음에도, 경제 전반의 연구개발 수준은 매우 낮다. 다시 말해 혁신을 창출하는 활동에 대한 투자가 상대적으로 저조하다. OECD는 모든 회원국의 연구개발 집약도(GDP 대비 연구개발 지출 비율)를 추적하고 있으며, 영국은 지속해서 형편없는 성과를 거두고 있다. 2016년 OECD 평균 연구개발 집약도는 2.3퍼센트였다. 이스라엘과 한국은 각각 4.3퍼센트와 4.2퍼센트로 가장 높은 연구개발 집약도를 보였다. 영국의 연구개발 집약도는 1.7퍼센트였으며, 지난 25년 동안 이보다 더 높아진 적이 없다. 실제로 1981년부터 1997년까지 연구개발 집약도가 2.2퍼센트에서 1.5퍼센트로 장기간 점진적으로 감소했는데, 바로 이 기간에 지식재산권 보호가 강화되고 있었다.[90] 불로소득자의 우선순위에 대한 스티글리츠 주장의 유용성은 이렇듯 저조한 성과를 합리화하는 데 도움이 된다는 것이다. 점점 더 견고해지는 기존 지식재산권 자산으로 막대한 수익을 벌어들이는 지대가 창출되는 상황에서, 왜 영국 자본이 굳이 혁신을 위해 수고와 노력을 들이겠는가? 스티글리츠의 말을 빌리자면, 그 대신에 기존 독점 지대 원천을 '연장, 확대, 활용'하는 데 노력을 집중하는 것이 더 쉽고 수익성도 더 높을 것이다.

우리가 헤드라인 수치에서 관심을 돌려 문제의 불로소득자 활동에 관심을 기울이면 정확히 이런 일이 벌어지는 것을 볼 수 있다. 1990년대 후반에 수행된 연구에서 로버트 핏케슬리Robert Pitkethly는 영국과 일본 기업의 새로운 지식재산권 개발에 대한 태도를 비교했는데, 그는 쿠션 수면을 취하는 일이 규범처럼 보였던 영국보다 일본이 훨씬 더 역동적이라는 사실을 보여주었다.[91] 이는 영국 기업이 지식재산권에 관심이 없다는 뜻이 아니라 기존 지식재산권에, 특히 끊임없이 땀을 흘리는 데 과도할 정도로 집중하고 있음을 시사한다. 이들 영국 기업은 여러 가지 방법으로 이를 수행하며, 엄격한 집행을 선호하는 경향에 따라 다른 사법 관할권 동료보다 "돼지처럼 게걸스럽게 먹어대는" 행위에 대해 더 수용적으로 보이는 국내 법원과 규제기관의 지원을 받는 경우가 매우 많다.

이와 관련하여 미국 기업 언와이어드 플래닛Unwired Planet의 사례는 논의를 시작하기에 유익하다. 이것은 특허 관리 전문 사업자non-practising entity, 또는 더 경멸적으로 '특허 괴물patent troll'이라고 불리게 된 기업의 사례다. 이 기업은 특허 제품을 생산하거나 특허 공정을 활용하지 않고 특허권을 라이선스하거나 침해 혐의자를 상대로 특허권을 집행하는 방식으로만 특허를 악용한다. 특허 관리 전문 사업자는 혁신이나 경제적 생산이라는 시늉조차 하지 않는다는 점에서 지식재산권 관련 지대 추구 행위의 전형이라고 할 수 있다. 언와이어드 플래닛 사건의 경우, 2013년에 에릭슨Ericsson으로부터 인수한 2,000개 이상의 특허가 주로 모바일 인터넷 기술에 관한 것으로, 언와이어드 플래닛은 애플, 구글, 화웨이, 삼성을 비롯한 주요 스마트폰 제조업체의 특허 침해 혐의자들을 고소하기 위해 수년간 소송을 벌여왔다.

언와이어드 플래닛 사례에서 중요한 것은 이 기업과 특허 자체에 있는 것이 아니라, 영국 회사도 아닌 언와이어드 플래닛이 여러 지역의 법원에서 소송을 진행해온 방식에 있다. 2013년 미국 연방법원에 애플을 고소하려다 실패한 이 회사는 소송에 더 유리한 사법 관할권이 될 것으로 기대한 영국으로 방향을 틀었다.[92] 2015년에 이 회사는 런던에서 삼성과 화웨이를 상대로 소송을 제기했고, 이후 영국 항소심에서도 판결이 유지되어 승소했다. 이 사건을 맡은 변호사는 영국의 판결이 "언와이어드 플래닛 [특허] 포트폴리오를 검증하는 데 상당한 도움이 되었다"라고 밝혔다.[93] 그는 또한 이 판결이 그 과정에서 회사의 비즈니스 모델, 즉 지대 추구를 검증하는 데 도움이 되었다고 말했다.

에버그리닝 전략

이 사업 모델은 최근 몇 년 동안 영국에서 다양한 방식으로 검증되었으며, 어떤 형태로든 이 모델을 운영하고자 하는 모든 기업에 용기를 주고 있다. 기존 지식재산권 자산의 '지대 수취 가능성rentability'의 한계를 확장하는 가장 주목할 만한 방법으로는 특히 제약회사에서 구사하는 '에버그리닝Evergreening' 전략이 있다. 샌디프 라소드Sandeep Rathod는 에버그리닝을 일반적으로 지식재산권 소유자가 "법에서 일반적으로 허용하는 것보다 더 오랜 기간에 제품 판매를 보호하는" 전략으로 정의하며, 특히 제약산업 분야에서는 "의약품 특허를 보유한 회사가 활성 의약품 물질에 대한 오리지널 특허를 넘어서는 제품 판매·로열티를 보호"하는 전략으로 정의된다.[94] 2006년 지식재산권 체계의 검토 보고서에서 앤드류 가워스는 제약업계 분야 밖에서 벌어지는 상대적으로 해가 없는 에버그리닝 사례를 들었다. "점점 더 많은 기업이 자사 제품을 보호하기 위해 중복되는 지식재산권을 이용하고 있다. 예를 들면, 예술적 결과물이 저작권으로 보호되는 신인 (음악) 밴드는 종종 자기 작품이 저작권 보호 대상에서 제외될 때를 대비해 자신의 이름을 상표로 등록하는데, 이처럼 자신의 브랜드는 여전히 자기 자산에 약간의 보상을 받을 자격을 부여할 것이다."[95] 그러나 에버그리닝이 가장 많은 관심과 비판을 받은 것은 무해한 의약품과는 거리가 먼 의약품 세계와 관련이 있다.

제약 특허 보유자가 자신의 제품을 에버그린화할 수 있는 방법에는 여러 가지가 있다. 새로운 특허로 보호되는 약간 새로운 형태로 기존 약물을 재활용할 수 있다. 실제로 약물 자체가 반드시 새로운 것일 필요는 없다. 가령, 다른 약물 전달 시스템 또는 다른 제형dosage form(소위 '2차 특허')을 도입하고 특허를 획득하는 것만으로도 제품의 수명을 연장할 수 있다.[96] 제약 특허 보유자는 제네릭 의약품 제조업체와 '역지불 합의'* 계약을 체결해서 시장 진입을 막거나 같은 목적을 위해 다른 방식으로 이들과 담합할 수 있다. 제약 특허 보유자는 반복적인 특허 침해 소송이나 '시민 청원'을 제기함으로써 많은 지역에서 제네릭 제품의 신청 처리를 자동으로 지연시킬 수 있다. 다른 기법도 마찬가지다.[97]

라소드는 그 메커니즘이 무엇이든 제약회사의 에버그리닝 결과가 동일하게 나타나는 경향이 있다고 보고하는데, 이는 제네릭 약품 시장 형성이 지연되어 약가가 더 오랫동안 오르고 기존 기업의 이익이 더 높아진다는 의미다. 말할 필요도 없이 기저에 있는 동기와 논리도 동일하다.

처음부터 성공적인 신제품을 만드는 것은 많은 노력이 필요하지만, 기존의 성공적인 제품에 약간의 변형을 가하는 것은 자원 집약도가 낮고 수익을 보호하는 훨씬 더 확실한 방법이다. 제약사업에서 완전히 '새로운' 제품을 개발하려면 많은 연구가 필요하다. 여기에는 실패율이 매우 높을 수 있다는 불확실성도 있다. 따라서 유명 브랜드 제약사는 기존의 성공적인 제품에 '멋으로 덧붙이는 부가 기능'을 추가하여 이러한 성공적인 제품의 시장 수명을 연장한다.[98]

지식재산 불로소득주의의 보호된 경제에서 이처럼 '멋으로 덧붙이

---

* pay for delay: 신약 특허권을 보유한 오리지널 제약사가 제네릭(복제약) 제조사에 시장 진입 포기를 조건으로 경제적 대가를 지불하는 불공정 행위를 가리킨다.

는 부가 기능'을 추가하는 것이 점점 더 '혁신'으로 둔갑하고 있다. 물론 이러한 '혁신'이 더 많이 허용될수록, "진정으로 혁신적인 새로운 화학물질을 개발하려는 창안자 부문의 유인"은 낮아진다.[99]

영국에서는 적어도 2000년대 초반부터 주요 제약회사의 에버그리닝에 대한 증거가 넘쳐흘렀다. 영국의 제네릭의약품협회는 2004년 하원 보건위원회에 "적어도 부분적으로는 오리지널 브랜드 제약업계의 영향이나 행동 때문에 특허 만료 직전에 활성 성분, 제형 또는 의약품 형태를 변경"함으로써 제네릭 의약품 출시가 지연된 여러 사례에 대한 증거를 제시했다.[100] 그 위원회는 증거를 보자 설득되어 깊은 우려를 표하며 "제네릭 의약품의 시장 진입과 출시를 방해하는 이른바 에버그리닝과 기타 관행에 대한 체계적인 검토"를 촉구했다.[101]

그러나 검토는 이루어지지 않았으며, 관행은 계속되었다. 영국 법원이나 경쟁규제당국이 개입하는 경우는 극히 드물지만, 두 가지 사례가 눈에 띈다. 2008년 잉글랜드와 웨일스 항소법원은 프랑스 제약회사 세르비에Servier가 보유한 '새로운' 형태의 페린도프릴perindopril(고혈압 치료에 쓰이는 약물)에 대한 수익성이 매우 높은 영국 특허가 제네릭 버전 제조사로부터 침해를 받았다고 주장한 데 대해 무효 판결을 내렸다. 법원은 이 2차 특허가 에버그리닝의 심각한 사례라고 판결했다.

이 제품의 시장은 방대하다. 세르비에의 특허 보호 가격으로 영국 매출만 해도 연간 약 7,000만 파운드다. 세르비에가 막대한 수입원을 보호하기 위해 특허 시스템을 최대한 악용하려 한 것은 놀라운 일이 아니다. (중략) 특허가 유효했다면, 세르비에의 독점권은 2020년까지 지속될 수 있었을 것이다. 그러나 (중략) 그것은 무효다. 그리고 아주 명백하게 그렇다. 그것은 특허 시스템에 나쁜 평판을 줄 수 있는 일종의 특허다. 세르비에가 불법적인 행위를 한 적은 없다고 보는 것이 옳다. 본 특허와 같은 시도가 아무 소용이 없음을 확인하는 것이 법원의 임무다.[102]

2년 후, 영국공정거래위원회Office of Fair Trading, OFT는 NHS에 속쓰림 치료제를 공급하는 과정에서 경쟁을 제한했다는 이유로 레킷벤키저에 1,000만 파운드의 벌금을 부과했다.[103] 그러나 회사 내부 고발자가 BBC 〈뉴스나이트Newsnight〉 프로그램에 자신의 이야기를 털어놓았고, 이후 방송에서 이러한 시장 지위 남용 행위가 폭로된 후에야 이 사실이 밝혀졌다. 이 회사는 베스트셀러 약물인 개비스콘Gaviscon에 대한 제네릭 의약품 경쟁을 미연에 방지하기 위해 오리지널 특허가 만료된 지 한참이 지난 후까지 다양한 에버그리닝 전략을 구사했다.[104]

이러한 개입이 매우 드물게 발생하기 때문에, 더 광범위한 현실은 에버그리닝 또는 더 일반적으로 지대 추구의 관행이 실제로 영국의 기존 지식재산권 거버넌스 체제(우리가 본 것처럼 회사와 이들의 로비스트가 직접 거버넌스를 형성하는 데 중요한 역할을 하는)에 따라 유지되고 심지어 촉진되고 있다는 것이다. 의약품 특허 추가보호증명Supplementary Protection Certificate(이하 SPC)이라는 EU 현상을 생각해보자. SPC는 특허와 관련된 특정 권리의 기간을 최대 5년까지 연장하는 독특한 지식재산권이다. 다양한 인체용 또는 동물용 의약품과 식물 보호 제품(살충제 포함)에 이용할 수 있으며, 기반이 되는 오리지널 특허가 만료된 후에 발효되어 해당 특허가 부여한 독점권을 연장한다. SPC는 1992년 유럽공동체 규정에 따라 도입되었고, 그 직후 영국에서 "잘 확립된 특허 보호를 연장하라는 압력, (중략) 수년 동안 제약업계는 20년이라는 특허 보호 기간이 의약품 생산자에게는 연구개발비에 대한 완전한 수익을 보장할 만하지 않다는 우려에 대한 대응으로" 직접 법으로 시행되었다.[105]

중요한 점은 SPC 신청은 국가별로 신청서를 제출하고 승인을 받아야 하며, 국가별 특허청(때로는 법원)에서 EU 규정에 대한 자체 해석을 제공해야 한다는 점이다. 최근 몇 년 동안 이러한 절차가 요구된 주목할 만한 사례로는 HIV 치료와 예방에 쓰이는 약물인 트루바다Truvada에 관한 것이 있다. 주요 활성 성분(테노포비어 디소프록실tenofovir disoproxil)에 대한 핵심 특허가 대부분의 국가에서 2017년 7월에 만료되었다. 트루바다 생산자인 미국 생명공학기업 길리어드Gilead는 당연히 약 30억 달러의 연간 매출을 보호하고자 해당 유럽 국가에 SPC를 신청했다. 그리스·이탈리아·네덜란드를 포함한 일부 국가에서는 특허 연장을 승인하지 않았다. 그곳에서 트루바다는 곧 제네릭 의약품 형태로 출시되어 가격이 급격히 떨어졌다. 가령, 네덜란드의 경우 브랜드 제품의 30일분 공급 가격이 344유로에서 제네릭 제품의 경우 48유로에 불과했다. 그러나 특허 보호를 2020년까지 연장한 영국을 포함한 다른 국가는 이 신청을 승인했다. 제네릭 의약품 제조업체가 이 결정에 이의를 제기하자 영국은 이 사건을 유럽연합 사법재판소로 넘겼다. 2018년 초에 한 평론가는 "유럽 사법재판소가 트루바다 특허의 에버그리닝을 막을 수 있는가?"라고 애처롭게 질문했다.[106] 같은 해 말에 법원은 사실상 길리어드에 불리한 판결을 내렸다.[107] 영국의 경우 국내 규제와 법률 환경이 현재로서는 지식재산 지대 추구자에 유리한 방향으로 크게 기울어져 있으므로, 이는 당연한 결과일 수 있다.

3장 에버그린: 지식재산 지대

Rentier Capitalism

4장

시장의 창출과 형성: 플랫폼 지대

새롭지 않지만 훨씬 더 중요해진 플랫폼 불로소득주의

누구나 그 이미지를 알고 있다. 더 정확히 말하면 한 시대를 정의하는 상징이다. 그것은 특이한 색상의 재킷을 입은 남자의 무리다. 항상 남자들이다. 그들은 서로 가까이 서 있지만, 다른 방향을 보고 있다. 다양한 표정을 짓고 있는데, 일부는 차분하고, 다른 이들은 흥분하고, 어떤 이들은 확실히 기진맥진해 보이지만, 모두 깊이 집중하고 있는 것 같다. 그때 손 신호가 나온다. 주먹을 쥐거나 손가락 하나 또는 두세 개를 올린다. 그리고 때때로 뒤쪽에서 여러 개의 화면을 볼 수 있는데, 긴 숫자의 끝없는 행과 열이 깜박인다. 이 이미지가 무엇을 묘사하는가? 바로 주식시장, 다시 말해 남성성으로 가득하고 탐욕이 권장되는 1980년대 자본주의의 전형적인 표출이다.

영국은 세계 최고 주식시장 중 하나인 런던증권거래소와 세계 최고 주식시장 운영자인 런던증권거래소그룹 상장사London Stock Exchange Group plc(이하 LSEG)의 본고장이다. LSEG는 동일한 이름의 런던거래소 이외 이탈리아 최고의 금융거래소인 보르사 이탈리아나Borsa Italiana 도 소유하고 운영한다. 이 두 시장 중 하나에 증권(주식, 채권 등)을 상장해 제삼자가 해당 증권을 매매할 수 있게 하려는 모든 회사는 반드시 LSEG에 수수료를, 그것도 상장과 유지를 위해 지급해야 한다. 이러한 수수료는 LSEG의 핵심 소득 흐름을 나타낸다. 2018년 12월 31일까지 한 해에 거의 200개의 신규 회사가 LSEG 시장에 새로 합류했는데, 60개 이상 국가에서 약 2,500개 증권을 상장한 회사의 전체 숫자를 고려하면 2018년 수수료 합계는 4억 700만 파운드에 달한다.[1]

LSEG는 어떤 종류의 사업을 영위하는가? 근본적으로 **플랫폼 불로소득자**다. 이 용어의 두 가지 요소를 차례로 검토해보자.

첫째, LSEG는 플랫폼을 운영한다. 본질적으로 런던증권거래소와 보르사 이탈리아나는 플랫폼이다. 『옥스퍼드 영어사전Oxford English Dictionary』에는 플랫폼이라는 단어의 정의가 여러 개 나와 있다. 플랫폼 불로소득주의 현상과 가장 관련이 있는 두 가지는 "특정 활동이나 사업을 위해 고안된 별개의 구조"와 "행동, 사건, 계산, 조건 등의 근거, 토대 또는 기준"이다. 이런 의미에서 증권거래소는 정확하게 특정 활동, 즉 금융자산을 사고파는 활동을 위해 고안된 토대 또는 구조다. LSEG는 금융자산을 창출하거나 그 자체를 거래하지 않는다. 오히려 그런 거래가 안전하고 원활하게 일어날 수 있는 플랫폼을 마련해준다. 따라서 그것은 교환을 촉진하고 금융시장을 **형성하는** 데 기여한다.

둘째, LSEG는 말 그대로 그리고 경제적으로 불로소득자다. 그것은 자신의 플랫폼을 빌려준다. LSEG는 제삼자가 상호 간에 사업을 수행할 수 있는 광장을 만든 다음 해당 거래 플랫폼 이용에 대한 비용을 부과하는데, 이것은 완전히 지대 성격의 요금이다. 경제적으로 LSEG는 이 책에서 묘사하는 것과 정확히 같은 형태로 지대를 획득한다. 상장과 유지를 위해 받는 수수료가 그것이 소유하고 운영하는 자산에서 발생하기 때문이다. 더 정확하게 회사는 LSEG가 하는 어떤 일이 아니라 그것이 소유하고 있는 플랫폼 속성에 대해 수수료를 지급한다. 이러한 속성의 핵심은 트래픽 또는 소매업에서 '발걸음footfall'이라고 부르는 것이다.* 아무튼 회사는 LSEG와 같은 플랫폼 운영시장 중개자를 활용하지 않고 사적으로 주식을 발행하고 판매할 수 있다. 하지만 세계 최고 증권거래소 중 하나에 상장하면 회사 증권을 소유할 수 있는 잠재적 대상자가 기하급수적으로 늘어난다. 금융계에 있는 모든 사람이 그곳에서 거래하기 때문이다.

이것은 어쩌면 이 장의 총체적인 주제인 플랫폼 불로소득자에 대한 중요한 요점을 분명히 보여줄지 모른다. 그들이 지대를 창출하는 어떤 종류의 플랫폼을 통제하고 있다는 사실 이외 한 가지 공통점을 공유한다면, 그것은 그들과 그들이 동원하는 플랫폼이 모두 **중개자**라는 점이다. 그들은 (광범위하게 정의된) 거래를 중개한다. 거래는 종종 중개의 혜택 없이 일어날 수 있고 실제 그렇게 발생할 수 있다. 하지만 거래의 당사자 중 한 명 이상이 플랫폼 중개로 해당 거래가 충분히 촉진될 수 있다고 판단해 서비스 대가로 중개자에게 기꺼이 비용을 지급할 의향이 있다면, 그 거래는 플랫폼을 통해 이루어진다. 그리고 핵심 서비스, 또는 적어도 플랫폼 불로소득자가 주로 보수를 받는 서비스는 누가 뭐

---

* 트래픽traffic은 운반량을 가리키는데, 그 의미는 전통적인 교통에서 최근에는 통신으로 확대되었다. 특히 정보통신업계에서 플랫폼을 통과하는 데이터 흐름을 측정할 때 '트래픽'이라는 용어를 주로 쓴다. 그리고 발걸음은 상점을 직접 찾는 고객의 숫자를 가리킨다.

래도 중개다. 플랫폼 중개자는 중개되는 거래 그 자체와는 별개다. 심지어 중개자가 대체로 거래가 발생하는 조건을 형성할 때에도 플랫폼 중개자와 거래 그 자체는 별개다. 중개자는 거래의 당사자가 아니지만, 그것을 가능하게 하는 존재이며, 주요 거래 참가자들을 연결해 그들 간의 상호작용을 촉진한다.

플랫폼 불로소득주의는 새로운 것이 아니다. 증권거래소 자체가 이에 대한 충분한 증거를 제공하는데, 증권 관련 최초의 거래소는 16세기 후반까지 거슬러 올라갈 수 있다. 그리고 변변찮은 쇼핑센터가 여기에서 명시된 용어로 정확하게 플랫폼, 즉 그것의 소유자를 위해 중개-기반 지대를 창출하는 구조가 아니면 무엇이겠는가? 소매상은 매장 면적을 놓고 경쟁하는데, 쇼핑센터를 돌아다니는 고객 트래픽에 접근하기 위해 센터 소유자에게 지대를 지급한다. 소유자는 구매자와 상점 사이를 효과적으로 중개함으로써 그들을 하나의 집중된 공간에 모이게 한다. 예를 들어 영국 최대 쇼핑센터 불로소득자 중 하나인 인튜프로퍼티Intu Properties는 상위 스무 개 센터 중 여덟 개를 소유하고 운영하며 하루 평균 누적 방문객 100만 명을 유치한다. 2018년 인튜가 전체 또는 일부를 소유한 다수의 쇼핑센터는, 이 중에서 100퍼센트 소유한 200만 제곱피트의 트래포드센터Trafford Centre가 가장 유명한데, 임대이익으로 4억 9,500만 파운드를 창출했다.[2] 물론 어떤 사람은 일정한 기준에 따라 이러한 지대를 토지 지대로 분류할 수 있지만(7장 참조), 그렇게 하면 센터 소유자가 돈을 받는 본질적인 '서비스'를 잘못 규정하는 것이다. 그것은 공간의 제공이 아니라 연결성의 제공, 즉 중개다.

하지만 설령 플랫폼 불로소득주의가 새로운 것이 아니더라도, 그것은 점점 더 디지털화되고 네트워크화되는 세상에서 훨씬 더 중요해졌다. 우리는 그 이유를 쉽게 알 수 있다. 영국에서 가장 큰 물리적 쇼핑센터는 한 달에 최대 약 400만 명의 방문자를 유치한다. 반면, 영국 최대의 온라인시장인 이베이 영국eBay UK은 월 방문자가 약 2,400만 명이다.[3] 전 세계 어디서나 인터넷 연결만 있으면 누구나 이베이를 방문할 수 있다. 트래포드센터는 지역에 거주하지 않는 한 접근하기가 그렇게 쉽지도 저렴하지도 않다. 물론 단순히 상대적 발걸음 잠재력 문제만은 아니다. 물리적 쇼핑센터에서 공간은 제한되어 있으며, 영국에서 가장 큰 쇼핑센터도 약 300개의 소매점을 관리할 수 있을 뿐이다. 온라인에서는 이러한 제약이 적용되지 않으며, 이베이 영국은 정말로 수백만 명의 독특한 판매자를 보유하고 있다. 그리고 플랫폼 운영비용이 '실제' 세계보다 온라인에서 훨씬 더 낮으므로, 일반적으로 판매자의 몫이지만 궁극적으로 구매자에게 전가되는 거래 간접비도 그만큼 낮다. 이베이에서 구입한 신규 DVD나 도서가 트래포드센터에서 산 같은 책보다 더 저렴한 이유가 여기에 있다. 간단히 말해 규모를 엄청나게 키울 수 있으면서 동시에 더 저렴해지는 거래 연결은 디지털 네트워크화된 자본주의의 원재료이고, 이는 플랫폼 불로소득주의의 대규모 확장으로 나아간다.

따라서 오늘날 영국에서 플랫폼 지대는 디지털-플랫폼 지대일 뿐만 아니라, 그렇지 않더라도 점점 더 디지털화되고 있으며, 이미 대부분 그렇게 되고 있다. 이 중요한 기술-경제 전환은 이 장의 서두를 연 사업, 즉 증권거래소 사업에 전면적으로 적용된다. 거래소의 증권 매매 개장 이미지는 상징적일 수 있지만, 이제는 완전히 시대에 뒤처진 구식이다. 금융거래는 이미 오래전부터 만질 수 있고 물리적이며 직접 대면하는 활동이 아니었다고 볼 수 있다. 그것은 압도적으로 온라인, 즉 컴퓨터 네트워크를 통해 발생한다. 이렇게 변화하는 세상에서 자신의 지대-창출 중개 역할을 유지하기 위해, LSEG와 같은 증권거래소 운영자는 시대에 발맞춰 움직이거나 급속한 탈중개* 위험을 무릅써야만 했다.

금융거래를 위한 더 나은 물리적 플랫폼을 제공하는 대신 거래소 운영자는 우수한 디지털 플랫폼을 제공해야 한다. 회사가 런던증권거래소에 자신의 증권을 계속 상장하고 이런 특권에 대해 기꺼이 계속 후하게 지급하려는 의사는 전적으로 LSEG가 세계의 주요 금융기관을 위한 최적의 거래 환경을 기술적으로 마련하느냐에 달려 있다. 따라서 오늘날 LSEG는 증권-대행 사업인 만큼 동시에 IT 사업이다. 증권을 상장할 뿐만 아니라 고객을 네트워크화된 시장 인프라에 연결해 지대를 획득한다. 이러한 연결 서비스의 표준은 익스체인지 호스팅Exchange Hosting 제품이다. 이 제품은 고객이 LSEG 자체 데이터센터에 LSEG 서버와 함께 자신의 장비를 같이 둘 수 있도록, 즉 기본적으로 LSEG 자체 데이터센터 내 공간을 임대할 수 있도록 한다. 수백만 분의 1초가 거래수익성에 매우 중요한 고주파 거래의 찬란한 신세계에서 같이 위치하는 것은 '지연시간', 즉 전자거래를 실행하는 데 걸리는 시간을 최소화한다. 어쨌든 그러한 서비스는 21세기의 세 번째 10년에 접어들

---

* disintermediation: 중개자 없이 거래의 당사자가 직접 거래하는 현상을 가리킨다.

면서 플랫폼 불로소득주의의 기술-경제 최전선을 나타낸다.

플랫폼 불로소득자 유형 분류: 중개대상과 수입 모델

플랫폼 불로소득자는 무수히 많은 형태와 크기로 밀려들어온다. 특히 지난 10여 년 동안 디지털과 네트워크 기술의 급속한 혁신을 통해 현기증 나는 속도로 확산되었다. 거의 틀림없이 이러한 불로소득자를 분류하는 가장 의미 있고 유용한 방법은 그들의 특정 플랫폼이 중개하는 거래의 속성에 따른 것이다. 플랫폼을 통해 사고파는 것은 무엇인가? 그 대답은 보통 네 가지 형태 중 하나다([표 4-1] 참조).

첫째, 사고파는 것이 주로 인간 노동력인 플랫폼이 있다. 대개 '긱경제'*라고 불리는 것을 실현한다. 이러한 **노동 플랫폼**은 고용자 또는 회사를 노동자와 연결하고, 노동자의 유료 서비스를 확보할 수 있도록 한다. 이 범주에서 작동하는 다양한 플랫폼 간의 주요 차이점은 주선하는 작업의 성격에 관한 것이다. 그 범위는 가사 서비스 작업(태스크래빗TaskRabbit)에서 음식배달(딜리버루Deliveroo)까지, 그리고 전문 프리랜서 작업(업워크Upwork)부터 아마도 가장 유명한 자가용 운송(우버Uber)까지 다양하다.

---

* 긱gig이라는 단어는 원래 공연과 같이 단기 계약을 맺고 임시로 하는 일을 의미한다. 이에 기초해 긱 경제gig economy는 기존의 고용체계, 즉 회사가 정식 근로계약을 맺어 직접 직원을 채용하는 것과 구분되는 체계로서 플랫폼을 통해 서비스 분야에서 초단기 계약 형태로 원하는 시간만큼 노동자를 일시적으로 고용하는 방식을 가리킨다.

[표 4-1] 플랫폼 불로소득자 유형 분류

플랫폼 불로소득자 유형	영국에서 활동하는 불로소득자 사례
노동 플랫폼	• 딜리버루(음식배달) • 태스크래빗(가사 서비스) • 우버(자가용 운송) • 업워크(전문 프리랜서 작업)
자본 플랫폼	• 에어비앤비Airbnb(단기임대숙박) • 투로Turo(자가용 임대)
상품 플랫폼	• 이베이(온라인 판매시장) • 인튜프로퍼티(쇼핑센터) • 런던증권거래소그룹(금융거래소) • 플루토 엔터테인먼트Flutter Entertainment(온라인 개인 간 도박)
주목 플랫폼	• 페이스북Facebook(소셜미디어) • 구글Google(검색엔진) • 머니슈퍼마켓닷컴Moneysupermarket.com(가격 비교) • 라이트무브Rightmove(부동산 포털)

출처: 저자

특히 노동력의 이러한 거래는 자본자산 활용의 거래와 종종 공존한다. 우버가 대표적인 사례다. 우버 탑승객은 우버 플랫폼을 통해 운전자 서비스를 획득할 때, 또한 그 운전자의 차량 이용도 획득한다. 다시 말하면 노동 플랫폼은 우리의 두 번째 범주인 **자본 플랫폼**과 자주 겹친다. 자본 플랫폼은 부동산, 자동차와 같은 자산의 판매, 더 일반적으로 임대를 가능하게 하고 처리하는 플랫폼이다. 노동과 자본, 이 두 가지 플랫폼 유형 간의 차이는 대개 다음과 같은 정도다. 노동 플랫폼은 때때로 보조자산에 의존하지만 노동 집약적인 활동의 거래를 포함하는 반면, 자본 플랫폼은 노동력이 거의 또는 전혀 수반되지 않는 자산(또는 자산 활용)의 거래를 포함한다. 자본 측면에서 우버의 직접적인 맞상대는 투로와 같은 플랫폼인데, 이 플랫폼에서 자가용 소유자는 자신의 차량을 빌려줄 수 있지만, 운전하는 노동은 그렇지 않다. 물론 전형적인 자본 플랫폼은 에어비앤비다. 이 플랫폼을 통해 '투숙객'은 '집주인'이 등록한 단기임대주택을 검색하고 예약한다. 종종 자본 플랫폼 범주에 부여되는 '공유경제' 딱지는 말할 필요도 없이 적어도 에어비앤비와 그 유사품에 관해서는 잘못된 명칭이다. 에어비앤비 '집주인'이 자신의 자산을 '투숙객'과 '공유'하고 있다면, 그것은 단지 그 집주인이 그렇게 함으로써 돈을 받을 수 있기 때문이다.

세 번째 범주는 앞의 두 번째와 유사하지만 판매되는 것이 자산이 아니라 상품이다. 그리고 이 경우에는 상품이 임대되기보다는 일반적으로 판매된다. 우리는 이미 이러한 **상품 플랫폼**에 비교적 익숙하다. 런던증권거래소와 이베이는 각각 금융상품과 이 세상의 거의 모든 것을 거래하는 플랫폼의 대표적인 사례다. (사실 이베이에서는 자동차와 주택도 거래하므로 유형을 분류하는 문제는 복잡해지고, 이런 측면에서 여기서 제시하는 범주들이 완벽하지는 않다). 이베이와 다른 시장, 즉 온라인 또는 현실세계 쇼핑센터의 형태는 그곳에서 수행되는 거래의 성격을 파악하기 쉬우므로 매우 명백하게 상품 플랫폼의 사례다. 물론 훨씬 덜 명백하지만 그렇다고 덜 중요하다고 보기 어려운 사례도 있다. 예를 들어 영국의 맥락에서 런던증권거래소에 상장된 플루토 엔터테인먼트와 같은 사업을 생각해보자. 이 회사의 벳페어 익스체인지Betfair Exchange는 (경마 도박처럼 사설 마권업자를 통한 도박이 아니라) 고객 간 온라인 도박을 직접적으로 촉진한다. 이 거래소를 통해 사고 팔리는 상품은 무엇인가? 그것은 바로 금전 위험이다.

넷째, 또 다른 매우 특별하면서 분명하지 않은 상품 유형의 거래를 촉진하는 다양한 플랫폼이 있다. 이 집단의 중요성은 그 자체로 하나의 범주로 분류되는 것을 보장할 정도다. 이 범주에는 페이스북, 구글과 같은 거대 기업뿐만 아니라 머니슈퍼마켓에서 라이트무브에 이르는 회사까지 포함한다. 모든 사람은 페이스북과 구글이 무엇을 하는지 알고 있다. 한편, 머니슈퍼마켓은 금융 서비스(보험, 주택담보대출, 저축상품 등)를 전문으로 하는 영국 최대의 가격 비교 웹사이트이고, 라이트무브는 영국 최대의 온라인 부동산 포털을 운영하며 전국적으로 2만 명이 넘는 부동산 중개인의 판매 또는 임대 부동산 목록을 게재한다. 앞에서 언급한 이베이, 에어비앤비와 지금 설명하는 머니슈퍼마켓, 라이트무브 같은 플랫폼을 구별하는 결정적인 차이는 여기서는 금융상품 또는 부동산의 거래가 실제로 일어나지 않는디 는 점이다. 이러한 '모든' 플랫폼은 검색과 목록 사이트다. 보험에 들거나 아파트를 사려는 소비자는 해당 사이트에서 직접 그렇게 할 수 없다. 목록에 속한 제품 또는 자산이 아니라면, 머니슈퍼마켓과 라이트무브를 통해 실제로 거래되는 것은 무엇인가? 그 대답은 주목이다.* 그리고 페이스북과 구글도 마찬가지다. 네 가지 모두 기본적으로 **주목** 플랫폼이다.

이러한 유형 분류는 플랫폼 소유자가 각각의 경우에 어떻게 돈을 버는지를 고려함으로써 명확해질 수 있다. 수입 모델이 무엇인가? 플랫폼 범주 중 처음 세 가지에서 수입은 보통 일종의 거래 수수료로 구

---

* 원문의 'attention'을 주목으로 번역했다. 직접 상품 또는 자산을 거래하지 않더라도 사람들의 시선과 관심을 이끌어내는 것을 보통 '주목을 받는다'라고 표현하는 것에 착안했다.

성된다. 이것은 플랫폼을 통해 발생하는 거래의 가치에 대한 일종의 '세금'이다. 예를 들어 우버는 승차요금에 대해, 태스크래빗은 수행된 작업의 가치에 대해, 에어비앤비는 임대 금액에 대해, 벳페어 익스체인지는 승리한 도박에 대해 일정 비율의 수수료를 부과한다. 그리고 가끔 거래가치에 기초한 이러한 가변 수수료에 고정요금이 추가된다. 예를 들어 딜리버루는 주문한 음식의 가치에 대한 일정 비율의 수수료에 배달 건당 정액 수수료를 덧붙인다. 하지만 위의 모든 경우에 플랫폼 운영자는 거래가 성사되는 경우에만 돈을 받는다.

거래가 실제로 이루어지는지 여부와 관계없이 수수료를 징수하는 노동, 자본, 상품 플랫폼은 소수다. 그리고 흥미롭게도 이러한 소수의 플랫폼은, 이미 논의한 것 중 일부를 포함해 기존의 '현실세계' 플랫폼(또는 거기에서 진화한 플랫폼)인 경향이 있다. 예를 들어 LSEG는 해당 증권의 거래 여부와 관계없이 증권 상장 수수료를 부과한다. 인튜와 같은 쇼핑센터 소유자는 자신의 센터에 입점한 소매상에게 판매 여부와 관계없이 지대를 받는다.[4] 대조적으로 온라인 세계에서 이러한 사업 모델을 모방하는 노동, 자본 또는 상품 플랫폼은 드물다. 한 가지 예로 이베이는 목록 게재 수수료를 부과한다. 하지만 이베이 판매자는 대부분의 제품 범주에 대해 상한선이 있는 월간 무료 목록 게재를 받으므로(그리고 그 상한선이 상대적으로 관대하므로), 그 결과 판매 여부와 관계없이 부과되는 목록 게재 수수료는 이베이의 전체 사업에서 상대적으로 미미하다. 이 회사는 완료된 판매에 대한 일정 비율의 수수료로 막대한 수입을 얻는다.

그렇다면 '주목 플랫폼'의 수입 모델은 무엇인가? 주목은 어떻게 가격이 책정되고 돈을 버는가? 물론 상황에 따라 다르다. 어떤 때에는 주목의 생성이 직접적으로 기여하는 거래, 구체적으로 거래하는 상품의 가치에 따라 결정된다. 소비자가 머니슈퍼마켓에서 가격 비교 기능을 활용해 금융상품을 검색하고, 계속 클릭해서 검색을 통해 나타난 상품 중 하나를 산다면, 머니슈퍼마켓은 '중개' 수수료를 받는다. 이것은 (자동차 또는 주택보험증권, 신용카드 신청의 경우) 정액 수수료이거나 (대출, 여행 또는 생명보험의 경우) 구입한 상품의 가치에 대한 일정 비율이다.

하지만 중요한 것은 머니슈퍼마켓이 돈을 벌기 위해 그 플랫폼이 만들어낸 주목이 직접적으로 판매를 유발할 필요는 없다는 점이다. 우선 그것은 단순히 잠재 고객을 창출했다는 이유로 어떤 제품(예를 들어 집주인 보험)의 공급자에게 클릭 수수료를 받는다. 최종적으로 어떤 결과가 나오든지 상관없다. 더 중요한 것은 단순히 제품의 목록 또는 그중 일부를 나열해 돈을 번다는 점이다. 머니슈퍼마켓 사이트에서 이용자가 하나의 카테고리(예를 들어 저축계좌)를 선택하면, 그는 자신이 어떤 검색기준을 입력하기도 전에 어떤 회사의 제품이 강조 표시되는 것을 발견할 수 있다. 이것은 후원제품으로, 공급자는 눈에 잘 띄는 위치를 선점하기 위해 특별히 머니슈퍼마켓에 수수료를 지급한다. 유사한 방법이 이베이가 추가 수입을 얻는 데 활용된다. '촉진목록Promoted Listings'에 더 많이 노출될수록 더 높은 수수료를 부과한다. 한편, 라이트무브의 수입 모델은 사이트 이용자가 이 사이트를 통해 발견한 부동산을 최종적으로 구입 또는 임대했는지와 완전히 분리된다. 자동차 소매상이 영국의 또 다른 대표적인 주목 플랫폼인 오토

4장 시장의 창출과 형성: 플랫폼 지대

트레이더에 차량을 올리기 위해 매월 수수료를 지급하는 것과 마찬가지로, 부동산 중개인은 자신의 목록을 포함시키기 위해 매월 수수료를 지급하고 강조한 목록(예를 들어 '특집 부동산' 또는 '고급 목록'으로 표시)에 대해서는 추가 수수료를 낸다. 수입을 창출하는 정확한 방법에는 상당한 차이가 있지만, 라이트무브와 머니슈퍼마켓은 그 기저에 동일한 사업 모델을 공유한다. (각각 부동산과 금융제품을 공급하는) 제삼자에 대한 주목을 불러일으키고, 그들에게 이에 대한 비용을 부과한다.

플랫폼 불로소득자 사업에서 가장 주목할 만한 점 중 하나는 수입 모델이 플랫폼 소비자에게 매우 자주 불투명하다는 것이다. 주된 이유는 소비자가 플랫폼을 활용하기 위해 비용을 거의 내지 않기 때문이다. 직접적으로든 의식적으로든 지급하지 않는다. 그들은 머니슈퍼마켓 또는 라이트무브에서 검색하는 데 돈을 내지 않는다. 그리고 이베이 또는 우버가 플랫폼을 통해 구매한 DVD나 승차에 대해 소비자가 지불하는 금액의 아주 작은 부분을 가져간다고 하더라도, 소비자는 그것에 대해 듣지 못하므로 거의 알지 못한다. 플랫폼 서비스가 무료라면, 물론 그것을 활용해 손에 넣는 제품은 무료가 아니지만, 소비자 입장에서 해당 서비스 제공자가 어떻게 수지타산을 맞추는지에 대해 걱정할 이유가 있을까?

이런 불투명성이 작동하는 전형적인 사례는 물론 페이스북과 구글이다. 구글 검색은 무료지만, 구글 또는 그 모기업인 알파벳 주식회사 Alphabet Inc.는 세계에서 가장 가치가 높은 회사 중 하나로 2018년 세계 곳곳에서 1,370억 달러의 수입을 올렸다.[5] 우리의 주목을 얻고자 하는 회사와 이용자를 연결하고, 회사한테 우리의 주목을 끊임없이 판매하는 전형적인 주목 플랫폼으로 기능함으로써 이를 달성했다. 알파벳 수입의 약 85퍼센트는 광고 수입인데, 구체적으로 이용자가 클릭을 통해 광고에 참여할 때 획득되는 성과 기반이거나 그렇지 않으면 광고가 표시될 때마다 획득된다. 구글이 광고를 통해 그렇게 많이 돈을 벌 수 있는 간단한 이유는 우리 중 정말 많은 사람이 그 사이트에서 너무 많은 시간을 보내기 때문이다. 이것은 광고주가 다른 어떤 곳보다 해당 플랫폼에서 소비자 대중의 관심을 사로잡기가 더 쉽다는 것을(하지만 그만큼 더 비싸다는 것을) 의미한다.

무료로 이용할 수 있는 것은 페이스북도 마찬가지다. 2014년 전 세계 월간 활성 이용자가 약 12억 명에 달했을 때, 그들은 매일 평균 17분 동안 페이스북에 머물렀다. 개인들의 시간을 합하면 매일 거의 4만 년이 그 사이트에서 소비되었다.[6] 2018년 말까지 월간 활성 이용자의 숫자는 23억 2,000만 명으로 급증했다.[7] 그것은 인류 역사상 유례가 없는 집합적 소비자 주목의 축적이고, 페이스북은 이런 주목을 작심하고 활용함으로써 세계 최고의 주목 플랫폼이 되었다. 2018년에 세계 전체 수입 560억 달러의 98.5퍼센트 이상이 광고, 따라서 이용자의 주목을 포착하고 전달하는 제품에서 나왔다. 이러한 광고 수입은 구글과 마찬가지로 전송된 노출시간에 기초한 수입과 이용자 행동(클릭)에 기초한 수입으로 나뉜다. 업워크가 노동력의 수집과 구매를 위한 플랫폼이고 에어비앤비는 임대숙소의 수집과 구매를 위한 플랫폼이라면, 페이스북과 구글은 시선(관심)의 수집과 구매를 위한 플랫폼이다.

플랫폼 중개에 의존하는 서비스 다각화와 수입 창출

플랫폼 불로소득자의 핵심 수입 창출 서비스는 중개다. 하지만 우리가 살펴봤듯이 그들이 단순한 중개자에 머무르는 경우는 드물다. 예를 들어 페이스북과 구글은 수십 억 명의 이용자에게 형태가 있는 실제 서비스를 제공한다. 그리고 우리가 가장 냉소적인 관점, 즉 그들이 이러한 서비스를 주로 또는 심지어 광고주에게 수집된 시선을 판매하기 위한 목적으로만 제공한다는 관점을 선택한다고 하더라도, 중개 서비스는 아니지만 종종 매우 가치 있는 서비스가 실제로 제공된다는 사실은 여전히 남아 있다.

더욱이 중개는 사실상 여러 개의 서로 다른 형태를 취할 수 있고, 플랫폼 소유자는 제삼자가 상호작용할 수 있도록 할 뿐만 아니라 그들이 그렇게 할 수 있는 조건과 특정 방식을 결정한다. 달리 말해 크리스 포드Chris Forde와 그의 공저자들이 지적했듯이, 플랫폼 불로소득자는 단순히 시장을 창출하는 것을 넘어 적극적으로 시장을 형성한다.[8] 서로 다른 다양한 방법이 존재하지만, 그들은 특히 플랫폼 설계에 대한 투자를 통해 그렇게 한다. 플랫폼이 도심 쇼핑센터든 웹사이트든 스마트폰 앱이든 상관없이 그렇다. 플랫폼 설계는 플랫폼 불로소득자가 수행하는 시장 만들기의 가장 눈에 띄는 차원일 수 있지만, 실제로는 다수의 차원 중 하나일 뿐이며, 그중 몇 가지는 불로소득자의 사업 모델만큼 모호하다. 구체적으로 노동 플랫폼을 다루지만, 훨씬 더 일반적인 타당성을 가진 보고서는 다음과 같이 설명한다.

시장에서 플랫폼의 지위는 거래에 영향을 주지 않으면서 효율적인 시장 결과를 장려하기 위해 정책을 마련하는 정부와 비슷하다. 플랫폼은 참가자들이 서로 얼마나 자주 그리고 어떤 맥락에서 노출되는지, 당사자가 어떤 정보를 수집하는지, 이 정보가 어떻게 표시되는지를 결정한다. 또한 플랫폼은 허용되는 거래, 진입방법, 인정되는 계약과 가격 등에 대한 방침을 규정한다. 권장사항을 제시하고 기본값을 설정할 수도 있다.[9]

분명히 이것은 단순한 중개를 훨씬 넘어서는 것이다. 게다가 플랫폼 소유자는 종종 구매자와 판매자가 서로 연결된 이후에도 자신의 중개 기능이 계속 필요하게 만들기 위해 특별한 노력을 기울인다. 노동 플랫폼을 예로 든다면, "고객과 노동자 간 직접 접촉과 같은 행위를 금지하는 길고 상세한 계약서"가 있다.[10]

커뮤니케이션 이론가인 탈레톤 길레스피Tarleton Gillespie는 인터넷 시대의 아주 오래전인 2010년에 발표한 훌륭하고 통찰력 있는 논문에서 플랫폼이 단순한 플랫폼 그 이상의 것이라고 주장하며 이 중대한 사실의 광범위한 정치적 의미 중 일부를 강조했다.[11] 플랫폼의 선택, 구체적으로 "무엇이 나타날 수 있는지, 그것이 어떻게 조직되는지, 그것이 어떻게 돈을 버는지, 무엇을 왜 제거할 수 있는지, 그리고 어떤 기술 사양이 허용되고 금지되는지의 선택은 모두 공공담론의 지형에 대한 실질적인 개입이다." 이런 점에서, 그는 "플랫폼'은 스스로 시인하는 것보다 전통적인 대중매체와 더 유사하다"라고 언급했다.[12]

길레스피에 따르면, '플랫폼'이라는 단어 자체가 오늘날의 지배적인 중개자를 위해 강력한 기능을 수행하므로, 우리는 분석 목적으로 그 단어를 언급할 때 신중하고 비판적일 필요가 있다. '플랫폼'은 대단히 온건하면서 무해한 어떤 것을 시사한다. 그것은 다른 사람들이 무언가를 하거나 말할 수 있는 공개 장소를 제공하는 운영자이지만 자신은 그 다툼의 외부에 있다. 플랫폼 상표를 열광적으로 차지한 회사 입장에서 그 상표가 그토록 매력적인 이유는 바로 이러한 "개방적이고 중립적이며 평등주의적일" 수 있다는 의미 때문이라고 길레스피는 말했다. 또한 "우리는 단지 플랫폼일 뿐"이라는 상투적인 변명은 "인터넷의 민주화 잠재력에 관한 오래된 미사여구뿐만 아니라 이용자 제작 콘텐츠, 아마추어 전문지식, 대중적 독창성, 또래 수준의 사회연결망, 난폭한 댓글을 향한 최근의 열광과 딱 들어맞는다."[13]

게다가 플랫폼 불로소득자는 종종 시장 조성자라는 특권적 지위를 활용해 중개 자체에 관한 것이 아닌 그 이상의 수입 창출 활동으로 다각화한다. 다시 한 번 LSEG가 훌륭한 예시다. 증권 상장과 고객 IT 연결을 통해 벌어들이는 수수료에 못지않게, LSEG는 거래소 플랫폼에서 촉진되는 거래에 부수적인 서비스를 제공함으로써 많은 돈을 벌어들인다. 이러한 핵심 서비스는 거래 청산과 결제 기능이다. '청산'은 거래 당사자의 계정을 최신으로 갱신하고 화폐와 증권의 이전을 준비하는 과정이며, 실제 교환은 '결제'라고 부른다. LSEG는 2018년에 상장 서비스로 벌어들인 4억 700만 파운드보다 훨씬 많은 금액인 5억 9,000만 파운드를 청산과 결제로 획득했는데, 이처럼 거래를 청산하고 결제하는 것은 시장을 새로 만드는 것이 아니다. 다만 이미 확립된 시장관계를 관리하는 것이다.

그리고 LSEG는 오늘날 영국에서 활동하는 다른 어떤 플랫폼 불로소득자보다 더 성공적으로 중개와 시장 조성에서 훨씬 더 멀리 떨어진 수입 창출 영역, 즉 자료와 정보 서비스로 더 앞서서 진출했다. 지난 몇 년 동안 LSEG는 자산 관리자와 같은 고객에게 시장지수와 기준지수(특히 FTSE 100, FTSE 올셰어All-Share 등과 같은 FSTE 러셀Russell 지수)부터 실시간 가격과 거래 정보에 이르는 데이터 제품을 제공하는 매우 성공적인 사업을 구축했다. 선도적인 영국과 이탈리아 금융거래소를 지배할 수 있는 권력은 명백하게 LSEG에 데이터 사업을 운영할 수 있는 특권적 지위를 부여한다. LSEG가 수집, 통합, 상용화하는 데이터 대부분이 자체 플랫폼에서 발생하는 것에 딸려서 붙어 있기 때문이다.

어쨌든 LSEG의 데이터 구독과 인증 수수료는 무려 8억 4,100만 파운드에 달했고, '정보 서비스'는 의심할 여지 없이 가장 크고 가장 빠르게 성장하는 부문이 되었다([그림 4-1] 참조). 정보 서비스 부문은 이 글을 쓸 당시 협상 중이던 거래소이자 데이터 공급업체인 레피니티브Refinitiv 인수가 약 270억 달러에 완료될 것이라 예상되므로 앞으로 더욱 성장하리라 기대된다. 필립 스태포드Philip Stafford가 『파이낸셜 타임스』에 기고한 바와 같이 이번 인수는 '데이터에 관한 모든 것'이다. "LSEG에 레퍼니티브 계약은 이제 곧 데이터 조합을 서로 결합하고 정보를 전 세계에 배포하기 위한 것이다."[14] 앞서서 LSEG가 오늘날 증권-대행 사업인 만큼 동시에 IT 사업이라고 언급했지만, 『이코노미스트』의 최근 견해가 아마도 훨씬 더 적절할 것이다. 『이코노미스트』는 "유럽 최대의 거래소가 데이터 사업이 되었다"라고 명료하게 지적했다.[15]

정말로 그렇다. 하지만 LSEG가 정보와 데이터 제품 공급으로 수입

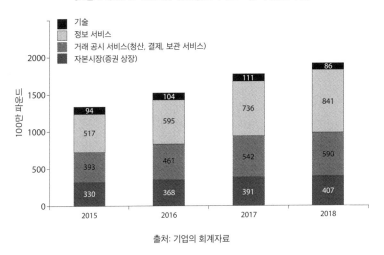

[그림 4-1] 2015~2018년 런던증권거래소그룹 부문별 수입

■ 기술
▨ 정보 서비스
▨ 거래 공시 서비스(청산, 결제, 보관 서비스)
▧ 자본시장(증권 상장)

출처: 기업의 회계자료

을 창출하는 데 있어 플랫폼 불로소득자 중에서 선두에 있다는 주장이 일부 독자들에게 이상하고 어쩌면 억지스러울 수 있다. 분명히 데이터는 현대 디지털 플랫폼의 모든 것이자 궁극적인 목표, 즉 생명선이자 핵심 수입원이다. 그렇다면 디지털 플랫폼 중 다수는 LSEG보다 수입 측면에서 훨씬 더 큰 기업일까? 디지털 플랫폼의 부상으로 널리 알려진 '데이터 혁명'에 대해 숨 쉴 틈도 없이 엄청난 논평이 쏟아지고 있는 현실은 이에 대해 확실히 많은 것을 시사한다. 하지만 위의 질문에 대한 답변은 '예'인 동시에 '아니오'다.

긍정적인 측면에서 데이터는 모든 디지털 플랫폼이 수행하는 작업의 진정한 핵심이며, 잘나가는 디지털 플랫폼의 성공에 있어 극히 중요하다. 디지털 플랫폼은 거의 그 정의상 데이터 주도 플랫폼이고, '디지털' 부분은 이러한 플랫폼이 대개 디지털 데이터의 형태를 취한다는 사실을 가리킨다. 디지털 플랫폼 내에서 모든 상호작용은, 예를 들어 페이스북의 '좋아요'부터 우버의 승차 요청까지, 라이트무브의 부동산 열람에서 구글의 검색까지 데이터를 생성한다. 그리고 모든 디지털 플랫폼은 플랫폼 '경험'을 개선하기 위해, 또한 물론 돈을 벌기 위해 이 데이터를 분석한다. 여기에는 바로 알 수 있을 정도로 명백하면서 동시에 매우 중요한 세 가지 의미가 있다. 첫째, 세계는 점점 더 디지털 데이터로 넘쳐난다. 2014년 어떤 시장조사 기업의 유명한 추정에 따르면, 2020년까지 '디지털 세계'에서 매년 창조되고 복제되는 규모는 거의 50제타바이트에 이를 것이다.[16] 둘째, 이 디지털 세계는 점점 더 플랫폼 소유자에게 휘둘린다. 우리의 일상적인 데이터 생성의 대부분이 발생하는 곳이 바로 그 사이트이기 때문이다. 셋째, 이러한 디지털 플랫폼 사업이 실제로 어떻게 작동하는지 이해하려면 적어도 그 사업에서 데이터를 어떻게 처리하는지를 이해하려고 노력해야 한다.

페이스북의 경우 적어도 그 회사의 처음부터 현재까지, 이용자 데이터의 주요 활용은 그 데이터를 매우 상세하고 깊이 있게 분석해 광고주에게 "자신의 광고를 특정 소비자를 표적으로 삼아 전달하는 전례 없이 정밀한 도구"를 제공하는 것이었다고 존 란체스터John Lanchester는 지적했다. 또한 그에 따르면, "페이스북이 하는 일은 당신을 지켜보고, 그다음 당신과 당신 행동에 대해 알고 있는 것을 활용해 광고를 판매하는 것이다." 『이코노미스트』가 제시한 것처럼 LSEG가 정말로 데이터 사업에 종사한다면, 그렇다면 페이스북은 실제로 어떤 사업에 속해 있는가? 란체스터는 다음과 같이 논리적이지만 다소 무서운 결론에 도달한다. "페이스북은 광고 사업보다 훨씬 더 감시 사업에 종사한다.

사실 페이스북은 인류 역사상 가장 큰 감시 기반 기업이다. 그것은 가장 간섭적인 정부가 자국의 시민에 대해 알고 있는 것보다 훨씬 더 많이 당신에 대해 알고 있다." 이처럼 정신이 번쩍 들게 하는 사실을 페이스북의 예상대로 따뜻하지만 명확하지 않은 사명 선언문, 즉 "사람들에게 공동체를 구축하고 세계를 더 가깝게 만들 힘을 주는 것"과 나란히 놓고, 란체스터는 '연결', '공동체 구축'과 같이 기업이 스스로 하고 있다고 말하는 것과 그 상업적 현실 사이에 이보다 더 완전한 단절은 없을 것이라고 예측한다.[17] 그의 말이 맞다. 그리고 구글의 똑같이 공허한 사명 선언문, "세계의 정보를 조직하고 그 정보를 보편적으로 접근 가능하고 유용하게 만드는 것"은 데이터 위주의 주목 포착과 판매라는 상업적 현실과 똑같이 극명한 대조를 이룬다.

하지만 동시에 데이터가 현대 디지털 플랫폼의 생명선이자 핵심 수입원이냐는 질문에 대한 대답은 '아니오'이기도 하다. '데이터 혁명'과 자본주의의 '데이터화'에 대한 온갖 허세가 난무하지만, 대부분의 논평자가 인정하듯이 축적된 데이터를 직접적으로 수익화하는 디지털 플랫폼은 거의 없다.[18] 흔히 있는 일이지만, 『이코노미스트』는 대부분의 사람보다 이러한 문제에 대해 더 통찰력이 있다. 데이터 기반 플랫폼 자본주의의 양상과 탄화수소 기반 자연자원 자본주의의 양상(2장 참조)을 비교하는 것으로 시작되는 흥미롭고 긴 기사를 보면 다음과 같은 명백한 차이점이 존재한다.

하지만 데이터 경제의 또 다른 측면은 검은 금, 즉 석유를 거래하는 상인에게는 이상하게 보일 것이다. 석유는 가치 기준으로 세계에서 가장 많이 거래되는 상품이다. 이에 반해 데이터는 거의 거래되지 않으며, 적어도 돈을 위해 거래되지 않는다. 이것은 다보스Davos 회담 주최자 겸 싱크탱크인 세계경제포럼World Economic Forum이 2011년 발간한 보고서에서 데이터를 '새로운 자산군'으로 언급할 때 많은 사람이 염두에 둔 것과는 거리가 멀다. 그 용어가 시사하는 바와 같이 데이터 경제는 비트와 바이트의 번영하는 시장으로 구성될 것이다. 하지만 현재 상태로는 그것은 대부분 독립적인 사일로*의 모음일 뿐이다.[19]

다시 말해 특히 놀라운 것은 대부분의 논평가가 디지털 플랫폼 부상이 가져올 것으로 기대한(그리고 많은 사람이 실제로 발생했다고 추측하는) 바로 그 데이터시장이 없다는 점이다.

물론 그렇다고 해서 플랫폼 운영자가 적어도 자신에게 경제성 측면에서 생산적인 방식으로 데이터를 활용하지 않는다는 의미는 아니다. 그들은 내부적으로 주목, 노동력, 자본, (데이터가 아닌) 상품의 플랫폼 기반 거래에서 이익을 얻는 방법을 개선하고 최적화하고자 노력한다. 하지만 데이터는 종종 판매되지 않는다. 심지어 페이스북도 마찬가지다. 『뉴욕 타임스New York Times』가 케임브리지 애널리티카Cambridge Analytica 스캔들, 즉 도널드 트럼프Donald Trump의 2016년 선거 캠페인에 고용된 정치 데이터회사가 페이스북 이용자 중 5,000만 명 이상의

---

* 사일로silo는 원래 목초, 곡식 같은 것을 보관하는 대형 저장소를 의미한다. 보통 이런 저장소는 오랫동안 보관하기 위해 견고하게 지어져서 한 저장소에서 다른 저장소로 곡식을 옮기기 힘들었다. 따라서 사일로는 다른 것과 견고하게 분리된 상태를 뜻하게 되었다. 특히 데이터와 관련해 사일로는 서로 분리되어 활용도가 높지 않은 부정적인 상태를 가리키기도 한다.

개인정보에 대한 논란의 여지가 있는 접근권한을 얻은 스캔들 이후 회자되었듯이, 페이스북은 "어떤 광고 네트워크, 데이터 중개업자, 기타 광고 또는 수익화 관련 서비스에" 이용자 데이터를 "판매하거나 전송하는 것"을 허용하지 않는다.[20] 페이스북의 이러한 주장은 케임브리지 대학 소속의 알렉산드르 코건Aleksandr Kogan 박사가 케임브리지 애널리티카에 정보를 제공하면서 한 말과 정확히 일치했다.*

그리고 『이코노미스트』도 지적했듯이, 플랫폼 운영자가 시장을 만드는 모든 전문지식을 가지고 있는데도 일반적으로 데이터로 시장을 만들지 않는 이유는 쉽게 설명할 수 있다.

이러한 시장의 부재는 기업을 발생시킨 것과 동일한 요인의 결과다. 시장에서 모든 종류의 '거래비용', 즉 정보 검색, 거래 협상, 계약 이행 등에서 발생하는 거래비용은 이러한 활동을 사내로 가져오는 것만으로도 더 간단하고 더 효율적으로 만든다. 마찬가지로 공개시장에서 데이터를 사고파는 것보다 회사 내부에서 데이터를 생성하고 활용하는 것이 종종 더 수익성이 있다. 하지만 데이터가 아무리 풍부해도 그 흐름은 상품이 아니다. 예를 들어 각각의 정보 흐름은 시의적절함 또는 그것이 얼마나 완전할 수 있는지 측면에서 서로 다르다. 경제 전문용어로 '대체 가능성'이 부족하기 때문에

---

* 알렉산드로 코건 박사와 케임브리지 애널리티카 사이의 논쟁은 개인정보 유출과 관련해서 페이스북을 뒤흔들었던 사건이다. 케임브리지 애널리티카는 페이스북 이용자의 개인정보를 활용해 성격 조사표를 만들었고, 이 작업에 알렉산드로 코건 박사가 참여했다. 나중에 양쪽은 서로를 비난했는데, 케임브리지 애널리티카는 심리학자인 알렉산드로 코건 박사가 성격 조사표로 획득한 자료를 악용했다고, 알렉산드로 코건 박사는 케임브리지 애널리티카가 사전에 완벽하게 합법적인 일이라고 보증했기에 작업에 참여했다고 주장했다.

구매자가 특정 조합의 데이터를 찾기 어렵고 가격을 책정하기도 어렵다. 또한 개별 부류의 가치는 다른 데이터와 비교하기 어렵다.[21]

현재 자신이 수집한 데이터를 판매하는 데 매우 적극적으로 나서는 유일한 플랫폼 불로소득자가 데이터를 이러한 방식으로 오랫동안 상업화했던 시장, 즉 데이터의 상업적 활용과 풍부하고 이질적인 데이터 흐름을 대체 가능하도록 만드는 기존 방식을 용인하고, 더 나아가 열중하는 시장에서 활동한다는 사실은 중요하다. 주식 가격과 시장지수, 즉 LSEG의 데이터 제품은 어찌 되었건 새로운 것이 아니며, 런던 증권거래소 상위 30개 상장 기업([표 0-1] 참조)에 포함된 다른 플랫폼 불로소득자 익스피리언Experian이 유통하는 데이터 제품도 마찬가지로 새로운 것이 아니다.

세계 최고의 신용보고회사 중 하나인 익스피리언은 일반적으로 플랫폼이라고 생각되지 않을 수 있다. 하지만 우리가 여기서 그 단어를 정의한 바에 따라 익스피리언은 플랫폼이다. 비록 자신의 중개 기능에 대한 그 회사 자체의 명확한 표현, 즉 "소비자와 기업이 더 쉽게 상호작용할 수 있도록 하는 것"이 상당한 오해의 소지가 있지만, 익스피리언은 그 명랑한 어조뿐만 아니라 실제로 기업을 소비자가 아니라 다른 기업과 연결하므로 플랫폼이다. 그 플랫폼의 한쪽에는 개인(최신 집계 기준 10억 명 이상)과 조직(1억 개 이상)의 신용 이력과 상환 데이터를 다루는 수천 개의 공급업체가 있다. 다른 한쪽에는 이런 데이터의 최종 구매자가 있다. 은행, 자동차 대리점, 휴대전화 사업자, 대출 여부와 대출 조건을 결정하는 기타 업체들이다. 그리고 그 중간에 플랫폼 그 자

4장 시장의 창출과 형성: 플랫폼 지대

체, 즉 익스피리언이 다양한 출처의 데이터를 신용보고로 일괄한다.

물론 시간이 지나면 디지털 플랫폼이 매개하는 데이터의 더 실질적이고 광범위한 거래가 발전할 수도 있다. 하지만 LSEG, 익스피리언과 같이 눈에 띄는 특이한 사례를 제외하면 아직 대규모로 발생한 것은 아니다. 적어도 현재로서는 자본주의의 데이터화는 자본주의적 교환이라기보다는 주로 개별 자본의 규모에서 내부적으로 발생하는 자본주의적 생산의 현상이다.

그렇다면 중개를 넘어서는(그리고 중개에 직접적으로 붙어 있는 서비스를 넘어서는) LSEG의 다각화는 플랫폼 불로소득자의 운영방식을 이해하는 데 어떤 의미가 있는가? LSEG는 사실 비슷하게 확장한 다른 플랫폼 운영자와 마찬가지로 철저하게 플랫폼 불로소득자로 남아 있다. LSEG가 하는 일 중 일부는 중개에 관한 것이 아니지만, 중개는 여전히 LSEG가 궁극적으로 하나의 기업으로서 유지되는 가장 중요한 기둥이기 때문이다. LSEG는 아마 플랫폼 중개자가 아니더라도 다른 서비스를 제공할 수 있을 것이다. 하지만 훨씬 적은 신뢰성과 영향력으로 그렇게 할 것이다. 플랫폼은 중개뿐만 아니라 청산, 결제, 데이터 서비스를 위한 토대이며, 후자에서 생성되는 수입도 간접적이기는 하지만 궁극적으로 플랫폼 자산 덕에 주로 발생하는 보수이므로 플랫폼 지대에 해당한다. 그리고 LSEG를 비롯한 다른 모든 플랫폼 불로소득자에게 다각화 정도가 어떻든 간에 **중개자로서** 얼마나 성공하느냐에 따라 그 플랫폼의 생사가 결정된다. 플랫폼이 성공리에 중개하는 것을 멈춘다면, 플랫폼 소유자는 중개 그 자체에서 파생되는 지대뿐만 아니라 궁극적으로 모든 지대를 획득하기 위해 힘겹게 허우적거릴 수밖에 없다.

영국 정부의 우호적 정책과 디지털 플랫폼 불로소득자의 번영

디지털 형태의 플랫폼 불로소득주의는 이제 인터넷과 자본주의가 결합하는 모든 곳에 도달하며, 그렇지 않은 장소는 거의 없다. 하지만 이 책에서 다루는 다른 형태의 불로소득주의와 마찬가지로, 플랫폼 불로소득주의는 영국에서 특히 중요한 현상으로 나타난다. 만약 영국이 일반적으로 불로소득주의를 위한 비옥한 영토를 대표한다면, 이것은 가장 유서 깊은 것만큼이나 최신 형태에 대해서도 사실인 것처럼 보인다.

영국에서 디지털 플랫폼이 얼마나 중요한지, 그리고 그 중요성을 다른 국가와 비교해 측정하는 방식은 다양한 측면에서 검토할 수 있다. 하나는 고객 이용이다. 여기서 영국이 반드시 두드러지지는 않는다. 대부분의 측정 기준에서 영국은 상당히 평범해 보인다. 다만 한 가지 예외로 전자 상거래가 눈에 띄는데, 영국은 전자 상거래 보급률(정기적으로 온라인에서 구매하는 인구의 비율)이 가장 높고 고객당 평균 온라인 지출이 가장 높은 국가다.[22]

디지털 플랫폼의 불균형적인 중요성은 다른 두 가지 지표에서 더 명확하게 확인할 수 있다. 첫째는 플랫폼 밀도와 명성이다. 프랑스와 함께 영국은 유럽에서 가장 많은 숫자의 활성 디지털 플랫폼을 가지고 있고, 그 뒤를 독일, 네덜란드, 스페인이 따른다.[23] 이러한 플랫폼은 의심할 여지 없이 상업적 실체로서 더욱 중요해지고 있다. 페이스북, 구글과 같은 해외 거주 기업은 제외되어 불완전할 수 있지만, 런던증권거래소에서 거래되는 가장 큰 기업의 목록은 영국 상장회사의 변화하는 추세를 보여주는 유용한 지표다. 상위 30위에 포함된 플랫폼 불로소득자는 두 곳에 불과하지만([표 0-1] 참조), 다른 네 곳, 즉 오토트레이더, 플루토, 라이트무브, 저스트잇이 상위 100위에 합류했다. 참고로 저스트잇은 음식배달 플랫폼 분야에서 딜리버루의 주요 경쟁자 중하나다. 여섯 곳은 그리 많지 않은 것처럼 보일 수 있지만, 2000년대 초에는 아예 없었고, 2015년까지만 해도 단지 두 곳만 있었다(익스피리언과 LSEG는 각각 2006년과 2007년에 상위 100위에 진입했다). 그 이후 플랫폼 진입자가 정말 폭발적으로 증가했다. 2016년 플루토가, 2017년 저스트잇이, 2018년 오토트레이더와 라이트무브가 진입했다. 여기는 영국 상장회사에서 완전히 새로운 영역이다.

영국에서 플랫폼 불로소득주의의 중요성을 드러내는 두 번째 지표는 플랫폼 일자리 고용이다. 안나로사 페솔레Annarosa Pesole와 그녀의 동료들은 2018년 유럽위원회가 발간한 중요한 연구에서 가장 큰 5개국을 포함해 유럽연합 회원국 중 14개국을 조사했는데, 그 결과에 따르면 영국이 플랫폼 일자리 발생률이 가장 높았다. 평가 기준을 고용 빈도(한 달에 적어도 한 번 이상 유급노동을 얻기 위해 플랫폼을 활용하는 성인), 소득(플랫폼 기반 일자리를 통해 소득의 25퍼센트 이상을 버는 성인) 또는 근무시간(주당 열 시간 이상 플랫폼을 매개로 일하는 성인) 중 어떤 것으로 하든지 간에 모두 영국이 가장 높았다([그림 4-2] 참조).[24] 요컨대 사람들이 생계를 어떻게 유지하는지의 관점에서 경제를 정의한다면, 플랫폼 불로소득자는 유럽의 다른 어떤 주요 경제보다 영국 경제를 더 많이 지배한다.

플랫폼 불로소득주의가 영국에서 특히 강력한 영향력을 행사하

[그림 4-2] 2017년 유럽 14개국 유료 디지털 플랫폼 일자리에 참여한 성인 비율

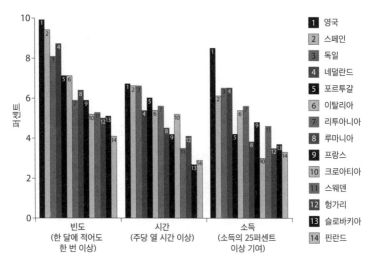

출처: 유럽위원회 공동연구센터

는 이유는 무엇일까? 정부와 국내 산업계에서는 아마도 영국의 활기찬 '기업가적' 문화를 그 이유로 꼽을 수 있다. 하지만 영국이 다른 어떤 곳보다 더 기업가적이라는 관념은 터무니없는 것이고, 아무튼 영국의 주요 디지털 플랫폼 대부분은 자국에서 성장한 것이 아닌 해외 운영자이며, 딜리버루나 저스트잇 같은 토종 기업의 성공은 일반 규칙이 아니라 예외 사례다. 영국에서 선도적인 디지털 플랫폼 중 다수가 미국, 구체적으로 실리콘밸리 출신이라는 사실은 문화적·언어적 유사성을 고려할 때 영국이 상대적으로 두드러지는 데 분명히 한몫을 한다. 브라이언 파보Brian Fabo와 그의 동료들이 지적했듯이, "영국은 일반적으로 영어권에서 시작된 국제적 플랫폼이 유럽에 발판을 마련하기 위해 가장 먼저 시도하는 국가다."[25] 하지만 이베이, 페이스북, 구글 등은

4장 시장의 창출과 형성: 플랫폼 지대

한곳에 오래 머무르지 않는다. 영국이 때때로 교두보가 될 수 있지만, 유럽에서 프랑스, 독일과 다른 주요 시장들은 식민지로 개척해야 하는 국가 목록에서 크게 뒤처지지 않는다.

그러므로 영국에서 플랫폼 불로소득자의 놀라운 성공을 이해하려면 기업가적 문화 이외의 다른 요소를 살펴봐야 한다. 가장 만족스러운 설명은 상업용 인터넷 초창기부터 영국은 비교적 온화하고 수용적인 정치·규제·법률 환경을 제공했다는 것이다. 그 과정에서 몇 가지 난관이 있었지만, 상업용 디지털 플랫폼은 대개 새로운 시장을 창출하고 기존 시장을 건너뛸 수 있는 상대적 자유를 부여받았다. 그리고 예를 들어 개인정보보호data privacy, 노동 관행, 경쟁 제한에 관한 우려가 커지는 상황에서도 그렇게 할 수 있었다. 2018년 기고문에서 니키다 말릭Nikita Malik이 영국에서 인터넷을 단속하고 규제할 수 있는 기존의 권한과 규정이 '불분명하다'고 지적했을 때, 사실 그녀는 부드럽게 표현한 것이다.[26] 상원 정보통신 특별위원회House of Lords Select Committee on Communications가 2019년 초에 공표한 보고서에서 진술했듯이, "12개 이상의 규제기관이 디지털 세계를 담당하는 소관을 가지고 있지만, 전반적인 규제기관은 없다. 디지털 환경에 대한 규제는 중복과 공백으로 파편화되어 있다."[27]

그 결과 다수의 유럽 국가를 포함해 다른 여러 관할권에서 도입된 디지털 플랫폼에 대한 제한이 영국에는 도입되지 않는 경향이 있다. 어떤 사람은 우버를 예외로 지목할 수 있다. 2019년 11월 우버는 런던에서 영업 면허를 상실했다. 런던은 약 350만 명의 이용자와 4만 5,000명의 운전자를 보유한 도시로 영국을 우버의 가장 큰 유럽 시장으로 만들어주는 상징적인 곳이다. 하지만 사실 우버는 언뜻 보이는 것처럼 예외가 아니다. 영국은 지금까지 디지털 플랫폼에 대해 수용적인 태도를 취해왔는데, 이는 영국 정부가 그렇게 했기 때문이다. 그런데 안전상의 이유로 우버의 면허를 철회하기로 한 결정은 (보수당) 정부가 내린 것이 아니다. 정확하게는 두 번째인데 2017년에 처음 면허를 잃었지만 두 차례 연장 허가를 받았다. 어쨌든 그것은 런던의 노동당 시장 사디크 칸Sadiq Khan이 런던교통공사Transport for London를 통해 내린 결정이었다.

이러한 결정은 모든 측면에서 예외적이었다. 실제로 세계적 플랫폼 자본가 세계에 우호적인 모습을 보여주고자 하는 보수당은 이것이 예외적인 결정이었다는 점을 분명히 밝혔다. 2017년 런던교통공사가 처음 우버의 날개를 자르려고 시도했을 때, 당시 테레사 메이Theresa May 수상은 칸이 '불균형적인' 행동을 했다고 비난했다. 그녀의 이러한 비난은 한 논평가가 "미국 승차-호출 회사를 둘러싼 노동당과 보수당의 정치적 설전이 (중략) 고조되고 있다"라고 묘사한 시점에서 가장 주목할 만한 개입이었다.[28] 이 전쟁은 계속되었고, 우버는 집권 보수당과 야권 노동당이 디지털 플랫폼에 대한 각자의 입장과 규제를 보여주는 상징과도 같은 존재가 되었다. 2019년 우버의 면허가 다시 철회되었을 때, 보수당의 시장 후보였던 숀 베일리Shaun Bailey는 칸이 "인기를 얻기 위해 우버를 공격한다"라고 말하면서 칸을 헐뜯는 보수당원 중 한 명이었다.[29] 보수당을 지지하는 우익 일간지 『데일리 텔레그래프Daily Telegraph』는 칸의 행동이 "우버에 대한 이념적 탄압"이며 제러미 코빈Jeremy Corbyn이 이끄는 노동당 정부가 어떨지를 보여주는 '전조'라고 논평하는 사설을 쓸 만큼 충분히 영향력을 발휘했다. 그 일간지는 "편협하고, 과도하게 규제하고, 혁신에 저항하고, 기득권을 보호하고, 세계적 투자에 폐쇄적"이라고 비판했다.[30]

가만히 잘 들어보면, 마거릿 대처가 무덤에서 벌떡 일어나는 소리가 들릴 것만 같다. 그녀가 1986년 광역런던의회Greater London Council(이하 GLC)를 폐지한 이유는 바로 런던과 그 경제에 대한 권력을 신흥 '사회주의' 노동당, GLC의 경우에는 지도자였던 켄 리빙스톤Ken Livingstone 에게서 빼앗기 위해서였다. 2000년 광역런던당국Greater London Authority 과 시장을 직접 선출하는 형태로 런던 지방정부가 부활하면서 대처가 그토록 싫어했던 상황이 발생했다. 중앙정부와 대도시의 정책이 어긋나고 대립할 수 있는 길이 열렸다. 그리고 오늘날 흥미롭게도 다른 어떤 분야 못지않게 우버와 같은 디지털 플랫폼 관련 정책에서 이러한 현상이 두드러진다.

좌우간 2019년 11월 우버는 면허를 상실했음에도 불가피하게 길어지는 항소 절차가 진행되는 동안 영국의 수도 런던에서 영업을 계속할 수 있었다(이 글을 쓰는 시점에도 계속하고 있다). 한편, 우버는 덴마크·독일·이탈리아·스페인을 포함한 다수의 다른 유럽 국가들에서 금지·제한되거나 중요한 특정 서비스를 철회하도록 강요받고 있다.[31]

디지털 플랫폼 불로소득자에 대한 영국, 특히 중앙정부의 우호적인 태도는 아마도 부분적으로 불로소득자의 로비 작업 결과일 수 있다. 우리는 이미 영국의 금융·자연자원·지식재산 불로소득주의가 업계 로비력에 따라 실질적으로 선동되어왔음을 확인했다. 세 가지 부문에서 사실인 것은 디지털 플랫폼 부문에서도 점점 더 사실인 것으로 나타난다. 페이스북, 구글, 아마존은 2016년부터 2018년까지 영국 정책 전문가 인력을 두 배로 늘렸다. 예를 들어 페이스북은 영국의 전 부총리였던 닉 클레그Nick Clegg를 국제업무 책임자로 임명했는데, 그는 해당 회사에서 가장 고위급 로비 역할 중 하나다.[32] 2018년 11월 인터넷 협회Internet Association, 즉 해당 업계의 집단적 이익을 대변하는 영향력 있는 미국 기반 로비 단체는 런던에 사무소를 개설한다고 발표했다.[33] 2019년 초반 페이스북의 내부 문서가 유출되면서 페이스북이 "조지 오스본George Osborne 영국 전 재무부 장관을 비롯해서 전 세계 정치인들을 표적으로 삼아 향후 투자와 인센티브를 약속하며 페이스북을 대신해 개인정보보호 법안에 반대하는 로비 활동을 하도록 그들에게 압력을 가하려 했다"는 사실이 밝혀졌다.[34]

하지만 사실상 디지털 플랫폼 운영자들이 영국 정부로부터 관대한 대우를 받기 위해 적극적으로 노력해왔다면, 그들은 그 목표를 달성하는 것이 매우 쉽다는 사실을 알고 있다. 영국 정부는 자국을 "디지털 사업을 시작하고 성장시키기에 가장 좋은 곳"으로 만들겠다고 스스로 표명했기에, 국제적인 흐름을 따라가는 것에 결코 만족하지 않았다. 항상 '선도' 또는 '최고'가 되어야만 했다. 영국 정부는 스스로 인정하듯이 처음부터 지나칠 정도로 관대한 성향을 가지고 있었다.[35] 2016년 1월 EU의 디지털 플랫폼 공개 협의에 대한 답변에서 영국 정부는 놀라울 정도로 명확하게 자신의 입장을 다음과 같이 밝혔다. 디지털 플랫폼은 "기업과 소비자 모두에게 광범위한 혜택"을 전달하므로, 정부는 "[이러한] 이점을 훼손할 수 있는 모든 형태의 규제"를 단호하게 거부해야 한다. 또한 정부는 새로운 종류의 디지털 플랫폼 그 자

4장 시장의 창출과 형성: 플랫폼 지대

체가 경제에서 일반적으로 준규제 역할을 실제로 수행할 수 있다는 믿음을 제시했다. 구체적으로 그들은 규제기관의 업무를 수행할 수 있고, 그 업무를 어떤 방식으로든 더 잘할 수 있다.

이러한 새로운 사업 모델은 기존의 사업방식에 도전하고 개별 시장에 대한 전례 없는 수준의 지식으로 소비자에게 힘을 실어준다. 그들은 네트워크를 통해 우리가 이전에는 규제를 통해 해결하려고 했던 과제 중 다수에 대해 새로운 해답을 제공한다. 예를 들어 (리뷰장치를 통해) 상인이 판매하는 상품에 책임지도록 하는 방법, (신규 기업의 진입장벽을 낮춰) 소비자에게 효율적인 선택을 유지하는 방법 등이 있다. 시장이 어떻게 작동하는지에 맞춰 적절한 규칙을 설정해야 할 필요는 여전히 남아 있지만, 플랫폼의 등장은 향후 수십 년 동안 모든 사업에 대해 이러한 규칙을 어떻게 적합하게 설정해야 할지에 대한 우리의 생각을 바꿔버린다. 심지어 그 사업이 플랫폼의 특성이 있든 그렇지 않든 관계없이 그렇게 한다.[36]

돌이켜보면 그것은 정부가 취하기에는 이례적인 입장이었다. 특히 정부는 점점 커지는 회의론, 즉 디지털 플랫폼이 독점력을 누리며, 이것이 다른 무엇보다도 그들을 규제해야 할 이유를 나타낸다는 주장을 불식시키기 위해 노력했다. 정부의 협의 답변서는 어떤 증거를 제시하지 않으면서 "플랫폼은 처음에 등장할 때보다 훨씬 더 치열한 경쟁에 종종 직면한다"라고 주장했다.[37] 이렇게 큰 방향을 좌우하는 결정이 내려졌다.

그리고 업계 로비스트의 영향 증가가 곧 정부가 디지털 플랫폼 규제 문제에 대해 점차 반향실echo-chamber처럼 운영된다는 것을 의미한다면, 반향실 효과*는 다음과 같은 사실 때문에 더 증폭되었다. 정부는 이러한 문제에 대해 '한쪽으로 치우치지 않는' 조언을 구하기 위해 자신이 듣고 싶은 것을 꼭 맞게 말해주는 사람들에게 자주 의지했다. 결정적으로 경쟁의 문제에서도 그랬다. 가장 놀라운 사례는 2017년 초반 디지털 플랫폼 공간의 경쟁에 관한 보고서의 형태로 나타났다. 그것은 경제 자문회사 유럽 이코노믹스Europe Economics의 앤드류 릴리코Andrew Lilico와 매튜 싱클레어Matthew Sinclair가 기업·에너지·산업전략부Department for Business, Energy and Industrial Strategy를 위해 작성했다(의미심장하게 이 부서는 전년도에 정부의 EU 협의 답변을 담당했다). 이 보고서는 경제적으로 문맹에 가까운 수준일 뿐만 아니라 다음과 같은 본질적으로 모순된 주장을 담고 있다. "우리는 분명한 경쟁이 부족하더라도 역동적 경쟁이 긍정적인 경쟁 성과를 산출할 수 있음을 발견했다." 그리고 플랫폼 환경에서 주요 경제 동학이 경쟁에 미치는 영향에 대한 보고서의 핵심적인 주장들 중 다수, 예를 들어 "우리는 다른 상황에서는 진입장벽으로 작용할 수 있는 네트워크 효과가 역동적 경쟁을 촉진한다는 증거를 발견했다"와 같은 것이 있는데, 이러한 주장들은 해당 주제에서 통용되는 모든 경제적 지식에 반한다.[38]

---

* 반향실은 방음 처리를 통해 소리가 밖으로 새어나가지 않고 내부에서 메아리처럼 울리는 공간을 가리키고, 반향실 효과는 미디어 이용자가 기존의 입장과 유사한 내용만 선택적으로 받아들여 자신의 생각을 강화하는 현상을 비유적으로 나타낸 표현이다.

네트워크상의 타고난 독점자와 플랫폼의 공동체 쥐어짜기

．

적어도 이 책에서 정의한 모든 형태의 불로소득주의와 마찬가지로 플랫폼 공간, 특히 디지털 플랫폼 공간에는 돈이 걸려 있는 독점력이라는 중요한 문제가 존재한다. 물론 구글은 온라인 검색에서 압도적으로 우위를 점하고 있으며, 영국의 인터넷 이용자가 소셜미디어 사이트에서 보내는 전체 시간의 70퍼센트 이상을 페이스북이 흡수한다(페이스북 이름을 딴 원래 사이트 또는 페이스북이 소유한 계열사, 특히 2012년에 인수한 인스타그램에서 시간을 보낸다).[39] 그 결과 이 두 회사가 영국 디지털 광고 지출의 절반 이상을 차지하면 온라인 주목의 경제를 지배한다.[40] 이에 비해 영국 온라인 노동·자본·상품 플랫폼의 지형은 다소 덜 집중될 수 있지만(물론 집중 여부를 판단하는 중요한 문제는 시장 정의와 측정의 세부사항에 있지만), 그렇다고 하더라도 완전히 덜 집중되었다고 볼 수는 없다. 노동 플랫폼 공간 내 다양한 하위 부문에는 모두 지배적인 회사가 존재하는 경향이 있다(예를 들어 자가용 운송에서 우버). 자본 플랫폼과 관련해서는 누구도 에어비앤비에 필적할 수 없다. 그리고 이베이와 아마존 마켓플레이스Amazon Marketplace는 상품 플랫폼 중개에서 확실한 시장 대표기업이다.

많은 경우 선도적인 디지털 플랫폼 불로소득자가 예전부터 존재했던 다양한 경쟁-방해 전술, 즉 불로소득주의 세계를 넘어 더 일반적으로 자본주의 경제 진형에서 쉽게 알아볼 수 있는 경쟁-방해 전술을 활용한다는 것은 분명하다. 예를 들어 그들은 현재 또는 잠재적 경쟁사를 사들이거나 경쟁을 명백하게 억제하는 방식으로 행동한다. 구글은 이 지점에서 적당한 사례지만, 구글 혼자만 그런 것은 아니다. 구글은 2001년 이후 200개가 넘는 서로 다른 회사들을 인수했다.[41] 이러한 공격적 인수 전략이 지탱하는 시장 지배는 여러 형태의 남용을 드러냈다. 실제로 몇몇 인수 거래는 경쟁 규제기관과 충돌했다. 그러나 놀랍게도 영국의 규제기관, 즉 거대 플랫폼 기업에 가능한 한 경쟁정책을 '가벼운 손길'로 적용하는 규제기관과는 충돌하지 않았다(사실상 아무것도 하지 않았다고 알려졌다). 오히려 이빨을 드러내고 구글과 맞서 싸운 것은 EU 경쟁위원회EU Competition Commission다. 위원회는 세 건의 경쟁 위법행위에 관해 그 회사에 총 82억 유로의 벌금을 부과했다. 2017년에는 구글이 검색 결과에서 경쟁 사이트 순위를 고의로 강등시켜 자사 비교 쇼핑 서비스에 유리하도록 한 것이 적발되어 벌금형을 받았고, 2018년에는 안드로이드Android 휴대전화 제조업체에 제한적인 조건을 강요한 것으로 밝혀졌으며, 2019년에는 온라인 광고에서 경생을 억압한 것으로 드러났다. 마르그레테 베스타게르Margrethe Vestager 위원은 구글의 위반 행위가 '심각하고 지속적'이었다고 언급했다.[42]

하지만 한층 더 광범위해지는 불로소득주의 현상과 마찬가지로, 플랫폼 불로소득주의 세계에서 독점력은 이러한 일반적인 반反경쟁 전술의 문제만이 아니다. 사실 반경쟁 전술은 본질적으로 거의 모든 산업 분야에서 어느 정도 발견된다. 지금까지 주장했듯이 불로소득주의는 본래 반경쟁적이다. 불로소득자는 그 정의상 경쟁이 제한되거나 전혀 없는 조건에서 희소한 자산으로부터 소득을 창출하는 사람이다. 달리 말해 경쟁 감소는 불로소득자의 존재방식에서 우연이 아니라 필연이다. 마틴 케니Martin Kenney와 존 지스먼John Zysman은 디지털 '플랫폼 경제'의 부상에 대해 현존하는 최고 논의 중 하나에서 "다수의 플랫폼은 본질적으로 오직 한두 개의 기업만 살아남는 승자독식 시장임이 판명되었다"라고 적었다.[43] 요약하면 독점화는 결함이 아니라 특징이다.

이 점에 대해 이의를 제기하는 사람들, 예컨대 유럽 이코노믹스의 릴리코, 싱클레어와 같은 사람들은 디지털 플랫폼 공간에서 경쟁이 실제로는 비교적 건전하다고 주장하면서 이를 입증하기 위해 언제나 변함없이 한 가지 특별한 사례를 지적한다. 바로 2000년대 후반 세계에서 가장 큰 소셜미디어 플랫폼이었던 마이스페이스MySpace의 굴곡진 운명이다. 이것은 상원 정보통신 특별위원회가 디지털 규제에 대한 보고서를 작성하기 위해 증거를 수집할 때 영국의 가장 저명한 자유시장 싱크탱크에서 들었던 사례이기도 하다. 이 보고서에 따르면, "증인들은 온라인 플랫폼이 미래의 경쟁에 직면해 현재의 시장점유율을 당연시할 수 없다고 말했다. 기업가 네트워크와 애덤 스미스 연구소Entrepreneurs Network and Adam Smith Institute는 "마이스페이스는 페이스북이 결국 승리하기 이전에는 논쟁의 여지가 없는 독점으로 여겨졌다"라고 지적했다."[44] 하지만 디지털 플랫폼 독점이 반드시 지속되는 것은 아니라고 주장하는 반대론자들이 항상 이처럼 독점이 무너졌던 하나의 동일한 사례를 들먹이는 데에는 그럴 만한 이유가 있다. 그것은 단한 번밖에 일어나지 않았기 때문이다. 이에 비해 디지털 플랫폼 세계에서 독점력이 실로 확고해지고 대체로 지속된다는 증거는 압도적으로 많다. 예를 들어 증권거래소의 디지털화와 그 중개 역할이 활발해진 것과 같은 기간 동안 이러한 거래소 간 경쟁 정도가 급격하게 감소

한 것은 우연이 아니다.[45]

하지만 그렇다고 해서 독점을 향한 내재적 경향의 원천이 다른 불로소득자 영역과 플랫폼 불로소득자 공간에서 동일하지는 않다. 플랫폼 불로소득자의 자산은 이를테면 석유회사의 개발 면허 또는 제약회사의 의약품 특허와 같은 방식으로 희소하지 않다. 또한 동일한 방식으로 경쟁에서 격리되어 있지도 않다. 기술상 필요한 전문지식만 있으면 누구나 검색엔진을 만들 수 있다. 원칙적으로 디지털 플랫폼 세계의 진입장벽은 비교적 낮다. 만약 당신이 충족되지 않는 수요를 가진 사람과 여분의 공급 역량을 가진 사람을 연결하는 영리한 앱을 만들 수 있다면, '우버를 모방한 스타트업'처럼 새로운 시장 영역에서 또는 심지어 기존 참가자가 있는 영역에서 사업을 시작할 수 있다. 여기에는 단독 개발 면허, 단독 특허 등 절대적인 제약은 없다.

그렇다면 플랫폼 불로소득주의에 내재된 독점력은 구체적으로 어떤 측면에서 발생할까? 지금까지 이 질문에 대해 비교적 많은 분석이 이뤄졌으며, 그 대부분은 세 가지 중요한 요소를 지적한다. 첫 번째는 이른바 네트워크 효과, 달리 말해 네트워크 외부효과에 관한 것이다. 마틴 샌드부Martin Sandbu는 다음과 같이 명확한 설명을 제공한다. "검색엔진, 소셜미디어와 쇼핑, 주선 또는 선택 플랫폼은 모두 더 많은 사람들이 이 서비스를 이용할수록 자신의 기능을 더 잘 수행할 수 있다. 이러한 특징은 새로운 도전자가 경쟁하기 어렵게 만든다."[46] 신규 이용자가 늘어날 때마다 플랫폼은 기존 이용자에게 더욱 유용해지고 동시에 미래의 잠재적 이용자에게 더욱 매력적으로 되어 경쟁자를 원천 봉쇄하는 선순환이 형성된다. 제이슨 퍼먼Jason Furman과 그의 동료들은 '직접적' 네트워크 효과와 '간접적' 네트워크 효과를 유용하게 구분한다. 직접적 네트워크 효과는 모든 범주의 이용자들이 이용자 증가에 따른 혜택을 누릴 수 있는 것이고, 간접적 네트워크 효과는 "플랫폼 시장 한쪽에 있는 이용자의 혜택이 그 시장 다른 쪽의 이용자 숫자에 따라 증가하는 경우"에 발생한다. 이러한 간접적 효과가 두드러지는 플랫폼으로 온라인 판매시장과 광고 기반 주목 플랫폼이 있다.[47]

디지털 플랫폼 시장에서 독점적 경향을 뒷받침하는 두 번째 요소는 규모의 경제다. 보통 서비스를 만드는 데 드는 높은 초기 고정비용과 "추가 이용자에 대한 낮은 또는 거의 0에 가까운 한계비용"이 대조를 이룬다. 물론 규모의 경제는 플랫폼이 아닌 다수의 사업에서 존재하지만, 특히 온라인에서 두드러진다. "디지털 플랫폼 회사의 이용자 기반이 더 커질수록 평균 비용은 크게 감소한다."[48] 샌드부의 표현을 빌리자면, 온라인에서 구매자와 판매자를 이어주는 작업은 "규모를 확장하는 데 극도로 저렴"하다.[49] 이를 통해 선두기업이 빠르게 앞서 나가고 그 자리를 유지할 수 있다.

디지털 플랫폼 사업 모델의 핵심인 데이터 추출·분석·활용은 그들이 누리는 규모의 경제에서 결정적이다. 미국 상원의원 마크 워너 Mark Warner는 법학자 프랭크 파스콸레Frank Pasquale의 연구를 바탕으로 소셜미디어와 기술기업에 관한 영향력 있는 백서에서 다음과 같이 적었다. "데이터는 규모의 경제를 발휘해서 수집된 데이터가 많을수록 더 효과적인 자료 분석, 계산 집약적인 패턴 인식, 계산 학습을 가능하게 한다. 그 결과 대규모 기존 데이터 조합을 보유한 기업은 신규 진입자와 신생 기업에 대해 극복하기 어려운 경쟁우위를 잠재적으로 가질 수 있다."[50] 영국의 경쟁·시장관리청Competition and Markets Authority(이하 CMA)은 이에 동의한다. 2019년 12월에 공개된 영국 온라인 디지털 플랫폼과 디지털 광고시장에 대한 중간 연구에서, CMA는 페이스북과 구글이 비교할 수 없을 정도로 많은 양의 데이터 통제를 통해 '상당한 경쟁우위'를 확보하고 있으며, 잠재적 도전자 플랫폼의 데이터에 대한 열등한 접근은 '상당한 진입장벽'이 될 가능성이 있다고 언급했다.[51]

셋째, 네트워크 효과 그리고 규모의 경제와 함께, 상당한 범위의 경제는 규모에 비례하지 않는 수익을 부여함으로써 시장 지배를 확고하게 하는 데 기여한다. 이 경우 기업이 한 유형에서 가진 규모를 활용해 다른 유형에서 이점(예를 들어 낮은 비용 또는 높은 서비스 품질)을 확보할 수 있다(그래서 '범위'다). 구글이 비교 쇼핑에서 이점을 얻기 위해 온라인 검색에서 획득한 지배적인 지위를 활용한 것, 즉 EU 경쟁위원회의 남용 판결이 탁월한 사례다.[52] 샌드부는 디지털 플랫폼 불로소득자가 이처럼 범위의 경제를 부당하게 활용하는 것을 "한 분야에서 이미 지배적인 사업자가 인터넷 경제의 새로운 구역을 식민지화하는 것"이라고 표현했으며, 이러한 경제의 주요 원천은 다시 한 번 해당 플랫폼이 보유한 막대한 양의 데이터로 한 영역에서 수확되어 다른 영역에서 활용된다고 제시했다.[53] 그 밖의 원천으로는 "기존 고객과 공급업체 관계의 활용, 동일 상표 부여, 기술적 전문지식의 공유"가 있다.[54]

흔히 언급되는 세 가지 요인, 즉 네트워크 효과, 규모의 경제, 범위의 경제에 CMA는 디지털 플랫폼의 독점화 경향에 대한 또 하나의 명백한 기반을 추가한다. 이것을 '기본값의 권력'이라고 부를 수 있다.

CMA에 따르면 디지털 경제는 우리가 정보와 상호작용하는 방식을 근본적으로 변화시켰다. 순간적인 데이터가 넘쳐나면서 우리는 관련 없는 정보를 걸러내는 것을 점차 중시하는 반면, 지연에 대한 관대함은 점차 잃어가고 있다. 그 결과는 '기본값' 행동이다. "중요한 것에 집중하기 위해 우리에게 제시된 기본값 설정을 받아들이고 시간 낭비를 피하려는 성향"이 생긴다. 말할 필요도 없이 이러한 기본값주의는 데스크톱과 모바일 지형에서 광범위한 기본값 지위를 누리는 페이스북, 구글과 같은 기업에 막대한 보상을 제공한다. 하지만 다른 운영자에게는 상당한 진입장벽으로 작용한다. 요약하면 CMA는 기본값의 권력이 "검색과 소셜미디어 모두에서 경쟁의 형태에 지대한 영향"을 미쳤다고 결론지었다.[55] 이것이 바로 디지털 플랫폼 불로소득주의가 독점력을 타고나게 하는 네 번째 요인이다.

네 가지 근본적인 동력은 독점력을 창출하고 강화하며, 필요한 경우 잠재적 경쟁자를 물리치기 위한 독점자의 표준적인 무기로 보완된다. 이에 기초하여 디지털 플랫폼은 이 책의 나머지 부분에서 살펴보는 다른 범주의 불로소득자 자산과 매우 유사하게 누구도 쉽게 침범할 수 없는 지대 창출 자산으로 빠르게 변화한다. 그 결과는 무엇일까?

퍼먼과 그의 동료들은 몇 가지를 언급했는데, 물론 불로소득자의 관점을 빼고는 어떤 것도 긍정적이지 않다. 다른 기업이 들어오지 못하므로 선택과 혁신은 억제되는 경향이 있다. 잠재적인 경쟁 플랫폼 제공업체 그 자체의 역량뿐만 아니라 때로는 소비자에게 접근하기 위해 지배적인 플랫폼에 의존하는 공급업체의 측면에서 선택과 혁신이 억제될 수 있다. 특히 공급업체는 그 공급 역할이 플랫폼 소유자에게 직접적인 위협으로 나타나는 경우 해당 플랫폼에서 추방될 위험이 높다.[56] 또한 가격 관련 손해도 있다. 이 점이 바로 퍼먼과 그의 동료 경제학자들이 발생할 수 있는 가장 중요한 부정적 결과(고전적인 경제학 용어로 표현하면 "소비자를 위한 최적에 이르지 못한 결과")로 파악한 것이다. 우리가 잘 알고 있듯이, 불로소득자의 독점력은 독점 가격과 독점 지대를 뒷받침한다. 이를테면 케니와 지스먼은 퍼먼과 그의 동료들처럼 최적에 이르지 못한 가격 책정 결과를 동일하게 관찰하면서 '네트워크상의 독점자'*가 되면 플랫폼 소유자가 다음과 같은 이점을 누린다고 적었다.

> 플랫폼 소유자는 플랫폼에서 모든 이용자가 창출한 전체 가치의 많은 부분을 자기 것으로 삼을 수 있다. 그는 플랫폼 공동체를 쥐어짤 수 있는 권력을 갖고 있기 때문이다. 리프트나 우버의 운전자 또는 고객, 콘텐츠 제공자, 위탁업체, 고객 등 처음부터 가치를 창출하는 데 중요한 역할을 하는 생태계의 모든 참여자를 본질적으로 쥐어짤 수 있다.[57]

독점 가격 책정이 노동자에게 미치는 영향은 잠시 제쳐두자. 디지털 플랫폼이 제공하는 서비스 중 다수를 소비자가 무료로 활용한다는 사실은 적어도 일차적으로 플랫폼의 주요 수입원인 거래 수수료와 광고 할증료를 지불하는 기업 고객이 이러한 플랫폼의 독점 가격을 짊

---

* a virtual monopolist: 지금까지 디지털 플랫폼에 초점을 맞춰 논의가 이어진 점을 고려해 '네트워크상의 독점자'라고 옮겼다. 조금 더 직역하면 '가상의 독점자'라고 할 수도 있다.

4장 시장의 창출과 형성: 플랫폼 지대

어질 수밖에 없다는 것을 의미한다. 이와 관련해 퍼먼과 그의 동료들은 영국의 디지털·문화·미디어·스포츠부가 의뢰한 보고서를 참조하는데, 그 보고서는 "높은 시장점유율, 핵심 기술 보유, 강력한 이용자 데이터 자산 덕분에 구글과 페이스북은 신문사와 광고주에게 어느 정도 자신만의 조건을 설정할 수 있다"라고 밝혔다.[58] 하지만 퍼먼과 그의 동료들은 플랫폼의 기업 고객이 이러한 가격 책정으로 단순히 타격을 입는 데 그치지 않는다고 지적한다. "수수료가 시장이 경쟁적으로 작동할 때보다 더 높다면, 그것은 어느 정도 소비자에게 전가될 것이다."[59]

서로 연결된 이러한 주장에 대해 유일한 불만은 '어느 정도'라는 표현에서 알 수 있듯이, 퍼먼과 그의 공저자들의 주장이 너무 모호하다는 것이다. 구글, 페이스북 등이 '어디까지' 임의로 조건을 설정하고, 이러한 독점 조건을 받아들일 수밖에 없는 회사가 그 부담을 소비자에게 '어느 정도' 전가하는지를 명확하게 분석할 필요가 있다. 구글과 페이스북은 모두 절대적 독점자이고, 그러므로 방해받지 않고 자신만의 조건을 설정할 수 있다. 샌드부의 말처럼 경제적 (독점) 지대를 뽑아낼 수 있는 그들의 독보적인 능력이 없었다면, "인터넷 거인은 그토록 엄청난 가치를 갖지 못했을 것이다."[60] 동시에 구글과 페이스북의 기업 고객이 이러한 독점 지대를 소비자에게 심하지 않은 정도로 전가한다는 생각은 궁극적으로 공상에 불과하다. 구글의 최대 개별 고객은 아마존인 것으로 알려졌으며, 구글의 주요 고객은 금융과 보험 분야인데, 둘 다 소비자에게 과하지 않게 전가하는 자비심을 갖고 있지는 않을 것 같다.

노동에 대한 자본의 우위와 노동자 간의 격렬한 불평등

디지털 플랫폼 세계의 고도로 집중된 특성은 노동자에게도 영향을 미친다. 여기에는 맨 먼저 플랫폼 운영자가 직접 고용한 노동자가 포함된다. 퍼먼과 그의 동료들에 따르면, 구글과 페이스북 등이 시장지배력을 통해 "신문사와 광고주에게 자신만의 조건을 설정할" 수 있는 것처럼, 그들은 시장지배력을 통해 직원들에게(아마도 수요는 많지만 공급은 부족한 기술 조합을 갖춘 소수를 제외하고) 자신의 조건을 설정할 수 있다.

다시 말해 이런 회사들은 노동력과 관련하여 서장에서 '수요독점력'으로 언급한 것을 가지고 있다. 수요독점력은 지배적인 구매자가 되는 것에서 비롯되는 권력이다. 앨런 크루거Alan Krueger와 에릭 포스너Eric Posner가 지적했듯이 수요독점력은 근본적으로 협상력을 나타내는데, "가장 취약한 노동자를" 겨냥하는 경우가 많고, "소수의 거대 기업이 지배하는" 산업에서 확고해지는 경향이 있다.[61] 이런 집중된 산업에서 노동자는 소수의 고용주에게 선택을 받으므로, 고용주는 노동자에 대해 우위를 점하고 경쟁적 노동시장에서 얻을 수 있는 수준 이하로 임금을 억제할 수 있다.

수요독점력은 대부분 노동시장이 본질적으로 가지고 있는 '얇은' 속성*에 의해 강화되는데, 이는 거래가 비교적 드물게 발생함을 의미

---

* 여기서 노동시장은 유사한 노동자가 얼마나 많은지에 따라 크게 얇거나thin 두터운thicken 것으로 구분된다. 만약 유사한 노동자가 많은 두터운 노동시장에서는 매칭 마찰이 완화되고 그만큼 수요와 공급의 원리에 따라 임금이 결정될 것이다. 하지만 노동시장이 얇다면 매칭 마찰이 그만큼 커져 구직자가 쉽게 일자리를 구하기 어려울 것이다.

　　　　　　　　　　　　　4장 시장의 창출과 형성: 플랫폼 지대

한다. 경제학자는 이러한 얇음을 소위 매칭 마찰matching friction이라는 용어로 설명한다. 고용주의 선호와 잠재적 종업원의 요구가 모두 '일치'할 때만 채용이 이루어질 것이다. 캐스 선스타인Cass Sunstein은 이러한 마찰 중 중요한 한 가지가 구직과 관련이 있다고 적었다. "노동자는 새로운 일자리를 찾기 위해 시간과 노력을 들여야만 한다. 특히 다수의 저소득 노동자에게 이러한 비용은 비싸거나 심지어 터무니없을 수 있다. 적절한 교통편과 새로운 거주지를 찾아야 할 때는 더욱 그렇다."[62] 수레쉬 나이두Suresh Naidu와 그의 동료들은 노동시장 지배력에 관한 최근의 영향력 있는 논문에서 다음과 같이 지적했다. 매칭 마찰은 "다른 대부분의 제품 구매와 달리 고용관계가 일반적으로 오래 길어지도록 만들고, 이에 따라 고용관계 내에서 상당한 고착을 유발한다."[63] 많은 전문가가 경제의 디지털화가 진전되면 특히 지리적 제약과 관련된 마찰이 완화되어 노동시장이 두터워질 것이라고 예상했다. 그러나 앞의 저자들이 지적했듯이 결정적으로 그런 일은 일어나지 않았다.

제품은 전국과 세계로 쉽게 배송되지만, 사람은 그렇지 않다. 과거보다 여행하기 더 쉬워지고, 재택근무는 더 흔해졌지만, 대부분의 제품시장이 지역과 국가, 심지어 세계 수준인 데 비해 노동시장은 여전히 극도로 지방local 수준에 머물러 있다. 대부분의 일자리는 아직도 고용주와의 물리적 근접성을 필요로 하는데, 다수의 노동자가 일자리를 구하기 위해 가족과 떨어지는 것을 꺼린다는 점을 감안하면, 대다수 노동시장의 지리적 범위는 극도로 좁아진다.[64]

더 나아가 디지털 플랫폼 운영자가 자신의 노동자에 대해 갖는 힘은 단지 산업 집중과 얇은 노동시장의 문제만은 아니다. 기업들이 제품시장에서 경쟁을 억누르기 위해 전략적으로 기업을 인수하는 것처럼, 그들은 노동시장에서 경쟁이 우려될 때 인수로 향할 수 있다. 그리고 디지털 플랫폼 운영자는 정확히 그렇게 했다.

최근 몇 년 동안 기술기업들은 머신러닝 전문 프로그래머 채용에 달려들었다. 이러한 인재를 획득하는 일반적인 방법은 머신러닝 스타트업을 사들이는 것이다. 구글은 딥마인드DeepMind를, 마이크로소프트는 말루바Maluuba를, 애플Apple은 래티스 데이터Lattice Data를 샀다. 또한 이 거대 기술기업들은 높은 보상을 약속하면서 현 고용주로부터 노동자를 유인해 직접 고용하려고 시도했을 수도 있다. (기업 인수로 막대한 돈을 버는 투자자와 이러한 스타트업 최상위층 소수 사람들과는 대조적으로) 공개경쟁을 통해 노동자에게 발생하는 이득의 몫이 앞서의 인수 전략보다 더 컸을 수 있다.[65]

따라서 이러한 접근방식은 임금 억압의 또 다른 수단이다. 이외에도 노동자 계약의 비경쟁 조항과 노동시장의 노골적인 카르텔화가 있다. 비경쟁 조항은 노동자의 이동성과 임금 인상 요구 능력을 제한하는 조항을 가리킨다. 카르텔화는 특히 실리콘밸리에서 만연한 것으로 밝혀졌다. 이곳에서 구글을 비롯한 기술기업들은 (명목상의) 경쟁자와 스카우트 채용금지 협정을 체결함으로써, 쉽게 말해 서로의 직원을 고용하지 않기로 합의함으로써 임금 인상을 방지했다.[66] 실제로 디지털 플랫폼 공간 안팎에서 기업들 사이에 이러한 반경쟁 협정이 맺어지고 "정교한 법률 인력을 보유한 주요 기업들이 이처럼 노골적인 [독점금지]법 위반에 아무렇지 않게 관여하고 있다"는 폭로는 노동시장이 경쟁적이라는 과거의 합의, 적어도 주류 경제학의 기본 전제가 계속 해체되는 데 있어 매우 중요한 계기였다.[67]

이 모든 것의 결론은 디지털 플랫폼 운영자가 서장에서 강조한 자본주의에 관한 우려의 중심에 서 있다는 것이다. 자본주의 세계 전반에서 그리고 특히 영국에서 자본이 노동에 대해 점점 더 절대적 우위를 점하고 있다는 우려가 점차 커지고 있다. 나이두와 그의 동료들은 노동시장 지배력 관련 논문에서 이러한 일반적인 사례를 강력하게 주장하면서, "해체되어야 할 만큼 강력한 수요독점을 달성한 것으로 보이는 기업 중에서 (중략) (페이스북과 구글처럼) 아무런 보상 없이 막대한 흐름의 귀중한 데이터 서비스를 받기만 하는 플랫폼 기반 기업"을 강조했다.[68] 다이앤 코일Diane Coyle은 비록 잠정적이기는 하지만 영국의 사례를 통해 "노동시장에서 플랫폼이 수요독점 구매자가 될 수 있는 이론적 여지를 정책 입안자가 고려해야 하는 우려사항으로 표시한다. 지금까지 나온 문헌에서는 플랫폼의 시장 지배에 대한 논의가 주로 제품시장 측면에 초점이 맞춰져 있다. 하지만 특정 지역 노동시장에서 플랫폼은 지배적 고용주가 될 수도 있다."[69]

물론 디지털 플랫폼 공간이 자본과 노동 사이의 불평등을 급격하게 확대하는 지점이 될 수 있다는 생각은 플랫폼 기업을 설립하고 IPO(기업공개initial public offering)를 실시하는 과정에서 막대한 금융적 보상을 벌어들이는 '테크 브라더스'*의 대중적 이미지와 충돌한다. 하지만 페이스북, 구글 등에 고용된 모든 노동자가 여섯 자리 숫자의 급여를 받는다는 상상은 이런 회사에서 노동관계의 여러 가지 중요한 차원, 즉 시간적·지리적·구조적 차원을 무시하는 것이다. 존 란체스터는 페이스북에 관한 논평에서 시간적 측면을 강조한다. "종종 헤아릴 수 없을 정도로 부자가 된 회사의 초기 직원과 그 이야기에서 나중에 합류한 임금노예 사이의 거대한 격차 문제는 공개적으로 논의된 적이 없다." 그는 초창기 구글에서 여자 안마사로 일했던 보니 브라운Bonnie Brown의 말을 인용해 다음과 같은 사실을 보여준다. "나란히 일하는 구글 직원들 사이에서 뚜렷한 대조가 발생했다. 한 사람은 모니터로 현지 영화 시간을 보고 있는데, 다른 사람은 주말 벨리즈Belize행 비행기를 예약하고 있었다. 두 사람의 월요일 아침 대화를 같은 직장에 다니는 동료의 것으로 볼 수 있을까?"[70]

한편, 지리적 차원과 구조적 차원은 서로 밀접하게 연결되어 있다. 구조적 차원의 핵심 쟁점은 란체스터가 언급한 '임금노예'의 상당수가 틀림없이 플랫폼 운영자를 위해 작업을 수행하지만 플랫폼 운영자에게 직접 고용되지 않는다는 것이다. 도리어 단순 작업은 종종 외주를 주는데, 이것은 회사 운영의 저임금 파트가 상당 부분 숨겨져 있다는 것을 의미한다. 그렇기에 사람들 대부분은 그것이 존재한다는 사실조차 알지 못한다.[71]

많은 디지털 플랫폼 임금노예는 구조적으로 플랫폼 운영자로부터 하나의 간격을 두고 일할 뿐만 아니라 지리적으로도 하나 또는 그 이상의 거리를 두고 일하는 경우가 많다. 예를 들어 한스 블록Hans Block

---

* tech bros: 디지털업계에 종사하는 기술 전문가를 가리킨다.

4장 시장의 창출과 형성: 플랫폼 지대

과 모리츠 리제비크Moritz Riesewieck의 뛰어난 수상 경력*에 빛나는 2018년 다큐멘터리 〈청소부들The Cleaners〉은 소셜미디어 플랫폼에 올라오는 콘텐츠를 검수하는 작업이 "개발도상국의 어두운 사무실에서 한 번의 교대 근무시간에 2만 5,000개의 불쾌한 이미지를 봐야만 하는 저임금 노동자에 의해" 수행된다는 것을 보여줬다. 특히 외주 콘텐츠 검열 대부분이 이루어지는 필리핀 마닐라의 노동자에게 초점을 맞췄다.[72] 어떤 의미에서 이러한 노동자는 구조적·공간적으로 격리되어 있어 시야에서 그리고 생각에서 이중으로 벗어나 있다. 그러나 이들의 작업은 디지털 플랫폼에 필수적이므로, 이를테면 영국 플랫폼 불로소득주의의 역동적인 움직임을, 특히 노동 관련 역동성을 회사, 불로소득자 그 자체 또는 지리적 영토로서 영국이라는 일정한 경계로 구획된 규모에서 분석하는 것은 가능하지 않다. 불로소득주의는 이러한 인위적인 경계를 넘나든다.

예를 들어 구글의 정규직 영국 직원은 평균 연봉 15만 파운드 이상을 받을 수 있지만, 그렇다고 해서 이런 사실이 곧바로 구글 UK가 노동보다 자본의 힘을 강화하는 기구가 아니라는 것을 의미하지는 않는다.[73] 이 기구는 여러 국가를 넘나들면서 동시에 기업의 범위를 넘어선다. 그리고 구글의 영국 직원 또는 란체스터의 초기 입사자처럼(심지

---

* 이 작품은 메트로폴리스 독일 감독상German Directors Award Metropolis(2018)에서 장편과 다큐멘터리 부문 최우수 감독상을 동시 수상했고, 이 외에도 모스크바 국제영화제Moscow International Film Festival(2018), 국제인권영화제와 포럼International Film Festival and Forum on Human Rights(2018), UA 국제인권영화제Docudays UA International Documentary Human Rights Film Festival(2019) 등 다양한 국제영화제에서도 좋은 성적을 거뒀다. 또한 두 감독은 TED에서 "깨끗한 인터넷의 대가"로 강연을 진행하기도 했다.

어 페이스북에서는 직원이 번호를 가지고 있는데, '직원 번호 29' 나오미 글레이트와 같이) 일부 노동자는 실제로 매우 많은 돈을 벌고 있다. 이러한 모든 특수한 상황은 '노동에서 자본으로 소득 이전'뿐만 아니라 마틴 샌드부가 지적했듯이 '노동소득의 더욱 격렬한 불평등'을 교묘하게 은폐한다.[74] 어쨌든 디지털 플랫폼 불로소득주의 세계에서는 기업의 힘이 실제로 노동에서 자본으로 소득을 이동시킬 수 있다. 그러나 플랫폼이 아니더라도 여느 기업에서 발생할 수 있는 이러한 현상이 플랫폼 모델의 유일한 특징은 아닐 것이다. 다른 많은 회사와 마찬가지로 플랫폼 불로소득자가 외주를 통해 실제 '직원' 숫자를 숨기는 경우가 많지만, 그런데도 대부분의 '전통적인' 기업보다 전반적으로 덜 노동집약적인 경향이 있는 것도 사실이기 때문이다.[75] 이것은 중요한데, 샌드부가 말했듯이, 이러한 불로소득자가 "포착하는 가치에 비해 인간 직원의 필요성이 매우 적다는 것은 노동에 지불하기 위해 투자수익의 극히 일부만을 소진할 필요가 있다는 것을 의미"하기 때문이다.[76]

직원은 아니지만 고용주에게 복종하는 노동자의 불안정성

플랫폼 불로소득주의 출현이 노동자에게 미치는 영향에 대한 논쟁의 대부분은 아니나 다를까, 앞에서 노동 플랫폼으로 규정한 것과 관련된다. 노동 플랫폼은 플랫폼에서 사고파는 것이 주로 인간 노동력 그 자체인 플랫폼으로 흔히 긱 경제로 불리는 것이다. 우버, 태스크래빗, 딜리버루, 업워크 등과 같은 이런 플랫폼은 본질적으로 노동시장을 만들거나, 더 정확히 말하면 재구성한다. 노동력의 구매자와 판매자 그리고 노동력이 제공할 수 있는 서비스를 연결하기 때문이다.

긱 경제 노동자와 그의 변호사가 오랫동안 제기한 주요 우려 중 하나는 플랫폼 중개자를 통해 일을 확보한 개인이 플랫폼(아니면 심지어 플랫폼 운영자가 단순 작업을 외주로 맡기는 회사)의 직원이 아니거나 적어도 대개 법적으로 인정받지 못하므로 직원 혜택을 누리지 못하고, 따라서 높은 수수료 형태로 이뤄지는 독점 가격 책정에 매우 취약하다는 것이다. 케니와 지스먼은 2016년에 다음과 같이 적었다.

우버는 택시회사 직원이나 전직 택시면허 소유자를 계약사업자로 전환하고, 이 계약사업자가 소득에 접근하는 것은 우버 플랫폼을 통해서다. (중략) 이러한 계약사업자는 아주 작은 기업인가? 사실상 직원인가? 아니면 다른 무엇인가? (중략) 많은 사람이 지금 이 시점에서 우리가 생산성의 새로운 원천을 창출한 것이 아니라 새로운 형태의 해고를 합법화하고 있다고 우려한다. 우버 운전자는 고용 경제의 안정적인 노동자보다는 1099 경제의 자급자족 계약사업자가 될 수 있는가, 아니면 단지 극도로 취약한 긱 노동자일 뿐인가? 그리고 더 넓게는 루스 콜리어Ruth Collier가 물었듯이, 이런 변화가 대중정치와 정치구조에 어떤 결과를 초래할 것인가? 우리는 지금 노동시장 유연성을 창출하고 있는가, 아니면 플랫폼 소유자로 구성된 소수의 최상층과 상당한 규모의 새로운 최하층 계급으로 가득한 사이버화된 다운턴 애비*와 같은 불안 계급을 창출하고 있는가?[77]

긱 경제 노동자의 궁핍화에 대한 강력한 저항이 분명히 존재했고,

그 대부분은 정확하게 바로 이러한 고용상태 문제를 중심으로 이루어졌다.[78] 그리고 또한 몇 가지 주목할 만한 헤드라인을 장식하는 승리가 있었다. 예를 들어 2016년 고용재판소는 우버의 런던 운전자를 자영업 계약사업자가 아니라 직원으로 취급해야 하며, 따라서 휴업수당, 유급 휴식시간, 최저임금을 받을 자격이 있다고 판결했다.[79]

하지만 우버와 그 유사 부류는 긱 경제 노동자를 쥐어짜고 노동자의 권리를 부정하는 자신의 능력을 억압하려는 모든 시도에 대해 완강하게 저항했다. 예를 들어 우버는 2016년 고용재판소 판결에 즉시 항소했다. 고용재판소가 2017년에 위의 2016년 판결을 확장하자, 우버는 고등법원에 항소했다. 그리고 2018년 12월 고등법원 역시 원심 판결을 확정하자, 우버는 이 사건을 대법원으로 가져가겠다고 말했다.[80] 우버가 법의 강제력에 따라 노동자 지위를 실제로 실행할 때까지, 우버 운전자는 자영업 계약사업자로 계속 활동해야만 한다. 아마 짐자하건대 우버가 항소할 수 있는 모든 법적 수단을 소진할 때까지 그들은 계속 그렇게 해야 할 것이고, 의심할 바 없이 법이 일반적으로 진행되는 달팽이의 속도에서 그렇다.

수많은 증거가 보여주듯이, 영국의 플랫폼이 매개하는 긱 경제의 전반적인 노동조건 상황은 여전히 암울하다. 2017년에 발표된 영국을 포함한 유럽 8개국의 플랫폼 경제에 관한 보고서에서 크리스 포드와 그의 동료들은 플랫폼 경제가 제공한다고 과시되는 노동자 자율성이 대

---

* Downton Abbey: 1910년대 귀족 가족과 그 밑에 있는 하인의 삶을 실감나게 보여준 영국의 유명한 드라마다. 여기서는 불안정한 하인의 삶을 묘사하는 용어로 쓰였다.

체로 신화에 불과하다는 것을 발견했다. 노동자는 작업의 내용이나 다양성에 대해 실제로는 제한된 영향력을 가지고 있기 때문이다.[81] 카트리나 포레스터Katrina Forrester가 언급했듯이, "긱 경제의 새로운 점은 노동자에게 유연성과 독립성을 부여하는 것이 아니라 고용주에게 다른 방법으로는 달성하기 어려웠을 무언가를 제공하는 것이다. 그 무언가는 바로 엄밀히 말하면 자신의 직원이 아니지만 그럼에도 고용주의 규율에 복종하고 고용주의 권위에 종속되는 노동자다."[82]

유럽 긱 경제의 임금은 국가 최저임금보다 '상당히 낮고', 사회보장제도에 대한 접근은 '매우 낮다.' 그리고 플랫폼 일자리에 대한 재정적 의존도가 높을수록, 노동자가 사회보장제도에 접근할 수 있는 정도는 낮아진다.[83] 영국의 우버와 마찬가지로, 대체로 플랫폼 내 노동자는 직원보다는 자영업 계약사업자로 분류되기 때문이다. 하지만 포드와 그의 동료들은 플랫폼 노동자가 이론적으로 직원 혜택을 받을 자격이 있는 때조차도, 많은 경우 "상대적으로 낮은 수준의 시간 또는 소득으로 인해 실제로는 사회보호에 접근하는 데 필요한 소득 또는 시간 기준점에 도달하지 못할 수 있다"라는 사실을 발견했다.[84] 안나로사 페솔Annarosa Pesole과 그녀의 공저자들은 2018년 유럽(영국 포함) 플랫폼 노동자 연구에서 유사한 결론에 도달했다.

디지털 노동 플랫폼은 일반적으로 고용 조건, 이해 대변, 사회보호가 기껏해야 불분명하고 최악의 경우 분명히 불리한 독립 계약사업자 노동인구에 의존한다. 대부분의 경우 독립 계약사업자는 종속 고용에 적용할 수 있는 노동권과 복지 지원이 보장되지 않는다. 보건과 안전 규정, 사회보장기여금은 일반적으로 독립 계약사업자 혼자 떠안아야 하는 책임이다. 플랫폼과 플랫폼의 고객 모두 작업 조건과 독립 계약사업자 고용에 관한 어떤 책임에서도 자신을 면제하는 경향이 있다. 이에 따라 노동 서비스는 더 저렴해지고 더 유연하게 공급될 수 있지만, 그 대가로 노동자의 작업과 고용 조건은 불안정해질 수 있다.[85]

영국 정부가 이러한 결론을 외면할 의도가 있었다고 하더라도, 2018년 2월 영국의 긱 경제에 속한 개인의 경험에 관한 보고서가 발표된 이후에는 그렇게 하기가 더 어려워졌을 것이다. 이 보고서는 비록 기묘한 긍정의 덩어리로 어르며 달랬지만 유사하게 파멸적인 결론에 도달했고, 게다가 영국의 기업·에너지·산업전략부에서 의뢰한 것이었다. 긱 경제가 노동자의 주요 소득원인 경우에는 "고용 권리의 결핍 측면에서 불안정성"으로 고통받는다. 긱 경제 노동자의 대다수는 "공식적인 훈련이 없고 제한적인 비공식 또는 현장 실무 훈련"을 받는다. 경력을 발전시킬 기회가 거의 없다. 보수가 낮다. 업무와 업무시간 측면에서 안정성이 부족하다. 그리고 많은 노동자가 동료와 함께 일하는 것이 아니라 플랫폼을 통해 일하면서 외로움과 사회적 고립에 시달린다.[86]

이러한 우려 중 많은 부분은 2019년 아디트야 차크라보르티Aditya Chakrabortty의 번득이는 기사에서 매우 강력하게 제기되었다. 그는 우버 대신에 칼라일Carlyle 사모펀드그룹이 소유한 영국 경쟁자 애디슨 리Addison Lee를 통해 택시 일거리를 확보하는 자동차 운전자의 노동생활을 다루었다.[87] 애디슨 리는 플랫폼 운영자이고, 주로 자신의 운전자에게 요금을 부과해 수입을 창출한다. 또한 이러한 운전자를 직원으로 취급해야만 하고 그들의 권리, 다른 무엇보다도 휴업·병가 수당에 대한 권리를 인정해야 한다는 고용재판소의 명령을 두 차례나 받았다. 하지만 애디슨 리는 이러한 판결에 항소하면서 시간을 질질 끌고 있다. 이 모든 상황은 우버와 매한가지다. 차크라보르티가 면담한 운전자 중에는 애디슨 리가 자사 자동차에 부과하는 임대료를 주당 220파운드로 인상하고 수수료를 운임가치의 30퍼센트에서 35퍼센트로 인상한 후 2019년 초 일주일 동안 65시간 운전했을 때 시급이 쥐꼬리만한 2.48파운드로 떨어지고 집으로 가져가는 수입이 급감한 경우가 있다. 그다음 주에 그는 더 적은 일거리를 확보했고, 수입은 마이너스가 되었다.

이 비극적인 이야기를 곰곰이 생각해보면, 디지털 플랫폼 불로소득자, 특히 노동력 플랫폼 불로소득자의 지배적 위치가 야기한 상황에 대한 알렉시스 마드리갈Alexis Madrigal의 명백하게 '냉혹한' 요약에 동의하지 않을 수 없다. 그 요약은 주로 미국에 초점을 맞추고 있지만, 감시의 중심성과 칼라일 같은 투자그룹의 결정적 역할을 비롯해 영국에도 적용할 수 있는 역학관계를 이야기한다.

가진 자와 가지지 못한 자에게 새로운 이름이 붙을 수 있다. 바로 요구하는 자와 요구하는 즉시 대응하는 자*다. 이러한 앱은 세계 경제가 현재 서로

---

* 'on-demand'는 보통 '주문형'으로 번역한다. 다만 여기서는 'the demanding'과 'the on-demand'를 대조하고 있으므로, 주문과정을 둘로 나눠서 요구하는 자the demanding와 요구하는 즉시 대응하는 자the on-demand로 풀어서 번역했다. 이후에 'on-demand'는 일반적인 용법에 따라 '주문형'으로 옮겼다.

다른 종류의 노동에 가치를 할당하는 격렬한 차이를 구체화한다. 어떤 사람들의 시간과 노력은 다른 사람들보다 수백 배나 가치가 낮다. 새로운 미국 귀족과 다른 모든 사람 사이의 격차 확대는 우버를 모방한 회사의 공급과 수요 양쪽을 주도하는 요인이다. (중략) 우버를 모방한 회사의 노력이 합쳐져서 탄생한 것은 새로운 형태의 하인이다. 이 하인은 복잡한 시장을 통해 수천 명의 다른 사람들에게 분배된다. 결국 '모든 사람의 개인 운전기사', 즉 모두를 위한 기사가 되겠다는 생각으로 시작한 것이 바로 우버였다. 그렇다면 소비자를 위한 인터넷의 지난 5년에 대한 냉혹한 요약은 다음과 같다. 벤처 자본가는 부유한 사람들에게 주문형 하인 서비스를 전달하면서 모든 당사자에게 감시를 강화하는 저임금 일자리 플랫폼의 탄생을 후원했다. 이러한 플랫폼은 우리의 도시와 삶에 새로운 활력을 불어넣었다. 그것들은 분명 극소수의 사람들에게 엄청난 재산을 창출했다. 하지만 대개 그것들은 이전보다 우리의 삶을 약간 더 편리하게 만드는 데 기여했을 뿐이다. 기술이 구축한 세계의 다른 많은 분야와 마찬가지로 사회적 상충관계를 완전하게 계산하면 흑자만큼 적자가 될 가능성이 있다.[88]

현재 수치로 판단하기 어려운 플랫폼 불로소득자 규모

적어도 당분간 플랫폼 불로소득주의는 영국 경제를 점차 지배하는 다양한 형태의 불로소득주의 중에서 가장 작은 규모에 속할 것이다. 예를 들어 구체적으로 디지털 플랫폼 불로소득자 측면에서 페이스북과 구글은 명백하게 가장 큰 규모에 속하지만, 그들이 보고한 연간 영국 수입은 2018년에 각각 16억 파운드와 14억 파운드에 불과했다.[89] 영국 플랫폼 불로소득자 영역의 상대적으로 작은 규모는 수입이 아니라 이익 기준으로 측정하면 더욱 두드러지게 나타난다. 페이스북의 2018년 보고에 따르면 영국에서 거둔 이익은 얼마 안 되는 9,700만 파운드에 불과했으며, 이익 마진은 약 6퍼센트였다. 구글은 2억 4,500만 파운드로 약 17퍼센트의 마진을 기록했다. 물론 일반인에게는 절대적으로 큰 수치다. 하지만 수백만 파운드가 아닌 수십 억 파운드의 이익과 30퍼센트 이상의 마진에 익숙한 다른 불로소득자 영역의 기업으로서는 굳이 침대에서 일어나서 움직일 가치도 없는 수치다.

하지만 이러한 수입과 특히 이익 수치에 대해 두 가지 중요한 점을 짚고 넘어가야 한다. 첫 번째는 많은 디지털 플랫폼 불로소득자의 사업 전략에서 수익성이 차지하는 위치와 관련된다. 이런 불로소득자들과 (동등하게 중요한) 그들의 투자자들 사이에서 오랫동안 통용되는 지혜는 성장이 이익보다 우선한다는 것이다. 적어도 사업이 '성숙기'에 도달할 때까지는 그렇다. 따라서 경영진은 거의 모든 투자비용을 쏟아부어 규모를 확장하고 시장지배력을 확보하는 데 주로 초점을 맞추고, 흑자를 내는 것에 대해서는 나중에 걱정한다. 예를 들어 우버는 2019년 주식시장에 상장되었을 때 그 가치가 800억 달러가 넘었고, 전 세계 수입은 연간 100억 달러가 넘었지만, 한 번도 흑자로 돌아선 적이 없다.[90] 그래도 문제가 되지 않았다. 2018년에 상장한 미국 기반 기술기업의 약 84퍼센트가 이익을 낸 적이 없다.[91]

플랫폼 불로소득 경제의 진정한 중요성을 측정하는 척도로 현존하는 이익 수준을 그대로 받아들이는 것은 기저에 깔린 사업 모델의 본질 그리고 이 부문에서 상당한 수익을 창출하는 독점력과 수요독점력의 여지를 모두 잘못 이해하는 것이다. 성숙한 영국 기반 플랫폼 불로소득자인 오토트레이더, 익스피리언, 라이트무브, LSEG가 적절한 사례다. 오토트레이더는 디지털 모델로 전환하기 훨씬 이전에 '실제 세계' 플랫폼 운영자였고, 라이트무브는 20년 전에 설립되었다. 2018년 익스피리언은 영업이익 마진 23퍼센트에 만족해야 했지만, LSEG의 마진은 39퍼센트였고, 오토트레이더는 자동차를, 라이트무브는 주거용 부동산을 매물로 등록한다는 점을 제외하면 둘 다 본질적으로 동일한 사업을 하는데, 각각 67퍼센트와 74퍼센트라는 믿기 힘든 매출수익을 기록했다.

두 번째 중요한 점은 초국가 플랫폼 불로소득자의 이익 인식의 지리, 구체적으로 말하면 초국가적으로 발생한 이익을 어떤 특정 국가에 신고할지에 관한 것이다. 실제 신고된 이익은 궁극적으로 허구다. 이것은 이익을 산출하는 수입과 지출의 흐름이 실제로 존재하지 않는다고 말하는 게 아니다. 오히려 이러한 수입과 지출은 매우 다양한 방식으로 그리고 서로 다른 지리적 관할권에서 회계 처리될 수 있으며, 그 결과 이익 수치는 언제나 사업 현실만큼이나 회계 기법의 산물이다. 특히 법인세율이 서로 다른 영토적 관할권마다 큰 차이가 난다는 사실은 어떤 기업이 자신의 조세 부담을 최소화하는 방식으로 여러 국가의 시장에 걸쳐 수입과 지출을 할당하는 인센티브를 나타낸다. 디지털 세계에서 활동하는 기업은 실제 세계에서 활동하는 기업보다 일반적으로 이익을 '옮길' 수 있는 범위가 훨씬 더 넓다. 샌드부가 지적했듯이, "인터넷 서비스의 무형적 특성은 관할권 뛰어넘기를 통해 특히 쉽게 과세를 회피할 수 있도록 만든다."[92]

두 번째 요점의 결론은 디지털 플랫폼 불로소득자의 전반적인 수익성 수준(특히 그들이 '젊을' 때)을 너무 많이 판단해서는 안 되는 것처럼, 영국을 비롯해 특정 영토에서 보고된 이익 수치 또는 사실상 수입 수치에 너무 많은 의미를 부여해서는 안 된다는 점이다. 예를 들어 페이스북이 보고한 2018년 영국 수입과 이익이 각각 16억 파운드와 9,700만 파운드에 불과하다고 해서, 그것이 곧바로 페이스북 영국 운영자의 실제 규모나 수익성을 의미 있게 구별해서 취급할 수 있는 정도로까지 알려주는 것은 아니다. 페이스북은 2018년 전 세계에서 총 영업이익 249억 달러에 수입 558억 달러를 기록했다. 다른 많은 디지털 플랫폼 불로소득자와는 다르게, 페이스북은 사실 엄청나게 수익성이 좋다. 페이스북이 전체적으로 그해 약 45퍼센트의 매출수익을 달성했지만, 가장 중요한 기지 중 한 곳인 영국 기지에서 단지 6퍼센트 마진을 획득했다고 정말 믿어야 할까? 이 질문에 대해서는 냉소적인 태도를 보일 수밖에 없다.

이익 인식의 문제와 그것이 조세 청구서에 미치는 영향은 영국 정부, 즉 영국을 디지털 사업을 시작하고 성장시키기에 '최고의' 장소로 만들기 위해 필사적인 정부가 세계의 선도적인 플랫폼 불로소득자에게 놀라울 정도로 관대했던 또 하나의 분야다. 예를 들어 구글이 상대적으로 변변찮은 영국 이익을 계속 보고할 수 있었고, 따라서 영국에서 매우 적은 법인세(2018년 청구서에 따르면 6,500만 파운드)를 납부할 수 있었던 것은 오랫동안 영국 광고주한테 올리는 매출을 아일랜드를 통해 장부에 기록했기 때문이다. 구글은 자사의 영국 직원이 영국 광고주와 사업을 실제 수행하지 않는다고 주장하며 그런 식의 회계 처리를 정당화한다. 이를테면 구글이 자사의 영국 활동(구글 UK)에 대해 제출하는 연례 보고서와 재무제표는 기업 궤변의 진정한 경이로움을 보여준다. 우리가 살펴봤듯이 광고 판매가 구글의 핵심 사업이자 주요 수입원인데도, 믿기지 않는 일이지만 32페이지짜리 2018년 보고서 어디에도 '광고'라는 단어가 단 한 번도 등장하지 않는다. 그렇다면 광고 판매가 아니라 보고서에서 밝힌 구글 UK의 사업은 무엇일까? 그것은 바로 "다른 그룹 사업에 대한 마케팅 서비스 제공과 연구개발 서비스 제공"이다.[93] 다시 한 번 내가 냉소적인 태도를 보이는 것을 용서하라.

많은 전문가가 이미 언급했듯이, 구글 UK를 구글의 영국 고객에게 서비스를 제공하는 일선업체가 아니라 단지 다른 구글 활동에 서비스를 제공하는 내부업체라고 선언하면 구글의 영국 조세 책임은 크게 줄어들 수 있다. 영국 텍스 와치*의 조지 터너George Turner는 영국에서 벌어들인 구글의 실제 수입과 이익이 각각 94억 파운드와 24억 파운드에 달할 것으로 추정했으며, 이는 구글이 그해에만 거의 4억 파운드에 가까운 영국 조세를 성공적으로 회피했다는 것을 의미한다.[94] 그러나 영국 정부의 조세당국인 국세청은 구글의 영국 사업 성격에 대한 이처럼 믿기 어려운 주장을 사실상 받아들이면서 일관되게 구글에 면죄부를 주었다. 당시 사이먼 바우어스Simon Bowers는 2016년 초반 국

---

* Tax Watch: 조세 분야에서 법을 준수하고 건전하게 집행하는 것을 목적으로 개인과 재단 등에게 자금을 기부받아 설립된 시민단체. 구체적으로 조세회피, 조세정책, 조세 관련 법률에 대한 조사와 분석을 실시하고 이 연구 결과를 발표해서 조세문제에 대한 대중의 이해를 높이고자 한다.

세청과 구글이 10년에 걸쳐 1억 3,000만 파운드의 세금을 내기로 합의한 것은 "사실상 구글이 앞으로 이 점에 대해 이의를 제기받지 않을 것임을 분명히 했다"라고 주장했다.[95] 그리고 그 회사의 내부고발자가 영국 직원이 영국 광고 판매에 실질적인 책임이 없다는 말도 안 되는 개념을 철저하게 뭉개 없애버렸는데도 이 믿기 어려운 주장은 현실이 되었다. 그 내부고발자는 이렇게 말했다. "그들은 많은 고부가가치 영업, 마케팅, 엔지니어링을 모두 런던에서 한다. 이러한 사람들이 가치 있는 일을 거의 하지 않는다는 것을 국세청이 수용하는 현실이 정말 당혹스럽다."[96]

당혹스럽든 아니든, 이 문제에 대한 국세청의 무력함은 영국의 전반적 경향에 들어맞는다. 국세청이 플랫폼 불로소득자에게 편의를 제공한 것은 법인세뿐만이 아니다. 이자벨라 카민스카Izabella Kaminska가 지적했듯이, 정부가 승인한 영국 부가가치세 회피도 지금까지 디지털 플랫폼의 영국 성공 이야기에서 한몫했다. 우버와 같은 노동 플랫폼의 고용주 지위에 대한 모호한 처리로 부가가치세 납부가 면제되었다(카민스카는 우버의 자체 미납 부가가치세 청구서가 10억 파운드가 넘을 것이라고 언급한다). 마찬가지로 온라인시장이 상품의 직접적 판매자가 아니라 거래의 촉진자로 취급된다는 사실을 빌미로 부가가치세 납부의 책임이 계약사업자 또는 상인에게 전가된다.[97]

공평하게 말하자면 정부가 플랫폼의 조세회피 문제에 대해 전적으로 무력했던 것은 아니었다. 2018년 10월 당시 재무부 장관 필립 해먼드는 이른바 '디지털 서비스세'를 도입하는 계획을 발표해 눈길을 끌었다. 이 계획에 따르면 구체적으로 세 가지 하위 부문, 즉 검색엔진,

소셜미디어 플랫폼, 온라인시장 활동의 디지털 플랫폼이 영국에서 벌어들인 이익이 아니라 창출한 수입에 대해 조세를 부과한다. 이 조세는 이러한 행위로 벌어들인 전 세계 연간 수입이 5억 파운드를 초과하고 그중에서 영국 이용자에게서 파생된 수입이 2,500만 파운드를 넘는 모든 회사에 적용될 것이다. 게다가 정책 문서의 세부 문구는 이 조치가 구글이 실행하는 창의적인 회계 유형에 저항할 수 있음을 시사한다. 과세대상 수입은 "영국 이용자가 이 서비스를 활용하는 덕분에" 발생하는 수입으로 정의되며, 광고 수입의 경우에는 "영국 이용자가 광고를 보거나 다른 방식으로 소비할 때"를 의미한다.[98] 다시 말해 그 광고가 런던, 더블린 또는 화성Mars에서 판매되었는지는 중요하지 않다. 이 조세는 2020년 4월부터 적용될 예정이다.

디지털 플랫폼 불로소득자의 영국 조세회피에 대해 오랫동안 비판을 제기해온 사람들은 정부의 이러한 제안에 대해 신중하지만 일단 긍정적으로 받아들였다. 물론 제안에 대한 비판은 여전히 존재하는데, 주로 오직 조세장치만을 대상으로 함으로써 영국 정부가 "이러한 이익이 구축되는 독점적이고 비민주적인 구조"를 암묵적으로 정당화했다는 사실과 관련되어 있다.[99]

하지만 여기서 거의 언급되지 않고 지나간 것은 제안된 세율이 얼마나 미미한지다. 그 세율은 영국 이용자한테 거둬들인 수입의 2퍼센트이며, 여기서 최초 2,500만 파운드의 수입은 과세가 면제된다. 틀림없이 현재 적자를 보고 있는 우버의 경우 2퍼센트 수입세는 이론상 비교적 큰 타격이 될 수 있고, 이익이 곧장 떨어질 수 있다(물론 정부는 안전조항, 즉 매우 낮은 이익 마진을 산출하는 기업에 대해서는 다른 기준으로 과세금을 산정할 수 있는 방식을 제공함으로써 이런 위험을 완화했다). 하지만 전 세계 영업이익 마진이 약 45퍼센트인 페이스북에 2,500만 파운드가 면제된 수입에 대한 2퍼센트 조세를 부과하면 이익에 대한 실효세율은 약 4퍼센트에 불과하다. 참고로 이 글을 쓰는 시점에 법인에 대한 영국의 주요 세율은 이익의 19퍼센트다. 영국에서 약 10퍼센트를 초과하는 이익을 벌어들이는 주요 디지털 플랫폼 운영자는 제안된 제도를 고려해 영국에서 해당 수준까지만 이익을 신고하는 것이 더 나을 수 있다. 수입세는 일반적으로 법인세 목적으로 공제될 수 있다. 그리고 잉여이익을 다른 곳으로 계속 빼돌릴 것이다.

제안된 조세가 어떻게 진행될지 그리고 그것이 어떤 중요한 영향을 미칠지는 오직 시간이 지나야만 알 수 있다. 시간은 또한 영국에서 플랫폼 불로소득주의 그 자체가 어떻게 될지를 알려줄 것이다. 현재로서는 만약 그것이 실제로 현존하는 불로소득주의에서 가장 규모가 작은 형태 중 하나라고 하더라도, 그 상태로 유지될 가능성은 거의 없다. 기존의 선도적인 플랫폼이 빠르게 성장하고 있으며 새로운 플랫폼이 계속 등장해 항상 관심을 받고 있다. 전 세계에서 기존 경제 거래의 점점 더 많은 부분이 플랫폼을 통해 중개되고, 플랫폼 운영자가 이전에는 생각지도 못했던 새로운 시장을 꿈꾸고 설립함에 따라, 빠르면 금세기 중반에는 플랫폼 불로소득주의가 결국 영국에서 가장 큰 불로소득자 영역 중 하나가 될지도 모른다.

Rentier Capitalism

5장

외주화:
계약 지대

외주화

2009년 당시 투자은행의 최고경영자였던 로이드 블랭크파인Lloyd Blankfein은 "골드만 삭스 직원"은 "세계에서 가장 생산성이 높다"라고 자랑했다.[1] 이는 대담한 주장이었다. 그 무렵 글로벌 은행 부문 자체는 2007~2008년의 혼란 이후 어느 정도 회복의 발걸음을 내디뎠을지는 모르지만, 그 부문에서 일하는 대부분의 사람은 말할 것도 없이 글로벌 경제는 그렇지 않았으며, 그중에서도 으뜸가는 투자은행인 골드만 삭스는 당연히 책임을 져야 했다. 골드만 삭스는 어떤 합리적인 계산으로도 생산적이지 않았다.

그러나 적어도 통계적으로는 블랭크파인의 말이 맞았다. 투자은행은 일반적으로 직원 생산성을 측정하는 표준지표인 1인당 매출 또는 이윤에서 매우 우수한 성적을 거두며, 골드만 삭스는 일반적으로 다른 투자은행보다 더 우수하다. 2013년 말 벤 월시Ben Walsh는 흥미로운 블로그 게시물을 통해 이를 보여주었다. 이러한 지표에서 골드만 삭스는 모건 스탠리Morgan Stanley, 시티그룹Citigroup 등을 포함한 모든 동종업체를 제치고 1위를 차지했다. 그런데도 골드만 삭스는 경제 전체를 장악한 것은 아니었다. 애플은 직원 1인당 매출(200만 달러 이상)과 직원 1인당 이윤(50만 달러에 조금 못 미치는 수준) 모두에서 골드만 삭스를 여유 있게 앞질렀다. 이는 또한 시스코Cisco, 델Dell, IBM 같은 다른 주요 미국 기술회사들도 여유롭게 따돌렸다.[2]

애플이나 골드만 삭스와 같은 기업의 높은 직원 생산성 성과를 어떻게 설명할 수 있을까? 여러 가지 요인이 있겠지만, 월시 자신이 지적한 것처럼(블랭크파인은 말할 필요도 없이 그렇지 않았지만), 그 핵심 요인은 애플 제품과 골드만 삭스의 서비스를 제공하는 데 수행되는 업무의 상당 부분을 이들 기업의 직원이 수행하는 것이 아니라, 골드만 삭스 또는 애플과 계약을 맺은 다른 회사의 다른 직원이 수행한다는 것이다. 즉, 직원당 매출이나 이윤은 오해의 소지가 있는 측정치다. 특정 제품이나 서비스를 제공하기 위해 관련 업무의 상당 부분을 제삼자와 계약하거나 '외주화'하면, 다른 모든 조건이 같을 경우 노동자가 모든 업무를 사내에서 수행하는 것보다 '생산성'이 더 높은 것으로 보일 수 있다.

선도 은행은 오랫동안 IT에서 급여에 이르기까지 '비핵심' 기능에 대한 외주화를 활발히 진행해왔다. 여기에는 영국 은행이 포함되는데, 최대 은행인 HSBC는 약 2,500개 '주요 공급업체'를 보유하고 있으며, 이들과 조달 예산의 약 80퍼센트를 지출하고, 그 외에도 '수천 개 이상'의 소규모 공급업체와 계약을 맺고 있다. 페니 크로스만Penny Crosman은 이 수치가 '대형 글로벌 은행의 전형적인 모습'이라고 말한다.[3]

그러나 애플은 은행조차 보잘것없게 만든다. 수년 동안 애플은 거의 모든 제조와 조립 작업을 외주화했으며, 사내에는 전략, 디자인, 그리고 마케팅 부서만 남겨두었다. 전 세계에는 애플과의 계약을 이행하는 데 중요한 부분을 차지하는 수십 개의 거대한 회사가 있다. 애플이 이러한 외주 계약된 작업 중 일부를 사내로 다시 가져올 것이라는 소문이 돌기 시작하면 해당 회사의 가치는 급락한다. 짐 에드워즈Jim Edwards는 2017년에 발표된 보고서에서 "애플에 아이폰iPhone과 컴퓨터에 들어가는 부품을 공급하는 어둡고 조용하며 거대한 테크 기업의 군도archipelago"에 대해 설명하면서 애플과의 계약으로 연간 10억 달러 이상의 수익을 올리는 기업이 18개 이상이라고 밝혔다. 그중 가장 높은 순위를 차지한 기업은 전설적인 아이폰 제조업체인 폭스콘 Foxconn으로, 애플에 대한 폭스콘의 연간 매출 680억 달러는 전체 매출의 약 절반에 해당한다.[4] 그리고 에드워즈 목록에는 애플의 주요 공급업체 중 두 곳인 소니와 삼성은 포함되지도 않았다. 같은 해 『월스트리트 저널Wall Street Journal』은 삼성이 신형 아이폰 X에 올레드OLED 디스플레이, 낸드NAND 플래시와 디램DRAM 칩을 공급하기로 한 계약으로 판매되는 휴대폰 한 대당 110달러라는 엄청난 수익을 올릴 것이라고, 또는 전체적으로 X가 예상대로 판매된다면, 자체 휴대폰 판매보다 약 40억 달러 더 많은 액수를 벌 거라고 보도했다.[5] 외주 계약은 분명히 큰 사업이다.

결정적으로 골드만 삭스와 애플이 그 자체로 각각 금융 불로소득자 (1장)와 지식재산 불로소득자(3장)인 기업 불로소득자라면, 이들과 계약을 맺은 무수히 많은 주요 공급업체도 마찬가지다. 이러한 회사의 수익은 모든 불로소득자 수익과 마찬가지로 희소자산의 통제에서 파생되며, 이 경우 이는 정확히 고객과 체결한 계약이다. 가장 일반적인 용어로 계약은 상품, 서비스 또는 금전 교환에 대한 법적 구속력이 있는 협약이다. 예를 들면 삼성은 올레드 디스플레이와 기타 아이폰 부품을 제공하는 계약을 체결한다. 그 대가로 애플은 삼성에 대금을 지불하는 계약을 맺는다. 삼성에게 계약은 자산이다. 계약의 통제와 이행이 소득 흐름을 약속하기 때문이다. 삼성이 거래 조건을 충족하는 한 애플은 대가를 지불해야 한다. 이 계약이 돈을 찍어낼 수 있는 허가증은 아니지만, 매출이 보장되는 한, 이는 여기서 크게 벗어나지 않는다.

모든 자산과 마찬가지로 계약은 과거 또는 '현물시장' 교환이 아닌 미래 교환을 의미하며, 보유자에게 자산가치는 이 계약이 끌어낼 미래 순현금 흐름의 가치라는 점에서 미래를 구현하므로 매우 순식간에 지나가는 것이 아니라 구체적인 자산이다. 게다가 계약은 자산에 대한 통제가 전적으로 독점적이라는 점을 고려할 때, 다른 회사가 아닌 삼성의 계약이 분명히 명시되어 있고, 삼성만이 계약에 명시된 수익을 받을 자격이 있다는 점을 감안하면, 그 계약이 창출하는 소득 흐름에는 가장 순수한 형태의 경제 지대, 즉 불로소득이 포함되어 있다. 삼성과 폭스콘, 한편으로는 이들의 거대한 애플과의 계약을, 다른 한편으로는 기성품으로 판매하기 위해 부품을 생산하는 제조업체와 비교해보자. 후자의 제품은 위아래 진열대에 있는 제품과 경쟁해야 하지만, 삼성과 폭스콘의 제품은 계약기간 동안 그렇지 않다. 삼성이나 폭스콘과 달리 기성품 제조업체는 자사 제품이 판매될 것이라는 보장이 없다. 이들이 생산하는 제품 유형은 비슷할지 몰라도 실제로는 두 가지 다른 유형의 이들 기업은 매우 다른 유형의 자본주의를 실천하고

5장 외주화: 계약 지대

있으며, 그 사이에 지대를 창출하는 계약자산의 배타적 소유가 이를 구분 짓게 하는 특징이다.

물론 어느 정도의 외주 계약은 항상 있었다. 모든 것을 사내에서 처리하거나 상품이나 서비스를 외부에서 구매한 경우에도 항상 계약이 체결되지 않은 상태에서 임시방편적으로 처리하는 회사는 거의 없었다. 해당 활동이 존재하는 한 기업이 어느 정도 계약에 따라 외부 공급업체에 일을 맡겨온 좋은 예는 법률·회계 업무와 같은 전문 사업 서비스 또는 전문가 컨설팅이나 기술적 성격의 자문일 것이다.[6] 공공 부문 조직도 오랫동안 외주화를 해왔다. 하원 공공행정·헌법위원회 Public Administration and Constitutional Affairs Committee의 최근 보고서는 다음과 같이 지적하고 있다.

영국 정부는 항상 민간 부문에서 일부 자산과 상품을 구매해왔다. 18세기 와 19세기에 정부는 민간과 시민사회 부문에서 형사 사법, 국방과 교육과 같은 일부 공공 서비스를 구매했다. 정부는 20세기 초반 4분의 3 동안에 일부 서비스를 자체적으로 도입했지만, 여전히 건설 서비스와 무기 시스템 을 포함해 민간 부문에서 다양한 상품과 서비스를 구매했다.[7]

이러한 서비스와 시스템을 구매할 때 정부는 항상 외주 계약을 통해 구매했다. 그러나 자본주의하에서도 계약 지대와 계약 불로소득자는 항상 존재해왔지만, 신자유주의 시대에 후자의 중요성이 급격히 증가했는데, 영국보다 더한 곳도 없다. 그 나라에서 계약은 불로소득자의 현대적 부활에 대한 광범위한 이야기의 중요한 구성요소가 되었다. 실제로 최근 수십 년 동안 계약의 중요성에 대한 단계적 변화는 '외주화'에 대한 많은 관찰자의 정의에 스며들 만큼 충분히 컸다.『옥스퍼드 영어사전』은 일반적으로 외주화를 외부에서 계약을 통해 상품과 서비스를 얻는 것으로 정의한다. 이는 이 책에서 내가 쓰는 넓은 의미의 정의다. 그러나 영국 외주화에 대한 통찰력 있는 보고서를 여러 차례 작성한 주요 경제 컨설팅회사인 옥스퍼드 이코노믹스Oxford Economics는 이 현상을 이보다 더 구체적으로 정의한다. 외주화는 본질적으로 신자유주의 이전 시대의 전형적인 수준을 넘어서는 당대 계약의 잉여이며, 말하자면 역사적 자본주의의 '규범'인 제삼자 계약의 기준선으로 취급된다. 이러한 이해에 따르면 외주화는 "관리 책임의 어느 정도 위임을 수반하는 지속적 또는 시간별 계약으로 규율되는 서비스 공급으로, 해당 서비스는 더 일반적으로 제공되거나 과거(영국 1950~2000년대)에 더 일반적으로 제공되었을 경우 고객 자체의 내부 팀에서 해당 서비스를 제공했다."[8] 따라서 나는 가령 재무 감사를 외주화 활동으로 취급하지만, 감사는 사내에서 수행되지 않고, 일반적으로 사내에서 수행된 적이 없기 때문에 옥스퍼드 이코노믹스는 그렇지 않다고 본다.

이 장에서 취한 접근방식은 아니지만, 옥스퍼드 이코노믹스가 "일반적인 규칙으로 외부 공급업체가 항상 제공해온 기업 대 기업과 기업 대 정부 활동"인 "전통적인 조달"을 제외하기로 한 것은 이해할 수 있다. 신자유주의 체제에서 일어난 변화는 정말 놀라웠고, 민간 부문과 공공 부문 모두를 변화시켰기 때문이다.

민간 부문의 외주화

민간 부문의 외주화부터 논의를 시작해보자. 수십 년 동안 기업은 자신이 가장 잘할 수 있을 뿐만 아니라 비즈니스 모델의 본질을 구성하는 '핵심 역량'에만 집중하고 그 외의 모든 것을 외부와 계약해야 한다는 전략적 지혜를 받아들여왔다. 로렌 웨버Lauren Weber는 외주화에 관한 훌륭한 글에서 "회사 밖으로 비핵심 일자리를 옮기는 것이 가장 잘하는 일에 더 많은 시간과 에너지를 할애할 수 있게 해준다"라고 말한다.[9] 이것이 이론이다. 또한 외주화는 성과를 개선하고(회사가 잘하지 못하는 일을 더 잘할 수 있는 제삼자에게 넘기는 것), 비용(특히 미래 연금부채)을 절감할 수 있다는 것이 일반적 생각이다. 모든 종류의 기업 비즈니스 기능이 외주화 트렌드의 대상이 되고 있으며, 이는 급여 서비스, 급식, 채용, 시설관리, IT 지원, 물류, 보안, 그리고 그 외 훨씬 많은 것을 포함한다.[10]

시간이 흐르면 더 많은 업무가 외주화됨에 따라 새로 외주화된 업무가 점점 더 '핵심' 비즈니스를 잠식하고 있으며, 결과적으로 남은 '핵심' 비즈니스는 축소되고 있다. 실제로 다른 기업이 외주화한 업무를 수행하는 것을 업으로 삼는 기업은 비핵심 업무의 수행 능력이 뛰어나다고 주장하던 것에서 핵심 업무의 수행 능력도 우월하다고 주장하게 되었다. 누군가 말하기를, "우리는 [회사의] 비즈니스 핵심 부분을 스스로 할 수 있는 것보다 더 잘할 수 있음을 보여주었다."[11] 특히 외주 계약의 지혜는 법 제정으로 가장 큰 이득을 볼 수 있는 사람들, 즉 경영 컨설턴트에 의해 아마도 가장 강력하게 전파되었을 것이다. 특히 최근 수십 년 동안 광범위하게 외주화된 활동 중 하나가 경영 또는 전략 수립 그 자체였기 때문이다. "외주화, 외주화! 이것이 바로 맥킨지 McKinsey와 선지자들이다!"라고 마르크스가 외쳤을지도 모른다.

민간 부문 외주화의 지리적 배치는 중요한 고려사항이다. 언론과 학계에서 외주화에 대한 논의의 대부분은 사실상 저비용 해외 지역으로 업무를 외주화하는 계약에 초점을 두고 있다.[12] 웨버가 지적한 것처럼, 의류 제조업 일자리를 중국으로 이전하고 콜센터 운영을 인도로 이전하는 것이 대표적인 사례다.[13] 그러나 이는 아마도 가장 잘 알려진 기업의 외주화 사례이고, 여러 가지 이유로 분명히 매우 중요하지만, 적어도 영국 기업에 의한 법 제정과 관련해서는 해외 외주화는 표준이 아니라 예외에 해당한다. 우르술라 휴스Ursula Huws와 사라 포드로Sarah Podro가 보고한 바와 같이, "영국 외주화 대부분이 국내에서 이루어진다. (중략) 널리 알려진 국제 외주화의 증가는 아마도 매우 큰 빙산의 가장 눈에 띄는 일각으로 보아야 한다."[14]

휴스와 포드로의 외주화 분석에는 특히 영국 기업의 인사 관리 기능의 외주화에 대한 이해를 돕는 논의가 포함되어 있으며, 이는 우리의 목적에 유용한 사례를 제공한다. 이들은 두 가지 중요한 보고를 한다. 첫 번째는 인사 관리의 외주화 범위와 관련해 기업 간 스펙트럼이 넓다는 것이다.

한쪽 극단에는 전체 인사 관리 기능을 각각 캐피타Capita와 액센추어 Accenture에 외주화하는 '인사 관리 외주화의 대형 거래'에 참여하는 BBC와 BT 같은 조직이 있다. (중략) 다른 극단에는 거래 프로세스를 외주화하지만, 더 전문적인 영역을 유지하는 프록터앤드갬블Procter & Gamble 같은 회사가 있다. 즉, 급여 처리와 관련된 일상적인 데이터 입력 기능만 외주화하는 회사가 있다.[15]

그러나 두 번째 요점은 모든 변화를 감안하더라도 영국 산업 전반에 걸쳐 채용이나 교육과 같은 고차 기능을 포함해 인사 관리의 외주화를 늘리는 '의심할 여지가 없는 추세'가 있다는 것이다.

영국 공공 부문의 외주화 추세를 살펴보기 전에 당대 외주화의 최전선에 있는 영국 회사의 사례를 들여다보자. 이는 영국 최고의 자연 자원 불로소득자 중 하나인 BP다(2장). 바삭 베야자이-오데미스Basak Beyazay-Odemis가 쓴 것처럼, 석유산업의 외주화는 1950년대 초반에 시작되었지만, 시추와 유층reservoir 관리 같은 분야에서 전문 IT 역량이 점점 더 중요해지면서 1980년대에 강화되었다. 업계의 다양한 활동 패턴도 외주화를 촉진한다. 예를 들면 석유회사는 지속해서 시추하지 않으므로 시추 직원과 시스템이 간헐적으로만 필요하다. 베야자이-오데미스는 '외주화'를 통해 "[국제 석유회사]가 필요할 때 자원을 이용할 수 있고, 설비의 상호 활용을 통해 비용을 절감할 수 있다"라고 말한다. 그는 오늘날 '지표면 이하에 대한 이해와 유층에 대한 지식'과 관련된 '핵심 활동'만 사내에서 유지되고 있다고 지적한다. 그는 업계 전문가의 말을 인용해 "오트쿠튀르Haute couture, 즉 고급 기능은 내부에서 만들고, 표준 서비스와 제품은 외주화된다"라고 말한다. BP는 다른 메이저 석유회사보다 외주화의 한계를 더 밀어붙였다.

1990년대 BP와 셸 같은 일부 [국제 석유회사]는 실행execution 활동에서 손을 떼고 자산관리에 주력하기 시작했다. 석유사업의 핵심은 '유전 개발 field development 실행의 달인'이 아니라 '유층 전문가'로 여겨졌다. 이들은 은행의 포트폴리오 관리 기능과 유사하게 유전 구매와 관리에 중점을 둔 포트폴리오 관리자와 비유되기 시작했다. (중략) 1990~2000년 동안 BP 는 탐사와 장기 계획에 집중하기 위해 자산관리를 제외한 모든 활동을 외주화하기로 결정했다. 그 결과 BP는 엔지니어링 부서와 연구소를 폐쇄하고 엔지니어링 팀을 프로젝트 관리자로 대체했다. BP는 '엔지니어'가 아닌 '정보에 입각한 구매자'가 되기로 했다. 시간이 지남에 따라 BP는 업계에서 가장 수직적으로 분리된 [국제 석유회사]가 되었다. 이는 심지어 지진 데이터의 해석과 같이 다른 국제 석유회사에서 핵심 전문 지식으로 간주되는 활동을 외주화했다.[16]

이러한 모든 노력의 결과로 2008년까지 BP의 연간 조달비용은 2,670억 달러로 엄청나게 증가했으며, 이는 "매일 상품과 서비스에 7억 달러 이상을 지출하고 있다는 것을 의미"한다.[17]

공공 부문의 외주화

BP와 같은 극단적인 유형의 민간 부문 외주화는 모든 서구 경제권에서 어느 정도 발생하고 있다. BP가 석유 부문의 선두를 달리고 있기는 하지만, 일반적으로 영국 경험에서 특별히 주목할 만한 것은 없다.

5장 외주화: 계약 지대

그러나 영국이 두각을 나타내고 있는 분야는 공공 부문 외주화로, 영국은 의심할 여지 없이 이 분야를 선도하고 있다. 분명히 말하지만, 이것은 민영화에 관한 것이 아니다. 영국은 민영화에서도 선두주자지만 (6장과 7장 참조), 외주화와 민영화는 서로 다른 현상이다.

외주화와 민영화의 주요 차이점을 잠시 멈춰서 생각해볼 가치가 있다. 이 둘은 확실히 일부 동학dynamics을 공유하고 있으며, 둘 사이의 경계가 모호하기 때문에 단순한 이분법이 제시하는 것보다 상황이 더 복잡하다. 6장과 7장에서 살펴볼 수 있듯이, 민영화는 근본적으로 자산(주로 인프라 자산)을 민간 부문으로 이전하는 것으로, 즉 (인프라 자산의 경우) 자산의 운영뿐만 아니라 자산 소유권이 민간으로 넘어가고, 국가의 역할은 기껏해야 규제기관의 역할로 축소되는 것을 말한다. 반면, 공공 부문 외주화는 상품과 서비스의 최종 소비자가 계약을 체결한 공공기관인지와 관계없이, 근본적으로 공공 부문이 외부 계약을 통해 해당 상품과 서비스의 공급을 확보하는 것을 말한다.

공공 부문 외주화 계약에 따라 조달되는 재화나 서비스 자체가 자산(예를 들면 신규 교도소 또는 병원)이 될 수 있으며, 그 운영과 유지 보수 역시 사설업체에 외주화되는 경우가 많으므로 상황은 부분적으로 복잡해진다. 또한 민영화와 외주화는 종종 함께 진행되어 사실상 구분하기가 어렵다. 1990년대 중반부터 시작된 영국 철도 부문의 변화가 대표적인 예라고 할 수 있다. 6장에서 살펴보겠지만, 선로와 역 네트워크—설상가상으로 이 기반시설은 나중에 재국유화되었지만—와 '철도 차량'을 포함한 대부분의 부문이 민영화되었다. 그러나 철도 서비스 운영의 나머지 부문은 민영화되지 않았으며, 특히 교통부가 입찰 과정을 통해 임대한 계약(일반적으로 7년 기간)에 입찰하고 철도 차량을 임대하는 민간 철도운영사Train operating company에 외주화되었다.

마지막으로 복잡한 요인은 자산이 개인 소유로 전환되는지가 일반적으로 민영화 또는 외주화 여부를 판단하는 데 좋은 경험 법칙을 제공하지만, 항상 대답하기 쉬운 질문은 아니라는 점이다. 2000년대 초반 이후 영국 전역의 무상교육 공립학교 중 약 3분의 1(초등학교의 22퍼센트, 중등학교의 68퍼센트)이 '아카데미'* 상태로 전환된 것을 고려해보자.[18] 이들은 민영화 또는 외주화된 것인가? 이는 명확하지 않거나 적어도 어느 개념도 적합하지 않다. 첫째, 자산이란 정확히 무엇인가? 이는 학교를 운영하는 '비즈니스'인가?(겁을 주는 따옴표를 붙이는 이유는 곧 명백해질 것이다), 토지와 건물인가? 아니면 둘 다인가? 둘째, 이러한 자산의 소유권 상태는 어떻게 되는가? '비즈니스'에 관한 한 소유자는 아카데미를 운영하는 신탁이다. 토지와 건물의 경우, 소유자는 때때로 아카데미나 지자체일 때도 있으며, 아카데미는 명목상의 비용으로 장기 임대로 부지를 보유하고 있다.[19]

마지막으로 중요한 것은 아카데미 신탁은 진정한 민간 부문의 비즈니스인가라는 점이다. 이것은 말하기 어렵다. 법적으로 이는 비영리 자선단체(수익을 낼 수 없는 경우 '자산'은 자산인지에 대한 추가 질문을 제기하

---

* academy: 2000년 이후 등장한 영국의 새로운 중등학교 유형으로, 정부 지원 예산으로 공적기관이 운영하는 일종의 사립학교다. 개인, 민간단체, 자선단체, 교회와 종교단체 등이 후원자가 되어 학교를 운영한다. 공립학교에 적용되는 일반적인 규제가 적용되지 않는다. 이는 민간의 경영기법을 교육에 도입하려는 시도이고, 특히 도시 낙후지역에서 교육환경과 성취도의 향상을 겨냥하고 있다.

는)지만, 핵심 계약 자금에 대한 중앙정부의 지원 외에도 개인 또는 기업 '후원자'에게 지원(금융 또는 현물)을 받을 수 있다. 요컨대 이것은 우리가 신자유주의 영국을 이해하기 위해 활용할 수밖에 없는, 단순화 범주를 넘어서는 개념과 정의 차원의 지뢰밭이다. 여기에서 나는 공립학교의 아카데미화를 외주화(정부가 계약하고 비용을 지불함으로써 서비스를 조달하는 것)로 취급하겠지만, 이는 마찬가지로 민영화의 한 형태로 간주될 수도 있다.

어쨌든 1970년대 말부터 영국은 공공 부문 외주화의 최전선에 서 있었으며, 그 과정에서 방대한 양의 새로운 계약자산을 창출하여 더 많은 계약 불로소득자가 이를 경제적 이득을 위해 동원할 수 있도록 했다. 마거릿 대처가 1979년에 집권했을 때, 지방정부가 가장 먼저 외주화의 대상이 되었다. 처음에 지역 서비스를 외주화하기로 선택한 것은 지자체 자체가 아니라 외주 계약을 강요받은 지방정부였다. 주요 메커니즘은 '1980년 지방정부, 계획과 토지법Local Government, Planning and Land Act 1980'에 따라 건설, 유지보수와 고속도로 작업에 처음 도입된 의무경쟁입찰compulsory competitive tendering이었다. 의무경쟁입찰에 따라 지자체는 해당 작업을 먼저 입찰에 부쳐 공개 입찰 경쟁을 통해 따낸 경우에만 자체적으로 작업을 수행할 수 있게 되었다(실제로는 거의 없다). 시간이 지남에 따라 의무경쟁입찰은 쓰레기 수거와 지상 유지보수(1988년), 스포츠·레저 관리 서비스(1989년), 전문 서비스(1994~1995년) 등 더 많은 지역 서비스를 포함하도록 확장되었다.[20] 2000년대 초반에 시작되었으나, 이후 10년 동안 본격화된 공립학교의 아카데미화는—모든 학교가 전환할 수 있지만 2016년부터 '부적절' 판정을 받은 학교는 반드시 해야 하는—지역 차원에서 국가의 운영 영역을 축소하는 추세를 이어갈 뿐이었다.

동시에 외주화 현상은 공공 부문의 다른 부분으로 확장되어 예전에는 외주화할 수 없다고 여겨졌던 상당한 양의 활동을 포함해 상상할 수 있는 모든 것이 외주화되었다. 심지어 국가 공공 부문의 보석으로 널리 알려진 NHS도 예외는 아니었다. 1982년 초에 보건당국은 급식, 청소, 운반과 건물 유지보수 등의 지원 서비스에 경쟁 입찰을 도입하라는 지시를 받았다. 그러나 수십 년이 지나면서 민간 부문에서와 마찬가지로 외부 위탁계약업체는 1차와 2차 돌봄care 서비스를 포함해 점점 더 '핵심' 영역을 침범하게 되었다. '2012년 보건·사회보장법Health and Social Care Act'과 2015년의 새로운 공공 계약 규정은 특히 NHS 외주화 범위를 넓히는 데 중요한 역할을 한 것으로 널리 알려져 있다. 평생 61만 5,278파운드 이상의 값어치가 있는 돌봄 계약은 입찰에 부쳐야 했으며, 이는 민간 기업이 계약에 따라 제공하는 돌봄의 '대규모 확장'으로 이어졌다.[21]

공공 부문의 외주화에 대해 일반적으로 제시되는 근거는 부분적으로는 내가 이전에 검토한 외주 계약을 맺기로 선택한 민간 기업이 일반적으로 제시하는 근거를 반영했다. 즉, 이는 비용, 서비스 품질, 성과 수준, 그리고 주된 대상에 관한 것이다. 공공 부문의 내부 감사기관인 감사원National Audit Office의 말에 따르면, 공공 서비스는 다음과 같은 이유로 외주화된다.

계약당국은 이것[외주화]이 적격성value for money을 개선하고, 비용을 절감하며, 서비스 품질을 개선하는 데 도움이 될 것이라고 믿기 때문이다. (중략) 전문가 서비스를 제공하면 의뢰인은 정책, 전략과 이해관계자에 집중할 수 있으며, 규모의 경제도 제공할 수 있다. 이는 종종 사내에서 보유하기 어려운 숙련 기술에 대한 접근성을 제공할 수 있는 경우가 많다.[22]

이 용어는 매우 친숙하다. 그러나 공공 부문 외주화는 서비스 전달의 경쟁을 촉진하고, 공공 부문과 납세자로부터 민간 부문으로 재정 위험을 전가하는 두 가지 다른 목적도 있다고 주장한다. 예를 들면 이 두 가지는 철도운영 서비스의 외주화에 명시된 기본 목표였다.[23]

그러나 이러한 논리의 기저에 때로는 노골적으로 드러나기도 하는 단순하고 뿌리 깊은 반국가주의가 자리 잡고 있다. 즉, 외주화는 이데올로기적이다. 이는 결국 영국식 신자유주의의 핵심이며, 특히 영국에서 신자유주의 프로젝트의 중심에는 국가가 가능한 한 적게 소유해야 할 뿐만 아니라(6장과 7장 참조), 가능한 한 적게 **해야 한다**는 신념이 항상 존재해왔다. 관료주의와 낭비가 만연한 것으로 알려진 공공 부문은 절대적인 측면에서나, 더 중요한 것은 이상화된 민간 부문에 비해 상대적인 측면에서 그 본질상 비효율적이라고 여겨지기 때문이다. 외주화할 수 있는 것은 단순히 더 잘할 수 있으므로 그래야 한다. 공립학교의 아카데미화에 대한 정부의 진정한 근거, 즉 "지자체의 영향력에 대한 강한 혐오와 자율성과 시장화에 대한 믿음"을 두고 베키 프랜시스Becky Francis가 내린 평가는 아마도 공공 부문 외주화 전반으로 안전하게 확장될 수 있을 것이다.[24]

공공 부문과 민간 부문 외주화의 진짜 이유가 무엇이든, 결론은 영국에서 이 두 가지 현상이 30~40년 동안 함께 일어나면서 오늘날 주요 경제 활동 형태인 계약 자본주의를 실천하는 완전히 새로운 부류의 계약 불로소득자를 탄생시켰다는 것이다. 일부 계약 자본가는 전문가로서 다양한 유형의 고객을 위해 특정 외주화 기능을 수행하거나 특정 산업 부문의 고객에게 서비스를 제공하고 다양한 기능을 수행한다. 전자 유형의 전문가 사례로 영국을 포함한 전 세계 60만 개 이상의 기업에 인사 관리 서비스를 제공하고, 급여 단위가 약 4,000만 명에 달하는 근로자에게 급여를 지급하는 오토매틱 데이터 프로세싱사Automatic Data Processing Inc.가 있다. 후자 유형의 전문가 사례로는 석유 탐사와 생산 부문에 서비스를 제공하지만, 일반적으로 석유를 직접 생산하지는 않는 석유 서비스회사를 들 수 있다. 슐룸베르거Schlumberger와 웨더포드 인터내셔널Weatherford International사가 여기에 속한다.

이러한 전문가들과 함께 군단급 종합generalist 위탁계약업체가 있는데, 이들은 기본적으로 누구를 위해 무엇이든 할 수 있다. 민간과 공공 부문 모두에서 다른 사람들이 스스로 하지 않으려는 일을 하는 부정적 의미의 비즈니스 모델까지 갖추고 있는 기업들이다. 최근 『이코노미스트』의 외주화에 관한 기사에서 언급한 바와 같이 이러한 종합 위탁계약업체의 대표적인 영국 사례는 세르코Serco다. 이 기사가 작성될 당시 세르코의 주요 계약은 국가 교육 부문에서 급식 서비스를 제공하고 국가의 핵 잠수함을 수송하는 일을 포함한다. 다른 공공 부문 계약은 여섯 곳의 교도소를 운영하고 런던에서 스코틀랜드까지 침대 열차를 운영하는 것이었다. 『이코노미스트』는 세르코가 수행한 업무

범위가 '학교 급식 제공에서 아마겟돈(전쟁) 준비'에 이르기까지 다양하다고 씁쓸한 어조로 보고했다.[25]

실제로 영국이 공공 부문 외주화의 선구자 역할을 했다는 점에서 주목할 만하다면, 이러한 종합 위탁계약업체가 두드러지고 상대적으로 많다는 점도 주목할 만하다. 세르코와 함께 다른 주요 업체명을 열거하면 아메이Amey, 캐피타, G4S, 키어Kier와 인터서브Interserve 등이다. 이들 기업의 비즈니스 모델에 대한 긍정적인 정의를 내릴 수 있다면, 콜린 크라우치Colin Crouch가 제시한 것이다. 그는 이러한 회사가 하는 일이 기본적으로 모든 불로소득자가 하는 일, 즉 자산을 취득하고 활용하려는 시도이며, 이 경우 계약이라는 것을 누구보다 명확하게 인식했다. 대차대조표에 새 자산을 올리는 것이 핵심 목표다. 크라우치는 특히 공공 부문 계약에 대해 구체적으로 서술하고 있지만, 종합 위탁계약자의 전형적인 비즈니스 모델에 대한 그의 설명은 신규 민간 부문 사업을 수주하려는 이들의 열의에도 똑같이 적용된다. "[이들의] 핵심 사업은 전문성을 갖춘 특정 활동 분야가 아니라 정부 계약을 수주하는 방법, 즉 입찰 방법과 공무원·정치인과의 관계를 발전시키는 방법에 대해 아는 것이다. 이는 네트워크 외부성의 한 형태가 되며, 이를 바탕으로 정부가 외주화하기로 한 거의 모든 분야에서 계약을 체결할 수 있다."[26]

신규 계약자산을 확보하는 것만이 기업의 존재 이유가 될 때, 해당 계약에 명시된 업무의 적절한 수행은 부차적인 고려사항이 되고 이후에 고민해야 할 문제가 되는 경향이 있다. 나는 이 장의 뒷부분에서 이러한 왜곡된 유인과 우선순위의 결과를 검토할 것이다. 한편, 최근의 한 악명 높은 에피소드는 무엇이든 할 수 있는 종합 위탁계약업체의 부조리를 잘 보여준다. 2018년 12월 영국 정부는 아무 협의 없이 유럽연합을 탈퇴하는 노딜 브렉시트No-Deal Brexit 시 필요한 페리 서비스 운영 계약을 선박도 거래 이력도 없는 한 회사에 맡겼다.

계약 자본주의

계약 자본주의 또는 계약 불로소득주의는 현대 영국 경제의 주요 부분을 차지하며, 금융과 토지 부문의 거대 불로소득주의를 포함하여 이 책에서 살펴본 다른 어떤 형태의 불로소득주의보다 더 큰 비중을 차지한다. 그러나 이를 구분하고 조사하는 것은 매우 힘들어서 이에 숫자를 매기기는 어렵다. 우리가 본 것처럼 계약 자본주의는 표준산업분류 체계에서 이를테면 금융과 토지 불로소득주의처럼 하나의 산업 부문을 대표하지 않는다. 오히려 계약 불로소득자는 경제의 거의 모든 부문에서 어느 정도 활동하며, 표준산업분류 체계의 기초가 되는, 제공하는 제품이나 서비스의 특성보다는 관계형(시장거래와 계약)과 대차대조표 명령(자산 축적)이 결합됨으로써 더 독특한 비즈니스 기업 양식을 실천한다. 이는 표준산업분류 체계의 토대를 형성한다. 표준 분류에서 식별되는 '전문·지원 활동' 부문은 본질적으로 계약 불로소득자 부문이지만, 계약 불로소득자는 다른 분야, 특히 제조·건설·교통·정보 통신·보건·교육 분야에서도 매우 활발하고 영향력이 있는 존재다. 계약 불로소득자는 어디에나 존재한다.

약 10년 전, 옥스퍼드 이코노믹스는 영국 외주화 시장 규모를 파악하고자 했으며, 연간 2,070억 파운드(2009년 기준)라는 수치를 내놓았는데, 이는 경제 전체 산출물의 약 8퍼센트에 해당하는 수치다.[27] 그러나 우리가 논의한 바와 같이 옥스퍼드 이코노믹스는 외주화에 대해 매우 제한적으로 내린 정의에 따라 최근 역사적으로 외주화가 급증하기 전인 1980년대에도 일반적으로 외주화된 활동, 즉 '항상' 외주 계약이 체결된 모든 활동을 제외한다. 따라서 문제는 옥스퍼드 이코노믹스가 제시한 2,070억 파운드라는 수치가 전체 시장, 즉 그 업체가 '전통적 조달'이라고 부르는 시장을 얼마나 과소평가하느냐다.

정확한 수치에 도달하는 것은 불가능하지만, 이러한 과소평가의 규모를 대략 파악할 수는 있다. 옥스퍼드 이코노믹스의 계산에 따르면, 연간 시장 규모 2,070억 파운드 중 약 60퍼센트는 민간 부문의 외주화이고, 나머지 40퍼센트인 약 820억 파운드 정도는 공공 부문 계약이다. 재무부 자료와 대조·검토해본 결과, 우리는 2008/2009년 공공 부문 조달 총액이 2,300억 파운드였으며, 이는 경상 자원 조달(상품과 서비스)의 1,880억 파운드와 자본 조달의 420억 파운드로 구성되어 있음을 알아냈다.[28] 이후 감사원은 전체 조달 수치가 실제로 외주화에 대한 정부 지출을 나타낸다고 확인했으며, 2014/2015년까지 지출이 증가한 2,420억 파운드를 "공공 부문이 계약을 통해 지출한 금액"이라고 설명하고는 공공 부문이 "서비스 자체를 제공하는 데 지출하는 것보다 계약에 더 많은 돈을 지출한다"라고 지나가는 말로 언급했다.[29] 다시 말해 옥스퍼드 이코노믹스는 전체 공공 부문 외주화 시장(2,300억 파운드 중 820억 파운드)의 3분의 1이 조금 넘는 부분만 고려하고 있었으며, 이후 2,840억 파운드(2017/2018년)로 확대되었다.[30] 민간 부문 외주화 시장에 대한 옥스퍼드 이코노믹스의 설정이 유사하게 구획화되고, 그 시장이 지난 10년 동안 공공 부문 외주화 성장과 비슷한 속도로 성장했다면(확실히 두 가지 큰 '만약'이 있지만), 오늘날 민간 시장 규모는 약 4,300억 파운드, 따라서 공공과 민간 시장을 합하면 7,000억 파운드가 넘을 것으로 예상할 수 있다. 이는 터무니없이 큰 숫자처럼 들릴 수도 있지만, 영국 경제의 연간 총산출물이 약 2조 파운드이며, '전문·지원 활동' 부문만 해도 경제의 약 12퍼센트를 차지한다([그림 0-1]과 [그림 0-2] 참조). 궁극적으로 정확한 숫자는 거의 논외다. 그 수치가 7,000억 파운드든 '단지' 5,000억 파운드든, 영국에서 외주화는 거대한 비즈니스다.

우리는 민간 부문보다 공공 부문 외주화의 시장구조에 대해 훨씬 더 많이 알고 있다. 정부가 어떤 공공기관이 외주화하고 있는지, 무엇을 외주화하는지, 그리고 때로는 어떤 조건으로 외주화하는지를 보여주는 자료를 수집하고 게시하기 때문이다. 민간 부문과 관련해 이와 비교할 수 있는 정보 수집은 없다.

그렇다면 영국 공공 부문에서 계약 불로소득자의 주요 고객은 누구인가? [그림 5-1]은 집계 수준의 분석을 보여준다. 계약 불로소득자 공공 부문 사업의 60퍼센트 이상이 중앙정부와 관련되어 있는 반면에 나머지는 지방정부(35퍼센트)와 공기업(3퍼센트)이 차지한다. 특히 지방정부의 외주화 지출은 절대적 측면에서는 중앙정부보다 낮지만, 외주화는 중앙정부(30퍼센트 미만)보다 지방정부의 전체 지출(거의 50퍼센트)에서 훨씬 더 높은 비율을 보여준다. 싱크탱크인 정부연구소Institute

5장 외주화: 계약 지대

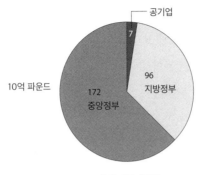

[그림 5-1] 2016/17 회계연도 유형별 영국 공공 부문의 총조달 지출액

공기업
7

96
지방정부

10억 파운드

172
중앙정부

출처: 영국재무부

for Government의 최근 보고서에 따르면, 이는 중앙정부가 복지 수당과 부채 이자와 같은 비조달 국가 지출의 주요 항목을 담당하기 때문이다.[31] 한편, 같은 연구자들은 재무부의 데이터를 분석해 중앙정부에서 외부 계약에 가장 많은 지출을 하는 부처가 어디인지 추정했다. 단연코 가장 큰 부처는 보건·사회복지부로, 2017/2018년에 750억 파운드의 계약비용이 발생한 것으로 추정된다. 2위지만 훨씬 뒤처진 국방부는 같은 해에 외부 계약에 약 220억 파운드를 지출한 것으로 추정된다.[32]

누구나 중앙공공조달기관인 영국조달청Crown Commercial Service을 활용할 수 있지만, 공공 부문의 각 부분은 계약을 배분하는 데 다른 모델을 활용한다. 계약 불로소득자에게 제공하는 사업 규모를 고려할 때 보건·사회복지부는 특히 주목할 가치가 있다. 여기서 특히 중요한 기관은 NHS 위임commissioning 업무를 처리하는 부처 내 소위 '비부처 공공기관non-departmental public body'인 NHS 잉글랜드다. 전국적으로

200개 이상 소규모 지역의 임상위임위원회Clinical Commissioning Group 의 지원을 받아 NHS 잉글랜드는 현재 NHS와 민간 부문 간에 체결된 5만 개 이상의 계약을 입찰하고 관리한다.[33] 나는 이 장의 뒷부분에서 NHS 계약의 위탁에 관한 논의로 돌아갈 것이다.

외부 계약이 지자체 지출에서 차지하는 비중이 높다는 점을 고려할 때, 위임은 지자체의 주요 사업이 된 것이 분명하다. 실제로 가장 극단적인 경우 50퍼센트는 평균에 불과하지만, 위임은 점차 더 지자체의 핵심 활동으로 자리 잡고 있다. 지자체 운영에서 이러한 중대한 변화를 표준화하기 위해 다양한 정책 슬로건이 만들어졌다. 콜린 코퍼스 Colin Copus와 그의 공동 저자는 '조정 카운슬Co-ordinating Council', '촉매 카운슬Catalyst Council', '협동조합 카운슬Co-operative Council', '기업가 카운슬Entrepreneurial Council', '미래 카운슬Future Council', '이지 카운슬easy-Council', 그리고 가장 간단하게는 '위임 카운슬Commissioning Council 등 가장 일반적인 일곱 가지 슬로건을 제시한다.[34] 이 위임 모델이 한계까지 추구된 곳에서, 지자체는 본질적으로 "지방의회 의원 councillor 업무 범위가 외주화 계약을 체결하고 관리하는 것"이라는 맥락에서 "제공자가 아닌 중개인이 되었다."[35] 이러한 '위임 카운슬'의 가장 악명 높은 사례는 오랫동안 런던 북부에 있는 바넷Barnet이었다. 바넷은 2010년대 초에 시작된 '원 바넷One Barnet' 프로그램을 통해 카운슬 서비스의 약 70퍼센트를 외주화했다.[36]

공공 부문에서 누가 계약 불로소득자에게 계약을 제공하는지 알고 있다면, 다음 질문은 해당 계약이 무엇으로 구성되어 있느냐다. 주로 어떤 업무가 외주화되고 있는가? 이와 관련하여 공공 부문 기관마다 큰 차이가 있다는 것은 말할 필요도 없다. 예를 들면 위에서 강조한 두 개의 중앙정부 부처, 즉 보건·사회복지부와 국방부를 살펴보자. 보건·사회복지부의 조달 대부분(약 94퍼센트)이 예를 들면 병원 치료, 응급 치료, 지역사회 보건 서비스, 정신 건강 서비스와 1차 치료 등 경상 자원 지출인 반면에, 국방부의 계약 지출은 경상 지출과 자본 지출이 훨씬 고르게 균형을 이루고 있으며, 후자의 비중이 상대적으로 큰 것은 무엇보다도 "무기 시스템과 국방부 자산 유지에 드는 막대한 비용"을 반영된 결과다.[37] 좀 더 일반적으로 지난 10년 동안 공공 부문 외주화 지출에서 상품과 서비스 제공보다는 자본 조달, 즉 (인프라) 자산(도로, 병원, 군사 장비 등) 건설, 수리·유지보수 계약이 차지하는 비중이 많이 증가했다는 점에 주목할 필요가 있다. 2004/05년 공공 부문 계약 지출에서 자본 지출이 차지하는 비중은 17퍼센트 미만이었지만,

[그림 5-2] 2004/5~2017/18 회계연도 영국 공공 부문 자본과 경상 계약 지출액

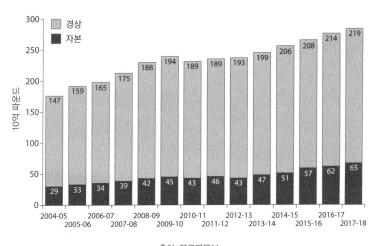

출처: 영국재무부

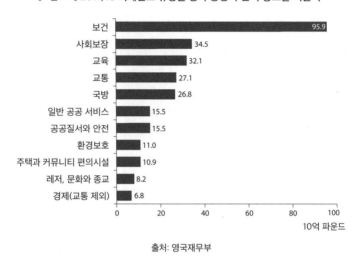

[그림 5-3] 2017/18 회계연도 유형별 영국 공공 부문의 총조달 지출액

보건	95.9
사회보장	34.5
교육	32.1
교통	27.1
국방	26.8
일반 공공 서비스	15.5
공공질서와 안전	15.5
환경보호	11.0
주택과 커뮤니티 편의시설	10.9
레저, 문화와 종교	8.2
경제(교통 제외)	6.8

10억 파운드

출처: 영국재무부

2017/18년 그 비율이 23퍼센트로 증가했다([그림 5-2] 참조).

[그림 5-3]은 재무부 자료를 활용해 재무부 자체 범주를 바탕으로 정확히 어떤 외주화가 이루어지고 있는지를 자세히 보여준다. 자료가 포괄적이고, 가령 우리는 NHS 기능 이외에도 공공 부문이 비보건 사회 서비스를 외주화하는 것의 중요성을 알 수 있어서 유익하지만, 공개된 자료의 단점은 '기능' 내에서 문제를 여러 세부사항으로 나누고 나누어진 문제를 다시 세분화하는 드릴다운*을 할 수 없다는 점이다. 예를 들면 960억 파운드의 '보건'은 매우 광범위한 범주다. 가령 병원 청소, IT 지원 또는 문구류나 의약품 공급 계약과 비교해서 이러한 지

---

* drill down: 이는 가장 핵심적인 수준부터 가장 상세한 수준까지 계층에 따라 데이터 분석에 필요한 요약 수준을 바꿀 수 있는 기능을 수행하는 것을 말한다.

5장 외주화: 계약 지대

출 중 얼마나 많이 돌봄 계약과 관련이 있는가? 재무부 자료는 우리에게 이에 대해 아무것도 말해주지 않는다.

그러나 세 가지 별도의 분석은, 적어도 하나의 삼각형이 이들 사이에서 측정되는 경우(모두 부분적이고 모두 약간 다른 말을 하는), 이 질문에 대해 더 많은 정보를 제공하는 데 도움이 된다. 첫째, 정부연구소는 공공 부문 전반에 걸쳐 상위 두 개의 조달 범주가 '공사works'(인프라 프로젝트, 즉 자본 지출과 대체로 동등한)와 시설 유지보수 서비스(청소, 급식, 기타)라고 계산했으며, 이 두 가지는 전체 계약 지출의 절반을 차지하고, 각각에 대해 가장 큰 지출을 한 개별 부처는 각각 교통부와 보건·사회복지부라고 밝혔다.[38] 이 분석에서 특이한 점은 다른 두 분석에서 볼 수 있듯이 IT 지출이 없다는 것이다. 이 중에 내각부 Cabinet Office—따라서 가장 권위 있는—의 첫 번째 보고서는 IT가 공공 부문 계약 지출의 가장 큰 단일 범주이며, 그다음으로 시설관리, 국방(대부분 자본 지출), 전문 서비스(법률·컨설팅·회계 등)와 건설(다시 자본 항목)—그러나 이 분석은 중앙정부에만 적용된다는 점에 유의해야 한다—이 차지한다.[39] 마지막으로 옥스퍼드 이코노믹스는 2011년 영국 외주화 시장의 규모를 추정할 때 자체 분류를 제공했는데, 말할 필요도 없이 그 분석의 두 가지 단점은 그것이 현재 오래된 것이라는 사실(2009년 자료 기반)과 우리가 본 것처럼 신자유주의하에서 '전통적' 외주화에 추가되는 것으로 간주되는 외주화 형태만 조사한다는 것이다. 그럼에도 이 수치([그림 5-4]에 나타난)가 민간 부문과 공공 부문 계약의 범주에 걸쳐 가치를 추정한다는 사실과 후자에 대한 다른 분석의 내용을 광범위하게 확증한다는 점에서 유용하다.

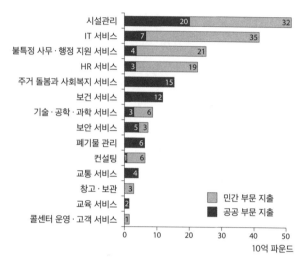

[그림 5-4] 2009년 범주별 영국 외주화 지출

시설관리 20 / 32
IT 서비스 7 / 35
불특정 사무·행정 지원 서비스 4 / 21
HR 서비스 3 / 19
주거 돌봄과 사회복지 서비스 15
보건 서비스 12
기술·공학·과학 서비스 3 6
보안 서비스 5 3
폐기물 관리 6
컨설팅 1 6
교통 서비스 4
창고·보관 3
교육 서비스 2
콜센터 운영·고객 서비스 1

■ 민간 부문 지출
■ 공공 부문 지출

0 10 20 30 40 50
10억 파운드

출처: 옥스퍼드 이코노믹스

　한편, 자산이 취하는 형태—불로소득을 창출하는 계약—는 당연히 계약자가 맡는 특정 서비스 약정만큼이나 다양하다. 불로소득 수준이 고정되어 있는 경우도 있다. 계약은 특정 가치에 대한 것이다. 이에 대한 한 가지 예는 애버딘 웨스턴 페리퍼럴 루트Aberdeen Western Peripheral Route 도로 건설 계약인데, 카릴리언Carillion과 두 파트너는 2015년 스코틀랜드교통공사와 5억 5,000만 파운드라는 고정 가격에 계약을 체결했다.[40] 다른 경우에는 계약에 종종 성과와 관련된 가변적인 요소가 있다. 예를 들면 2014년 법무부가 저위험과 중간 위험 범죄자에 대한 보호관찰 서비스를 외주화해서 논란이 되었을 때, 계약 방식에서 가장 눈길을 끌었던 측면 중 하나는 성과급 제도였으며, 이러한 제도 아래에서는 계약자 지급액의 일정 비율이 이들이 달성한 재범율 감소에

따라 결정되는 방식이다.[41] 한편, 가장 복잡한 계약 사례에서는 불로
소득이 어떻게 책정되는지를 이해하는 것조차도 큰 과제다. 예를 들면
민간 철도운영사의 철도 서비스 계약은 사업자에게 승객 운임과 기내
급식 같은 잡다한 관련 수입을 벌 수 있는 라이선스를 부여할 뿐만 아
니라 정부 보조금 형태로 더욱 직접적인 불로소득을 지급받기로 한다.
이 보조금에는 이는 순프랜차이즈 지불급(계약서에 명시되어 있지만 정
책 변경에 따라 조정될 수 있으며, 때로는 마이너스, 즉 정부로 유입될 수 있는),
수익 지원금(민간 철도운영사의 재무성과에 따라 결정되며, 이 또한 마이너스
일 수 있는), 그리고 네트워크 보조금(정부가 네트워크 레일에 제공하는 직
접 철도 지원금의 일부) 등 세 가지 이상의 구성요소가 있다.[42]

계약 형태의 다양성과 함께 자산 수명과 가치도 매우 다양하다.
2013년 감사원은 당시 최대 규모의 정부 위탁계약업체 네 곳인 아토
스, 캐피타, G4S, 세르코가 보유한 공공 부문 계약에 대한 흥미로운
분석을 수행했다. 이러한 계약은 이들 회사의 영국 매출 중 최소 약
3분의 1(캐피타)에서 최대 약 3분의 2(세르코)를 차지했다. 감사원 분석
에 따르면 영국 공공 부문과의 계약기간은 1년에서 40년까지 다양했
으며, 각 사업자 포트폴리오에 포함된 공공 부문의 평균 계약기간은
5년(아토스)에서 12년(G4S)까지였다. 각각의 포트폴리오에서 갱신 예
정인 계약의 평균액은 5,400만 파운드에서 1억 6,400만 파운드에 달
했다.[43] 비슷한 시기에 영국공정거래위원회는 특히 공공 부문의 IT 외
주화 계약을 조사한 결과, 평균 계약기간이 7년 반이며 연간 계약액에
가중치를 부여하면 9년이 조금 넘는 것으로 나타나 계약기간은 증가
하는 경향이 있다.[44]

최근에 정부연구소는 모든 계약 유형(IT뿐만 아니라)과 모든 유형의 위탁계약업체(가장 규모가 큰 위탁계약업체뿐만 아니라)를 살펴보는 전체 공공 부문의 계약에 관한 연구를 수행했다. 2017년 공표된 계약의 평균 기간은 1년 9개월이었다.[45] 이처럼 매우 낮은 수치는 소규모 위탁계약업체에 낙찰된 계약—보통 더 짧고 규모가 작은 계약—을 고려한 분석 결과일 뿐만 아니라 더 광범위한 계약 범주를 반영한다. IT 계약은 비정상적으로 길다.

그럼에도 장기 계약의 수는 상대적으로 적지만 평균 액수가 크다는 것은 계약 불로소득자의 소득에 불균형적으로 기여한다는 것을 의미한다. 정부연구소의 연구원들은 공공 부문 계약 총액의 25퍼센트가 5년 이상 계약이 차지한다고 추산했다.[46] 특히 지방정부와 공기업이 체결하는 공공 부문 계약 중 가장 크고 긴 것은 극히 일부에 불과하다. 대부분은 중앙정부에서 이루어지며, 최근 평균 계약액은 3,500만 파운드에 달하는 것으로 추정된다.[47] 특히 대형 계약의 예로는 캐피타가 영국군 병사를 모집하기 위해 국방부와 5억 8,200만 파운드 계약을 체결한 것, 그리고 2017년 교통부가 런던에서 버밍엄으로 이어지는 HS2 노선의 북부 구간 1단계 건설을 위해 발포어 비티Balfour Beatty와 빈치Vinci 컨소시엄과 체결한 두 계약이 있는데, 그 추정액이 각각 13억 2,000만 파운드와 11억 5,000만 파운드에 달한다.[48] 이 밖에 진정한 초대형 계약이 있는데, 그중 가장 큰 계약은 영국국세청과 캡제미니Capgemini 간 '어스파이어Aspire' IT 계약으로, 2004년에서 2017년까지 13년 동안 약 100억 파운드에 달했다.

크고 작은 계약이 있는 것처럼 크고 작은 위탁계약업체가 있다. 최근 보고서에 따르면 약 20만 개의 서로 다른 공급업체가 현재 영국 공공 부문에서 외주화한 서비스를 제공하고 있으므로, 민간 또는 공공 부문 구매자에게 서비스를 제공하는 수는 이보다 훨씬 더 많을 것으로 추정된다. 소수의 초대형 위탁계약업체로 구성된 '머리'는 필연적으로 중소기업으로 구성된 긴 산업 '꼬리'와 연결된다.[49]

그러나 위탁계약자의 규모와 관계없이 위탁계약자의 핵심 운영 방식은 동일하다. 이러한 기업들은 계약을 이행하는 것보다 계약을 수주하는 데 더 큰 노력을 기울인다. 이는 과장이나 허위로 들릴 수도 있다. 그러나 이는 계약을 체결한 후 계약을 이행하지 않고도 보수와 추가 사업 확보 가능성을 보장받을 수 있지만, 먼저 계약을 체결하지 않고는 계약을 이행할 수 없다는 본질적인 진실을 전달한다. 신규 계약 사업은 위탁계약업체의 생명줄이자 지속적인 존속을 위한 자산화된 생계 수단이다.

언제나 그렇듯이 이 중요한 진실은 해당 기업의 연간 보고서와 재무제표를 자세히 읽어보면 알 수 있다. 다음에서 나는 위에서 소개한 분류에 따라 세 가지 사례를 들어 설명하고자 한다. 이들 모두는 이미 잘 알려진 대형 위탁계약업체로 전문 위탁업체 한 곳과 종합 위탁업체 두 곳을 포함한다. 전문 위탁업체는 주로 공공 부문을 대상으로 하는 방위, 보안과 항공우주 계약업체인 BAE시스템(또한 3장 참조)이다. 종합 위탁업체는 우리가 이전에 봤던 두 회사로 세르코와 캐피타다. 조엘 벤저민Joel Benjamin이 후자를 "사업 프로세스 외주화의 흡혈 오징어, 즉 연금에서 지자체 재정, 주차와 혼잡통행료, NHS 소속으로 일선 현장에서 환자를 1차적으로 만나는 주치의General Practitioner, GP에 의

한 의료 지원, 장례 서비스, 심지어 민영화된 식품안전기관에 이르기까지 정부의 모든 계층에 걸쳐 돈을 움켜쥔 촉수를 뻗고 있는" 기업이라고 영광스럽게 기술했다.[50] 나는 이미 세르코의 주요 계약 중 일부를 확인했다. 유명한 바넷의 '위임 카운슬'을 포함해서 영국 지방정부에 가장 큰 서비스 제공업체라고 일컬어지는 캐피타가 국방부 모병 계약과 함께 보유한 주목할 만한 계약에는 런던교통공사의 혼잡통행료와 저배출구역 관리, NHS의 1차 진료 지원 서비스, 내무부의 범죄자 전자 모니터링이 포함된다. 한편, 주목할 만한 BAE 계약으로는 영국 해군에 호위함과 잠수함을 공급하는 계약이 있다.

이들 기업이 투자자에게 제공하는 보고서에는 계약이 이행되는 사업보다 신규 계약을 확보해 기존 불로소득 창출 자산 재고를 늘리는 데 훨씬 더 중점을 둔다. 약어를 쓰든 쓰지 않든 진정으로 중요한 핵심 성과 지표는 아직 불로소득이 발생하지 않은 미체결 계약, 특히 추가 계약의 규모인 것으로 보인다. [그림 5-5]는 2017년 회계연도(각 경우 달력 연도와 일치하는)에 대한 세 회사 모두의 두 가지 지표를 보여준다. 각 회사가 처한 상대적인 건전성을 이보다 더 극명하게 보여주는 방식을 상상하기는 어려울 것이다. 중요한 질문은 회사가 자산 기반, 즉 미래 소득을 제공할 계약 재고를 얼마나 성공적으로 보충하느냐다. BAE의 경우 대답은 매우 성공적이다. 누적액 203억 파운드에 이르는 한 해 동안의 신규 수주액은 연말 기준 회사의 412억 파운드 수주액의 거의 절반에 해당한다. 세르코는 실적이 좋지 않았지만, 자산 재생산 비율은 32퍼센트로 여전히 적절한 수준이었다. 그러나 캐피타는 자산 기반의 8퍼센트만 재생산하는 등 형편없는 실적을 내고 있었다. 신

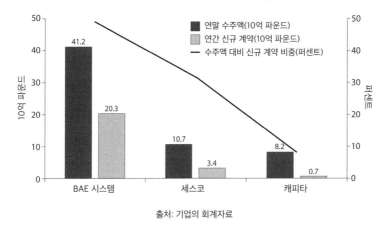

[그림 5-5] 2017년 영국의 주요 계약 불로소득자 수주액의 동태적 변화

출처: 기업의 회계자료

규 주문 총액이 전년 대비 50퍼센트 감소한 6억 7,600만 파운드였다. 따라서 2018년 1월에 그 기업의 주가가 폭락한 것은 놀라운 일이 아니다.

독점 계약(특히 신규 계약)의 수와 액수에 대한 집착과 함께 이들 회사의 보고서에서 반복적으로 언급되는 또 다른 관심사가 바로 계약기간에 초점을 맞추고 있다는 점도 언급할 가치가 있다. 세 기업 모두 자기네 회사가 보유하고 있는 계약이 지나치게 긴 계약이라는 깊은 인상을 투자자에게 심어주기 위해 많은 노력을 기울였다. 예를 들면 BAE는 2017년 매출액 183억 파운드의 65퍼센트가 장기 계약에서 발생했다고 보고했다. 캐피타의 경우 같은 비율이 70퍼센트였으며, 82억 파운드 규모의 수주액 중 98퍼센트 이상이 장기 계약으로 구성되어 있어 적어도 제대로 된 일을 하고 있는 것으로 보인다. 마지막으로 세르코는 수주된 계약의 평균 기간이 약 7년이며, 매출 가중치 기준으로 약 10년으로 늘어난다는 사실을 강조했다. 2017년 사우샘프턴 대학병원과 10년 동안 1억 2,500만 파운드 상당의 급식·청소 계약을 체결하면서 이 수치가 크게 높아졌다.

계약기간에 대한 이러한 강조를 어떻게 설명할 수 있을까? 이에 대한 답변의 일부는 간단명료하다. 계약기간이 길수록 일반적으로 더 큰 계약을 체결하고 더 큰 불로소득을 약속한다는 것이다. 하지만 이 것이 모든 해답은 아니다. 다양한 연구에 따르면 계약기간이 길수록 규모가 클 뿐만 아니라 수익성도 높다는 것이다. 예를 들면 감사원은 영국 공공 부문 계약에 대해 이러한 결론을 내렸다. 어니스트앤드영 Ernst & Young은 영국 건설 부문의 계약에 대해서도 동일한 결론을 내렸다.[51]

그렇다면 위험에 관한 질문이 있다. 줄리 프라우드Julie Froud가 보고한 바와 같이, 계약은 본질적으로 "민간 기업이 일반적으로 예상할 수 있는 유형의 시장 위험", 특히 계약이 적용되는 기간 계약자가 제공하는 제품이나 서비스에 대한 수요가 사라질 위험에 노출되지 않도록 계약자를 보호하는 역할을 하며, 계약의 위험 회피 기능은 프라우드가 언급한 것처럼 "25년 동안 지속되는 계약" 또는 이와 유사한 장기 계약에서 매우 가치가 있고, 이는 다른 수단으로 복제하는 것이 본질적으로 불가능하다. 프라우드는 계약은 "민간 부문 공급자에게 일반적으로 상업적 약정에 존재하는 것보다 훨씬 더 많은 안전을 제공한다"라고 결론짓는다.[52] 그리고 이는 위험 완화뿐만 아니라 경쟁 완화라는 관점에서도 그러한 안전을 제공한다. 우리가 본 바와 같이 계약에 대한 통제권이 전적으로 독점적이므로 이는 매우 순수한 불로소득자의 자산이다. 따라서 장기 계약은 치열한 경쟁의 바람으로부터 더 오래 보호받을 수 있다. 불로소득자에게 혐오감을 주는 경쟁은 내가 다음에 다룰 질문이다.

경쟁의 부재와 계약 자본주의의 실상

외주 계약의 통제권이 독점적이라는 사실만으로도 계약업체가 항상 경쟁에서 완전히 자유롭다는 의미는 아니지만, 일반적으로는 그렇다. 예를 들면 세르코가 다년 청소 계약을 따내거나 BAE시스템이 잠수함 엔지니어링 계약을 수주한 경우, 계약 이행에 따른 업무 수행은 경쟁의 영향을 전혀 받지 않는다. 그러나 공공 부문의 경우 계약된 서비스가 국가가 아닌 제삼자에게 이를 대신하여 공급된다. 대개는 제한적이지만 경쟁이 발생할 수도 있다. 가령 아카데미 학교는 어느 정도 사립학교와 경쟁한다고 주장할 수 있다. 한편, 국내 일부 지역에서 외주 계약된 철도 서비스는 프랜차이즈가 겹치거나 두 민간 철도운영사가 동일한 도시 쌍이지만, 다른 노선에서 서비스를 운영하거나 외주 계약되지 않은 '개방철도회사open-access operators'가 서비스를 운영할 권한이 부여된 경우, 약간의 경쟁에 직면해 있다. 그러나 이러한 경쟁은 매우 제한적일 뿐만 아니라 이 또한 매우 드물다. 기존의 철도 프랜차이즈 시스템은 "대부분 계약이 체결되면 지역 독점을 초래"한다.[53] 계약 자본주의하에서 경쟁은 의심할 여지 없이 표준이 아니라 예외다.

정부는 오랫동안 이 문제를 인식해왔으며, 적어도 겉으로 보기에는 이것이 실제로 문제가 있다는 것을 인정해왔다. 그러나 정부는 이 문제를 극복할 수 있다고 주장했을 뿐만 아니라 한 걸음 더 나아가 독점이라는 위협을 오히려 기회, 즉 정확하게는 경쟁을 가능케 하는 외주 계약으로 전환할 수 있다고 제안했다. 따라서 서비스 제공에 경쟁의식을 불어넣는 것은 민영화와 마찬가지로 오랫동안 외주화에 대한 정부의 명시적인 근거가 되어왔으며, 이러한 경쟁을 도입하는 데는 그다지 문제가 없다고 해도 과언이 아니다(6장 참조). 그렇다면 경쟁이 자연적으로 발생하지 않을 뿐만 아니라 사실상 이와 상반되는 경제적 맥락에서 경쟁을 촉진하겠다는 명시적인 약속이라는 이 역설은 이론적으로 어떻게 해결될 수 있는가?

정부의 대답은 시장 내 경쟁과 시장을 위한 경쟁을 구분하고, 후자를 강조하는 것이었다. 일단 계약이 체결되고 계약자와 발주자 간 시장이 형성되면 일반적으로 경쟁이 사라진다는 사실을 정부가 인정한 것은 맞다. 하지만 그렇다고 해서 기업들이 처음부터 시장을 놓고 경쟁하는 것을 막을 수는 없다. 사유재산과 시장을 옹호하는 사람들이 혁신과 비용 효율성 등 경쟁의 마법과 같은 힘으로 여기는 모든 미덕은 기업들이 외주화 사업을 위해 경쟁하게 함으로써 보장될 수 있다. 감사원의 말에 따르면, 아토스와 영국의 주요 종합 위탁계약업체 세 곳의 공공 부문 계약에 관한 보고서에서 다음과 같이 말했다. "외주 계약 서비스 제공업체 간의 경쟁 긴장은 혁신을 가져오고 품질을 높이고 가격을 낮추는 데 도움이 된다. (중략) 네 개 위탁계약업체 계약은 대부분 사전 선택된 위탁계약업체와의 '미니 경쟁' 또는 공개경쟁을 통해 경쟁 입찰 방식으로 선정되었다."[54]

그러나 문제는 경쟁 입찰에 따라 계약이 체결되고 공공 부문이 이러한 혜택을 구체화하더라도(물론 이는 자명하지 않지만), 실제로 입찰은 특히 경쟁적이지 않았으며, 시간이 지남에 따라 명백히 경쟁적으로 되지 않았다는 것이다. 감사원도 같은 보고서에서 이런 경쟁에 걸림돌이 있음을 인정했다. 중소기업을 배제하는 경향이 있는 많은 공공 부문 계약의 규모와 복잡성 등 일부 요인은 신규 계약이든 갱신계약이든 모두 적용되었다.[55] 기존 공급업체를 '더 안전하고 쉬운 옵션'으로 인식하는 공무원의 성향 등 기타 요인은 특히 갱신할 때 적용되었다.[56] 공정거래위원회 또한 공공 부문 IT 외주화를 조사하면서 높은 입찰비용(대형 계약의 경우 100만 파운드를 초과하는)과 구매자의 통합계약 성향(규모가 되지 않는 업체를 배제하는)을 포함해서 경쟁 진입에 대한 주요 장벽을 보여주었다.[57] 계약 중도 또는 갱신 시 전환 장벽은 훨씬 더 높았는데, 여기에는 조기 해지에 대한 위약금과 일부 공급업체가 "공공 부문 조직의 다른 공급업체로의 전환을 방해하는 장애물을 만들거나 높이는 방식"으로 행동했다는 사실 등이 포함되었다.[58]

그 결과, 2012~2017년에 단 한 건의 입찰만 접수된 공공 부문 계약의 입찰 건수가 네 배로 증가했다.[59] 경쟁 부재는 철도 서비스 프랜차이즈에서 특히 문제가 되고 있는데, 2017년 하원 교통위원회House of Commons Transport Committee는 성공적인 프랜차이즈는 다음과 같다고 지적했다.

성공적인 프랜차이즈 사업은 프랜차이즈 경쟁에 대한 적절한 수준의 시장 관심에 달려 있다. 일반적으로 최소 세 곳 이상의 입찰업체가 참여하는 것이 바람직하다는 의견이 지배적이다. 과거에는 입찰업체가 서너 개였던 경우가 많았고, 항상 기존 업체가 계약을 따내는 것은 아니었다. 그러나 최근에는 프랜차이즈 입찰자 수가 감소해 사우스 웨스턴South Western과 웨스트 미들랜드West Midlands 프랜차이즈 최종 후보에 두 입찰업체만 올랐을 뿐이다.[60]

이 모든 사항은 공공 부문 계약을 체결할 때 잠재적인 정경유착과 부패 문제가 고려되기 전에도 적용된다는 점에 유의하자.[61]

공공 부문 계약의 경쟁 수준이 제한적이고 하락하는 것은 필연적으로 최근 "집중되고 점점 더 집중화되고 있다"라고 기술된 공급 측면에 반영될 수밖에 없다.[62] 정부가 '전략적 공급업체'라고 부르는 30개 정도의 회사에 계약 지출의 최대 5분의 1이 집중되고 있으며, 그 비중은 점점 더 증가하고 있다.[63] 복잡한 대형 서비스 제공의 경우 집중도가 더욱 높아 상위 다섯 개 공급업체가 시장의 거의 60퍼센트를 장악하고 있다.[64] 일부 고도로 전문화된 계약시장에서는 말 그대로 집중도가 더 높을 수밖에 없다. 경쟁 입찰 방식이었는데도, BT는 2011년에서 2014년 사이에 광대역이 닿기 어려운 농촌 지역에 광대역 서비스를 제공하려는 44건의 정부 계약을 모두 따냈다.[65] 비경쟁적인 외주 계약이 얼마나 자주 발생하는지 확인하려면 끊임없이 드러나는 기업의 회계 계정으로 돌아가면 된다. 2017년 세르코의 입찰 낙착률은 신규 계약의 경우 50퍼센트, 재입찰과 연장 계약의 경우 90퍼센트 이상이었다(후자는 3장에서 논의된 지식재산 불로소득자의 자산 '에버그리닝'에 대한 계약 불로소득자의 버전을 나타낸다).[66] 그러한 낙착률이 무엇을 반영하든 간에 이는 경쟁이 아닌 것은 분명하다.

또한 정부 자체가 경쟁 입찰의 가능성을 적극적으로 사전에 차단하는 경우도 많다. 이른바 수의 계약Direct Award Contracts 또는 단독 입찰의 형태로 경쟁 없이 계약이 체결되는 경우가 점점 더 많아지고 있다. 이러한 방식으로 체결된 공공 부문 계약의 비율은 2016년 15퍼센트에서 2018년 23퍼센트로 급증했다.[67] 특히 2012~2015년 사이에 지급된 16개의 여객 철도 프랜차이즈 중 10개 프랜차이즈에 수의 계약이 활용되었다.[68] 여기에는 그럴 만한 타당한 이유가 있을 수 있지만, 분명히 수의 계약 메커니즘은 감사원이 극찬한 '경쟁적 긴장'에 반하는 것이다. 이는 새로운 일도 아니다. 2018년 영국 해군의 31형Type 31e 범용 호위함 건조 계약이 경쟁 입찰에 부쳐졌을 때 재그 파텔Jag Patel은 전투함 계약이 공개적으로 진행된 것은 이번이 처음이라고 언급했다. "지금까지 이러한 단일 소스 설계와 건조 계약을 수주할 계약자는 항상 (엄선된 소수업체를 대상으로) 우선 선정되었다."[69] 그리고 성공적으로 수주한 계약자는 거의 항상 BAE시스템이었다. 현재 입찰 프로세스를 도입한 국방부의 명시적 목표 중 하나는 바로 영국 해군의 선박 건조에 대한 BAE의 독점을 깨는 것이었다.[70]

계약 자체의 독점적 성격에 더해 계약자산과 지대에 대한 경쟁이 약화되고 그에 따른 경쟁의 결과는 대부분 예상할 수 있는 것이다. 첫째, 독점권을 확보하고 계약기간은 물론 그 이후에도 사업이 보장될 것이라는 기대에 안주한 계약 불로소득자는 대체로 실적이 저조했다. 특히 지난 10년 동안 대형 계약업체와 소규모 계약업체 모두 실적이 저조하다는 보고가 쇄도했다. 2013년 감사원은 이러한 열악한 서비스를 처벌하기 위해 더 엄격한 재정적 처벌을 요구하면서 이를 '전략적 공급업체'에 대한 정부 지출 집중의 상승과 명시적으로 연결했다. 마찬가지로, 영국 하원 공공회계위원회Public Accounts Committee of the House of Commons도 농촌 광대역 인프라 구축의 부진한 성과를 설명하면서 BT의 계약 독점을 거듭 강조했다.[71] 한편, 아메이는 트래포드 카운슬Trafford Council과 쓰레기 수거, 가로등, 도로 청소를 위한 23년 계약—매우 긴 독점적인 계약기간—을 맺은 지 3년밖에 되지 않아 부실 서비스로 불이익을 받았다.[72] 그 외에도 수많은 사례가 있다. 제한적 경쟁이 성과에 미치는 가장 큰 피해는 아마도 NHS에서 경험되었을 것이다. 2013년에 NHS의 경제 규제기관인 모니터Monitor는 보건 서비스의 지역 계약 효과성에 관한 연구에서 "인지된 또는 실제 경쟁의 부재"로 "최고 수준으로 수행하려는 공급자의 욕구가 감소한다"라고 결론지었다.[73]

같은 보고서에서는 계약 시장 내 경쟁 제한의 두 번째 주요 결과에 대해 언급했다. 계약 관계의 양측에서 구매자가 "공급자에게 의존하거나 매우 의존한다"라는 인식이 있으면 계약이 얼마나 효과적으로 집행될 수 있는지가 제한되는 경향이 있다.[74] 모든 구매자의 달걀이 한 바구니(독점자의 바구니)에 담겨 있다면, 전자는 당연히 그 바구니를 뒤엎는 일을) 꺼릴 것이다. 너무 많은 것이 위험에 처해 있으며 그 책임은 바로 경쟁 부재에 있다. 게다가 한 곳 또는 소수의 공급업체에 대해 지나치게 의존하는 것은 본질적으로 위험하며, 이는 비단 NHS의 사례뿐만 아니라 훨씬 더 광범위하게 나타나고 있다. 예를 들면 벤저민이 지적한 것처럼 "캐파타는 몇 가지 서비스만을 제공하는 것이 아니

라 실질적으로 전체 카운슬을 운영할 수 있게 되었다." 바넷이 바로 대표적인 사례다.[75]

2018년 1월 전략적 공급업체 중 하나인 카릴리언이 청산 절차에 들어가면서 대규모 서비스 중단 사태를 겪었는데, 이는 계약시장이 점점 더 집중되도록 내버려둔 위탁 공공 부문의 자업자득이었다. 당시 그 회사는 국가와 약 420건의 계약을 맺고 있었다. "카릴리언은 국방부, 법무부, 네트워크 레일Network Rail, HS2 주식회사, 여러 병원과 계약을 맺고 있었다. 지방정부협회Local Government Association는 카릴리언 붕괴로 30개 카운슬과 220개 학교가 직접적인 영향을 받았다고 추산했다. 카릴리언이 파산했을 때 스코틀랜드와 웨일스 양자의 지방정부는 이러한 파산 체험에 대한 성명을 발표했다."[76] 같은 해 8월이 되어서야 카릴리언의 마지막 계약이 신규 서비스 제공업체로 전환되었다.[77] 그리고 카릴리언은 공공 부문에서 여섯 번째 대형 공급업체이므로 상황이 더 나빠지기가 쉬웠다.[78]

영국 계약 자본주의 내 경쟁 부재의 세 번째 결과는 독점 가격의 책정이다. 예를 들면 2009년 공정거래위원회는 건축 계약시장에서 담합하고 그 과정에서 고객이 지불하는 가격을 인상한 영국 건설 부문 기업에 총 1억 2,900만 파운드의 벌금을 부과했다. 담합 수법은 입찰 과정에서 입찰자가 명목상 경쟁자에게 인위적으로 높은 입찰가를 요구함으로써 고객에게 진정한 경쟁이 존재하고 이전 입찰자가 제안한 가격이 경쟁적이라는 잘못된 인상을 심어주는 이른바 '커버 프라이싱' 으로, 제안된 가격이 실제보다 높은 것처럼 보이게 하는 것이다.[79] 실제로 벌어지는 경쟁이 진정하다면 이러한 관행은 발생하지 않을 것이며, 계약 자본주의에서 시장 형성의 특수한 성격, 즉 입찰은 당연히 이러한 남용에 특히 취약하다.

구조적으로 제한된 경쟁이 빚어낸 해로운 가격 효과는 특히 철도 서비스 프랜차이즈에서 두드러지게 나타났다. 이 부문의 근본적인 구조 조정이 이루어진 지 약 20년이 지난 지금, 성수기와 상시 시간대의 승차권 가격은 유럽에서 가장 높은 수준이다. 1995~2016년 사이에 실질 기준으로 요금이 20퍼센트 이상, 장거리 노선에서는 40퍼센트 이상 인상되었다.[80] 그레이트 웨스턴 레일웨이Great Western Railway 프랜차이즈 사례는 유익하다. 퍼스트그룹FirstGroup은 1996년부터 프랜차이즈를 운영해왔으며 2013년부터는 수의 계약 방식으로 해왔다. 2015~2018년까지 이 노선은 신뢰성·정시성과 관련된 성과 지표가 악화되었는데도 1억 5,900만 파운드의 배당금을 받았다. 그럼에도 교통부는 2017년 말 경쟁 입찰 없이 최소 2022년(2024년 3월까지 연장 가능)까지 프랜차이즈를 연장할 계획이라고 발표했다.[81]

철도를 넘어 IT 영역에서는 캡제미니의 괴물 같은 '어스파이어' 계약 사례가 조명받고 있다. 계약을 체결한 공공기관인 영국국세청은 여기에서도 경쟁을 피했을 뿐만 아니라 "다른 공급업체가 더 나은 거래를 제공할 수 있는지 아닌지를 먼저 확인하지 않고" 캡제미니와 계약을 체결했다. 나아가 "시장 가격보다 높은 금액을 지불했다는 증거"가 있었기 때문에 캡제미니와 그 하청업체 후지쓰Fujitsu는 원래 계약의 두 배에 달하는 평생 계약 수익을 얻게 되었다.[82] 이 중 어느 것도 영국에만 국한된 것은 아니다. 2009~2014년 기간 동안 유럽 28개국에서 280만 건의 공공조달 계약에 대한 정부 자료를 조사한 결과, 단독 입찰자 계약이 다수 입찰자 계약보다 평균적으로 10퍼센트 가까이 비용이 더 많이 드는 것으로 나타났다.[83]

영국 외주화 분야 어디에서나 독점 가격 책정이 만연해 있다면, 그것은 민간투자제도Private Finance Initiative(이하 PFI)라는 유명한 기치 아래 함께 모인 공공 부문 계약 클러스터에 있다. 1992년 보수당 정부가 도입한 PFI는 1997년부터 신노동당 정부에서 본격적으로 활성화되었다. 본질적으로 PFI는 색다른 방식으로 계약을 체결한다. 예를 들면 교도소나 병원의 건설을 민간 계약업체에 외주화하고 모든 건설·자재 비용이 발생하는 대로 이들을 지불하는 대신—일반적으로 그렇게 하려면 차입해야 하는—PFI는 공공 부문이 물리적 자산에 대한 지불을 이연할 수 있도록 한다. 자본비용은 PFI 계약기간(보통 25~30년)에 정기적인 '일괄 정액unitary payments' 형태로 지불된다. 이러한 미래의 일괄 정액 형식으로 지급된 금액은 공공 부문에 대한 부채를 나타내지만, 이 부채는 일반적으로 대차대조표에 기록되지 않으므로 공공 부채 계산에서 제외된다. 이는 재무부가 항상 PFI를 선호하는 이유를 설명하는 데 도움이 된다.[84] 계약자는 일반적으로 특수목적회사Special Purpose Vehicle(이하 SPV)로 설립되며, 이 회사가 계약기간 동안 받는 일괄 정액 지불금에 자본비용뿐만 아니라 시설 운영 후 계약에 따라 제공되는 유지관리, 청소와 급식 같은 모든 서비스—일반적으로 하도급—가 포함된다.

지난 20년 동안 PFI에 대한 비판이 끊이지 않았는데, 그중 가장 큰 비판은 지불 연기가 효과적으로 수반하는 높은 차입비용에 관한 것이었다. 이 접근법을 옹호하는 이들도 정부가 자본시장에서 직접 차입을 통해 PFI 메커니즘보다 훨씬 더 저렴하게 자금을 조달할 수 있다는 점을 인정한다. PFI에 대해 명시된 근거는—누군가가 이를 정말로 믿었는지 아닌지는 또 다른 문제다—더 높은 금융비용이 PFI 프로젝트의 다른 영역에서 나타나는 비용 절감과 경제적 편익으로 충분히 상쇄될 수 있다는 것이다. 그러나 PFI가 도입된 지 25년 이상 지났지만, 이러한 가정을 입증할 증거는 없다.[85] 그리고 PFI 펀드가 그만큼 비용이 많이 드는 이유 중 하나는 높은 진입장벽과 상당한 복잡성으로 유명한 시장에 존재하는 제한된 수준의 경쟁이라는 것은 명백하다.[86] 간단히 말해, 독점 가격 설정은 독점이윤을 가져다준다. 2012년 하원 공공회계위원회는 PFI 특수목적회사의 투자자가 일반적으로 벌어들이는 금액이 "초기 계약 가격에 초과 이익이 포함되어" 있다는 증거라고 주장했다.[87] 6년이 지난 후에도 이야기는 달라지지 않았다. 같은 위원회는 "M25 고속도로 PFI 거래를 예로 들면서, 투자자들이 연간 30퍼센트 이상의 추정 수익률, 즉 대부분의 PFI 거래기간 예상되는 연간 수익률 12~15퍼센트의 두 배 이상을 기록한 큰 수익"이 여전히 일반적이라고 지적했다('정상' 수익은 그 자체로 매우 건전한 수준이라고 덧붙일 수 있다).[88]

투자자가 독점이윤을 얻었다면, 지금까지 영국 정부가 계약한 700개 이상의 PFI 프로젝트의 경우 누가 그 대가를 지급했는가? (독점이 있는 곳에는 항상 누군가는 그 대가를 지급한다.) 당연히 그 대답은 프로젝트의 고객과 해당 고객의 고객, 즉 국민이다. 하원 공공회계위원회는 정부 부처(가장 큰 사용자는 국방, 교육, 보건과 교통부)와 기타 공공기관이 일괄 정액 지급 약정의 심각한 부담에 짓눌려 있으며, 고비용 PFI 투자가 '지역 차원에서 엄청난 고통'을 초래했다고 지적했다.[89]

PFI 계약의 경직성이 특히 문제가 되고 있다. 감사원이 지적한 바와 같이, 재무부가 일반적으로 정부 부처가 7년 이상의 계약을 체결하지 못하도록 하는 데에는 시대가 변하고 서비스 요구사항과 조달 옵션도 변하므로 그럴 만한 이유가 있다.[90] 그러나 PFI 계약은 25년 이상 지속되는 경우가 많다. 그 기간에 이는 맷돌이 되어 "국가가 정책을 변경할 수 있는 능력을 줄일 수" 있다.[91] 계약 변경은 비용이 많이 드는 경향이 있다(허용되는 경우라도). 최악의 경우 오래된 계약(특히 2000년 이전에 체결된 계약)에 따라 공공 부문은 더는 필요하지 않은 자산과 서비스에 대한 지불에 묶여 있을 수 있다. PFI를 오랫동안 지지했음에도 재무부조차 1997년 초에 "부처가 체결한 PFI 계약에 따른 약정은 관련 부처에 대한 불가피한 지출을 의미한다"라고 인정했다.[92] 따라서 다음과 같은 사실이 입증되었다. 한 악명 높은 사례는 실제로 2014년에 휴교한 학교에 대해 리버풀 시의회Liverpool City Council가 2028년까지 연간 약 400만 파운드의 PFI 계약 체결에 따른 비용을 부담해야 한다는 것이다.[93]

NHS는 대표적인 PFI 피해자였다. 감사원이 PFI 병원을 분석한 결과, 운영 효율성이 개선되었다는 증거가 전혀 발견되지 않았다.[94] 공급자 간 경쟁은 기껏해야 제한적이었다. 보건·공익센터Center for Health and the Public Interest는 2016년 보건부가 민간 기업과 맺은 125개 PFI 계약을 분석한 결과, 단 8개 회사만이 115개 이상의 회사에서 지분을 보유하고 있음을 알아냈다. 예상할 수 있듯이, 이렇게 집중된 환경에서 재무 정보를 이용할 수 있는 125개 계획 중 107개 계획에서 PFI 회사는 2010~2015년간 세전 수익으로 8억 3,100만 파운드를 벌었으

므로 그 수익은 엄청났다. 이 수치는 SPV 이윤에 불과하며, 해당 SPV
에 대한 대출로 은행이 얻은 이윤과 해당 SPV가 건설, 유지보수와 기
타 서비스 업무에 대해 하청을 준 회사에서 발생한 이윤을 제외한 것
이다. 보건·공익센터는 또한 문제의 125개 계약기간 중 NHS가 해당
계약에 따라 건설된 시설 사용에 대해 PFI 회사에 총 800억 파운드를
지불할 것이라고 계산했다.[95] NHS는 밀레니엄이 시작된 이래 PFI 재
정에 막대한 금액을 지불하고 있었다. 2007년 조지 몽비오는 "병원이
삭감할 수 없는 한 세트의 비용", 즉 매년 민간 금융업자에게 지불해야
하는 돈 때문에 병동을 폐쇄하고, 직원을 해고하고, 징벌적 주차료를
도입한 어느 병원의 예를 들며 신랄하게 비판했다. "1997년 9월 정부
는 이러한 [PFI] 비용 지불이 법적으로 보장될 것이라고 선언했다. 병
상, 의사, 간호사와 경영자는 희생될 수 있지만, 이는 뚱뚱한 고양이—
배부른 자본가—보호연맹Fat Cats Protection League에 대한 연간 기부금
이 아니다."[96]

독점력이 계약 불로소득자에 대한 독점 가격을 결정짓는 사례는 분
명히 존재하지만, 더 넓은 관점에서 보면 그렇게 간단하지 않다. 경쟁
이 제한되고 완화하는 상황에서도 영국 외주화 부문—특히 공공 부
문 사업에 초점을 맞춘 부문의 일부—은 오랜 기간 여러 시기에 낮은
수준의 수익성으로 어려움을 겪어왔다. 계약업체는 고가 대신 실제로
저가를 청구했다. 그 이유는 무엇인가?

그 이유는 부분적으로 비즈니스 모델의 특성과 관련이 있다. 자산
기반 구축이 조직 활력의 필수 조건이라면—내가 제안한 바와 같이,
이는 계약 불로소득자를 위한 것이다—계약을 확보하고 주문량을 계

속 늘리기 위해 저가로 입찰하려는 유혹은 항상 존재한다. 그러나 결정적으로 저가 입찰에 대한 이러한 기본적인 성향은 특정 기간에 공공 부문의 구매 전략 때문에 더욱 악화되어 저가에 합의되는 경향이 크게 늘어났다.

첫째, 1980년대 초반부터 1990년대 중·후반까지 의무경쟁입찰의 도입과 확대로 조달 공공기관의 서비스 비용의 우선순위가 표준화되었다. 즉, 불문율은 최고 입찰가가 가장 저렴하다는 것이었다. 1997년 신노동당이 승리하면서 상황이 바뀌었다. 신노동당은 의무경쟁입찰을 '최고 가치'로 대체해서 공공기관은 여전히 가능한 경우 외주화해야 했지만, 비용 이외의 다른 요소도 고려하도록 장려했다. 따라서 2000년대 초반에 위탁계약업체는 독점적 지위를 금융적으로 더 잘 활용할 수 있었다. 그러나 2007~2008년의 금융위기와 그에 따른 공공 부문의 긴축 조건 탓에 상황이 결정적으로 안 좋게 흘러갔다. 카릴리언 사태의 여파로 공공 부문 외주화를 조사하는 과정에서 하원의원들은 구매 결정이 가격에 관한 것으로 되돌아간 지 오래되었다는 말을 반복해서 들었다.[97] 즉, 비용이 다시금 의제로 떠올랐던 것이다. 『이코노미스트』가 보고한 것처럼, 계약자는 기꺼이 의무를 이행했다.

긴축의 영향으로 계약 건수가 줄어들 것을 우려한 외주화 업체는 하향식 저가도 경주a race to the bottom에 뛰어들었다. 업계에서 '자살 입찰'로 알려진 저가 입찰은 기업이 신규 사업을 약속하며 주주를 만족시키려고 노력하면서 일반화되었다. 외주화 계약업체는 추후 계약 수정—추가 비용 발생—을 통해 결국 어느 정도 이윤을 얻을 수 있기를 기대하며 저가로 입찰

한다. 하지만 그렇지 않은 경우가 많다.[98]

만연한 '자살 입찰'의 결과는 점점 더 명확하게 드러나고 있다. 많은 계약업체가 어려움을 겪어왔고, 지금도 계속 겪고 있다. 이는 모든 규모의 계약자에 해당하지만, 그중에서도 가장 큰 계약업체의 어려움에 가장 많은 관심이 집중된 것은 이해할 수 있다. 물론 카릴리언의 붕괴는 크게 다가온다. 아디트야 차크라보르티가 파산 직후에 썼듯이, "카릴리언은 미래 작업에서 예상되는 이윤에 대해 수억 파운드를 반복적으로 이월하고 그 현금을 주주들에게 지급했다"라고 했지만, 문제는 "예약했던 막대한 이윤이 존재하지 않았다"라는 점이었다.[99] 수많은 고객이 너무 좋아 보이는 카릴리언의 파격적인 가격에 현혹되어 계약을 체결했다.[100] 카릴리언은 이러한 계약으로 돈을 벌 수 없었고, 따라서 주주 배당금 지급을 위해 떠안았던 부채를 갚을 수 없었다.

카릴리언은 궁극적으로 치명적인 문제에서 결코 예외가 아니다. 2016/2017년에 정부의 3대 공급업체 가운데 어느 곳도 수익을 내지 못했다.[101] 캐피타와 인터서브는 살아남기 위해서 필사적으로 고군분투한 영국의 다른 주요 위탁계약업체들 중 두 곳일 뿐이며, 후자는 2019년 초 파산절차에 들어가고 대출기관이 인수할 때쯤에야 모습을 드러냈다. 어쨌든 중요한 사실은 이 책에서 살펴본 다른 여러 형태의 기업 불로소득주의와 달리 계약 불로소득주의는 일관되고 큰 수익을 내지 못한 몇 안 되는 형태 중 하나라는 점이다. 예약 계약을 통해 지대를 창출하는 자산을 확보하는 것이 미래를 보장하는 것은 사실이다. 그러나 PFI의 특수한 경우를 제외하고는 항상 이윤이 아니라 매

5장 외주화: 계약 지대

출을 보장한다.

카릴리언, 인터서브, 캐피타와 그 주주들을 위해 눈물을 흘리고 싶지만, 그들의 어려움은 그들 자신뿐만 아니라 다른 희생자들도 있었다는 사실을 분명히 알아야 한다. 카릴리언이 파산한 후, 하원 공공행정·헌법위원회는 이러한 위탁계약업체들이 공공 부문 계약을 따내는 데 최저 입찰자가 되는 것이 일반적으로 중요하다는 점을 완벽하게 잘 알고 있었다고 지적하면서 다음과 같이 논평했다. "이것이 중요하다. 비용 절감에 대한 정부의 우선순위는 종종 서비스 저하로 이어졌다."[102] 또는 한때 일원이었던 캐피타의 존 티저드John Tizard가 4년 전에 말했듯이, "공공 부문이 낮은 가격을 지불하면, 조잡한 상품과 서비스를 구매할 가능성이 높다는 것이 현실이다."[103] 하원 공공행정·헌법위원회는 NHS에 대한 서비스를 예로 들었지만, 그 외에도 수많은 다른 사례가 있다.

그 하나는 보호관찰 서비스의 경우다. 다른 의회 위원회의 2018년 보고서에 따르면, 2014년에 이러한 서비스를 위탁받은 21개 사회적 갱생기업 중 비용을 최우선으로 고려한 19개 회사가 재범율 빈도 감소 목표를 달성하지 못했으며, 결과적으로는 14개 이상의 회사가 재무적 손실을 예상했다고 밝혔다. 그 결과, 이들은 서비스에 대한 투자가 부족했고, 범죄자는 "범죄를 저지른 후 그들의 필요를 해결하는 데 도움이 되는 적절한 지원을 받지 못하고" 있었다.[104] 이러한 투자 부족을 고려하여 그 보고서는 "[법무부]가 스스로 만든 상황"이라고 설명했다. 법무부는 추가 서비스 약속을 받지 않은 채 사회적 갱생기업에 추가 공적 자금으로 3억 파운드 이상을 제공했다.[105] 세 개의 사회적 갱생기업을 운영하는 워킹 링크스Working Links가 2019년 초에 무너졌을 때, 헬렌 워렐Helen Warrell은 "손실이 생긴 세 건의 계약으로 떠안게 된 재무적 부담으로 회사가 무너지고 있으며, 전과자를 제대로 관리하지 못해 치안이 위험에 처했다"라고 설명했다.[106] 또한 다시 한 번 위험에 처한 것은 국고國庫였다. 감사원에 따르면, 2018년 법무부 장관이 발표한 것처럼, 21건의 사회적 갱생기업 계약을 조기에 해지하면 납세자에게 최소 1억 7,000만 파운드의 추가 비용이 발생하거나 발생할 것이라고 한다.[107] 실제로 지난 10여 년 동안 영국 공공 부문 외주화의 전체 영역이 혼란에 빠져 있었다고 해도 과언이 아닐 것이다. 2018년 『이코노미스트』는 공공 부문을 괴롭혀온 수많은 '실패 사례'를 기록하면서 "누구나 좋아하는 것이 있다"라고 농담할 정도로 혼란스러웠다.

> G4S는 2012년 런던올림픽 경호업체 계약을 따냈지만, 충분한 인력을 확보하지 못해 개막 직전에 3,500명의 병력을 투입해야 했다. 2014년에는 가석방 중인 범죄자—이들 중 일부는 이미 사망한—의 전자태그 부착비용을 과다 청구한 사실이 드러나면서 G4S는 세르코와 함께 또다시 비난의 대상이 되었다.[108]

이 부문의 어려움과 그에 따른 부정적 외부 효과는 확실히 자살 입찰의 결과만은 아니다. 공공 부문 기관의 계약 체결, 배분, 관리와 집행에 문제가 있는 것도 이러한 문제를 초래하는 요인 중 하나다. 2014년 공공회계위원회가 영국국세청의 '어스파이어' 계약 관리를 "용납할 수 없을 정도로 부실한 것"으로 낙인찍었을 때, 이는 수많은 계약 상황에서 다양한 형태로 몇 년 동안 수없이 반복되어온 과징금을 부과한 것이었다.[109] 예를 들면 내무부는 망명 신청자에게 숙소를 제공하는 저성과 계약업체에 이행 위약금을 적용하지 않아 비판을 받았고,[110] 법무부는 보호관찰 서비스 계약을 효율적으로 모니터링하지 않아 비판을 받았으며,[111] 국방부는 캐피타에 최고 위험 등급을 부여한 직후에 캐피타와 주요 신규 계약을 체결한 것으로 비판을 받았다.[112] 교육부는 아카데미가 되고자 하는 학교에 대해 충분한 점검을 수행하지 않는다는 비판을 받았으며,[113] 그리고 지자체는 공공주택 재생을 위한 PFI 계획에 대해 위탁계약업체와 모호하고 효과가 없는 계약을 부적절하게 모니터링한 결과, 신축과 개보수 건물 모두에서 '충격적인 안전 결함'을 포함한 '결함 있는 공사와 서비스'를 초래했다는 비판을 받았다.[114] 이 목록은 사실상 끝이 없으며, 다른 사례들도 얼마든지 인용할 수 있다.

이러한 계약 관리와 모니터링 실패의 가장 심각한 결과는 서비스 전달 문제가 드러나기 위해서는 눈에 보이는 재난이나 내부 고발자가 필요한 경우가 많다는 것이다. 예를 들면 워렐은 보호관찰 서비스의 사태에 대해 다음과 같이 언급한다. "워킹 링크스의 내부 고발자 그룹은 회사의 의견을 듣지 못한 것에 대해 너무 실망한 나머지 지역 보호관찰 서비스 책임자에게 편지를 보내 위험한 범죄자의 등급 강등을 [강조했다]. (중략) 워킹 링크스 계약 초기에 웨일스에 있는 워킹 링크스 보호관찰 감독관과 여덟 번이나 약속을 어긴 적이 있는 한 연쇄 범죄자는 계속해서 폭력적인 살인을 저질렀다."[115] 법무부는 근본적인 문제 중 어느 것도 포착하지 못했다.

계약 관리와 모니터링이 자주 실패하는 이유 중 하나는 숨이 막힐 정도로 아이러니하게도 계약 관리 자체가 효과적으로 외주화되는 경우가 많기 때문이다. 대표적 사례는 NHS의 의료 업무를 지역 단위에서 위탁 수행하는 임상위임위원회가 대규모의 복잡한 계약의 입찰과 관리 상당수를 이른바 위탁지원단Commissioning Support Unit에 넘긴 것과 관련이 있다. 2015년에 발간된 보고서에서는 그 당시 서비스 제공에 대해 연간 7억 파운드의 비용을 지급받고 있던 이러한 위탁지원단의 역할에 초점을 두었는데, 보건·공익센터는 NHS 외주화 복합체 complex에 대한 평가에서 당황했다. 계약은 엄격하게 시행되지 않았고, 성과 부진에 대한 제재(가령 해지)가 거의 이루어지지 않았으며, 계약 업체에 대한 모니터링이 제대로 이루어지지도 않았다.[116] 그 결과, 보호 관찰 서비스의 상황을 반영하듯 환자가 해를 입거나 위험에 처한 주목할 만한 사례는 "계약 모니터링 결과가 아니라 비극, 내부 고발, 비밀 보고 또는 돌봄품질위원회Care Quality Commission의 정밀 조사 결과"를 통해서만 밝혀졌다.[117]

보건·공익센터가 파악한 바와 같이, 핵심 문제는 계약 감독에 대한 책임accountability 또는 오히려 그것의 부재였다. 조사를 광범위하게 했는데도 그 보고서 작성자들은 위탁지원단이 정확히 누구인지 또는 무엇인지를 알아내지 못했다. 그들은 "위탁지원단의 정확한 법적·헌법적 지위는 불분명하며, 이제 이들이 막대한 공적 자금이 어떻게 쓰이는지 감독하는 데 중심적인 역할을 한다는 점을 고려할 때 우려할 만한 문제"라고 썼다.[118] 3년이 지난 지금도 명확성이 여전히 부족하다. 제시카 오머로드Jessica Ormerod는 위탁지원단은 "민간 부문이 NHS에 (중략) 투입되는 핵심 채널"임에도 이들은 "침투할 수 없는 조직으로 운영 방식, 목적 또는 의사결정 과정에 대한 정보를 외부 세계에 거의 제공하지 않으며", 중요한 업무를 "눈에 띄지 않고 대중의 감시 없이" 수행했다고 지적했다.[119] 스튜어트 호킨슨Stuart Hodkinson은 공공주택 재생에 대한 PFI 제도와 관련하여 유사한 내용을 설명하면서 외주화를 통한 책임의 적극적 '설계 아웃designing out'이 '책임 공백'을 만들었다고 주장했다.[120]

물론 책임의 결여는 계약 관계 관리 문제일 뿐만 아니라 더 근본적으로 공공 부문 외주화 자체 현상, 즉 민주적으로 선출되지도 않고 책임지지도 않는 기관에 공공 서비스를 넘기는 문제다. 예를 들면 앤 웨스트Anne West와 데이비드 울프David Wolfe는 학교의 아카데미화를 다음과 같이 충격적으로 보고했다.

공립학교의 경우, 공개 절차에 따라 임명된 운영위원governor이 반드시 공개적이고 보고해야 하는 회의를 통해 내리는 결정은, 아카데미에서는 이제 종종 임명이 불투명하고 다른 공적 생활 영역 전반에 적용되는 공개 규칙의 적용을 받지 않는 절차를 통해 '이사진trustee'이 내린다. 공립학교 유지 대상과 관련하여 '공공 참여' 의무가 적용되는 회의에서 운영되는 선출직 지방의회 의원의 감독하에 지자체가 내리는 결정은, 아카데미의 경우, 중앙정부가 임명하는 여덟 명의 지역학교운영위원회Regional Schools Commissioners가 내린다. (중략) 공립학교 유지 대상을 변경하는 것—개교, 폐쇄, 확장, 서비스 공급 대상 학생 범위 변경—에는 공적 절차(공고, 이의 제기 기회 등)가 포함된다. 아카데미에서는 이러한 절차가 없다.[121]

캐피타와 인터서브 같은 공공 부문의 개별 위탁계약업체가 방대한 수의 주요 계약을 체결하는 경우, 이들 위탁계약업체는 사실상 국회의원 멕 힐리에르Meg Hillier가 '정부의 비밀 하위 부서'라고 표현한 것처럼, 비록 제한된 투명성과 훨씬 더 제한된 책임으로 운영되는 부서이기는 하지만, 앨런 화이트Alan White의 절묘한 표현에서는 이들은 '그림자 국가'의 핵심 기둥이라고 할 수 있다.[122]

그러나 정부가 다시금 최저가 계약 가격에 집착하고 계약업체가 이를 만족시킬 준비가 되어 있는 것이 최근 몇 년간 이 부문의 변덕을 설명할 수 있는 유일한 이유는 아니다. 그럼에도 이 요인은 매우 중요했다. 실제로 보건·공익센터는 NHS 계약 집행의 광범위한 실패를 기록하면서, 민간 공급자의 재무적 어려움이 증가함에 따라 "계약 약정을 '속이거나' 회피하려는" 동기가 강화될 뿐만 아니라, 또한 수급자 contractee가 "공급자의 기존 문제를 악화시킬 것을 우려하여 특히 금전적 벌금을 부과함으로써" 도급자contractor에게 책임 묻기를 꺼린다는 점을 지적하면서, 이 요인의 중요성을 명시적으로 인식했다.[123] 그리고 정부가 계약 가격에 초점을 맞춘 것이 결정적이었다면, 언론의 논평에서 가장 자주 간과되지만, 다른 어떤 이해관계자보다 더 직접적이고 부정적인 영향을 받는 이해관계자 집단인 노동자에게 특히 큰 영향을 미친 것은 분명하다.

영국 계약 불로소득자 업체에서 일하는 사람들의 고용 조건은 두 가지 이유로 좌파에게는 오랜 관심사였다. 하나는 단순한 경제학적 이유다. 불로소득자가 고정된 가격에 상품이나 서비스를 제공하는 계약을 체결하면, 비용을 최소화해서 해당 계약에 따른 이윤을 극대화할 수 있으며, 그중 인건비가 가장 큰 비중을 차지하므로 대부분의 계약자에게 주요 요소라는 점이다. 인건비를 낮추려는 경제적 유인은 1980년대와 1990년대 초에 거의 명백히 드러났는데, 당시 의무경쟁입찰 방식은 항상 최저가를 제안하는 업체에 신규 계약을 제공했다. 오랜 관심사의 또 다른 원인은 더 구조적이거나 조직적인 문제다. 가령 BP나 국방부에 서비스를 제공하는 노동자가 BP나 국방부 자체에 고용된 것이 아니라 이들의 계약자나 해당 계약자의 하청업체에 고용된 경우, BP와 국방부는 해당 노동자가 일하는 조건에 관심을 덜 기울일 수 있다. 눈에 보이지 않으면—또는 사원이 아니면—신경 쓸 필요도 없다.

글로벌 금융위기 이후 긴축이 시작되면서 이러한 우려, 특히 공공 부문 계약에 종사하는 이들의 조건에 대한 우려가 새롭게 제기되고 있다. 존 티자드John Tizard는 특히 이를 잘 포착했다.

[공공 부문]은 계약 조건과 비용 지불 용의를 통해 직원들에게 양호한 조건을 보장할 수 있다. (중략) 누가 고용 조건과 임금을 가장 많이 낮출 수 있는지에 따라 계약을 따냈던 최악의 과도한 의무경쟁입찰의 암흑기로 돌아가는 것을 막아야 한다. 그 당시에는 현명하지 못했다. 현대 사회에서는 더더욱 지속 가능하지 않다.[124]

그러나 지속 가능하든 그렇지 않든 간에, 지금 상황은 티저드가 언급한 '암흑기'가 실제로 되돌아왔고 복수심에 불타고 있는 것으로 보인다. 2012년 초에 우르술라 휴스와 사라 포드로는 공공과 민간 부문 계약 노동자의 고용 조건에 대한 암울한 그림을 그리며 경종을 울렸다.[125] 일자리 안정성은 제한적이었다. 단체 교섭의 범위는 노동계가 분열하면서 근본적으로 약화되었다. 그리고 결정적으로 노동자 평등이나 결속력에 대한 증거가 거의 없었다. 이전에는 동료였던 노동자가 "같은 현장에서 같은 역할을 수행하더라도, 이들은 서로 다른 계약 조건에 처해" 있기 때문이다.[126]

2년 후, 스미스 연구소는 똑같이 끔찍한 보고서를 발표했다. 외주화의 효과 중에는 저임금 노동자의 경력 개발 경로 축소 또는 단절, 연금 제도 악화, 급여 삭감 등이 포함되었는데, 관리자와 전문직의 경우 임금은 자주 인상되어 임금 격차가 커지고 불평등이 심화되고 있다.[127] 이 모든 것은 유행성 질병이 아니라 계약 자본주의의 특징이라는 점—비록 보이지 않는 잉크로도 요리법에 쓰여 있는 것—에 주목해야 한다. 통찰력 있는 영국 고용 변호사가 2017년에 나음과 같이 말했던 바와 같이, "외주 서비스 제공업체가 고객에게 서비스를 제공한 직원이 해당 고객의 직원 약관과 동등성을 주장할 수 있다면 외주화의 핵심 원칙 중 하나인 직원 책임으로부터 고객을 보호하는 원칙이 훼손될 수 있다." 만약 계약업체를 위해 일하는 것이 발주자를 위해 일하는 것과 같다면, 그는 "외주화를 거의 가치가 없게 만들 것"이라고 감히 말했다.[128] 노동력을 쥐어짜는 것이 외주화의 일부다.

스미스 연구소는 성인 사회 돌봄 부문을 "저임금 노동자의 임금율을 더욱 낮추는 데 있어 외주화의 역할을 보여주는 가장 극적이고 전면적인 사례"로 선정하면서, 그 안에서 "광범위한 최저 임금의 미준수 (중략) 열악한 수준의 교육과 개발, 최소 근로 시간을 보장하지 않는

5장 외주화: 계약 지대

광범위한 호출형 근로 계약의 활용과 돌봄 서비스 종사자의 급작스러운 방문"을 알아냈다.[129] 그러나 보호관찰 서비스 계약업체에서 노동자를 짓누르는 '과도한 업무량'부터 선거 운동 변호사인 졸리언 몸Jolyon Maugham이 '묶인 노예tied servitude'라고 기술한 캐피타와 다국적 IT 컨설팅기업인 FDM그룹 같은 계약업체가 운영하는 3개월 이상의 무급 졸업자 교육제도에 이르기까지 수많은 다른 사례를 들 수 있다.[130]

문제를 훨씬 더 악화시킨 것은 최근 몇 년 동안 외주화 부문의 노동자들이 긴축과 이에 따른 임금 하락 압력에 고용 보호 약화라는 치명적인 원투 펀치를 맞았다는 것이다. 특히 2010년, 정부는 "공공 부문에서 전직한 직원과 민간 부문 신규 채용자 사이에 '2계층 노동력'이 생겨나고 있다"라는 우려에 대응하기 위해 도입했던 '2계층 코드'를 철회했는데, 이 코드는 위반 사례가 나왔는데도 "전직한 직원과 신규 직원 간 훨씬 더 공평한 경쟁의 장"을 형성하는 데 도움이 되었다. 그 밖에 약화된 기타 보호 조치로는 부당해고에 대한 적격 기간을 2년으로 연장하는 것을 포함한다.[131]

따라서 현재 영국에는 의심할 여지 없이 2계층 노동력이 존재한다. 예를 들면 잉글랜드의 주요 보건 노조인 유니슨Unison은 최근 NHS에 직접 고용된 노동자와 병원 청소부, 짐꾼, 경비원, 급식 직원으로 일하고 최저 임금을 받는 민간 계약직으로 NHS 내에서 일하는 약 10만 명의 '2등 직원' 간 임금 격차가 커지고 있다며 정부를 비난했다.[132] 2등 직원은 공공 부문 계약직에만 국한되지 않는다. 구글은 2019년 초 전 세계 직원의 절반 이상을 차지하는—영국에 거주하는 계약직을 포함해—임시 계약직에 대한 처우 문제로 언론의 헤드라인을 장식했다. 이들에 대한 구글의 행동은 너무나 비참한 것으로 간주되어 900명 이상의 정규직 직원이 직접 나서서 반대 서한에 서명했으며, 관찰자들은 이를 '역사적인' 연대의 쇼라고 기술했다.[133]

여하튼 (애초에 기준선이었던 낮은) 보호장치가 약화되면서 국제적 맥락에서 볼 때 오늘날 영국 노동법과 정부의 감독당국은 계약 불로소득자의 노동자 권리를 지지하는 데 유독 소극적인 것으로 보인다.

특히 최근의 주목할 만한 사례는 런던 대학교에서 계약직으로 근무하는 경비원, 우체국 직원과 짐꾼들이 코던트Cordant사에 고용된 것과 관련이 있다. 전영독립노동자연합Independent Workers' Union of Great Britain은 이들 노동자가 대학에 직접 고용된 노동자들보다 고용 조건이 열악하다는 사실을 들어 대학을 '공동 고용주'(예를 들면 미국에서 오랫동안 존재해온 개념)로 인정해서 외주 노동자에게 단체 교섭권을 부여하고 대학과 직접 급여와 근로 조건에 대해 협상할 수 있는 권한을 부여해줄 것을 요구했다. 그러나 중앙중재위원회Central Arbitration Committee는 이 신청을 즉각 기각했다.[134] 전영독립노동자연합이 유럽 인권법을 위반했다고 주장하며 고등법원에 이의를 제기했지만 또다시 패소했다. 제인 크로프트Jane Croft는 『파이낸셜 타임스』에서 '이 사건'은 영국 내 330만 외주화 노동자가 사실상의 고용주와 직접 협상할 수 있는 길을 열었기 때문에 "전영독립노동자연합이 승소했다면 고용주에게 매우 광범위한 영향을 미칠 수 있었을 것"이라고 회고했다.[135] 이러한 가능성은 현재로서는 희미하고 먼 전망으로 남아 있다.

최근 영국에서 계약 불로소득주의가 끼친 어려움과 피해가 널리 알려지면서 반발에 직면한 것은 놀라운 일이 아니다. 공공 부문의 외주화에 대한 비판은 특히 눈에 띄고 신랄했다. 아디트야 차크라보티의 말을 인용하면, 수십 개의 오피니언 칼럼이 매우 흔한 공공 부문 외주화를 나타내는 '기생적 생활spivvery'에 대해 맹렬히 비난했다.[136] 그러자 정부는 다소 완화한 것으로 보인다. 예를 들면 정부는 민간 보호관찰회사의 계약을 미리 해지했으며, 민간 철도운영사 두 곳의 계약을 취소하고 여객 철도 프랜차이즈(각각 아리바Arriva와 스테이지코치-버진 그룹Stagecoach-Virgin Group 합작회사가 운영하는 북부와 동부 해안 노선)을 정부의 '최후 수단의 운영자' 형태로 하는 공공 부문의 운영으로 반환하고, 2012년 'PF2'로 재출범된 이후 PFI 프로젝트 수를 크게 줄였다.[137] 2019년 초, 열렬한 비평가인 윌 허튼Will Hutton은 신자유주의하 영국 정부의 '공공 서비스를 분리 매각하는 광기'에 대한 '종말을 고하는 조종'을 발표할 정도로 분위기 변화에 대해 확신했다.[138]

그러나 허튼은 매우 시기상조였다. 적어도 영국에서는 신자유주의가 살아 있고, 일반적으로 잘 작동하고 있다. 마찬가지로 박동하는 심장부에 공공 부문의 외주화에 대한 물신fetish이 도사리고 있다. PFI 모델에 대해 강력한 비판이 쏟아져 나오고 특히 PFI가 쇠퇴하고 있는데도, 공공 부문은 과거에는 PFI를 활용할 수도 있는 외주 건설 프로젝트에 공공 자금을 활용하더라도 외주화를 포기하지 않고 계속하고 있다. 내부에서 수행하거나 사내로 가져오는 모든 프로젝트 또는 작업 패키지에 대해, 공적으로 민감한 분야의 고액 프로젝트를 포함해서 더 많은 프로젝트가 여전히 외주화되고 있다. 예를 들면 2019년 세르코는 10년간 영국 내 망명 신청자들에게 주택을 제공하는 신규 계약에 18억 파운드를 투입하는 공사를 수주했다.

더욱이 같은 해(그리고 허튼의 '종말을 고하는 조종' 발표와 거의 같은 시기에) 버밍엄 교도소가 재앙적인 G4S 계약의 절반만 공공 부문 관리로 복귀한다는 법무부의 발표가 나왔을 때, 로리 스튜어트Rory Stewart 교정부 장관prisons minister이 이것이 정부의 교도소 관리 외주화 전략의 끝이 아니라는 점을 강조하는 발언을 한 것은 주목할 만했지만, 별다른 이목을 끌지 못했다. 스튜어트 장관은 "우리는 여전히 국내 최고의 성과를 내는 일부 민간 교도소와 함께 혼합 경제를 믿고 있다는 점을 분명히 할 필요가 있다. G4S는 알트코스Altcourse와 오크우드Oakwood에서 우수한 교도소를 운영하고 있으며, 이 정부는 민간 공급자가 우리 시스템에서 계속 중요한 역할을 해야 한다고 열정적으로 믿고 있다"라고 말했다.[139] 정부가 교도소 부문뿐만 아니라 더 일반적으로 공공 부문 외주화에 대해 여전히 열정적으로 믿고 있다는 사실은 굳이 설명할 필요가 없을 정도였다. 주의 깊은 관찰자들은 2017/2018년에 체결된 공공 부문 외주화 계약의 평생 가치가 실제로 2016/2017년보다 50퍼센트 정도 더 높아 약 950억 파운드에 이르렀다는 점에 주목했을 것이다.[140]

더욱이 영국의 공공 부문은 계속해서 외주화의 규모를 확대하고 있을 뿐만 아니라 지난 10년간의 뼈아픈 교훈이 널리 알려지지 않은 채 지금도 계속되고 있다. 카릴리언이 파산한 지 1년 후인 2019년 2월, 내각부는 주요 계약업체와 협력해서 실시한 해당 파산 사례 검토를 바탕으로 공공 부문 공무원을 위한 모범 사례 원칙을 제안하는 새로운 지침서인 「외주화 플레이북Outsourcing Playbook」을 발표했다.[141] 그러나 1년이 지난 2020년 초 연구자들은 「플레이북」에서 권고한 개혁의 이행

5장 외주화: 계약 지대

이 기껏해야 고르지 못하다는 사실에 대해 알아냈다.[142] 특히 연구자들이 "[정부] 부서가 계속해서 지나치게 낮은 입찰가를 선택하는 몇 가지 사례"를 발견했다는 사실에 대해 우려했다.[143]

그렇다면 공공 부문 외주화 그 자체나 그 시행 형태에 문제가 있는 것에 종말을 고하는 조종은 분명히 없었다. 또한 신규 PFI 거래가 극히 드물기는 하지만, PFI가 뿌리 깊은 현상이며 몇 년 동안 지대가 발생하는 기존 PFI 계약이 방대하게 남아 있다는 점을 인식하는 것이 중요하다. 2018년 초 현재 약 2,000억 파운드에 달하는 향후 비용이 2040년대까지 계속 감소할 것으로 예상되는 700개 이상의 PFI/PF2 거래가 여전히 운영되고 있다.[144] 물론 민간 부문의 외주화가 둔화될 기미는 보이지 않고 있다. 요컨대 외주화는 공공 부문과 민간 부문 모두에서 여전히 정설orthodoxy로 자리 잡고 있으며, 따라서 계약 불로소득주의는 21세기 영국 자본주의의 확고한 특징으로 남아 있다.

Rentier Capitalism

6장

X 인자:
인프라 지대

플랫폼 불로소득자인 아마존의 사례

4장에서 플랫폼 불로소득자에 대해 논의할 때 실제로 시장가치 기준으로 가장 큰 디지털 거대 기업 중 한 곳은 상대적으로 주목을 덜 받았다. 이는 바로 아마존이다. 그렇다고 해서 영국에서 연간 약 150억 달러의 매출을 올리는 전자 상거래 거물이 불로소득자가 아니라는 것을 제시하려는 의도는 아니었다. 아마존은 적어도 부분적으로는 그렇다. 이베이eBay와 마찬가지로 소비자와 제삼자 판매자를 연결해주는 아마존 마켓플레이스Amazon Marketplace 형태의 플랫폼 불로소득주의도 분명히 불로소득자의 일부다. 그러나 아마존은 점점 더 다른 유형의 자산 기반을 통제하고 다른 형태의 지대를 받는 다른 유형의 불로소득자가 되었다.

먼저 아마존의 가장 수익성 높은 비즈니스인 아마존 웹 서비스 Amazon Web Services(이하 AWS)에 대해 알아보자. 1990년대 말과 2000년대 초에 아마존은 우리 모두에게 친숙한 아마존이라는 온라인 소매 사업체를 설립하고 성장시키면서 전 세계 서버 팜server farm에 막강한 독점 컴퓨팅 용량을 개발했다. 2000년대 중반, 아마존은 원래 내부용으로만 쓰던 이 용량을 타사에 제공하기 시작하면서 광범위한 기업과 공공 부문 고객에게 서버 공간과 분산(클라우드) 컴퓨팅 시설과 기능을 제공하는 비즈니스인 AWS가 탄생했다.

두 번째로 아마존 풀필먼트Fulfillment by Amazon(이하 FBA)에 대해 살펴보자. 아마존은 자체 소매 운영을 지원하기 위해 컴퓨터 용량을 구축하는 것 이외에도 일찍부터 물리적 풀필먼트와 배송 용량을 구축했으며, 서버 용량을 제삼자에게 개방한 것과 거의 동시에 아마존 마켓플레이스를 통해 판매하는 회사가 이 용량을 쓸 수 있도록 했다. 그리하여 FBA가 탄생했다. 이는 아마존의 물류와 배송 사업으로, 방대한 국제 창고, 분류센터와 배송 스테이션 네트워크를 통해 판매자에게 보관·포장·배송 서비스를 제공한다.

다시 말해 AWS와 FBA는 아마존이 자사 서비스 제공을 위해 중요한 인프라를 구축한 다음, 해당 서비스 제공 인프라를 제삼자가 자사의 서비스 제공을 위해 상업적으로 쓸 수 있도록 만든—누군가는 이를 임대renting out한다고 말할 수 있는—결과물이다. 즉, 둘 다 인프라 infrastructure 불로소득자다. 실제로 예를 들면 아마존 자사 소매 고객이 책을 살 때 지불하는 가격 일부는 이러한 거래를 가능케 하는 독점적인 가상자산과 물리적 인프라 자산의 비용을 충당하기 위해 지불하는 것이므로, 아마존은 항상 어느 정도는 인프라 불로소득자였다. 그러나 AWS와 FBA의 개발과 성장으로 이러한 불로소득주의는 한층 분명해졌다. 더욱 중요한 것은 점점 더 아마존이 핵심 기업이 되어가고 있다는 사실이다. 린다 칸Lina Khan이 아마존에 대해 쓴 최고의 기사 중 하나에서 언급한 바와 같이, 아마존은 "인터넷 경제의 중심 인프라로 부상"했다.

또한 보고서에 따르면, 이는 처음부터 [최고경영자CEO 제프Jeff] 베이조스
Bezos 비전의 일부였다고 한다. 초기 아마존 직원들에 따르면, CEO가 회
사를 설립할 당시 "그의 기본 목표는 온라인 서점이나 온라인 소매업체를
구축하는 것이 아니라 상거래에 필수적인 '공익설비utility'를 만드는 것이
었다"라고 한다. 즉, 베이조스의 목표 고객은 최종 소비자뿐 아니라 다른
기업들이었다. 아마존은 인터넷 경제의 주요 핵심 인프라를 신규 사업자가
복제하거나 경쟁하기 어려운 방식으로 통제하고 있다. 이는 경쟁사에 비해
아마존에 하나의 핵심 우위를 제공하는데, 이는 아마존 경쟁업체가 아마
존에 의존하게 되었다는 것이다.[1]

물론 플랫폼 불로소득자도 핵심 인프라를 통제한다(4장 참조). 그러
나 이러한 인프라, 즉 플랫폼 자체는 거래 성격(노동, 자본, 상품 또는 관
심)이 무엇이든 궁극적으로 직간접적으로 가능하도록 설계된 중개라
는 유일한 목적에 부합한다. 인프라 불로소득주의는 인프라가 서비스
제공에 필수적이라는 점에서 근본적으로 다르다.

아마존은 최근 수십 년 동안 영국에서 상업적으로 활용이 가능한
상당한 규모의 실질적인 독점 서비스 제공 인프라를 처음부터 구축함
으로써 중요한 인프라 불로소득자로 자리 잡은 유일한 회사는 아니다.
그러나 영국에서 비즈니스 모델의 핵심에 인프라를 유기적으로 개발
해 실제로 자수성가한 인프라 불로소득자도 있지만, 대부분은 그렇지
않다. 대부분의 인프라 불로소득자는 매우 다르고 훨씬 더 갑작스러

운 과정을 통해 탄생했다. 그 과정이 바로 민영화였다.

1980년대 초 마거릿 대처가 이 프로그램을 시작한 이래 영국은 의심할 여지 없이 세계에서 가장 확실한 민영화의 선구자로 여겨지게 되었으며, 『파이낸셜 타임스』에서 '선구적인 영국'이라고 표현하는 등 이 프로젝트를 폭넓게 지지하는 사람들을 비롯해 가령 민영화를 '매우 영국적인 질병'이라고 기술한 조 귀넌Joe Guinan과 토머스 한나Thomas Hanna처럼 단호하게 반대하는 사람들 모두에게 인정받고 있다.[2] 그러나 영국의 주요 민영화가 대부분 매우 특별한 유형의 민영화였다는 사실은 잘 알려져 있지 않다. 이러한 민영화는 상당한 자산 기반, 특히 상당한 인프라 자산을 보유한 국영기업의 소유권이 민간으로 넘어가는 것을 수반한다. 이러한 자산은 일반적으로 에너지 공급(전기와 가스), 상하수도, 전화와 특정 형태의 운송을 포함하되 이에 국한되지 않는 '유틸리티utilities'라고 불리는 서비스를 대중에게 제공하는 데 쓰였다.

실제로 오늘날 영국에서 공공 인프라를 관리하는 공공기관이 제공하는 유틸리티는 극소수에 불과하며, 런던의 지하 고속철도 서비스(공공단체인 런던교통공사의 자회사인 런던지하철공사가 책임을 맡는)와 북아일랜드와 스코틀랜드의 상하수도 서비스(각각 국유기업인 북아일랜드수자원공사와 스코틀랜드수자원공사가 담당하는)가 대표적이다. 민영화와 악명 높은 인프라 불로소득자인 레일트랙Railtrack 설립이 완전히 실패하면서 번복되었으므로, 인프라 기반 유틸리티의 가장 큰 공기업인 동시에 대부분의 국가 철도망 소유자이자 운영자인 네트워크 레일이 오늘날 공공 소유로 남아 있다는 사실은 신자유주의 영국의 더 광범위한 정책 방향에 대한 자신만의 이야기를 들려준다. 그 이야기가 이 장의 주요 주제다.

민영화

민영화가 1970년대 이후 영국 정부, 특히 보수당 정부의 표어가 되었다면, 국유화는 2차 세계대전이 끝난 후 1945년에 집권한 노동당 정부의 표어였다. 오로지 영국의 주요 유틸리티 부문이 수십 년 전에 국유화되었으므로 신자유주의 시대로 접어들자 민영화가 필요하다는 생각이 대두되었다. 더욱이 크리스 로즈Chris Rhodes와 그의 공저자들이 지적한 바와 같이, 산업에 대한 국가 개입을 지지하는 정당들 간 '전후 합의'는 1970년대까지 유지되었다.[3] 그럼에도 이들은 계속해서 (데이비드 파커David Parker의 영국 민영화 '공식 역사'를 인용하며) 언급하는데, 변화는 그저 주춤거리면서도 진행되었다.

다양한 기관을 민영화하려는 움직임은 잠정적이거나 필요에 따른 것이었으며, "국영산업을 민영화해야 한다는 정부 내 신념을 반영하지 않았다"라고 한다. 1972년 보수당 정부는 여행사 토머스 쿡Thomas Cook을 민영화했고, 1976년 노동당 정부는 IMF와의 막대한 차관 협상을 통해 도입한 세수 증대 조치의 일환으로 브리티시 페트롤리엄British Petroleum 지분 일부를 매각했다. 1979년 총선을 위한 보수당 공약 선언문은 민영화에 대해 간략하게 언급했을 뿐이다.

정책 전환의 결정적인 시기는 1979~1983년이었다. 1981년 브리티시 에어로스페이스British Aerospace(3장과 5장에서 논의된 BAE시스템의 전신)의 민영화 이후, 보수당 정부 입장은 명시적으로 "국가 소유가 표준이 아니라 예외가 되어야 한다"라는 것이었다. 이러한 변화는 '민영화 프로그램의 급속한 확장'을 위한 발판이 되었다.

[표 6-1]에는 1983년부터 1990년대 중반까지 민영화가 집중적으로 이루어졌음을 보여주는 주요 민영화 사례가 나열되어 있다.[4] 각 사례에 제시된 날짜는 민영화가 이루어진 연도 또는 민영화가 단계적으로 이루어진 경우 민영화 과정이 시작된 연도다.[5] 나는 여기서 사전에 정의한 대로 부분적으로 또는 전체적으로 중요한 인프라 불로소득자의 발단이 되는 민영화, 즉 서비스 제공 인프라(페리와 같은 이동 인프라 자산 포함)에 대한 배타적 통제권을 악용하는 민간 기업을 음영 처리했다. [표 6-1]에 나와 있지만, 이 정의를 충족하지 않는(따라서 음영 처리되지 않은) 두 가지 유형의 대상에 대해서는 몇 가지 설명이 필요하다. 첫째, 인프라 불로소득자에는 민영화된 롤스로이스Rolls Royce, 브리티시 스틸British Steel 또는 로버그룹Rover Group과 같은 제품 제조업체와 기계와 공장의 '인프라'는 포함되지 않는다. 인프라 불로소득주의는 서비스 제공에 관한 것이다. 둘째, 인프라 불로소득자에는 '인프라'가 맞춤형이 아닌 토지와 건물(7장 참조)에 불과한 번화가high-street 소매업체(예를 들면 민영화된 토트Tote)가 포함되지 않는다.

인프라 불로소득주의가 서비스 제공에 관한 것이라면, 더 정확하게는 서비스 제공의 인프라와 해당 인프라 통제에 관한 것이다. 인프라 자체가 핵심 자산이며, 이를 통제하면 어떤 형태로든 지대가 발생한다.

[표 6-1] 1983~2013년 영국 주요 기업의 민영화
(음영 처리된 민영화로 상당한 인프라 불로소득자가 발생)

연도	민영화 대상	사업 분야
1983	영국항만연합Associated British Ports	항구 운영
	영국조선공사British Shipbuilders Corporation	선박 건조·수선과 해양 엔지니어링
	케이블앤드와이어리스Cable & Wireless	통신
1984	브리티시 텔레콤British Telecom	통신
	엔터프라이즈 오일Enterprise Oil	석유 탐사와 생산
	재규어Jaguar(브리티시 레일랜드British Leyland 일부)	자동차 제조
	씨링크Sealink(브리티시 레일의 일부)	페리 서비스
1985	브리토일Britoil	석유 탐사와 생산
1986	브리티시 가스British Gas	에너지 공급
	국영버스공사National Bus Company	버스 서비스
1987	영국항공British Airways	항공사 운영
	영국공항공단British Airports Authority	공항 운영
	롤스로이스	항공기 엔진 제조
	로열도크야드Royal Dockyards	선박 보관과 유지 보수
	로열오드넌스Royal Ordnance	군수품 제조
1988	브리티시 스틸	철강 생산
	로버그룹(전 브리티시 레일랜드)	자동차 제조
1989	브리티시 레일 엔지니어링British Rail Engineering	열차 설계와 구조
	지역수자원공사(잉글랜드와 웨일스, 총 10개)	상하수도 서비스
1990	영국국영전력공사Central Electricity Generating Board	발전과 송전(잉글랜드와 웨일스)
	지로뱅크Girobank	금융 서비스
	지역전력공사(잉글랜드와 웨일스, 총 12개)	전기 분배와 공급업
1991	지역전력공사(스코틀랜드, 총 2개)	발전, 송전, 분배와 공급업
1992	브리티시 테크놀로지 그룹British Technology Group	정부 지원 혁신기술의 상업화
	북아일랜드전력공사Northern Ireland Electricity	발전, 송전, 분배와 공급(북잉글랜드)
1994	브리티시 콜British Coal	탄광업
	브리티시 레일British Rail	철도 네트워크와 승객·화물 서비스
	런던버스공사London Buses (런던지역교통공사London Regional Transport 일부)	버스 서비스
1996	브리티시 에너지British Energy	원자력 발전
	AEA 테크놀로지AEA Technology (영국원자력청UK Atomic Energy Authority 일부)	원자력 연구
2001	영국항공교통공사National Air Traffic Services	항공관제 서비스업
2003	키네틱Qinetiq (전 국방과학평가연구소Defence Evaluation and Research Agency 일부)	국방기술
2006	영국국영핵연료사British Nuclear Fuels	원자력과 핵연료
2009	UKAEA(영국원자력청 일부)	원전 해체
2011	토트	소매 마권업
2013	로열메일Royal Mail	우편 서비스

출처: 저자

민영화 이후 철도 부문을 예로 들어보자. 엔젤 트레인스Angel Trains와 같은 철도 차량 운영사는 인프라 불로소득자이며, 자신이 소유한 철도 차량(인프라)을 철도운영사에 임대하는 것이 비즈니스 모델이다. 반면에 후자는 인프라 불로소득자가 아니라 그 대신에 교통부가 발부한 프랜차이즈를 기반으로 임대 철도 차량을 활용해 철도 서비스를 제공하는 계약 불로소득자다(5장 참조).

철도산업의 예는 특정 서비스 제공의 기본이 되는 인프라를 관리하는 기업이 인프라 불로소득자 자격을 갖추기 위해 그 자체로 해당 서비스를 제공할 필요가 없다는 마지막 중요한 정의의 요점을 강조하는 데에도 유용하다. 이러한 많은 불로소득자는 다음과 같은 서비스를 제공한다. 예를 들면 영국의 수자원회사는 파이프라인 네트워크, 상수도, 펌프, 저수지 등의 인프라를 소유하고 있으며, 해당 인프라를 통해 상하수도 서비스를 제공한다. 그러나 로스코ROSCO와 같은 다른 회사는 그렇지 않다. 이 경우 불로소득자가 제삼자 서비스 제공업체(예를 들어 톡TOC)에 판매하는 것은 인프라에 대한 **접근 권한**이다. 뭐랄까, 이것은 가장 순수하고 가장 변형되지 않은 형태의 인프라 불로소득주의라고 할 수 있다. 아마존의 AWS와 FBA의 경우, 제삼자는 자산 소유자가 자금을 조달하고 유지·관리하는 인프라를 이용하는 대가로 지대를 지불한다.

수자원회사와 마찬가지로 자산 소유자가 서비스 제공자이기도 한 경우, 회사의 서비스 제공 '부서'—실제로는 독립된 실체가 없으므로 나는 그저 주의환기용 인용을 활용할 뿐이며, 그 경계 구분은 내가 한 것이다—는 인프라 '부서'에 내부 임대료를 효과적으로 지불하고, 해당 인프라 임대비용은 그 자체로 눈에 띄지 않게 고객(여기서는 상하수도 서비스 소비자)에게 전가된다. 그러나 규제상의 이유로 실제로는 두 개의 운영 부서가 제도적으로 통합되어 있고 법적으로 서로 분리되어 있는 경우도 있다. 따라서 내부 인프라 지대는 실제적이고 식별 가능한 지불이다. 우리가 이미 접한 회사인 아르키바가 좋은 사례인데, 그 기업의 한 부서는 영국의 라디오와 지상파 텔레비전 전송 인프라(마스트mast*와 사이트 네트워크와 공유 가능한 안테나 시스템으로 구성된)에 대한 접근권을 소유하고 있어 이를 유지하고 판매한다. 또 다른 부서는 신호가 전송을 위해 일괄적으로 제공되는 여덟 개의 네트워크 멀티플렉스 중 네 개를 허가받아 운영하고 있다. 후자는 공정 시장 가격 기준으로 전자에 수수료(인프라 지대)를 지불한다.[6]

어쨌든 결론은 인프라 불로소득주의의 경우 인프라는 서비스 제공에 필수 불가결하며, 그 통제자는 이에 따라 보상을 받는다는 것이다. 송전망(발전소에서 변전소로 전력을 전송하는 네트워크)과 배전망(변전소에서 기업과 가정으로 전기를 공급하는 더 작고 짧은 저전압선으로 구성된)이 없으면 전기를 공급할 수 없는데, 영국에서는 이 두 가지 유형의 네트워크가 서로 독립적으로 소유되고 운영된다. 마찬가지로 전송 네트워크(지상파, 케이블 또는 위성 기반)가 없으면 텔레비전을 방송할 수 없다. 선로(영국에서는 여전히 공공 소유)와 철도 차량이 없으면 철도 서비스를 운영할 수 없다. 그리고 우편물 수거와 배달 인프라(우체통, 우편센터, 짐을 운반할 수 있는 이동식 카트와 같은 푸시트롤리push-trolley와 밴van)가 없으

---

* 마스트 안테나는 장파 또는 중파 방송을 위한 일반적인 송신 안테나를 말한다.

면 전국 우편 수거와 배달 서비스를 제공할 수 없다. 이러한 지대를 창출하는 인프라 중 일부는 대부분 민간 기업이 구축한 것이지만, 적어도 영국에서는 그렇지 않은 경우가 대부분이다. 이러한 인프라는 이미 만들어진 임대 가능한 형태로 민영화되었다. 이는 일반적으로 공개 주식 공모(브리티시 가스, 브리티시 텔레콤, 로열메일의 경우처럼)를 통해 민영화되었지만, 때때로 기존 민간 기업에 매각하거나 경영진이 주도하는 매입을 통해 민영화되었다.

인프라 비즈니스(불로소득자)의 특성

원래 투자자가 누구였든 간에, 영국의 공공 소유 인프라 기반 서비스 제공 부문의 민영화는 시작부터 큰 성공을 거둘 것으로 예상되었다. 이러한 민영화를 가장 열렬히 지지하는 옹호자들도 인정하듯이, 정부가 민영화를 통해 납세자에게 괜찮은 수익을 보장한 경우는 거의 없다. 예를 들어 나이절 호킨스Nigel Hawkins의 계산에 따르면, 많은 기업이 '심각하게 저평가'되었다고 주장한다.[7] 자유시장을 대변하는 애덤 스미스 연구소에 기고한 글에서 호킨스는 특히 1990년 증권거래소에 상장될 당시 '심각한 저평가'를 받았던 지역전력공사를 언급한다.[8] 그리고 그 교훈은 배우지 않았다. 새천년을 맞이하면서 영국 최대 유틸리티 민영화를 추진한 2013년 로열메일의 경우 역시 공개 주식 공모를 통해 진행되었기 때문에 저평가의 정도는 훨씬 더 컸을 것이다. 이후 감사원, 하원 공공회계위원회와 기업·혁신·기술특별위원회는 모두 이 거래의 처리에 대해 혹독한 보고서를 작성했으며, 이 중 마지막 보고서는 납세자에게 거금 10억 파운드의 손실을 입힌 것으로 추정했다.[9] 투자기관들이 저평가된 로열메일 주식을 손에 넣기 위해 적극적으로 문을 두드린 결과, 24배나 초과 청약된 데 비해 전력회사의 주식은 '고작' 10배의 초과 청약에 그쳤다.[10]

실제로 민영화된 유틸리티의 소유주가 우려하는 민영화 이후의 기간은 일반적으로 민영화 자체에 국한되지 않고 상당한 이윤 창출 기회가 주어지는 긴 기간이었다. 인프라 불로소득주의가 왜 그렇게 수익성이 좋은지 이해하려면 먼저 관련 비즈니스의 특성을 자세히 살펴볼 필요가 있다. 내가 서문에서 지대를 어떻게 정의했는지, 즉 **경쟁이 제한적이거나 전혀 없는** 경쟁 조건에서 희소자산의 소유, 점유 또는 통제로부터 파생된 소득으로 정의한 것을 상기해보자. [표 6-1]에 항목별로 정리된 민영화를 통해 창출된 민간 부문 인프라 불로소득자의 대부분은 '경쟁이 제한적이거나 경쟁이 없는' 기준을 아무 문제도 없이 충족한다. 더 정확히 말하면, 이들 대부분은 독점업체다. 독점력은 당연히 독점 가격의 설정과 이윤을 제공하는 경우가 많다.

사실 이를 좀 더 구체적으로 설명할 수 있다. 문제의 기업 대부분은 경제학자들이 '자연독점기업'이라고 일컫는 이른바 자연독점을 향유하고 있다. 리처드 포스너Richard Posner는 1968년에 쓴 글에서 자연독점 상황을 "관련 시장 내 전체 수요가 둘 이상이 아닌 한 기업이 최저 비용으로 충족할 수 있는 것"으로 정의했다.[11] 의미심장하게도 포스너의 자연독점이 특징인 산업 부문의 주요 사례는 영국 보수당 정부가 10년이 조금 지난 후 민영화에 열을 올리던 바로 그 부문, 즉 가스, 수도, 전력 공급, 대중교통과 통신이었다. 이러한 유틸리티 부문에서 자연독점이 발생하는 이유를 이해하는 것은 어렵지 않다. 지리적으로 구획된 지역 내에서 상수도가 공급되는 경우를 생각해보자. 독점 공급구조에서 비독점 공급구조로 전환하면 가령 여러 세트의 파이프와 같은 인프라가 중복되고 그만큼 비용이 더 들어가기 때문에 필요 이상으로 더 많은 자원이 소비된다. 포스너에 따르면, 이는 매우 비효율적인 결과다. 따라서 독점은 가장 효율적이라는 의미에서 특히 '자연스러운' 것이었다.

영국 정부는 민영화된 일부 공익사업 부문, 특히 전력 소매업에서 경쟁요소를 도입하려고 노력했다. 오늘날 수십 개에 달하는 공급업체는 경쟁이 치열한 현물시장에서 도매가로 전력회사에서 전기를 사들인다. 그러나 전력 소매업체는 인프라 불로소득자가 아니며, 송배전 계통(또는 기타 중요한 인프라 자산)을 통제하지 않는다. 송전이나 배전 사업 부분에 경쟁을 도입하기가 훨씬 더 어려운데, 바로 이 부분이 자연독점 조건이 적용되는 곳이기 때문이다. 따라서 민영화 이후 영국의 유틸리티 시장 환경—여기에 송전과 배전 그 자체가 포함되어 있을 뿐만 아니라—에는 여전히 수많은 자연독점기업이 활동하고 있다.

제임스 미크만큼 민영화 이후 환경의 불로소득자 특성을 명확하게 파악하고 그 의미를 예리하게 포착한 사람은 없다. 잉글랜드와 웨일스의 상업적 사업자가 지역 독점권을 누리고 있는 수자원 부문에 대해 미크는 다음과 같이 설명한다.

공급업체를 선택할 수 없고, 물을 마실 수밖에 없으며, 그 비용을 지불할 수밖에 없는 수백만 명의 고객이 있다. 이들이 영구적으로 억류되어 매달 수백만 파운드를 지불하는 것은 (중략) 일종의 임대목적 매입 제도buy-to-let scheme로, 우리 고객들은 임차인으로서 임대료와 같은 수도요금을 지불하는 것이다. 수도회사를 소유한 주주는 집주인(임대인)과 같다. 그리고 회사 직원은 부동산 관리 대행업체와 같이 임대료를 징수하고 재산을 유지·관리한다. (중략) [만약] 부동산, 관리대행업체 또는 집주인이 마음에 들지 않거나 임대료가 너무 비싸다고 생각되면 선택의 여지가 없다. 우리는 더 저렴한 부동산이나 더 잘 운영되는 부동산으로 이사할 수 없다. 우리는 꼼짝도 할 수 없다.[12]

따라서 정부가 이전에 국가의 '필수 서비스' 제공을 담당했던 수도 부문과 기타 공기업을 민영화했을 때, 정부가 궁극적으로 매각한 것은 인프라뿐 아니라 속박된 '청구서를 지불하는 시민'이었다고 미크는 말한다.[13] 전자에서 후자가 발생했으며, 전자에 가치를 부여한 것은 물론 후자, 즉 특히 억류 상태와 계속 지불해야 할 의무였다.

더욱이 결정적으로 인프라 사업은 원래 포스너가 규정한 엄격한 자연독점 조건이 적용되지 않더라도 독점 경향이 있으며, 유틸리티 부문을 제외하면 그렇지 않은 경우도 많다. 이러한 경향 역시 쉽게 이해할 수 있다. 간단히 말해 인프라는 비용이 많이 든다. 기업이 인프라 분야에 뛰어들려면 자금력이 풍부하거나 자금력에 접근할 수 있어야 한다. 일반적으로 인프라 사업의 규모가 클수록, 즉 서비스를 제공하는 고객이 많을수록 파이프·케이블·포트 등의 형태로 인프라 비용이 증가한다. 그렇다면 진입장벽이 높을 뿐만 아니라 시장이 성장하면서 성숙

[표 6-2] 영국의 범주별 주요 인프라 불로소득자

	기업	주요 인프라 자산	소유 상태
에너지	캐덴트 가스 Cadent Gas	• 잉글랜드(웨스트 미들랜드, 노스웨스트, 이스트, 북런던)에서의 가스 공급망	민간[투자 컨소시엄(61퍼센트)][1]; 내셔널그리드(39퍼센트)
	내셔널그리드	• 전력 전송망(잉글랜드와 웨일스) • 가스 전송망(영국 전역)	상장기업
	SSE plc	• 전력 전송망(스코틀랜드 북부) • 잉글랜드(중남부)와 스코클랜드(북부)에서의 배전망 • 잉글랜드(남부)와 스코틀랜드에서의 가스 공급망	상장기업
	영국배전회사 UK Power Networks	• 잉글랜드(런던, 사우스이스트, 이스트)에서의 배전망	민간: CK 인프라스트럭처 홀딩스CK Infrastructure Holdings(40퍼센트); 파우어 에셋 홀딩스Power Asset Holdings(40퍼센트); 리카싱 재단Li Ka Shing Foundation(20퍼센트)
	웨스턴배전회사 Western Power Distribution	• 잉글랜드(미들랜드, 사우스웨스트, 웨일스)에서의 배전망	민간: PPL 코퍼레이션PPL Corporation (100퍼센트)
항만	영국항만연합	• 21개 항구	민간: 캐나다연금계획투자위원회Canada Pension Plan Investment Board; 오메르스 인프라스트럭처OMERS Infrastructure; 샤이엔 워크 투자Cheyne Walk Investment; 쿠웨이트 투자청Kuwait Investment Authority; 에르메스투자관리Hermes Investment Management (지분: N.A.)
철도	엔젤 트레인스	• 철도 차량(> 4,300차량)	민간: AMP 캐피탈 인베스터스AMP Capital Investors; PSP 투자PSP Investments; 국제공공 파트너십International Public Partnerships(지분: N.A.)
	에버숄트 레일그룹 Eversholt Rail Group	• 철도 차량(3,525차량)	민간: CK 인프라스트럭처 홀딩스(100퍼센트)
	포터브룩 임대회사 Porterbrook Leasing Company	• 철도 차량(> 4,300차량)	민간: 알베르타 투자관리Alberta Investment Management; 알리안츠 캐피탈 파트너스Allianz Capital Partners; EDF 인베스트EDF Invest; 호주유틸리티투자신탁Utilities Trust of Australia; 인프라스트럭처펀드The Infrastructure Fund; RBS그룹연금펀드RBS Group Pension Fund(지분: N.A.)

통신	아르키바	• 주파수 • 지상파 방송 전송망 (라디오와 디지털 TV)	민간: 캐나다연금계획투자위원회(48퍼센트); 맥쿼리유럽인프라펀드 2Macquarie European Infrastructure Fund 2(25퍼센트); IFM 인베스터스IFM Investors(15퍼센트); 기타(12퍼센트)
	BT그룹	• 유선 전송망 • 모바일 전송망 • 주파수	상장기업
	텔레포니카 S.A Telefónica S.A.	• 모바일 전송망 • 주파수	상장기업
	3그룹	• 모바일 전송망 • 주파수	민간: CK 허치슨 홀딩스CK Hutchison Holdings(100퍼센트)
	버진 미디어 Virgin Media	• 유선 전송망	민간: 리버티 글로벌Liberty Global (100퍼센트)
	보다폰그룹	• 모바일 전송망 • 주파수	상장기업
상하수도	앵글리안 워터 Anglian Water	• 상하수도망 (잉글랜드 동부)	민간: 캐나다연금계획투자위원회(32.9퍼센트); IFM 인베스터스(19.8퍼센트); 인피니티 투자Infinity Investments(16.7퍼센트); 콜로니얼 퍼스트 스테이트 글로벌 애셋 매니지먼트Colonial First State Global Asset Management(15.6퍼센트); 카뮬로두눔 투자Camulodunum Investments[달모어 캐피탈Dalmore Capital/GLIL 인프라스트럭처GLIL Infrastructure](15퍼센트)
	세번트렌트	• 상하수도망(미들랜드)	상장기업
	템스 워터 Thames Water	• 상하수도망 (런던과 템즈밸리)	민간: 오메르스 인프라스트럭처(32퍼센트); 영국사학연금Universities Superannuation Scheme(11퍼센트); 인피니티 투자(10퍼센트); 기타(47퍼센트)
	유타이티드 유틸리티스	• 상하수도망(노스웨스트)	상장기업

1) 이는 맥쿼리 인프라와 리얼에셋Macquarie Infrastructure and Real Assets; 알리안츠 캐피탈 파트너스; 에르메스투자관리; CIC 캐피탈 코퍼레이션CIC Capital Corporation; 카타르투자청Qatar Investment Authority; 달모어 캐피탈; 앰버 인프라스트럭처Amber Infrastructure; 국제 공공 파트너십으로 구성되어 있다.

출처: 저자

하고 시간이 지남에 따라 진입장벽이 더 높아지는 경향이 있으며, 이는 전설적인 '선점자first-mover'에게 상당한 우위를 제공한다. 그리하여 새로운 기업의 출현 가능성이 불가피하게 떨어진다.

아마존의 두 인프라 불로소득자 사업인 AWS와 FBA는 이러한 비자연적 독점 경향을 보여주는 훌륭한 비즈니스 사례다. 두 사업의 기반이 되는 방대한 인프라를 복제하려면 엄청난 비용이 필요하다. 예를 들면 톰 크라지트Tom Krazit는 AWS에 대한 글에서 최근 "선점자 우위가 10년이 지난 지금까지도 지속되고 있다"라고 언급하면서, "AWS와 경쟁할 수 있는 클라우드 인프라 네트워크를 구축하는 데 막대한 투자가 필요하므로 시장 점유율이 수년 동안 약 3분의 1 수준으로 안정적으로 유지되고 있다"라고 지적했다.[14] 그리고 AWS는 혼자가 아니다. [표 6-2]는 오늘날 영국에서 가장 큰 인프라 불로소득자를 부문별로 분류한 목록이다. 이들 대부분은 독점기업이지만, 모두가 '자연적'으로 그렇지는 않다.

인프라 불로소득자의 독점적 지배력의 결과

영국의 주요 인프라 불로소득자들 사이에 독점력이 널리 퍼진 결과는 대체로 예상할 수 있고 우리가 이미 익히 알고 있는 것들이다. 여기서 세 가지 결과가 두드러진다.

첫 번째는 독점 가격 설정이다. 가장 많이 언급되는 사례는 수도 부문이다. 1989년 민영화 이후 2015년까지 소매 수도요금은 실질 기준으로 평균 약 40퍼센트 상승했으며, 1990년대에 가장 가파른 가격 인상이 이루어졌다.[15] 수도 부문의 경험은 예외라기보다는 표준에 가깝다. 『파이낸셜 타임스』의 마틴 울프—사회주의자로는 거의 주목받지 않은—는 2008년에 "영국의 공익사업utility 모델이 망가졌다"라고 선언했다. 인프라 기반 공적 독점(기업)이 "자산을 소유해서 운영하고 개발"하는 민간 기업의 손에 이전된 "결함이 있는" 모델에 대한 그의 주요 비판 중 하나는 수도 부문뿐만 아니라 "공항, 원자력, 전기와 가스 네트워크"의 경우에도 "소비자에게 과도한 비용"을 초래했다는 것이다.[16]

7년 후 역시 자유시장 관점에서 글을 쓴 나이절 호킨스도 이에 동의했다. "많은 공익사업 부문의 경쟁 부재" 탓에 영국의 대규모 공익사업 민영화 실험이 전반적으로 "현저한 실질 가격 인상"으로 이어졌다는 것이다.[17] 실제로 울프와 호킨스 모두에게 이 규칙에 대한 실질적인 예외는 단 하나뿐이었다. 부분적으로 이동전화의 등장 덕분에 민영화 이후 의미 있는 경쟁이 시작되었고, 이에 따라 호킨스의 표현에 따르면, 소비자 물가가 "실질적으로 하락"한 부문은 통신 부문이다.[18]

두 번째 결과는 첫 번째 결과와 밀접한 관련이 있다. 이전 장에서 살펴본 것처럼, 독점력의 소유는 가격 상승을 부추길 뿐만 아니라 어떤 나태함을 불러일으키는 경향이 있다. 독점기업은 사업을 유지하기 위해 혁신과 투자를 할 필요가 없으며, 고객을 확보하고 있으므로 편안하게 쉴 수 있다. 다시 말하지만, 울프와 호킨스는 모두 검찰 기소에 대한 강력한 증인 역할을 한다. 영국의 '망가진' 공익사업 모델에 대한 울프의 두 번째 주요 비판은 바로 그것이 '투자에 대한 장애물', 즉 다음에서 염두에 두어야 할 중요한 차이점인 인프라를 소유하고 운영하는 회사가 아니라 서비스 제공 자체의 물리적 인프라 투자에 대한 장애물로 작용했다는 것이다. 울프에 따르면, 독점 조건에 묶여 있는 민영화된 공익 사업체들은 인프라 자산을 개선하고 업그레이드하기보다는 혹사하고 있었다는 것이다.[19]

통신을 제외한 호킨스의 평가는 훨씬 더 끔찍했다. "혁신에 대한 인센티브를 제공하려는 노력이 있었는데도", 호킨스는 "전기, 가스, 특히 수도 부문의 연구개발비 지출이 극히 적다는 사실은 그대로"라고 평가했다. 예를 들면 현재 시가총액이 거의 50억 파운드에 육박하는 세번트렌트는 2013/2014년에 연구개발에 단 500만 파운드만 투자했다.[20] 이는 회사 가치의 0.1퍼센트, 또는 같은 해 매출액 19억 파운드의 0.3퍼센트에 해당하는 금액이었다. 한편, 호킨스는 철도 부문의 민영화 당시 대부분의 고성 철도 인프라(선로, 역, 신호, 터널, 교량과 건널목)의 소유권을 인수한 민간 기업인 레일트랙이 2001년 파산하기 전까지 "투자를 상당히 적게 한 것으로 널리 알려져 있었다"라고 지적했다. 호킨스는 또한 이전 공항 소유주이자 운영자인 영국공항관리주식회사BAA plc(이하 BAA)에 대해 특별히 언급했는데, 그 투자 예산의 "불균형적인 부분"이 분명히 "공항 인프라 개선보다는 고가의 소매시설을 제공하는 데 쓰인 것"이 분명했다.[21] 한마디로 지대 추구가 만연했다는 것이다.

실제로 BAA는 흥미로운 사례 연구 대상이다. 1987년 영국공항청의 민영화를 통해 설립된 BAA는 원래 영국 내 일곱 개 공항(잉글랜드의 히드로Heathrow, 개트윅Gatwick과 스탠스테드Stansted, 스코틀랜드의 애버딘

Aberdeen, 에든버러Edinburgh, 글래스고Glasgow와 프레스트윅Prestwick)을 소유하고 운영했다. 이·착륙 슬롯에 대한 항공사 요금이 매출의 대부분을 차지했다. 상업적으로 민감하기 때문에 전통적인 인프라 임대료인 이러한 요금은 불투명하기로 악명이 높다. 그러나 이·착륙 슬롯은 예를 들면 유럽연합에서 80/20 규칙을 운영할 정도로 충분히 가치 있고 희소성이 있다. 이에 따라 정상적인 상황에서 항공사는 할당받은 슬롯의 최소 80퍼센트를 이용해야 하며, 그렇지 않으면 경쟁자에게 슬롯을 빼앗길 위험이 있다. 그리고 공항 사업자가 공항 슬롯을 통해 얻는 임대료의 규모에 대한 정보는, 항공사가 슬롯을 서로 거래하고 지불 금액을 보고하거나, 항공사가 파산하고 경쟁자가 이를 집어삼키기 위해 급습할 때, 가끔 공개 영역으로 확산된다. 후자의 시나리오에서 공항 슬롯이 일반적으로 유일한 독점 항공기를 제외하고 남아 있는 귀중한 자산이다.[22] 2017년 모나크항공사Monarch Airlines가 파산했을 때 영국항공British Airways은 개트윅의 프라임 슬롯 20개를 풍문에 따르면 5,000만 파운드에 인수했는데, 이는 모나크항공이 개트윅 소유주에게 지불한 금액이 얼마였는지를 짐작할 수 있는 대목이다. 최근에 이지젯EasyJet은 파산한 여행사 토머스 쿡으로부터 개트윅과 브리스톨 Bristol 공항의 슬롯을 구입하기 위해 3,600만 파운드를 지불했다.[23]

영국공항청이 민영화된 이후 20년 동안 두 논평가는 나중에 "영국 민간 항공시장에서 BAA의 지배적 지위에 대한 우려"라고 기술한 것이 '정기적으로' 표면화되었는데도, 공정경쟁위원회 조사가 2008년까지 공동 소유권 덕에 당시 런던 활주로 용량의 80퍼센트 이상을 통제하고 영국 승객의 60퍼센트 이상에게 서비스를 제공하던 BAA가 운영하는 영국 공항 간에 "경쟁이 없다"라는 결론을 내릴 때까지, 이러한 지배력을 해결하려는 조치가 취해지지 않았다.[24] 조사 결과, 독점의 영향으로 회사의 경쟁 본능이 엄청나게 무뎌진 것으로 나타났다. BAA가 사례 연구로 삼을 만한 것이 있다면, 그것은 바로 상업적 무감각, 즉 독점이었다. 조사위원장은 "우리는 특히 [BAA가] 항공사 고객, 따라서 승객의 다양한 요구에 대한 명백한 대응력 부족과 투자 수준, 품질, 범위, 위치와 타이밍과 서비스 수준과 품질에 관한 결과에 대해 우려하고 있다"라고 말했다.[25]

독점 조건이 영국의 인프라 불로소득주의 환경에 오랫동안 퍼져 있다는 사실의 세 번째이자 마지막 결과는 해당 환경이 오랫동안 금융투자기관을 끌어들이는 자석 역할을 해왔다는 것이다. 이는 놀라운 일이 아니다. 대부분의 기관이 균형 잡히고 다각화된 포트폴리오, 지속적인 수익률, 장기적인 가치 성장 등 투자 전략을 설명할 때 단조로운 일반론과 유행어를 제시하지만, 가끔 기본 방침에서 벗어나 실제로 투자자를 끌어들이는 것이 무엇인지 설명하는 불량한 이가 있다. 정답은 바로 독점, 즉 진입장벽으로 보호되는 독점 덕에 독점 가격과 이윤을 창출하는 것이다. 글로벌 투자 대기업인 핌코PIMCO의 마크 키젤Mark Kiesel 최고투자책임 부대표는 다음과 같이 신선할 정도로 솔직하게 설명한다.

핌코는 상향식 신용 분석을 통해 전 세계적으로 가격 결정력 또는 강력한 성장 전망이 있는 산업을 식별하는 데 초점을 맞췄다. (중략) 그렇기 때문에 높은 진입장벽은 매력적인 경제적 이윤의 지속 가능성을 위한 중요한 특징이다. 산업구조가 신규 진입자를 저지한다면, 투자 프로세스에서 중요한 심사가 통과되었으므로 추가적인 평가가 필요하다. 진입장벽이 높은 산업이 자동으로 초과이윤을 창출하는 것은 아니지만, 이는 진입장벽이 높을수록 평균 이상의 수익에 대한 전망이 커지는 경쟁력 있는 보호막을 제공한다.[26]

데이비드 하비가 언급한 것처럼, 자본은 "독점과 사랑에 빠졌다"라고 할 수 있다.[27]

인프라 집약적 공익사업을 특징짓는 높은 진입장벽과 독점 경향에 대해 우리가 알고 있는 사실을 고려할 때, '에너지, 무선 통신, 무선 셀 기지국, 케이블, 위성'과 같은 산업이 핌코의 엄격한 투자 기준을 충족하는 것으로 확인된 업종 목록에 눈에 띄게 등장하는 것은 놀라운 일이 아니다.[28] 최근 수십 년 동안 핌코와 같은 입지조건에 제약받지 않아 자유로운 투자기관이 이러한 산업에 투자할 수 있는 기회가 특히 많았던 곳은 세계 어디에 있는가? 이는 물론 영국이다.『파이낸셜 타임스』의 시티City 편집장인 조너선 포드는 이처럼 군침이 도는 국가 투자 제안을 특히 잘 표현했다.

당신이 캐나다연금제도나 사모펀드그룹의 투자책임자라고 가정하고 신중하게 지구본을 돌리면서 관리하고 있는 모든 저축액을 투자할 공익사업 투자처를 찾고 있다고 상상해보라. 당신의 엄지손가락은 어디에 닿을까? 아마도 당신은 영국에 착륙할 가능성이 높다. 당연한 선택이다. 영국만큼 필수 서비스 민영화를 열정적으로 수용한 국가는 거의 없다. 1984년 브리티시 텔레콤 매각으로 시작된 민영화는 수십 년 동안 꾸준히 확대되어 수도, 전기, 가스, 공항, 그리고 심지어 텔레비전 전송과 같은 중요한 통신 네트워크까지 포함했다.[29]

따라서 민영화의 전성기 이후 영국의 인프라 불로소득주의 사업에 새로 진입한 운영자는 거의 없었지만, 투자자의 진입은 그 반대였는데, 이는 전자를 막는 진입장벽이 후자를 유인하는 요인이기 때문이다. 전력회사와 로열메일 사례에서 볼 수 있듯이, 독점 공기업이 민영화될 당시 앞다퉈 지분을 확보하기 위해 경쟁했던 투자기관들은 그 후에도 영국 인프라 지분을 차지하기 위해 계속 고군분투하고 있다.

[표 6-2]는 이를 명확하게 보여준다. 영국 최대 인프라 불로소득자의 소유권은 오늘날 전 세계의 주요 금융투자기관이 장악하고 있다. 수익률에 굶주린 자본이 영국의 방대한 인프라 기반 독점 지대 풀pool에 불나방처럼 몰려들었기 때문이다.

이 기관 투자 표에서 두 가지 중요한 패턴에 대해 언급할 필요가 있다. 첫째, 한때 상장되었던 많은 인프라 기업이 더는 상장되지 않는다는 점이 놀랍다. 캐덴트 가스, 영국배전회사, 웨스턴배전회사, 영국항만연합, 앵글리안 워터와 템스 워터(그리고 표에 나와 있지 않은 다른 많은 영국 인프라 불로소득자)는 모두 민영화 당시 증권거래소에 상장되었지만, 그 이후 비상장으로 전환되거나 이전 회사의 합병으로 탄생한 개인 소유 기업의 예시다. 더는 지분이 적어서 제한적인 재무적 이득과 제한된 운영 영향력에 만족하지 못한 주요 투자회사가 때때로 독립적으로, 때로는 투자 컨소시엄의 일부로 이러한 불로소득자를 인수하

6장 X 인자: 인프라 지대

기 위해 뛰어들었다.

둘째, 표를 보면 교차 투자의 그물망이 놀랍도록 복잡하게 얽혀 있음을 알 수 있다. 알리안츠 캐피탈 파트너스는 캐덴트 가스와 포터브룩 임대회사의 지분을 소유하고 있으며, IFM 인베스터스는 앵글리안 워터와 아르키바의 지분을 소유하고 있다. 서로 다른 두 부문에서 투자 포지션을 보유한 다른 기관으로는 달모어 캐피탈과 오메르스 인프라스트럭처*(그 명칭과 달리 투자회사인)가 있다. 그러나 항만(영국항만연합), 통신(아르키바), 상하수도(앵글리안) 등 세 개 이상의 다른 부문에 있는 회사의 상당한 지분을 소유하고 있는 캐나다연금계획투자위원회에 상금이 돌아간다. CK 허치슨은 또한 세 개의 다른 부문에 있는 회사의 지분—대주주인 CK 인프라스트럭처 홀딩스를 통해 두 개 부문을—을 보유하고 있다. 그러나 이는 금융투자기관이라기보다는 사업을 운영하는 대기업이다.

금융기관이나 CK 허치슨과 같은 대기업이 항만, 통신, 상하수도와 같은 다양한 부문에 동시에 대규모 전략적 투자를 하는 이유는 무엇일까? 물론 답은 각 경우에 동일한 필수 비즈니스 모델이 적용된다는 것이다. 표면적으로는 매우 다른 인프라를 가진 매우 다른 비즈니스를 인수하는 것처럼 보일 수 있다. 허치슨의 경우처럼 전력 배전망, 철도 차량과 이동전화 자산의 공통점은 무엇인가? 하지만 제임스 미크가 인정한 것처럼, 마음속으로는 허치슨과 캐나다연금펀드 매니저와 같

---

* 오메르스 인프라스트럭처는 캐나다 온타리오 주 산하 지자체 직원들의 확정형 연금을 관리하는 오메르스를 대신해 전 세계 인프라 분야 투자를 관리하는 투자회사다.

은 부류가 실제로 구매하는 것은, 청구서를 지불하는 고객과 이들이 독점 인프라 소유자에게 직간접적으로 지불하는 전속적인captive 임대료라는 점에서 이 모든 경우에 항상 같다.

통신 인프라의 실상

그러나 마틴 울프와 나이절 호킨스가 소비자 가격 상승과 투자 부진이라는 민영화 이후의 규칙에 대한 실질적인 예외로 꼽은 인프라 부문인 통신으로 돌아가 보자. 호킨스가 지적한 바와 같이, 영국의 통신 서비스 소비자는 1984년 브리티시 텔레콤(이하 BT)이 민영화된 이후 가격 하락과 상당한 투자에 힘입은 혁신의 혜택을 모두 누렸다. 호킨스의 주장대로라면 대중화된 모바일 전화시장의 등상은 "유선 통신 사업자에 대한 새로운 공격적인 경쟁자"로서 핵심적인 역할을 했으며, 따라서 BT를 계속 긴장하게 했다고 할 수 있다. 최근 수십 년 동안 다른 공익사업 부문에서는 의미 있는 신규 진입자가 없었던 반면, 통신, 특히 모바일 전화시장에서는 새로운 이름이 등장했다. 호킨스의 말처럼, BT의 민영화는 "보다폰이 라칼 일렉트로닉스Racal Electronics 자회사로 편입된 지 불과 2년 만에 이루어졌다. 10년 만에 보다폰은 선도적인 모바일 통신회사가 되었다. 다른 부문에서는 투자자들이 건초로 돈을 벌었으며, 동시에 소비자(의 후생)는 형편없었지만, 1984년 이후 소비자 전화요금이 실질적으로 크게 하락한 BT의 투자자들은 그다지 운이 좋지 않았다. 상장 이후 주주들에게 돌아간 수익은 끔찍한 수준이었다."[30]

　더욱이 통신의 예외성은 주요 공공 자산을 민간 부문에 할당하는 방법에까지 확대되는데, BT 자체의 경우(민영화는 공개 주식 공모라는 '표준' 경로를 통해 이루어졌지만, 다시 저평가 주장이 제기되었던)는 아니지만, 무선 주파수의 중요한 경우에서는 분명 그렇다. 최근 수십 년 동안 주파수가 인프라 불로소득주의의 중요한 핵심 요소로 부상했다. 다양한 유형의 통신에 이용할 수 있는 전자기 에너지 주파수를 일컫는 무선 주파수는 종종 토지에 비유된다. 말하자면, 이는 가상 부동산에 해당한다. 토지와 마찬가지로 이는 유한한 자원이어서 희소성이 있으며, 주파수의 어떤 부분도 간섭 가능성이 있으므로 제한된 수의 용도만 수용할 수 있다. 그 결과, 대부분의 국가에서 무선 주파수를 '소유'하는 정부는 특정 지역에서 특정 기간에 특정 목적을 위해 특정 주파수를 이용할 수 있는 독점권을 허가한다. 이러한 이용을 통해 라이선스 이용자가 매출을 창출할 수 있는 경우, 쓸 수 있는 주파수라는 희소자산에 대한 독점적·상업적 통제에서 파생되는 한, 후자는 분명히 지대에 해당한다. 오늘날 무선 주파수에는 상업적으로 실행 가능한 다양한 용도가 있다. 라디오와 텔레비전 방송이 그중 하나이며, 모바일 인터넷 서비스의 제공이 또 다른 예다.

　상용 라이선스 사업자에게 주파수를 할당하는 정부의 방법은 국가마다 다소 다르다. 전통적으로 선호되는 방식은 소위 '미인 대회' 방식이었다. 이는 후보자가 인프라 이용에 대한 사업 계획을 제출하면 정부가 공개한 기준에 가장 잘 부합한다고 판단되는 사업자에게 라이선스를 부여하는 것이다. 1990년대에는 1994년 미국을 시작으로 경매를 통한 할당방식으로 선호도가 바뀌었고, 이후 이는 국제적으로 기본적인 방식이 되었다. 영국에서는 2000년에 정부가 처음으로 경매방식을 도입해 3세대(3G) 모바일 서비스에 대한 다섯 개의 라이선스를 부여했다. 2013년(4G 서비스)과 2018년(4G와 5G)에 모바일 서비스에 대한 추가적인 주요 경매 라운드(라디오와 텔레비전용 주파수의 경매 기반 라이선스 부여가 동시에 진행되었던)가 마무리되었다.

물론 이러한 접근방식에 의문을 제기할 정당한 근거가 있다. 우선, 하원의 문화·미디어·체육위원회를 포함한 일부 논평가들은 2011년 모바일 인터넷 서비스에 대한 주파수 정책의 과도한 집중 탓에 다른 이용자와 용도에 대한 접근이 차단되고 있다고 우려했다.[31] 이와 관련하여 각 모바일 경매에서 '효율성'을 우선으로 고려하는 것은 본질적으로 '최적의 사업 계획'을 '최고 입찰자'로 환원해 신규 진입자에게 강력한 장벽을 세웠다. 실제로 오직 2000년 경매에서 현직이 아닌 사입자(CK 허치슨이 소유한 세 개 그룹의 형태로 거의 피라미와 같은 미미한 존재가 아닌)가 라이선스를 취득한 것은 신규 진입자를 위해 한 개의 면허를 유보했기 때문일 수 있다. 그럼에도 주파수 할당과 관련해서 영국 정부가 비난받을 수 없는 한 가지는 해당 자산을 저평가했다는 것이다. 각 모바일 경매 라운드마다 입찰자들한테 막대한 금액이 들어왔다. 2000년에 영국 정부는 225억 파운드라는 엄청난 금액을 모금했는데, 이 경매를 설계한 경제학자들은 "서기 195년[실은 193년] 근위대가 [황제 자리를 경매에 붙여 최고가를 쓴] 디디우스 율리아누스Didius Julianus에게 로마 제국 전체를 넘긴 이후" 세계 최대 경매라고 기술했다.[32]

그러나 '예외적'인 통신 부문에서도 최근 몇 년 동안 영국의 다른

6장 X 인자: 인프라 지대

인프라 부문에서 볼 수 있는 것과 기이할 만큼 유사한 형태로, 최종적으로 계산하면 지대 추구에 해당하는 광범위한 사례에 대한 불만의 소리가 커지고 있다. 예를 들면 2018년 가격 비교 웹사이트인 빌모니터Billmonitor는 영국의 중소기업이 시장 경쟁이 없는 틈을 타서 모바일 서비스에 10억 파운드의 과다 요금을 지불하고 있다는 보고서를 발표했다. 이 보고서는 '빅 3' 통신사(BT/EE, 보다폰, 그리고 텔레포니카/O2)의 356개 기업 계정을 표본으로 조사한 결과, 약 절반의 기업들이 원래 지불해야 할 비용의 두 배 이상을 지불하고 있는 것으로 추정되었다.[33]

그러나 가격은 투자와 서비스보다 덜 중요한 문제였다. 후자의 근거에 대한 두 가지 특별한 비판이 헤드라인 뉴스가 되었다. 첫 번째는 모바일 서비스와 관련한 내용이다. 여기서는 음성과 데이터 서비스 제공업체가 일반적으로 매우 불완전한 커버리지만 제공한다는 주장이 제기되었다. 예를 들면 브리티시 인프라스트럭처 그룹British Infrastructure Group, BIG이라고 불리는 초당파 국회의원 그룹이 2016년에 발표한 영향력 있는 보고서에 따르면, 모바일 이용자는 평균적으로 약 절반의 시간만 4G 서비스에 접속할 수 있었다.[34] 이듬해 말에는 지역별로 영국의 43퍼센트만이 4대 이동통신사 모두로부터 4G 신호를 수신할 수 있는 것으로 보고되었다. 정부의 국가인프라위원회 위원장인 아도니스 경Lord Adonis은 이 수치를 '개탄스럽다'라고 말했다.[35] 농촌 지역은 특히 서비스가 열악한 것으로 나타났다. 2016년에 영국 농촌 지역의 약 28퍼센트는 통신사의 서비스를 받지 못하고 있는 것으로 추정되었다. 예를 들면 웨일스에서는 모바일 이용자의 35퍼센트만이 4G 서

비스에 접속할 수 있었다.[36]

브리티시 인프라스트럭처 그룹은 이러한 상황에 대해 서비스가 부족한 지역의 경쟁 부재를 원인으로 꼽았지만, 경쟁보다 더 나은 단어는 아마도 '인센티브'일 것이다. 영국의 모바일 통신 사업자는 인구 밀도가 높은 핫스팟을 골라 지리적·선택적으로 네트워크를 구축해왔다. 인구 밀도가 낮은 농촌 지역(커버리지가 없는 소위 '낫스팟not-spots')에서는 서비스 제공을 통해 얻을 수 있는 가입자의 지대가 필요한 인프라 투자를 정당화하지 못하기 때문이다. 이를 또 다른 유형의 '지대 격차rent gap'라고 생각하면 된다. 금융 불로소득자와 마찬가지로 인프라 불로소득자는 배타적이다. 조안 로빈슨Joan Robinson의 말을 빌리자면, 소비자 입장에서 지대 수취자에게 지대를 지불하는 것보다 더 나쁜 일은 지대를 지불할 기회조차 없다는 사실이다.

한편, 두 번째 비판은 유선 서비스, 특히 BT에 관한 것이다. BT는 오픈리치Openreach 사업부를 통해 영국의 핵심 유선 전송망과 대부분의 로컬 액세스 네트워크—고객과 로컬 거래소를 연결하는 소위 '가입지 회선local loop'—를 소유하고 운영한다. 고객은 BT에서 통신 서비스를 구매하는지와 관계없이 오픈리치 엔지니어를 통해 연결된다. 10년 넘게 영국의 가입자 선로가 '세분화unbundled'되었다. 이는 현재 수백 개에 달하는 경쟁 사업자가 BT의 인프라를 통해 유선 광대역과 전화 서비스를 제공할 수 있으며, 사실상 네트워크 액세스에 대한 지대, 즉 네트워크 접속료를 오픈리치에 지불하고 있다.

최근 몇 년 동안 수준 이하의 인터넷(느린 속도가 특히 골칫거리)과 열악한 고객 서비스를 제공하고, 네트워크에 대한 투자가 크게 부족하다는 오픈리치에 대한 비판이 쏟아졌다. 이러한 비판 중 일부는 경쟁업체가 제기한 것이어서 신중하게 검토해야 한다. 예를 들면 스카이는 2015년에 오픈리치가 새로운 광대역 고객을 연결하는 데 최대 10일이 걸린다는 불만을 제기한 바 있다.[37] 그러나 좀 더 중립적인 논평가에 의해 비슷한 비판이 점점 더 많아지고 있다. 예를 들면 2016년에 발표된 또 다른 브리티시 인프라스트럭처 그룹 보고서에 따르면, 영국에서 약 570만 명의 인터넷 연결이 업계 규제기관인 오프컴Ofcom이 '허용 가능한' 최소 속도로 판단한 10Mbps에 미치지 못하며, 이 중 약 350만 명이 농촌 지역에 거주하고 있는 것으로 나타났다. 그 보고서는 "농촌 중소기업과 소비자가 끔찍한 속도에 시달리거나 심지어 서비스조차 제공받지 못하고 있지만", "오픈리치는 막대한 이윤을 창출하고, 네트워크에 투자하고, 새로운 회선을 설치하고, 또는 심지어 적시에 장애를 개선할 이유가 거의 없다"라고 비판했다.[38]

후속 연구도 이러한 평가를 뒷받침했다. 특히 같은 해 말에 발간된 하원 문화·미디어·체육위원회의 보고서에 따르면, "오픈리치는 역사적으로 열악한 서비스 기록을 개선하지 못했으며", 반면에 회사는 "대중의 상당수가 의존하는 액세스 인프라와 서비스에 대한 투자가 현저히 부족해서", "[초고속 광대역]이 도달하지 못한 지역들의 편린patchwork"이 남아 있다. 위원회는 BT가 "따라서 오픈리치 인프라와 서비스에 추가로 투자하기 위한 즉각적인 조처를 해야 한다"라고 주장했다.[39] 이듬해 BT는 2013/2014년에 이더넷Ethernet 회선 설치가 상당히 지연된 것에 대해 경쟁 사업자에게 보상하지 않은 혐의로 4,200만 파운드의 벌금을 부과받았다.[40]

그렇다면 지금까지 예외적이었던 통신 분야의 다양한 실패를 어떻게 이해할 수 있는가? 무슨 일이 벌어지고 있는가? 우리가 본 바와 같이, 경쟁 부재는 열악한 모바일 커버리지와 특히 중소기업 모바일 서비스의 과도한 가격 책정에 대한 설명으로 이전에 제기되어왔다. 따라서 BT, 오픈리치와 관련해서 동일한 설명이 나온 것은 주목할 만하다. 예를 들면 하원 문화·미디어·체육위원회는 "서비스 제공업체인 BT와 로컬 액세스 인프라 자회사인 오픈리치 간에 내재된 이해 충돌"이 "지역 경쟁을 제한하고 있다"라고 비난했다.[41] 이에 대해 브리티시 인프라스트럭처 그룹은 '체계적 과소 투자' 기록이 'BT와 오픈리치'의 '자연 독점'에서 비롯됐다고 주장했다.[42]

> 더 정확히 말하자면 BT는 미래를 계획하고 완전한 광섬유 네트워크로 업그레이드하는 대신 구식 네트워크 시스템에서 남은 수명을 끌어내려고 노력하고 있을 뿐이다. (중략) 광대역 투자 전략을 종합적으로 재고해야 할 필요성을 인정하기는커녕 결정을 효과적으로 미루고, 낡고 어려움을 겪고 있는 동선 네트워크에서 할 수 있는 모든 마지막 이윤을 쥐어짜려 한다.[43]

영국 통신 부문의 특정 지역에서 경쟁이 부재한 것은 의심할 여지 없이 최근 몇 년 동안 해당 부문이 영국의 다른 인프라 불로소득자 부문처럼 열악한 서비스, 취약한 투자와 독점 가격 책정에 어려움을 겪고 있는 이유의 일부다. 그러나 이는 모든 것을 설명해주지는 않는다. 더 자세한 설명에 접근하려면 먼저 간략하게 요약하는 것이 도움이 될 것이다.

지금까지의 분석은 특히 공익사업 인프라 소유와 관련해서 조녀선 포드가 '불로소득자의 천국'이라고 멋들어지게 일컫는 영국을 오랫동안 대표해온 근본적 이유에 초점을 맞추었다.[44] 물론 그런 이유 중 하나는 포드가 '가용한 풍부한 기회'라고 말한 **물량적**volume 고려사항이었다. 영국은 매각할 수 있는 거의 모든 공공 서비스 제공 인프라를 팔아버려 미국을 포함한 대부분의 다른 선진 산업국보다 훨씬 더 앞서 나가고 있다. 간단히 말해 지대를 창출하는 인프라 자산이 풍부하다는 것이다. 한편, 다른 이유는 영국에만 국한된 것이 아니라 **가치**value 고려사항이었다. 인프라 지대는 '자연적'이든 그렇지 않든 인프라 사업에 독점이 내재되어 있으므로 매우 매력적인 투자 제안이 될 수 있다.

　　그러나 지금까지 거의 검토되지 않은 매우 중요한 질문은 영국 정부가 이러한 독점에 대한 근본적인 경향을 어떻게 해결하려고 시도했는지에 대한 것이다. 정부는 단순히 모든 공공 독점 인프라 소유자-운영자를 민간 부문에 매각한 후 이들 각자의 제도적 장치에 맡겼는가? 물론 아니다. 1980년대와 1990년대 초 보수당의 가장 열렬한 자유시장 옹호자들조차도—사실 자유시장주의자들의 전통적인 독점에 대한 의구심을 고려할 때—독점기업을 민간 소유주에게 넘기고 최선을 다하기를 바라는 것이 문제를 초래할 수 있음을 인정했다. 그렇다면 정부는 무엇을 했는가? 대체로 정부는 어떻게 독과점 문제에 직면하게 되었나? 이것이 내가 지금 다룰 질문이다. 이 질문에 답하면 '예외적인' 영국 통신 부문에서 최근에 나타난 지대 추구 현상뿐만 아니라 영국의 나머지 인프라 경제 전반에 걸쳐 지속되는 지대 추구 패턴에 대해 더 자세히 설명할 수 있을 것이다.

인프라 독점에 관한 정부 정책

영국에서 민영화된 인프라 집약적 기업이 민간 부문으로 이전할 당시 이미 경쟁이 치열했던 시장에서 운영되던 기업은 극소수에 불과하다. 1987년 증권거래소에 상장된 항공사인 영국항공이 아마도 가장 좋은 사례일 것이다. 하지만 영국항공은 매우 예외적이었다. 이 경우 정부가 시장 지배력과 그 남용 가능성에 대해 걱정할 필요가 거의 없었다면, 다른 곳에서는 상당한 우려의 이유가 있었다.

그러나 처음부터 경쟁의 미래에 대한 엄청난 확신은 남달랐다. 대부분의 경우와 마찬가지로 경쟁이 존재하지 않는 곳에서는 시장의 힘에 좌우되어, 즉 "독점이 경쟁을 낳는다"라는 마르크스의 말처럼 독점 조건이 평균 이상의 이윤을 제공하는 부문으로 자본이 유입되는 경향에 따라 경쟁이 실현될 것이라고, 또는 정부가 자본을 제자리로 돌려놓는 덕에 시간이 지나면 경쟁이 실현될 것이라고 믿었다.[45] 걱정하지 마세요. 정부는 반대론자들에게 브리티시 텔레콤, 브리티시 가스 등이 현재 독점기업일지 모르지만, 계속 그렇게 유지되지는 않을 것이라고, 이처럼 걱정하지 말라고 거듭 말했다.

그동안 정부는 의심하는 사람들을 안심시키기 위해 독점업체를 견제하기 위한 규제기관을 만들겠다고 발표했다. 이런 의미에서 규제는 시장과 규율체계가 자리를 잡을 때까지 필요한 임시방편으로만 여겨졌다. 조너선 포드와 길 플리머Gill Plimmer의 말처럼, 다양한 산업(수도, 에너지, 통신 등)에 대한 감시자들은 "미국 기병대처럼 경쟁이 시작될 때까지 소비자를 위한 요새를 지키고 있을 뿐"이었다. 경쟁을 일시적으로 대체하는 것 외에 이러한 규제기관의 명확한 목표는 무엇이었는가? 무엇보다도 마틴 울프가 영국의 공익사업 모델을 비판하면서 지적한 두 가지 병폐, 즉 고가 책정과 과소 투자를 방지하는 것이었다. 포드와 플러머의 말을 빌리자면, 민영화된 인프라 부문에 대한 효과적인 규제구조의 핵심은 "소비자에게 공정한 가격을 제공하는 동시에 민간 소유자에게 혁신을 추구하고 효율성을 찾을 수 있는 인센티브를 제공하는 일"이 될 것이다.[46] 좀 더 간결하게 말하면, 소비자에게 합리적인 가격으로 필요한 네트워크 투자를 보장하는 것이 과제였다.

그러나 문제는 시간이 지나면서 대대적인 민영화 추진을 뒷받침하는 이러한 핵심 전제들이 모두 근본적인 결함이 있는 것으로 드러난다는 것이었다. 첫째, 일반적으로 경쟁이 발생하지 않았다. 실제로 지난 수십 년 동안 영국 역대 정부—보수당과 노동당 모두—는 해당 부문에 경쟁을 도입하는 것이 충분히 가능한데도, 해당 부문에 더 심한 경쟁을 도입하는 것을 지속해서 꺼려왔다. 이러한 제한조항은 중요하다. 내가 언급한 바와 같이, 많은 부문에 자연독점 특성이 있기 때문에 경쟁을 도입하기는 매우 어렵고, 정치적 욕구가 있더라도 솔직히 정당화하기 어렵다. 소비자, 납세자 또는 이 둘의 조합이 주로 부담할 수밖에 없는 추가 비용을 단순히 원칙에 따라 떠넘기는 이유는 무엇인가? 그러나 영국이 이를테면 송배전 인프라 소유나 운영과 같은 순수 자연독점 사업에서 경쟁력을 갖추지 못했다는 사실은 핵심적인 문제가 아니다. 진짜 문제는 일부 부문에서 인프라 경쟁을 확대할 수 있는 여지가 있었고, 비록 미미한 수준일지라도 지금도 여전히 존재하고 있지만, 그런데도 정부가 계속 뒷짐만 지고 있다는 점이다.

유선 통신 인프라가 대표적인 예다. 영국 정부는 유선 네트워크 경쟁이 충분히 가능하다는 사실과 이러한 경쟁이 존재하는 국가에서는 투자와 혁신을 촉진하는 경향이 있다는 사실을 오랫동안 잘 알고 있었다. 예를 들면 2018년 7월에 발간된 영국 정부의 「미래 통신 인프라 검토Future Telecoms Infrastructure Review」를 생각해보자. 이 보고서가 발간될 당시, BT와 오픈리치가 독점하고 있던 영국의 광케이블 커버리지는 4퍼센트에 불과했다. 이와 대조적으로 정부 보고서는 "인프라 경쟁에 의존해온 국가들은 일반적으로 더 높은 수준의 광케이블 커버리지를 보였으며, 특히 스페인(약 71퍼센트), 포르투갈(약 89퍼센트)과 프랑스(약 28퍼센트로 빠르게 증가 중)에서 그렇다"라고 인정했다. 그렇다면 "가능한 한 빨리 전국적으로 완전한 광케이블 커버리지를 확대하려는 정부의 목표를 달성하기 위해" 보고서에서 "가능한 경우 경쟁업체의 네트워크 간 경쟁을 촉진하는 통신시장"을 권고한 것은 놀라운 일이 아니다.[47]

하지만 아이러니한 점은 이 「미래 통신 인프라 검토」 보고서가 이러한 경쟁을 촉진할 수 있는 절호의 기회를 놓친 지 2년도 채 지나지 않아 발표되었다는 점이다. 2015년 중반, 정부의 통신 규제기관인 오프컴은 BT와 오픈리치를 둘러싼 비판 여론이 매우 거세지자 두 기업의 관계에 대한 조사에 착수했다. BT의 주요 경쟁업체들은 최선의 해결책이 공식적인 분리라고 주장했으며, 그들만 그런 것이 아니었다. 121명 의원으로 구성된 초당파 브리티시 인프라스트럭처 그룹은 오픈리치를 매각해 경쟁을 강화해야 한다는 데 동의했다.[48] 하원 문화·미디어·체육위원회 의원들도 비슷한 생각이었다. 위원회는 "좀 더 독립적인 오픈리치가 인프라 투자를 크게 늘릴 수 있다"라고 믿으며, 오프컴이 조사 조건을 설정할 때 "완전한 분리를 배제하지 않은 것이 옳았으며, 이 옵션은 계속해서 상정되어야 한다"라고 판단했다.[49]

그러나 조사가 진행되는 동안 분리 옵션은 어떻게 된 일인지 심의 대상에서 사라졌다. 2016년 11월 오프컴이 결론을 냈을 때, 오프컴은 강제 매각을 중단하는 대신에 정부 지원을 받아 오픈리치를 BT그룹 내에서 법적으로 분리된 회사로 만들고, 강화된 만리장성을 통해 나머지 그룹 부분과 분리해서 기업을 운영하도록 결정했다. 애널리스트들은 BT가 총알을 피한 셈이라고 평가했다(월가의 한 베테랑 투자자가 『빅 쇼트The Big Short』의 저자 마이클 루이스Michael Lewis에게 '만리장성'이라는 말을 들으면 '당신은 거짓말쟁이야'라고 생각한다고 말한 것처럼, 이는 당연한 결론이었다).[50] 우리의 목적에 더 중요한 것은, 정부와 규제당국이 밝히기를, 이들이 인프라 경쟁에 관해 이야기하는 것은 좋아하지만, 이를 실제 행동으로 옮기려는 데는 소극적이었다는 점이다.

이는 반복되는 경향이 있었고, 따라서 민영화된 인프라 산업에 대한 영국 접근방식의 버그라기보다는 특징에 가깝다고 볼 수 있다. 실제로 경쟁이 도입된 곳에서도 그 과정은 세계 어느 곳보다 더 느리고 더 제한적인 경향이 있다. 공항이 그 대표적인 예다. 우리가 본 바와 같이, 영국의 주요 공항 인프라에 대한 BAA의 독점적 지위와 관련된 조치가 취해지는 데는 20년이 걸렸다. 1987년 영국공항청을 완전히 (공항공사로) 민영화할 당시, 대처 정부는 공항청을 경쟁하는 공항회사들로 분할하는 대안이 심의 대상에 올랐지만 모두 거부한 채 명백히 독점을 선택했다. 이후 20년 동안 민영화된 BAA를 해체해야 한다는 요구가 반복적으로 제기되었지만, 해체는 결국 답을 찾을 수 없게 되어 매번 무산되고 말았다.[51] 2008년에도 가장 보수적인 선택이 취해졌는데, 다른 사업자가 서로 다른 터미널을 소유하고 운영하는 뉴욕-JFK 공항과 같이 터미널 간 경쟁을 통해 경쟁을 극대화하는 방안이 추진되지 않아 BAA가 보유한 각 공항의 독점적 지위가 유지될 수 있게 되었다.

어쨌든 당시 BAA가 소유하고 있던 일곱 개 공항 중 세 개 공항(개트윅, 스탠스테드, 글래스고 또는 에든버러)을 매각하라는 요구는 영국 인프라 불로소득주의의 경화성 정맥에 경쟁 아드레날린을 주입하는 드문 조치에 불과했다.[52] 더 일반적으로 정부는 경쟁 촉진 조처를 자제해왔다. 사실, 정부는 경쟁을 촉진하기보다는 경쟁 **축소**를 적극적으로 승인하는 경우가 더 많았다.

이러한 후자의 본능은 미디어와 통신 네트워크 인프라와 관련해서 특히 주목할 만하다. 1990년 영국의 직접 방송위성 네트워크인 브리티시 위성방송British Satellite Broadcasting과 스카이TV의 소유주와 운영자가 합병 계획을 발표했을 때, 합병이 성사되어 당시로서는 사실상 유료 텔레비전 독점체제가 탄생했으며, 이는 선례가 되었다. 2005년에 케이블 네트워크 NTL과 텔레웨스트Telewest가 합병 계획을 발표했을 때도 합병이 다시 승인되어 또 다른 독점체제가 탄생했다. 그리고 2년 후 아르키바가 내셔널그리드와이어리스National Grid Wireless 인수 계획을 발표했을 때, 영국에서 유일하게 두 개의 통합 지상파 방송 전송회사가 하나가 되는 것은 너무나도 당연한 일이었다. 이로써 또 다른 독점기업이 탄생했다. 공정경쟁위원회는 이 결합이 "텔레비전과 라디오 방송사에 방송 전송 서비스를 제공하는 데에 경쟁을 실질적으로 감소시켜 가격 인상과 서비스 품질 저하로 이어질 수 있다"라고 판단했다.[53] 따라서 2015년 나이절 호킨스가 영국의 전반적인 민영화 프로그램에서 가장 주목할 만한 실패 사례를 열거할 때, '장기 독점 승인'을 첫 번째로 꼽은 것은 놀라운 일이 아니다.[54] 정부는 이러한 독점을 해체하는 데 실패했을 뿐만 아니라, 이들의 의도적인 결합assembly을 쉽게 승인했다.

규제와 인프라 독점

경쟁이 결국 실현될 것이라는 보수당 민영화론자들의 당초 가정에 결함이 있었다면, 규제가 인프라 독점기업을 당분간 견제할 수 있을 것이라는 연관 개념도 마찬가지였다. 간단히 말해 정부는 독점기업을 단호하게 견제하지 못했다. 이러한 규제 실패는 명목상 '예외적'인 통신 부문을 포함하여 영국 인프라 불로소득자의 성공적인 지대 추구의 지속성을 폭넓게 설명하는 데 있어 핵심 요소다.

영국의 민영화된 인프라 현장을 지켜본 많은 논평가는 정부가 지정한 감시기관이 감독하는 산업 부문에서 전 세계 다른 곳에서도 널리 관찰되는 현상인 규제 포획regulatory capture에 대해 우려하고 있다. 실제로 포획 가능성에 대한 우려는 규제가 일시적인 임시방편일 뿐 장기적으로는 시장 경쟁으로 대체되어야 한다는 원래의 정치적 결정의 한 가지 이유였다. 조너선 포드와 길 플리머가 지적한 바와 같이, "영구적 규제"는 "산업 포획에 취약하다. '문제는 규제당국이 기업과 투자자와 대화하는 데 모든 시간을 할애한다는 것'이라고 [학계의 데이비드] 홀은 말한다."[55] 그리고 경쟁의 출현이 약속된 영원한 공백기에 영국의 민영화된 네트워크 산업이 실제로 각각의 규제기관을 어느 정도 포획했다고 믿는 사람들이 분명히 있다. 그중 한 명인 다이앤 코일은 인프라 기업이 규제 관련 업무를 처리하기 위해 팀 전체를 고용하고 있다는 사실에 주목했다.[56]

그럼에도 규제의 본질, 그리고 더 중요한 것은 규제의 효과이며, 여기에 관심이 있는 사람이라면 포획이 이루어졌는지는 거의 중요하지 않다. 포획 여부와 관계없이 현실은 규제가 인플레적인 가격 상승으로부터 소비자를 보호하면서 인프라 투자를 촉진한다는 목표에 유난히 성공적이지 못했다는 것이다. 대신에 수많은 논평가가 지적하듯이 규제는 약하고 수용적이었다고 할 수 있다. 코일은 규제당국이 "그들의 기업에 대해 지나치게 관대했다"리고 밀한나.[57] 따라서 투자자들은 "정부가 산업을 규제하기 위해 설치한 감시장치를 우회"할 수 있었다.[58] 아마도 포드가 전체 상황을 가장 잘 파악하고 있을 것으로 보인다. 영국의 인프라 감시기관은 어설픈 '솜방망이' 규제 도구를 휘두르며 40년 동안 자신이 규제해야 할 대상에 대해 '근시안적인 관대함'을 보여왔다.[59]

따라서 영국은 풍부한 투자 기회와 정부의 경쟁 촉진 실패에 따른 고질적인 독점 조건의 지속성뿐만 아니라 느슨한 규제 덕에 인프라 불로소득자에게 오랫동안 '천국'으로 여겨져왔다.[60] 규제당국과 결국 이를 규제해야 할 책임이 있는 정부는 인프라 불로소득주의가 보수를 벌도록 비상한 노력을 기울였다. 지대를 창출하는 자산을 헐값에 민간에 넘긴 후 이들은 자산을 보호하고 심지어 강화하는 데까지 나아갔으며, 따라서 자산 소유자가 자산에서 지대를 거둬들일 수 있는 능력을 강화했다.

이러한 규제 보호와 강화의 좋은 예는 통신 분야, 특히 주파수 자산에서 찾을 수 있다. 정부가 허가한 주파수 자산의 성격은 규제 조치의 결과로 시간이 지남에 따라 변화해왔다. 주파수 할당과 이용에 관한 유용한 하원 문화·미디어·체육위원회 보고서에 따르면, "1998년 이전에는 당시 규제당국이 사회적·경제적 유용성에 대한 평가를 기반으로 특정 기술과 목적에 대한 라이선스를 발급했다"라고 지적한다. "이는 규제당국이 모든 주파수 이용을 관리하는 '명령과 통제' 모델에 가까웠다."[61] 자산은 특정 용도로 제한되었다. 라이선스 이용자는 상업적 제약을 받았다. 토머스 해즐렛Thomas Hazlett과 그의 동료 경제학자들은 "전송 기술, 비즈니스 모델(구독이 아닌 광고 지원), 서비스(양방향 광대역이 아닌 방송 비디오), 심지어 송신기 위치까지 규제당국이 지정했다"라는 지상파 텔레비전 방송사의 사례를 인용한다.[62]

그러나 2003년 영국의 새로운 미디어와 통신에 관한 초규제기관으로 출범한 이래 오프컴은 "가능한 한 라이선스 제약을 끈질기게 완화하고, 이용량 자체를 결정하기보다는 시장이 더 자유롭게 주파수 이용을 결정할 수 있도록" 주파수 자유화에 전념해왔다. 오늘날 최소주의 라이선스는 대역 구분선을 정의하고 간섭 위험을 완화하려고 시도하지만, 그 외에는 "기술, 서비스와 비즈니스 모델의 선택을 크게 라이선스 이용자에게 위임"한다.[63] 그 결과는 충분히 예측 가능하다. 해즐렛은 "휴대폰과 기타 최신 라이선스는 주파수 소유권에 해당하는 전파권을 나타낸다"라고 말한다.[64] 이것이 바로 '연성light touch' 규제의 정의다.

인프라 자산 소유자에 대한 이러한 규제 차원의 보살핌cossetting은 한 분야나 한 자산 유형에 국한된 것이 아니라 훨씬 더 일반적인 현상이다. 사실 정부와 규제당국이 인프라 중심의 불로소득자 자본에 오랫동안 복종해온 정도나 폭을 과장하기는 어려울 것이다.

2010년부터 2014년까지 매년 발표된 정부의 국가인프라계획에 이어 2016년에 발간된 2016~2021년 5개년 국가인프라구축계획National Infrastructure Delivery Plan(이하 NIDP)보다 이러한 규제 준수 입장이 더 분명하게 드러나는 곳은 없다. NIDP는 "정부와 규제당국은 규제 대상 인프라 네트워크가 매력적인 투자처로 유지되도록 계속 노력해야 한다"라고 주장한다.[65] 이것이 오랫동안 전략적 우선순위였다는 것은 의심할 여지가 없다. 정부는 "규제정책이나 규제 프레임워크의 변화를 평가할 때" "투자자의 신뢰에 미치는 영향을 특히 고려한다"라는 점을 흔쾌히 인정한다. "주요 인프라 프로젝트가 민간 금융에 접근하는 데 어려움을 겪을 수 있다"라고 정부가 우려하는 경우, 강력한 규제를 통해 투자자를 겁줘서 떠나지 않게 하려면 심지어 2014년에 총 400억 파운드에 달하는 보증까지 제공한다는 것은 매우 우려스럽다. 따라서 프로젝트 위험을 정부 자체의 대차대조표에 반영하려는 용의willingness는 적어도 영국의 규제 환경이 인프라 투자자에게 제공하는 '안정적 위험과 수익 프로파일'이 의미하는 것의 일부임이 분명하다.[66]

정부가 "[인프라 산업에 대한] 경제 규제체계가 세계 최고 수준"이라고 뻔뻔스럽게 언급할 때, 금융 투자자가 정부 사고방식의 최우선순위라는 사실은 '투자에 대한 수년간의 확실성'에 대한 언급뿐만 아니라 규제 프레임워크의 외부 검증을 위해 소비자 단체나 심지어는 산업체가 아니라 무디스 인베스터스 서비스Moody's Investors Service에 의지한다는 사실에서 강조된다. 무디스는 오프왓Ofwat(수도)과 오프젬 Ofgem(전기와 가스)이 관리하는 규제체제를 투자자들에게 "세계에서 가장 안정적이고 예측 가능한 것 중 하나"로 평가했다.[67] 그러나 무엇보다도 가장 중요한 것은 정부가 투자자들에게 '영국 인프라의 매력'을 선전하면서 핌코에서 알 수 있듯이 금융기관이 잠재적 투자 제안에서 가장 탐내는 속성, 즉 "강력한 경쟁적 지위, 자연독점 또는 높은 진입 장벽"을 뻔뻔스럽게 강조한다는 사실이다.[68] 이는 충분히 공평하다고 생각할 수 있다. 하지만 경쟁 네트워크 간 경쟁을 촉진하기 위해 수십 년 동안 노력해온 정부의 노력은 어떠한가? 그것은 시종일관 명백하게 공염불이었다. 대니 알렉산더Danny Alexander 재무부 장관이 2014년 재무부 보고서 「영국 인프라에 투자하기Investing in UK Infrastructure」의 서문에서 영국은 '비즈니스에 개방적'이라고 말했을 때, 이는 매우 절제된 표현이었다.[69] 영국은 투자자들에게 이보다 더 개방적이거나 더 친절할 수는 없다.

투자자 친화적이고 약한 규제의 효과

인프라 기업에 대한 투자자 친화적이고 약한 규제 탓에 가장 먼저 부정적인 영향을 받는 첫 번째 집단은 말할 필요도 없이 고객이다. 예를 들면 영국의 이동통신 네트워크 사업자에 대한 비판의 목소리가 점점 커지는 문제, 즉 낮은 지역 커버리지 수준을 생각해보자. 이는 제한된 경쟁의 측면에서만 설명할 수 있는 것만이 아니다. 그것은 또한 규제 실패의 함수이기도 하다. 우리가 본 바와 같이, 오프컴은 주파수 라이선스를 적극적으로 자유화했다. 이 기관이 가장 하고 싶지 않았던 것은 라이선스 사업자에게 '부담스러운' 요건을 부과하는 것이다. 따라서 이 기관은 커버리지 의무를 아예 부과하지 않거나 미미한 수준만 부과했다.

2013년 4G 경매를 앞두고 오프컴이 (인구의) 95퍼센트 커버리지 요구사항을 하나의 라이선스에만 적용하는 방안을 제안했을 때, 하원 문화·미디어·체육위원회 소속 의원들은 부당하다고 외쳤다. 그들은 "하나의 라이선스에만 커버리지 의무를 적용함으로써 확장된 커버리지를 받게 될 농촌 지역의 소비자가 여전히 네트워크 제공업체를 선택하는 데 제한을 받을 수 있는 위험"을 고려해서 두 개 이상의 라이선스에 커버리지 의무를 부여해야 한다고 말했을 뿐만 아니라, 모든 출처 중에서 아르키바를 인용하여 제안된 95퍼센트 커버리지 임계기준이 "이론적으로 사업자가 서픽Suffolk, 북아일랜드와 컴브리아Cumbria combined 전역에 800메가헤르츠MHz의 주파수를 배치하지 않아도 준수할 수 있을 정도로 모험적이지 않은 의무"라고 주장했다.[70] 정작 오프컴은 하나의 의무 라이선스(텔레포니카의 라이선스)와 영국 전체 건물의 98퍼센트에 최소 수준의 실내 데이터 커버리지를 제공해야 한다는 훨씬 더 약한 요건만을 밀고 나갔다.[71] 계속되는 신호 제한에 대한 비판이 거세지자 정부가 개입해서 2015년 초에 네 개의 2013년 라이선스 모두를 수정했다. 그러나 다시 말하지만, 영국 국토의 90퍼센트에 음성 서비스를 제공하겠다는 매우 소극적인 약속만 포함되었을 뿐이다.[72] 우리는 이미 그 결과를 알고 있다. 그 후 3년이 채 지나지 않은 2017년 12월, 영국은 앤드류 아도니스Andrew Adonis가 개탄스러운 상황—오프컴의 별다른 반발도 없는—이라고 기술한 모바일 커버리지 제한이라는 골칫거리를 여전히 앓고 있었다.

서비스 저하와 실제로 이와 직결된 문제 외에도 규제당국의 투자자 특혜 때문에 고객이 피해를 본 또 다른 방식은 부적절한 위험 배분이다. 포드는 다음과 같이 뼈아프게 지적했다.

> 민영화의 목적은 공익사업의 운영과 재무 위험을 민간 부문으로 전가하는 것이었다. 실제로 지난 30년 동안 운영 또는 재무적 실패로 라이선스를 잃은 기업은 없었다. 대신 민간 소유자는 이러한 위험을 관리하거나 완화할 능력이 없는 소비자의 두 어깨에 이러한 위험을 떠넘길 수 있었다.[73]

비단 수도 부문만이 아니지만, 규제기관이 위험을 전가한 대표적인 사례는 수도 부문이다. 2006년에 인수했다가 10여 년 만에 철수한 맥쿼리Macquarie 은행의 소유 아래 템스 워터의 재무와 운영 리스크는 쌓여만 갔다. 20억 파운드의 추가 부채가 회사의 대차대조표에 쌓였고, 한 판사는 "부적절한 투자, 극악무도한 유지 보수와 부실한 관리" 탓에 "2012년부터 2014년까지 처리되지 않은 채 방치된 하수 때문에 템스 강과 다른 강이 광범위하게 오염"되었다고 설명했다. 그런데도 템스 워터는 오염에 대한 벌금 2,000만 파운드의 솜방망이 처벌만 받고 라이선스를 유지했으며, 맥쿼리는 행복하게 잘 마무리했다.[74]

또한 몇 년 동안 오프왓은 템스 워터(와 다른 수도회사)의 누수량 감소 실패에 대해 반복적으로 경고했지만, 무기력한 규제기관을 알아차린 템스 워터는 누수량 조절기를 보고도 이를 무시한 채 누수를 계속했다. 2016/2017년에는 누수량 감축 목표를 하루 4,700만 리터나 달성하지 못했다. 그 무관심은 적어도 금전적으로는 정당한 것으로 입증되었다. 2017년 6월 오프왓이 부과한 850만 파운드의 벌금, 즉 회사에 대한 벌은 3월까지 투자자들에게 1억 파운드의 배당금을 지급할 수 있었다는 것을 감안할 때 미미한 액수였다.[75] 언제나 그렇듯이 고객들은 위험을 감수해야 했고, 이듬해 겨울 혹독한 추위 속에서 파이프 파열과 누수로 1만 2,000가구에 수도가 끊기는 사태가 극적으로 발생했다. 피해를 본 가구는 의심할 여지 없이 "수도회사들이 이런 유형[의] 상황에 대처하기 위해 미리 계획을 세우는 데 더 잘해야 한다는 경고를 몇 번이고 받았다"라는 오프왓의 한탄을 삐딱한 시선으로 바라보았을 것이다.[76] 규제당국은 오랫동안 껍데기만 내세울 뿐 실속이 없었다.

금융 위험은 최근 수십 년 동안 영국 인프라 부문에 만연한 문제였다. 최근 두 논평가가 '성층권 부채'라고 기술한 부채의 축적은 민영화 이후 이 부문의 신호탄 중 하나였다. 그들은 이를 진정한 '마구잡이식 차입'이라고 표현했다.[77] BAA의 소유주는 2008년까지 회사에 110억 파운드의 부채를 떠안기며 여러 면에서 선두를 달렸다.[78] 2018년 중반에 장기 부채가 회사 매출의 약 세 배에 달하는 30억 파운드에 조금 못 미치는 정도로, 아르키바는 다량의 차입을 해온 기업이기도 하다.[79] 그리고 1989년 민영화 당시 부채가 전혀 없었던 템스 워터 수

도 부문은 30년 후 누적 차입금이 약 420억 파운드에 달했다.[80]

조너선 포드는 아르키바의 부채 더미와 관련해서, 특히 부적절한 위험 분배 문제에 대해 "아르키바가 무너질 경우, 아마도 납세자가 그 책임을 떠안게 될 것으로 생각하면 정신이 번쩍 든다"라고 말했다.[81] 10년 전 저명한 에너지 경제학자 디터 헬름Dieter Helm도 영국 공익사업 기업의 재무 레버리지와 관련해서 이와 유사한 우려를 표명했다.

레버리지가 높고 그에 따라 자기 자본이 낮으므로, 공익사업은 외부의 불리한 충격에 견디기 어려울 수 있다. 파산할 수도 있다. 이러한 사태에 대처하기 위한 특별 관리자 제도special administrator regime가 마련되어 있는 것이 사실이지만, 실제로는 관리자가 투입되기 전까지는 서비스가 상당히 저하될 수 있다. 개입은 기계적이고 예측 가능하지 않을 가능성이 높다. 물론 모든 공익사업이 매우 높은 레버리지에 허덕이는 상황에서 개입은 시스템 위험을 유발할 수 있다.[82]

영국 인프라 부문에 대한 『파이낸셜 타임스』의 논평가들이 반복해서 주장했듯이, 공익사업의 규제당국은 이러한 상황에 대해 적어도 일부 책임을 져야 한다. 아르키바에 대해서는 이들은 "규제당국이 소유자가 극단적인 수준의 레버리지를 쌓도록 허용했다"라고 지적했고,[83] 가스 부문에 대해서는 "규제당국이 이러한 재무적인 무모한 행각에 개입할 힘이 없다"라고 언급했으며,[84] 인프라 부문 전체에 대해서는 "기업이 자금조달을 구조화하는 방식에 규제당국이 너무 적은 관심을 기울여 기업의 재무제표를 규제하기를 꺼렸다"라고 말했다.[85]

그러나 투자자 친화적인 규제가 열악한 서비스와 왜곡된 위험 분산을 허용함으로써 고객에게 피해를 줬다면, 그 주된 피해의 축은 의심할 여지 없이 가격이다. 이는 규제당국이 일반적으로 영국의 인프라 기업이 주요 투자 이니셔티브에 대한 비용을 주주에게 지불하고 이러한 투자비용을 이윤으로 지불하는 대신에 고객에게 명시적으로 청구하는 것을 허용해왔기 때문이다. 템스 워터에 대한 비판을 하고 싶지는 않지만, 이번에는 템스 타이드웨이 터널Thames Tideway Tunnel과 관련해서 다시 한 번 놀라운 예를 들 수 있다. 이 글을 쓰는 시점에도 터널은 여전히 건설 중이며, 총 40억 파운드 정도 소요될 것으로 예상되는 25킬로미터 길이의 '슈퍼 하수도' 계획에는 터널 건설과 운영을 위해 설립된 완전히 별도의 회사인 타이드웨이라는 새로운 불로소득자가 포함되었다. 오프왓의 승인에 따라 건설 중과 건설 후에 타이드웨이에 지불해야 하는 지대는 템스 워터의 하수도 고객들이 이미 지불하고 있던 지대에 전적으로 증액된 금액이다. 템스 워터는 중개자 역할을 맡아 청구서에 추가 요금이 부과되는 형태로 고객한테 이러한 지대를 징수한 다음 이를 타이드웨이에 전달한다.[86] 정부는 템스 워터의 주주들이 비용을 대신 부담해달라는 요청을 기각했다.[87]

좀 더 일반적으로 가격 피해는 독점시장에서 운영되는 인프라 기업의 가격 폭리를 방지하기 위해 규제당국이 고안한 가격 책정 모델을 반영했다. 민영화 이후 영국이 선호하는 규제방식은 이윤 상한선보다는 가격 상한선을 설정하는 것이었다. 분명히 미국의 민영화된 공익사업과 다른 영역에 적용되는 이윤 상한선 모델은 특히 대처의 수석 경제고문 앨런 월터스Alan Walters의 심기를 건드린 것으로 보였다. 그는

"우리는 이렇게 할 수 없어요. 이건 사회주의입니다!"라고 외쳤다.[88] 그래서 가격 통제가 선택된 도구였다. 하지만 가격 통제는, 또는 적어도 이것이 취한 행태는 처음부터 논란의 여지가 많았다.

예를 들면 BAA는 규제 관용의 전형적인 사례로, 나이절 호킨스가 나중에 지적했듯이, "착륙료에 대한 실질적 가격 인상을 허용하는 민간 항공청Civil Aviation Authority(이하 CAA)의 상대적으로 관대한 가격 규제 덕에 이익을 얻었으며, 이는 결국 승객 요금에 반영되었다."[89] 특히 BAA는 불가능할 것만 같았던, 그리고 무자비하게 악용된 외부 투자자를 겁주는 강경한 규제당국의 비전을 만들어냈다. 2000년대 초반에는 BAA가 "충분한 금전적 인센티브를 받지 못하면 (중략) 주요 투자 프로그램을 보류하겠다고 위협"하는 일이 반복되었다. 이러한 겁주기 전략은 성공적이었다. CAA는 2000년대 중반에 BAA 공항의 이착륙 요금을 대폭 인상해서 항공사와 승객이 돈을 마지못해 내놓도록 했다. 2008년 공정경쟁위원회가 BAA의 독점을 해체할 준비를 하고 있을 무렵, 히드로 공항의 이윤이 2012년까지 두 배 이상 증가하고, 마진이 60퍼센트 이상으로 늘어날 것이라는 내부 예측을 발표했다. 언론의 평론가들은 "기이한 수익을 가능케 하는 것은 CAA의 관대함"이라고 지적했다.[90] 버진 애틀랜틱Virgin Atlantic 대변인이 더욱더 날카롭게 지적한 바와 같이, "항공사는 3~4퍼센트의 마진으로 운영된다. 마진이 60퍼센트인 기업이 또 어디 있나? 이는 이 세상에 단 하나의 동네 웃음거리가 있다는 것을 분명히 보여주는데, 그것이 바로 영국의 [규제] 시스템이다. CAA는 감시견이 아니라 애완견이다."[91]

다른 감시견도 마찬가지로 가격 책정 모델에 관대했다. 이러한 모델이 일반적으로 영국의 인프라 불로소득자와 그 주주에게 이익이 되는 이유를 이해하려면 기본 형태에 대해 조금 알아야 한다. 일반적으로 이는 민영화된 BT에서 처음 고안되어 실제로 쓰인 유명한 'RPI 마이너스 X' 공식을 따랐다. 따라서 자산 소유자-운영자가 부과할 수 있는 지대는 "이들이 생산성 향상에 박차를 가하기 위해 매년 일정 금액(X)을 차감한 인플레이션[소매물가지수Retail Price Index, RPI]에 연동"된다.[92]

그게 뭐가 문제냐고 반문할 수도 있다. 확실히 생산성을 높이는 것은 좋은 일이며, 가격이 인플레이션보다 느리게 상승하기 때문에 소비자에게도 이득이 된다. 그러나 서두에서 살펴본 바와 같이, 기업은 일반적으로 템스 워터나 타이드웨이 터널 방식으로 네트워크 투자비용을 전가할 수 있으므로 가격은 궁극적으로 인플레이션보다 느리게 상승하지 **않았다**(통신 분야를 제외하고). 그리고 표준 공식이 암시하는 비율로만 가격이 **상승했더라도**, 소비자는 여전히 부당한 대우를 받았을 것이다. 왜 그런가?

가상의 민영화된 공익사업이 3퍼센트의 RPI 환경에서 운영되고 있다고 가정해보자. 잠재적인 생산성 향상이 제한적이라고 판단한 규제당국은 연간 2.8퍼센트(즉 'X'는 0.2)로 가격을 인상할 수 있다고 규정하고 있다. 그러나 결국 이 공익사업은 실제로 비용을 크게 절감할 수 있었다. 따라서 이윤이 급증하고 이것이 현실에서 정확히 일어난 일로 밝혀졌다. 한편으로는 보수적인(포획된?) 규제당국이 일반적으로 'X'를 매우 낮게 설정했고, 다른 한편으로는 민영화된 전력회사에 대해 제임스 미크가 지적했듯이, 그러나 실제로는 훨씬 더 광범위하게

6장 X 인자: 인프라 지대

사실인 것처럼, 영국의 인프라 기업은 엄청난 비용 절감 효과를 찾아냈다.[93]

이 모든 것의 중요성은 계속 환기할 필요가 있다. 주류 경제학자는 민영화된 기업이 이전 공영화된 기업보다 더 효율적이라는 사실이 입증되었다는 이유로 민영화에 찬성하는 것을 즐겨한다.[94] 그러나 그들은 어떤 계층이 이러한 효율성 이득을 차지하는지는 항상 아무 말도 하지 않는다. 미국의 이윤(수익) 상한제 모델에서는 이러한 이득이 비교적 공평하게 공유될 가능성이 있지만, 영국에서는 그렇지 않다. 모든 이득에 대한 소비자의 몫은 'X'로 엄격히 제한되어 있으며, 예상대로 영국 규제당국은 영국 인프라 불로소득자에게 까다로운 생산성 기대치를 부과하는 것을 원치 않았기 때문에, 'X'는 지속해서 압박을 받아왔다. 그런데도 효율성 이득은 상당했으며, '추가' 이득—실제 비용 절감액에서 'X'로 추정되는 제한된 양을 차감한 금액—의 100퍼센트가 자본에 축적되었다.[95]

2016년, 영국 정부는 무의식적으로나마 인프라 부문에 대한 영국의 규제정책(특히 가격 설정 정책)이 항상 소비자보다 투자자에게 특혜를 주었다는 사실을 본질적으로 인정했다. 그해에 발간된 NIDP는 정부는 "소비자를 우선시하는 에너지정책의 새로운 방향을 제시한다"라고 설명했는데, 이는 물론 이전에 추진했던 정책이 소비자를 우선시하지 않았다는 것을 의미하며, 이는 우리가 알고 있는 사실이다.[96] 규제 대상에 대한 관대함이라는 거듭된 비난에 시달리는 오프왓과 오프젬 같은 특정 규제기관도 점점 더 강경한 발언을 해오고 있다. 실제로 2019년 12월 영국 수도회사의 투자자에게 지급되는 배당금을 제한하

려고 도입한 새로운 조치를 설명하기 위해 오프왓이 입에 올린 단어는 바로 '가혹한tough'이었다.[97]

　예측할 수 있듯이, 새롭고 소비자 친화적인 접근방식에 대한 이러한 예고는 당연히 글로벌 투자 커뮤니티 구성원들의 격렬한 항의에 부딪혔고, 이들은 "'매우 부정적'이고 '적대적인' 정치와 규제 환경"을 우스갯소리로 언급하며, 규제당국이 계속 잘해주지 않으면 신규 투자를 중단하겠다고 위협하는 검증된 전술에 의지했다.[98] 그러나 새로운 방향에 대한 정부와 규제당국의 모든 이야기가 무색하게도 현실은 거의 변하지 않았다. 인프라 기업이 실현한 '추가' 효율성 이득을 고객과 공유할 수 있다는 'RPI 마이너스 X'의 최초 발명가를 비롯한 여러 제안은 저항을 받아왔으며, 전통적인 공식은 수정되거나 수정되지 않은 형태로 영국 인프라 가격 규제체제의 핵심에 계속해서 자리 잡고 있다.[99] 한편, 자본은 유출이 아니라 계속 유입되고 있다. 예를 들면 2019년 말 오프왓이 투자자 배당금에 대한 '엄격한' 한도를 발표했을 때, 시장의 반응이 상장되어 있는 두 곳의 수도회사, 즉 세번트렌트와 유나이티드 유틸리티스의 주가를 올렸다는 것은 주목할 만하다.[100] '소비자 우선주의'에 대해서는 정말 할 말이 많다.

　'RPI 마이너스 X'가 영국 인프라 기업에 가져다준 큰 횡재 중 하나는 자금조달 비용과 관련된 것이다. 여러 가지 이유로 규제당국은 'X'를 설정할 때 기업의 자금조달 비용이 실제보다 더 클 것이라고 반복적으로 가정해왔으며, 관련 기업은 예측된 비용—X에 반영된 비용—과 실제 발생한 비용의 차이만큼 이윤을 취했다.

　가장 중요한 이유는 아니지만 한 가지 이유는 기업의 자기 자본 비용, 즉 기업이 주주에게 (가령 배당금 같은 형태로) 지급해야 하는 금액을 과대평가해서 주주가 지분을 보유하는 데 따른 위험을 보상하기 때문이다. 예를 들면 2020년 1월에 발표된 보고서에 따르면, 감사원은 오프젬이 최근의 규제 관리 기간(송전망의 경우 2013~2021년, 배전망의 경우 2015~2023년)의 가격 통제를 설정할 때 영국 송배전망 사업자의 자기 자본 비용을 상당히 과대평가했다고 지적했다. 알고 보니 주주들은 전력회사에 투자할 인센티브를 오프젬이 생각했던 것만큼 많이 요구하지 않았으며, 오프젬이 전기·가스·수도와 같은 인프라 망network을 활용하는 기업의 위험에 대한 최신 증거에 더 큰 비중을 두었더라면, 오산을 피할 수 있었을 것이라고 감사원은 판단했다.[101]

이러한 자기 자본 비용의 실제 과대평가 정도는 규제 관리 기간이 끝날 때까지 명확하지 않지만, 감사원은 소비자가 지불해야 하는 것보다 '최소 8억 파운드'를 더 지불하게 될 것으로 잠정적으로 추정했다. 이는 전력회사가 규제기관이 만들어준 횡재로 최소 8억 파운드의 이윤을 얻었을 것이라는 사실을 의미한다. 물론 이 횡재 이득의 대부분은 궁극적으로 전력회사의 주주들에게 돌아갈 것이고, 이는 해당 주주가 오프젬의 과장된 수익 수요에 대한 기대치를 통해 고스란히 이익을 얻었음을 뜻한다. 이러한 사실은 엄청난 아이러니 또는 자기 충족 예언의 놀라운 사례다.

8억 파운드가 큰돈처럼 들릴 수 있지만, 규제당국이 영국 인프라 기업의 금융비용을 과대평가한 다른 사례에서 나타난 불로소득자의 이윤과 과도한 소비자 비용에 비하면 이는 보잘것없다. 'X'에 포함된 (잘못) 추정된 부채비용은 지속해서 훨씬 더 큰 가치 이전의 원천이 되어왔다. 그 주된 이유는 1장([그림 1-3] 참조)에서 살펴본 바와 같이 1980년대 말과 1990년대 초 민영화 전성기 이후 압도적으로 내림세를 보인 이자율의 장기 추세 때문이었다. 규제당국은 일반적으로 이자율 안정성을 가정해왔으며, 규제 대상 기업은 이자율이 하락함에 따라 그 차액을 충당해왔다. 2017년에 발표된 한 연구에 따르면, 8년 동안 오프젬의 금리 과대 추정으로 영국의 전기와 가스 네트워크 사업자의 수익이 30억 파운드 이상 증가했다고 추정한다.[102]

마지막으로 가장 논란의 여지가 있지만, 규제당국이 인프라 기업의 부채 금융과 자기 자본 금융의 상대적 조합과 유형별 비용을 추정할 때 명백한 예측 오류를 범했으며, 이는 매우 중대한 결과를 초래한다는 것이다. 오랫동안 규제당국은 이러한 조합이 상대적으로 동일할 것이라고 가정했다. 그러나 실제로는 우리가 본 바와 같이 인프라 기업은 부채에 크게 의존하고 있으며, 매우 낮은 수준의 자기 자본을 기반으로 운영되고 있다. 이것이 중요하다. 금융 전문가라면 누구나 알 수 있듯이, 부채는 일반적으로 자기 자본보다 실질적으로 저렴하므로, 기업의 실제 자금조달 비용은 다시 한 번 'X'에 포함된 자기 자본과 부채의 공평한 균형을 전제로 한 추정 비용보다 훨씬 낮은 것으로 밝혀졌다. 이와 같은 '대규모 금융 차익 거래'를 처음 폭로한 경제학자 디터 헬름은 이러한 행위를 한 기업 자체를 비난하지 않았다. 그는 이것이 "잘못 설계된 규제체제에 대한 합리적 대응"이라고 말했다. 'RPI 마이너스 X'로 규제당국은 '특별한 공개 목표'를 제시했고, 기업은 예상대로 이를 최대한 활용했다.[103] 당신이 그것을 뭐라고 부르든 간에 마틴 울프는 이러한 '돈을 찍어낼 수 있는 라이선스'를 '스캔들'에 불과하다고 표현했지만, 결과는 동일했다. 즉, "[수도 부문] 고객을 중심으로 연간 최대 10억 파운드에 달하는" 불로소득자 이윤이 증가했다는 것이다.[104]

약한 규제와 노동

'RPI 마이너스 X'는 소비자 이외의 유권자에게도 막대한 손해를 입혔다. 이 모델이 적용되는 기업에 어떤 유형의 전략적 인센티브를 제공했는지를 고려해야 한다. 이미 서비스 개선에 대한 동기가 부족한 상황에서, 일반적으로 고객이 종속되어 있어 원하든 원치 않든 간에 계속 비용을 지불해야 하는 상황에서, 'RPI 마이너스 X'는 서비스 개선의 명분이 될 수 있는 가격 인상이 제한되므로, 서비스 개선에 대한 인센티브를 더욱 떨어뜨릴 수 있다. 더 나은 서비스를 제공한다고 해도 그에 상응하는 보상을 받지 못한다면 무슨 소용이 있는가? 반면에 이 모델은 비용 절감을 강력하게 장려한다. 모든 '추가' 효율성을 기업이 사유화하고, 실제 비용이 규제기관의 'X'가 암시하는 비용보다 낮으면, 그 기업은 그 차액을 가져가기 때문이다. 그렇다면 인프라 망의 유지보수 비용과 함께 인프라 불로소득자의 주요 운영비용으로 가장 큰 비중을 차지하는 것은 무엇인가? 당연히 인건비. 따라서 해당 기업은 이 부분에 대해 은유적으로 말해 널리 도끼를 휘둘렀다. 즉 다시 말해 직원들을 해고해왔다.

2017년 유럽연합의회 고용·사회문제위원회에 제출된 안드레아 브루톤Andrea Broughton과 키아라 만조니Chiara Manzoni의 보고서에 따르면, 민영화된 공익사업이 안긴 고통의 정도가 유럽의 다른 국가보다 영국에서 훨씬 더 컸다고 한다. 수도·가스·전력 부문에서 막대한 일자리 상실이 일어났는데, 이는 수도 부문에서 약 20퍼센트, 전력 부문에서는 무려 60퍼센트에 달했다. 이러한 모든 일자리 상실이 공익사업 수익성 원천을 나타낸다는 것을 기억하자.[105] 게다가 상당한 일자리 상실과 함께 필연적으로 노조의 쇠퇴가 뒤따랐는데, 이는 우연이 아니라 대처 정부가 애초에 민영화 프로그램을 착수한 주요 동기 중 하나였다. 1977년 악명 높은 「리들리 보고서Ridley Report」에서 대처의 핵심 참모 중 한 명인 니콜라스 리들리Nicholas Ridley는 광범위한 민영화(이 보고서에서는 '탈국유화denatnalisation'라고 일컬은)를 실행하기 위해서는 가능한 한 먼저 국영 공익사업 부문을 더 작은 부분으로 분할하는 것이 도움이 될 것이며, 이는 '독점적인 공공 부문 노조의 힘'을 분쇄하는 추가적인 이점이 있을 것이라고 주장했다.[106]

어쨌든 민영화된 공익사업이 기존의 공공 부문 인력을 대거 감축한 후에도 일자리를 유지할 수 있을 만큼 운이 좋았던 사람들에게는 노동과 자본의 격차를 빠르게 해소한 상위층과 하위층 사이에 예측 가능한 운명의 격차가 존재했다. 브루턴과 만조니는 데이비드 파커의 연구를 바탕으로 "고위 경영진은 스톡옵션과 수익 관련 보너스의 혜택을 누렸고, 반면에 많은 민영화된 기업에서 일자리 감소, 노조와해, 단체 교섭의 변화로 비숙련 노동자와 숙련 노동자, 그리고 최고경영진 간 임금 격차가 확대되었다"라고 지적한다.[107] 전력 부문은 임시직 고용이 증가하고 고용 계약의 개별화가 증가한 사례 중 하나였다.[108]

약한 규제 탓에 노동자가 어려움을 겪었던 또 다른 인프라 기반 부문은 우편물 수거와 배달이었다. 그러나 여기서는 이야기가 다소 다르다. 로열메일은 2013년에 민영화되면서 민영화된 공공 서비스로서는 전례 없는 가격 책정의 자유를 누렸다. 이는 부분적으로 2006년 우편 서비스 시장이 경쟁에 개방되면서, 로열메일이 더는 독점 사업자가 아니었기 때문이다. 하지만 로열메일은 이러한 자유를 과도하게 이용했다. 민영화 후 불과 몇 달 후인 2014년 1월, 로열메일은 대량 우편 '배달access'시장의 유일한 주요 경쟁업체인 휘슬Whistl에 막대한 불이익을 가져다줄 도매가 변경을 제안했는데, 휘슬은 일부 지역에만 유통망을 두고 다른 지역에서는 로열메일의 인프라에 의존하고 있었다. 가격 변경은 시행되지 않았는데, 이는 휘슬이 약 2,000개의 일자리를 잃고 시장에서 철수했기 때문이다. 오프컴은 최근 로열메일의 조치가 "휘슬에 대한 의도적인 가격 차별 전략"에 해당한다고 판결했다.[109] 이에 따라 5,000만 파운드의 벌금이 부과되었다.

이 사건의 주범은 사실 규제기관이 약해서가 아니라 로열메일이 가격 책정의 자유라는 권력을 남용했기 때문이라고 주장할 수도 있지만, 오프컴은 최소한의 정도로 회사에 벌금을 부과했다. 하지만 애초에 이러한 자유를 부여한 것은 규제기관이었다. 게다가 2015년 로열메일이 배달시장에서 독점 공급자 지위를 회복한 것을 계기로 로열메일 규제에 대한 '근본적인 재검토'를 지시했지만, 실제로 오프컴은 가격 규제를 도입하지 않기로 했다. 한편, 5,000만 파운드의 벌금은 오프컴이 부과할 수 있는 매출액의 최대 10퍼센트에 비해 로열메일 매출액 100억 파운드의 0.5퍼센트에 불과한 상대적으로 사소한 금액이었다. 그리고 무엇보다 중요한 사실은 로열메일의 노사관계가 부정적 영향을 미치기 위해 '다시금 규제되었다'라는 것이다. 2015~2016년 오프컴의 로열메일에 대한 검토에서 나온 또 다른 중요한 결과는 노동력의 '유연성'을 높이라는 권고사항이었다. 영국의 통신노동자노조 Communication Workers Union, CWU는 오프컴이 "불안정하고 열악한 고용 기준"을 효과적으로 조장하고 있다고 비난했고, 이에 대해 규제당국은 자신의 역할이 고용 조건이 아니라 우편 이용자의 서비스와 이득에 초점을 맞추는 것이라고 답했다.[110] 이 글을 쓰는 시점에서 3년이 지난 지금, 로열메일 노동자는 '유연화된' 고용 조건에 대해 압도적인 찬성으로 쟁의 행위를 하기로 결정했다.[111]

약한 규제와 조세

마지막으로 정부와 규제당국이 영국의 인프라 불로소득자와 그 소유주에게 특혜를 제공함으로써 부정적인 영향을 받은 사람 중에는 정부 자체와 정부 뒤에서 세금을 내는 납세자인 대중이 있었다. 이 책에서 논의한 다른 많은 불로소득자 영역에서와 마찬가지로, 불로소득자는 합당한 방법으로 정당한 세금을 내지 않았다. 그 이유 중 하나는 특히 수도 부문에서 관대한 세제 혜택이 제공되었기 때문이다. 예를 들면 조세 전문 컨설팅업체에서 일하는 알바레즈Alvarez와 마르살 Marsal은 2016년 오프왓을 위해 영국 수도회사에 대한 과세를 검토했다. 그 결과는 무미건조할지라도 흥미진진했는데, 당시 세 가지 주요 처리방식이 관련 회사의 이익에 크게 도움이 됐다는 것이다. 그 세 가지는 인프라 요금 수입에 대한 과세 기준의 2011년 변경, 소급을 포함한 특정 적격 자산에 대한 자본 충당금capital allowances 청구를 가능케 한, 세무당국과 맺은 2013년의 우호적 합의, 기업이 출자한 연기금 결손 충당금pension scheme deficit recovery payments 부분에 대한 세금 감면 정책 등이다.[112]

그러나 장기적으로 모든 부문에서 인프라 불로소득자의 세금추징 사항tax position에 훨씬 더 중요한 것은 앞서 언급한 막대한 부채 조달이 가져온 세금의 최소화 효과다. 레버리지가 증가하면 세금 부담이 줄어드는 이유를 곧 알게 될 것이다. 그러나 먼저 연쇄 효과가 있었다는 점을 이해하는 것이 중요하다. 'X'는 인프라 기업의 부채 선호도와 이에 따른 선호도가 세금 납부 비용에 미치는 하락 효과도 반영하지 않았기 때문이다. 그 결과, 규제당국은 자금조달 비용뿐만 아니라 이러한 비용을 지속해서 과대평가해왔으며, 실제 비용과 추정 비용의 차이는 앞서 살펴본 바와 같이 전적으로 이윤으로 이어졌다.[113]

어쨌든 상당한 부채 조달이 조세 채무tax liabilities에 미치는 영향은 간단하다. 핵심은 세금이 이자비용 이전이 아닌 이후의 이윤에 대해 납부된다는 것이다. 따라서 이자율이 하락한 것은 사실이지만, 상환해야 하는 부채의 양이 너무 많으므로 수익성이 가장 높은 인프라 불로소득자도 세금에 따른 불편함이 발생하기 전에 이자비용 때문에 영업이익이 매우 미미한 수준 또는 심지어 0으로 감소하는 경우가 많다는 것이다. 솔직히 말해서, 포드와 플리머가 쓴 것처럼, 이 부문의 부채는 대단히 엄청난 수준이고, 정부의 세수를 적극적으로 '억제'했다.[114]

아르키바가 대표적인 사례다. 2018년 중반까지 세 회계연도 동안 이 회사의 영업이익은 총 8억 9,500만 파운드였으며, 매년 2억 7,500만 파운드를 초과했다. 하지만 우리가 알고 있듯이, 부채가 하늘을 찌를 정도로 높아서 이자비용도 상당하다. 그 결과, 2015/16년과 2016/17년에는 세금을 전혀 내지 않았으며, 2017/18년에는 2억 2,400만 파운드("세법 변경에 따른 이연 법인세 자산 인정 등 일회성 세금 조정의 결과")의 세금 공제를 받았다.[115] 게다가 아르키바의 과세대상 이윤을 성공적으로 상쇄하는 데 기여한 이자 지급액의 절반 정도는 '13~14퍼센트라는 높은 이자'로 회사에 대출해준 주주들에게 돌아갔다.[116]

아르키바는 이 모든 분야에서 결코 혼자가 아니다. 수도 부문은 다시 한 번 특별히 언급할 가치가 있다. 2013년 발표된 한 연구에 따르면, 이 부문의 '부채 세금 감면' 메커니즘의 영향으로 지난 3년 동안 영국 재무부는 거의 10억 파운드의 미수금 손실을 보았다고 한다.[117] 게다가 수도회사의 세금 감면 대출이 종종 자체 주주에 의해 이루어졌을 뿐만 아니라(아르키바의 사례처럼), 해외에 기반을 둔 많은 주주는 이 대출이 유로본드*로 발행되었기 때문에 이 대출의 이자 지급을 비과세로 받고 있었다.[118] 당시 찰리 엘피케Charlie Elphicke 보수당 하원의

---

* Eurobond: 유럽의 자본시장에서 발행되는 통화국 화폐 표시 채권으로, 대부분 유럽 지역에서 발행되므로 이런 이름이 붙었다. 이는 지금은 유럽에서 발행된 달러 채권에 국한되지 않고, 타국 기업이 발행 국가에서 해당 국가 통화가 아닌 통화로 발행되고 유통되는 모든 채권을 의미한다. 발행 국가 통화가 아닌 제3국 통화로 유로본드가 발행되므로 발행 국가 법률의 규제를 받지 않는다. 이에 따라 이자 등에 대한 원천 과세가 없다.

원을 비롯한 저명 인사들은 이러한 제도가 '산업적 규모'의 조세회피로 보인다고 비판했다. "비윤리적이고, 용납할 수 없으며, 무책임한" 행위라고 비난한 엘피케는 세무당국과 오프왓에 이런 관행을 검토하고 "지나치게 높은 차입 문화를 중단할 것"을 촉구했다.[119] 그러나 물론 그들은 이를 막지 않았다. 5년 후, 부채에 허덕이던 템스 워터가 이윤이 넘쳐나는데도 10년 동안 "법인세를 거의 내지 않았다"라는 사실이 드러났다.[120]

허술한 규제와 재무성과

우리는 허술한 규제와 인프라 소유주 간의 경쟁 부재가 영국의 소비자, 노동자, 납세자에게 얼마나 피해를 주는지를 보았다. 그러나 이러한 조건이 인프라 불로소득자 자신과 소유주에게 얼마나 유리했는지에 대한 증거가 없다면, 이 이야기는 완전하지 않을 것이다.

대부분의 사업자가 의미 있는 경쟁으로부터 보호받고, 관대한 규제당국과 최소한의 'X'로 줄곧 만족하는 영국 인프라 부문의 유리한 조건이 안겨준 엄청난 수익성을 입증하는 공공 영역의 연구는 얼마든지 있다. 많은 사례 중 한 가지 예를 들자면, 2017년에 영국 에너지기후정보분석원은 「종잇조각Monopoly Money」*이라는 통찰력 있는 보고서

---

* 이는 보드게임 모노폴리, 즉 게임에서만 쓰이는 돈으로, 실제 가치는 전혀 없는 돈을 가리킨다.

에서 영국의 배전망 운영자, 즉 국가 고압 송전망에서 영국의 가정과 사업장으로 전력을 공급하는 저압 네트워크를 소유하고 운영하는 불로소득자의 수익성을 조사했다. 보고서의 설명에 따르면, 이들은 "[내셔널]그리드 동맥에 모세혈관을, 고속도로에 지선도로B-roads"를 제공하는 역할을 한다. 저자들은 이러한 기업들이 일반적으로 '언론의 감시'를 피해 '대중의 시선 밖'에서 운영된다는 점에 주목하여 이 부문의 재무성과를 공개적으로 조사하고자 했다. 이들 저자는 2010년부터 2015년까지 이 부문의 영업이익 마진이 최저 41퍼센트에서 최고 56퍼센트까지 다양했으며, 가중 평균은 51.5퍼센트였다는 것을 밝혀냈다. 이 수치를 "매우 놀랍다"라고 표현한 저자들의 언급은 이를 크게 과소평가한 것이었다. 저자들이 또한 썼듯이, 그 수치는 "어떤 기준으로도 봐도 엄청났다."[121]

유통망 사업자만 그런 것이 아니다. 나는 [그림 6-1]과 [표 6-2]에 나와 있는 다섯 개의 주요 인프라 하위 부문별 주요 기업의 영업이익 마진—감가상각과 감채 후의 마진이지만, 이자와 세금은 차감 전 마진—을 도표로 표시했다. 이 표는 앞서 살펴본 바와 같이 국제 투자자가 영국 인프라 산업에 "매우 부정적이고 '적대적인' 정치와 규제 환경"이 조성되었다고 주장했던 2017년과 2018년 회계연도의 마진을 보여준다. 도표 그 자체가 이를 어느 정도 말해주고 있다. 전반적으로 마진이 강세를 보이고 있다. 상대적으로 실적이 저조한 내셔널그리드와 오픈리치도 각각 23퍼센트의 영업이익 마진을 기록해 대부분의 경제 부문에서 부러워할 만한 수준이다. 그리고 에너지기후정보분석원이 이전에 주목했던 전력 배전망(내가 영국배전회사와 웨스턴배전회사 등 두 곳

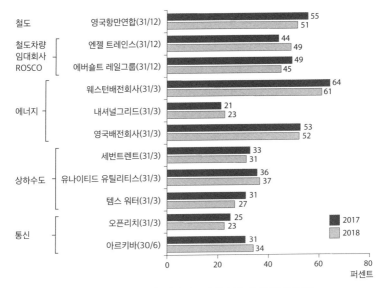

[그림 6-1] 2017년과 2018년 영국의 주요 인프라 불로소득자의 영업이익 마진

수치는 회사 회계연도 기준이며, 괄호 안의 날짜는 회계연도 말일이다.
출처: 기업의 회계자료

의 사업자를 포함했다)과 같은 일부 기업의 마진은 엄청나게 높다.

이렇듯 막대한 인프라 불로소득자의 이윤은 신자유주의 시대 영국의 일관된 특징이었다. 단 한 번, 정부가 이 이윤이 '너무 많다'라고 말할 수 있는 충분한 배짱을 부린 적이 있다. 1997년 토니 블레어 노동당 정부는 민영화된 공익사업의 '초과' 이윤에 대해 횡재세를 부과했다. 그러나 과거(미래는 말할 것도 없고)의 부당이득 규모와 범위를 고려할 때 부과된 금액은 총 50억 파운드 정도로 미미한 수준이었다. 그리고 이는 논란의 여지가 있지만 포퓰리즘적인 정치 활동이었다. 그해 총선 캠페인에서 노동당의 매니페스토manifesto 공약 중 하나였던 이러한 추가 부담금은 일회성에 그쳤고, 안전하게 집권한 신노동당은 다시는 이 문제를 거론하지 않았다.

한편, 영국 인프라 불로소득자 소유주의 재무성과를 명확하게 파악하기는 어렵다. 이는 부분적으로는 주주의 총수익률을 설정하기 위해 배당금 지급에 자산가치 상승을 추가해야 하기 때문이다. 그러나 나이절 호킨스가 그렇게 하려고 할 때 지적했듯이, 이러한 수익률 수준을 설정하는 데 있어 더 중요한 장애물은 기업 합병, 기업 분할, 그리고 무엇보다도 상장기업의 비상장 전환 등 상황을 전반적으로 혼탁하게 만드는 기업 거래가 너무 많아서 주주 수익률이 매우 불투명한 세계에 있기 때문에 파악하기가 더 어렵다는 것이다.[122]

그럼에도 수십 년 동안 글로벌 투자기관이 인프라 불로소득자 파이의 일부를 차지하기 위해 영국으로 꾸준히 몰려들었다는 사실은 그 자체로 시사하는 바가 크다. 호킨스는 2015년 말, 가능한 범위 내에서 기록을 요약하며 다음과 같이 썼다. "일반적으로 영국의 민영화된 공익사업의 주주는 잘해왔고, 경우에 따라서는 뛰어난 성과를 거두기도 했다." 호킨스는 이러한 일반화를 확장해 수도회사의 소유주는 '대단히 잘해왔고' 내셔널그리드의 소유주는 '엄청난' 보상을 받았으며, 영국배전회사는 당연히 '주주에게 뛰어난 가치를 제공'했다고 덧붙였다.[123] 한마디로 영국 인프라에는 미지의 요인인 'X' 인자가 있다.

6장 X인자: 인프라 지대

Rentier Capitalism

7장

지상 지배: 토지 지대

토지 보유 공기업의 민영화

영국의 모든 민영화 중 가장 독특한 사례는 1982년 도로운송사업의 집합체인 국영화물공사NFC의 민영화였다. NFC는 주식시장에서 주식 매수자를 모집하는 일반적인 방법이 아닌 종업원 매수employee buyout 방식으로 민영화되었다.* 민영화 당시의 회장은 피터 톰슨Peter Thompson이었는데, 그는 1989년에 주식을 상장한 후 회사가 경험한 것에 대해 '성공의 공유Sharing the Success'라는 제목으로 보고서를 썼다.[1] (여기에서 '성공'이란 500명 이상의 직원이 각각 25만 파운드 이상을 챙겼다는 것을 의미한다.) 이 성공의 비결은 무엇일까? 밝혀진 바에 따르면, 그 비결은 대부분 다름 아닌 뜻밖의 횡재였다. NFC의 소위 핵심 인프라 자산 때문도 아니고, 경영 전문성 때문도 아니며, 1982년 기업 매각 당시에는 거의 부수적인 것처럼 보였던 '토지' 자산에서 비롯된 것이었다. 한마디로 1980년대에 NFC는 부동산 개발회사로 거듭나게 되었다. 톰

---

* 기업의 종업원들이 공동 출자방식으로 회사를 인수하는 것을 의미한다. 종업원들이 임금채권을 출자로 전환하거나 개인 재산을 갹출해 인수한다.

슨은 다음과 같이 회상했다.

우리는 부동산 개발을 떠맡게 되었다. 비축토지를 획득하게 되었는데, 이것이 1980년대 부동산 붐 덕에 상상할 수 없을 정도로 가치가 치솟았다. 민영화 이전에는 소유한 토지를 파는 것만 허락되었기에 그러한 기술만 습득한 데 비해 민영화 이후에는 토지를 파는 것만이 아니라 소유한 토지를 개발하기 위해서도 기술을 흡수했다. 이후 우리는 부동산 개발업자인 것처럼 행동하게 되었고 이 비즈니스를 통해 점점 더 많은 이윤을 창출하게 되었다. (중략) 우리는 일급 비축토지라는 비교우위를 상속받은 셈이다.

톰슨은 "이것이 정말로 우리가 해야 할 일인지 내 동료들은 의구심을 갖지 않았으나 (중략) 나는 계속해서 의구심을 가졌다"라고 말했다.[2] 비축토지를 물려받음으로써 얻게 된 막대한 부를 생각하면 그의 동료들이 오래 고민하지 않았던 것은 그렇게 놀랄 만한 일은 아니었다.

NFC가 민영화된 이후 원래 업무는 국제 택배 서비스 기업인 도이치 포스트Deutsche Post의 한 부서에서 수행하게 되었고, NFC는 민영화 이후 앞 장에서 살펴보았던 핵심 인프라 지대에 더해진 막대한 토지 지대를 추가적으로 획득하게 되었다. 그러나 이 NFC가 토지에서 막대한 수입을 얻게 된 유일한 민영화 사례는 아니다. 공기업들이 민영화될 때 새로 탄생하는 민간 기업은 네트워크 인프라, 인력, 고객과의 계약 등과 함께 매우 자주 대규모 토지를 자산으로 갖게 되었다. 케빈 카힐Kevin Cahill이 추정한 바에 따르면, 특히 수도·전기·석탄·철도가 민영화될 때 100만 에이커(혹은 40만 헥타르)의 토지가 민간 기업의 수중에 "자주 정확한 가치 평가 없이, 또한 자주 그 토지 규모에 대한 정보 공개 없이 넘어갔다." 그리고 "그 토지 중 일부는 어마어마한 개발 가치를 가진 토지였다."[3]

토지를 대거 보유한 공기업들이 민영화된 후 새롭게 탄생한 민간 기업들은 그 후 몇 년간 생산 효율화를 위해 사업을 재조직하게 되는데, 종종 민영화 과정에서 획득한 토지가 전부 필요하지 않다는 것을 깨닫게 된다. 적어도 한 사례의 경우 지금은 과거의 용도로 쓰이는 토지를 전혀 보유하고 있지 않다. 런던증권거래소에 상장된 부동산 개발업체 하워스그룹Harworth Group plc이 그 사례다. 이 회사는 약 2억 5,000만 파운드의 가치를 가진 9,000헥타르의 토지를 소유하고 있는데, 회사의 웹사이트를 보고 원래 어떤 공기업이었는지 추측하기는 쉽지 않다. 그러나 이 회사의 이름에 단서가 있다. 하워스그룹은 영국의 노팅엄셔Nottinghamshire에 있는 한 마을의 명칭으로 과거 영국 최대 규모의 석탄 채굴업체였던 영국석탄유한공사UK Coal plc의 근거지이기도 했고, 1990년대 중반 영국 광업이 민영화될 때 영국석탄공사British Coal Corporation가 민영화되면서 새롭게 탄생한 회사의 명칭이기도 하다. 부동산 개발업체인 하워스그룹은 영국석탄공사가 민영화된 후 오늘날까지 남아 있는 자산이다. 다만 영국석탄공사의 채굴 작업은 모두 중단되었기 때문에 회사가 가지고 있던 토지는 원래의 용도로는 필요 없어졌을 뿐이다.

영국의 민영화된 공기업에 속해 있었던 모든 '초과' 토지는 그 후 어떻게 되었는가? 일부는 개발되지 않은 상태로, 일부는 개발된 후에 매각되었다. NFC가 바로 그러한 사례다. NFC는 종업원 매수에 쓰인 채무의 이자비용을 지불하기 위해 민영화 이후 몇 년간 소유한 부동산을 팔면서 횡재에 가까운 이득windfall을 누렸다. 몇몇 공기업이 민영화되면서 탄생한 기업들은 이러한 이득의 규모가 거대했다.[4] 하워스 그룹의 예를 들면 민영화되기 10년 전 영국석탄공사이던 시절 1만 8,000헥타르의 토지를 보유하고 매년 700만 톤의 석탄을 채굴했는데, 민영화하면서 가지고 있는 토지의 약 50퍼센트를 매각했다. 또 다른 사례로 로열메일사가 있다. 2013년 진행된 로열메일의 민영화 자체도 논란을 야기했지만 몇 년 후 이 회사가 런던 중심부의 세 개의 토지 구획을 개발업자에게 팔아 40억 파운드에 이르는 막대한 이득(회사와 주주에 귀속)을 누리게 되었을 때는 불에 기름을 부은 것과 같은 논란이 벌어졌다.[5] 당시 거래는 장부 가격의 6~8배에 달하는 높은 가격으로 이루어졌는데, 이 거래 후에도 로열메일사가 소유권을 확보하고 있는 토지의 순 장부 가격은 8억 4,500만 파운드에 달했으므로 시장 가격으로는 50억 파운드 이상을 소유하고 있는 상황이다.[6]

　NFC와 로열메일사 같은 회사들이 토지 판매를 통해 얻은 수입은 토지(혹은 '지상ground') 지대가 자본화한 것으로 이해할 수 있다. 자본화했다는 것은 그 토지를 빌려줄 때 벌어들일 수 있는 미래의 모든 임대료가 현재 가치로 환산되어 토지 가격에 반영되었다는 것을 의미한다.[7] 자신이 직접 토지를 운영하는 데 흥미가 없는 순수한 불로소득자는 다음과 같은 두 개의 선택에 직면하게 된다. 즉, 자산을 가지고 있으면서 지대를 벌 것인가, 아니면 미래에 받을 지대를 지금 한꺼번에 현금화할 것인가? 초과 토지를 보유한 민간 기업이라면 후자를 택해 주주들에게 수익을 '나눠주고release' 싶을 것이다. 예를 들어 약 2만 헥타르의 토지를 소유하고 있던 수도회사인 세번트렌트는 2017년에 1,200헥타르의 미사용 토지를 10년에 걸쳐 매각해서 1억 파운드의 '초과 이익extra profits'을 창출하겠다고 발표했다.[8] 그런데 세번트렌트사는 민영화된 수도회사 중에서 가장 많은 토지를 보유한 기업인 것도 아니다. 가장 많은 토지를 소유한 민영화된 수도회사는 유나이티드 유틸리티스로서 5만 6,000헥타르 이상의 토지를 보유하고 있다.[9]

과거 공익사업자였다가 민영화된 회사 중 일부는 이와 같이 자본화한 지대를 현금화하기 위해 초과 토지를 매각하기도 했지만 초과 토지를 임대함으로써 지주가 되기도 했다. 잉글랜드와 웨일스의 전력 송전망을 소유·운영하고 이 두 지역뿐 아니라 스코틀랜드, 북아일랜드의 가스 배급망을 소유하고 있는 내셔널그리드가 그러한 사례다. 실제로 과거 공기업이었다가 민영화되면서 부동산 사업을 '떠맡게 된' 기업들 중에서 내셔널그리드가 최고의 시설과 열정을 가지고 이 사업을 운영한 결과 큰 성공을 거두었다. 이것이 바로 나이절 호킨스가 이러한 사업들에서 주주들이 민영화 덕에 '엄청난' 수익을 올릴 수 있었다고 주장했을 때 의미한 것이다(6장 참조).

내셔널그리드프로퍼티는 대중의 눈에 띄지 않게 조용히 수억 파운드의 실제 토지 지대와 자본화된 토지 지대를 긁어모았다. 내셔널그리드는 2007년 '지난 5년간 매년 약 1억 파운드의 잉여 토지'를 매각했다고 보고했고[10] 6년 후 다른 보고서에서는 '5억 파운드' 이상을 매각했다고 보고한 바 있다.[11] 그 이후 부지 개발, 처분, 제삼자에 대한 임대를 포함한 부동산 사업을 통해 매출 기준이 아니라 이윤 기준으로 매년 5,000만 파운드 이상을 벌었다. 2016/17년 이윤 규모는 6,500만 파운드였으며 2017/18년에는 44개의 부지를 매각하고 추가로 5개에 대해 계약서를 주고받아 8,400만 파운드의 이윤을 얻었다.[12] 이 이야기의 가장 놀라운 점은 시장가치가 아닌 순 장부가치로 23억 파운드 상당의 645개 부지를 소유하고 있는 내셔널그리드의 거대한 비축토지와 거의 상관없이 이러한 활동들이 이루어졌다는 점이다.[13] 내셔널그리드는 인프라 불로소득자였지만 그만큼 거대한 토지 불로소득자이기도 했으며, 그 규모는 앞으로 논의할 전문적인 토지 불로소득자들을 압도할 정도로 거대했다.

영국 경제성장의 핵심은 토지 지대의 확대

물론 토지 불로소득자들이 중요하다는 것은 영국에서 새로운 현상이라 할 수 없다. 서문에서 언급했듯이 토지 불로소득주의는 금융 불로소득주의와 함께 의심할 여지 없이 영국에서 가장 오래된 자산 통제와 착취의 형태다. 카를 마르크스는 『자본론』을 쓸 때, 특히 영국 자본주의의 계급구조와 계급관계에 대한 고찰을 기반으로, 토지자산 계급과 금융자본가('대부업자와 고리대금업자') 둘 다를 산업자본가들과 구분해야 한다고 보았다. 영국과 토지 불로소득주의는 매우 긴밀하며 긴 역사를 공유하고 있다. 영국과 토지자산, 토지자산과 결부된 온갖 특권 간의 관계는 매우 긴밀하고 명확하다.

그러나 영국에서 토지 소유와 착취가 경제와 사회의 관계에서 차지하는 중요성이 매우 오래되었으나 신자유주의 시대가 분명 상황을 한 두 단계 더 끌어올렸다. 신자유주의가 토지 불로소득자들에게 새로운 자극을 주었고, 그 결과 지난 20세기에 그들은 국민경제에서 전례 없는 중요성을 차지하게 되었다. 또한 신자유주의 체제에서 토지 불로소득주의는 새로운 지형도를 보이게 되었다. 즉, 사람들이 영국의 토지 문제에 대해 생각할 때 보통 농촌의 영지, 지주나 소작농 등을 떠올리는 경향이 있지만 오늘날 영국의 토지 지대는 주로 도시와 관련된 사안으로 변화했다.

또한 토지 지대는 점점 더 주거용과 관련되고 있는데, 이것이 주거용 토지가 평균적으로 농지나 산업용 토지보다 훨씬 더 가치가 있기 때문만은 아니다. 한 세기 전 영국인들이 주택을 임차했을 때(주택 점유 유형 중 임차 형태가 일반적이었다), 그들이 임차한 것은 거의 벽돌과 모르타르로 지어진 건물이었다. 그러나 지금은 그렇지 않다. 브레인 그린Brain Green이 잉글랜드에서 건물이 있는 토지가 주택가치에서 차지하는 비율을 연구해본 결과, 1930년대에는 2퍼센트였던 수준에서 오늘날 70퍼센트로 증가한 것을 발견했다.[14] 런던 중심부와 같이 가장 인기 있는 곳은 이 비율이 더욱 높다. 주택 임차비용은 이제 지상 지대비용이 주를 이루게 되어 시간이 지남에 따라 '지주'라는 꼬리표, 즉 토지의 주인이라는 꼬리표가 점점 더 적절한 용어가 된 셈이다.

이 장에서 '토지 불로소득자'는 임대(반복적인 임대료 수입repear rental payment)를 통해서든 투기적 보유와 매각(한 번에 자본화된 지대 획득one-off capitalized rents)을 통해서든 명백하게 토지 지대를 추구하는 사업에 종사하는 토지 소유 회사 또는 개인을 의미한다. 이러한 정의가 다소 불완전하기 때문에 토지 불로소득주의라는 개념의 경계가 흐릿해진다는 것을 인정한다. 당장 소유-점유자owner-occupier, 즉 자신이 소유한 부동산을 점유하고 있는 회사나 개인은 토지 지대를 추구한다고 볼 수 있는가 하는 점 때문에 개념 정의와 관련해 매우 어려운 문제에 부딪히게 된다. 그러나 집을 단순히 쉼터가 아니라 미래의 지대가 자본화되고 매매를 통해 현금화할 수 있는 자본자산이라고 여기는 '주택 소유자 사회 homeowner societies'에 살고 있다는 점에서 주택 소유-점유자들도 모두 불로소득자이며, 그런 점에서는 영국이 제일 앞서 있다.[15]

또한 마치 기업들이 암묵적 임대비용을 제품이나 서비스 가격에 포함시켜 고객에게 전가하는 형태로 지불받는 것처럼 기업이든 가계든 소유-점유자는 지주처럼 정기적인 임대료를 자신이 소유한 부동산을 통해 '지급받는 것'으로 생각할 수 있다.[16] 주택 소유-점유의 경우 이러한 명목적 임대료의 가치는 실제로 국민계정에 포함되며('귀속' 임대소득), 이는 소유자와 점유자가 동일함에도 소유자가 점유자에게 제공하는 '서비스'에 대한 대가로 간주된다. 1960년대 중반까지 영국에서는 주거용·상업용 소유-점유자에게 귀속 임대소득을 과세해왔다. 그런데 해당 소득이 진정으로 중요해지기 시작할 때 그에 대한 세금이 폐지되었다. 이는 영국 토지 불로소득주의 역사의 많은 아이러니 중 하나로서 단순한 우연이라고 보기 어렵다. 그럼에도 일단 귀속 임대료와 소유-점유자와 관련된 자본이득 문제는 한쪽으로 밀어두겠다.

토지 지대가 영국 경제에서 차지하는 중요성이 커졌다는 사실은 2006년 영국통계청이 1990년대 초반부터 당시까지(특히 1992년부터 2004년까지) 어떤 산업들이 영국 경제성장에 기여했는지를 정부에 보고할 때 확실히 드러나게 되었다. 절대적 기준에서 최대 기여자는 '주택 임대 부문'으로서 소유-점유 주택의 귀속 임대소득을 포함한 총부가가치GVA는 1992년 380억 파운드에서 2004년 830억 파운드로 급증했다.[17] '은행과 금융 부문' 형태의 금융 지대는 같은 기간 355억 파운드 증가해서 토지 지대에 미치지 못했다.[18] 논평가들은 이 통계가 영국 경제에 대해 말해주는 것에 냉소적인 평가를 내렸는데, 특히 『가디언Guardian』지의 패트릭 콜린슨Patrick Collinson은 다음과 같이 말했다.

영국 경제가 지난 15년간 모든 경쟁자를 능가하는 성장을 이루었다고 총리가 끊임없이 이야기해왔는데, 정부가 드디어 그 요인이 무엇인지를 분석했다. 그렇다면 우리 경제가 그토록 놀랍게 성장하는 데 기여한 요인은 무엇인가? 답은 지주 계급의 부상이었다. (중략) 현대 영국에서는 지대 증가가 경제성장으로 간주되고 있는 셈이다. 미국은 기술을 지배하고 독일은 수백만 대의 자동차를 생산하며 일본 역시 여전히 가전제품을 만들고 있다. 그런데 영국은 주택을 사서 임대하는 지주를 생산하고 있다. 어떻게 우리의 경쟁자들이 우리의 경제적 성공을 부러워하겠는가?[19]

2004년 이후 영국통계청이 부동산 부문을 분류하는 방식을 변경하자 이러한 현상이 더욱 뚜렷해졌다. 1992년부터 2004년까지 부동산은 두 개의 하위 범주로 구분되어 있었다. '주거 임대'(GVA 규모를 450억 파운드 확대)와 '부동산 소유와 거래'(GVA 규모를 152억 파운드 확대)다. 이 두 개의 하위 범주는 2004년에 세 개가 되었다. 첫 번째는 '소유 또는 임대 부동산의 매매, 임대, 운영'으로서 이는 상업용·주거

용 부동산 임대료와 비주거용 부동산에서 발생하는 소득(이전에 '부
동산 소유와 거래'에 포함되던 소득)이며 과거 이것과 합해져 있던 소유-
점유자의 귀속 임대소득은 분리되어 별도의 두 번째 하위 범주가 되
었다. 세 번째 하위 범주는 지대가 포함되지 않은 것으로서 '수수료 혹
은 계약 기반 부동산업'(이전에 '부동산 소유와 거래'에 포함)이다.

[그림 7-1]은 이 세 개의 범주가 2005~2014년에 어떠한 변화를 겪
었는지를 보여준다. 이전 시기와 마찬가지로 다시 한 번 경제 전체에
서 부동산이 GVA 증가에 가장 크게 기여했다. 실제로 부동산 부문
전체의 GVA 증가액은 위 기간 500억 파운드였고, 연간 평균 증가액
은 50억 파운드로서 600억 파운드가 증가했던 1992~2004년과 동일
했는데, 이러한 증가폭은 다른 모든 산업에 비해 두 배 이상이었다.[20]
토지 지대가 대부분을 차지하는 부동산 부문은 220억 파운드에 달히

[그림 7-1] 2005년과 2014년 영국 부동산 부문 하위 범주별 총부가가치 추이

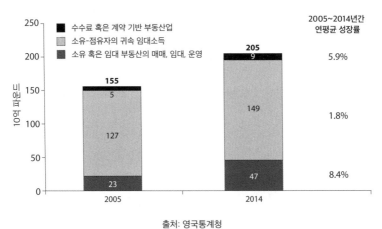

출처: 영국통계청

　　　　　　　　　　　　7장 지상 지배: 토지 지대

는 귀속 임대소득을 제외해도 GVA 증가 기여도 순위에서 첫 번째 자리를 차지한다. 이것은 첫 번째 하위 범주인 '소유 또는 임대 부동산의 매매, 임대, 운영'이 절대적·상대적 기준 모두 매우 크게 증가했기 때문이다. 요약하면 토지 지대는 주거용이든 비주거용이든 과거 10년과 최근 10년 동안 계속해서 영국 경제'성장'의 가장 핵심적인 원천이었다.

앞의 장들에서 살펴보았듯이 영국에서 모든 종류의 지대와 불로소득주의는 신자유주의 정책에 크게 기대어왔다. 그러나 이렇게 다양한 불로소득주의 승자들 중에서도 토지 불로소득자가 최고의 승자인 것으로 보인다.

토지 민영화 이후 민간 소유 토지와 민간 임대주택 확대

토지 불로소득자가 최고의 승자가 된 이유는 무엇일까? 인프라 불로소득자와 금융 불로소득자의 사례처럼 토지 불로소득자가 지대를 획득하는 기반이 되는 자산의 양이 확대된 것이 주된 이유였을 것이다. 영국의 공공 부문은 20세기에는 대부분 토지의 순취득자였으나 신자유주의 시대가 시작되자 갑자기 방향을 전환해 순매도자가 되었다. 대처가 집권한 이후 40년 동안 영국 전체 면적의 약 8퍼센트에 해당하는 160만 헥타르의 공공토지가 매각되었고 그 외에도 주요 공기업의 민영화로 약 40만 헥타르의 공공토지가 사라져버렸다.[21] 이 토지의 대부분은 이후 민간에 속하게 되었는데 자선단체나 지역 사회단체가 아니라 기업 또는 가계에 속하게 되었다.

이 거대한 토지 민영화 프로그램은 중앙정부의 최고위층의 주도 아래 전면적으로 추진되었다. 영국 정부는 사적 자산 소유가 공적 자산 소유보다 본질적으로 우월하다는 신자유주의적 원리에 설득당한 결과, 다양한 당근과 채찍을 동원해 토지를 소유한 수백 개의 공공기관을 구슬려 보유 자산을 줄이거나 완전히 매각하게 했다. 의심할 바 없이 신자유주의적 원리에 대한 영국 정부의 신념은 바로 이 원리를 설파해온 민간 불로소득자들의 로비로 생겨난 것이다. 지방정부도 1970년대 후반에 그들이 소유한 토지의 60퍼센트를 집단적으로 매각했다. 그리고 일부 중앙 부처는 60퍼센트 이상의 토지를 매각했다. 예를 들어 보건부는 끊임없는 매각 압력에 시달려 부동산의 70퍼센트를 민영화했다.

분명히 토지 민영화로 증가한 민간 토지는 대부분 앞서 정의했던 토지 불로소득자들의 수중에 떨어졌다. 물론 예외도 있다. 일부는 소유-점유자 기업에 매각되었는데, 선도적인 식료품 소매업체인 테스코가 그 예다(그러나 이후 설명하겠지만 완전한 사례는 아니다). 공공토지를 가장 많이 취득한 회사로는 브리티시 랜드, 그로스베너그룹Grosvenor Group 같은 부동산 매매·임대기업, 버클리그룹과 테일러윔피Taylor Wimpey 같은 부동산 개발회사, 그리고 아비바Aviva와 리걸앤드제네럴Legal & General 같은 금융기관이 있다. 앞으로 살펴보겠지만 토지 불로소득주의, 다시 말해 자본이득을 얻기 위한 부동산 임대와 부동산 투자가 이 회사들의 주된 사업이거나 적어도 중요한 위치를 차지하는 사업이다.

다음은 주택용지 관련 이슈가 있다. 1980년부터 영국 정부가 사회주택('시영 공공임대주택council housing') 임차인에게 그들이 점유한 주택을 매입할 수 있는 권리를 부여한 것은 잘 알려져 있다. 이러한 정책은 토지 불로소득자가 아닌 소유-점유자라는 새로운 세대를 만들어내지 않았을까? 그렇기도 하고 아니기도 하다. 먼저 그렇다고 할 수 있는 측면은, 사회주택 임차인들이 일단 주택을 구입할 권리를 가졌다는 점이다(잉글랜드와 북아일랜드에서는 여전히 그 권리를 주고 있다). 200만 명이 넘는 임차인이 그 권리를 행사해 소유-점유자가 되었다. 그러나 결정적으로 중요한 측면은 이렇게 주택을 갖게 된 새로운 소유-점유자들이 그러한 상태, 다시 말해 자가-점유 상태를 그대로 유지하지 않았다는 점이다. 이 중 다수는 매입한 주택을 임대주거나 민간 지주들에게 매각했다. 제임스 미크는 이 민간 지주들이 '불로소득자 계급'에서 차지하는 비중이 점차 커지고 중요해졌다고 이야기했다.[22] 2017년의 한 연구에 따르면, 앞서 이야기한 사회주택 매입권*행사로 잉글랜드에서 매각된 사회주택의 40퍼센트 이상이 개인 임대되고 있는데 밀턴 케인스Milton Keynes 시의 경우 그 비율이 71퍼센트에 달했다.[23]

이렇게 사회주택에서 소유-점유로 전환되었다가 다시 민간 개인 임대로 전환된 것에 민간 임대회사가 대량의 소유-점유 주택을 취득한 것을 더하면 다음과 같은 중요한 사실을 발견하게 된다. 영국 전체

---

* Right to Buy: 이는 지방정부가 보유하고 있는 사회주택(공공임대주택)에 대해 임차인에게 매입 권리를 줌으로써 사회주택을 저렴한 가격으로 매각해 사회주택 재고를 줄이는 정책을 말한다. 사회주택 민영화라고 부를 수도 있다.

에서 주택의 소유-점유 비율은 2016년 62.7퍼센트인데, 이것은 대처가 집권한 해와 비교하면 겨우 7퍼센트포인트 높은 것에 불과하며, 2002년 최고치인 70퍼센트에서 크게 후퇴한 수준이라는 점이다([그림 7-2]). 1979년과 오늘날의 주택 점유 유형을 비교할 때 가장 큰 차이점은 소유-점유와 임대 간의 차이가 아니라 사회주택 매입권 행사로 임대 영역에서 민간 임대 비중이 두 배 이상(4분의 1에서 절반 이상으로) 늘어났다는 것이다. 이 확대된 민간 임대 영역을 통제하고 착취하는 불로소득자 계급에 대해 이후 더 이야기하겠지만, 이 지점에서 강조해야 할 핵심은 주택용지와 다른 공공토지의 민영화는 소유-점유를 확대함으로써 '재산 소유 민주주의property-owning democracy'를 만들어낼 것이라는 원래의 약속과는 달리 영국을 토지 불로소득 경제land rentier economy로 만드는 원동력이 되었다는 것이다. 윌 셀프Will Self는 '민영화 실험'이 "자산을 소유한 중산층을 확대한 것이 아니라 국가 소유 부동산을 기존 불로소득자 계급과 새로운 불로소득자 계급에게 이전하는 것이 되고 말았다"라고 회상했다.[24]

지난 40년 동안 국가가 지속적으로 새로운 토지를 제공함에 따라 기업이든 아니든 민간 토지 불로소득자들은 지대를 창출할 수 있는 점점 더 많은 양의 토지를 확보할 수 있게 되었다. 그뿐만 아니라 공급이 증가하면 가격이 하락한다는 단순한 경제 모델과 달리 토지 공급이 증가하는데도 토지 지대가 하락하지 않는 행운도 누렸다. 다양한 토지 유형에 대해 각각 지대의 추이를 살펴보도록 하자. 우선 농지부터 시작해보자. 실질 기준으로 농지 임차 가격은 1980년대 초반부터 1990년대 말까지 꾸준히 상승하다가 2004/05년에 안정세를 보였고[25]

7장 지상 지배: 토지 지대

[그림 7-2] 1979~2016년 브리튼 지역의 점유 형태별 주택 재고량

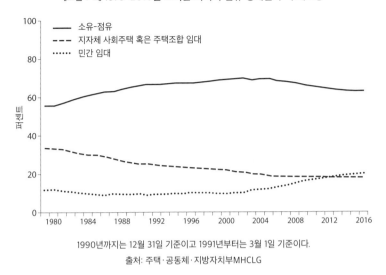

1990년까지는 12월 31일 기준이고 1991년부터는 3월 1일 기준이다.

출처: 주택·공동체·지방자치부MHCLG

그 후 다시 증가하기 시작해서 지금까지 증가세가 지속되고 있다.[26]

주택 부문에서도 지대가 증가했다. 그러나 일정한 속도로 증가한 것은 아니었다. 1980년대 지대에 대해서는 일관된 데이터를 구할 수 없고 일관된 데이터를 구할 수 있는 1990년대 초부터 글로벌 금융위기가 시작되는 2007년까지는 지대가 빠르게 상승해 실질 기준으로 증가율은 25~40퍼센트 사이였다.[27] 이후 지대가 하락하면서 2018년 말 잉글랜드 전체의 민간 임대주택의 평균 지대는 최고치를 보인 2008년 초반보다 실질 기준으로 약 7퍼센트 낮아졌다.[28] 이렇게 연착륙을 했는데도 오늘날 민간 임대주택 지대는 실질 기준으로 30년 전보다 더 높은 수준이다. 그동안 인구 증가, 사회주택의 재고 부족, 소유-점유 유지 능력의 감소가 임대 수요를 뒷받침해왔다. 여기에 더해 신규 주택 공급도 부진했다. 영국 정부가 민간 임대주택 공급을 늘리기 위해 2006년 이후 실시한 '건설임대Build to Rent' 정책은 널리 알려졌는데도 2018년 중반까지 총 2만 채 정도의 주택만을 공급하는 등 신규 공급을 비약적으로 늘리지 못한 것으로 평가된다.[29]

한편, 상업용 부동산의 경우 지대의 추이를 정확하게 파악하기 어렵다. 이에 관한 여러 데이터는 서로 다른 추이를 보여준다. 이 문제는 상업용 부동산 시장이 여러 개의 하위 시장으로 구성되어 있기 때문이다. 이 하위 시장들은 자주 상호 연관되는 움직임을 보이기는 하지만 매우 다른 시장들이다. 소매용과 사무실용, 산업용이 있는데 소매용과 사무실용이 가장 큰 비중을 차지한다. 장기 추세를 구분하는 것이 어려운 이유는 이 시장들이 주택 부문보다 호재와 악재에 따라 변동하는 정도가 훨씬 강하기 때문이다. 호재가 있을 때는 지대가 급격히 올라가며, 악재가 작용할 때는 급격히 떨어진다. 수요 정점은 1980년대 초반과 후반이었으며, 1980년대 후반 정점을 지난 1990년대 초반에 지대가 크게 하락했다.[30] 그 이후 과거보다 약한 호황기(1997~2000년)와 불황기(2008~2010년)가 전개되었다.

상업용 부동산에 대한 임대 수요는 지난 40년간 주거용 임대시장을 움직인 힘에 동일한 영향을 받았다. 경제성장이 임대 수요를 증가시켰고 지난 20년간 주택 부문에서 발생한 소유-점유의 임대 전환이 상업용 부동산에서도 나타났다. 사실 임대 전환은 주택 부문에 앞서 상업용 부동산 부문에서 적어도 10년 먼저 시작되었다. 1990년 영국 상업용 부동산 중 임대 비율은 40퍼센트(가치 기준)에 불과했는데[31] 이 비율은 2006년 49퍼센트, 2016년에는 55퍼센트가 되었다.[32]

7장 지상 지배: 토지 지대

기업이 점유하고 있는 부동산이 소유에서 임대로 전환(토지 불로소득주의 확대를 의미)하게 된 주요 이유는 주거용에서 나타났던 것과 같이 상업용 부동산 가격의 상승이다.[33] 가격의 상승은 소유-점유하려 했던 기업들에는 매입보다 임대를 선택하게 자극하는 유인책으로 작용했으며, 기존의 소유-점유 기업들에는 매각이나 임대로 전환해서 현금을 확보하고자 하는 좋은 기회로 작용했다. 실제로 2000년대 중반에 상업용 부동산을 소유-점유한 다수의 기업이 부동산 가격 상승의 이점을 최대한 누리기 위해 매각 후 임대 전환sale-and-leaseback을 선택했다.[34]

지대 추이가 어떠했는지 정확히 파악하는 것은 어렵지만 이와 상관없이 농업용·주거용·상업용 토지에서 지난 40년 동안 나타난 가장 중요한 변화는 토지 민영화 정책에 따라 새로 임대할 수 있는 부동산이 대규모로 만들어진 것이라고 말할 수 있다. 토지 민영화가 민간 임대시장을 확대하지 않았다면 임대소득 수입은 지속적으로 그리고 큰 폭으로 줄었을 것이다. 그러나 현실은 그와는 반대로 진행되어 민간 임대 부문이 크게 성장했고, 앞에서 설명한 대로 토지 불로소득자들이 생산한 총부가가치가 급팽창했다.

오늘날 영국의 토지 임대시장은 얼마나 클까? 임대인은 연간 얼마의 지대를 벌까? 정확하게 말하기 어렵지만 [그림 7-3]이 그나마 추정할 수 있는 최선의 수치를 보여준다. 이 추정치는 엄밀하게 작성된 것은 아니며 대략적인 시장 규모를 제시하기 위해 만들어진 것이다. 실제 수치가 이 추정치보다 10퍼센트 정도 크거나 작을 수 있지만, 오차가 난다고 해도 그 정도 수준인데 그 정도의 오차가 발생하는 것이 큰

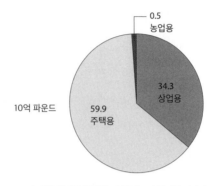

[그림 7-3] 2017년 영국 민간 부문의 연간 토지 임대료 추정치

0.5
농업용

34.3
상업용

10억 파운드

59.9
주택용

농업용 임대료 추정치는 잉글랜드에 한정한 것이다.

출처: 주택용은 홈렛Homelet과 영국통계청, 상업용은 인베스트먼트프로퍼티포럼Investment Property
Forum, 농업용은 영국환경·식품·농무부DEFRA 자료를 이용해서 저자가 추정한 것이다.

문제는 아니다. 중요한 점은 토지 불로소득주의가 돈이 잘 벌리는 비즈니스라는 사실이다. 영국 전체적으로 개인 부동산 임대업자가 연간 900억~1,000억 파운드 정도의 지대를 벌고 있으므로 실제로는 거대한 비즈니스라고 말할 수 있다. [그림 7-3]이 보여주듯이 개인 부동산 임대업자의 수입은 주거용·상업용 지대로 이루어져 있다.[35] 농지 지대는 잉글랜드의 수치만 포함되었지만(다른 지역은 확보할 수 있는 자료가 부족하다), 잉글랜드 이외의 지역을 포함한다 해도 전체에서 차지하는 비중은 크게 다르지 않을 것이다. 현재 잉글랜드 면적의 20퍼센트 정도가 농장 임대차 계약이 되어 있는데, 임대 가격은 상업용·주거용 토지만큼 높지 않다. 실제로 영국 내 농지와 불로소득주의와 관련해서 큰 수익은 임대에서 나오는 것이 아니라 택지 개발을 위한 허가를 확보하는 데서 나온다. 그때 토지 가격이 치솟기 때문이다.

7장 지상 지배: 토지 지대

민영화 이후 불로소득자에게 유리한 국가 정책 시행

　신자유주의 시대 영국에서 토지 민영화는 토지 불로소득자들에게 어마어마한 행운이 되었다. 그러나 토지 민영화는 일부 기업과 개인에게 지극히 좋은 시대였다는 더 넓고 깊은 이야기의 하나의 기둥일 뿐이다. 토지 민영화는 6장에서 살펴본 인프라 불로소득자의 행운도 반영하고 있다. 두 경우 모두 국가는 귀중한 임대 가능 자산, 전자의 경우 토지를, 후자의 경우 네트워크 인프라를 민간에 넘겼을 뿐 아니라 자산 소유와 관련된 권리에 대해 강력한 법 정비와 규제를 실시했다. 이러한 조치들 덕에 불로소득자들은 넘겨받은 자산을 통해 더욱 큰 가치를 창출할 수 있었다. 네트워크 인프라 영역에서는 무선 주파수 경매정책이 그에 대한 분명한 사례이며, 토지 영역에서는 지자체 임대주택이 나중에 개인 임대주택으로 전환된 것과 관련된 일련의 정책들이다.

　1988년 개정 주택법Housing Act은 국가의 중대한 개입정책이었다. 이 법은 잉글랜드와 웨일스 지역에서 그동안 시행해오던 민간 임대차 규제를 중지시킨 법이다. 구체적으로는 1989년 1월 이후 계약되는 모든 신규 민간 임대차에 대해 아무런 규제를 가하지 않고 기존 계약에 대해서만 임대차 규제를 유지하게 규정했다. 이로써 2000/01년이 되자 독립적인 공무원이 측정한 '공정 지대fair rents'를 적용하는 규제 임대차 계약은 잉글랜드에서는 전체 민간 임대의 6퍼센트에 불과하게 되었다.[36] 이 법이 시행된 이후 지대는 시장이 결정하게 된 것이다. 또한 1988년 개정 주택법은 민간 임대 세입자의 거주 불안정과 그럼으로써 불로소득자의 지대 창출 안정성을 제도화하는 변화를 촉발했고 1996년에 더욱 강화된 주택법으로 개정되었다. '임차 보증assured tenancy'('세입자가 임차 조건을 준수하는 한 계속 임차') 제도는 단기 임차 보증('6개월이라는 짧은 기간에 대해서만 부여되는 고정 기간 임차')으로 대체되었다.[37] 1988년 개정 주택법은 단기 임차 보증제도를 도입했는데 1996년 개정 주택법은 이를 표준으로 만든 것이다.

또한 1988년 개정 주택법의 21조는 고정 임차 기간이 끝나면 집주인이 임차인을 마음대로 내보낼 수 있게 허용하는 내용을 담았다. 이 조항은 많은 비판을 받았음에도 1988년 개정 주택법 도입 이후 지주들은 집을 소유하고자 하는 강한 동기를 갖게 되었다.[38] 데이비드 멀린스David Mullins와 앨런 뮤리Alan Murie의 연구에 따르면, 이런 변화들 때문에 "집주인과 세입자 간 존재하던 균형이 무너지고 집주인이 우위를 차지하게 되었으며"[39] 그것도 확실하게 그렇게 되었다고 한다. 그런데 그마저도 충분하지 않았는지, 1996년 영국 정부는 주택 불로소득자에게 또 다른 이익을 안겨주는, 그 유명한 '임대용 주택구매Buy to Let' 담보대출 상품을 출시했다. 이 상품은 규제가 약했을 뿐 아니라 주택을 가지고 임대하고자 하는 소규모 투자자들에게 기존보다 훨씬 낮은 금리로 대출을 제공했다. 이런 조치는 임대사업의 수익성을 더욱 높였기 때문에 사람들로 하여금 임대사업자가 되고 싶게 만들었다.

영국 인프라와 토지의 또 다른 중요한 유사점은 대규모 공공 자산 민영화 과정에서 민간 부문이 매우 저렴하게 자산을 취득한 경우가 많다는 것이다. 이것이 사실인 이유는 공공 부문이 자산을 매각할 때 영국 정부의 압박이 있었기 때문이다. 왕립공인측량사기구Royal

Institution of Chartered Surveyors가 조언하듯이, 토지 거래에서 시장 가격을 제대로 받기 위해서는 거래 당사자들은 "지식에 근거해 신중한 자세를 견지하며 강요받지 않은 상태에서" 거래해야 한다. 그런데 토지를 처분하는 영국의 공공 부문이 항상 현명하고 신중하게 행동했는지는 불분명하지만 매각 강요를 받음으로써 최적이 아닌 조건으로 팔았다는 점은 논쟁의 여지가 없다. 때로 매각 강요는 노골적이어서 매각 명령이 내려지기도 했다. 또한 때로 매각 강요는 은밀해서 예산 축소와 같은 방식을 통하기도 했다. 예산이 축소되면 공공 부문은 파산하지 않기 위해 자산을 유동화하는 것 말고는 다른 길이 없다.*

예를 들어 1980년대 초에 철도와 같이 여전히 국유화 상태를 유지하고 있는 산업에 영국 정부가 재무적 제약을 가하자, "[토지] 판매라는 강력한 유인책이 작동"할 수밖에 없었다. 이 경우 토지는 "매각하기에 적당한 시간이 되기 전에" 팔릴 수밖에 없었으며, 그렇기 때문에 "온전한 시장 가격보다 낮은 가격"에 팔렸다.[40] 훗날 자유민주당의 대표가 된 찰스 케네디Charles Kennedy는 1983년에 공공 소유의 산림에서도 같은 일이 일어나고 있다고 언급했는데, 그 내용은 다음과 같다.

정부는 자신이 만든 실업자들을 지원하는 데 돈을 내라며 공개적으로 (임업위원회Forestry Commission)에 압력을 가함으로써, 임업위원회가 더욱더 많은 땅을 점점 더 낮은 가격에 팔 수밖에 없도록 시장이 임업위원회에 영향력을

* 왕립공인측량사기구는 1868년 런던에 설립된 국제적 전문가 단체다. 이 기구는 토지의 가치 평가, 관리와 개발에서 국제표준을 설정하고 시행하는 것을 목표로 한다.

행사하게 만들었다. 시장은 임업위원회가 임야를 팔아야 한다는 것을 알고 있으므로 가격이 충분히 떨어질 때까지 기다리는 전략을 취했다. 이는 자연 자원을 관리함에 있어 지극히 비굴한 종류의 경제적 모순이 아닐까?[41]

한편, 영국 중앙정부는 지자체에 내려주는 보조금을 제한하고, 중앙의 의사에 반해 지출을 늘린 일부 지자체에 대해서는 총수입에도 제한을 가한 뒤 지자체들에 소유 부동산을 매각해 수입과 지출을 맞추라고 요구했다. 그리고 1980년 지방정부, 계획과 토지법을 통과시켜 지자체가 4개월 동안 자발적으로 부동산을 매각해 수지균형을 맞추지 않는 경우 중앙정부에 강제로 부동산을 매각할 수 있는 권한을 주었다.[42]

오늘날 그때와 달라진 것은 거의 없다. 2016년 주택계획법Housing and Planning Act은 1980년 법에 포함되있던 강제력을 부활시키고 강화했을 뿐만 아니라 그 강제력을 다른 모든 공공기관이 소유한 토지로 확대했다.[43] 공공기관에 대한 예산 삭감 압박은 사라지지 않았으며, 글로벌 금융위기 이후 더욱 강해졌다. 금융위기 이후의 예산 삭감에 따른 충격을 줄이기 위해 재정 긴축 기간인 2011~2017년 동안 많은 공공기관이 '여분'의 토지와 자산을 상당량 매각했는데, 런던경찰청도 그중 하나로서 24개의 경찰서를 포함해 10억 파운드에 이르는 토지와 자산을 매각했다.[44] 그 외 지자체 공공기관과 국가보건의료서비스 트러스트도 마찬가지였다.[45]

사회주택 매입권 제도 아래서 강제력의 영향으로 시가보다 낮은 가격으로 매각된 공공토지 중 가장 중요한 용지는 주택용 토지였을 것이다. 1980년 주택법은 지방당국이 가지고 있던 사회주택 매각 여부에 대한 재량권을 즉각 폐지했다.[46] 그러나 이 경우에 지자체가 임차인의 구매 권리를 존중해야 한다는 강압이 낮은 매각액의 원인이었던 것은 아니다. 그보다 할인은 사회주택 매입권 정책 그 자체에 이미 포함된 것이었다. 할인율은 임차 기간이 길수록 늘어나는 것이 일반적이지만 시기와 지역에 따라서 매우 다양했다. 때로는 할인율이 시장가치의 70퍼센트에 이르기도 했는데, 이는 대처 본인이 상상했던 것보다도 훨씬 더 큰 할인율이었다.

잉글랜드 지역 사례에 대한 간단한 산수만으로도 지자체 사회주택이 할인된 가격으로 매각됨에 따라 주택을 구입한 사람들이 덜 낸 세금이 얼마나 큰 규모인지 쉽게 알 수 있다. 1979년 이후 190만 채의 주택이 사회주택 매입권으로 팔렸다.[47] 평균 할인율을 40퍼센트로 가정하자. 이는 상당히 보수적인 수준이다.[48] 2003~2012년을 제외한 시기의 평균 할인율은 그보다 높은 수준을 유지했다. 190만 채의 부동산은 평균 매각액이 오늘날의 시장가치로 환산하면 10만 파운드(이러한 가정도 보수적이라 볼 수 있다. 사회주택 매입권은 1989~1990년에 절반 정도가 쓰였는데, 1986년 평균 주택 가격은 10만 파운드를 넘어섰기 때문이다)라고 가정할 수 있을 텐데, 이러한 부동산 매각에 대한 할인액 누적 금액은 오늘날의 가치로 본다면 750억 파운드 정도가 될 것이다.[49]

이 모든 이익이 불로소득자에게 돌아간 것은 아니다. 사회주택 매입권 정책을 통해 개인 소유가 된 주택 중 많은 수가 소유-점유 상태로 남아 있고, 이후 민간 임대 부문으로 들어간 공공주택은 세입자가 매입한 후 한참의 시간이 흐른 후에야 매각되었을 것이기 때문이다. 그럼에도 민영화된 지방정부 사회주택 중 상당 부분이 불로소득자들의 수중에 들어가게 되었다는 증거는 많다. 사회주택 매입권 행사로 개인 소유가 된 많은 수의 주택들은 시장 임대료율로 즉시 임대되었다.[50] 이런 경우 불로소득자는 과거 공공주택 세입자이거나 개인 뒤에 있는 회사다.[51] 혹은 기존 세입자가 이윤을 남기고 그 부동산을 지주에게 팔았을 수도 있다. 물론 매각은 불로소득자 마음을 가진 공공주택 세입자가 자신이 부여받은 할인 혜택을 즉각 현금화할 수 있는 방법이다. 매입권 행사인이 매입권을 행사한 지 5년 이내에 집을 팔면 할인 혜택을 상환해야 하는 페널티 규제가 있긴 하나 실제 상환 금액은 매년 20퍼센트씩 감소하고 있다. 매입권 행사 대상 주택이 부적절하고 성급하게 매각되고 있다는 충분한 증거(2019년 BBC 조사에 따르면 1개월 이내에 재매각한 매입자가 140명이고 이 중 20명은 1주일 이내에 되팔았다)가 있으며, 이는 상환 페널티 규제가 실제로는 예상대로 작동하지 않는다는 것을 암시한다.[52]

또한 강제성이 없는 상황에서도, 공공토지가 시장가치보다 훨씬 낮은 가격에 매각된 사례가 무수히 많은데, 그때는 법인 불로소득자에게 매각되는 것이 보통이었다.[53]

토지 민영화가 강제력 등으로 낮은 가격에 실시되는 것은 구매자에게 횡재가 아닐 수 없다. 토지가 얼마나 저평가되었는지, 매입자가 얼마나 이익을 보았는지는 시간이 흘러야 명확해진다. 시간이 흐르고 토지 불로소득자들에게 막대한 행운을 안겨다주는 지가 폭등 현상이 발생한 이후에야 정확히 알 수 있기 때문이다. 공공토지 처분 시점에는 공공기관이 미래에 발생하는 인플레이션을 명확히 반영해서 가격

7장 지상 지배: 토지 지대

을 책정할 수 없기 때문에, 정부는 미래 가격이 크게 오르는 경우 그 이익을 공유할 것을 요구하는 규정을 매각 계약에 포함할 것을 공공 기관에 추천한다.[54] 그러나 그런 조항은 거의 포함되지 않았다. 일례로 2018년 3월에 부동산회사들이 과거 국방부에서 넘겨받은 토지의 가격이 껑충 뛰면서 막대한 이익을 누렸는데, "국방부는 대부분의 경우 이러한 횡재를 일부라도 납세자에게 돌려주지 못했다."[55]

가장 모순적인 것은 국가가 세입자에게 시장 가격보다 낮은 가격으로 토지를 팔았을 뿐 아니라 나중에 이들에게 큰 횡재까지 누리게 해주었다는 것이다. 국가가 주택 매입자들에게 이익을 보게 해준 방법 중 하나는 주거 보조금* 지급을 통해서였다. 주거 보조금을 받는 임차인의 비율은 전체 민간 임대주택보다 과거 사회주택이었다가 세입자에게 매각된 후 임대되고 있는 주택에서 더욱 높았다. 이는 특히 2015년에 스코틀랜드 렌프루셔Renfrewshire에서 더 높게 나타난다. 2015년 스코틀랜드 렌프루셔에서는 전체 민간 임대주택에서 주거 보조금 청구인 중 43퍼센트가 사회주택 매입권으로 매각된 주택에 거주하는 것으로 나타났다.[56] 불로소득자들이 횡재를 누리게 한 또 다른 국가 정책은 공공기관이 예전에 민영화했던 토지를 국가가 부풀려진 가격으로 다시 사들이는 것이었다. 이러한 정책은 주거용 토지에서 실시되었다. 주택 가격이 급등하자, 여러 지자체에서는 사회주택 매입권이 행사될 때 팔았던 주택을 다시 사들였다. 예를 들어 런던 에일링 의회Ealing council는 과거 2,000만 파운드도 안 되는 가격으로 매각했

---

* Housing Benifit: 집을 구할 능력이 없는 가난한 사람들을 위해 제공하는 보조금을 가리킨다.

던 516채의 주택을 1억 파운드 이상을 들여 매입했다.[57] 이러한 재매입은 다른 유형의 토지에서도 발생했다. 눈에 띄는 사례는 철도 화물부지다. 1990년대에 정부는 철도 민영화를 실시하면서 이 부지를 민간 화물회사에 이전했다.[58] 그러나 민영화 이후 10년 반 동안 예상치 못하게 화물 운송량이 증가하게 되자 공공기업인 네트워크 레일이 국가 철도 인프라의 핵심을 다시 소유하고 운영하기로 하면서 2014년에 100개 이상의 부지를 다시 매입했다. 매입비용은 2억 2,000만 파운드였으며 이만큼이 순수한 불로소득자 이윤이라고 할 수 있다.[59]

거대한 토지 불로소득과 비과세 정책

영국의 토지 임대수익은 신자유주의 시대이 가장 중요한 경세 현상 중 하나인 토지 가격의 빠른 상승에 힘입어 훨씬 더 큰 규모로 증폭되었다. [그림 7-4]는 토지 가격 상승이 얼마나 컸는지 보여준다. 그것은 1980년대 초부터 물가 상승을 조정한 영국의 토지 가격 지수를 제공한다. 2017년 가격은 1980년보다 다섯 배 정도 높았고, 이는 대부분의 투자자가 오랫동안 꿈꿔오면서도 달성하지 못했던 실질 기준 연간 복리 성장률 4.4퍼센트에 해당한다. 1993년 이후 기간만 고려하면 더욱 놀라운 수준이다. 1993년의 실질 가격은 1980년과 정확히 같았고 1993년부터 25년 동안 발생한 다섯 배 상승은 연간 복리 성장률 7.0퍼센트에 해당하기 때문이다.

"땅을 사세요. 더는 땅이 생산되지 않고 있습니다." 이것은 미국의

　　　　　　　　7장 지상 지배: 토지 지대

[그림 7-4] 1980~2017년 영국 실질 토지 가격 지수

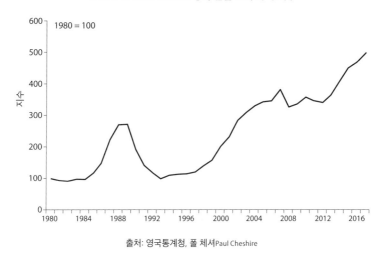

출처: 영국통계청, 폴 체셔Paul Cheshire

유머리스트 윌 로저스Will Rogers와 마크 트웨인Mark Twain이 했던 말
인데, 1990년대 초반 이후의 영국에서라면 이보다 더욱 현명한 조언
은 없을 것이다. 그런데 영국 정부는 이 시기 내내 이 조언과 정반대로
행동했다. 영국 역사상 토지의 가치가 전례 없이 지속적이고 폭발적인
수준으로 상승하려는 순간(1900년과 1980년 사이에 실질적인 토지 가격은
연 1.5퍼센트 정도로 상승했다)에 정부는 토지 처분 프로그램을 시작하
기로 결정했다. 그 이후 가격 상승을 생각해보면 공식적으로 할인 혜
택을 시행하지 않던 시기에도 이러한 결정은 막대한 규모의 극히 어리
석은 헐값 매각이었다고 할 수 있다.

　전례 없는 지가 상승의 이유가 무엇인지, 각 요인이 어느 정도 작용
했는지에 대해서는 상당한 논쟁이 있지만, 모든 논평가가 동의하는 한
가지 중요한 요소는 신용의 역할이었다. 많은 학자가 1980년대 초부

터 실질적으로 규제완화와 자유화가 이루어진 신용 시스템과 토지시장이 하나로 엮여서, 둘 사이에 서로를 강화하는 상호작용 관계가 형성되었다고 이야기했다.[60] 부동산 구입을 위한 대출 증가는 토지 가격을 상승시켰다. 그리고 그 토지 가격 인상은 다시 항상 명시적이지는 않았지만 암묵적으로 더 많은 대출을 정당화하기 위해 이용되었다.

이 순환은 모든 유형의 토지 가격에 영향을 미쳤지만, 주거용 토지에서 가장 분명하게 나타났다. 주택담보대출은 1995년부터 10년 동안 500퍼센트 이상 증가했는데, 이 10년의 기간은 이미 우리가 보아온 것처럼 지속적으로 토지 가격이 상승한 시기였다.[61] 글로벌 금융위기 무렵 주택담보대출이 급감했고, [그림 7-4]가 보여주듯이 토지 가격 상승이 정체되었다. 그러나 위기 이후 양적완화QE로 알려진 비전통적 통화정책은 대출 수도꼭지를 다시 여는 데 도움을 주고, 수요와 자산 가격에 상승 압력을 가했다. 실제로 영란은행 분석가들은 양적완화가 제공한 부양책이 없었다면 2014년 영국 집값은 22퍼센트 더 낮았을 것이라고 추정했다.[62] 논란이 되고 있는 정부의 구매 지원 프로그램 Help to Buy은 신용확대가 야기한 불에 기름을 쏟아부었다.[63]

그러나 본 연구의 시각에서 보면, 이러한 역사적인 토지 가격 상승은 그 원인보다는 결과가 더 중요하다. 특히 토지 불로소득자들에게는 더 그러했는데, 그 결과를 간단히 말하자면 기업이나 개인은 시세 차익을 얻기 위해, 또한 임대 수입을 얻기 위해 진짜 강도처럼 행동했다. 이것은 대부분의 부동산회사의 전략적 목표가 바로 자본이득이라는 점을 강조하고 있다. 예를 들어 영국에서 가장 큰 그룹 중 하나인 랜드시큐리티스그룹Land Securities Group은 "임대료 수입을 얻거나 시세

7장 지상 지배: 토지 지대

차익을 얻기 위해 또는 둘 다를 위해" 투자 부동산을 보유하고 있다고 말한다.[64]

[그림 7-5]에서 분명히 알 수 있듯이, 토지 가격의 상승으로 영국의 전체 비금융 자산에서 토지가 차지하는 비율이 1990년대 중반 이후 약 3분의 1에서 반 이상으로 현저하게 증가했다. 선진 산업국 중 어느 국가도, 적어도 그 나라 통계청이 관련 통계를 파악하고 있는 국가 중에서는 오늘날 영국만큼 비금융 자산에서 토지가 차지하는 비중이 이 정도로 지배적인 경우는 없다.[65] 1995년과 2017년 사이에 영국의 지식재산의 가치는 56퍼센트 증가했고, 기계·설비·무기 체제의 가치는 96퍼센트 증가했으며, 재고의 가치는 110퍼센트 증가했고, 인프라 자산과 건물(주거와 비주거 결합)의 가치는 건물이 세워져 있는 토지 가치를 제외하고 220퍼센트 증가했다. 그런데 토지의 경우 그 가치가 460퍼센트나 뛰어 다른 모든 자산보다 압도적으로 상승폭이 컸다. 영국 불로소득자에 있어서 경험상 지난 몇십 년간 수지맞는 투자란 토지에 투자하는 것이었고, 국제 토지 불로소득자들에게 있어서는 영국에 투자하는 것이었다.

건물과 토지의 가치를 더한 영국의 총 부동산 자산은 1995년 1조 8,000억 파운드에서 2017년 말에는 8조 1,000억 파운드로 급증했다. 2017년 총 부동산 자산의 70퍼센트 이상은 5조 9,000억 파운드가 되는 주거용 부동산(토지 4조 1,000억 파운드와 주택 1조 8,000억 파운드)이 차지했고, 나머지 30퍼센트는 2조 2,000억 파운드가 되는 상업용 부동산과 농경지(토지 1조 3,000억 파운드와 건물 8,910억 파운드)가 차지했다.

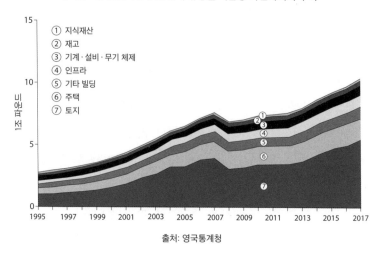

[그림 7-5] 1995~2017년 영국 유형별 비금융 자산가치의 추이

① 지식재산
② 재고
③ 기계·설비·무기 체제
④ 인프라
⑤ 기타 빌딩
⑥ 주택
⑦ 토지

조 파운드

출처: 영국통계청

신자유주의 시기에 영국 토지에 투자하는 것이 자본이득 획득 차원에서 다른 어떤 투자보다 더욱 높은 수익을 올리는 전략이 된 것은 영국 정부가 재산 처분에 대해 약간의 수수료를 부과할 뿐 매매 차익에 대해 일부 예외를 제외하면 세금을 부과하지 않기 때문이다.[66] 다시 말해 부동산에 대해 해마다 내는 토지세land value tax 혹은 부동산 보유세property tax가 없다. 재고자산, 지식재산 또는 무기체제의 가치 상승에 대해 과세하지 않기 때문에 이것이 꽤 합리적으로 보일 수 있다. 그러나 토지 이외의 자산들은 생산된 자산이라는 점에서 부동산과 결정적으로 다르다. 어떤 국가의 지식재산이나 기계, 심지어 주택의 가치가 증가한 것은 항상 그런 것은 아니지만 보통은 그 자산이 더 많이 생산되었기 때문이다. 영국 주택(토지 제외)의 가치가 1995~2017년 사이에 그만큼 빠르게 증가한([그림 7-5]) 이유 중 하나도 주택이 약 400만 채

7장 지상 지배: 토지 지대

증가했기 때문이다. 양의 증가가 아니라면 자산의 질이 개선되었기 때문이다. 주택이 개량되고 기계가 업그레이드되고 지식재산이 강화되는 경우가 그에 해당한다. 그러나 토지는 처음부터 언제까지나 그대로일 뿐이다. 즉, 토지는 생산되는 것이 아니다. 따라서 어떤 가치의 개선이 있었다고 해도 그것은 땅 자체가 아니라 그 위에 들어앉은 부속물 때문이다.

이러한 이유로 경제학자들은 서로 다른 생각을 가졌음에도 존 스튜어트 밀John Stuart Mill을 따라서 모두 토지 소유주가 누리는 지가 상승으로 얻은 이득을 '불로소득unearned increments'으로 간주한다. 밀은 토지 소유주들이 부유해진 것은 "그들이 고생하거나 비용을 부담해서가 아니라 (중략) 단순히 보통의 사회발전 때문이다. 그들은 일을 하지 않아도, 위험을 무릅쓰거나 저축하지 않아도 부유해진다. 마치 잠자는 사이에 부유해지는 것과 같다. 사회 정의라는 일반적인 원칙에 비추어 보았을 때 그렇게 부유해지는 것에 대해 그들이 어떤 권리를 가지고 있음을 내세울 수 있을까?"라고 이야기했다.[67] 바로 이 점이 토지 매매 차익에 대해 영국 정부가 약하게 과세하는 것에 주목해야 하는 이유다. 예를 들어 『파이낸셜 타임스』의 수석 경제논평가인 마틴 울프는 2010년에 다음과 같이 썼다. "나는 1984년에 런던에 집을 샀다. 그 집의 토지 가격은 현재 가치로 환산하면 10만 파운드 정도였을 것으로 추정한다. 그런데 현 시세는 열 배 더 높다. 이와 같은 토지 가격의 엄청난 상승은 나의 노력이 하나도 투입되지 않고 이루어진 성과다. 그것은 다른 사람들이 노력해서 가치가 올라간 장소를 내가 소유하고 있는 것에 대한 대가다."[68] 울프는 이 지점에서 경제적으로 특수한 한 상황을 언급하고 있다. 그 상황이란 현재 런던과 더 넓게는 잉글랜드 남동부의 주택 소유자들(그래서 주택 토지를 가진 사람들)은 일상적으로 일을 통해서 돈을 버는 것보다 지가 상승으로 더 많은 '소득'을 얻는다는 것이다.[69] 자신이 차지하게 된 어마어마한 자본이득이 완전히 비과세라는 것을 언급하면서, 울프는 자신이 "토지 투기꾼임을, 즉 다른 사람들의 노력의 결실을 전용하는 것이 오랫동안 부를 이루는 주된 경로였던 이 땅의 작은 귀족"이라고 인정했다. 그는 "토지가치 상승을 이렇게 전용"하는 것은 명백히 "불공정하다"고 결론 내렸다. "내가 자산 증식을 위해 한 일이 있었던가?"[70] 사실 아무것도 없었다.

영국 민간 토지 소유주들이 지가 상승분을 거의 세금 납부 없이 사유화하는 것에 비평가들이 분노하는 것은 토지 가격 상승을 국가가 야기하고 그것도 국가의 돈을 들여 그렇게 하기 때문이다. 그러한 정부 정책 사례 중 하나가 인프라 개선이다. 예를 들어 윈스턴 처칠Winston Churchill이 토지 불로소득자들의 불로소득 증가에 대해 가했던 비난은 매우 유명한데, 그때 그가 초점을 맞춘 것이 바로 이 점이었다.

> 도로가 만들어지고, 거리가 만들어지고, 서비스가 개선되고, 전등이 밤을 낮과 같이 환하게 밝히며, 100마일 떨어진 산속 저수지의 물이 집까지 흘러온다. 집주인은 가만히 앉아 있다. 그 모든 편리함은 다른 사람들과 납세자들의 노동력과 비용 덕에 가능해진 것이다. 그러한 개선 중 어느 것에도 토지 독점자가 기여하지 않지만, 그 모든 것이 토지의 가치를 올린다.[71]

토지 가격 상승을 야기한 또 다른 중요한 국가 정책은 토지 개발계획이다. 토지 소유주가 상업용 또는 주거용으로 토지를 개발하려면 우선 토지 개발 허가를 확보해야 한다. 그리고 개발계획이 승인된 토지는 한 번의 펜 터치로 그 가격이 엄청나게 상승한다. 잉글랜드의 토지에 대해 영국 정부가 2015년 토지 용도별로 추정한 토지가치를 살펴보자. 농업용 토지는 헥타르당 평균 2만 1,000파운드, 산업용 토지는 76만 파운드, 주거용 토지는 690만 파운드로 추정되었고, 이로써 런던의 토지 가격은 2,910만 파운드(농업용 토지였을 때의 1,000배 이상)에 이르렀다.[72]

국가 정책이 토지의 가치 상승, 그에 따른 자본이득을 결정하지만 그 이득의 대부분을 민간 토지 소유주들이 향유하는 현재 체제가 어떠한 유인책을 작동시킬지 생각해볼 필요가 있다. 우리가 본 것처럼 울프는 아무것도 하지 않았지만 토지 투기꾼이 아니라고 할 수 없다는 점을 인정했다. 그런데 분명히 투기가 이익을 낳는다면, 개인이든 회사든 모두 투기하기를 선택할 것이다. 그리고 그것은 수익성이 매우 높은 선택이다. 사이먼 틸포드Simon Tilford가 지적했듯이, 영국의 토지 소유주들은 토지에 대해 매년 보유세를 내지 않기 때문에, "아무런 손해도 볼 필요 없이" 정부가 인프라를 개선하거나 개발계획을 세우거나 혹은 두 가지를 다해서 "가격을 더욱 올리기"를 기다리면 된다.[73] 이보다 더 불로소득자의 이익에 부합한 체제를 설계하기는 어려울 것이다. 따라서 사람들의 불로소득 지향적 행태는 전혀 놀랍지 않다.

게다가 토지 소유주들이 투기적이라면 그들이 그저 가만히 앉아서 정부가 땅값을 부풀려줄 것을 기다릴 가능성은 낮다. 최소한으로 한다고 해도 그들이 정부를 달래고, 구슬리고, 로비를 벌일 것은 분명하다.

그리고 바로 그것이 정확히 우리가 발견한 것이다. 불로소득자들은 미개발 토지를 취득한 다음 토지가치 상승을 이끌어내고자 정치적 의사결정에 영향을 미치려 적극적으로 노력한다. 예를 들어 가이 그루브솔Guy Groubsole은 "그린벨트의 대량의 토지를 획득하고 시의회에 로비를 벌여 점점 개발하게 만드는 토지 투기꾼들"에 대해 서술하면서 하나의 사례로 대규모 토지를 보유한 불로소득 법인인 리걸앤드제너럴 보험·연금사를 거론했다.[74] 그러한 행동은 물론 내가 '지대 추구'라고 규정한 것, 즉 정치적 차원에서 경제적 지대economic rents를 창출하기 위해 정치판을 조작하는 행위를 나타낸다.

게다가 투기를 목적으로 농지를 사는 것은 개발계획 허가나 그 외에 토지 가격 상승을 가져올 국가 개입을 확보하지 못한다고 해도 크게 손해 보는 선택은 아니다. 우선, 그들은 현재의 농지보호제도 아래서 최고 100퍼센트에 이르는 상속세 감세 혜택을 받으며 그 땅을 자녀에게 물려줄 수 있다. 2015/16년에는 그러한 상속세 감세의 62퍼센트, 즉 약 2억 800만 파운드는 100만 파운드 이상의 농업 자산을 가진 261개 가구에게 돌아갔다.[75] 또한 그 불로소득자들은 유럽연합의 공동농업정책Common Agricultural Policy, CAP에 따라 보유 토지의 크기에 비례해 수십 년 동안 영국 농지 소유자들에게 지급되어온 적지 않은 보조금 혜택까지 누릴 수 있다. 가령 노퍽 공작Duke of Norfolk, 리들리 자작Viscount Ridley, 로더윅 경Lord Rotherwick과 같은 영국 의회의 저명한 귀족 의원들을 포함해 거대한 농지를 보유한 부유한 계층이 보조금을 받는다. 상위 10퍼센트의 수령자들은 총 보조금의 거의 50퍼센트를 받는데, 이 책을 쓸 즈음에는 연간 약 30억 파운드에 달했다.[76]

7장 지상 지배: 토지 지대

영국이 유럽연합을 떠난 후에는 공동농업정책이 더는 적용되지 않지만, 현재 의회에서 진행 중인 정책에 따르면 영국 차원에서 유사한 보조금 제도가 실시될 것으로 보인다. 다만 2021년과 2027년 사이에 과거와 같은 직접적인 보조금은 서서히 줄이는 대신 환경적 목적의 '공공재public goods'로서 토지를 이용하는 경우, 예를 들어 조류 서식지 보호, 홍수 예방 등을 조건부로 하는 보조금은 점차 늘릴 것으로 보인다. 지금이든 가까운 미래든 농지 불로소득자들은 손해 볼 일이 없는 셈이다. 즉, 그들이 소유한 농지가 개발계획 허가를 받든, 받지 않든 이익이 발생한다.

한편, 영국의 신자유주의 시대가 2차 대전 이후의 수십 년과 구별되는 큰 차이 중 하나는 토지에 대한 개발계획 허가가 날 때 그 토지가 누리게 되는 어마어마한 토지 상승분의 일부를 국가가 환수해서 납세자들에게 돌려주려는 의미 있는 정치적 노력이 신자유주의 시대에는 완전히 없어졌다는 것이다. 1945년과 1979년 사이에 노동당이 권력을 되찾은 세 번의 시기에 노동당은 매번 빠르게 부동산 가치 상승의 일부 혹은 전부를 환수하는 법을 통과시켰다. 다른 한편, 보수당은 권력을 되찾을 때마다 즉시 그 법안을 폐지했다.[77] 그러나 1990년대 후반에 집권한 신노동당New Labour은 집권 기간 동안 토지가치 환수 문제에 대해 일언반구도 없었는데, 이는 구노동당 사회주의자들이 보기에 분명히 또 다른 중대한 배신이 아닐 수 없었다. 대처 행정부와 보수당 후계자들이 그렇게 하지 않았다는 것은 두말할 필요도 없다.

그리고 그러한 차이는 현재와 과거 간에 발생할 뿐 아니라 영국과 다른 나라 간에도 발생한다. 개발계획에 대한 허가가 날 때 토지가치의 상승이 발생하는데, 다른 선진 산업국들은 토지 상승분의 일부를 환수하는 메커니즘을 가지고 있다. 그러한 제도를 가진 국가의 예를 들면 홍콩, 한국, 독일이다.[78] 한편, 다양한 국가에서 시행되고 있는 제도로서, 불로소득 증가를 방지하거나 최소한으로 제한하기 위해 시행하는 좀 더 일반적인 메커니즘은 부동산 보유세와 토지세 부과다.[79] 심지어 미국도 상업용과 주거용 부동산 모두에 재산세를 부과한다. 영국은 부동산이나 토지가치에 보유세를 부과하지 않는 몇 안 되는 선진 산업국 중 하나다. 틸포드가 지적한 바와 같이, 토지세는 "향후 토지가치 상승을 노리고 투기할 때의 비용을 더 높일" 뿐만 아니라, 실제로 토지가치가 상승할 때 "그 이득 중 일부는 정부가 환수할 것임"을 의미한다.[80]

영국이 개인에게 귀속되는 지가 상승 이득에 대해 의미 있는 수준으로 과세하지 않는 이유는 다른 나라의 경험이 보여주듯이 그러한 과세가 비현실적이기 때문은 아니다. 또한 개인 친화적인 재정정책을 정당화하기 위해 정부가 자주 이용하는, 토지 과세에 대한 주류 경제학자들의 경고 때문도 아니다. 사실 주류 경제학자들은 부동산 보유세가 다른 어떤 세금보다 훨씬 효율적이라고 생각하기 때문에 보유세 과세를 강력하게 지지한다. 영국이 토지에 대해 의미 있는 수준의 보유세를 부과하지 않는 이유는, 그러한 정책이 불로소득자들, 특히 토지 불로소득자들을 우대하는 기존의 정책 기조와 상충하기 때문이다.

정말로 이를 증명하려는 듯이 영국 정부는 이미 토지 불로소득자들에게 유리하게 바뀐 조세체제를 더욱 유리하게 만드는 제도들을 계속 도입해왔다. 2007년 토니 블레어 노동당 정부가 도입한 부동산투자신탁Real Estate Investment Trusts, 즉 리츠REITs가 그 사례다. 리츠를 운영하려면 그 기업은 상장기업이어야 하고 부동산 임대업을 해야 한다. 그런데 불로소득 기업이 리츠 운용사가 되면 좋은 점은 적격 부동산 임대업의 모든 소득(이익과 자본이득 모두)에 대한 법인세가 면세라는 점이다. 리츠에 투자한 개인은 분배받은 이익에 대해 여전히 소득세를 납부해야 하지만, 리츠가 법인세를 내지 않기 때문에 분배받는 소득이 더 많아지게 된다. 이러한 면세 메커니즘의 매력은 이해하기 쉽다. 따라서 이 제도가 도입되자마자 영국의 가장 큰 상장 부동산회사들 다수가 리츠 운용사로 전환했고 다른 많은 회사가 그 뒤를 따랐다. 이 책을 집필할 당시, 이러한 대형 토지 불로소득 기업들은 75개 정도였다.[81]

토지 불로소득을 벌고 있는 영국의 불로소득자 기관들

리츠사 이외에 영국의 다른 주요 토지 불로소득 기업은 어디인가? 그들은 어떤 종류의 자산을 소유하고 있으며, 그 자산을 통해 얼마나 많은 지대를 거두어들이고 있는가? 리츠사를 포함한 불로소득자 기관rentier institution에 대해 살펴보자. 영국 토지시장에서 활동하고 있는 불로소득자 기관을 여섯 개의 범주로 나누어 살펴보겠다. 그중 하나는 '기타' 범주로서 여기에는 다른 다섯 개의 범주에 들어가지 않지만 중요한 불로소득자 역할을 하는 기관을 배치했다. 이 '기타' 그룹을 포함한 주요 이유 중 하나는 토지 불로소득자가 다섯 개의 범주가 아닌 형태로도 존재한다는 점을 강조하기 위해서다. [표 7-1]은 여섯 개의 범주들을 소개하고 각각의 범주에 대해 대표적인 두 개의 사례를

[표 7-1] 영국 토지 불로소득자 기업의 범주별 대표 사례

부동산회사	리츠사	금융투자회사	부동산 개발/ 주택건설사	인프라 불로소득자	기타
카나리워프그룹 -부동산 포트폴리오 79억 파운드(2017년 말) -임대수입 2.78억 파운드(2017년)	브리티시 랜드 -부동산 포트폴리오 100억 파운드(2018년 3월) -임대수입 4.41억 파운드(2018년)	아비바 -부동산 포트폴리오 108억 파운드, 그중 66억 파운드가 영국 내 자산(2017년 말) -임대수입 5.74억 파운드(2017년)	퍼시몬(2017년 말) -단기 소유 토지 5만 2,585개와 장기1 보유 토지 2만 4,482개, 통합 가치는 20억 파운드 -장기 관리 전략 파이프라인의 10만 개 이상의 잠재적 부지	내셔널그리드 -부동산 포트폴리오 23억 파운드(2018년 3월) -부동산 사업 이윤 8,400만 파운드 (2017년 4월~2018년 3월)	빅엘로우그룹 -부동산 포트폴리오 13억 파운드(2018년 3월) -임대수입 1.17억 파운드(2017년 4월~2018년 3월)
그로스베너그룹 -영국 내 부동산 포트폴리오 32억 파운드(2016년 말) -영국 내 임대수입 1.11억 파운드(2016년)	랜드시큐리티스 -부동산 포트폴리오 141억 파운드(2018년 3월) -임대수입 6.63억 파운드(2017년 4월~2018년 3월)	리걸앤드제너럴 -부동산 포트폴리오 83억 파운드(2017년 말) -임대수입 4.67억 파운드(2017년)	테일러윔피(2017년 말) -영국 내 단기 소유 토지 은행내 5만 6,619개 구획(23억 파운드) -영국 내 장기 보유 부지 은행내 2만 6,836개 토지(9,000만 파운드 가치) -영국 내 장기 관리 전략 파이프라인에 있는 9만 409개의 잠재적 필지	로열메일 -부동산 포트폴리오 8.45억 파운드(2018년 3월)	테스코 -부동산 자산 163억 파운드(2018년 2월) -임대수입 3.72억 파운드(2017년3월~2018년 2월)

출처: 저자

7장 지상 지배: 토지 지대

제시할 것이다. 각 사례에 대해서는 그들의 토지 지대 활동의 규모에 관한 정보를 제공할 것이다.

각 범주를 좀 더 자세히 살펴보기 전에, 이들 모두가 공유하는 중요한 특징을 강조할 필요가 있다. 이 불로소득자들의 사업은 소매업, 사무실용·산업용 부동산업, 미개발 토지와 같은 상업용 부동산업에서 이루어지고 있으며 주택 임대는 미미하다. 인베스트먼트프로퍼티포럼의 의뢰를 받고 토니 키Tony Key와 그의 동료들이 수행한 연구에 따르면, 영국의 민간 임대 부문 주택의 총 가치는 1.15조 파운드인데, 이 중 약 4퍼센트인 490억 파운드의 주택만을 기업 불로소득자들이 보유하고 있다. 그 나머지인 대부분은 소규모 집주인들이 매입·임대하고 있다.[82]

주택 부문에서 존재감을 과시하는 몇몇 기업 불로소득자로는 애닝턴Annington, 그레인저Grainger, 그로스베너그룹이 있는데, 이들은 모두 '부동산회사' 범주에 속한다. 애닝턴은 자산가치가 70억 파운드가 넘는 4만 채 이상의 주택을 소유하고 있는 가장 큰 부동산회사로서, 소유 주택 대부분은 1996년에 국방부로부터 매입했으며(이 일로 큰 논란이 벌어졌다) 매입 후 다시 국방부에 장기로 임대했다. 2017년 4월~2018년 3월까지 이렇게 임대주택을 통해 벌어들인 소득은 1.93억 파운드였다.[83] 그레인저는 약 4,500채의 임대주택을 소유하고 있는데, 이 임대주택들의 가치는 19억 파운드이고 2017년 10월~ 2018년 9월까지 5,900만 파운드의 임대수익을 벌었다.[84] 그로스베너그룹의 주택 자산은 2016년 말에 20억 파운드로 평가되었는데, 그룹 전체 부동산 포트폴리오의 절반 정도는 해외에 있어서 주택 자산 중 얼마 정도가

영국 내에 있는지는 명확하지 않다.[85]

부동산회사와 리츠사는 [표 7-1]의 왼쪽에 있는 토지 불로소득자 기업인데 세무 측면에서만 유의미한 차이가 존재하므로 함께 다루어도 무방하다. 이것은 가장 단순한 형태의 토지 불로소득주의 기관이다. 핵심적으로 이 회사들은 부동산을 매입해서 이윤이 생길 만한 곳에 임대하며 때로는 매각하기도 한다. 예를 들어 2017년 4월~2018년 3월까지 4억 4,100만 파운드의 임대수익을 올린 브리티시 랜드는 부동산 매각을 통해 7,800만 파운드를 벌어들였다. 브리티시 랜드는 또한 서비스 요금 부과를 통해 6,600만 파운드를 벌었고, 단순히 보유 부동산 포트폴리오의 자산 재평가를 통해 서류상으로 2억 2,200만 파운드의 이득을 실현했다.[86] 사무실과 쇼핑센터는 브리티시 랜드와 그 외 랜드시큐리티스, 카나리아워프그룹, 그로스베너그룹 등 동료들의 핵심 지산이다. 카나리아워프그룹은 린던의 카나리아워프와 그 외 지역에 거의 100에이커에 달하는 부동산을 소유하고 있다. [그림 7-6]이 보여주듯이, 이 회사들은 우리가 이 책에서 접한 많은 다른 유형의 불로소득자와 마찬가지로 거의 희극에 가까울 정도로 높은 수익을 누리고 있다. 단지 그림이 보여주는 네 개의 회사 중 유일한 예외는 그로스베너그룹이지만, 이 그룹은 수익성이 매우 높은 조인트벤처와 조합을 소유하고 있다는 강점이 있다. 이들이 2016년에 그룹의 최종 수익에 1억 6,800만 파운드를 추가했다.

세 번째 범주는 재무적 투자자인 금융투자회사들이다. 토지 불로소득주의에 특히 흥미를 보이는 영국의 주요 금융기관 두 곳이 있는데, 바로 아비바와 리걸앤드제너럴이다. 영국 금융기관이 토지에 대규모로

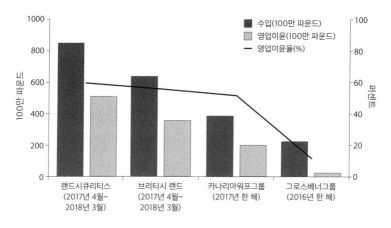

[그림 7-6] 영국 대형 부동산회사들의 수입과 이윤

■ 수입(100만 파운드)
■ 영업이윤(100만 파운드)
— 영업이윤율(%)

출처: 기업의 회계자료

투자한 때는 1960년대 후반에서 1970년대 초반으로 거슬러 올라간다. 1978년 도린 매시와 알레한드리나 카탈라노는 영국의 자본주의와 토지에 관한 연구를 통해 보험회사, 연기금, 은행과 관련된 이 새로운 역동적 현상을 '금융의 토지 소유financial landownership'의 한 형태로 언급했다.[87] 몇 년 후, 데이비드 하비는 토지를 순수한 금융자산으로 취급하는 관점으로 그것을 이론화했다.[88] 매시는 토지가 금융기관들의 '또 다른 투자 부문'이 되었다고 평했다.[89] 그녀는 새로운 유형의 토지 소유 금융기관들은 "생산을 위해 토지가 당장 투입될 가능성 혹은 벌어들일 수 있는 현재의 임대료 수준"이라는 측면보다 자본자산인 토지의 가치에 더 큰 관심을 가지고 있다고 추측했다.[90] 그러나 그러한 추측이 당시에는 맞았을지도 모르지만 지금은 아니다. 아비바나 리걸앤드제너럴 같은 금융회사들은 자본이득뿐 아니라 임대소득 획득을 위해서 토지에 투자한다. [표 7-1]에서 알 수 있듯이, 2017년에 그들은 10억 파운드 이상의 임대수입을 올렸다.

네 번째 범주는 부동산 개발회사 겸 주택 건설회사다. 이 회사들 중에서 순수하게 주택 건설이라는 목적에서 토지를 취득하고 소유하는 기업, 즉 이 장에서 정의한 불로소득자에 해당하지 않는 기업들은 분명히 이러한 분류에 발끈할 것이다. 그러나 그들도 어느 정도까지는 논쟁의 여지 없이 불로소득자일 수밖에 없다. 이들이 획득한 토지의 대부분은 아직 인허가를 받지 못했는데, 개발계획 허가를 받는 것, 그럼으로써 막대한 자본이득을 확보하는 것이 이들 비즈니스 모델의 중추적인 요소다. 실제로 영국 부동산 개발 분야를 가까이에서 지켜보는 사람들은 불로소득주의, 즉 토지 매매와 개발계획 조종을 통해 자본이득을 추구하는 것이 오늘날 개발사업의 한 측면일 뿐 아니라 가장 핵심적인 측면이라고 이야기한다. 매트 그리피스Matt Griffith는 "영국의 거대 주택 건설사들"은 "실제로 주택을 짓는 사업보다 토지 거래와 토지계획을 통해 부가가치를 창출하는 것에 더 초점을 맞추고 있다"라고 기록했다.[91]

퍼시몬Persimmon과 테일러윔피 같은 영국 메이저 주택 건설사들의 '토지은행land bank'을 일별하는 것([표 7-1])만으로도 이에 관해서 알 수 있다. 그들의 자산은 세 가지로 이루어져 있다. 첫 번째 자산은 불확실성이 크다는 특징을 가진, 장기 관리하는 '전략적 파이프라인'이다. 이 토지들은 인허가를 받지 않았을 뿐만 아니라 아직 소유하지도 않은 땅이다. 그러나 이 땅은 옵션이나 판촉 계약에 따라 통제되기 때문에 개발 허가가 승인되면 회사가 구입할 수 있다. 예를 들어 테일러웜피는 자신의 '전략적' 토지은행에 약 9만 개의 필지를 가지고 있다. 둘째, 소유하고 있지만 아직 허가를 받지 못한 토지로, 테일러웜피는 이러한 성격의 27만 개 필지를 가지고 있다. 이것들은 '장기' 토지은행에 속한다. 마지막으로 '단기' 토지은행은 테일러웜피가 소유하고 있고 허가도 받은 필지로서 개발을 앞두고 있는 것들이다. 테일러웜피는 이러한 토지로 약 5만 7,000개의 필지를 보유하고 있다. 테일러웜피의 단기 토지은행과 장기 토지은행의 상대적 가치는 인허가의 가치에 대한 테일러웜피의 판단에 따른 것이며, 왜 토지 개발계획 결과에 대한 추측이 주택 건설사업의 핵심인지를 알려준다. 허가받지 않은 필지는 각각 3,350파운드 정도로, 허가받은 필지는 각각 4만 620파운드 정도로 그 가치가 추정된다. 퍼시몬이 2017년 최고경영자에게 1억 1,000만 파운드의 보너스를 지급하려 했을 정도로 충분한 수익을 올릴 수 있었던 것은 주택 건설이 아니라 자본이득, 즉 자본화된 토지 지대 때문이었다. 이 에피소드에서 최고경영자에 대한 보너스는 정치적 비판과 주주들의 항의에 직면하자 나중에 7,500만 파운드로 깎였다.

다섯 번째 토지 불로소득자 범주는 6장에서 이미 검토한 인프라 불로소득자다(6장 참조). 우리가 이미 보았듯이, 과거 수많은 유틸리티 제공 공기업utility-providing public enterprise들은 민영화 당시 대규모 토지 소유주였고, 민영화 이후 이 토지의 일부를 임대주거나 매각하는 등 자유롭게 처분했다.

여섯 번째이자 마지막 범주는 '기타'다. 이 그룹에는 앞의 범주에는 들어가지 않지만, 전적으로 혹은 부분적으로 토지 불로소득자인 기업들이 포함된다. 나는 이 범주로 분류되는 회사의 범위를 설명하기 위해 두 가지 사례를 골랐다. 하나는 영국 전역에 약 100개의 점포를 보유한 물품 보관 서비스회사인 빅옐로우그룹이다. 빅옐로우그룹은 원래는 토지를 사들인 후 임대하는 부동산회사다. 여타 부동산 임대회사와 다른 점은 토지를 단지 보관 목적만을 위해 빌려준다는 것, 그래서 토지는 그 용도에 맞게 조성된다는 것이다. 다른 많은 영국 부동산 임대회사들과 마찬가지로 빅옐로우그룹도 2007년에 서둘러 리츠로 전환했다.

'기타' 범주의 두 번째 사례는 테스코다. 이 회사는 "마지막이지만 앞에서 언급한 어떤 사례 못지않게 중요하다"는 표현이 잘 들어맞는다. 테스코의 부동산 자산은 지금까지 소개한 어떤 토지 불로소득자의 포트폴리오보다 규모가 커서, 순 장부가치가 약 160억 파운드다. 확실히 테스코는 상당 부분 소유-점유자다. 그러나 동시에 토지 불로소득자이기도 하다 우선 첫째로 테스코는 자사가 소유한 땅에 자기네 매장을 내지 않고 임대해 상당한 임대료를 벌어들인다. 이에 해당하는 장소는 300개가 넘는 것으로 추정된다.[92] 그 외에 더 간접적인 형태의 불로소득주의가 있다. 2007년에 완료된 조사에서 영국의 경쟁정책위원회Competition Commission는 테스코와 같은 굴지의 식료품 소매업자들이 자사의 상점 근처 토지를 그들의 경쟁자가 획득하고 건물을 짓지 못하게 하기 위해 구입했다는 광범위한 증거를 발견했다. 당시 한 논평가가 지적했듯이, 법 위반 당사자들은 "관련 토지를 통제하기 위해 책에 나오는 모든 속임수, 다시 말해 독점 계약, 제한적 계약, 우호적인 제삼자에 대한 임대 등"을 동원한 것으로 밝혀졌다. 그것은 "엄청난 규모로 행해진 반경쟁적 행태"이며 소매업은 부동산과 입지가 전부라는

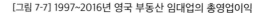

[그림 7-7] 1997~2016년 영국 부동산 임대업의 총영업이익

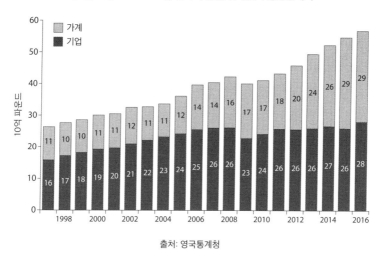

출처: 영국통계청

"소매업자들의 공리에 새로운 의미"를 부여했다.[93]

영국의 토지 불로소득자 기업은 매년 총 얼마만큼의 지대를 획득하는가? 확실하게 말할 수는 없지만 대략적인 수치는 추정할 수 있다. 그것은 아마도 300억 파운드에서 400억 파운드 사이일 것이다. 앞의 [그림 7-3]은 2017년 영국의 주거용·상업용·농지의 연간 임대료로 각각 600억 파운드, 340억 파운드, 5억 파운드의 추정치를 제공했다. 법인 불로소득자들은 상업용 지대를 지배하고 있으며, 비법인 개인(또는 국민계정 용어로 '가구') 불로소득자들은 주택 임대 부문에서 지배적이다. 만약 상업용 임대료 중 개인이 차지하는 몫이 주거용 임대료에서 기업이 차지하는 몫과 얼추 비슷하다면 기업의 임대수입은 350억 파운드 정도가 될 것이다. 부동산 임대업이 창출한 총영업잉여에 대한 영국통계청의 데이터는 이 추정치와 비슷하다. 기업과 가계에 대한 이

데이터는 [그림 7-7]에 제시되어 있다. 그림이 보여주듯이, 기업들의 임대와 관련된 총영업잉여는 2016년(자료를 이용할 수 있는 마지막 해)에 280억 파운드였다. 총영업잉여는 산출물에서 중간 소비와 직원 보상을 뺀 것이다. 다시 말해 근본적으로는 총이윤 수준을 의미하며, 따라서 수입보다는 작지만 영업이윤만큼 낮지는 않다. 정확한 수치가 무엇이든 간에 영국에서 토지 불로소득주의는 뛰어들기만 한다면 분명히 매우 좋은 사업이다.

주택 부문 프티불로소득주의의 발호

두말할 나위 없이, 많은 개인이 영국의 토지 불로소득자 기관land-rentier institutions에서 일하거나 그 지분을 소유함으로써 매우 부유해졌다. 우리는 이미 그러한 개인 중 하나를 접했다. 7,500만 파운드의 보너스를 챙긴 퍼시몬의 최고경영자 제프 페어번Jeff Fairburn이다. 그는 이 과도한 보수가 회사에 초래한 부정적인 평판 때문에 결국 자리에서 물러났다. 앞의 장들에서 이미 살펴본 다양한 불로소득자 기관을 경영하는 개인들은 항상 그 정도로 막대한 보수를 받는 것은 아니지만 비슷한 이야기들이 전해져온다. 그 회사들은 사업을 굉장히 잘했고, 따라서 그 회사들을 경영한 개인과 회사 지분을 일부 소유한 개인들도 큰 이익을 누려왔다는 것이다.

그러나 토지 불로소득주의는 중요한 측면에서는 다른 유형의 불로소득주의와 다르다. 금융 불로소득주의(1장)를 제외한 다른 모든 유형과 달리 여기에서는 개인이 중요한 토지 불로소득자들이다. 때로 개인들은 잘 알려진 기업체를 통해 불로소득을 추구한다. 이에 대한 가장 잘 알려진 예는 앞에서 이야기한 그로스베너그룹이다. 이 회사는 7대 웨스트민스터 공작Seventh Duke of Westminster 휴 리처드 루이스 그로스베너Hugh Richard Louis Grosvenor와 그의 가족이 소유하고 있다. 그로스베너는 핵심적으로 이 가문의 불로소득자 이익을 챙기기 위한 수단이다. 이러한 점에서 그로스베너와 퍼시몬은 차이가 있다. 퍼시몬은 한 개인 혹은 한 가문의 부를 그대로 모방한 것에 지나지 않는 그로스베너 같은 회사와는 근본적으로 다르다. 회사 지분의 대부분을 소유하고 있는 기관 주주들이 퍼시몬을 몇 년간 경영했던 페어번을 무자비하게 쫓아낸 것이 이를 잘 보여준다. 개인 또는 가문의 불로소득주의의 수단으로 기능하는 또 다른 영국의 주요 기관 토지 불로소득자institutional land rentier로는 8대 캐도건 백작Earl Cadogan인 찰스 제럴드 존 캐도건Charls Gerald John Cadogan과 그의 가문이 소유한 캐도건이스테이트Cadogan Estate, 하워드 드 월든Howard de Walden 가문이 소유한 하워드드월든이스테이트Howard de Walden Estate가 있다.

한편, 개인이나 가문이 기업 인프라를 통하지 않고 상당한 규모의 토지 제국을 직접 소유하는 경우도 있다. 『선데이 타임스』가 매년 영국 부자 목록을 발표할 때, 이러한 개인들은 언론의 스포트라이트를 받는다. 이 목록은 주로 토지와 그 부속물로 개인 자산을 보유하고 있는 사람들로 가득 차 있다. 이 목록과 관련해서 흥미로운 점은 최근 몇 년간 목록의 상위 구간에 두 쌍의 형제가 올라 있다는 것이다. 2018년 목록의 4위에 데이비드 루벤David Reuben과 사이먼 루벤Simon

Reuben 형제가 올랐는데, 이들은 약 150억 파운드의 자산을 가진 것으로 추정되며, 15위에 데이비드 바클레이David Barclay와 프레더릭 바클레이Frederick Barclay가 올랐는데, 이들은 약 74억 파운드의 자산을 가진 것으로 추정된다. 이 두 형제들이 상위를 차지하고 있는 것을 보면 영국의 주요 가족 부동산 제국이 모두 상속에 뿌리를 두고 있는 것은 아니라는 사실을 알 수 있다. 두 경우 모두 형제들의 부동산 자산은 무에서 창조된 것인데, 이것은 그로스베너, 캐도건, 드 월든과 같은 귀족 가문의 현 세대가 수세기 된 토지자산을 상속받은 것과는 확실히 다른 경로다.

　그들의 재산이 상속받은 것이든 아니든, 이 모든 개인과 가문들은 토마 피케티가 묘사한 고전적 의미의 불로소득자를 대표한다.[94] 피케티가 19세기 후반의 서구 사회를 자산, 특히 상속 자산에서 발생하는 소득에 따라 소득의 위계가 결정되는 '조세습hyperpatrimonial' 사회라고 규정한 바 있는데, 앞에서 이야기한 개인과 가문들이 바로 과거 초세습 사회를 군림했던 부유한 불로소득자들의 후손이다.[95] 분명히 이러한 개인들이나 가문들은 노동력을 자본에 판다는 의미에서는 누구도 일할 필요가 없다. 피케티가 묘사한 19세기 불로소득자들이 주로 농지에서 지대를 거두어들인 반면, 지금의 루벤 형제나 캐도건 가문은 더 다양한 자산 기반을 통해 지대를 거두어들이고 있다. 농지는 여전히 전체 포트폴리오의 일부를 구성하고 있지만 오늘날 막대한 부를 가지고 있는 개인과 가족에게 토지 지대를 벌어다주는 주요 원천은 소매업, 사무실, 호텔과 같은 상업용 부동산이다. 특히 귀족 가문인 경우 더욱 그러하다. 주택용 부동산도 앞서 논의한 기관 토지 불로소득자들이 미미한 수준으로 보유하고 있기 때문에 전체적으로 보유량이 제한적이다. 물론 그로스베너의 경우 비록 그 세부내역이 알려져 있지 않지만 적지 않은 주거용 부동산 포트폴리오를 가지고 있고, 그로스베너 외에도 주택용 자산이 큰 비중을 차지하는 포트폴리오를 가진 개인 또는 가족 토지 불로소득자들이 존재하긴 한다. 포트먼이스테이트Portman Estate도 그러한 사례인데, 이 회사는 10대 포트먼 자작Viscount Portman인 크리스토퍼 에드워드 버클리 포트먼Christopher Edward Berkeley Portman의 회사로서 런던 중심부에 500여 개의 고급 임대주택 부동산을 보유하고 있다.

현재 대규모로 민간 임대주택 부문에서 사업하는 개인은 대부분 사라진 상태다. 앞에서 이미 이야기했듯이 민간 임대 부문은 최근 몇 년 동안 빠르게 성장해 현재 전체 주택의 약 20퍼센트를 차지하고 있으며, 그 가치는 토지를 포함하는 경우 총 1조 파운드 이상이다. 그런데 이 부문은 기업 불로소득자들의 활동도 미미한 영역이다. 대형 사업자도 아니고 기업도 아니라면, 민간 임대주택의 96퍼센트를 도대체 누가 소유하고 있고 이익을 얻고 있을까?

그 답은 피케티가 '프티불로소득자들'이라고 부른 불로소득자 계급이다(1장 참조). 이 불로소득자 계급에 대한 가장 자세한 데이터는 주택·공동체·지방자치부가 매년 발표하는 임대인 실태조사Private Landlord Survey다.[96] 이 조사는 잉글랜드에 한정된 데이터라는 단점은 있지만 150만 명 정도 되는 이 불로소득자들이 실제로 누구인지에 대한 값진 통찰력을 제공한다. 일단 그들은 정말 '소규모'인 것으로 밝혀졌다. 민간 임대 부문의 개인 임대사업자들의 약 절반은 한 채의 임대주택만을 소유하고 있고 이들을 포함한 85퍼센트는 많아야 최대 네 채의 주택을 소유하고 있다.[97] [그림 7-7]은 영국 가계의 주택 임대업의 총영업잉여에 대한 영국통계청의 추정치로서 이 임대업의 전체 규모를 알려준다. 이미 이야기한 바와 같이 가계가 상업용 부동산 임대를 통해 버는 소득은 상대적으로 적다. 주목해야 할 점은 1997~2016년 사이 총영업잉여가 연평균 성장률 5.4퍼센트로 매우 빠르게 증가했다는 것이다. 이러한 급성장은 부분적으로는 임대료 상승 때문이기도 하지만 그보다 2000년대 초부터 민간 임대주택의 수가 급격히 증가한 것이 훨씬 더 중요한 원인으로 작용했다([그림 7-2]).

영국의 소규모 임대인들의 증가는 프티불로소득자들에 대한 피케티의 설명과 정확하게 일치한다. 이들은 피케티가 묘사한 고전적 불로소득자, 즉 완전히 혹은 거의 완전히 지속적으로 들어오는 자본소득에 기대어 사는 불로소득자들은 분명 아니다. 잉글랜드에서는 개인 임대사업자 중 4퍼센트만이 전업으로 활동하고 있고 그런 의미에서 그들이 불로소득자를 대표한다. 주택·공동체·지방자치부는 개인 임대인의 연간 평균 총임대료 수입은 1만 5,000파운드로서 그들의 총소득의 약 40퍼센트를 차지한다고 추정하고 있다.[98] 다시 말해 이 계급에 있어 불로소득주의는 대개 근로소득을 대체하기보다는 보완한다.

이러한 구조에서 주의를 기울여야 할 지점이 있다면 그것은 연금 수급자들에 관한 것이다. 개인 불로소득자 중 3분의 1은 은퇴한 사람들이다.[99] 엄밀히 말하면, 이 개인들만이 금융 지대에 더해 토지 지대를 벌고 있다는 점에서 완전한 불로소득자들이다. 1장에서 주장했듯이, 연금급여를 불로소득주의의 표현으로 보는 것은 문제가 있다. 그것은 금융 지대가 아니라 지연된 노동소득으로 보아야 한다. 즉, 최근 영국에서 소규모 지주 계층의 성장이 있었던 것은 사실이지만, 그래도 임금소득은 19세기 말 불로소득 사회에서와는 달리 고소득 가구의 수입 흐름에서 주된 비중을 차지하고 있다(임대소득은 '기타 소득' 범주에 포함됨. [그림 1-10] 참조).

2000년대 초반 이후 영국 민간 임대 부문이 급속히 성장한 것이 부의 불평등을 높였다. 매시와 카탈라노는 신자유주의 혁명 직전에 쓴 글에서 브리튼 지역*에서 "빈자는 토지 소유가 극히 희소한 반면, 토지만큼 부자들이 집중적으로 소유하고 있는 부의 형태는 없다"라고 말했다.[100] 1980년대와 1990년대 자가보유율homeownership의 증가는 이렇듯 냉혹한 토지자산의 불평등을 줄이는 데 도움이 되었다. 부의 스펙트럼에서 수백만 임차가구들renting households이 소유-점유로 바뀌었다. 그러나 밀레니엄 전환 이후 자가보유율은 후퇴하고 부동산 자산의 불평등이 다시 악화되는 방향으로 역전되었다.

그 이유를 아는 것은 어렵지 않다. 지난 20년 동안 자가점유에서 민간 임대로 전환된 주택의 약 10퍼센트가 불로소득자 계급의 수중에 떨어졌기 때문이다. 윌 셀프가 말했듯이, "임대인 없이 임차인은 있을 수 없다."[101] 게다가 민간 임대전환주택을 획득한 문제의 불로소득자들은 이미 상대적으로 부유한 사람들, 특히 이미 상대적으로 토지를 많이 가진 부자들이 다수였다. 이것은 그럴 수밖에 없다. 많은 사람

---

* 영국을 구성하는 네 지역 중에서 북아일랜드를 제외한 세 지역(잉글랜드, 웨일스, 스코틀랜드)을 가리킨다.

이 두 채는 고사하고 한 채도 살 여유가 없기 때문이다. 따라서 영국의 주택 자산 상위 10분위 가구의 20퍼센트 이상이 현재 한 채 이상의 임대주택을 소유하고 있고 9분위 이하의 임대업자 비율은 그보다 현저하게 낮다. 그와 비슷하게 전체 집주인 가구의 약 절반이 주택 자산 상위 10분위 내에 포함되어 있다.[102]

이미 이야기한 토지 가격 상승이 영국의 급성장하는 프티부르주아 계급의 부를 증가시켰고, 그것은 동시에 부의 불평등을 악화시켰다. 집주인이 누리는 주택 가격 상승에 따른 자본이득은 어마어마해서 자주 임대주택이 창출해온 임대수입을 크게 초과한다. 2015년, 부동산 중개업자인 새빌스Savills는 2009~2014년 사이에 기성 민간 임대주택 재고량의 가치가 1,770억 파운드 증가한 것으로 추정했다.[103] 4년 후에 또 다른 부동산 중개업자인 햄프턴인터내셔널Hamptons International은 이 주택들을 매각할 때 주택 소유주들이 얼마나 이익을 누리게 될지를 계산했다. 약 10년 동안 임대부동산을 보유하다 2018년에 매각하는 경우 잉글랜드와 웨일스의 민간 집주인들은 부동산당 평균 7만 9,770파운드의 이익을 얻을 수 있으며, 런던의 집주인들은 24만 8,000파운드(소유기간 매해 약 2만 5,000파운드)를 얻을 수 있었다.[104] 따라서 2006~2008년과 2014~2016년 사이에 브리튼의 순자산 지니계수가 0.62에서 0.67로 증가한 것은 놀랄 만한 일이 아니다.[105] 부는 부를 낳는다. 21세기 브리튼의 부동산 프티불로소득주의의 증가는 부의 불평등 증가를 의미했다.

무거운 주거비 부담을 지는 무주택 임차가구

지금까지는 프티불로소득자의 관점에서 민간 임대주택 부문의 성장에 대해 생각해봤는데, 이 문제를 다른 관점에서 검토하는 것도 중요하다. 즉, 이 모든 것이 영국의 임차가구에 의미하는 바는 무엇인가?

나는 이미 민간 임대 부문의 임대료가 1990년대 초반보다 오늘날 실질 기준으로 3분의 1가량 높다는 점을 언급했다. 그러나 이 수치는 심각하게 높은 것은 아니어서 영국의 임차가구가 지난 수십 년 동안 임대료 체감 인상폭을 제대로 전달하지 못하고 있다. 그 이유는 명백한데, 전체 임대주택 물량에서 민간 임대와 공공 임대가 차지하는 비중이 크게 바뀌었기 때문이다. 전체 물량에서 민간 임대가 차지하는 비중은 1980년대 초 4분의 1에서 현재는 절반 이상으로 두 배 이상 증가했다. 그런데 민간 임대의 임대료는 공공 임대의 임대료보다 훨씬 높다. 예를 들어 2017~2018년 영국에서는 전자가 후자보다 평균 87퍼센트 더 높았다.[106] 따라서 영국의 임차가구 전체의 평균 임대료가 오른 것은 공공 임대 부문의 임대료와 민간 임대 부문의 임대료가 동시에 오른 것 때문이지만, 더욱 중요한 이유는 국가가 보유하던 임대주택이 더욱 비싼 민간 임대 부분으로 대량 전환되었기 때문이다.[107]

[그림 7-8]은 임대료 총액의 증가 추이를 보여준다. 영국통계청이 데이터를 제공한 첫해인 1985년부터 2018년까지 매년 영국 가구가 지불한 실제 임대료의 총액을 보여준다. 총임대료는 명목 기준으로 90억 파운드에서 870억 파운드로 800퍼센트 이상 증가했고, 실질 기준으로도 거의 300퍼센트 증가했다.[108] 물론 영국 전역에서 임대되는

주택 수도 1985년 약 840만 가구에서 2018년 약 1,040만 가구로 증가했지만, 이는 약 25퍼센트의 증가에 불과하다. 요약하자면, 임차가구 수는 완만하게 증가한 반면 총임대료는 더욱 크게 증가했고, 그에 따라 각 임차가구가 지불한 평균 임대료도 실질 기준으로 200퍼센트 이상, 즉 거의 세 배가 될 정도로 크게 증가했다. 주택 물량 확대가 그러한 인상을 정당화할 수는 없다.

철도 서비스를 계약 불로소득자에게 외주화한 것이 철도 요금의 인상으로 이어지고(5장), 수도와 전기 네트워크를 인프라 불로소득자에게 판매한 것이 가계 수도요금·전기요금 인상으로 이어졌듯이(6장), 사회주택 민영화는 주택 임대료 인상으로 이어졌다. 그러나 사회주택의 민영화는 철도나 수도요금·전기요금의 민영화와 매우 다른 사회적 결과를 가져왔다. 모든 사람이 수도요금과 전기요금을 내야 하고 대부분의 사람은 때때로 기차로 여행한다. 부유한 가구보다 빈곤한 가구의 가처분소득에서 수도요금·전기요금과 교통비가 차지하는 비중이 훨씬 크기 때문에 빈곤한 가구가 부유한 가구보다 수도요금·전기요금과 교통비 증가에 훨씬 더 큰 영향을 받는다. 그러나 집을 빌리는 데 드는 비용은 규모가 다르다. 그리고 중요한 점은 모든 사람이 집을 빌리고 임대료를 내는 것이 아니라는 사실이다.

영국에서 가난한 사람들은 대부분 주택을 빌리지만 부자들은 거의 임차하지 않는다. [그림 7-9]는 이러한 차이를 그래프로 보여준다. 고소득 가구와 저소득 가구의 주택 소유 비율이 상당히 다른 것을 알 수 있다. 그런데 최근 들어서는 저소득 가구의 주택 소유 비율이 크게 하락한 반면, 고소득 가구와 '평균'(중간소득) 가구는 그다지 변화가 없

7장 지상 지배: 토지 지대

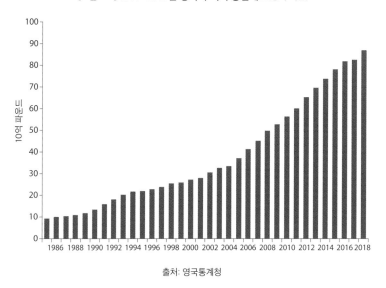

[그림 7-8] 1985~2018년 영국 주택의 총임대료(명목 기준)

출처: 영국통계청

었다. 주택 물량이 실질적으로 민영화된 결과, 최근 수십 년 동안 영국이 경험한 평균 주택 임대료가 지속적으로 증가하게 되었는데, 이것이 부유한 사람들에게는 임대료 부담 차원에서 거의 영향을 미치지 않았다. 오히려 증가한 임대료를 빨아들이는 부유한 가구가 존재했다. 반면 지속적인 임대료 상승은 빈곤한 사람들에게는 재앙이었다. 빈곤한 사람들은 대부분 주택을 빌릴 뿐 아니라 시간이 흐를수록 임차 비중이 더욱 증가해왔기 때문이다.

　[그림 7-10]은 이러한 결과의 차이를 보여준다. 소득분포의 5분위에 속하는 가구의 경우(중위), 주거비(저소득 가구의 경우 주로 지대를 의미함)가 1980년에는 집에 가져가는 소득의 20퍼센트 미만이었지만, 오늘날에는 50퍼센트에 가까운 수준으로 증가했다.[109] 임금 인상은 완만

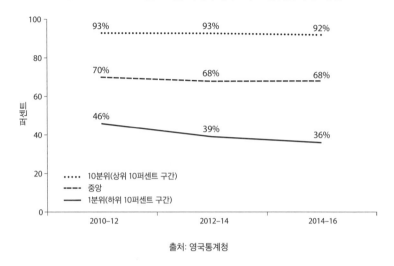

[그림 7-9] 2010~2016년 브리튼 지역의 가계소득 10분위별 자가보유율

출처: 영국통계청

했지만 임대료는 가파르게 상승해서 이들이 대부분 세입자임을 알 수 있다. 한편, 소득분포상 위의 계층으로 올라가게 되면 그림은 매우 다르게 보인다. 중위소득 수준에서도 임대료 인상의 영향은 이미 눈에 띄지 않는다. 거의 세입자가 없을 뿐만 아니라 임금 인상이 더 강력했고, 이러한 가구의 주택비용을 결정하는 주요 요인인 모기지 이자율이 장기적으로 하락 추세를 보여왔다. 그에 따라 영국 가정의 '평균' 주택비용은 세후 소득의 약 17퍼센트에서 약 14퍼센트로 떨어졌다. 그리고 소득분포의 95퍼센트 분위에 해당하는 가구의 경우 실제로는 주거비용이 크게 떨어졌다. 다시 말해 소득 대비 주거비의 비중이 절반으로 줄었다.

신자유주의 아래서 영국의 민간 임대주택의 확대는 부의 불평등을 증가시킨 것과 함께 소득의 불평등도 증가시켰다. 한편으로 고소득 구

7장 지상 지배: 토지 지대

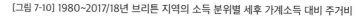

[그림 7-10] 1980~2017/18년 브리튼 지역의 소득 분위별 세후 가계소득 대비 주거비

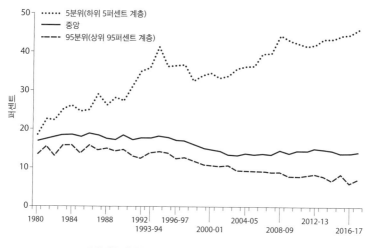

소득 분위를 결정하는 기준은 가계의 순균등화소득 총액이다.

출처: 조세재정연구소

간에는 근로소득 외에 주택 임대소득도 벌고 있는, 특권적 지위에 있는 프티불로소득자 계급이 점점 증가하고 있다([그림 1-10] 참조). 다른 한편으로 저소득 구간에는 소득이 적을 뿐만 아니라 얼마 안 되는 급여에서 매달 거의 절반을 국가에, 그리고 점점 더 고소득 구간에 있는 민간 불로소득자 계급에게 바치는 수모를 겪는 임차인 계급이 있다([그림 7-10]).

실제로 조금만 생각을 해봐도, 주거비를 고려하지 않은 소득 불평등 척도는 '실제' 불평등, 즉 현실에서 사람들이 경험하는 불평등의 지표로 쓰기에는 문제가 있다. 그런데도 공식 불평등 지표는 주거비를 고려하지 않고 있다. 사람들은 살 곳에 돈을 쓸 것인가 말 것인가를 선택할 수 없다. 주거비는 어떤 의미에서도 '재량'적 선택이 아니다. 이러한 의미에서 주거비는 세금과 같다. 물론 소득 수준의 범위 내에서 주거비로 얼마나 지출할지 금액을 결정할 수 있다는 점에서 세금과 똑같은 것은 아니다. 우리는 '가처분'소득이 구체적으로 무엇인지 하루 종일 논의할 수 있지만 주거비를 차감한 후의 소득으로 정의하는 것이 더욱 적절하다.

영국 가계들에 있어서 주거비는 고소득층보다 저소득층에게 비례적으로 훨씬 더 큰 부담이기 때문에 주거비를 차감하게 되면 차감 전에 비해 가계소득 불평등도는 상당히 올라가게 된다. [그림 7-11]은 소득분포 95분위 가구와 5분위 가구의 소득배율을 통해 소득 불평등도를 보여준다. 그러나 그보다 더 중요한 사실도 알려준다. 즉, 주거비 차감 후 소득 불평등, 말하자면 실제 소득 불평등이 지난 40년 동안 지속적으로 증가해왔다는 것이다. '주거비 차감 전 소득배율 추이'는 가구 조사 데이터를 가지고 소득 불평등도에 관한 표준적 지표를 추계한 것인데, 대부분의 언론 평론가들이 설명하듯이 이에 따르면 영국의 가계소득 불평등도는 1990년경부터 안정기에 접어든 것으로 보인다. 그러나 훨씬 더 의미 있는 '주거비 차감 후 소득배율 추이'는 1980년대부터 이미 가계소득 불평등이 표준적인 척도로 계산한 것보다 훨씬 높을 뿐 아니라 이후 계속해서 증가해왔다. 1980년에는 95분위 가구가 5분위 가구보다 4.6배 소득이 더 많았는데, 2017/18년에는 11.2배 더 많았다. 실제 소득 불평등은 단순히 증가한 것이 아니라 두 배 이상 증가했다.

신자유주의 시대 영국은 불로소득주의의 영향으로 불평등의 심화

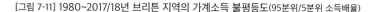

[그림 7-11] 1980~2017/18년 브리튼 지역의 가계소득 불평등도(95분위/5분위 소득배율)

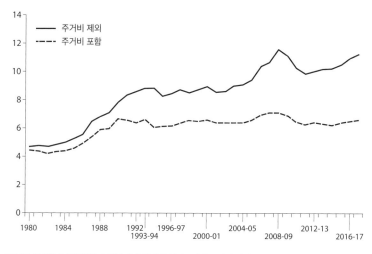

95분위/5분위 소득배율은 소득분배 순위에서 상위 5퍼센트 해당 가계소득이 하위 5퍼센트 해당 가계소득의 몇 배인지를 보여주는 불평등도 지표. 가계소득은 순균등화소득 종합을 기준으로 순위를 결정한다.

출처: 조세재정연구소

를 겪고 있는데, 토지 불로소득주의, 특히 주택 부문의 프티불로소득주의는 이러한 큰 틀의 이야기에 특별한 위치를 점하고 있다. 서론에서 설명한 이유들로 영국에서 발생한 불로소득주의의 영향력 강화는 소득과 부의 불평등을 증가시켰다. 그러나 이 중에서도 사회주택 매입권 정책이 야기한 대규모의 민간 임대 부문의 확대, 즉 프티불로소득자들이 소유한 주택의 임대 활용은 특별하다. 이러한 민간 임대의 확장은, 불로소득경제화rentierization가 야기한 불평등을 더욱 악화시킨 것에 그치지 않는다. 더욱 근본적으로 민간 임대의 확장은 점증하는 불평등을 체화하고 있다. 즉, 토지와 토지 지대는 각각 불평등의 물리적 형태, 사회적 형태라고 이야기할 수 있는데, 이것들이 점점 더 확대되고 있음을 보여준다. 불평등의 한 극단인 부유한 최상단은 과잉의 부를 토지 형태로 대량 보유하고 있고 거기서 창출되는 과잉의 소득을 누리고 있다. 다른 한 극단인 빈곤한 최하단은 주택을 소유하지 못함에 따라 '공공의 부'의 향유에서 배제되어 있으며 소득의 절반을 임대료로 지불하기 때문에 이후에도 그렇게 배제된 채로 살아갈 가능성이 매우 높다.

사적 토지 소유제의 이데올로기적 역할

자본주의 체제에서 사적 토지 소유제에 대해 오랫동안 당혹해하던 사람이 바로 카를 마르크스였다. 그 제도는 그에게는 말이 되지 않는 것이었다. 봉건제 아래서, 특히 농업이 지배적인 사회에서 지주는 확실히 '생산에서 중요한 역할을 하는 자'였다. 그러나 19세기 중반의 산업 자본주의하에서 토지 소유주는 '쓸모없는 종자'에 불과하다고 마르크스는 생각했다. 특히 그를 당혹스럽게 만든 것은 산업 자본가들이 하등 쓸모없는 지주의 존재를 용인했을 뿐만 아니라 노동자가 생산한 잉여가치를 지대, 이자, 기업 이윤으로 나누어 지주(그리고 은행가들)와 공유했다는 것이다. 마르크스가 생각하기에 지배적 산업 계급이 논리적이라면 마땅히 해야 했을 일, 즉 사적 소유로 분할된 토지를 '부르주아 계급, 자본의 공동 소유'로 바꾸는 일을 자본가들이 하지 않는 이유는 무엇인가?[110]

마르크스는 몇 가지 가능한 이유를 제시했는데, 그중 가장 설득력 있는 것은 토지의 사적 소유가 일반적으로 민영화를 정당화하는 데 기여한다는 것이다. 데이비드 하비는 이 문제에 대해 거론하면서 자신의 생각을 밝힌 바 있다. 그는 마르크스를 따라 토지의 사적 소유가 "모든 형태의 사유재산에 대한 이데올로기적 정당화 역할을 수행한다"라고 말했고, 이것이 사실인 한에서 그는 "지대를 일반적인 사유재산권의 신성함과 불가침성을 보호하기 위해 토지 소유주들에게 제공하는 지원금으로 간주할 수 있다"라고 말했다.[111] 사적 토지 소유권은 사유재산 소유권의 이념적 방어벽이다.

이 주장은 영국의 최근 역사와 관련해서 시사하는 바가 크다. 왜 1980년대와 1990년대에는 사람들이 신자유주의의 득세와 그와 함께 민영화될 수 있는 거의 모든 것의 민영화에서 드러난 사유재산권의 절대적 득세에 대해 강력하게 저항하지 못했을까? 2장에서 국가의 북해석유와 가스 배당금이 참혹한 상태에 내던져진 노동자들에게 복지라는 쿠션을 제공했음을 하나의 답으로 제시했다. 사회주택 매입권도 그 답 중 하나다.

사회주택 매입권 정책은 여러 면에서 대처의 결정적인 업적이었다. 이것이 신자유주의에 반대하는 많은 사람들로 하여금 신자유주의 프로젝트에 대해 개인적으로 이해관계를 갖게 만든 계기였을 것이다. 민영화에 이해관계를 갖게 되자 사람들은 다른 영역에서 발생하는 민영화(특히 6장에서 설명한 민영화)에 반대할 의욕을 상실했다. 그런데 다른 영역에서 진행된 민영화가 사람들에게 이익을 주지 않은 것은 물론이고(영국은 결코 지분을 공유하는 민주주의였던 적이 없다. 지자체 토지가 대표적이다), 사람들이 이전에 소유했던 공공재산을 강탈하는 것이었음에도 그러했다. 하비의 용어를 빌리자면, 사회주택 민영화 정책과 그에 수반된 토지 민영화가 전체적으로 신자유주의를 정당화하는 이데올로기적 기능을 수행했다고 말할 수 있다. 영국에서는 민영화가 언제나 신자유주의의 핵심이었다.

사회주택 민영화가 핵심이었던 주택 부문의 변화는 다른 방식으로도 신자유주의적 전환의 길을 이끌었다. 우리가 살펴본 바와 같이, 사회주택 민영화를 위해 필요했던 모기지 시장의 규제완화와 자유화는 1990년대 초반부터 주거용 토지 가격의 전례 없는 폭등을 유발했다. 주택 소유 인구는 계속 증가해 대처가 집권했을 당시 55퍼센트였던 자가점유율이 2002년에는 70퍼센트라는 정점에 도달하게 되는데, 부동산 가격 상승은 신자유주의가 가계 경제에 가져온 모든 균열을 덮어버렸다. 주택연금제도equity release와 같은 메커니즘을 통해 부동산 가격 상승은 정체되고 있는 소득을 상쇄해주었다. 또한 국가복지가 축소됨에 따라 출산·이혼·실업 등으로 경제적 어려움에 처했을 때 사람들은 국가보다 이러한 부동산 가격 상승에 점점 더 의존하게 되었다.[112] 이제 복지는 '자산 기반 복지'로 변했다.

그러나 많은 사람을 신자유주의의 승자라고 느끼게 만들어주는 동시에 신자유주의가 야기한 어려움을 헤쳐 나오도록 그들에게 도움을 주었던 바로 그 주택 가격의 폭등은, 결국에는 너무 높은 가격 때문에 젊은 세대에게서 자가 소유라는 꿈을 빼앗고 자가점유율을 다시 60퍼센트 정도로 끌어내렸으며, 수많은 세입자를 신자유주의의 패자라고 느끼게 할 뿐 아니라 명확히 인식하게 함으로써 그들이 불만을 품게 만들었다.[113] 2016년에 레졸루션재단Resolution Foundation은 1981~2000년 사이에 태어난 영국의 밀레니얼 세대가 30세가 될 때까

7장 지상 지배: 토지 지대

지 1946~1965년 사이에 태어난 베이비붐 세대보다 평균 4만 4,000파운드 더 많이 주택 임대료에 번 돈을 지출할 것이라고 추정했다.[114] 월셀프는 다음과 같이 적절한 결론을 도출했다.

'현재 주택의 위기'는 사회적 시장 경제에서 신자유주의 경제로 전환된 것을 상징하기보다 그러한 전환 과정 자체다. 즉, 국가에서 부자로 자산의 이전, 그러한 자산의 가격 급등, 가난한 사람들이 더 비싼 민간 임대주택에 살게 강제하는 것, 이 모든 것이 주택담보대출에 크게 의존하는 금융 시스템으로 뒷받침되는 것이 전환 과정을 구성한다.[115]

어떤 의미에서 불로소득주의(민영화 이전 국가의 불로소득주의)를 축소시키는 것을 목표로 했던 사회주택 민영화 정책은 모순적이며 실패할 운명인 프로젝트였다. 이 책에서 보여주었듯이 불로소득주의는 신자유주의 정체성의 핵심이다. 그것은 신자유주의 DNA에 새겨져 있다. 신용대출 확대에 기반을 둔 지가 상승이 결국 새로운 불로소득 계급을 만들어내고 그리고 이에 불만을 품은 새로운 세입자 계급을 등장시킬 것이라는 점은, 최소한 돌이켜보면 불 보듯 뻔한 일이다. 대처식 주택 소유 프로젝트는 신자유주의에 내포된 불로소득자 우대 동학에 결국은 버틸 수 없었다.

동일한 일련의 과정이 처음에는 토지 불로소득주의를 줄였지만 다시 활성화했고, 그에 따라 '임대 세대Genertion Rent'들이 처음에는 신자유주의로의 전환을 지지했지만 점점 반대하는 움직임을 보이게 되었다. 칼 폴라니의 유명한 '이중 운동double movement'에 대한 이보다 더 좋은 예를 상상하기 어려울 것이다. '이중 운동'이란 광범위한 시장 상품화와 민영화를 낳았으나 얼마 안 가 다시 그 둘에 대한 강력한 사회적 저항을 낳은 변화를 의미하며, 특히 토지 또는 다른 소위 '가공상품'* 중 하나가 민영화되고 시장 상품화될 때 발생한다.[116] 다시 말해 폴라니적인 해석에서는, 토지 소유제와 그와 관련된 불로소득 동학은 영국의 신자유주의가 성립하는 과정에서 핵심적인 역할을 했으나 동시에 영국의 신자유주의가 현재 당면하고 있는 어려움을 야기했으며, 결국 그것이 실패하게 만들 요인이기도 하다는 것이다.

신자유주의의 실패 가능성에 대해 이해하려면, 마르크스가 자본주의와 그것의 사유제 이데올로기의 성공 요인을 이해했을 뿐만 아니라 (사적 토지 소유가 핵심적 구성요소), 그 성공의 비밀에 종말의 씨앗도 포함되어 있음을 확신했다는 것을 기억할 필요가 있다. 마르크스는 "부르주아 민주주의자들의 통치는, 처음부터 그 안에 자신을 파괴할 씨앗을 품고 있다"라고 예언한 바 있다.[117] 아마도 동일한 원리가 영국의 부르주아 신자유주의자들의 '주택' 원리에서도 작동할 것이다.

---

* 가공상품 또는 허구적 상품fictitious commoditieis이라는 개념은 1944년 칼 폴라니의 저서 『거대한 전환』에서 유래되었으며, 시장을 위해 만들어지지 않았으나 시장 상품으로 취급되는 모든 것, 특히 토지, 노동력, 화폐를 의미한다.

Rentier Capitalism

결론:

불로소득 자본주의를
어떻게 넘어설까

문제는 불로소득 자본주의야

이언 잭Ian Jack은 『석유가 고갈되기 전에: 영국 1977~1986년Before the Oil Ran Out: Britain 1977-86』이라는 훌륭한 에세이 모음집을 1987년에 내놓았다. 이 책은 사람들이 상상할 법한, 대처가 집권하던 신자유주의 초기 영국에 대해 풍부한 그림을 보여준다.[1] 25년 후 그 책을 회상하면서 잭은 자신이 실수한 주요 질문이 책의 제목에 암시되어 있다고 지적했다. 그는 2013년에 자신이 이전에 쓴 책에서 "2010년이 되면 영국이 '필경 중요한 석유생산국이 아니게 될 것이다'라고 한 추측이 절망적으로 틀렸다"라고 인정했다.[2] 오늘날에도 석유는 고갈되지 않았다. 잭이 회상했듯이 비록 1980년대 초·중반 감세와 복지 혜택을 통해 대처 정부와 나라에 사회적 평화의 척도를 제공했던 석유 기반 세수는 대체로 고갈되었지만 말이다(2장 참조).

잭은 그의 책에서 시간을 더 잘 견뎌낸 곳은 석유 붐의 전리품을 전략적으로 투자하지 않는다고 감안할 때 국민경제의 미래를 어둡게 전망한 부분이라고 보았다. 그는 책에서 다음과 같은 특별한 문장을 끄집어냈다. "영국의 피크 오일 기간 동안 산업투자가 부족했기 때문에 무엇이 우리의 삶을 떠받쳐줄지 알기 어렵다." 이후 연이어 영국 정부는 석유 붐에 뒤이은 금융 서비스 붐의 전리품으로 똑같은 실수를 저질렀다. 따라서 2013년에 잭의 예측은 마찬가지로 다음과 같이 암울했다. "빅 오일도, 빅뱅도 우리를 구원하지 못했다. 오 주님, 무엇이, 도대체 무엇이 우리는 구원해줄까요?"[3] 물론 잭은 옳았다. 빅 오일도, 빅뱅도 영국 경제를 구제하지는 못했다. 그런 영국 경제는 특히 영국에서 일하는 사람들에게 7년이 지난 후에도 위태로운 상태다. 이 책에서 내가 그 이유를 정확히 설명하는 데 기여했기 바란다.

내가 제기한 핵심 문제는 석유나 금융과 같은 특정 부문에 있지 않다. 석유나 금융, 그리고 각각의 특성에 문제가 있음은 분명하지만 그것이 핵심 문제는 아니다. 석유와 금융으로 얻은 세수가 산업 기반에 신중하게 투자되지 않았다는 사실조차도—물론 이것은 문제였지만—주요한 문제는 아니다. 기본적 문제는 석유와 금융 부문이 전형적 예를 보여주는 일반적인 자본주의 모델에 있다. 그것은 곧 불로소득자 모델의 문제다. 그들이 바로 불로소득자 부문이기 때문에 석유와 금융은 이 책에서 자세히 설명했듯이 경제를 살리는 데 실패할 수밖에 없었다. 그렇다면 지식재산은 어떤가? 플랫폼, 계약, 인프라, 토지는? 이 부문들은 모두 철저히 불로소득 지향적인데, 그 어느 것도 나라 구제에 도움이 되지 않을 것이다.

이 같은 실패의 이유는 내가 서문에서 지적했듯이 불로소득자가 모든 구멍에서 독점을 활용한다는 사실 때문이다. 독점은 불로소득자의 본성이며 그 존재 자체에 필수적이다. 우리가 보았듯이 많은 부문에서 독점의 핵심적 결과는 경쟁시장일 때 얻을 수 있는 이윤을 훨씬 초과하는 이유이다. 예를 들어 영국의 주요 인프라 불로소득자, 지식재산 불로소득자와 토지 불로소득자는 대부분의 자본주의 기업들이 부러워할 만한 수준의 이익을 누리는 것으로 나타났다. 이러한 이윤은 영국의 주요 불로소득자 기관의 주주와 경영자들에게 엄청난 이익을 안겨주었다.

그럼에도 독점이윤이 영국과 같은 불로소득자 경제의 주요 문제는 아니다. 진짜 문제는 독점이윤에 붙어 다니는 것, 즉 그 독점이윤을 보증하는 독점권력이다. 경제학자들이 오랫동안 인식해온 독점경제는 구조적으로 침체 경향이 있고 혁신과 투자의 수준이 낮은 경향이 있는 경제다. 우리는 이 책에서 개별 불로소득자 부문의 수준과 전체 영국 경제 규모 모두에서 더 광범위하게 그러한 무기력에 대한 반복적 증거를 살펴보았다.

신자유주의(즉 불로소득자) 시기, 나라의 거시경제 지표는 독점과 그 만성적 병폐가 증가하고 있는 증거를 보여준다. 자본투자 수준과 연구개발 집약도가 꾸준히 하락했다(서장의 [그림 0-4] 참조). 그리하여 불로소득자의 경제와 자산 기반에 대한 장악이 강화됨에 따라 성장 수준도 하락했다([그림 0-5] 참조). 실제로 산출량 증가율은 그 무렵부터 하락하기 시작했다. 실제로 『석유가 고갈되기 전에』라는 책이 영국에서 잘 팔리기 전에 이미 생산량 증가율은 떨어지기 시작했다. 영국에서 석유가 고갈되지 않았다 해도—잭도 예측했듯이—영국 경제는 활력을 잃었다. 더 긴 역사적 기록으로는 불로소득자의 지배력이 악덕으로 남아 있는 동안 나라의 성장 전망이 개선될 여지는 거의 없다. 뤼트허르 브레흐만Rutger Bregman이 경고했듯이 "한 가지는 확실하다. 불로소득자가 지배하는 나라는 점차 쇠퇴하게 된다. 로마제국만 봐도 알수 있다. 또는 15세기의 베니스, 18세기의 네덜란드 공화국을 보라. 기생충이 아이의 성장을 저해하듯이, 불로소득자는 나라의 활력을 고갈시킨다."[4]

두말할 필요도 없이, 영국과 같은 침체 경제는 최근 가계소득을 포함한 모든 소득에 압박을 가하고 있다. 그러나 이 기간 동안 영국에서 가계소득은 불로소득자의 독점력과 직접 관련된 또 다른 현상 때문에 특별한 압박을 받았다. 독점적 불로소득자는 그들이 제품과 서비스를 판매하는 시장에서뿐만 아니라 그들이 구매자로서 활동하는 시장에서도 권력을 행사한다. 여기에는 결정적으로 노동력의 구매자가 포함된다. 영국 경제가 신자유주의 아래서 '불로소득 경제화'됨에 따라 영국 자본(불로소득자 자본)이 국민소득에서 차지하는 몫은 노동자를 희생시키면서 지속적으로 증가했다. 그리하여 노동은 이중 압박에 시달린 것이다. 대중의 소득은 침체된 경제 상황 때문에 압박받을 뿐 아니라 모든 성장의 성과를 불균형적으로 포착할 수 있는 자본의 비상한 능력에 휘둘려 더욱 압박을 받았다.

하지만 이 모든 상황은 매우 불평등한 경험으로 나타났다. 꼭 불로소득자 기관의 임원이 아니더라도 최상위 노동자들은 종종 그 자신 '프티'금융 또는 부동산 불로소득자로서 잘해왔다(1장과 7장). 오히려 압박은 극단에 놓여 있는 사람들에게 집중되었는데, 이는 플랫폼과 계약 불로소득주의에 가장 강하게 연관된 불안정 고용 유형이 확산되었기 때문이다(4장과 5장). 종합적 결과는 불로소득 자본주의 시대에 영국의 소득 불평등이 크게 증가했다는 것이다.[5]

더욱이 저명한 토마 피케티의 작업이 보여주듯이, 현재 영국 경제를 지배하고 있는 불로소득주의는 부의 불평등에 대해서도 다음과 같은 의미를 갖는다.[6] 피케티의 핵심 주장에 따르면 자본주의하에서 자산 수익률(피케티의 r)이 경제 산출 성장률(피케티의 g)을 일반적으로 초과하면 이는 부의 불평등 수준을 높이는 효과를 갖는다. 처음부터 자산이 불평등하게 분배된 상태에서는 고용이 노동력 '소유자'에게 제공하는 것보다 자산이 그 소유주에게 더 큰 수익을 제공하기 때문이다. 이 주장을 더 밀고 나가 피케티는 g가 억압되고 r이 올라갈 때 필연적으로 부의 불평등 증가가 최대가 될 것이라고 지적한다.

우리는 방금 피케티가 말한 이러한 조건들 중 첫 번째 조건이 독점적 불로소득 자본주의 아래 영국의 특징임을 보았다. 즉, 그것은 산출량 성장이 하락하고 있다는 것이다. 그리고 내가 거듭 강조했듯이, 뒷부분의 조건도 널리 충족되었다. 피케티의 r은 모든 종류의 요인과 동력 때문에 올라갔는데, 그것들 중 일부는 특정 유형의 불로소득자가 보유한 특정 유형의 자산에만 해당한다. 그러나 다른 일부, 특히 인플레이션율이 낮거나 감소한 경우 그리고 부와 자본이득에 대한 과세 수준이 낮거나 감소한 경우가 더 일반적이었다. 따라서 영국은 소득 불평등의 증가와 밀접한 관련 속에서 그것과 나란히 부의 불평등 증가를 목도했던 것이다.[7] 요컨대 이것은 불로소득 국가가 짊어져야 하는 이중의 십자가다. 불평등은 정치경제적 구조 속에 짜여 있다.

브렉시트 논쟁과 불로소득주의

만약 평론가들이 영국이 불로소득 자본주의 사회와 경제의 전형으로 변모했다는 데 더 주의를 기울였다면, 2016년 6월 영국이 유럽연합EU을 탈퇴하기로 국민투표를 했을 때 그처럼 놀라운 일로 다가오지는 않았을 것이다.

윌리엄 데이비스William Davies는 브렉시트가 3년이 지난 후의 경험에 의거해 이렇게 주장했다. 브렉시트에 대한 지지, 특히 급진적인 '노딜' 브렉시트에 대한 지지는 '불로소득자 동맹'이라 부를 수 있는 집단, 즉 한편 '국제적 과두제 집단'과 다른 한편 "안락하게 『텔레그래프』지나 읽는 햄프셔 은퇴자들"을 통합하는 동맹에 뿌리를 두고 있다.[8] 데이비스는 후자 집단에 속한 개인들이 "일생의 어떤 시점에 모기지론을 갚고 연기금 보유 자산으로 생활하고 있나」 추측한다. 그 자산들은 하는 일과 관계없이 어떤 가치가 있다." 따라서 그들에게는 "노동시장이나 생산적 자본주의에 대한 즉각적 관심"이 결여되어 있다. 그들을 과두 지배자들에 엮어주는 논리란 "사적 부를 방어하고 가족에서 이를 유지하는 것이다. (중략) 그들의 사고방식이란 돈을 끌어모으고 칩을 현금화하는 것이다."

한편, 데이비스는 잔류에 힘을 쏟은 사람들—국민투표에서 그리고 투표 통과 이후 험난했던 몇 개월에서 몇 년 동안—은 훨씬 더 잡다한 사람들이라고 말한다.[9] 여기에는 "국제 공급망, 안정적 규제, 숙련, 혁신 지원 등에 관심을 갖고 있는 전통적인 비즈니스 집단 그리고 여전히 미래에 대한 희망과 기대를 갖고 있는 '50세 미만 대부분의 사람들'

이 포함된다. 마지막으로 '아무것도 소유한 게 없고, 매주 소득과 식비의 변화에 취약한 사람들'이 포함된다. 이는 이번 주에 보도된 것이다." 다시 데이비스는 "영국에서 400만 명 이상의 사람들이 극심한 빈곤에 갇혀 있다"라고 지적했다.[10]

그러나 데이비스가 안락한 자산 부자 불로소득자들이 브렉시트를 지지한다고 말한 것은 옳다고 해도, 빈곤층들이 잔류를 지지한다고 본 것은 틀렸다. 매튜 굿윈Matthew Goodwin과 올리버 히스Oliver Heath 가 브렉시트 투표에 대한 분석에서 발견한 바와 같이, 사실 빈곤가계, 빈곤에 취약한 집단, 실업자, 저숙련자와 육체노동에 종사하는 사람들, 경제 사정이 나빠졌다고 느끼는 사람들, 숙련 자격이 없는 사람들도 브렉시트를 지지하는 경향이 현저히 강했다. 굿윈과 히스는 "급격한 경제 변화에 '뒤처졌고' 주류적 합의에서 떨어져 나가 있다고 느끼는 집단"은 다른 누구보다 브렉시트를 지지할 가능성이 높다고 밝혔다.[11] 굿윈과 히스의 분석은 상당한 논쟁을 불러일으켰고 그들의 주장에 의문을 제기한 사람들도 있었다. 그러나 후속 학술 연구는 그들의 '뒤처진 사람들' 명제를 확증했다.[12]

결정적으로 이런 현상, 즉 사회에서 경제적으로 가장 소외된 사람들 사이에서 브렉시트에 대한 지지는 지대와 불로소득 경제화에 관한 것이기도 하다는 것이 나의 주장이다. 우리가 보았듯이, 지대는 희소하게 된 자산의 소유권, 소유 또는 통제에서 나오는 소득이다. 그러나 우리가 또 보았듯이, 제프 만이 케인스주의 정치경제학에 관한 그의 책에서 강조한 것처럼 희소성은 단지 지대만 창출하는 것이 아니다. 그것은 만의 말을 빌리자면 항상 '표면 아래 숨어 있는' 어두운 면을 가지고 있다.[13] 희소한 부를 통제하는 사람들에게 불로소득주의를 가능케 하는 그 동일한 희소성은 또한 만이 '수치스러운 대중 빈곤'이라 부른 것에도 책임이 있다. 불로소득 자본주의가 귀환한 결과, 영국에서 현재 극심한 빈곤 속에 살고 있는 400만 명 이상의 사람들이 이 같은 빈곤을 대표한다. 만은 로베스피에르의 '명예로운' 빈곤이라는 개념, 즉 "더 적게, 어쩌면 거의 아무것도 갖지 않아도 여전히 존엄성을 지닌 것"이라는 개념과 관련해 '수치스러운'이라는 단어를 쓴다. 그러나 '명예로운' 빈곤과 불로소득 자본주의는 상호 배타적이다. 결국 영국의 성인 중 거의 400만 명이 현재 푸드뱅크에서 식사를 해야만 하는 사태에는 일말의 존엄성도 찾아볼 수 없다.[14] 만은 이렇게 말한다. 명예로운 빈곤은 "모든 사람이 관심을 갖는 사회적 안정을 위해 희소성[따라서 불로소득주의]에 대한 공격을 요구한다"고.[15]

불로소득주의에 의해 배제되고 수치스러운 빈곤으로 전락한 가난한 이들은 그들이 항의할 수 있는 기회를 애타게 원한다. 그리고 굿윈과 히스가 밝힌 '뒤처진' 브렉시트 투표를 한 개인들에게는 브렉시트란 항의투표의 기회 이외에 아무것도 아니었다. 만은 헤겔은 물론 케인스 자신과 피케티 같은 현대 케인스주의자들에게도 치욕적인 대중 빈곤은 필연적으로 '폭도 심리'를 낳는다고 지적한다. 영국에서 브렉시트 국민투표 전후 시점에서 반유럽연합 정치인과 우파 언론인들의 '기본 입장'이란 닉 코언Nick Cohen이 관찰했듯이 "의회, 사법부, 공무원을 자국에 대항해 음모를 꾸미는 사악한 세력으로 묘사해 폭도들을 선동하는 것"이었다.[16] 채찍질당하며 존엄성을 빼앗긴 사람들이 '기득권층'에 대항해 떠나기로 투표한 것이 놀라운 일인가. 어떤 것이든 현 상태보다는 낫다. "아무것도 소유하지 않은"(데이비스의 용어) 사람들은 "잃을 것이 없다"(만의 용어).[17]

오히려 더 놀라운 일은 따로 있다. 영국의 새 수상인 보리스 존슨 Boris Johnson은 EU 회원국 국민투표를 "진정한 변화에 투표할 수 있는 일생에 한 번뿐인 기회"로 묘사했다. 그러면서 그는—자신이 흠잡을 데 없는 이튼칼리지와 옥스브리지* 출신의 기득권자임을 증명하면서도—지지자들에 대해 브렉시트와 마찬가지로 자신이 기득권과 현상 유지에 대한 반대를 대표한다고 사람들을 설득하는 데 성공했다. 반면 2019년 총선에서 진정한 변화를 제안한 정치인이자 존슨에게 패배한 라이벌인 제러미 코빈은 기득권층에서 '수도권 엘리트' 자유주의 기득권의 대표자로 브렉시트 투표 지역에서 조롱을 받았다. 이것이야말로 정말 놀라운 일이다.

따라서 우리가 불로소득 자본주의라는 관점에서 볼 때 유용하게 이해할 수 있는 브렉시트 지지 '동맹'이 실제로 존재한다면 그것은 데이비스가 언급한 것보다 훨씬 더 역설적이다. 그렇다! 분명히 이 동맹은 "안락하게 『텔레그래프』지나 읽는 햄프셔 은퇴자들"을 포함하고 있다. 그들은 연금(1장)뿐만 아니라 자신들이 흔히 소유하는 개인 임대자산(7장)에서도 지대를 거두고 있음을 잊어서는 안 된다.[18] 그러나 이 동맹에는 불로소득주의의 우세 때문에 확연히 확장된 사회경제 스펙트럼의 정반대쪽 끝 편에 있는 사람들도 포함된다. 여기에는 불로소득주의의 주요 수혜자뿐만 아니라 그것 때문에 가장 극심하게 고통받는

---

* Oxbridge: 영국을 대표하는 두 명문대학인 옥스퍼드와 케임브리지를 함께 부르는 명칭.

사람들도 포함된다.

한편, 기탄없는 잔류파들은 앞서 만이 이 세계관을 묘사하기 위해 언급한 정확히 바로 그 용어로 격하게, 본질적으로 케인스주의자가 되는 경향이 있었다. 그들은 '파멸적인' 폭도들을 두려워하지만, 그들이 무지해서 무슨 짓을 할지 훨씬 더 두려워한다. 브렉시트처럼 헤겔에서 피케티에 이르기까지 케인스주의자들에게 궁극적으로 늘 위태로운 것은 '문명 그 자체'이며, 그것이 브렉시트 문제에서 잔류파가 본질적 이슈로 간주해온 것이다.[19] 문명은 '얇고 불안정한 껍질'(케인스의 유명한 말)로 이해되며, 가난하고 배고픈 사람들이 언제든 무너뜨리기 십상인 귀중한 구성물이다. 이러한 관점에서 보면 브렉시트는 모든 가능성에서 무질서와 문명의 종말과 동일시된다.

오직 이 렌즈를 통해서만 우리는 윌 허튼Will Hutton과 같이 주요 잔류파이자 영국에서 가장 잘 알려진 케인스주의자의 놀라운 주장을 이해할 수 있다. 그가 보기에, 브렉시트로 가장 위협받는 '부'는 경제적인 것이 아니라 정치윤리적인 것이며, 따라서 브렉시트 전투는 '문명적 도전'에 지나지 않았다.[20] 잔류파들은 '개방성과 관용'을 옹호한다고 허튼은 말한다. 그들은 "사회구성원이 상호 권리와 의무를 수락하는 사회계약의 가치를 지지한다." 그들은 한마디로 시민적이며 그들의 "EU 가입 제안은 문명적 명제"다. 이에 반해 허튼은 다음과 같이 말한다.

[브렉시트란] 평행선을 달리는 문명적 명제로서 폐쇄, 편협, 타자에 대한 의심의 세계를 창조하는 것이다. 이는 경제적으로는 무역 감소, 국내 투자 감소, 성장 감소로 나타날 것이며 공동의 도전에 맞서기 위해 다른 국가들

과 협력할 수 있는 능력이 감소될 것이다. 그러나 그것은 우리 문명에 미치는 영향보다는 덜 중요하다. 우리는 국민투표 이후 이미 분명해진 추세를 더 가속화하면서 더 편협하고 비열해질 것이다. 우리는 유색인종, 유럽인, 유대인, 이슬람교도를 더욱 의심하고 적대적으로 대할 것이다. 우리는 위축되고 축소될 것이다.[21]

제프 만의 이해대로 분명히 케인스는 살아 있다.

그렇다고 허튼과 여타 케인스적 잔류파가 영국의 현 상태에서 모든 것이 완벽하다고 생각한다는 말은 아니다. 그러나 그들의 관점에서 브렉시트는 단호하게 답이 아니다. 그들이 보기에 시급한 것은 '문명'을 버리는 것이 아니라 강화하는 것이다. 브렉시트 이후의 미래에 문명을 압도할 것으로 추정되는 무정부 상태와 무례함, 그리고 브렉시트 이전 현재의 문명을 위태롭게 할 희소성(그리고 이와 관련된 수치스러운 빈곤과 폭도적 심성)으로부터 문명을 보호해야 한다는 것이 그들의 믿음이다. 그리고 이것은 우리를 지대의 주제로 되돌아가게 한다. 불로소득자와 불로소득주의의 부상, 그리고 그 부상을 부추기는 연이은 신자유주의 체제의 영국 정부가 경제적으로나 정치적으로 오늘날 영국이 위태로운 상황에 처하게 된 데 많은 책임을 지고 있기 때문이다.

경쟁정책으로 시장독점을 깨자

이제 앞서 이언 잭이 꺼냈던 질문으로 돌아가자. 만약 빅 오일도 빅뱅도 영국 경제를 살리지 못했다면, 그리고 불로소득자의 특성으로 볼 때 지식재산, 플랫폼, 계약, 인프라, 토지가 개별적으로든 집단적으로든 그렇게 할 가망이 없다면 우리는 무엇을 할 것인가? 이 문제를 좀 더 간결하고 실용적으로 표현하자면 영국, 특히 불로소득주의가 아무런 실질적 혜택을 제공하지 않는 대다수 인구를 40년간 불로소득자와 특권적 신자유주의가 빠트린 구멍에서 건져내기 위해 우리는 어떤 적극적 조치를 취할 수 있을까?

마법의 해법이 없다는 것은 전혀 놀라운 일이 아니다. 그럼에도 행동을 취할 수 있는 분야가 적어도 네 가지는 존재한다. 이 행동은 불로소득자(기관과 개인)와 여타 모든 사람들 간 기존의 총체적인 정치경제적 불균형을 바로잡고, 그리하여 국가의 경제와 정치가 건강을 회복하는 데 도움이 될 것이다. 개별 정책으로는 어느 것도 충분하지 않을 것이다. 그러나 징책들을 함께 실행하면 서로 시너지를 내서 네 가지 분야의 의미 있는 전환이 확실히 불로소득자가 가하는 속박을 약화시킬 것이다. 더욱이 각 분야에 대한 유망한 아이디어는 이미 유통되고 있으며, 일부는 다른 국가들에서 이미 시행되고 있다. 확실히 영국만이 불로소득주의에 시달리는 유일한 나라는 아니며, 불로소득주의 극복을 위해 무엇을 할 수 있는지에 대한 질문은 영국과 마찬가지로 영국 밖 많은 곳에서도 시급하다.

불로소득주의의 '극복'에 대해 말한다는 것은 두말할 필요도 없이 매우 중대한 질문을 제기하는 것이다. 이 책에서 논의한 모든 이유로 볼 때 불로소득 자본주의가 거부되어야 하는 것이라면, 대안은 무엇일까? 불로소득 자본주의를 대체할 수 있는 것 또는 대체해야 하는 것은 무엇인가? 나는 아래에서 분명한 조치가 단행되어야 할 네 가지 핵심 분야를 제시하면서 이 질문에 답하고자 한다.

대안의 첫 번째 분야는 경쟁정책이다. 불로소득자가 독점권력을 향유하고 있다면, 정책 수립자들은 앞에서 설명한 널리 퍼져 있는 독점의 여러 부정적 결과를 제한하기 위해 독점권력을 약화시키는 주요 수단들을 최대한 활용해야 한다. 확실히 우리가 보았듯이 정치적 의지가 있더라도 시장 기반 경쟁을 도입하기 매우 어려운 일부 불로소득자 부문들이 있다. 토지(7장)라든가 인프라, 특히 많은 공공 유틸리티를 공급할 때 나타나는 '자연' 독점(6장) 같은 것이 그런 경우다. 이 경우에는 만연한 불로소득자 동학을 제한하기 위한 다른 대안 메커니즘이 필요할 것이며, 이에 대해서는 곧 설명하겠다.

경쟁정책의 효율성에서 명백한 부문별 한계가 존재하지만 그럼에도 시도되었던 것보다 훨씬 더 많은 일을 할 수 있음은 명백하다. 영국에는 왜 그렇게 고도로 집중된 금융 서비스 부문이 존재할까?(1장) 영국의 지식재산권이 일반적으로 독점권과 다름없고 종종 영구적인 이유는 무엇일까?(3장) 그리고 왜 그렇게 많은 새로운 디지털 플랫폼 사업자들이 제약 없는 시장 지배적 지위를 누리고 있을까?(4장) 이러한 부문들 중 어느 것도 독점권력이 '자연적'이거나 불가피한 것이 아니다. 일부(예를 들어 플랫폼 공간)에 그러한 권력집중에 유리한 구조적 특성이 분명히 존재함을 인정하더라도 말이다. 그럼에도 독점이 지속되는 이유에 대한 대답은 정책 입안자들이 불로소득자가 독점을 통해 시장 통제력을 강화하도록 적극적으로 조장했거나, 최소한 이를 방지할 기회가 주어졌을 때도 막는 데 실패했다는 것이다. 영국의 지식재산권은 독점적 지위를 누리도록 만들어졌기 때문에 광범위하고 강력하다. 영국 금융 서비스 부문 또한 그렇게 하도록 허용되었고 금융위기 동안 강력하게 조장되었기 때문에, 그것이 부분적인 이유가 되어 대규모로 통합되었다.

간단히 말해 너무 오랫동안 영국의 경쟁정책은 경제적 '복지'와 '효율성'을 특권화하고 경쟁 자체를 경시해(사실상 '경쟁'에 꼬리표를 붙여 조롱한다) 시장에서 손 떼고 개입하지 않는 시카고학파의 법경제학적 세계관에 속박되어왔다.[22] 합병은 규제조항이 거의 없이 이루어졌고 독점적 사업과 부문(종종 불로소득주의적인 부문)은 그들 계책에 내맡겨졌다. 금융과 지식재산 집약적 제약 부문에서는 국제무대에서 영국 '국가 챔피언'의 '경쟁력'이 국내 시장 안의 경쟁보다 줄곧 특권을 누려왔다.

하지만 이런 식으로 할 필요가 없음은 명백하다. 따라서 수십 년간 비교적 잠잠했던 경쟁정책의 문제가 지난 몇 년 동안 주류 담론에 다시 등장하기 시작했다. 주목해야 할 것은 영국의 경쟁·시장관리청(이하 CMA)에게 부활된 개입주의 입장을 요구하는 목소리가 점점 더 많아지고 있다는 것이다. 이런 발전은 영국의 여러 저명한 경제 평론가들과 함께 시작되었다. 그중 한 사람이 팀 하포드다.[23] 그러나 이제는 CMA의 의장인 앤드류 티리Andrew Tyrie 같은 중요 인사들도 포함된다.[24] 훨씬 강력한 경쟁정책을 옹호하는 이들은 지금쯤 이 책의 독자들에게 분명해졌을 사실을 점점 더 인식하고 있다. 즉, 실질적인 독점권력은 매우 운 좋게 그것을 확보한(정의상) 소수의 기관들—이들은 영국에서는 일반적으로 불로소득자 기관들이다—외에는 누구에게도 이익이 되지 않는다.

또한 경쟁규제당국의 강력한 개입 없이는 현재 영국처럼 독점권력을 행사하는 경제가—정도야 어떻든— 고착화된다고 하는 또 다른 중요한 사실을, 독점 옹호자들은 단지 암묵적으로 인식하고 있을 뿐이다. 자본주의에 대해 일종의 경쟁적 요소가 있다는 것, 즉 어떤 의미에서 경쟁이 자본주의에 고유하거나 일반적으로 그것을 끌어당기는 조건이라는 관념은 물론 오래된 것이다. 그러나 이 관념은 궁극적으로 신화이기도 하다.* 이는 『파이낸셜 타임스』의 필립 스티븐스Philip Stephens처럼 자본주의의 가장 열렬한 옹호자조차도 인정한다. 그는 이렇게 쓰고 있다. "제약이 없을 때 기업은 독점으로, 혁신은 지대 추구로 굳어진다. 오늘의 과격한 '파괴자'가 내일의 안락한 카르텔을 구축한다. 자본주의는 누군가가 경쟁을 강요할 때 작동한다. 그리고 성공한 자본가는 경쟁을 별로 좋아하지 않는다."[25]

'제약 없는' 자본주의는 가장 힘이 강한 행위자들이 애호하는 독점 조건 쪽으로 나아가는 경향이 있다. 하포드, 스티븐스, 티리 등은 이러한 경향을 저지하기 위해 훨씬 더 강력한 영국의 경쟁 강화 체제를 요구해왔다. 하지만 불로소득주의를 억제하는 데 도움이 되는 그러한 경쟁체제 시행은 어떤 유형의 정치경제를 낳는 데 기여할까? 이 인물들의 경우 답은 명확하다. 그것은 여전히 자본주의일 뿐 아니라 더 공정하고 더 경쟁적이기 때문에 더 나아지고 '좀 더 순수한' 형태의 자본주

---

* 저자가 '신화'라고 말한 이유는 경쟁질서가 자본주의에 자연스럽게 나타나는 것은 결코 아니며 정책과 제도로 강제되어야 한다는 뜻이다.

의가 될 것이다. 스티븐스의 말대로 하면 '종종' "자본주의는 자본가의 약탈로부터 구출되어야 한다."[26] 혹은 최근에 티리가 말했듯이, CMA 측에서 경쟁을 보장하기 위한 한층 더 적극적인 접근은 (한 언론인이 그의 말을 의역했는데) "자본주의를 자기 자신으로부터 구제하기 위한 광범위한 노력의 일부가 될 것이다."[27] 하지만 이들의 말처럼 '더 나은' 자본주의가 사실상 유일하게 가능한 결과일까?

조세정책, 조세정의와 생산적 투자촉진

더 진보적인 미래의 포스트불로소득주의 혼합경제에는 매우 다른 유형의 조세체계가 필수적이다. 내가 보여준 대로 영국의 기존 체계는 일반적 조세규칙—자본이득세에서 역사적으로 불로소득자 친화적인 일련의 수정이 두드러진다(서장 참조)—의 관점에서든 경제의 특정 부문에 적용되는 세금 규정 측면에서든 불로소득자의 이해관계와 매우 잘 부합한다. 더욱더 불로소득 지향적으로 되어가는 경향을 제거하기 위해 영국 조세체계를 급진적으로 정비하는 일은 오래전에 필요했다.

먼저, 그러한 점검은 현재 누리고 있는 추가 지원을 거의 필요로 하지 않는 불로소득자들의 구애를 끝장내도록 설계될 것이다. 불로소득자들은 현재 내지 않는 세금의 많은 부분—아마도 대부분을—공평한 몫의 세금으로 납부해야만 한다. 이것은 단지 소득에 대한 세금 문제만은 아니다. 불로소득주의는 배타적 자산의 통제와 착취에 입각한 경제 형태다. 이러한 자산의 용도와 가치는 그것들이 창출하는 소득 흐름의 가치만큼이나 중요하다. 자산의 중심성이야말로 불로소득주의와 비불로소득주의적 경제 생산방식을 구별 짓는다. 따라서 자산에 대한 세금은 소득에 대한 세금과 함께 오랫동안 정부의 전반적 재정 도구에서 주요한 도구를 대표해왔다. 그런 만큼 당면 문제가 불로소득자 국가에서 더욱 공정한 조세체계를 설계하는 일일 때는 특별히 면밀한 검토가 필요하다.

이는 단지 세율(소득, 자산, 혹은 모두에 대한 세율)만의 문제도 아니다. 앞서 살펴본 것처럼 조세체계는 그보다 훨씬 더 복잡하다. 신자유주의 시기 영국에서 등장한 세제 덕에 불로소득자가 번성한 이유 중 일부는 폭넓은 맞춤형 재정 지원이 제공되었기 때문이다. 인프라 불로소득자에게 제공되는 수당(6장), 창조산업에 제공되는 적격 제작물에 대한 구제(3장), 토지 소유자가 이용할 수 있는 면제(7장), 화석연료회사에 여전히—스캔들처럼—지급되는 보조금(2장) 같은 것들이 그런 지원에 포함된다. 불로소득자의 초과이윤 창출능력을 제한하는 방식으로 조세체계를 수정하려면 불로소득자를 지원하는 기존의 세금 기반 보조금을 축소해야 할 뿐 아니라 그냥 세율을 인상해야 한다. 물론 세율 인상은 정치적 관점과 대중의 관용(기업의 관용은 말할 것도 없고) 측면에서 지원 축소와는 매우 다른 제안이다.

현재 많은 경우 독점이윤을 얻는 데 익숙한 불로소득자들이 더 비례적으로 기여하도록 조세 제도를 재고·재설계하면 정부 세수가 증가할 것이다. 이것은 정부가 불로소득자 자본주의가 크게 뒤처지게 한 사람들을 한층 효과적으로 지원할 뿐만 아니라 대안적 생산, 덜 불로소득 지향적이거나 심지어 비불로소득 지향적인 미래의 생산에 적극적으로 투자할 수 있게 한다. 국가 재정능력을 강화하는 것은 어떤 때든 긍정적이지만, 특히 영국이 서구 세계에서 최악의 공공재정 상태에 있는 이 역사적 시점에서 당연히 유익하다. 막대한 부채, 상당한 미래 연금부채가 있으며, 이 책에서 언급한 민영화의 여파로 남아 있는 공공자산이 적은 데다 수익 창출 자산은 더욱 적다.[28]

우리는 오늘날 불로소득자 지배의 해악 때문에 영국의 조세체계를 재검토해야 한다고 주장하는 것인데, 그럼에도 정부 세수 문제를 지나치게 강조하지 않는 것이 중요하다. 정부의 세수 증가는 긍정적 결과를 가져올 것이다. 하지만 궁극적으로는 그것이 주요 목표는 아니다. 불로소득자에게 세금 부담을 늘리는 것은 국고를 크게 확충하는 방안이 되지 않는 경우에도 가치가 있을 것이다. 왜 그런가. 조지 몽비오는 2018년의 강력한 개입 글에서 대체로 상속 자산에서 소득을 창출하는 불로소득자 계급을 가리키는 피케티의 '세습자본' 개념에 의거해 다음과 같이 설명했다.

1940년대 주류 정치에서 좌파 권력이 확실히 절정에 달했을 때 미국의 소득세 최고세율은 94퍼센트, 영국의 소득세율은 98퍼센트까지 올랐다. 오늘날 경제학자들은 이 비율을 되돌아보고 비합리적이라고 설명한다. 그들은 래퍼 곡선이 정부가 약 70퍼센트 이상으로는 소득세율을 올리지 않도록 할 것을 시사해준다고 주장한다. 그러나 이는 요점을 놓치고 있다. 이 세금의 목적은 단지 수입을 늘리는 것이 아니라 세습자본의 권력을, 부의 축적과 불평등의 악순환을 깨트리는 것이었다.[29]

결론: 불로소득 자본주의를 어떻게 넘어설까

여기서 몽비오가 말하는 결정적 포인트는 과세라는 것이 불평등 상황을 몰아가고 이를 재생산하는 권력관계를 포함해서 불평등 문제를 해결하기 위해 국가가 수중에 쥘 수 있는 필수적인, 아마 가장 중요한 도구라는 것이다.

실제로 피케티도 거의 같은 주장을 했다. 즉, 과세는 일반적인 불평등, 특히 내재적으로 불로소득 지향적인 부의 불평등 동학을 다루려는 모든 시도에 필수적이다. 사실 피케티가 『21세기 자본』에서 하고 있는 모든 역사적 서사—1910년경까지 서구 국가들의 높은 부의 불평등은 이후 수십 년 동안 훨씬 낮은 수준의 불평등에 자리를 내줬고, 1970년대부터 다시 불평등이 증가하기 시작했다고 말한 것—는 단지 약간만 과장일 뿐이다. 이것을 조금 수정하면 필경 다음과 같은 핵심 단락이 나올 것이다.

> 1차 세계대전 이전에는 자본에 대한 세금이 매우 낮았다(대부분의 국가에서 개인 소득이나 기업 이익에 세금을 부과하지 않았으며 부동산세는 일반적으로 불과 몇 퍼센트였다). (중략) 1차 세계대전 후 최고 소득, 이윤, 재산에 대한 세율이 빠르게 높은 수준으로 상승했다. 그러나 1980년대 이후 금융 세계화와 국가 간 자본유치를 위한 경쟁 심화 등의 영향으로 이념적 분위기가 급격히 변화하면서 이러한 세율들이 떨어지고 어떤 경우에는 거의 완전히 사라졌다.[30]

피케티는 글로벌한 규모에서 세전 자산수익률(r)이 항상 경제성장률(g)보다 더 높았다고 추정한다. 그리고 자본주의 역사의 대부분에 걸쳐 세후 r이 항상 g보다 더 높았다고 한다. 여기서 다른 조건이 일정 하다면ceteris paribus, 자본주의하에서는 부의 불평등이 증가한다는 피케티의 주장이 도출된다. 1910년경부터 1980년까지의 기간에서 달라진 점은 역사상 처음으로 g가 순(세후) r을 초과하여 불평등이 감소했다는 점이다. 이는 적어도 2차 세계대전 이후 30년 동안 부분적으로는 '예외적인 성장' 덕분이었지만, 주로는 전체 기간에 걸친 '진보적 조세정책'의 결과였다. 따라서 "자본의 순수익률이 성장률보다 낮았던 전례 없는 시대"와 그에 따른 부의 불평등 감소를 주로 설명하는 것은 세금이다.[31] 따라서 자산에 대한 더 높은 세금이 r을 g보다 낮추고 오늘날 급증하는 부의 불평등에 대응하기 위한 피케티의 주요 정책 제안임은 놀라운 일이 아니다. 몽비오의 주장에 따르면, 그렇게 해야만 세습자본의 힘 그리고 부의 축적과 불평등 간의 악순환을 끊어낼 수 있다.

세금의 또 다른 차원이 있는데, 이는 영국에서 기존 불로소득주의 성향에서 탈피해 경제를 재편하고 전환시킬 가능성과도 크게 관련된다. 세금은 단순히 반응적인 정치경제 기술은 아니다. 다시 말해 현재 경제 활동의 양태를 주어진 것으로 간주한 채 그것들의 다양한 수준의 자산과 소득에 따라 다양한 수준의 세금을 부과하는 식의 기술은 아니다. 세금은 또한 경제의 **틀을 짠다**. 즉, 경제 주체들이 기존 자산과 역량으로 무엇을 하기로 결정하느냐는 그 행동의 조세적 함의에 대한 그들의 이해방식에 따라 달라진다. 우리가 반복적으로 보았듯이, 신자유주의 시대의 영국 정부는 불로소득자들에게 관대한 세제 혜택을 제공했을 뿐만 아니라 그 과정에서 **불로소득자가 되도록** 적극적으로 조장했다. 북해의 탄화수소 시추(2장)라든가 특허 만료가 임박한 의약품을 '에버그린'하기 위한 특허 연장 신청(3장)에 막대한 자원을 투입한 기업들은 아마도 이러한 활동을 지원하는 세금 보조금이 없었다면 자원을 다른 방식으로 활용했을 것이다.

어떤 경우든 세금을 재구성할 수 있는 가능성은 분명히 존재한다. 그 재구성은 불로소득자가 마땅히 비용을 지불하게 하고, 근본적으로 불로소득주의에 따른 치솟는 불평등을 해결할 뿐 아니라 불로소득자(현재와 잠재적)를 불로소득주의에서 벗어나게 한다. 간단히 말해 경제학자들이 과세의 '부정적 강화'* 측면이라고 부른 것을 활용함으로써, 비非불로소득자 활동에서 버는 소득에 대한 세금은 낮출 수 있다. 즉, 긍정적 행동이나 결과로 간주되는 것을 강화하기 위해 혐오스러운 자극을 없애는 것이다. 한편, 불로소득자 자산과 소득 흐름에 대한 세금을 도입하거나 이미 존재하는 경우는 인상해서 불로소득주의를 억제할 수 있다. 그러한 세금의 대표적 예는 토지가치세**가 될 것이다. 7장에서 보았듯이 영국은 현재 토지가치세를 부과하지 않고 있다. 이런 세금이 없기 때문에 투기적 '투자자'가 세금 없이 토지를 보유할 수 있음을 알고 순전히 토지가치가 높아질 것이라 기대하면서 토지를 구입해 개발도 하지 않은 채 보유한다. 이 때문에 영국이 비효율적이고 명백히 비생산적인 토지배분으로 유명한 나라가 된 것이다. 토지가치세

---

* 조세정책에서 불쾌한 결과나 벌을 부과함으로써 바람직한 행동을 하게 만드는 방식을 말한다. 그 반대가 보상을 해주어 긍정적 결과를 유도하는 방식이다.
** 흔히 토지보유세라고 한다. 토지공개념을 실현하기 위한 대표적 조세정책 수단이다.

는 토지 소유자가 토지를 사용하거나 보유비용을 지불하도록 동기를 부여하는 또 다른 부정적 강화제 역할을 할 것이다. 더 넓게 조세 시스템은 경제 유인 측면에서 생산적 투자를 장려하는 것이어야 하고, 토지투기 같은 형태의 지대 추구를 통해 그러한 투자를 몰아내는 것을 적극적으로 막아내는 역할을 해야 한다.

산업정책과 경제구조의 진보적 전환

이제 영국 사회와 영국 경제가 불로소득자의 해악에서 벗어나도록 조치를 취해야 하는 세 번째 영역으로 넘어간다. 불로소득주의를 극복하는 일이 결코 불로소득자를 매장하고, 안락사—케인스의 유명한 용어—시키는 깃일 수만은 없다. 이 책이 보여주었듯이 만약 불로소득자 기관들과 그 활동이 현대 영국 경제에서 제거된다면, 남는 것이 별로 없을 것이다. 다른 무엇이 그들의 자리를 대체해야 한다. 비불로소득자 경제 또는 불로소득 지향을 최소화하는 경제는 불로소득자 건축의 잿더미에서 불사조처럼, 마법처럼 일어나지는 않을 것이다. 그것은 건설되어야 하며 이를 위해서는 투자가 있어야 한다.

정부는 적절한 민간 부문 투자를 자극하고 기업과 개인을 지대의 유혹에서 탈피해—그것을 덜 매력적이게 만듦으로써—다른 유형의 경제 생산으로 유도하는 데 명백히 중추적인 역할을 수행해야 한다(아래 참조). 이와 관련해 영국의 정치적 주류가 최근 몇 년 동안 산업정책을 재발견했다는 사실은 분명히 긍정적인 신호다.[32] 『파이낸셜 타임스』가 제조업 물신숭배에 대해 경고한 것은 절대적으로 옳다고 해도 말이다(제조업만이 '실질' 가치가 있는 산출물을 생산하는 '실질' 경제 활동을 나타낸다는 생각은 무엇보다 애덤 스미스에서 기인한 오랜 경제적 오해이며, 특히 카를 마르크스가 이를 효과적으로 반박했다).[33] 우파와 주류 경제학에서는 정부가 투자 선택을 전적으로 '시장'에 맡겨야 한다고 주장하는 수많은 논평가가 존재한다. 영국의 '큰 정부', '개입주의의 실패', 잘못된 '부문별 전략과 보조금'의 역사에 대해 나이 든 맥퍼슨Etonian Nick Macpherson의 최근 호언장담은 특히 극단적이지만 단지 한 가지 예일 뿐이다.[34] 그러나 좀 더 돌아가는 상황을 아는 관찰자들이 지적했듯이, 산업정책이 엄격한 "자유방임 정책과 '승자 선발하기' 사이의 이분법적 선택"이라는 생각은 완전히 낡아빠진 것이다.[35] 토론 지형이 바뀌었다.

앞서 보았듯이 조세는 정부가 민간 부문 투자를 어떤 방향으로 유도하기 위해 활용할 수 있는 한 가지 수단이다. 점점 더 주목받고 있는 또 다른 수단은 국영투자은행이다. 독일과 이탈리아를 비롯한 여러 나라들에 이러한 은행이 있으며, 이 책을 쓰는 동안 스코틀랜드가 국영투자은행을 설립하는 중이다. 2017년 니콜라 스터전Nicola Sturgeon 수석장관이 발표한 스코틀랜드 국영투자은행은 정부가 스코틀랜드 경제발전의 틀을 잡는 도구로 간주되고 있다. 스코틀랜드 기업에 장기투자할 이 은행은 정부와 거리를 두면서 운영되는 유한회사가 될 테지만, 정부가 소유하고 자금을 조달할 것이며 '장관들'은 '사회경제적 도전을 해결'하기 위한 '미션 설정'을 통해 전략적 방향을 유도할 권한을 갖게 될 것이다.[36] 만약 영국 정부가 유사한 기관을 설립한다면, 영국 전체 수준에서 불로소득주의로부터 벗어나기 위한 종잣돈을 제공하고 자금을 조달하는 데 기여할 수 있다.

그러나 도전의 규모를 감안할 때 이런저런 곳에서 약간의 넛지*를 하는 것만으로는 명백히 불충분하다. 불로소득주의는 영국에서 일어나는 어떤 표면적 현상이 아니다. 그것은 본질적으로 뿌리가 깊고 넓게 퍼져 있는 경제를 구성하고 있다. 새로운 경제를 구축하려면 정부가 단지 대안적 민간 부문 활동에 유인 제공하기를 넘어서는 역할을 수행해야 한다. 정부가 쐐기를 박고 직접 자신의 경제 자산, 기술과 활동에 상당한 규모로 투자를 해야 한다. 한마디로 정부가 주도적인 역할을 해야 한다. 마리아나 마추카토와 마사 맥퍼슨Martha McPherson은 불로소득주의 문제가 아니라 저탄소 전환을 촉진하고 준비해야 할 필요성과 관련해 '전체 경제를 위한 방향전환 계획'에 대해 쓴 바 있는데, 이는 바로 불로소득주의 극복을 위해 똑같이 긴급한 계획이다. 즉, "이는 세금유인 이상을 요구하는 것이다. 대공황의 여파로 추진된 루스벨트의 뉴딜에서 본 바와 같은 담대한 투자가 필요하다."[37]

마추카토의 작업은 중요한데, 적극적 경제전환을 추진하는 대규모의 생산적이고 유능한 국가투자가 흔히 말하듯이 좌파의 그림의 떡 판타지가 아님을 보여주기 때문이다. 정부의 산업전략에 대한 통상적 견해(잘못된 어리석음)와 마찬가지로, "지루하고 무기력한 국가 대 역동적인 민간 부문"을 대비시키는 기존의 견해는 "널리 퍼진 만큼이나 잘못된 것"임을 마추카토는 보여주었다. 그의 저서 『기업가적 국가

---

* '넛지nudge'는 '팔꿈치로 쿡쿡 찌르다'라는 뜻으로 부드러운 개입을 말한다. 사람들을 바람직한 방향으로 부드럽게 유도하되, 선택은 개인의 자유에 맡긴다.

The Entrepreneurial State』에 따르면, 미국을 포함한 많은 나라에서 역사적으로 국가가 단지 "부富 창출 과정의 관리자이자 규제자로서 역할을 수행할 뿐더러 그 과정의 핵심적 행위자"로서 역할을 수행했으며, 그리하여 인터넷, 나노기술, 생명공학, 청정에너지를 포함해 "완전히 새로운 시장과 분야"를 창출하기 위해 진정으로 전환적 투자를 하고 있다.[38] 다시 말해, 국가는 단지 민간 부문에서 지지하거나 촉진하는 것이 아니라 자체 경제행동을 통해 주요 경제적 전환을 주도했다. 마추카토는 케인스를 인용한다. "정부에 중요한 것은 개인들이 이미 하고 있는 일을 하는 것이 아니다. 그것을 조금 더 잘하거나 조금 더 못하는 것도 아니다. 정부가 할 일은 현재 전혀 수행되고 있지 않는 일들을 하는 것이다."[39] 물론 오늘날 영국에서 불로소득자 동학으로 넘쳐나지 않은 경제적 활동이 '전혀 없다'고 말하는 것은 과장이지만 이는 작은 부분에 불과하다.

그러나 불로소득주의가 지배하지 않는 새로운 경제 창출을 주도할 영국의 기업가적 국가란 아무런 과장도 없이 현재 상태로부터 중대한 이탈을 의미한다. 현 영국 정부는 1980년대 초 이후의 모든 선행 정부들과 마찬가지로 확고히 불로소득자 편에 섰다. 그뿐만 아니라 영국 정부들은 불로소득자에게 적대적이든 우호적이든 간에 투자 자체로부터 점점 더 멀어지고 있다. [그림 C-1]이 보여주듯이, GDP에서 영국 정부 투자의 비중은 글로벌 금융위기 직후 잠깐의 상승세를 보이다가 1970년대 말 이후 지속적인 하락 추세를 보여왔다. 그리고 [그림 C-2]가 보여주듯이 이러한 하향 경로는 최근 몇 년간 국민경제 규모 대비 영국 정부 투자가 대다수 OECD 동료 국가들의 수준보다 현저히 낮

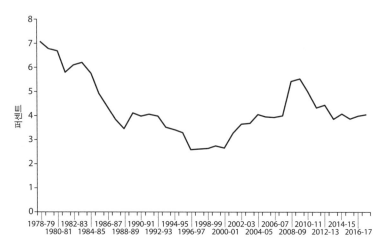

[그림 C-1] 1978/79~2016/17년 GDP 대비 영국 정부 투자

출처: 예산책임국

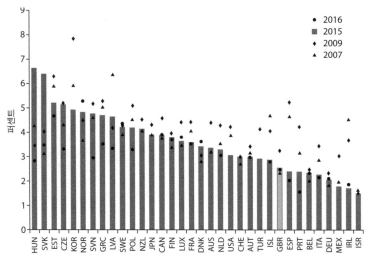

[그림 C-2] OECD 국가의 GDP 대비 정부 투자

출처: OECD

　　　　　　　　　　　　결론: 불로소득 자본주의를 어떻게 넘어설까

음을 의미했다. 이런 상황은 명백히 뒤집어야 한다.[40]

그렇다면 영국 정부는 어디에 투자해야 할까? 그리고 민간 부문이 어디에 투자하도록 장려해야 할까? 앞서 나는 투자가 불로소득자 경제로부터 방향을 바꿔야 한다고 말했지만, 새롭게 투자가 집중될 곳의 관점에서 볼 때 구체적으로 어떻게 해야 할까? 이는 훨씬 더 어려운 질문이며 불로소득자에게 종속되지 않은 현대 영국 경제가 어떤 모습일지에 대한 문제를 제기한다. 나는 이에 대한 포괄적 답변은 갖고 있지 않지만 특히 세 가지가 중요해 보인다.

첫째, 불로소득주의가 대체로 자산의 배타적 통제에 의해 정의된다면, 비불로소득 지향적 활동은 정의상 자산 집약적이지 않거나 자산이 기본적이면서도 배타적으로 통제되지는 않는 활동이다. 후자의 가능성은 앞서 이미 다루었거나 곧 다루게 될 문제(소유권)를 말하므로 여기서는 전자의 문제에 집중한다. '비자산 집약적' 경제 활동이란 무엇인가? 과연 그런 활동들이 존재할까? 존재한다는 것이 나의 답이다. 제조업의 중요 부분은 말할 것도 없고 서비스 부문에서 진행되는 많은 일은 그다지 자산 동원에 의존하지 않는 소득을 낳는다. 노동자를 자산으로 간주하지 않는다면 말이다. 노동자가 차지하는 위치와 노동자의 가치가 두 활동 간 구분의 핵심 포인트다. 오늘날 영국과 같은 불로소득자 경제에서 노동자는 상당 부분 부차적이며, 그 자체 가치가 아니라 희소한 비인간 자산에 대한 노역 때문에 가치가 있으며, 후자인 실물 자산은 무슨 일이 있어도 현금을 계속 낭비할 수 있게 만든다. 하지만 지대에 덜 기반을 두는 경제는 사람에 더 기반을 두는 경제가 될 것이며, 투자를 끌어들이는 것은 비인간 자산과 그것의 경

쟁으로부터 보호하는 것이 아니라 상당 정도 노동자와 그들의 숙련이
될 것이다.

둘째, 사람에 대한 이러한 강조는 경제적 생산자인 사람에서 소비
자인 사람에까지 확대될 것이다. 그러나 이때 소비자란 개별 소비자가
아니라는 점이 결정적으로 중요하다. 개별 소비자의 '필요'는 시장에서
생산되는 것이고 그 필요를 충족시키는 능력은 개별적 시장 소득에
따라 결정된다. 오히려 주로 투자가 새롭게 이루어져야 할 소비란 필수
적, 또는 일부 사람들이 '기초적'이라고 부르는 재화와 서비스의 집합
적 소비일 것이다. 집합적 소비를 위한 그러한 재화와 서비스의 제공이
고소득과 소득증가로 보장되지는 않는다(시장 '실패')는 점을 지적하면
서, 이른바 기초경제 집단Foundational Economy Collective은 이 '기초경제'
를 다음과 같이 설명한다.

> 모든 가정에 일상적 필수품을 제공하기 때문에 문명생활의 사회적·물질적
> 기반이 되는 재화와 서비스. 여기에는 물, 전기, 은행 서비스와 식품을 제
> 공하는 파이프, 케이블, 네트워크와 지점支店을 통한 물질적 서비스 그리고
> 교육, 건강, 사회적 돌봄의 프로비던스 서비스*와 함께 소득의 유지가 포함
> 된다. 그것들에 대한 제한된 접근이 가계의 복지와 시민의 사회적·경제적
> 기회에 중대한 영향을 미친다는 점에서 모든 가계에 대한 복지 필수적 활
> 동이다.[41]

---

* providential services: 사전 계획에 없었지만 필요할 때 거기에 맞추어 제공되는 서비스를
의미한다.

지금까지 이 기초경제 아이디어가 조금 모호하기는 하다. 그러나 핵심이 중요하다. 즉, 불로소득자가 특권을 누리는 신자유주의 아래에서 영국 인구의 대다수를 위한 '문명화된'(명예로운?) 삶의 기초가 잠식되었다는 것이다. 그리고 그러한 기초를 갱신하는 것이 불로소득자 이익을 중심으로 조직화되지 않은 신경제를 건설하는 데 근본적이라는 것이다.

　셋째, 불로소득주의를 극복하는 영국 경제는 녹색이어야 한다. 그것은 탄소중립적 경제여야 하며 빠르게 그렇게 되어야 한다. 기후위기가 날로 심화됨에 따라 이 목표란 실로 간명하다. 현재 널리 퍼진 그린뉴딜에 대한 제안과 함께 이러한 전환을 수행하는 데 필요한 투자의 특성에 대해 온갖 방식의 아이디어와 제안이 나왔는데, 이러한 모든 제안이 공유하는 한 가지가 있다. 이들 제안은 필요한 투자의 핵심이 인프라, 즉 무엇보다 청정에너지의 추출과 생산, 에너지 효율적인 운송, 산업과 가정을 위한 인프라에 대한 막대한 투자임을 인식하고 있다.[42] 그러나 신생 인프라의 문제를 제기하는 것은 그 모든 비용을 누가 지불할 것인지(대부분의 논평가는 국가가 책임져야 함을 수용한다)하는 물음뿐만 아니라, 누가 이 새로이 창출되는 인프라 자산을 소유하고 운영할 것인지에 대한 물음을 제기하는 것이다. 따라서 영국에서 기후 친화적 인프라뿐만 아니라 경제적 자산 일반에 대한 소유권이 이제 내가 마지막으로 다룰 문제다.

소유구조 재편: 다원적 혼합 소유의 생태계로

경쟁정책, 과세와 투자, 이 모두가 불로소득자의 지속적 지배에 대항하도록 영국 경제를 재구성하는 데 중요한 역할을 수행할 것이다. 하지만 아마 소유권이야말로 다른 모든 것을 뒷받침하는 검토사항일 것이다. 불로소득 자본주의가 사회의 가치 있는 경제 자산 대부분을 자본이 소유하는 경제적 생산과 재생산 양식이 아니라면 달리 무엇이란 말인가? 민간 부문이 자산을 소유하지 않는다면, 일반적으로 해당 자산의 경제적 동원 방식을 그들이 통제하거나 그러한 동원 이익을 사유화할 가능성이 훨씬 줄어든다.

신자유주의 시대에 불로소득자가 놀랄 정도로 우세해진 것은 대체로 소유권 전환에 따른 것이었다. 엄청난 범위와 규모로 핵심 자산들이 민영화되었다. 이는 토지와 주택(7장), 공공 유틸리티를 제공하는 인프라(6장), 공공 부문에서 맡았던 작업에 대한 계약적 책임(5장) 등에 걸쳐 있다. 경제학자 다이앤 코일이 말했듯이, "공공 부문은 가능한 한 적게 소유해야 한다는 믿음"은 신노동당을 포함해 화이트홀의 역대 행정부 사이에서 '신념 조항' 같은 것이 되었다.[43] 이와 동시에 자연자원 매장량(2장)에서 지식재산(3장), 라디오 스펙트럼(6장)에서 임대주택(7장)에 이르기까지 급증하는 사적 소유 자산 스톡에 대한 권리가 광범위하게 강화되었다. 이는 '소유'의 실제적 의미와 그 실체를 변화시키는 과정이었다. 따라서 영국에서 불로소득 자본주의에서 탈피하는 의미 있는 전망이 있다면 이 같은 소유권 전환의 방향을 역전시켜야 한다. 무엇보다 불로소득자의 잠식을 도모한다는 것은 사적 지대를 챙길 수 있는 배타적인 소유적 자산의 포트폴리오를 축소시키는 것을 의미한다.

그렇게 하는 목적은 자산 소유의 **경제적** 보수가 소수의 특권층, 소수의 소유자에게 집중되는 것을 막는 것이지만 그것만이 아니다. 자산 소유권은 단지 경제적 이점만을 제공하는 것이 아니다. 사회의 미래가 현재 짜여 있는 자산 위에 세워지는 한, 사회 자산의 소유자는 정의상 그 미래 모양새를 만들거나 지시할 수도 있는 권력을 가진다. 이는 경제의 문제만큼이나 정치의 문제이기도 하며, 누구보다 조지 몽비오의 말이 생생하게 와 닿는 불로소득 자본주의의 또 다른 차원이다. 그는 이렇게 주장했다. "부를 소유한 자의 경제권력은 정치권력으로 전환된다." "사회의 소수가 부유해질수록 정치를 더 잘 장악하고 민주주의를 약화시킬 수 있다. 결국 우리는 엘리트의, 엘리트에 의한, 엘리트를 위한 정부를 갖게 된다. 아주 낯익은 말로 들리는가?"[44] 실제로 그렇다. 이것은 불로소득자의 수중에 부(자산)가 극단적으로 점점 더 집중되면서 영국이라는 나라가 스스로 빠져들고 있는 상황이다. 이것은 폴 크루그먼Paul Krugman이 '불로소득자 체제'라고 부른 것의 한 가지 예다. 또한 크루그먼이 쓴 바 있는 '불로소득자에 의한 지배'는 경제적 지배뿐 아니라 정치적 지배이기도 하다.[45] 마틴 울프가 최근 관찰한 바 대로, 불로소득 자본주의의 부상이 '점점 퇴락한 민주주의'의 실현과 함께 일어났다는 사실을 놓고 볼 때 우연한 것은 아무것도 없다.[46]

따라서 우리가 불로소득자 지배에서 벗어나 소유권 개혁의 목표에 대해 질문을 던질 때, 위태로운 것은 파운드와 페니만큼이나 권력과 정치다. 이는 누가 나라의 미래를 결정하는 데 발언권을 갖게 되는

지의 문제다. 매튜 로렌스Mathew Lawrence와 나이절 메이슨Nigel Mason
이 영국 경제에서 소유권 확대를 제안한 2017년 보고서에서 거의 같
은 점을 지적했다. 이 보고서는 특히 기업 소유권에 초점을 맞추었지
만 이를 넘어 훨씬 더 큰 반향을 불러일으켰다. 그들은 "소유권 개혁의
목표"가 "대중에게 자본에 대한 더 많은 몫(사용 가능한 부와 소득 모두)
을 줄 것 그리고 종업원과 대중의 의사결정권을 확대함으로써 경제에
대한 경제력과 통제력을 확산시킬 것, 이 두 가지여야 한다"라고 주장
했다.[47] 내가 이 책에서 논의한 불로소득자 자산의 모든 유형을 고려할
때 나는 이 취지에 100퍼센트 동의한다.

이 모든 것은 실제로 무엇을 의미할까? 한 가지 질문은 새로운 자
산—아직 존재하지 않지만 여기에 개요가 나와 있는 미래에 생겨날
것들—에 관한 것이다. 미래의 포스트불로소득자 경제에서 정확히 무
엇에 투자해야 할지의 문제를 나는 위에서 다룬 바 있지만, 그때 미래
자산의 소유구조 문제에 대해서는 언급하지 않았다. 나는 새로운 탄
소중립 인프라를 발판으로 삼는 녹색경제가 불가피하게 자산집약적
일 것이라고 지적했다. 비전을 제시하는 사람들이 제안했듯이 '기초'경
제도 마찬가지인데, 이는 앞서 언급했듯이 "물, 전기, 은행 서비스와 식
량을 나르는 케이블, 네트워크, 지점"과 함께 "교육, 건강, 사회복지 서
비스"를 수용하는 건물로 구성된다. 녹색경제와 기초경제—실제로 단
일한 녹색기초경제가 될 것이다—가 실질적으로 자산으로 구성된다
고 할 때, 그렇다면 누가 그것들을 소유할 것인가? 이 책에 제시된 논
리에 따르면, 답은 민간 부문은 아니라는 것이다. 확실히 기본선에서
민간 부문은 아니다. 향후 인클로저와 독점적 지대 추출을 피하려면,

공공 부문이 집단적·사회적 삶을 뒷받침하는 자산, 즉 교통 인프라, 병원, 실질적으로 저렴한 주택과 같은 자산을 건설하고 소유하고 운영하는 방식으로 돌아가는 것이 필수적이다.

한편, 정치적으로 볼 때 확실히 더 까다로운 문제는 미래 자산이 아니라 기존 자산, 즉 오늘날 대부분 민간 불로소득자 수중에 있는 자산에 관한 것이다. 이것들 전부 또는 그중 일부를 수용expropriation해야 할까? 영국이 이런 방법 외에 어떻게 불로소득주의를 넘어설 수 있을지 알기 어렵다. 그렇다면 그 대상은 어떤 것이며, 어떤 방법과 비용으로 수용해야 할까? 이는 적어도 영국 좌파에서는 아주 최근에 나온 물음이다. 공공 부문 자산 소유의 확대에 찬성하는 여론이 점점 커지고 있는 것 같고, 그러한 확장을 정확히 달성할 수 있는 방법에 대해 흥미로운 새 아이디어들이 나오고 있다. 공공정책연구소Institute for Public Policy Research, IPPR와 신경제학재단New Economics Foundation 같은 대규모 제너럴리스트와 함께 코먼웰스Common Wealth, 위오운잇We Own It과 같은 틈새 단체를 포함한 싱크탱크들이 이러한 방식을 주도한다.

이러한 제안 중 일부는 언제나 민간 부문 불로소득자들이 건설하고 운영했던 민간 자산의 국유화를 요구한다. 좋은 예는 4장에서 검토한 페이스북이나 구글 같은 디지털 플랫폼 불로소득 업체다. 특히 닉 스르니첵Nick Srnicek은 그들이 점점 더 필수적인(또는 적어도 공개적으로 확산된) 서비스를 수행하고 강력한 네트워크 효과의 이익을 얻는다는 점을 감안할 때, 그러한 자산의 수용이 적절하다고 다음과 같이 주장한다.

과거에는 거대한 규모의 경제를 누리고 공동선에 기여하는 유틸리티와 철도 같은 자연독점이 공공 소유의 주요 후보였다. 새로운 독점 문제에 대한 우리의 해결책은 이런 종류의 오래된 해결책을 디지털 시대에 맞게 업데이트시키는 데 있다. 그것은 인터넷과 디지털 인프라가 사익과 권력을 추구하기 위해 운영되도록 허용하는 게 아니라 그것들에 대한 통제권을 되찾는 것을 의미한다.[48]

그러나 더 일반적으로 관찰자들이 국유화 또는 재국유화해야 한다고 점점 믿는 것은 이전에는 공적 소유였지만 신자유주의 시대의 민영화 열풍에 굴복한 자산이다. 예를 들어 위오운잇은 이 책 5장(계약에 따라 외주화된 서비스)과 6장(민영화된 인프라와 관련 서비스 제공)에서 검토한 전체 자산의 재국유화를 주장한다. 이 단체는 자신의 임무를 이렇게 명백히 말하고 있다. "우리는 이윤보다 사람이 우선이 되도록 민영화를 영원히 끝내고 싶다. 공공 서비스는 NHS, 학교, 물, 에너지, 철도, 로열메일*, 돌봄 업무 또는 자문 서비스 등 어떤 것이든 우리 모두의 것이어야 한다."[49] 코먼웰스는 이 목록에 이 책 7장에서 검토한 광범위하게 민영화된 핵심 자산인 토지와 주택을 추가한다. 그 웹사이트에는 "'토지'는 자연의 선물이라고 적혀 있는데, 토지 인클로저는 우리가 직면한 많은 도전의 중심에 놓여 있다. 무너진 주택 시스템에서 부의 심각한 불평등에 이르기까지, 금융 불안정에서 환경 붕괴에 이르기까지 토지 소유와 활용에서 불평등한 패턴이 역기능하는 경제·사

---

* Royal Mail: 영국의 우체국 우편서비스를 말한다.

회 모델을 몰아간다."[50]

실제로 영국에서 최근 소유권 혁신의 챔피언들은 이 사례를 더욱 발전시키고 있다. 그들은 고려해야 할 문제가 불로소득자 소유의 자산만은 아니라고 주장한다. 소유권 전환 의제는 더 광범위해야 하며 불로소득자든 아니든 일반 민간 기업을 수용해야 한다는 것이다. 기업 소유권에 대한 로렌스와 메이슨의 보고서는 다음과 같이 시작된다. "경제에서 자본의 불평등한 소유는 불평등의 강력한 동인이다. 최근 수십 년 동안 자본으로 귀속되는 국민소득의 몫이 증가했고, 앞으로 더 증가할 것으로 예상되는 상황에서 불평등을 줄이고 늘어나는 국부 혜택이 널리 공유되게 하려면 새로운 기업 소유 모델이 필요하다."[51] 기업 소유 전환을 확대하기 위한 구체적 정책 제안 중에는 시티즌웰스펀드Citizens' Wealth Fund(대중을 대신해 주식을 소유한다)과 협동조합, 상호회사와 종업원 소유권 신탁의 확대 등이 있다.

이러한 아이디어는 현실세계의 발전과 유리된 진공 상태에서 발생하는 것이 아니다. 일이 영국만이 아니라 영국의 바깥에서 일어나고 있는 이유도 있어서 거기서 견인력을 얻고 있다. 영국 회사의 소유주(때로는 매우 유명한 회사)가 종업원에게 소유권과 통제권을 양도한 경우가 있다.[52] 그리고 우리의 설명과 직접 관련되는데, 현재는 비교적 작은 규모이고 주로 지역 수준이긴 하지만, 불로소득자로부터 자산 소유권을 되찾기도 한다. 그와 같은 많은 사례는 사적 소유에서 공적 소유로 복귀하는 지역 유틸리티의 제공과 관련이 있다. 이러한 '재공영화'의 가장 두드러진 사례 중 일부는 국제적 사례에서 찾아볼 수 있다. 칼럼니스트인 아디트야 차크라보르티가 독일 볼프하

겐Wolfhagen의 주목할 만한 사례에 대해 쓴 것이 있다. 이 사례에서는 지역 전력망이 성공적으로 지자체 통제로 복귀했다. 하지만 이는 2000년 이후 유럽 대륙 전역에서 에너지와 물 공급, 폐기물 수집, 사회적 돌봄과 지역 교통 서비스에 이르기까지 (주로 지역) 공공 서비스가 공공 소유로 다시 전환된 500개 이상의 사례 중 한 가지일 뿐이라고 한다.[53]

영국은 오랫동안 불로소득자를 위해 도전받지 않는 이데올로기적 우월성과 물질적 안정을 제공한 나라였는데 이곳에도 이제 새로운 움직임이 일어나고 있다. 올리비에 프티장Olivier Petitjean과 사토코 기시모토Satoko Kishimoto가 편집한 중요한 보고서는 영국에서 교육, 에너지, 주택, 교통 등에 걸쳐 64개의 재공영화를 확인했다.[54] 위오운잇의 데이비드 홀David Hall과 캣 홉스Cat Hobbs기 지적했듯이, 이러한 사례의 대부분은 위원회에서 계약이 실패하거나 문제가 있다고 입증되었을 때, 외주화된 개별 서비스를 사내로 다시 가져오는 경우와 관련이 있다(5장 참조).[55] 그러나 더 야심차고 분명히 더 오래 지속되는 재공영화도 있었다. 지방당국은 주요 도시인 노팅엄Nottingham, 리즈Leeds, 브리스틀Bristol에 지자체 에너지회사를 설립했는데, 새로운 공공 부문의 공급업체들은 이미 200만 명이 넘는 사람들을 공급 대상으로 확보하고 있다.[56]

이러한 재공영화는 물론 공공 부문에서 이루어졌고 실제로 위에서 언급한 소유권 전환에 대한 대부분의 긴급 제안도 국가 소유의 확장과 관련이 있다. 하지만 소유 문제에 대한 우리의 생각이 제한되지 않는 것이 중요하다. 주요 자산에 대한 공공 부문 소유가 사적 불로소득자 소유에 대한 유일한 대안은 아니다. 공공 소유가 언제나 '사적 소유가 아니라면 달리 무엇인가?'라는 질문에 대한 기본적 답변이 되어서는 안 된다. 1980년대와 1990년대 영국의 민영화 정부는 상대적으로 대중의 반대가 거의 없는 상태에서 국가 자산을 쉽게 매각할 수 있었는데, 그 이유 중 하나는 대다수 영국 대중이 애초에 문제의 자산에 대한 공공 부문 소유와 관리를 별로 좋아하지 않았다는 것이다. 예를 들어 토지의 경우 공공 부문 소유주들은 때때로 형편없이 수준 낮은 관리자였다. 또한 브리티시 레일은 국유화와 국영의 외형상 이점을 보여주는 대표적 기업이 아니었다.

내가 주장한 바와 같이 민영화된 자산의 사적 소유와 운영은 영국에 큰 재앙이었다. 불로소득자 가계와 기관, 그리고 그들 주주들의 주머니를 채워준 반면, 일반 국민들에게는 눈에 띄는 혜택이 거의 없었다. 그러나 민영화 이전 공공 부문 소유권도 만병통치약이 아니었으며, 미래의 광범위한 재국유화 시나리오에서 그것이 만병통치약이 될 것이라고 가정하는 것도 순진한 생각일 뿐이다. 불로소득자와 그들의 지적·이데올로기적·정치적 옹호자들이 오랫동안 사적 자산 소유를 미화하고 물신화했던 식으로 국가 소유를 낭만화해서는 안 된다.

요컨대 공공 부문 소유는 현 상황에 대한 한 가지 대안일 뿐이다. 또 다른 대안은 공동체 소유인데, 이는 자산 유형에 맞추어 취해져야 한다. 위에서 언급한 싱크탱크들은 국가 소유와 관련된 가능성을 강조하고 있음에도, 공동체 소유에서도 중요한 일을 하고 있다. 위오운잇은 오로지 공공 부문의 통제를 옹호하는 반면, 예를 들어 코먼웰스는 그 이름에서도 알 수 있듯 공동 소유에 훨씬 더 많은 자리를 내어준다.

종업원 지주제는 이 범주에 틀림없이 부합한다(이것은 국유화가 아니다. 회사가 하나의 공동체로 존재한다면 그것은 분명히 주로 노동자의 형태로 존재할 것이다).[57] 또한 지배적인 사유화 모델의 잔해 속에서 공공 서비스를 위한 지역 인프라가 얼마간 생겨나기도 한다. 차크라보르티는 두 가지 사례를 논의했다. 부분적이긴 하지만, 그중 하나는 앞서 논의한 독일 볼프하겐 지역 전기배급의 지자체 재개와 관련되어 있다. 도시 공급업체의 4분의 1은 지역 시민 협동조합이 소유하고 있는데, 이 협동조합에서는 주민이 이사회에 의석을 갖고 있어 "주민들에게 유틸리티 관리에 대한 직접적 발언권을 갖게 한다."[58] 다른 하나는 영국에서 새롭게 떠오르는 지역사회 버스 서비스로, 해당 노선이 민간 운영자에 수익성이 없거나 예산삭감에 따른 어려움 때문에 지방당국이 서비스를 제공하지 않는 지역에서 나타난다.[59]

그러나 아마 공동체 소유를 위한 가장 명백하고 유망한 자산은 토지일 것이다. 어떤 의미에서 토지는 최초의 공동자산*이며, 토지 인클로저가 자본주의적 불로소득주의의 최초의 원천, 말하자면 원형이다. 뒤이은 모든 인클로저와 불로소득주의, 그리고 칼 폴라니가 마르크스처럼 맹렬히 비난한 사태에 대해 지역사회를 위해 토지를 되찾는 것은 불로소득자에게 상징적·물질적 중요성을 가진 타격이 될 것이다. 나아가 토지가 오랫동안 불로소득자 자산이었던 한, 단지 한 가지 유형의 불로소득자를 넘어 불로소득주의 자체에 대한 타격이 될 것이다. 궁극적으로 지대는 원래 **토지** 지대였다. 그리고 데이비드 하비가 언급했듯

---

* 커먼스commons의 우리말 번역이다.

이, "토지의 사유재산은 (중략) 모든 형태의 사유재산에 대해 이데올로기적 기능, 정당화 기능을 수행한다."[60]

영국의 공동체 토지 소유는 현재는 비교적 미미한 현상이다. 그러나 공동체 단체들은 지역 주민들에게 유익하게 쓰이지 않고 있다고 간주되는 토지에 대해 한층 강력한 소유 권리를 수립하기 위해 몇 년 동안 행동해왔다. 공동체 토지신탁은 이러한 권리를 실현하기 위해 점점 더 선호되는 모델이다. 잉글랜드와 스코틀랜드의 정부는 공동체 토지 소유에 대해 점점 더 적극적인 목소리를 내고 있는데, 사유 토지의 공동체 획득을 지지하는 방식으로 이것이 현실화된 것은 후자 지역이다. 영국의 공동체 토지회수권Community Right to Reclaim Land은 공동체에 공공기관이 소유한 토지의 이용에 대해서만 이의제기를 할 수 있는 권리를 부여한다. 이와 대조적으로 스코틀랜드의 공동체 구입우선권 Community Right to Buy은 공·사 토지를 막론하고 특정 유형의 토지에 대한 구입우선권을 공동체에 부여한다. 1970년대 이후 스코틀랜드 공동체 토지 소유의 성장은 주로 북부와 서부 고원, 섬에서 사유지 매수를 통해 발생했다. 2012년까지 추정한 바에 따르면 주택, 마을회관, 공동체 시설과 농장 부지를 포함한 7만 6,000개의 자산을 2,700개가 넘는 커뮤니티 관리 조직이 소유했다. 전체적으로 이러한 자산은 약 18만 7,000헥타르에 달하며, 이는 스코틀랜드 토지 면적의 2퍼센트를 조금 넘는 면적이다.[61] 포스트불로소득자 국가 영국으로 가는 도전, 더 정확히 말해 포스트불로소득자 국가 영국을 실현하는 도전이란 이러한 주도권의 기반 위에서 구축하는 것이며, 그 규모를 신속히 확장하는 것이다.

궁극적으로 영국에서 불로소득 자본주의를 극복하는 작업은 무엇보다 사적 소유의 이데올로기적이고 실질적인 지배를 깨뜨리는 문제가 될 것임이 매우 분명하다. 새롭게 대체된 여러 소유 형태의 혼합이 정확히 어떻게 되든 간에 말이다. 현재처럼 자산 소유의 한 가지 유형, 즉 사적 소유가 다른 모든 소유들보다 우위에 있는 것은 잘못된 것이며 파괴적이다. 사적 소유는 자연스레 불로소득주의를 뒷받침한다. 그러나 또 다른 독단적 접근으로 국유와 같은 단일 대답에 의존해 사적 소유 헤게모니를 대체하는 것은 그 못지않게 문제다. 사적 소유를 대체하는 좀 더 일반적인 대안들의 가치를 인정할 필요가 있다.

혼합 소유의 다원적 생태계가 아마도 최고의 목표일 것이다. 그리고 이는 확실히 정치적으로나 경제적으로 가장 실행이 가능한 결과다. 한편으로 이로 인해 금융자산, 지식재산, 주택과 같은 일부 자산들이 여전히 개인 소유로 남아 있을 것이다. 이와 관련된 정치적 도전은 경쟁 정책과 과세, 그리고 또 다른 정책수단을 조합함으로써 이들 개인 소유주가 불로소득자가 되지 않도록 하는 것이다. 다른 한편, 지역 수준이든 전국 수준이든 더 많은 자산을 국유화하거나 현재 사적 불로소득자 수중에 있는 많은 자산을 포함해 더 많은 자산을 공동체가 소유하는 것이 반드시 필요하다.

불로소득자의 안락사, 불로소득주의를 둘러싼 정치적 균열

사적 소유가 자본주의의 제도적 핵심인 한에서, 내가 여기서 언급한 자산 소유 지형의 중요한 변화는 분명히 엄청난 의미를 가질 것이다. 그렇다면 앞서 내가 제기한 물음으로 되돌아가, 영국은 불로소득주의를 넘어 어떤 '체제'를 향해 나아가야 하는가? 생산수단을 포함하지만 이에 국한되지 않는 핵심 경제 자산이 사적 수중에서 벗어나는 한, 실제로 자본주의 자체에서 벗어나 다른 것으로 옮겨가게 될 것이다. 사적 소유의 헤게모니가 잠식되면 될수록 그 자리를 대체하는 혼합 소유 생태계는 덜 자본주의처럼 보일 것이다.

내가 앞서 논의했던 강화된 경쟁 촉진 정책의 옹호자들─『파이낸셜 타임스』의 필립 스티븐스와 CMA의 앤드류 티리 등─은 모두 영국 경제가 '작동'하지 않고 있으며 긴급한 개혁이 필요하다는 이언 잭의 견해에 동의한다. 그러나 자세히 살펴보면 그러한 개혁이 어떤 특정 목적을 위한 것인지에 대한 이해에서 중대한 차이가 있음이 분명하다. 내가 처음 시작했던 잭의 프레임을 이용하자면, 누가 혹은 무엇이 구제되어야 할까? 잭은 말한다. 그것은 '우리' 보통 사람이며, 우리의 먹고사는 삶에 무엇을 조달해줄 것인가라는 것이다. 그러나 이는 스티븐스나 티리의 관심사, 적어도 궁극적 관심사는 아니다. 그들에게 구제가 필요한 것은 오히려 자본주의인데, 특정하자면 '자본가'(스티븐스)로부터 또는 '그 자신'(티리)으로부터 자본주의를 구제할 필요가 있다는 것이다.

지금까지 내가 개요를 제시한 네 가지 전환적 행동 세트를 열정적으로, 실질적으로 추구하면 이는 모종의─그 이름이 어떻든─대안 건설의 시도가 된다. 우리가 자본주의를 어떤 다양한 의미로 쓰든 이 대안에 단순히 '자본주의'라는 이름을 붙일 수는 없을 것이다. 따라서 구제받게 되는 것은 자본주의가 아니다. 이 대안에서 국가는 자본주의하에서보다 훨씬 더 능동적이고 경제에 관여하면서 투자하게 될 것이다. 사회의 경제적 자원은 자본주의하에서보다 훨씬 더 분산될 것이며 민주적 통제를 받게 될 것이다.

사실 나는 여기서 더 나아가고자 한다. 만약 자본주의적 불로소득주의가 성공적으로 잠식된다면 남는 것은 우리가 알고 있는 자본주의일 수가 없다. 이는 피케티가 주장했듯이 불로소득주의가 실제로 자본주의에 내재되어 있기 때문이다. 피케티는 이렇게 쓰고 있다. 자본은 "적어도 초창기에는 위험 지향적이고 기업가적이지만, 충분히 많은 양으로 축적이 진행됨에 따라 항상 지대로 전환되는 경향이 있다. 바로 그것이 자본의 소명이고 논리적 목적지"다.[62] 이는 우리가 '자본주의'라고 부르는 것이 불로소득주의거나 결국 불로소득주의가 된다는 뜻이다.

이 같은 경향은 데이비드 하비의 말처럼 자본가들이 "확실성, 조용한 삶, 독점적 스타일과 같이 가는 여유 있고 신중한 변화의 가능성"을 선호하기 때문만은 아니다. 하비의 말은 분명히 모두 사실이긴 하다.[63] 하지만 더욱 근본적으로 불로소득주의 경향은 자본주의하에서—20세기 중반 몇십 년 동안 예외적인 확장적 과세를 제외하고—기존의 부에서 지대를 얻는 것과 대조적으로, 새로운 생산에 대한 투자로부터 얻을 수 있는 상대적 보상의 함수다. 피케티의 정확한 공식 "$r>g$의 논리"는 "기업가가 항상 불로소득자가 되는 경향이 있다"는 의미를 담고 있다.[64] 이를 달리 표현하면 다음과 같이 된다. 만약 불로소

결론: 불로소득 자본주의를 어떻게 넘어설까

득주의가 기업가 정신보다 더 돈벌이가 된다면, 어떤 합리적 자본가가 불로소득자가 되기를 마다할까?

결국 소유권, 경쟁 촉진과 과세 같은 이슈들이 자본에 핵심적 의미를 갖는다. 사실 이는 곧 자본과 자본가들이 자신의 모습을 드러내는 것―특히 그들의 불로소득 지향적 모습으로―의 본질에 닿는 존재론적 질문들이다. 만약 지대가 자본의 소명이라면, 지대와 불로소득주의를 여하튼 실질적으로 억압하면서―스티븐스와 티리의 관점에서―자본주의를 구제하는 것은 논리적으로 불가능하다. 불로소득자를 안락사시키는 것은 다른 윤리, 다른 '논리적 목적지'를 가진 정치경제 시스템을 만드는 것이다. 그렇게 해야만 우리―책이 말한 '우리'―가 구원받을 수 있다.

누가 불로소득주의를 타파하려 하나?: 노동당의 대안

그러나 이것이 우리가 수행해야만 할 작업을 매우 대략적으로 그리는 것이라 해도 누가 그 일을 하려고 할까? 자본가들 자신은 아닐 것이다. 사실 이 점은 생각보다는 훨씬 덜 명백하다. 자본은 적어도 어느 정도의 탈불로소득화를 선호할 매우 타당한 이유가 있기 때문이다. 그러나 고질적인 집단행동의 문제가 자본가들이 그러한 결과를 추구하지 못하게 막는다.

예를 들어 독점화라는 '협소한' 문제와 그것이 노동소득 몫에 미치는 부정적 영향을 생각해보라. 과도한 독점력도 지나치게 쥐어짜는 임금도 실제로 자본에 이롭지 않다. 이는 전반적 유효수요를 약화시키면서 경기 침체를 유발한다. 그럼에도 독점과 값싼 노동은 그것을 즐기는 개별 자본가 기업의 입장에서는 기막히게 좋다. 물론 모든 회사가 그렇지는 않다. 하지만 상층 경제 엘리트 밑으로 지쳐 떨어진 많은 개인이 언젠가는 자신도 위로 올라갈 거라고 생각하듯이, 성공적 불로소득자가 아닌 많은 기업도 미래에 그렇게 되기를 희망하고 기대한다. 이는 자본들이 자본 전체의 집단적 이익을 위해 일하려고 **계급으로서** 정치적으로 행동하려고 함께 모이지 않는 한 가지 이유일 뿐이다.

오늘날 영국처럼 빈곤이 사회적으로 용납될 수 없는 지경이 될 정도로 광범위하고 수치스러워질 때 어떤 일이 벌어질지 우려하는 일반화된 케인스적 공포가 있다. 이것은 자본에 대한, 또는 케인스가 우려한 항상 불안정한 '문명'에 대한 유망한 시나리오는 아니다. 케인스는 이를 알고 있었고, 따라서 제프 만이 관찰한 것처럼, 그는 자본이 사회적 질서의 이익을 위해, 안정적 축적의 이익을 위해 '희생'해야 한다고 주장했다. 하지만 자본은 절대 그렇게 하지 않는다. 왜 그런가? 다시 케인스를 인용해 만은 말한다. 그것은 자본이 줄기차게 '계급'으로 행동하는 한, "독단적이고 근시안적이기 때문이다. (중략) 폭도들이 출현해 혁명적인 '기존 경제력의 완전한 파괴'를 가져올 것에 대해 그다지 염려하지 않는다."[65] 현대 영국의 불로소득자 자본은 역겨운 불평등과 치욕적인 빈곤, 그리고 자본주의에 미칠 그것의 잠재적으로 파괴적인 영향을 걱정하고 그 문제에 대해 희생하려 하는가? 그들의 태도는 명백히 걱정해야 하는 것과는 거리가 멀고, 희생적 행동은 더더욱 생각조차 하지 않는다.

결론: 불로소득 자본주의를 어떻게 넘어설까

따라서 자본은 설사 궁극적으로 자본과 자본주의에 이로운 방식이라 해도 기존 질서를 변형하려고 하지 않을 것이며, 내가 필요하다고 주장했고 전반적으로 자본에 이로울 것이 없는 심대한 변환은 더더욱 생각이 없을 것이다. 정치적 우파(신노동당을 포함한다면 현재 40년 동안 영국 정부에서 집권하고 있음) 또한 영국의 불로소득주의 성향을 없애려고 하지 않을 것이다. 마르크스는 1852년에 원래 독일어로 출판된『루이 보나파르트의 브뤼메르 18일The Eighteenth Brumaire of Louis Bonaparte』에서 이렇게 썼다. "영국의 토리당은 자신들이 왕족, 교회, 고대 헌법의 아름다움에 대해 황홀경에 빠져 있다고 오랫동안 상상해왔지만, 시련의 시간이 오자 그들은 지대에 대해 황홀감에 빠졌었다는 고백을 털어놓았다."[66] 이것은 날카로우면서도 냉철한 대표적 통찰이었는데, 19세기 초 보수당의 이익이 궁극적으로 어디에 있는지에 대한 마르크스의 평가는 오늘날의 보수당에도 똑같이 강력하고 정확하게 들어맞는다. 이 정당은 명백히 다른 무엇보다, 생산자본의 이익보다 훨씬 더 불로소득자의 이익을 방어하기 위해 존재하는 불로소득자의, 불로소득자를 위한 정당이다.

실제로 보수당의 불로소득 지향 성향은 그들이 2016년 이후 단호하게 브렉시트 정당이 된 이유를 설명하는 데 분명히 큰 도움이 될 것이다. 모든 합리적 논평가는 브렉시트가 영국에 기반을 둔 생산적 자본에 엄청나게 해로울 것이라고 믿는다. 사이먼 렌 루이스Simon Wren-Lewis의 말에 따르면, "가장 생산적인 자본과 그 자본과 함께 일하는 사람들, 즉 확실하게 거래하는 기업에 구현된 자본뿐만 아니라 거래하는 회사를 위해 물건을 생산하는 자본 등에도 해롭다. 브렉시트가 영국 전체를 빈곤하게 만드는 한, 이는 또한 영국 시장을 위해 생산하는 어떤 기업들에도 해롭다."[67] 더욱이 생산적 자본가 자신들도 이러한 피해 가능성을 충분히 인식하고 확실한 말로 자신의 견해를 표명했다. 데이비드 에저턴은 누가 '브렉시트를 지지하는가?'라고 물었다. "농업은 이에 반대한다. 공업은 이에 반대한다. 서비스도 이에 반대한다."[68] 렌 루이스는 묻는다. 그렇다면 왜 "전통적으로 영국의 생산직 자본을 지지하는 정당으로 간주되어온 보수당"이 "브렉시트를 지지했을까?"[69] 에저턴의 말에 따르면, 왜 보수당은 "명망 있는 모든 자본주의 국가와 대다수 자본주의 기업이 매우 바보 같다고 여기는 길"을 선택했는가?[70]

가장 믿을 만한 답은 확실히 내가 시사한 것이다. 보수당은 생산자본이 아니라 불로소득자 자본의 정당이며, 그 핵심에서 전자가 아니라 후자의 이익을 갖고 있었다. 따라서 브렉시트에 대한 생산적 자본의 우려는 크게 무시되었다. 에저턴도 같은 의견이었다. 그는 "현대 영국 국가"가 "생산적 경제와 거리를 두었다"고 하면서 이것이 보수당과 생산적 자본 사이의 "단절을 가져왔다"라고 설명했다.[71] 저명한 역사가—나는 아니다—인 에저턴의 통찰력을 나는 충분히 존중하는데, 그와 논쟁을 벌이는 지점은 역사적 변화에 대한 그의 독해에 있다. 에저턴은 영국이 한때 '위대한 제조업자'의 나라였으며 토리당도 한때 생산적 자본의 정당이었다고 주장한다.[72] 20세기 중반 아주 짧은 기간 동안에는 아마 그럴 것이다. 그러나 그 외 대부분의 시기에 대해서는 나는 확신이 없다. 서장에서 언급했듯이, 영국이 언제나 그 핵심에서 불로소득 국가였음을 설득력 있게 보여준 페리 앤더슨의 의견에 나는 공감한다.[73] 또한 나는 토리당을 지대정당으로 낙인찍은 마르크스에게 동조하는데, 이 점은 예나 지금이나 마찬가지다.

어쨌든 브렉시트가 적어도 일부 불로소득자 자본의 이익(예를 들어 금융자본)에는 해로울 수도 있는데, 경제에 대한 이해력이 한 번도 맞아떨어진 적 없는 토리당은 이 사실을 분명히 놓쳤을 것이다.[74] 일부 불로소득 자본가들 자신도 계산을 잘못했을 수 있다. 그러나 브렉시트와 관련된 정치경제적 산술이 어찌됐든, 매우 간명하고 중요한 진실은 보수당이 역사를 통틀어 그랬듯 지금 불로소득자들 뒤에 집결하고 있다는 것이다. 따라서 조지 몽비오가 영국에서 "우파는 세습적 부를 지키기 위해 존재하므로 이 힘을 결코 무너뜨릴 수 없을 것이다"라고 주장한 것은 전적으로 옳다.[75]

따라서 영국에서 불로소득주의를 극복하는 정치적 운동은 좌파에서 나와야만 하는데, 몽비오는 세습주의와 '대결하는' 이런 좌파가 존재한다고(그들이 어떤 목적을 위해 존재하는지를 기억할 때) 주장한다.[76] 이와 관련해 현재 야당에서 매우 희망적인 징후가 나타났다. 2015년부터 제러미 코빈이라는 지도자 아래에서 노동당은 내가 위에서 제안한 것과 매우 부합되고 대체로 유사한 문제의식에서 나오는 과세, 투자, 소유의 전환계획에 대해 말해왔다.[77]

노동당 정부는 기존의 정책 제안에 따라 예컨대 최소한 물, 에너지, 철도 서비스를 재국유화할 뿐더러 영국의 구멍난 공공 토지신탁을 재건하는 것을 목표로 삼는다. 이를 위해 공공 부문이 현재 가능한 것보다 기존 사용가치에 더 가까운 가격으로 개인 소유주로부터 부지를 취득할 수 있게 수정된 강제구매법을 활용할 것이다.[78] 또한 노동당 정부는 특히 불로소득자 부에 초점을 맞춘 "과세에 대해 근본적으로 다른 접근방식"을 밀어붙이려 할 것이다. 이는 불로소득자 재산에 대한 토지가치세를 포함한다.[79] 그리고 노동당 정부는 2018년 그린뉴딜을 제시했는데, 이는 2030년까지 탄소 배출량을 60퍼센트 감축하고 40만 개 이상의 숙련된 일자리를 창출한다는 투자와 전환 프로그램 계획이다.[80] 이 모든 것은 불평등과 빈곤, 특히 치욕적 빈곤을 줄이고, "양호한 임금, 안전, 직장에서의 존엄을 달성하기 위해 권력균형을 노동자 쪽으로 이동하기", 그리고 실직자를 우파 정부가 거부한 '존엄과 존경'으로 대우한다는 관점에서 수행될 것이다.[81] 다른 한편, 노동당은 노동자들에게 경쟁·시장관리청을 규제당국을 비롯해 여타 공공기관들에서 발언권을 갖게 할 것이다. 그런데 이런 정책 대안에는 내가 앞서 설명한 반反불로소득주의 정치경제적 변혁의 네 번째 기둥인 경쟁정책에 대해서는 실질적 계획이 없다. 그러나 여러분은 노동당의 정책 대안에서 모든 것을 가질 수는 없다.

모두가 불로소득자가 되려는 상황에서

불로소득 자본주의에 대해 무엇을 해야 하는지, 누가 그것을 해야 할지 파악하는 것은 쉬운 일이다. 불행하게도 이를 실행하는 일은 훨씬 어렵다. 소유권, 경쟁, 과세 문제를 의미 있게 해결하는 것은 경제의 계획과 운영에서 국가의 역할은 말할 것도 없고, 불로소득 경제화된 영국에서 자본과 권력의 핵심을 공격하는 것이다. 이들 권력을 결코 과소평가해서는 안 된다.

거대 자본이 영국 정치경제 전반에 위력적 영향을 미친다는 것은 전혀 비밀이 아니다. 1930년대에 케인스는—1장에서 언급한 적이 있다—그가 꿈꾸던 불로소득자의 안락사는 권력의 안락사, 특히 자본의 희소가치를 활용하는 권력, 즉 그의 용어로 '누적적'(자본가 계급의 권력)이고 '압제적인'(『옥스포드 영어사전』에서 선호하는 동의어는 '무자비한; 가혹한; 착취적인; 억압적인') 권력을 대표한다고 선언한 바 있다. 어렵게 영국 정치경제의 당시와 현재 상태를 비교하는 수고를 하지 않아도, 오늘날 불로소득자 자본의 힘이 케인스 시대보다 덜 누적되고 덜 억압적인지는 분명치 않다. 더욱이 다음과 같이 브레그먼이 강력하게 주장한 것처럼, 불로소득주의는 '본질적으로 권력의 문제'다.

> 태양왕 루이 14세가 수백만을 착취할 수 있었던 것은 순전히 그가 유럽에서 가장 큰 군대를 가지고 있었기 때문이다. 현대의 불로소득자도 다르지 않다. 그의 법정에는 법과 정치인, 언론인이 꽉 차 있다. 그 때문에 은행가는 터무니없는 사기에 대해서도 땅콩만한 벌금만 물지만, 정부 보조금을 받는 어머니가 잘못된 칸에 표시를 하면 평생 동안 벌을 받는다.[82]

오늘날 영국에서 불로소득자 자본의 힘이라든가 코빈이 이끄는 노동당이 구상한 반불로소득자 주도권 계획을 좌절시키려는 결의에 대해 의심이 가는 사람이라면 당이 2018년과 2019년 기간 정교하게 만든 제안에 반대하는 기득권의 극심한 반발 강도를 생각해보면 좋겠다. 예를 들어 노동당의 재국유화 계획을 알게 된 주요 인프라 불로소득자 업체 두 군데에서 "노동당 정책에 반대해 자신의 이익을 지키려고" 영국 사업의 소유권을 해외로 이전했다.[83] 노동당이 발주한 「다수를 위한 토지Land for the Many」 보고서(2019년 중반에 발간되었고 진보적 토지 개혁에 대한 제안이 포함됨)에 대한 반응은 엄청나게 격렬했다. 이는 공 저자 중 한 명인 몽비오를 흔들어 그가 영국의 '억만장자 언론'이 '초 부유층'과 '과두권력'을 대신해서 전투에 나설 결의를 다진다는 내용 의 글을 쓰게 했다.[84]

한편, 『파이낸셜 타임스』는 코빈이 노동자 지도자로 재임하는 동안 영국의 명목상 좌파 신문인 『가디언』보다 여러 면에서 코빈에게 더 공 정한 청문의 기회를 제공했다. 하지만 노동당의 2019년 총선 선언문인 "징벌적 세금 인상, 전면적 국유화, 대처 시기 노조개혁의 종식"이라는 내용을 보면서 명백히 논조가 달라졌다. 신문은 이렇게 썼다. "코빈의 원죄"는 "개인 기업을 그의 당이 확인한 문제에 대한 해결책의 일부가 아니라 관리해야 할 필요악으로 몰아넣은 것이다. 비즈니스에 대한 공 격은 부의 창출에 대한 공격이다."[85] 노동당의 선언문이 부의 창출에 대한 공격이 아니라 불로소득주의에 대한 공격으로 봐야 훨씬 잘 이 해될 수 있다는 사실은 글 쓰는 이들에게서 완전히 사라졌다. 영국 경 제는 "고장 나지 않았다"라는 신문의 주장 또한 큰 영향을 미쳤다. 대 체 누구를 위해 고장 나지 않았다는 것일까? 이렇게 『파이낸셜 타임 스』는 단지 글로벌 자본주의뿐만 아니라 자본의 최고 신문이라는 역 할로 되돌아갔다.

영국의 불로소득자 자본이 노동당의 제안으로 얼마나 위협을 받았 는지는 투표함에서 당이 결국 패배한 직후에 더욱 분명해졌다. 선거 다음 날인 2019년 12월 13일 금요일은 2년 이상 동안 영국 최대 기업의 주식 거래가 가장 바쁘게 일어난 날이었다. 주가가 전반적으로 뛰어올랐을 뿐더러 불로소득 기업의 주식이 특히 큰 이득을 얻었다. 『가디언』이 보도한 바와 같이 "은행, 주택 건설업체와 유틸리티"(모두 불로소득업체)가 주요 수혜자에 속했다. "노동당 정부 아래서 오픈리치의 광대역 부문 국유화에 직면했을 BT의 주식은 6퍼센트 이상 올랐으며, 세번트렌트, 센트리카와 내셔널그리드를 포함해 국유화 대상이었던 에너지회사와 수자원회사의 가치는 수십 억 파운드가 높아졌다.[86] 노동당이 국유화 대상으로 삼은 사기업은 실존적 위협에서 벗어났다.

확실히 보수당의 승리로 브렉시트와 영국 경제에 대해 전반적으로 부정적인 충격이 불가피해졌다. 그러나 야니스 바루파키스Yanis Varoufakis가 같은 날 트위터에서 언급했듯이, 사람들은 노동당이 불로소득자를 무릎 꿇리는 것보다는 "브렉시트에 따른 공급라인의 단절과 서비스 붕괴"를 더 선호하는 것으로 보였다. 바루파키스는 "투자자들이 자신의 이익의 일부를 다수에게 넘기는 노동당 [정부]의 전망보다는 전체 파이의 축소에 더 행복해한다"라고 썼다. "계급전쟁이 지배한다, 오케이."

평론가들 사이에서 변호론자들의 지지를 받는, 영국의 근본적 경제 변화에 대한 자본의 저항은 명백히 변화에 대한 주요 장애물이다. 그러나 틀림없이 더 중요한 것은 이언 잭이 '무엇이 우리를 구원해줄 것인가?'라고 물었을 때 염두에 두었던 '우리' 측의 저항이다. 즉, 영국 인구 전체다. 2019년에 명시적이지는 않지만 암묵적으로 반불로소득주의 지향의 강령을 내건 노동당의 선거 패배는 현대 불로소득 자본주의의 해악을 확신하고 그것을 대체할 필요성을 지지하는 모든 사람이 마땅히 우려할 만한 일이다.

브렉시트를 지지한 경우와 마찬가지로, 영국 투표자들이 노동당과 코빈에 대한 지지를 꺼리는 이유에는 물론 다양한 가능성과 설명들이 있다. 그러나 다시 말하지만, 브렉시트와 마찬가지로 불로소득주의 자체는 확실히 그 일부를 설명한다. 즉, 노동당은 불로소득자를 억누르려는 계획이 부분적 이유가 되어 패배한 것이다. 여기서 우리는 명백히 불공정한데 불로소득 자본주의가 지속되는 문제에 대해 결정적 관찰을 제공한 브레그먼의 말을 들어보는 것이 좋겠다. 그에 따르면, 불로소득자들의 자본은 단지 관료나 주류 언론과의 안락한 관계 덕으로만 보호받는 것이 아니다. 틀림없이 훨씬 더 골치 아픈—브레그먼은 '음흉하다'고 말한다—것이 역할을 한다. 자본주의 기업만이 불로소득자가 되기를 열망해 자주 ⅃ 능력으로 성공하고 이익을 얻는 유일한 부류는 아니다. 이 책의 1장과 7장에서 보여주었듯이 우리 중 많은 사람도 마찬가지다. 브레그먼은 이렇게 쓰고 있다. "우리는 모두 '워너비' 불로소득자다." 불로소득자 기관은 "수백만 명의 사람들이 그 수익 모델에 연루되게 만들었다. 다음과 같은 사정을 생각해보라. 우리 금융 부문의 가장 큰 두 개의 캐시카우는 무엇일까? 답은 주택시장과 연금이다. 둘 다 우리 중 많은 사람이 깊이 연루되어 있는 시장이다." 그리고 "당신도 좀도둑질을 하면 도둑에 대해 손가락질하기가 어렵다."[87]

내가 7장에서 제안한 것처럼, 이 역설적 상황이 쉽게 야기할 수 있는 개별화된 갈등(불로소득 자본주의의 문제를 인식하고 필시 그것이 폐지되기를 바람과 동시에 개인 능력에서는 그 혜택을 얻고 있음)은 주택 소유 비용이 많이 드는 영국의 젊은이들 사이에서는 훨씬 덜 일반적이다. 따라서 영국의 경우, 여론의 법정에서 불로소득자 자본에 공세를 취하는 데 대한 정치적 장애물은 브레그먼이 두려워하는 만큼 크지 않을 수 있다. 윌리엄 데이비스는 최근에 또 다른 통찰력 있는 비평에서 다음과 같이 평했다.

> 좌파의 젊은 세대는 이제 지대 중심으로 조직된 경제에 익숙해졌는데, 이런 경제를 단지 세입자로서만이 아니라 '공유경제'가 제공하는 모호한 기회를 통해 경험한다. 작업 공간, 여분의 침실, 문화적 '콘텐츠'와 차량은 소유하는 것이 아니라 제한된 시간 단위로 이용된다. 반대로 직장생활을 조직하는 지배적인 방법인 '경력'이 사라지면서 젊은이들은 자신을 지대를 얻을 수 있는 자산으로 여기게 되며, 시장에서 그 가격을 찾는다. 이것이 딜리버루의 자전거만큼이나 인스타그램 기반 유명세를 뒷받침하는 논리다.[88]

달리 말해 2019년 12월, 영국의 젊은이들이 압도적으로 노동당에 투표한 이유 중 하나는 그들이 대체로 불로소득자가 아니기 때문이다. 그들 중 불로소득자가 있다 해도, 불로소득주의에 반대하는 노동당의 성향에서 잃을 것은 아무것도 없으며, 얻는 것은 많다.

그러나 피케티가 말했듯이 노동당이 안고 있는 문제는 오늘날 영국이 소수의 고전적 불로소득 국가가 아니라 많은 '프티'불로소득 국가, 그리고 아마도 훨씬 더 많은 '워너비' 불로소득(브레그먼이 한 말) 국가라는 점이다. 데이비스가 말한 "안락하게 『텔레크래프』지나 읽는 햄프셔 은퇴자들"은 단지 가장 지독한 예일 뿐이다. 그 외에도 셀 수 없이 많은 다른 유형이 있다. 그리고 그들은 2019년에 보수당에 투표했다. 실제로 불로소득자-비불로소득자의 투표 격차는 노년-청년 분단과 같지 않았고 그 격차보다 분명히 훨씬 더 심했다. 데이비스는 "심지어 고령 유권자들 사이에서도 보수당에 대한 지지는 소유자-점유자의 범위를 넘어서지 않는다"라고 지적했다. 즉, 60대에 임대하는 사람이 30대에 임대하는 사람보다 보수당에 투표할 가능성이 더 높지는 않다는 것이다.[89]

다시 데이비스가 말한 대로, 영국의 최대 불로소득자-자본주의적 기관들과 꼭 마찬가지로 영국의 다양한 프티불로소득자들의 입장에서 볼 때, 브렉시트와 관련해 무슨 일이 일어난다 해도 노동당 정부가 집권한 경우보다는 훨씬 덜 우려스러운 듯하다. "인플레이션이나 주식시장 침체는 분명히 그들에게 손해를 끼칠 것인데도 그런 일이 일어날 수 있음을 잊어버렸을 수도 있다. 하지만 제러미 코빈이라면 자본, 선물, 상속에 세금을 부과할 것으로 믿기 때문에 잔류 전망보다 그들을 더 두려움에 떨게 한다."[90] 코빈이 권력을 얻었다면 사실 그런 일은 하지 않았을 거라고 보는 것은 문제의 요점을 벗어난 것이다. 영국의 압도적인 우파 언론 때문에 대중은 코빈이 그렇게 할 것으로 확신하는 것 같았다. 예를 들어 몽비오가 말한 대로 언론은 그가 공동 저술한 「다수를 위한 토지」 보고서가 일반인이 주로 사는 주택에 자본이득세를 제안했다고 주장했다.[91] 『메일 온 선데이Mail On Sunday』는 "수백만 명을 공포에 떨게 할 사악한 습격"이라고 비명을 질렀다.[92] 나머지는 그들의 말대로 선거가 역사를 알려준다.

새로운 파국이 오기 전에

불로소득주의에 대항하고 이를 넘어 진보를 이루는 일이 쉬울 리야 없지만 꼭 필요한 과업이다. 불로소득자(가계와 기관 모두)를 제외한 모두에게 영국 자본주의는 분명히 작동하지 않고 있다. 그리고 실질적인 정치경제적 변화가 속히 오지 않는 한 이 책에서 탐구한 문제는 줄어들지 않고 오히려 심화될 것이라고 믿을 수밖에 없는 온갖 이유가 있다. 몽비오가 아래와 같이 우리에게 상기시키고 있듯이, 불로소득 자본주의의 본질 속에 그 이유가 담겨 있다.

> 자본수익률이 경제적 산출의 성장률보다 더 빠르게 증가하면 불평등이 소용돌이치고 사회적 이동성이 정체되며 기업 경제가 불로소득 경제로 대체된다. 다시 말해, 일단 돈과 재산이 있으면 경제적 지대의 수확을 통해 더 많은 돈과 재산을 축적하고 사회적 부의 더 많은 부분을 차지할 수 있다. (중략) 이런 식으로 스스로 아무 기업적 활동도 없이 부자는 더 부자가 되고 가난한 사람은 더 가난해진다. 이 과정에는 자연적 한계가 없다. 결국 우리가 과거에서 보았듯이 아주 부자인 사람들이 사회의 거의 전체 생산을 차지할 수 있다. (중략) 이 같은 곤경은 시스템의 왜곡이 아니다. 시스템에 내재된 고유한 특성이다. 부의 축적의 악순환을 끊을 수 있는 정치적 운동이 없다면 이렇게 될 수밖에 없다.[93]

근대 서구의 역사에서 단 한 번, 20세기 초에 자본주의와 자본가들의 총체적 불로소득주의로 나아가는 행진이 저지당한 적이 있다. 몽비오('사회의 거의 모든 생산'을 부자가 차지할 것으로 예상함)뿐만 아니라 피케티(지대를 자본의 '소명'으로 묘사함)가 전망한 총체적 불로소득주의 경향이 효과적으로 억제되었던 것이다. 우리가 본 바와 같이 1910년경부터 첨예했던 부의 불평등은 지속적으로 퇴조하기 시작했다. 이는 신자유주의가 서구의 소수 지식인들 사이에서만 일부 강박관념이었던 것에서 점점 더 만연하는 정치경제적 현실로 변화된 후에 다시 확대되기 시작했다.

나는 피케티를 따라 누진세 제도가 20세기 초·중반에 도금 시대의 불평등 심화를 막는 데 중요한 역할을 했다고 언급했다. 이에 따라 자산에 대한 수익이 제한되었다. 하지만 1차 세계대전 전후로 일어난 변화는 자산—자본 일반—의 양적 감소와 함께 그 수익률의 감소와 관련된 것이었다. 1차 세계대전은 대공황과 2차 세계대전으로 이어졌다. 피케티는 당시가 "격렬한 군사적·정치적·경제적 갈등"의 시대였다고 말한다. 이러한 갈등은 부의 거대한 파괴를 초래했다. "20세기 중반까지 자본은 대부분 사라졌다."[94] 이후 불로소득주의는 지대를 창출하는 자산이 거의 없었기 때문에 대부분 지대벌이를 중단했다.

피케티의 가장 중요한 관찰 중 하나는 이렇듯 적나라한 역사적 현실에 대한 성찰에 있다. 피케티는 지금까지 자본주의의 다양한 '시대'를 구분하는 모든 역사와 대조적으로, 자본주의가 1차 세계대전 전후 기간 사이에 실질적으로 변하지 않았다고 말한다. 지대는 변함없이 자본의 소명이었다. 그러나 갈등과 파괴 때문에 재건이 필요했다. "자본주의가 구조적으로 변환되었다"는 관념은 "과거를 지워버린 20세기 전쟁"이 만들어낸 '환상'이다.[95]

그리하여 우리는 여기서 다시 한 번—특히 영국에서—불로소득 자본주의와 함께하고 있다. 불로소득 자본주의가 또다시 상승세를 타고 있으며, 그 호출카드인 극명한 불평등도 다시 초래했다. 아마도 피케티가 말한 역사적 선례를 한 측면으로만 생각하기 쉬울 것이다. 무슨 뜻인가 하면 불로소득주의가 전쟁과 불황을 낳았을 수 있다고 먼저 생각하지 않은 채, 그 재난들이 불로소득주의를 성공적으로 억제했다고만 생각하는 것이다(그것들의 한 가지 긍정적 결과인가?). 그러나 몽비오는 그 편안한 자만심을 거부한다. 그는 불로소득 경제의 진전으로 불평등이 심화되고, 사회적 이동이 정체되며, '과거에 보았듯이' 엄청난 부자들이 '사회의 거의 전체 생산'을 장악하면 어떻게 되는지 묻고 있다. 몽비오는 경고한다. "이 시점에 그에 따른 부채, 궁핍과 실업은 경제 붕괴를 초래할 수 있다. 지난 시기 대공황이 좋은 예다."[96]

따라서 과거에 불로소득주의 경향이 억제된 경우에는 이를 위해 전쟁과 경제 붕괴가 요구되었던 것이며, 몽비오가 옳다면 거기에 우연한 것은 없었다. 지대가 자본의 논리적 목적지라면 사회적·경제적 황폐화는 지대의 논리적 목적지가 될 수 있다. 경제적·사회적 균열의 논리적 결과는 적어도 치욕스러운 빈곤의 대량 확산이다.

영국에서 좌파가 비교적 짧은 시간에 집권해 불로소득자를 제거하는 데 필요한 변혁을 추진할 수 없다면, 부득불 불로소득주의를 제한하기 위해 다시 한 번 엄청나게 파괴적인 사회경제적 소동이 일어나는 일도 얼마든지 가능하다. 다시 이런 소동이 일어나게 되면 불로소득 동학과 국가의 지원에 부분적 책임이 있다. 바로 이것이 피케티가 자신의 수정水晶 공을 통해 서구 세계에 대해 더 광범위하게 바라보고 있는 것이다. "1970~2010년의 추세를 2010~2050년 또는 2010~2100년의 기간에 대입해보면 그 결과는 국가 간뿐만 아니라 국가 내에서도 상당한 규모의 경제적·사회적·정치적 불균형을 초래할 것이며, 이 불균형은 필연적으로 리카디언 종말*을 떠올리게 한다."[97]

그러나 이번에는 또 다른 '불균형'의 차원이 존재한다. 다가올 미래에는 20세기에 상처를 입혔고 불로소득 자본주의 때문에 대가를 지불했던 정치적·군사적·경제적 혼란들이 환경적 혼란과 밀접하게 결합될 것이 불가피해 보인다. 탄소 신자유주의(2장)의 본고장인 영국을 포함해 여기서도 불로소득주의가 중추적 역할을 한다. 그리고 만약 화석연료 불로소득주의가 수그러들지 않고 지속된다면 이에 따른 혼란은 말기적일 수 있다. 사실상 종말이다.

---

* 피케티가 『21세기 자본』에서 쓴 용어로, 토지 가격이 끝없이 상승해 심각한 경제적·사회적·정치적 불균형을 초래하는 현상을 가리킨다.

결론: 불로소득 자본주의를 어떻게 넘어설까

감사의 말

버소Verso 출판사와 이 책을 함께 작업한 것은 제가 누릴 수 있었던 큰 특권이자 기쁨이었습니다. 이 책의 가치를 믿어주신 편집자 서배스천 버드겐Sebastian Budgen, 훌륭한 카피를 작성해주신 찰스 페이튼Charles Peyton, 그리고 최종 결과물을 출판하게 해주신 덩컨 랜슬렘Duncan Ranslem에게 진심으로 감사드립니다.

제가 누린 또 다른 특권은 저의 책을 기꺼이 읽어주고 논평해준 동료들이 있었다는 것입니다. 수고를 마다하지 않은 동료들 덕분에 이 책에 실린 내용의 학문적 판단을 완벽하게 신뢰할 수 있는 것임은 의심할 나위가 없습니다. 특히 원고를 모두 읽고 개선할 부분을 제안해준 그레타 크리프너와 제프 만에게 이 자리를 빌려 감사하다는 말을 전합니다. 이 외에도 본문 전체를 꼼꼼히 읽어준 서배스천 버드겐과 익명의 독자에게도 감사 인사를 드립니다. 물론 이 책에서 제기된 주장들, 사실에 대한 오류나 해석상의 오류는 모두 저의 책임입니다.

가족들에게 가장 큰 감사를 표합니다. 아그네타, 엘리엇, 올리버, 에밀리아. 그대들과 가족인 것이 제가 누리는 가장 큰 특권입니다. 멋진 우리 가족, 진심으로 사랑합니다.

2020년 3월 웁살라에서

불로소득 자본주의와 그 너머: 피케티 이후의 크리스토퍼스*

이병천(강원대 명예교수)

시장·자유·불평등·불로소득: 스미스, 프리드먼, 피케티

경제학의 세계에는 보통 사람들을 현혹시키는 여러 신화가 있다. 주류 신고전파 경제학은 배울 것도 많지만 이들 신화 때문에 열심히 배울수록 바보처럼 될 우려도 있다. 첫손에 꼽아야 할 것이 시장에 맡기면 경제적 자유가 보장됨은 물론 성장이든 분배든 경제 만사가 술술 잘 풀린다는 신화다. 이 문제에서 '경제학의 아버지' 애덤 스미스의 생각은 매우 양면적이다.** 그에 따르면 자연적 자유가 보장된

---

* 서울사회경제연구소, 『SIES 이슈와 정책』 63호(2023년 7월 13일)에 실린 글을 수정·보완했다.
** 2023년은 스미스 탄생 300주년이 되는 해인데, 스미스의 이중성 또는 모순에 대해 많은 논의가 있어왔다. 국부론 내부의 딜레마, 국부론과 도덕감정론 사이 또는 부wealth와 덕virtue 사이의 간극 문제가 대표적이다.

자유시장은 '보이지 않는 손'이 작용해 사익의 추구로 공익이 실현되는 예정조화적 자기조정력을 가지고 있다. 이 자기조정 시장론과 짝을 이루는 것이 화폐가 물물교환의 불편을 극복하기 위해 생겨났다는 화폐의 상품 이론이다. 이런 생각들은 스미스의 근본적 맹점이며, 시장만능주의 '표준경제학'은 바로 이 부분에 집중해 스미스를 자기 아버지로 삼으려고 한다. 하지만 스미스는 두 얼굴을 가지고 있다. 그는 불로소득 경제와 특권체제, 대기업의 독점을 비판하면서 경제적 자유와 열린 시장을 옹호했다. 스미스라면 한국의 세습 자본주의, 국정농단까지 서슴지 않은 이재용의 삼성을 비롯한 재벌의 세습과 독점적 지배, 경제력 집중을 강도 높게 비판했을 것이다. 이 지점에서 스미스가 오늘의 피케티와 연결선(가는 선이라 해도)이 있다고 보면 무리한 이야기일까. 스미스는 중소기업이 아래로부터 피어날 뿐더러 노동자 대중이 생활임금을 받음으로써 사회적 분업이 확장되고 수익체증이 일어나는 '국민적 분업권分業圈'으로서의 시장경제권, '국민의 부'*—국가의 부만이 아니라—가 역동적으로 창출되는 정의로운 열린 시장을 옹호했다.** 또한 그는 인간이 이기심에만 사로잡힌 경제인이 아니라

---

* 스미스의 저서 *An Inquiry into the Nature and Causes of the Wealth of Nations*는 통상 『국부론』으로 번역되고 있는데, 이는 오해의 여지가 있으며 'Nation'과 'State'의 차이에 주목해야 한다. 일본학자 우자와 히로후미에 따르면 'Nation'이라는 단어는 "한 나라의 국토와 그 안에 거주하면서 생활하고 있는 사람들의 총체를 가리킨다. 즉 국토와 국민을 총체적으로 파악한 것으로서, 통치기구를 의미하는 State(국가)와는 다르며, 때로는 국가와 대립적인 개념"이다(우자와 히로후미, 『사회적 공통자본의 경제학』, 이병천 외 옮김, 진인진, 2019, p. 29).

** 스미스의 정의로운 열린 시장의 경제사상적 계보는 이후 알프레드 마셜, 에일린 영으로 이어진다. 한국의 서양경제사상 수용사에서 이 대목에 주목하며 스미스를 적극적으로 평가한 대표적 학자는 정윤형이다. 그는 박현채와 함께 '민족경제론'을 주창했는데, 스미스의 진보적 자

공평한 관찰자로서 타인의 운명에 대한 공감 능력을 갖고 있다고 보았다.

반면에 밀턴 프리드먼의 경우는 지향이 전혀 다르다. 자본주의 발흥기에 사회적 분업권의 발전과 국민의 생활필수품 조달에 기반을 둔 반특권, 반독점의 진보적 자유주의 사상을 펼친 스미스 이후 고삐 풀린 자본주의의 온갖 폐해와 모순이 드러난 이후에도 신자유주의의 대부이자 낙수효과 경제학의 원조 답게 프리드먼은 천연덕스럽게 다음과 같이 말한다. "자본주의가 더 심화된 국가일수록 자산소득이 소득에서 차지하는 비중은 점점 적어지고 근로소득이 차지하는 비중은 더 커진다."* 프리드먼은 칠레의 피노체트 독재정권을 찬양했다. 피노체트는 학살과 고문, 온갖 반인륜적 만행을 저질렀음에도 프리드먼의 눈에는 자유의 수호자로 비쳤다. 프리드먼-시카고 보이-피노체트 체제 아래 대중은 보이는 주먹과 보이지 않는 주먹으로 정치적 자유와 경제적 자유 모두를 박탈당한 반면에, 보장된 것은 소수 특권층의 자유, 가진 자들의 '선택할 자유'였을 뿐이었다. 이것이 프리드먼이 말하는 자유라는 것의 실상이었다.

유주의 사상이 신자유주의와는 무관한 것이라 보았다. 또한 정윤형은 프리드리히 리스트의 후발 국민주의 경제학은 국가지상주의와 아류제국주의로 나아갈 위험성을 안고 있다고 경계하면서 스미스의 자유주의를 더 높이 평가했다(정윤형, 『서양경제사상사연구』, 창작과비평사, 1981, pp. 11~57, 131~153). 리스트의 국가주의를 보는 이 비판적 시선은 한국 개발주의의 모순을 인식함에 있어 매우 중요하다(이병천, 『한국 자본주의 만들기』, 해남, 2020, p. 13). 한편, 박현채는 스미스가 국부의 원천으로 생산적 노동을 옹호하고 불로소득을 비판한 점을 높이 평가하는 가운데 자본주의에 의한 공동체 파괴 문제를 예각적으로 제기한 바 있다.
* 밀턴 프리드먼, 『자본주의와 자유』, 심준보 변동열 옮김, 청어람, 2007(1962), p. 262.

옮긴이 해제

프리드먼식의 자유와 신자유주의는 결코 강 건너 남의 이야기가 아니다. 오늘날 한국에서 모두를 위한 경제민주화와 경제정의는 죽었다.* 윤석열 대통령은 끊임없이 '자유'의 노래를 부르지만 알고 보면 그 실상은 불로소득자와 특권 대기업의 '선택할 자유'를 확고히 보장하는 것이며 다수 대중에게는 허구적 자유에 불과하다. 현 정부는 '이권 카르텔'의 척결을 주장하는데 막상 자신들의 카르텔—후쿠시마 오염수 방류와 강제징용해법 관련 한일 정권 간 카르텔을 포함해서—은 공고히 하면서 노조 때리기와 노동탄압으로 인기몰이를 하는 것이다. 재정건전성과 작은 정부에 대한 시대착오적 맹신으로 국민경제의 활력과 민생을 죽이고 있다. 프리드먼의 망령은 이처럼 거대한 퇴행을 도모하는 대통령의 위태로운 길에 사상적 스승 역할을 하고 있다.** 마지막으로 역 U자 곡선(쿠즈네츠 곡선)으로 잘 알려져 있고 근대적 경제성장 개념도 제시했던 사이먼 쿠즈네츠 이야기를 빼놓을 수 없다. 그에 따르면 자본주의의 초기 전환기에는 불평등이 심하지만 시간이 지나면 점차 불평등이 약화된다. 피케티는 자본주의의 역사와 불평등 추이에 대한 이 같은 쿠즈네츠의 견해를 정조준해서 이론적·실증적으로 비판했다.***

불평등이 극심하고 불로소득이 번창하는 상황이 주요한 시대 문제로 부상한 때, 토마 피케티는 자유시장에 관한 허구적 이데올로기를

---

* 경제민주화와 경제정의는 학현 변형윤이 초지일관 추구한 지론이기도 했다.
** 이병천, "무책임한 극단주의—프리드먼과 윤석열", 『경향신문』, 2023년 6월 12일자. 더 정돈된 논문은 다음을 참조. 지주형, 「윤석열 정부의 국가형태와 전략」, 『동향과 전망』, 118호(여름), 2023.
*** 토마 피케티, 『21세기 자본』, 장경덕 외 옮김, 글항아리, 2014, pp. 20~27.

깨트리고 자산 불평등과 세습 자본주의를 비판하는 데 획기적으로 기여했다.[*] 그에 따르면 고삐 풀린 자본주의에서는 기업가가 필연적으로 불로소득자가 되는 경향이 있으며, 자본은 한번 형성되면 산출의 증가보다 더 빠르게 스스로를 재생산한다. 생산적 기여로 버는 경제에서 자산 소유로 버는 경제로 변질하고 부를 세습화한다는 것이다. 피케티는 r(자본수익률)>g(경제성장률) 부등식을 자본주의의 근본 모순으로 제시했으며, 실질적 민주주의와 사회정의를 이루려면 자본의 민주적 통제가 필수적 대안으로 요구되고, 이를 통해 자본수익률을 성장률 이하로 낮추어야 한다고 제안했다.

피케티 이후의 크리스토퍼스

토마 피케티 이후에 가이 스탠딩의 『불로소득 자본주의: 부패한 자본은 어떻게 민주주의를 파괴하는가』(여문책, 2019), 마리아나 마추카토의 『가치의 모든 것: 위기의 자본주의, 가치 논의로 다시 시작하는 경제학』(민음사, 2020), 앤드류 세이어의 『왜 우리는 부자를 부양할 수 없는가』(여문책 출간 예정)를 비롯해 불로소득 자본주의를 주제로 한 중요한 연구들이 제법 나왔지만, 그중에서도 브렛 크리스토퍼스의 이 책이 크게 주목받았다. 그의 책은 새로운 개념화와 이론 전개, 시스템·제도·정책의 작동에 대한 깊이 있는 경험적 분석, 그리고 불로소

---

[*] 토마 피케티, 같은 책.

득 자본주의를 넘어서기 위한 새로운 대안정책의 제시 등 여러 측면에서 불로소득 자본주의 정치경제학을 새롭게 구성했다고 해도 좋을 만큼 충실한 내용을 갖추고 있다. 크리스토퍼스의 불로소득 자본주의가 나옴으로써 피케티 이후 자산 불평등과 불로소득주의에 대한 비판이 한 단계 새롭게 올라섰고, 경제사상사를 다시 돌아볼 기회가 생겼다 해도 과언이 아닐 것이다. 이로써 신자유주의 지배체제의 한복판을 차지하고 있는 불로소득 자본주의의 이해는 크리스토퍼스의 책을 빼고 말하기는 어렵게 되었다. 더구나 그의 책은 학술적 깊이가 있으면서도 잘 읽힌다. 깊이 있는 학술적 내용을 독자들의 눈높이에 맞추어 평이하게 서술하기란 결코 쉽지 않은 일이다. 이 책에서 크리스토퍼스는 그런 일을 상당히 잘 해낸 것으로 보인다.

저자는 통상적 분과학문 분류로 보자면 경제지리학자로 현재 스웨덴 웁살라 대학교에서 교수로 재직하고 있다. 그가 특히 집중해온 연구 분야는 주택과 도시, 화폐와 금융 분야다. 2008년 글로벌 금융위기 이후에는 금융의 본질, 경쟁과 독점 등 기존의 인식이나 개념에 대해 금기를 깨는 도전적 연구들을 꾸준히 선보이며 시장·경제·자본주의의 구조적 모순에 대해 본질적 질문을 던져왔다. 이 책 출간 이전의 대표작으로는 『새로운 인클로저: 신자유주의 영국에서 공공토지의 전유』(2018)를 꼽을 수 있는데, 이 책으로 이삭 타마라 도이처 기념상을 받은 바 있다. 자본주의 발전에서 경쟁과 독점의 문제를 파고든 『거대한 평준화: 법정에서의 자본주의와 경쟁』(2016)도 화제의 책으로 주목을 받았다. 최신작으로 『데이비드 하비: 그의 사상에 대한 비판적 입문』(공저, 2022), 그리고 자산 소유자만이 아니라 자산 관리자들이 우리 삶과 사회를 주무르는 실상을 파헤친 책, 『포트폴리오에 담긴 우리의 삶: 자산 관리자가 세계를 지배하는 이유』(2023)*를 출간했을 뿐만 아니라 사기업의 이윤논리에 의존해 기후위기를 극복할 수는 없음을 알려주는 새 책, 『가격은 틀렸다: 자본주의는 왜 지구를 구하지 못할까』가 곧 나올 것으로 예고되어 있다.

크리스토퍼스의 불로소득 자본주의론의 내용과 의의

크리스토퍼스의 책이 갖는 가치와 의의는 여러 각도에서 생각해볼 수 있다. 첫째, 저자는 자산, 정확히 말해 소유적 자산proprietary assets을 역사적 자본주의의 무대 중심에 올린, 새로운 연구 틀을 제시했다. 그에 따르면 "불로소득 자본주의는 지대와 불로소득자에 지배되는 경제체제일 뿐 아니라 훨씬 더 심대한 의미에서 지대를 창출하고 불로소득자를 떠받쳐주는 자산을 중심으로 그 골격이 실질적으로 짜이고 조직되는 경제체제다."(25쪽) 이는 소득분배 범주에서 더 들어가 이를 규정하는 자산적 토대, 불로소득자들의 시계와 선호, 그 능동적 자산운용 전략을 들여다봐야 한다는 뜻이다. 자산이라는 동전의 뒷면이 부채라는 점도 같이 생각해야 한다. 자산경제와 부채경제는 같이 간다.

---

* 이 책의 출간을 즈음해 데이비드 하비가 좌장이 된 토론회가 열리기도 했다. 책의 내용에 대한 간단한 언급은 다음을 참조. 이병천, "사모펀드에 발목 잡힌 녹색전환", 『경향신문』 2023년 8월 6일자.

옮긴이 해제

저자는 오늘의 자산 중심 자본주의를 '대차대조표 자본주의'라 부르기도 하는데, 이는 손익계산서가 우선시되는 생산적 자본주의 또는 소득 기반 자본주의와 대비된다. 이에 따라 자본주의 시스템의 방정식도 달라질 수밖에 없다.

둘째, 저자는 불로소득 자본주의론의 구성에서 자산의 소유와 통제에 확고히 기반을 두면서도 이와 함께 시장조건, 즉 시장지배력의 문제도 필수적이라 생각한다. 자연적·인위적 희소성에 바탕을 둔 자산의 소유와 통제만으로 불로소득 창출이 보장되지는 않는다는 것이다. 왜 그럴까? 시장경쟁이 극심한 와중에 새로운 혁신까지 일어나면 시장을 빼앗겨 자산의 소유와 통제만으로는 제대로 불로소득을 실현할 수 없기 때문이다. 따라서 불로소득 자본주의의 작동에는 자산의 소유, 통제와 함께 반드시 일정한 시장지배력과 독점권력이 따라주어야 한다는 것이다.* 이 같은 생각에서 저자는 지대를 다음과 같이 확장된 의미로 정의한다. "경쟁이 제한적이거나 부재한 조건에서 희소자산의 소유 또는 통제에서 발생하는 소득"(35쪽)이 바로 지대다.**

이처럼 자산과 독점, 이에 기반을 둔 지대의 확장된 정의가 크리스

---

* 크리스토퍼스의 독점에 대한 이해는 독점도와 분배를 유기적으로 연결시킨 칼레츠키의 독점론과 주류 경제학의 지대 추구론 양쪽에 걸쳐 있다. 그가 명확히 언급하고 있지는 않지만, 경쟁 제한을 통해 인위적으로 희소한 자산이 만들어질 수도 있다. 이병천·정준호·정세은·이후빈(서평 좌담), 「불로소득자본주의의 정치경제학—브렛 크리스토퍼스의 연구와 한국에 주는 함의」, 『동향과 전망』, 118호(여름), 2023, pp. 219~220, 이후빈의 발언을 참고할 것.
** 크리스토퍼스는 '불로소득자rentier'가 전적으로 기생충 같은 존재는 아니며, 그들이 얻는 소득이 모두 노력 없는 불로소득unearned income은 아니라고 본다. 왜냐하면 자산을 운용해 지대를 추출하는 과정에서는 통상 자산의 창출을 포함해 적지 않은 수고가 들어가기 때문이다(36~37쪽).

토퍼스가 불로소득 자본주의론의 초석을 세우는 개념들의 토대에 해당하는데, 우리는 이 부분에서 저자가 자산 불평등을 현대 자본주의론의 중심 무대로 올린 피케티를 계승하면서도 그를 넘어서고 있다고 평가할 수 있다. 『21세기 자본』에서 피케티는 자본 개념에 물적 자본, 유형자산, 무형자산 일체를 포함시키고 그가 자본소득이라 부른 지대 속에는 임대료, 이자, 배당금, 특허권료뿐만 아니라 이윤까지 포함된다. 나아가 피케티는 자본의 소유·통제에 집중했을 뿐이고 시장경쟁과 독점은 별로 중요한 문제가 아니라고 보았다. 반면 크리스토퍼스에 이르면 소유적 자산, 즉 불로소득자 자본rentier capital이 중심으로 등장한다. 그리고 시장지배력은 불로소득의 추출에서 대단히 중요한 조건이 아닐 수 없다.

셋째, 크리스토퍼스가 말하는 불로소득 자본주의는 자산의 소유, 통제와 독점적 시장시배의 양 날개에 이어 자산과 지대의 다양성이라는 생각으로 나아간다. 그에게서 자산 유형론은 추상적 이론에서 구체적 현실로 내려오는 중요한 중간매개 역할을 수행한다. 주요한 자산 유형들을 발굴하고 그것에 기반을 두고 다채로운 불로소득주의 양태를 파헤친 것이야말로 흔히 보기 어려운 그의 고유한 기여다. 저자는 영국의 사례를 중심으로 일곱 가지 핵심 자산 유형을 식별해냈는데, 이는 통상적인 금융, 부동산뿐만 아니라 시야를 확장해 지식재산권, 디지털 플랫폼, 외주화, 사회적 인프라, 자연자원 등 새로운 프론티어 분야까지 포괄하고 있다([표 P-1] '현대 불로소득주의의 다양한 형태' 참조). 책의 본론은 각 자산 유형들을 하나하나 살피며 그에 따른 특정한 지대 추출과 불로소득 경제의 작동방식을 면밀히 보여준다.

옮긴이 해제

넷째, 크리스토퍼스의 책이 독자들에게 불로소득주의의 구체적 현실 양태를 보여주는 또 다른 측면은 정책 부분이다. 저자는 불로소득 자본주의에 대한 도덕경제적 비판도 물론 중요하고 의미가 있지만 자신이 집중적으로 추구하는 작업은 정치경제적 비판이라고 말한다. 불로소득 지배체제를 뒷받침하고, 불로소득 계급에 따른 국가권력의 포획과 결탁으로 실현되는 구체적 정책의 분석과 비판은 정치경제 비판에서 반드시 필요하며, 이 책의 가치를 높여주는 핵심 대목이다. 저자는 민영화, 자유화와 규제완화를 통한 자산 풀의 확장, 반독점·공정경쟁정책의 무력화, 조세재정과 화폐금융정책을 통한 지대 수준의 상승, 자산 자체의 가치를 높여주거나 안정화시키는 불로소득 친화적 정책 등을 네 가지 정책 기둥으로 꼽고 이 정책들이 각 자산 유형에서 어떤 식으로 실행되고 있는지 자세히 보여준다.

저자에 따르면 위의 세부정책들을 관통하면서 전체 논지를 꿰는 붉은 실과 같은 것이 자산의 소유·통제와 시장조정에서 독점적 지배이며, 이것이 자본과 노동, 대자본과 중소자본 간 권력 불균형을 낳으면서 분배적 불평등을 초래하고 거시경제 활력도 죽인다. 이 대목에서 크리스토퍼스의 불로소득 자본주의론은 생산적 자본과 불로소득자 자본 간의 대립을 주요 모순으로 바라보는 네오리카디언적(NR) 시선과 갈라서면서 피케티(P), 마르크스적 전통(M, 무엇보다 하비와 칼레츠키), 케인스적 전통(K)을 통합하는 시선을 드러낸다. 네오리카디언적 시선은 여러 논자들에서 찾아볼 수 있는데, 이 NR적인 일면적 시선과 PMK 통합적 시선 간에는 중대한 간극이 존재한다.

불로소득주의를 넘어서: 전환을 위한 대안정책

이제 불로소득 자본주의를 넘어서는 대안정책의 문제로 넘어가보자. 저자는 책의 결론 부분에서 포스트불로소득주의 사회경제로 가는 네 가지 대안정책 패키지를 제시한다. 크리스토퍼스의 대안은 마르크스적 전통과 포스트케인스주의의 흐름, 자산을 자본 연구의 주무대로 올린 피케티의 연구 성과를 종합한 제도주의 정치경제학자가 제시하는 사회민주주의의 사회생태적 전환의 기획으로 볼 만한 것이다. 구체적으로는 첫째 반독점 경쟁정책, 둘째 조세정책, 셋째 산업정책, 넷째 소유구조 재편정책이 바로 그것이다. 앞의 두 정책은 불로소득 친화적 정책을 반전시키는 기본 정책 기둥이다. 불로소득자 자본의 독점적 시장지배를 꺾는 일, 불로소득을 조장하고 고무하는 특혜를 폐기하고 자산보유세를 정상화하는 일이다. 그런데 불평등 감소, 조세수입 확충과 함께 내일의 대안경제로 나아가기 위해 중요한 것은 자본운동의 흐름이 불로소득 추구에서 생산적 투자와 혁신으로 흐르고 땀 흘리는 만큼 응분의 보상을 받도록 경제구조의 체질을 근본적으로 바꾸는 것이다. 이를 위해서는 자본수익률을 성장률 아래로 떨어트리는 정책기조를 강력히 밀고 가면서* 능동적으로 국가주도 산업정책을 추진해야 한다. 국가는 단지 시장실패 교정자 수준을 넘어 시장을 창조하고 시장의 틀을 새롭게 짜는 담대한 기업가적

---

* 나아가 성장물신과 무한한 욕망의 질주를 넘어 '충분성sufficiency'을 지향하는 대안경제로 전환하는 길에서 영리기업의 수익률 감소는 불가피하다. 이는 쟁투적 과정일 수밖에 없다.

국가가 되어야 한다. 금융 수단으로는 대표적으로 국영투자은행이 제시된다. 이런 부분에서 저자는 저명한 혁신이론가 마추카토의 견해를 불러들인다(566~567쪽). 새로운 전환적 책임국가는 생산적 산업투자, 대중의 공유 필요 충족을 위한 사회적 투자, 그리고 기후위기 극복을 위한 녹색투자라는 삼중의 투자국가 역할을 수행해야 한다.

아무래도 가장 근본적인 대안은 불로소득 자본주의의 근간을 타격하는 자산 소유구조의 획기적 재편이다. 이를 통해 경제권력 구조를 재편하고 다시금 민주주의를 활성화시켜야 한다. 집단적 협력을 통한 사회적 필요의 안정적 조달, 좋은 삶을 위한 욕구와 활동의 재창조를 불로소득 자본주의의 대척점으로 인식하는 필자의 관점에서 보자면, 소유구조의 진보적 재편을 대안의 1번으로 세우는 것이 더 적절했다는 생각이 든다. 구체적으로 저자가 제시하는 것은 한편으로 에너지, 교통, 의료, 토지와 주택, 화폐금융, 디지털 플랫폼 등에서 국공유 자산의 재구축이고, 다른 한편으로는 지역사회 부의 재창출과 지역순환경제 재생이다. 이를 통해 공공 부문, 공동 소유 부문, 민간 부문, 즉 '공공사公共私' 세 가지 축으로 나아가는 다원적 혼합 소유의 생태계를 제시한다.

이상과 같은 대안정책이 성공적으로 실현된다면 국가가 매우 능동적·계획적으로 시장에 관여하면서도 경제적 자원이 획기적으로 분산되고 민주적 통제가 실현된 사회경제가 출현할 것이다. 세 발로 가는 이 대안을 여전히 자본주의라고 부를 수는 있겠고 내적 긴장도 소멸되지는 않는다. 하지만 불로소득주의가 자본주의의 본성인 한 그것이 뿌리 뽑히고 경제자원의 분산과 민주적 통제가 획기적으로 실현되며 국가가 시장실패 교정자의 역할을 넘어 공공적 책임을 다하는 미래의

'덜 자본주의적인less capitalistic' 체제는 우리가 아는 자본주의의 모습은 아닐 것이다(583쪽).

한국에 주는 함의, 한국형 불로소득주의와 기후·생태 위기

이 책에서 크리스토퍼스의 경험적 분석은 주로 영국을 대상으로 하고 있다. 이론적 내용 또한 아무래도 영국을 기반으로 한 경험의 영향이 녹아 있을 것이다. 따라서 그의 연구를 곧바로 한국 연구에 가져올 수는 없다. 한국의 연구라면 외국 연구의 수입과 무분별한 적용을 넘어 한국의 맥락과 조건에 정확히 조준된 것이어야 한다.

예컨대 불로소득 자본주의의 중심적 현상인 금융화를 분석할 때 통상 금융 부문의 비대화, 비금융기업의 변질, 가계의 금융화 등 세 가지에 초점을 맞춘다. 그런데 한국의 경우 이 분면들이 특이하게 불균등한 방식으로 진전되었다. 가계의 금융화, 금융 부문의 팽창은 크게 진전되었다. 은행이 이자놀이에 집중하고 있는 가운데 이미 사모펀드가 압축 성장한 것도 중요하게 봐야 할 부분이다. 반면, 비금융기업은 제조업이 강한 '생산주의형 신자유주의'의 특성을 갖고 있어 주주가치 추구가 영미형만큼 진전되지는 않았다. 그럼에도 크리스토퍼스의 책이 오늘날의 불평등 자본주의 연구에서 핵심 개념으로 자산과 독점을 함께 무대 중심에 올린 것, 자산과 지대의 다양한 유형과 불로소득 친화적 정책 패키지를 중간 디딤돌로 삼아 구체적 현실 분석으로 나아간 것, 그리고 불로소득 자본주의를 넘어서기 위한 네 가지 대안정책 기둥을 제시한 것 등

옮긴이 해제

은 우리에게도 시사하는 바가 매우 크다.

이런저런 개별 분야에 치우친 부문 연구의 한계를 넘어 재벌 지배 세습 자본주의에 부동산, 금융, 디지털 플랫폼 등의 불로소득주의가 겹쳐 있는 한국형 불평등 자본주의의 전반적 구조를 밝히고자 할 때 크리스토퍼스의 연구가 중요한 디딤돌이 될 수 있을 것이다. 자산의 운용과 불로소득주의를 떠받치는 소유권적 측면(소유권의 제한과 점유권의 확장)과 화폐체제적 측면(사유화된 화폐창조권의 민주화)에 대한 저자의 논의는 여전히 미진한데, 앞으로 불로소득 자본주의론의 진전을 위해서는 이 대목에서 새로운 보완과 확충이 필요해 보인다.* 그리고 또 한 가지 강조하고 싶은 것은 오늘날의 기후·생태 위기의 극복과 전환 대안의 모색에서도 불로소득 자본주의 연구가 필수적이라는 점이다. 누군가가 불로소득을 번다면 현재는 물론 미래의 다른 이들이 실질가치를 생산해 이를 떠받치는 노고를 감당해야 하고, 그 비용은 필경 생태계에도 전가된다. 리처드 토니는 일찍이 다음과 같이 말한 바 있다.

"일하지 않고 소유만으로 생활하는 사람은 필시 다른 누군가의 수고 덕에 부양될 수밖에 없고 따라서 (사회가) 장려하기에는 너무나 값비싼 사치다."**

불로소득자들은 투자자와 소비자로서 하는 행동뿐만 아니라 직

---

* 우선은 다음 연구를 참고할 필요가 있다. G. M. Hodgson, *Conceptualizing Capitalism*: *Institutions, Evolution, Future*, 2015, University of Chicago Press, G. Heinsohn and Steiger, *Ownership Economics*, Routledge, 2013.
** Tawney R. H. 1920, *The Acquisitive Society*, Mineola, NY: Dover Publications, 2004, p. 87.

간접적 비용전가를 통해 기후·생태 위기를 악화시킨다. 부자들이 화석연료기업과 자연자원에 투자를 하고 심지어 개인제트기를 타고 돌아다니며 근사하게 녹색해법을 주장한다거나,[*] 사기업의 이윤논리를 존중해야 더 빨리 기후위기를 극복할 수 있다고 소리를 높인다거나, 일본의 후쿠시마 원전 오염수 방류를 지지·고무하면서 녹색전환을 떠든다거나, 이와 또 달리 불로소득자 심성이 널리 퍼져 너도나도 불로소득자, 건물주가 되고 싶어 하는 등 정치경제적·사회문화적으로 '미래를 식민화'[**]하는 자본주의와 권력양식이 지배하고 있다면 결코 기후·생태 위기를 극복하는 집단적 힘이 나오기는 어렵다. 오늘날 거대한 전환시대의 논리는 자본주의 일반을 넘어 '복잡한 자본주의'의 얼굴에 대한 인식을 필요로 한다.[***] 크리스토퍼스의 『불로소득 자본주의 시대』가 전문 학자들뿐만 아니라 깨어 있는 시민들에게도 널리 읽혀지기를 바랄 뿐이다.

---

[*] 반다나 시바(인터뷰), "개인제트기 타는 사람들이 녹색해법 제시하고 있다", 『경향신문』, 2023년 6월 27일자.

[**] Mitchell T., "Uber Eats: How Capital Consumes the Future," in Bruno Latour and Peter Weibel, eds, *Critical Zones: The Science and Politics of Landing on Earth*, 2020; Soddy F., *Wealth, Virtual Wealth and Debt*, Britons Publishing Company, 1926. 프레더릭 소디는 가상적 경제, 실질적 경제, 사회적 물질대사로 이루어진 자본주의 3층 구조론을 보여주고 생태적 위기가 생산적 화석 자본주의뿐만 아니라 불로소득주의에 기반을 둔 가상적 경제 층위에 의해서도 야기된다고 역설했다. 피케티가 r(자본수익률)〉g(경제성장률) 부등식을 말했지만 소디는 더 깊은 근원을 파고든 자본주의의 근본 모순론을 제시한 셈이다. 간단한 소개는 이병천, "생태경제학, 마르크스 이후의 소디", 『경향신문』, 2023년 7월 10일자 참조.

[***] 크리스토퍼스 책의 기여와 새로운 연구 과제에 대한 더 자세한 논의는 다음을 참조. 이병천, 「불로소득자본주의 어떻게 볼 것인가」, 『시민과 세계』, 40호, 2022; 이병천·정준호·정세은·이후빈, 앞의 좌담.

옮긴이 해제

서문

1   T. Piketty, *Capital in the Twenty-First Century* (Cambridge, MA: Belknap, 2014).

2   A. Sayer, *Why We Can't Afford the Rich* (Bristol: Policy, 2015).

3   G. Standing, *The Corruption of Capitalism: Why Rentiers Thrive and Work Does Not Pay* (London: Biteback, 2016).

4   M. Mazzucato, *The Value of Everything: Making and Taking in the Global Economy* (London: Allen Lane, 2018).

5   P. Askenazy, *Tous Rentiers! Pour une autre répartition des richesses* (Paris: Odile Jacob, 2016).

6   예를 들면 'Who Are You Calling a Rentier?', *Economist*, 7 May 2014; M. Wolf, 'Wipe Out Rentiers with Cheap Money', *Financial Times*, 6 May 2014, 그리고 'Why Rigged Capitalism Is Damaging Liberal Democracy', *Financial Times*, 18 September 2019.

7   D. Harvey, *Marx, Capital, and the Madness of Economic Reason* (Oxford: Oxford University Press, 2017), p. 37.

8   D. Harvey, *Rebel Cities: From the Right to the City to the Urban Revolution* (London: Verso, 2012), p. 94.

9   J. M. Keynes, *The General Theory of Employment, Interest and Money* (London: Macmillan, 1936).

10   *Economist*, 'Who Are You Calling a Rentier?'.

11   Piketty, Capital in the Twenty-First Century, p. 422; Sayer, Why We Can't Afford the Rich, p. 44; Standing, *Corruption of Capitalism*, p. 2.

12   R. Bregman, 'No, Wealth Isn't Created at the Top. It Is Merely Devoured There', *Guardian*, 30 March 2017.

13   M. Roberts, 'The Rentier Economy', 28 January 2013, thenextrecession.wordpress.com 참조.

14   V. Lenin, *Imperialism, the Highest Stage of Capitalism* (Sydney: Resistance Books, 1999 [1916]), p. 101.

15   R. Tollison, 'Rent Seeking: A Survey', *Kyklos* 35 (1982), pp. 575~602.

16   다음을 참고할 것. 'Economics A-Z Terms', economist.com 참조.

17   G. Epstein and J. A. Montecino, 'Overcharged: The High Cost of High Fi-
      nance', July 2016, p. 16. pdf 파일은 rooseveltinstitute.org에서 pdf 이용 가능
      하다. 또는 주류 경제학의 정의를 채택하고 있는 마틴 울프의 말을 빌리면 다음과
      같다. "'지대'란 원하는 재화, 서비스, 토지 또는 노동력의 공급을 유도하는 데 요구
      되는 것 이상의 보상을 의미한다." Wolf, 'Why Rigged Capitalism Is Damaging
      Democracy'.
18   T. Piketty, *Capital and Ideology* (Cambridge, MA: Belknap, 2020).
19   예를 들면 A. Sayer, 'Moral Economy and Political Economy', *Studies in Politi-
      cal Economy* 61 (2000), pp. 79~103.
20   Keynes, *General Theory*, p. 376.
21   I. Erturk and S. Solari, 'Banks as Continuous Reinvention', *New Political
      Economy* 12 (2007), pp. 369~388의 p. 376 참조.
22   세 번째 좀 더 사소한 예외는 지식재산 지대인데 이 역시 부분적으로는 기업이 아
      닌 개인에게 발생한다. 그러나 다양한 형태의 예술저작권을 제외하면 개인에게 지
      급되는 지식재산 지대는 기업에 지급되는 지대에 비하면 미미하다. 예를 들어 특허
      와 관련해 '고독한 발명가의 신화'라고 불리는 이유는 고독한 발명이 상대적으로 드
      물기 때문이다. 개인이 가치 있는 발명을 한 드문 경우라도 통상적으로 기업이 해당
      권리를 취득하기까지는 그리 오랜 시간이 걸리지 않는다.

서장

1   P. Anderson, 'The Figures of Descent', *New Left Review* I/161 (1987), pp.
     20~70의 p. 28 참조.
2   M. Daunton, *State and Market in Victorian Britain: War, Welfare and Capi-
     talism* (Woodbridge: Boydell, 2008), p. 149; M. Wiener, English Culture and the
     Decline of the Industrial Spirit, 1850-1980, 2nd edn (Cambridge: Cambridge
     University Press, 2004), p. 8. 강조는 원문.
3   E. Jones, 'Industrial Capital and Landed Investment: The Arkwrights in Here-
     fordshire, 1809-43', in E. Jones and G. Mingay, eds, *Land, Labour and Popu-
     lation in the Industrial Revolution* (London: Edward Arnold, 1967), pp. 48~71의
     p. 50 참조.
4   Anderson, 'Figures of Descent', pp. 40, 57.
5   D. Cannadine, *The Decline and Fall of the British Aristocracy* (New York: Vin-
     tage, 1990), p. 91.
6   Anderson, 'Figures of Descent', p. 57.
7   위의 책, pp. 34, 57, 41. 앤더슨은 이러한 금권정치에서 유일한 산업가는 양조업자
     였다고 말한다.

8   D. Massey and M. Rustin, 'Whose Economy? Reframing the Debate', *Soundings* 57 (2014), pp. 170~191의 p. 171 참조.

9   M. Rustin and D. Massey, 'Rethinking the Neoliberal World Order', *Soundings* 58 (2015), pp. 110~129의 p. 129 참조.

10   T. Piketty, *Capital in the Twenty-First Century* (Cambridge, MA: Belknap, 2014).

11   B. Christophers, *The New Enclosure: The Appropriation of Public Land in Neoliberal Britain* (London: Verso, 2018), Chapter 2.

12   위의 책, p. 110.

13   Y. Cassis, 'Before the Storm: European Banks in the 1950s', in S. Battilossi and Y. Cassis, eds, *European Banks and the American Challenge: Competition and Cooperation* (Oxford: Oxford University Press, 2002), pp. 36~52의 p. 38 참조.

14   A. Sampson, *The Money Lenders: Bankers and a World in Turmoil* (New York: Viking, 1981), p. 108.

15   G. Krippner, 'The Financialization of the American Economy', *Socio-Economic Review* 3: 2 (2005), pp. 173~208의 p. 174 참조.

16   E. Engelen, 'The Case for Financialization', *Competition & Change* 12: 2 (2008), pp. 111~119의 p. 114 참조.

17   A. Davis and C. Walsh, 'The Role of the State in the Financialisation of the UK Economy', *Political Studies* 64 (2016), pp. 666~682의 p. 668 참조.

18   예를 들어 다음을 참고할 것. G. Blakeley, *Stolen: How to Save the World from Financialisation* (London: Repeater, 2019); S. Lavery, *British Capitalism after the Crisis* (Basingstoke: Palgrave Macmillan, 2019).

19   나는 다음 글에서 방법론적 어려움과 과제에 대해서는 더 자세히 설명했다. B. Christophers, 'The Rentierization of the United Kingdom Economy', Environment and Planning A: Economy and Space, 11 September 2019, doi: 10.1177/0308518X19873007.

20   현재 이 질문에 대한 학술 문헌이 점점 늘어나고 있다. 특히 다음을 참고할 것. H. Radice, 'The National Economy: A Keynesian Myth?', *Capital & Class* 8: 1 (1984), pp. 111~140; T. Mitchell, 'Fixing the Economy', *Cultural Studies* 12: 1 (1998), pp. 82~101; A. Tooze, *Statistics and the German State, 1900-1945: The Making of Modern Economic Knowledge* (Cambridge: Cambridge University Press, 2001); B. Christophers, 'Anaemic Geographies of Financialisation', *New Political Economy* 17 (2012), pp. 271~291; H. Appel, 'Toward an Ethnography of the National Economy', *Cultural Anthropology* 32: 2 (2017), pp. 294~322.

21   D. Edgerton, 'Brexit Is a Necessary Crisis—It Reveals Britain's True Place in the World', *Guardian*, 9 October 2019.

22 [표 0-1]은 기업 거주지(이 경우 주식시장 상장 위치에 따라 정의됨)에 초점을 맞추어 영국 경제의 GNP 유형의 프레임을 제공해준다.

23 생산량과 수익 수치는 이중 계산 문제(한 회사의 생산량이 다른 회사의 입력량) 때문에 쓸 수 없다.

24 후자의 기준은 현재 기여도는 상대적으로 미미하지만 지난 20년 동안 어느 시점에는 중요했던 모든 부문을 포착한다.

25 국민소득 통계학자들은 이 귀속가치를 추정치에 포함시킨다. 사이의 전체 총영업잉여(따라서 GDP)의 변화율이 주택 소유율의 변화에 영향을 받기 때문이다. 이러한 문제 중 어느 것도 당면한 사례와는 관련이 없다.

26 총부가가치는 총영업잉여에 피용자 보수와 세금을 더한 금액에서 생산에 대한 보조금을 뺀 금액이다.

27 H. Paul and Z. Jonathan, 'Flexible Specialization versus Post-Fordism: Theory, Evidence and Policy Implications', *Economy and Society* 20: 1 (1991), pp. 5~9.

28 S. Broadberry and N. Crafts, 'Competition and innovation in 1950s Britain', *Business History* 43 (2001), pp. 97~118의 p. 108 참조.

29 B. Christophers, *The Great Leveler: Capitalism and Competition in the Court of Law* (Cambridge, MA: Harvard University Press, 2016), pp. 182~188, 204~207.

30 J. G. Palma, 'The Revenge of the Market on the Rentiers. Why Neo-liberal Reports of the End of History Turned Out to Be Premature', *Cambridge Journal of Economics* 33 (2009), pp. 829~869의 p. 833 참조.

31 J. Ford, 'Lax Regulation Has Turned Britain into a Rentier's Paradise', *Financial Times*, 1 October 2017.

32 E. P. Thompson, 'The peculiarities of the English', *The Socialist Register* 2 (1965), pp. 311~362.

33 위의 책, p. 330.

34 A. Davies, *The City of London and Social Democracy: The Political Economy of Finance in Britain, 1959-1979* (Oxford: Oxford University Press, 2017).

35 위의 책, p. 2.

36 P. Askenazy, *Tous Rentiers! Pour une autre répartition des richesses* (Paris: Odile Jacob, 2016); T. Piketty, *Capital and Ideology* (Cambridge, MA: Belknap, 2020); A. Sayer, 'Moral Economy, Unearned Income, and Legalized Corruption', in D. Whyte and J. Wiegratz, eds, *Neoliberalism and the Moral Economy of Fraud* (London: Routledge, 2016), pp. 44~56의 p. 52 참조.

37 J. Stone, 'Tories Heavily Reliant on Donations from Hedge Funds and Bankers, New Analysis Shows', *Independent*, 3 June 2017.

38 1980년대부터 영국 경쟁정책의 발전에 대해서는 다음을 참고할 것. Christophers,

Great Leveler, pp. 240~256.

39 1980년대 초반 이후 영국 CGT의 주요 변화에 대한 이 압축적 설명은 다음 글에 크게 의존하고 있다. A. Seeley, 'Capital Gains Tax: Background History', House of Commons Library Standard Note 860, 2 June 2010.

40 M. B. Mansour, 'New Ranking Reveals Corporate Tax Havens Behind Breakdown of Global Corporate Tax System; Toll of UK's Tax War Exposed', 28 May 2019, taxjustice.net 참조.

41 Piketty, Capital in the Twenty-First Century, pp. 187~188.

42 위의 책, p. 173.

43 K. Marx and F. Engels, *The Communist Manifesto* (London: Penguin, 2015 [1848]), pp. 11~13.

44 D. Harvey, *Seventeen Contradictions and the End of Capitalism* (London: Profile, 2014), p. 140.

45 K. Marx, *Capital: Volume III* (London: Penguin, 1991 [1894]), pp. 352~353.

46 K. Marx, *Capital: Volume I* (London: Penguin, 1990 [1867]), pp. 381, 433.

47 Lenin, *Imperialism, the Highest Stage of Capitalism* (Sydney: Resistance Books, 1999 [1916]), p. 100.

48 J. Schumpeter, *Capitalism, Socialism, and Democracy* (New York: Harper, 1942), p. 102.

49 "고의적으로 기술발전을 지연시킬 수 있는 **경제적 가능성**"이 발생한다. Lenin, *Imperialism*, p. 100. 강조는 원문.

50 D. Hart, 'Antitrust and Technological Innovation in the US: Ideas, Institutions, Decisions, and Impacts, 1890-2000', *Research Policy* 30 (2001), pp. 923~936의 p. 924 참조.

51 T. Harford, 'Monopoly Is a Bureaucrat's Friend but a Democrat's Foe', *Financial Times*, 12 August 2014.

52 M. Roberts, 'The Productivity Puzzle Again', 29 June 2018, thenextrecession. wordpress.com 참조.

53 위의 책.

54 R. Riley, A. Rincon-Aznar and L. Samek, 'Below the Aggregate: A Sectoral Account of the UK Productivity Puzzle', ESCoE Discussion Paper 2018-06, May 2018. pdf 파일은 escoe.ac.uk에서 이용할 수 있다.

55 J. M. Keynes, 'Relative Movements of Real Wages and Output', *Economic Journal* 49: 193 (1939), pp. 34~51의 p. 48 참조.

56 L. Karabarbounis and B. Neiman, 'The Global Decline of the Labor Share', *Quarterly Journal of Economics* 129: 1 (2013), pp. 61~103.

57 'Labour's Share', Andrew G. Haldane의 연설, 12 November 2015, p. 28 (Chart

15). pdf 파일은 bankofengland.co.uk에서 이용할 수 있다.

58   이 문헌은 N. 스미스의 다음 글에서 유용하게 논의한다. N. Smith, 'Monopolies May Be Worse for Workers than for Consumers', 29 December 2017, bloomberg.com 참조.

59   W. Abel, S. Tenreyro and G. Thwaites, 'Monopsony in the UK', October 2018. pdf 파일은 centreformacroeconomics.ac.uk에서 이용할 수 있다.

60   S. Machin, 'Union Decline in Britain', *British Journal of Industrial Relations* 38 (2000), pp. 631~645의 p. 631 참조.

61   Office for National Statistics—Labour Force Survey.

62   예를 들어 다음을 참고할 것. B. Christophers, 'How Financial Giants Might Come to Rule Us All', 18 June 2019, jacobinmag.com 참조.

63   D. Graeber, 'The Center Blows Itself Up: Care and Spite in the "Brexit Election"', 13 January 2020, nybooks.com 참조.

64   S. Boseley, 'BAT Faces Landmark Legal Case Over Malawi Families' Poverty Wages', *Guardian*, 31 October 2019.

65   Chartered Institute of Personnel and Development, 'Executive Pay: Review of FTSE 100 Executive Pay', August 2018, pp. 14~22. pdf 파일은 highpaycentre.org에서 이용할 수 있다.

66   다음 자료에서 인용. C. Coleman, '"Outsourced" Workers Seek Better Deal in Landmark Case', 21 November 2017, bbc.com 참조.

67   D. Strauss, 'Jobs Boom Sets Puzzle for Bank of England Experts', *Financial Times*, 12 June 2019.

68   T. Bell and L. Gardiner, 'Feel Poor, Work More: Explaining the UK's Record Employment', November 2019, p. 6. pdf 파일은 resolutionfoundation.org에서 이용할 수 있다.

69   위의 책, p. 3.

70   미국에서도 마찬가지다. M. Nau, 'Economic elites, investments, and income inequality', *Social Forces* 92: 2 (2013), pp. 437~461.

71   1장에서는 영국 가계의 연금 보유와 소득의 중요성을 살펴본다.

72   R. V. Burkhauser, N. Hérault, S. P. Jenkins and R. Wilkins, 'What Has Been Happening to UK Income Inequality since the Mid-1990s? Answers from Reconciled and Combined Household Survey and Tax Return Data', NBER Working Paper 21991, February 2016. pdf 파일은 nber.org에서 이용할 수 있다.

73   위의 책, p. 25 (Figure 1).

74   연간 비과세 자본이득 공제액은 2017~2018년에 1만 1,300파운드였으며, 이후 1만 2,000파운드(2019~2020년)로 인상되었다. 과세대상 자본이득이 없다고 신고하는 납세자 비율이 높은 중요한 이유 중 하나는 영국에서는 주 거주지 매각으로 얻은

이익에 자본이득세가 적용되지 않기 때문이다(7장 참조).

75 A. Summers, 'The Missing Billions: Measuring Top Incomes in the UK', February 2019. pdf 파일은 lse.ac.uk에서 이용할 수 있다.

76 Piketty, Capital in the Twenty-First Century, p. 411.

77 다음을 참고할 것. G. Zucman, 'Global Wealth Inequality', NBER Working Paper 25462, January 2019, Figures 4 and 5. pdf 파일은 nber.org에서 이용할 수 있다.

78 위의 글, p. 20.

79 F. Alvaredo, A. B. Atkinson and S. Morelli, 'Top Wealth Shares in the UK Over More than a Century', *Journal of Public Economics* 162 (2018), pp. 26~47의 p. 37 참조.

80 L. Elliott, 'Inequality Led to Poorest Families Taking on More Debt, Study Finds', *Guardian*, 15 May 2012; M. Kumhof, R. Rancière and P. Winant, 'Inequality, Leverage, and Crises', *American Economic Review* 105 (2015), pp. 1,217~1,245.

1장 기능 없는 투자자: 금융 지대

1 Press Association, 'Bankers Pocket £2.7bn Bonuses as Record Profits Announced', Independent, 16 February 2010.

2 David Cameron, 'Full Text of David Cameron's Speech' *Guardian*, 8 October 2009.

3 'Barclays PLC Annual Report 2009'. pdf 파일은 home.barclays에서 이용할 수 있다.

4 J. Kim, 'How Modern Banking Originated: The London Goldsmith-Bankers' Institutionalisation of Trust', *Business History* 53 (2011), pp. 939~959.

5 B. Eichengreen, *Golden Fetters: The Gold Standard and the Great Depression, 1919-1939* (Oxford: Oxford University Press, 1995), p. 43.

6 K. Marx, *Capital*, Vol. 3 (London: Pelican, 1981 [1894]), p. 678.

7 E. H. Green, 'Rentiers versus Producers? The Political Economy of the Bimetallic Controversy c. 1880-1898', *English Historical Review* 103: 408 (1988), pp. 588~612의 p. 600 참조.

8 E. Helleiner, 'When Finance Was Servant: International Capital Movements in the Bretton Woods Order', in P. Cerny, ed., *Finance and World Politics: Markets, Regimes, and States in the Post-Hegemonic Era* (Aldershot: Edward Elgar, 1993) pp. 20~48.

9 C. Lapavitsas, *Profiting Without Producing: How Finance Exploits Us All*

(London: Verso, 2013); C. Durand, *Fictitious Capital: How Finance Is Appropriating Our Future* (London: Verso, 2017).

10 O. Bush, S. Knott and C. Peacock, 'Why Is the UK Banking System So Big and Is That a Problem?', *Bank of England Quarterly Bulletin* 2014: Q4 (2014), pp. 385~395의 p. 386 참조.

11 위의 책, p. 387.

12 J. Meek, 'The Two Jacobs', *London Review of Books* 41: 15 (2019), pp. 13~16의 p. 13 참조. 오늘날 영국에 기반을 둔 주요 은행들은 일반적으로 주주에게서 조달한 매우 적은 양의 자체 자본으로 운영하므로 자산 구매 자금을 마련하기 위해 주로 부채, 예를 들어 차입에 의존하기 때문에 자산과 부채의 규모가 비슷한 경향이 있다. 이를 테면 2009년 말 기준 바클레이스의 자산은 1조 3,800억 파운드이고 부채는 1조 3,200억 파운드였다. 달리 말해 믹의 간결한 표현에서 '부채'를 '자산'으로 어느 정도 대체할 수 있다.

13 A. Davis and C. Walsh, 'The Role of the State in the Financialisation of the UK Economy', *Political Studies* 64 (2016), pp. 666~682; T. Oren and M. Blyth, 'From Big Bang to Big Crash: The Early Origins of the UK's Finance-Led Growth Model and the Persistence of Bad Policy Ideas', *New Political Economy* 24 (2019), pp. 605~622.

14 Davis and Walsh, 'Role of the State', p. 669.

15 위의 책, p. 666.

16 예를 들어 J. Plender, 'London's Big Bang in International Context', *International Affairs* 63: 1 (1986), pp. 39~48; Oren and Blyth, 'From Big Bang to Big Crash'을 보라.

17 Plender, 'London's Big Bang', p. 44.

18 위의 책, p. 45.

19 R. Wade, 'Financial regime change?', New Left Review 53 (2008), pp. 5~21의 pp. 12~13 참조.

20 A. Tooze, *Crashed: How a Decade of Financial Crises Changed the World* (New York: Penguin Books, 2018), p. 81.

21 A. Leyshon and N. Thrift, 'The Capitalization of Almost Everything: The Future of Finance and Capitalism', *Theory, Culture & Society* 24: 7~8 (2007), pp. 97~115.

22 물론 배당금의 자본화가 주식의 전부라고 말하는 것은 아니다. 주식은 법인의 분할 소유권을 나타내며 소유자에게 다른 권리(예를 들어 의결권, 파산 시 수익금)를 부여한다.

23 예를 들어 다음의 논문을 참고하라. M. Watson, 'House Price Keynesianism and the Contradictions of the Modern Investor Subject', *Housing Studies* 25 (2010),

pp. 413~426.

24 M. Stephens, 'Mortgage Market Deregulation and Its Consequences', *Housing Studies* 22 (2007), pp. 201~220의 p. 211 참조.

25 M. Robertson, 'The Great British Housing Crisis', *Capital & Class* 41 (2017), pp. 195~215의 p. 199 참조.

26 Oren and Blyth, 'From Big Bang to Big Crash', pp. 610~611.

27 Bush 외, 'Why Is the UK Banking System So Big', p. 386.

28 M. Singh and J. Aitken, 'The (sizable) role of rehypothecation in the shadow banking system', IMF Working Paper WP/10/172, July 2010, p. 4. pdf 파일은 imf.org에서 이용할 수 있다.

29 Tooze, *Crashed*, p. 82.

30 Bush 외, 'Why Is the UK Banking System So Big', pp. 389~390.

31 International Monetary Fund, 'Global Financial Stability Report: Moving from Liquidity-to Growth-Driven Markets', April 2014, p. 104. pdf파일은 imf.org에서 이용할 수 있다.

32 Plender, 'London's Big Bang', p. 46.

33 Davis and Walsh, 'Role of the State', p. 673.

34 위의 글.

35 J. Christensen, 'The Looting Continues: Tax Havens and Corruption', *Critical Perspectives on International Business* 7: 2 (2011), pp. 177~196의 p. 179 참조.

36 위의 책, pp. 182, 186.

37 B. Quinn and J. Ball, 'UK's Top Companies Condemned for Prolific Use of Tax Havens', *Guardian*, 12 May 2013.

38 M. Aubry and T. Dauphin, 'Opening the Vaults: The Use of Tax Havens by Europe's Biggest Banks', 2017, p. 7. pdf 파일은 oxfam.org에서 이용할 수 있다.

39 Bush 외, 'Why Is the UK Banking System So Big', p. 386.

40 D. Massey, World City (Cambridge: Polity, 2007), p. 214.

41 최근에 영국 금융 부문의 국제주의를 제국주의의 용어로 노골적으로 표현한 다른 문헌으로는 OtT. Norfield, *The City: London and the Global Power of Finance* (London: Verso, 2016)가 있다.

42 통계청 '서비스업의 무역Trade in Services' 자료에 기초한다. 이 자료는 ons.gov.uk에서 이용할 수 있다. 총수출에서 금융 서비스업이 차지하는 비중은 2006년부터 2013년까지 매년 3분의 1을 초과했다.

43 G. Mann, 'Poverty in the Midst of Plenty: Unemployment, Liquidity, and Keynes's Scarcity Theory of Capital', *Critical Historical Studies* 2: 1 (2015), pp. 45~83.

44 J. M. Keynes, *The General Theory of Employment, Interest and Money* (Lon-

don: Macmillan, 1936), p. 376.

45 Mann, 'Poverty in the Midst of Plenty', pp. 71~72. 강조는 원문.

46 Keynes, *General Theory*, p. 376.

47 위의 책, pp. 376~377.

48 위의 책, pp. 375~376.

49 독자들이 케인스가 금리를 공급과 수요의 관점에서 설명했다는 내 주장에 반대하며 항의를 쏟아내기 전에 분명히 해두겠다. 'Alternative Theories of the Rate of Interest', *Economic Journal* 47: 186 (1937), pp. 241~252에서 가장 명확하고 매우 자세하게 설명된 그의 주장, 즉 "금리는 화폐의 수요와 공급에 달려 있다"(p. 241)는 서로 다른 유형의 화폐의 수요와 공급에 관한 것이었다. 금리가 신용의 공급과 수요에 따라 달라진다(금리는 이 둘을 같게 하는 수준에 고정된다)는 '고전적인' (케인스가 1914년 이전이라고 언급한) 학설에 반대하며, 케인스는 신용의 수요와 현금의 공급이 핵심 변수라고 주장했다. 구체적으로 "주어진 품질과 만기의 대출에 관한 이자율은 선택의 기회를 가진 사람들, 즉 재산 보유자의 입장에서 유휴현금 보유와 대출 보유의 매력을 균등하게 하는 수준에서 설정되어야 한다"(p. 250)라고 언급했다. 그가 자신을 오해하는 듯한 다수의 대담자에게 설명했듯이, 이것은 '유동성 선호' 이론이었다. 현금 보유자는 대출을 해줄 수 있는 자금의 이자율이 그 대신 대출을 보유할 때의 유동성 단점을 상쇄할 만큼 충분히 매력적일 경우에만 현금을 빌려준다. 그러므로 "금융을 얻을 수 있는, 즉 돈을 빌릴 수 있는 이자율을 결정하는 것은 바로 시장을 지배하는 현금의 유동성 프리미엄이나."(p. 248) 그렇다면 공급과 수요의 문제다. 물론 확실히 단순한 의미의 공급과 수요는 아니다.

50 Keynes, *General Theory*, p. 375.

51 P. Alessandri and B. D. Nelson, 'Simple Banking: Profitability and the Yield Curve', Journal of Money, Credit and Banking 47: 1 (2015), pp. 143~175의 p. 146 참조. 금리 변동성은 은행 수익성에도 긍정적인 영향을 미친다. A. Saunders and L. Schumacher, 'The determinants of bank interest rate margins: an international study', *Journal of International Money and Finance* 19 (2000), pp. 813~832.

52 이 역할은 다음 문헌에서 아주 명확하게 설명되었다. Geoff Mann in his 'Hobbes' Redoubt? Toward a Geography of Monetary Policy', *Progress in Human Geography* 34 (2010), pp. 601~625.

53 G. Epstein and A. Jayadev, 'The Rise of Rentier Incomes in OECD Countries: Financialization, Central Bank Policy and Labor Solidarity', in G. Epstein, ed., *Financialization and the World Economy* (Northampton, MA: Edward Elgar, 2005), pp. 46~74의 p. 62 참조.

54 Alessandri and Nelson, 'Simple Banking', p. 144.

55 위의 글.

56 위의 글, p. 167.

57 위의 글, pp. 168~170.

58 'Who Are You Calling a Rentier?', *Economist*, 7 May 2014.

59 See especially Keynes, 'Alternative Theories', p. 248.

60 E. Dunkley, 'How QE Is Distorting the Structured Product Market', 12 July 2012, a citywire.co.uk.

61 Bank of England, 'The Interest Rate (Bank Rate)', bankofengland.co.uk (2019년 2월 검색). 강조가 추가되었다.

62 Alessandri and Nelson, 'Simple Banking', p. 167.

63 L. Macfarlane, J. Ryan-Collins, O. Bjerg, R. Nielsen and D. McCann, 'Making Money from Making Money', New Economics Foundation, 2017, p. 2. pdf 파일은 neweconomics.org에서 이용할 수 있다. 강조는 원문.

64 예를 들어 A. Logan, 'Banking Concentration in the UK', *Bank of England Financial Stability Review* 16 (2004), pp. 129~134; K. Schaeck and M. Cihák, 'Competition, Efficiency, and Stability in Banking', *Financial Management* 43: 1 (2014), pp. 215~241; L. Weill, 'Bank Competition in the EU: How Has It Evolved?', *Journal of International Financial Markets, Institutions and Money* 26 (2013), pp. 100~112를 참고할 것.

65 S. de-Ramon and M. Straughan, 'Measuring Competition in the UK Deposit Taking Sector', Bank of England Staff Working Paper No. 631, December 2016, pp. 14~15, 30. pdf 파일은 bankofengland.co.uk에서 이용할 수 있다.

66 그리고 영국뿐만이 아니다. 유사한 미국 사례에 대해서는 B. Christophers, 'Financialisation as Monopoly Profit: The Case of US Banking', *Antipode* 50 (2018), pp. 864~890를 참고할 것.

67 International Monetary Fund, 'United Kingdom: Financial Sector Assessment Program', IMF Country Report No. 16/167 (June 2016), p. 10. pdf 파일은 imf.org에서 이용할 수 있다.

68 I. Erturk and S. Solari, 'Banks as Continuous Reinvention', *New Political Economy* 12 (2007), pp. 369~388의 p. 376 참조.

69 P. Bunn, A. Pugh and C. Yeates, 'The Distributional Impact of Monetary Policy Easing in the UK Between 2008 and 2014', Bank of England Staff Working Paper No. 720 (2018), pp. 1, 8. pdf 파일은 bankofengland.co.uk에서 이용할 수 있다.

70 J. A. Kay and M. A. King, The British Tax System, 5th edn (Oxford: Oxford University Press, 1990), pp. 158~159.

71 영국에 주재하지 않는 회사에서 받은 배당금은 법인세 대상이지만 이 조세에 대해 공제를 신청할 수 있다.

72   G. Airs, 'UK Corporation Tax on Dividends', October 2009, p. 1. pdf 파일은 slaughterandmay.com에서 이용할 수 있다.

73   D. Massey and A. Catalano, *Capital and Land: Landownership by Capital in Great Britain* (London: Edward Arnold, 1978).

74   B. Christophers, *The New Enclosure: The Appropriation of Public Land in Neoliberal Britain* (London: Verso, 2018), p. 298. 이 책 7장에서 토지 소유의 이러한 금융적 형태를 다룬다.

75   'Introduction: Lease Taxation: Lease Not Long Funding Lease: Finance Leases', gov.uk 참조.

76   'Barclays PLC Annual Report 2017', p. 277. pdf 파일은 home.barclays.에서 이용할 수 있다.

77   B. Christophers, 'Against (the Idea of) Financial Markets', *Geoforum* 66 (2015), pp. 85~93.

78   J. Kay, 'The Kay Review of UK Equity Markets and Long-Term Decision Making', July 2012, p. 43. pdf 파일은 assets.publishing.service.gov.uk에서 이용할 수 있다.

79   B. Christophers, 'Petals Not Thorns: Competition Policy and Finance', in N. Dorn, ed., *Controlling Capital: Public and Private Regulation of Financial Markets* (London: Routledge, 2016), pp 66- 82.

80   Plender, 'London's Big Bang', pp. 46~47.

81   'Analysis of Real Earnings and Contributions to Nominal Earnings Growth, Great Britain: June 2018', 12 June 2018, ons.gov.uk 참조.

82   T. Piketty, *Capital in the Twenty-First Century* (Cambridge, MA: Harvard University Press, 2014), p. 173.

83   'Housing Affordability in England and Wales: 2017', 26 April 2018, ons.gov. uk 참조.

84   G. R. Krippner, 'The Financialization of the American Economy', *Socio-Economic Review* 3: 2 (2005), pp. 173~208; Ö. Orhangazi, 'Financialisation and Capital Accumulation in the Non-Financial Corporate Sector: A Theoretical and Empirical Investigation on the US Economy: 1973-2003', *Cambridge Journal of Economics* 32 (2008), pp. 863~886. 이러한 주장에 대한 최근 비판으로는 J. Rabinovich, 'The Financialization of the Non-Financial Corporation. A Critique to the Financial Turn of Accumulation Hypothesis', *Metroeconomica* 70: 4 (2019), pp. 738~775를 참고할 것.

85   Piketty, Capital in the Twenty-First Century, pp. 420~421.

86   위의 책, pp. 278, 420.

87   Office for National Statistics, 'Wealth in Great Britain Wave 5: 2014 to 2016', 1

February 2018, p. 10. pdf 파일은 ons.gov.uk에서 이용할 수 있다.

88 Bunn, Pugh and Yeates, 'Distributional Impact of Monetary Policy Easing', p. 26.

89 Piketty, Capital in the Twenty-First Century, p. 277.

90 R. Joyce, T. Pope and B. Roantree, *The Characteristics and Incomes of the Top 1*', August 2019, p. 2. pdf 파일은 ifs.org.uk에서 이용할 수 있다.

91 만약 그것이 비주류적 의미의 자산에 기초한 지대가 아니라고 하더라도, 금융 부문 노동자의 고용소득은 적어도 하층 노동자 이상에서는 정통적 의미의 '초과'에 해당하는 기업 지대로 널리 여겨진다(지대에 대한 비주류와 정통의 구별은 서문을 참고하라). 예를 들어 A. Baker, G. Epstein and J. Montecino, 'The UK's Finance Curse? Costs and Processes', September 2018를 참고할 것. pdf 파일은 pdfs.semantic-scholar.org에서 이용할 수 있다.

92 B. Bell and J. Van Reenen, 'Extreme wage inequality: pay at the very top', American Economic Review 103: 3 (2013), pp. 153~157에서 p. 153 참조.

93 위의 책, p. 154.

94 J. Wood, 'Can household debt influence income inequality? Evidence from Britain: 1966-2016', The British Journal of Politics and International Relations, November 14, 2019, pp. 14, 2.

95 Bell and Van Reenen, 'Extreme wage inequality', p. 154.

96 The first two figures are from Office for National Statistics, 'Wealth in Great Britain Wave 5', pp. 22, 41에서 세 번째 수치는 Office for National Statistics, 'Income, Tax and Benefit Data by Income Decile for All Households'에서 가져온 것이다. 관련 자료는 ons.gov.uk에서 이용할 수 있다.

2장 탄소 신자유주의: 자연자원 지대

1 S. Goldenberg, 'Anglo American Pulls Out of Alaska Mines Project', *Guardian*, 16 September 2013.

2 J. Upton, 'Pebble Mine Project in Alaska Is on the Ropes', 17 September 2013, grist.org 참조.

3 'Chile's Escondida says deal reached with union on new contract', 15 August 2018, reuters.com 참조.

4 H. Sanderson and N. Hume, 'BHP Billiton Has No Regrets Over $1bn Fight with Chile Workers'에서 인용, *Financial Times*, 1 May 2017.

5 W. Clowes and T. Wilson, 'Miners Face Sudden Cost Increases after Congo Law Overhaul', 1 February 2018, bloomberg.com 참조.

6 'Congo's Kabila Signs into Law New Mining Code', 9 March 2018, reuters.com

참조.

7 Goldenberg, 'Anglo American Pulls Out of Alaska Mines Project'에서 인용.

8 'BHP Annual Report 2018', p. 28. pdf 파일은 bhp.com에서 이용할 수 있다.

9 Oil and Gas Authority, 'UK Oil and Gas Reserves and Resources: As At End 2016', 2017, p. 25. pdf 파일은 ogauthority.co.uk에서 이용할 수 있다.

10 이에 대한 훌륭한 회계 자료는 Mandana Limbert, 'Reserves, Secrecy, and the Science of Oil Prognostication in Southern Arabia' in H. Appel, A. Mason and M. Watts, eds, *Subterranean Estates: Lifeworlds of Oil and Gas* (Ithaca, NY: Cornell University Press, 2015), pp. 340~353.

11 P. Waldman, M. Heinzl and C. Tejada, 'Bre-X Drops 83 as Indonesia Halts Development of Gold Site', *Wall Street Journal*, 28 March 1997.

12 'No Gold at Bre-X Site', 5 May 1997, money.cnn.com 참조.

13 'BHP Annual Report 2018', p. 251.

14 O. Bush, S. Knott and C. Peacock, 'Why Is the UK Banking System So Big and Is That a Problem?', *Bank of England Quarterly Bulletin* 2014: Q4 (2014), pp. 385~395에서 p. 386 참조.

15 앵글로아메리칸과 BP는 영국에 설립 후 활동 중이고, BHP빌리톤과 리오틴토는 영국과 호주에 설립 후 활동 중이며, 글렌코어는 저지Jersey에 설립되었지만 본사는 스위스에 있고, 셸은 영국에 설립되었지만 본사는 네덜란드에 소재하고 있다.

16 'BP Annual Report and Accounts 2008', p. 123. pdf 파일은 bp.com에서 이용할 수 있다.

17 예를 들어 C. Woolfson, J. Foster and M. Beck, *Paying for the Piper: Capital and Labour in Britain's Offshore Oil Industry* (London: Routledge, 1996), pp. 4~8.

18 C. Dietrich, *Oil Revolution: Anticolonial Elites, Sovereign Rights, and the Economic Culture of Decolonization* (Cambridge: Cambridge University Press, 2017), p. 108.

19 C. E. Harvey, *The Rio Tinto Company: An Economic History of a Leading International Mining Concern, 1873-1954* (Penzance: Alison Hodge, 1981), pp. 230~231.

20 N. Shaxson, *Poisoned Wells: The Dirty Politics of African Oil* (New York: Palgrave Macmillan, 2007).

21 Dietrich, *Oil Revolution*, p. 96.

22 위의 책, p. 207.

23 위의 책, p. 241~248.

24 Shaxson, Poisoned Wells, pp. 1~2. 최근 영국 자연자원 불로소득자가 자원보유국의 요구에 맞출 수밖에 없었던 또 다른 사례로 몽골에서의 리오틴토를 들 수

있다. 리오틴토와 몽골 정부 간의 분쟁으로 2013년 오유 톨고이Oyu Tolgoi 구리 광산 프로젝트 2단계 공사가 중단되었는데, 프로젝트 운영사이자 대주주인 리오틴토가 제련소 로열티 포기, 관리비 절반 인하 등의 양보에 합의하면서 2015년에 공사가 재개되었다. 'Rio Tinto, Mongolia End Stand-off to Build Huge Copper Mine', 19 May 2015, reuters.com 참조.

25 볼리비아에 대해서는 P. Anthias, *Limits to Decolonization: Indigeneity, Territory, and Hydrocarbon Politics in the Bolivian Chaco* (Ithaca, NY: Cornell University Press, 2018)를 참고할 것. 캐나다에 대해서는 예를 들어 T. McCreary and J. Turner, 'The Contested Scales of Indigenous and Settler Jurisdiction: Unist'ot'en Struggles with Canadian Pipeline Governance', Studies in Political Economy 99:3 (2018), pp. 223~245를 참고할 것. 호주에서 광물자원에 대한 원주민의 권리를 박탈한 최근의 극명한 사례는 2019년 퀸즐랜드 정부가 1,385헥타르에 달하는 왕안Wangan과 자갈링구Jagalingou 토지에 대해 원주민의 권리를 박탈하고 인도 기업 아다니Adani에 탄광개발을 위해 독점 소유권을 부여한 결정이었다. 이에 대해서는 B. Doherty, 'Queensland Extinguishes Native Title over Indigenous Land to Make Way for Adani Coalmine', *Guardian*, 31 August 2019를 참고할 것.

26 T. Brotherstone, 'A Contribution to the Critique of Post-Imperial British History: North Sea Oil, Scottish Nationalism and Thatcherite Neoliberalism', in O. Logan and J. McNeigh, eds, *Flammable Societies: Studies on the Socio-economics of Oil and Gas* (London: Pluto, 2012), pp. 70~98의 p. 77에서 인용.

27 M. Gutiérrez, 'Making Markets Out of Thin Air: A Case of Capital Involution', *Antipode* 43 (2011), pp. 639~661.

28 K. Myers, 'National Hydrocarbon Accounting: A Methodology for Monitoring Upstream Sector Governance. The Case of UK North Sea Oil and Gas', May 2014, p. 25. pdf 파일은 resourcegovernance.org에서 이용할 수 있다.

29 아람코 주식의 1.5퍼센트가 2019년 12월 사우디 증권거래소에 상장되어 있다.

30 T. Cave, 'More Than a Lobby: Finance in the UK', 26 September 2013, opendemocracy.net 참조.

31 C. Harvie, *Fool's Gold: The Story of North Sea Oil* (London: Penguin, 1995), p. 85.

32 A. Cumbers, 'North Sea Oil, the State and Divergent Development in the UK and Norway', in Logan and McNeigh, *Flammable Societies*, pp. 221~242에서 p. 229 참조.

33 위의 책, p. 226.

34 Woolfson 외, *Paying for the Piper*, p. 28.

35 C. Nakhle, 'Petroleum Fiscal Regimes: Evolution and Challenges', in P. Daniel, M. Keen and C. McPherson, eds, *The Taxation of Petroleum and Minerals: Principles, Problems and Practice* (London: Routledge, 2010), pp. 89~121에

서 p. 92 참조.

36 C. Harvie, *Fool's Gold*, p. 87에서 인용.

37 위의 책, pp. 101~102에서 인용.

38 광물자원 전체에 대한 조세체제는 특히 L. Hogan and B. Goldsworth, 'International Mineral Taxation: Experience and Issues', in Daniel et al., *Taxation of Petroleum and Minerals*, pp. 122~162를 참고할 것. 구체적으로 석유·가스산업에 대한 조세체제는 Nakhle, 'Petroleum Fiscal Regimes'; A. Zalik, 'The Race to the Bottom and the Demise of the Landlord: The Struggle Over Petroleum Revenues Historically and Comparatively', in Logan and McNeigh, *Flammable Societies*, pp. 267~286을 참고할 것.

39 'BHP Annual Report 2018', p. 28.

40 B. Mommer, 'Fiscal Regimes and Oil Revenues in the UK, Alaska and Venezuela', June 2001, p. 8. pdf 파일은 oxfordenergy.org에서 이용할 수 있다.

41 Shaxson, *Poisoned Wells*, p. 2.

42 J. Boué, 'The 1973 Oil Shock and the Institutional and Fiscal Framework for Petroleum Exploration and Production Activities in the UK North Sea', in A. Beltran, É. Bussière and G. Garavini, eds, *L'Europe et la question énergétique: Les années 1960/1980* (Brussels: P.I.E. Peter Lang, 2016), pp. 235~253에서 p. 242 참조.

43 Nakhle, 'Petroleum Fiscal Regimes', p. 96.

44 Boué, '1973 Oil Shock', p. 244.

45 P. Wright and J. Boué, 'The United Kingdom: Public Debate and Management of Petroleum Resources', in I. Overland, ed., *Public Brain Power: Civil Society and Natural Resource Management* (Basingstoke: Palgrave Macmillan, 2017), pp. 329~346에서 p. 335 참조.

46 Boué, '1973 Oil Shock', pp. 244, 246.

47 Energy Charter Secretariat, 'Taxation Along the Oil and Gas Supply Chain: International Pricing Mechanisms for Oil and Gas', 2008, p. 67. pdf 파일은 energycharter.org에서 이용할 수 있다.

48 Mommer, 'Fiscal Regimes and Oil Revenues', p. 26.

49 Wright and Boué, 'United Kingdom', p. 336.

50 G. Muttitt, A. Markova and M. Crighton, 'Sea Change: Climate Emergency, Jobs and Managing the Phase-Out of UK Oil and Gas Extraction', May 2019, p. 35. pdf 파일은 priceofoil.org에서 이용할 수 있다.

51 Woolfson 외, *Paying for the Piper*, pp. 18~20.

52 Mommer, 'Fiscal Regimes and Oil Revenues', p. 11.

53 C. Harvie, *Fool's Gold*, p. 101.

54 위의 책.

55 Mommer, 'Fiscal Regimes and Oil Revenues', pp. 10, 26~27.

56 C. Harvie, *Fool's Gold*, p. 297.

57 경쟁과 영국 민영화 문제에 있어서 이데올로기와 현실 간의 괴리는 특히 J. Meek, Private Island: Why Britain Now Belongs to Someone Else (London: Verso, 2015) 을 참고할 것.

58 C. Harvie, *Fool's Gold*, p. 299.

59 Woolfson 외, *Paying for the Piper*, p. xviii. 이 책의 2장은 석유·가스산업이 어떻게 노조화 시도를 좌절시켰는지 잘 설명하고 있다.

60 C. Harvie, *Fool's Gold*, p. 297.

61 Muttitt 외, 'Sea Change', p. 13.

62 S. Tombs and D. Whyte, 'Capital Fights Back: Risk, Regulation and Profit in the U Offshore Oil Industry', *Studies in Political Economy* 57: 1 (1998), pp. 73~101에서 pp. 92~93 참조.

63 위의 책, p. 85.

64 Boué, '1973 Oil Shock', p. 250.

65 위의 책, pp. 250~251.

66 'Statistics of Government Revenues from UK Oil and Gas Production', June 2018, p. 8. pdf 파일은 assets.publishing.service.gov.uk에서 이용할 수 있다.

67 예를 들어 Cumbers, 'North Sea Oil'를 참고할 것.

68 D. Saunders, 'Frugal Norway Saves for Life After the Boom', Globe and Mail, 31 January 2008.

69 위의 책.

70 K. Morgan, *Britain Since 1945: The People's Peace* (Oxford: Oxford University Press, 2001), pp. 446, 568.

71 Woolfson 외, *Paying for the Piper*, p. xvii.

72 C. Harvie, *Fool's Gold*, p. 294.

73 G. Lodge, 'Thatcher and North Sea Oil—A Failure to Invest in Britain's Future', *New Statesman*, 15 April 2013.

74 위의 책.

75 C. Harvie, *Fool's Gold*, p. 356.

76 T. Mitchell, *Carbon Democracy: Political Power in the Age of Oil* (London: Verso, 2011).

77 위의 책, pp. 8, 1.

78 W. Brown, *Undoing the Demos: Neoliberalism's Stealth Revolution* (New York: Zone, 2015).

79 Woolfson 외, *Paying for the Piper*, p. 32.

80 D. Harvey, *A Brief History of Neoliberalism* (Oxford: Oxford University Press, 2005).

81 T. Blair, 'Diary', *London Review of Books* 9: 19 (1987), p. 21.

82 Brotherstone, 'Contribution to the Critique of Post-Imperial British History', p. 83.

83 Woolfson 외, *Paying for the Piper*, p. 32.

84 Brotherstone, 'Contribution to the Critique of Post-Imperial British History', p. 84.

85 Increased coal imports also played an important role.

86 S. Milne, *The Enemy Within: The Secret War Against the Miners* (London: Verso, 1994).

87 Woolfson 외, *Paying for the Piper*, p. 32.

88 Brotherstone, 'A Contribution to the Critique of Post-Imperial British History', p. 70에서 인용.

89 위의 책, p. 82.

90 Woolfson 외, *Paying for the Piper*, p. 32.

91 K. Polanyi, *The Great Transformation: The Political and Economic Origins of Our Time* (Boston: Beacon, 2001 [1944]), p. 147.

92 예를 들어 C. Williams, 'Oil Giants Spend $115 Million a Year to Oppose Climate Policy', 11 April 2016, huffingtonpost.com 참조.

93 예를 들어 R. E. Dunlap and A. M. McCright, 'Organized Climate Change Denial', in J. S. Dryzek, R. B. Norgaard and D. Schlosberg, eds, *The Oxford Handbook of Climate Change and Society* (Oxford: Oxford University Press, 2011), pp. 144~160.

94 예를 들어 M. Cranny, 'BP Rejects Concern Over Stranded Assets Amid "Slow" Energy Shift', 20 February 2018, bloomberg.com; D. Zhdannikov, 'Shell Sees No Risk of "Stranded Assets" as Reserve Life Shrinks', 12 April 2018, reuters.com 참조.

95 A. Juhasz, 'Big Oil's Big Lies about Alternative Energy', 25 June 2013, rollingstone.com에서 인용.

96 T. Macalister, 'BP Dropped Green Energy Projects Worth Billions to Focus on Fossil Fuels', *Guardian*, 16 April 2015.

97 A. Raval and E. Crooks, 'BP Bets Big on Shale for Its US Comeback', *Financial Times*, 16 August 2018.

98 E. Crooks, 'Shell Looks to Shale Production for Rapid Growth', *Financial Times*, 7 January 2018.

99 Juhasz, 'Big Oil's Big Lies'.

100 위의 글에서 인용.

101 P. Mace, D. Leckie, L. Gray, D. Blumenthal, I. Desgranges and D. Anthony, 'Oil and Gas Regulation in the UK: Overview', October 2017, p. 1. pdf 파일은 uk.practicallaw.thomsonreuters.com에서 이용할 수 있다.

102 Oil and Gas Authority, 'UK Oil and Gas Reserves and Resources', p. 4.

103 A. Raval and M. McCormick, 'France's Total Announces Major Offshore UK Gas Discovery', *Financial Times*, 24 September 2018.

104 M. Williamson, 'North Sea Deal Shows Financiers See Big Potential in UK Assets', Herald, 18 September 2018.

105 E. Bast, S. Makhijani, S. Pickard and S. Whitley, 'The Fossil Fuel Bailout: G20 Subsidies for Oil, Gas and Coal Exploration', November 2014, p. 60. pdf 파일은 priceofoil.org에서 이용할 수 있다.

106 'Government Announces Major Tax Cuts for Oil and Gas Industry', 2 May 2016, internationallawoffice.com 참조.

107 'Budget 2017: Chancellor Announces North Sea Help', 8 March 2017, bbc.com 에서 인용.

108 S. Hinson, C. Rhodes, N. Dempsey, N. Sutherland and A. Pratt, UK Oil and Gas Industry, House of Commons Library Debate Pack, 2018/0088, 18 April 2018, p. 8.

109 HM Treasury, 'Review of the Oil and Gas Fiscal Regime: Call for Evidence', July 2014, p. 7. pdf 파일은 assets.publishing.service.gov.uk에서 이용할 수 있다.

110 HC Deb 18 July 2017, c698.

111 A. Tooze, 'How Britain beat Germany in the race for green energy', 9 December 2019, prospectmagazine.co.uk 참조. 강조는 원문.

112 R. Watts, 'Shell Boost Its North Sea Holdings as It Gives Wings to Penguins', 23 August 2018, upstreamonline.com 참조.

113 전략적으로 지역을 변경한 것에 대해서는 예를 들어 Woolfson et al., Paying for the Piper, p. xvii; Cumbers, 'North Sea Oil', p. 236을 참고할 것.

114 D. Nutticelli, 'America Spends over $20bn Per Year on Fossil Fuel Subsidies. Abolish Them', *Guardian*, 30 July 2018. 다른 국가들의 화석연료 보조금의 존재 여부와 규모에 대해서는 Bast et al., 'Fossil Fuel Bailout'을 참고할 것.

115 J. Gonzales, 'Brazil/UK Push Offshore Oil Pact, a Potential Climate Change Disaster', 13 December 2017, news.mongabay.com 참조.

3장 에버그린: 지식재산 지대

1 N. Crafts, 'Overview and Policy Implications', in Learning from Some of Brit-

ain's Successful Sectors: An Historical Analysis of the Role of Government, BIS Economics Paper No. 6 (March 2010), pp. 1~17에서 p. 7 참조. pdf 파일은 webarchive.nationalarchives.gov.uk에서 이용할 수 있다.

2 위의 책, p. 11.

3 그러나 모든 사람이 동의하는 것은 아니다. 이 장의 뒷부분에서 반론에 대해 논의할 것이다.

4 K. Maskus, 'Intellectual Property Rights and Economic Development', *Case Western Reserve Journal of International Law* 32 (2000), pp. 471~502에서 p. 474 참조.

5 E. Chamberlin, *The Theory of Monopolistic Competition* (Cambridge, MA: Harvard University Press, 1933), p. 58~59.

6 D. McClure, 'Trademarks and Unfair Competition: A Critical History of Legal Thought', *Trademark Reporter* 69 (1979), pp. 305~356에서 p. 307 참조.

7 Chamberlin, *Theory of Monopolistic Competition*, p. 207.

8 A. Katz, 'Making Sense of Nonsense: Intellectual Property, Antitrust, and Market Power', *Arizona Law Review* 49 (2007), pp. 837~909에서 p. 840 참조.

9 M. Boldrin and D. Levine, 'The Case Against Intellectual Property', *American Economic Review* 92 (2002), pp. 209~212에서 p. 209 참조.

10 Chamberlin, *Theory of Monopolistic Competition*, pp. 205~208.

11 'McDonald's Corporation Form 10-K: Annual Report for the Fiscal Year Ended December 31, 2018', p. 44.

12 EPO and EUIPO, 'Intellectual Property Rights Intensive Industries and Economic Performance in the European Union', October 2016, p. 88. pdf 파일은 euipo.europa.eu에서 이용할 수 있다.

13 위의 책, p. 7.

14 이러한 가정에 대해서는 P. Goodridge, J. Haskel and G. Wallis, *Estimating UK Investment inIntangible Assets and Intellectual Property Rights* (Newport: Intellectual Property Office, 2014)를 참고할 것.

15 S. Turnock, 'IP and the Intangible Economy', 20 March 2018, ipo.blog.gov.uk.16 참조. Intellectual Property Office, *Trends at Intellectual Property Office UK 1995-2017* (Newport: Intellectual Property Office, 2018), pp. 1~2.

17 위의 책.

18 예를 들면 E. Berman, *Creating the Market University: How Academic Science Became an Economic Engine* (Princeton, NJ: Princeton University Press, 2012)를 참고할 것.

19 지금까지 논의된 각 주요 부문의 회사를 포함하려는 시도가 있었지만, (a) 대부분 자산이 자회사 네트워크를 통해 간접적으로 보유되며, 따라서 지주 회사의 대차대

조표에는 유용한 정보가 포함되어 있지 않은 경우(가령 롤스로이스와 유니레버의 경우와 같이), 또는 (b) 자산 대부분이 영업권으로 함께 묶인 경우(BAE 시스템의 경우와 같이)에 회사를 제외해야 할 필요성 때문에 일부(예: 항공우주)는 존재하지 않는다.

20 Z. Sherman, 'Opening Value Theory to the Brand', Rethinking Marxism 29 (2017), pp. 592~609를 참고할 것.

21 Chamberlin, *Theory of Monopolistic Competition*, p. 205. S. Timberg: 'The trade-mark "monopoly"··· is a perpetual one'. S. Timberg, 'Trademarks, Monopoly and the Restraint of Competition', Law and Contemporary Problems 14 (1949), pp. 323~361의 p. 323과 비교하라.

22 M. Brassell and J. Maguire, *Hidden Value: A Study of the UK IP Valuation Market* (Newport: Intellectual Property Office, 2016), p. 7.

23 House of Commons Health Committee, *The Influence of the Pharmaceutical Industry*, 5 April 2005, HC 42-I, Fourth Report of Session 2004-05 (Volume I), p. 90.

24 H. L. MacQueen, 'Extending Intellectual Property: Producers v. Users', *Northern Ireland Legal Quarterly* 45 (1994), pp. 30~45.

25 H. Ullrich, 'Expansionist Intellectual Property Protection and Reductionist Competition Rules: A TRIPS Perspective', *Journal of International Economic Law* 7 (2004), pp. 401~430.

26 MacQueen, 'Extending Intellectual Property', pp. 31~34.

27 S. Sell, *Private Power, Public Law: The Globalization of Intellectual Property Rights* (Cambridge: Cambridge University Press, 2003).

28 V. Muzaka, 'Intellectual Property Protection and European "Competitiveness"', *Review of International Political Economy* 20 (2013), pp. 819~847에서 p. 820 참조.

29 위의 책.

30 I. Hargreaves, 'Digital Opportunity: A Review of Intellectual Property and Growth', May 2011, p. 93. pdf 파일은 assets.publishing.service.gov.uk에서 이용할 수 있다.

31 House of Commons Business, Innovation and Skills Committee, The Hargreaves Review of Intellectual Property: Where Next?, 27 June 2012, HC 367-I, First Report of Session 2012-13 (Volume I), p. 4.

32 M. P. Pugatch, *The International Political Economy of Intellectual Property Rights* (Cheltenham: Edward Elgar, 2004), pp. 104~106.

33 J. Abraham, 'Sociology of Pharmaceuticals Development and Regulation: A Realist Empirical Research Programme', *Sociology of Health & Illness* 30: 6 (2008), pp. 869~885에서 p. 873 참조.

34 Pugatch, *International Political Economy*, pp. 105~106.

35 D. Oliver, 'It's Time to Put a Catch on the Revolving Door to the NHS Lobby', *BMJ* 365: 8194 (2019), p. 23.

36 Abraham, 'Sociology of Pharmaceuticals Development and Regulation', p. 874.

37 위의 책, p. 873.

38 Hargreaves, 'Digital Opportunity', p. 93.

39 위의 책, pp. 93~94.

40 M. Andreasen, 'Two Stories about Biotech Patenting from the "Silent Majority" in Europe', *Public Understanding of Science* 19 (2010), pp. 355~371에서 p. 356 참조.

41 MacQueen, 'Extending Intellectual Property', pp. 31~32.

42 B. Balanyá, A. Doherty, O. Hoedeman, A. Ma'anit and E. Wesselius, 'Industry and the EU Life Patent Directive', May 1998, archive.corporateeurope.org 참조. ECU는 유로로 대체되기 전에 유럽 통화 시스템의 공식 통화 단위였다는 점에 유의하라.

43 위의 책.

44 N. Scott-Ram, 'Entrepreneurship, Management, Public Relations and Consulting', in D. J. Bennett and R. C. Jennings, eds, *Successful Careers beyond the Lab* (Cambridge: Cambridge University Press, 2017), pp. 92~103에서 pp. 96~98 참조.

45 Muzaka, 'Intellectual Property Protection', p. 828.

46 A. Trenton, J. Watts, V. Wettner and T. Cook, 'The Assertion of Extraterritorial Patent Jurisdiction in Europe', *Intellectual Property & Technology Law Journal* 31: 4 (2019), pp. 8~16에서 pp. 8~9 참조.

47 위의 책.

48 J. Leeming, 'Infringement by Overseas Servers Revisited', 14 December 2017, p. 1. pdf 파일은 jakemp.com에서 이용할 수 있다.

49 C. Macdonald-Brown and J. Colbourn, 'Supreme Court Confirms Justiciability of Foreign IP Rights', 15 October 2011, inta.org 참조.

50 L. C. Thurow, 'Needed: A New System of Intellectual Property Rights', Harvard Business Review 75 (1997), pp. 94~107에서 p. 99 참조.

51 'Creative Industries: Sector Deal', 28 March 2018, at gov.uk.

52 'Global Intellectual Property Index: 5th Report', June 2016. pdf 파일은 united-kingdom.taylorwessing.com에서 이용할 수 있다.

53 'U.S. Chamber International IP Index: 6th edition', February 2018, p. v. pdf 파일은 globalipcenter.wpengine.com에서 이용할 수 있다.

54 B. Christophers, *The Great Leveler: Capitalism and Competition in the Court of Law* (Cambridge, MA: Harvard University Press, 2016).

55 Ullrich, 'Expansionist Intellectual Property Protection', p. 410.

56 Christophers, *Great Leveler*, pp. 189~193.

57 위의 책, pp. 243~245.

58 위의 책, p. 245에서 인용.

59 'Creative Industries: Sector Deal'.

60 B. Christophers, *Envisioning Media Power: On Capital and Geographies of Television* (Lanham, MD: Lexington, 2009), pp. 392~397.

61 R. H. Stern, 'An Attempt to Rationalize Floppy Disk Claims', *John Marshall Journal of Computer & Information Law* 17 (1998), pp. 183~218에서 p. 185 참조.

62 MacQueen, 'Extending Intellectual Property', p. 30.

63 위의 책, p. 31.

64 'Global Intellectual Property Index', p. 5.

65 J. Stiglitz, 'Wealth Before Health? Why Intellectual Property Laws Are Facing a Counterattack', *Guardian*, 19 October 2017.

66 G. Shaffer, 'Recognizing Public Goods in WTO Dispute Settlement: Who Participates? Who Decides? The Case of TRIPS and Pharmaceutical Patent Protection', *Journal of International Economic Law* 7 (2004), pp. 459~482에서 p. 471 참조.

67 Intellectual Property Advisory Committee, 'The Enforcement of Patent Rights', November 2003, p. 18. pdf 파일은 webarchive.nationalarchives.gov. uk에서 이용할 수 있다.

68 A. Gowers, *Gowers Review of Intellectual Property* (Norwich: HMSO, 2006), pp. 1, 60.

69 위의 책, p. 60.

70 HM Treasury and Department for Business, Innovation and Skills, *The Plan for Growth* (London: HM Treasury, 2011), pp. 100~101.

71 'UK Attachés Export Intellectual Property Expertise Across the Globe', press release, 2 March 2016, gov.uk 참조.

72 B. Russell, 'Meet the New IP Attachés', 5 March 2014, intellectualproperty-magazine.com 참조.

73 Tonic Insight Ltd, *IP Attaché Evaluation Report: Programme Review* (Newport: Intellectual Property Office, 2014), p. 10.

74 'Creative Industries: Sector Deal'.

75 L. Evers, H. Miller and C. Spengel, 'Intellectual Property Box Regimes: Effective Tax Rates and Tax Policy Considerations', *International Tax and Public*

Finance 22 (2015), pp. 502~530.

76   HM Revenue & Customs, 'Patent Box September 2018: Statistics on Uptake of the Patent Box', 27 September 2018, p. 13. pdf 파일은 assets.publishing. service.gov.uk에서 이용할 수 있다.

77   인용은 Evers 외, 'Intellectual Property Box Regimes', p. 503이고, 해석은 필자 의 것임.

78   HM Revenue & Customs, 'Patent Box September 2018', p. 4.

79   GlaxoSmithKline, 'Annual Report 2017', 12 March 2018, p. 177. pdf 파일은 gsk.com에서 이용할 수 있다.

80   F. Gaessler, B. H. Hall and D. Harhoff, 'Should There Be Lower Taxes on Patent Income?', NBER Working Paper No. 24843, July 2018. pdf 파일은 nber.org 에서 이용할 수 있다.

81   'Intellectual Property: A Question of Utility', *Economist*, 8 August 2015.

82   예를 들면 R. Merges, 'One Hundred Years of Solicitude: Intellectual Property Law, 1900-2000', *California Law Review* 88 (2000), pp. 2,187~2,240을 참고할 것.

83   M. Boldrin and D. Levine, *Against Intellectual Monopoly* (Cambridge: Cambridge University Press, 2008).

84   Stiglitz, 'Wealth Before Health?'.

85   위의 책.

86   Merges, 'One Hundred Years of Solicitude', p. 2,233.

87   'Publishing, Perishing, and Peer Review', *Economist*, 22 January 1998.

88   D. Matthews, 'Is It Time to Nationalise Academic Publishers?', 2 March 2018, timeshighereducation.com 참조.

89   각각 다음을 보라. E. Yardeni and J. Abbott, 'S&P 500 Sectors & Industries Profit Margins', 5 December 2018, pdf 파일은 yardeni.com에서 이용할 수 있고, Share Centre, 'Profit Watch UK: November 2018'. pdf 파일은 share.com에서 이용할 수 있다.

90   'Main Science and Technology Indicators', oecd.org 참조.

91   R. H. Pitkethly, 'Intellectual Property Strategy in Japanese and UK Companies: Patent Licensing Decisions and Learning Opportunities', *Research Policy* 30 (2001), pp. 425~442.

92   연구에 따르면 영국에서 비영리단체가 2000년부터 2010년 사이에 제기된 모든 특 허 소송의 11퍼센트를 차지한 것으로 나타났다. C. Helmers, B. Love and L. McDonagh, 'Is There a Patent Troll Problem in the UK?', *Fordham Intellectual Property, Media & Entertainment Law Journal* 24: 2 (2014), pp. 509~553 참조.

93   J. Mullin, 'Patent Troll's Stock Soars 20 after Court Victory over Samsung,

Huawei', 24 November 2015, arstechnica.com 참조.

94   S. K. Rathod, 'Ever-greening: A Status Check in Selected Countries', *Journal of Generic Medicines* 7 (2010), pp. 227~242에서 p. 227 참조.

95   Gowers, *Gowers Review of Intellectual Property*, p. 16.

96   2차 특허와 1차 특허의 정도를 나타내기 위해 이 통계를 참조하라. 2000년에 미국 특허청US Patent Office은 6,730개의 제약특허 등록이 이루어졌지만, 미국식품의약국US Food and Drug Administration은 27개의 새로운 화학물질의 등록을 승인했다. House of Commons Health Committee, Minutes of Evidence, Memorandum by the British Generic Manufacturers Association (PI 148), 16 August 2004, Session 2004-05, para. 38을 참고할 것.

97   에버그리닝에 관해 도움이 되는 논의에 대해서는 Rathod, 'Ever-greening'; E. Fox, 'How Pharma Companies Game the System to Keep Drugs Expensive', *Harvard Business Review*, 6 April 2017.

98   Rathod, 'Ever-greening', p. 228.

99   House of Commons Health Committee, Minutes of Evidence, *Memorandum by the British Generic Manufacturers Association* (PI 148), para. 39.

100 위의 책.

101 House of Commons Health Committee, *Influence of the Pharmaceutical Industry*, p. 106.

102 *Les Laboratoires Servier v Apotex Inc* (2008) EWCA Civ 445.

103 'Gaviscon Firm Reckitt Benckiser Agrees £10.2m Fine', 15 October 2010, bbc.com 참조.

104 J. Laurance, 'Drug Giants "Swindle NHS by Blocking Cheap Medicines" Extending Patents', Independent, 8 March 2008; Rathod, 'Ever-greening', pp. 231~232.

105 MacQueen, 'Extending Intellectual Property', p. 33.

106 P. Boulet, 'Will the European Court of Justice Put a Stop to the Evergreening of Truvada Patents?', 8 May 2018, medicineslawandpolicy.org 참조.

107 P. Boulet, 'CJEU Ruling on Truvada Recalls "Evergreening" Goes Against Public Health Interests', 10 September 2018, medicineslawandpolicy.org 참조.

4장 시장의 창출과 형성: 플랫폼 지대

1   London Stock Exchange Group, 'Annual Report 31 December 2018', p. 13. pdf 파일은 lseg.com에서 이용할 수 있다.

2   Intu Properties plc, 'Annual report 2018', pp. 22, 116. pdf 파일은 intugroup.co.uk에서 이용할 수 있다.

3   C. Dawson, 'eBay UK Retail Report 2018 Reveals 1,065 eBay Millionaires', 3 September 2018, tamebay.com 참조.

4   물론 소매상이 아무것도 팔지 못하면 지대를 무한정 계속 낼 수는 없을 것이다. 그리고 쇼핑센터의 소매상이 전체적으로 어려움을 겪는다면, 일반적으로 쇼핑센터의 지대는 결국에는 압박을 받을 것이다. 이것은 이 책을 쓰는 시점에 인류가 처한 상황과 정확히 일치한다. 영국 전역에서 오프라인 소매업이 인터넷에 사업을 빼앗기면서 인튜의 사업 모델에 악영향을 미치고 있다. 예를 들어 R. Millard, 'Embattled Intu worth just £65m as losses widen to £2bn', *Telegraph*, 12 March 2020을 참고할 것.

5   Alphabet Inc., 'Annual Report for the Fiscal Year Ended December 31, 2018', p. 27. pdf 파일은 abc.xyz에서 이용할 수 있다.

6   J. Lanchester, 'You Are the Product', *London Review of Books* 39: 16 (2017).

7   Facebook, Inc., 'Annual report for the fiscal year ended December 31, 2018', p. 35. pdf 파일은 investor.fb.com에서 이용할 수 있다.

8   C. Forde, M. Stuart, S. Joyce, L. Oliver, D. Valizade, G. Alberti, K. Hardy, V. Trappmann, C. Umney and C. Carson, 'The Social Protection of Workers in the Platform Economy', November 2017, p. 25. pdf 파일은 europarl.europa.eu 에서 이용할 수 있다.

9   A. Agrawal, J. Horton, N. Lacetera and E. Lyons, 'Digitization and the Contract Labor Market: A Research Agenda', NBER Working Paper No. 19525, October 2013, p. 14. pdf 파일은 nber.org에서 이용할 수 있다.

10   Forde 외, 'Social Protection of Workers', p. 25.

11   T. Gillespie, 'The Politics of "Platforms"', *New Media & Society* 12: 3 (2010), pp. 347~364.

12   위의 책, p. 359.

13   위의 책, p. 352.

14   P. Stafford, 'All About Data: LSE Bids Show Exchanges' New Priorities', *Financial Times*, 22 October 2019.

15   *Economist*, 'The London Stock Exchange Is Thriving Despite Brexit', 9 March 2019.

16   1제타바이트 = 1조 기가바이트 또는 1021(10의 21승) 바이트. IDC, 'The Digital Universe of Opportunities: Rich Data and the Increasing Value of the Internet of Things', April 2014, emc.com 참조.

17   Lanchester, 'You Are the Product'. On the surveillance business of contemporary digital capitalism more broadly, S. Zuboff, *The Age of Surveillance Capitalism* (London: Profile, 2019) 참고.

18   '데이터화Datafication'는 야턴 사도스키Jathan Sadowskiis가 다음의 문헌에서 쓴 용

어다. 'When Data Is Capital: Datafication, Accumulation, and Extraction', Big Data & Society, doi: 10.1177/2053951718820549.

19   *Economist*, 'Data Is Giving Rise to a New Economy', 6 May 2017.

20   K. Granville, 'Facebook and Cambridge Analytica: What You Need to Know as Fallout Widens', *New York Times*, 19 March 2018.

21   *Economist*, 'Data Is Giving Rise to a New Economy'. See also T. Hale, 'Data Is Not the New Oil', 8 May 2019, ftalphaville.ft.com 참조.

22   We Are Social, 'Digital in 2018', January 2018, pp. 126, 128. pdf 파일은 digitalreport.wearesocial.com에서 이용할 수 있다.

23   B. Fabo, M. Beblavy, Z. Kilhoffer and K. Lenearts, 'An Overview of European Platforms: Scope and Business Models', 2017, pp. 10~11. pdf 파일은 publications.jrc.ec.europa.eu에서 이용할 수 있다.

24   A. Pesole, M. C. Urzí Brancati, E. Fernández-Macías, F. Biagi and I. González Vázquez, 'Platform Workers in Europe: Evidence from the COLLEEM Survey', 2018, p. 18. pdf 파일은 publications.jrc.ec.europa.eu에서 이용할 수 있다.

25   Fabo 외, 'Overview of European Platforms', p. 11.

26   N. Malik, 'The Internet: To Regulate or Not to Regulate?', 7 September 2018, forbes.com 참조.

27   House of Lords Select Committee on Communications, *Regulating in a Digital World*, 9 March 2019, HL Paper 299, Second Report of Session 2017-19, p. 3.

28   S. Ghosh, 'Theresa May Said London's Uber Ban Was "Disproportionate"', 29 September 2017, businessinsider.com 참조.

29   A. Di Santolo, 'Sadiq Khan Blasted by Tory Mayoral Candidate Over Failure to Keep London Transport Safe', *Express*, 26 November 2019에서 인용.

30   'Labour's Ideological Clampdown on Uber Is a Harbinger of What Prime Minister Corbyn Would Do', *Telegraph*, 26 November 2019.

31   A. Ram and S. Bond, 'Uber Wins 15-Month London Licence in Court Fight', *Financial Times*, 26 June 2018.

32   H. Boland, 'Tech Giants Double Their Army of UK Lobbyists', *Telegraph*, 21 October 2018.

33   I. Lapowsky, 'Facing UK Regulation, Big Tech Sends a Lobbyist to London', 13 November 2018, wired.com 참조.

34   C. Cadwalladr and D. Campbell, 'Revealed: Facebook's Global Lobbying Against Data Privacy Laws', *Guardian*, 2 March 2019.

35   'The Best Place···' is from the title of Chapter 3 of the UK government's March 2017 policy paper, 'UK Digital Strategy 2017', 자료는 gov.uk에서 이용할

수 있다.

36 HM Government, 'UK Government Response to EU Public Consultation on Digital Platforms', 2016, pp. 6~7. pdf 파일은 assets.publishing.service.gov.uk 에서 이용할 수 있다.

37 위의 책, p. 7.

38 A. Lilico and M. Sinclair, 'Dynamic Competition in Online Platforms: Evidence from Five Case Study Markets', March 2017, p. 6. pdf 파일은 gov.uk에서 이용할 수 있다.

39 J. Furman, D. Coyle, A. Fletcher, D. McAuley and P. Marsden, 'Unlocking Digital Competition', March 2019, p. 26. pdf 파일은 assets.publishing.service.gov. uk에서 이용할 수 있다.

40 위의 책, p. 27.

41 House of Lords Select Committee on Communications, *Regulating in a Digital World*, p. 39.

42 R. Toplensky, 'EU Fines Alphabet's Google €1.5bn for Antitrust Violations', *Financial Times*, 20 March 2019.

43 M. Kenney and J. Zysman, 'The Rise of the Platform Economy', *Issues in Science and Technology* 32: 3 (2016), at issues.org.

44 House of Lords Select Committee on Communications, *Regulating in a Digital World*, p. 38.

45 J. Ramsay, 'Competition among Exchanges Has Reached a New Low, and It's Dangerous for the Stock Market', 23 May 2018, businessinsider.com 참조.

46 M. Sandbu, 'The Market Failures of Big Tech', *Financial Times*, 19 February 2018.

47 Furman 외, 'Unlocking Digital Competition', p. 35.

48 위의 책, p. 32.

49 Sandbu, 'Market Failures of Big Tech'.

50 M. Warner, 'Potential Policy Proposals for Regulation of Social Media and Technology Firms', August 2018, pp. 4~5. pdf 파일은 ftc.gov에서 이용할 수 있다.

51 Competition & Markets Authority, 'Online platforms and digita advertising: Market study interim report', December 2019, p. 15. pdf 파일은 assets.publishing.service.gov.uk에서 이용할 수 있다. 이 글을 쓰고 있는 현재 진행 중인 CMA의 시장조사에서 영국이 디지털 플랫폼 분야의 독점력에 대해 좀 더 주도적인 자세를 취할 수 있을까? 아마도 그럴 수 있을 것이다. 본문에서 인용한 중간보고서는 영국의 경쟁 규제기관인 CMA가 이 시장에서 경쟁이 실제로 제한되고 있으며 페이스북과 구글이 경쟁시장에서 기대할 수 있는 것보다 '훨씬 높은' 이익을 벌어들이는 독

보적인 독점자라고 판단하고 있음을 명확하게 보여준다. 하지만 CMA는 자체적으로 개입할 수 있는 권한을 부여하기 위해 필요한 전체 시장 감사 자료를 만들기 직전에 멈출 듯하다. 그 대신 CMA의 현재 생각으로는 '개혁을 이행하기 위한 최선의 방법'은 CMA가 정부에 권고하고, 정부가 적절한 행동방침을 결정하도록 맡기는 것이다. 지금까지 정부의 행적을 고려할 때, 정부가 디지털 플랫폼 분야에 대한 CMA의 판단을 공유하기는 어렵다.

52 여러 사업 분야를 통합하는 플랫폼 운영자의 반경쟁 측면, 즉 어떤 사업에서 소비자 또는 공급업체가 흔히 다른 사업에서 경쟁자가 되는 결과를 초래하는 반경쟁 측면은 아마존과 독점금지에 관한 리나 칸Lina Khan의 영향력 있는 논문의 주요 근거가 된다. L. Khan, 'Amazon's Antitrust Paradox', *Yale Law Journal* 126 (2016-17), pp. 710~805를 참고할 것.

53 Sandbu, 'Market Failures of Big Tech'.

54 Furman 외, 'Unlocking Digital Competition', p. 32.

55 Competition & Markets Authority, 'Online platforms and digital advertising', p. 13.

56 Furman 외, 'Unlocking Digital Competition'.

57 Kenney and Zysman, 'Rise of the Platform Economy'.

58 Furman 외, 'Unlocking Digital Competition', p. 45에서 인용.

59 위의 책, p. 44.

60 M. Sandbu, 'How Internet Giants Damage the Economy and Society', *Financial Times*, 20 February 2018.

61 A. Krueger and E. Posner, 'Corporate America Is Suppressing Wages for Many Workers', *New York Times*, 28 February 2018.

62 C. Sunstein, 'A New View of Antitrust Law that Favors Workers', 14 May 2018, bloomberg.com 참조.

63 S. Naidu, E. A. Posner and G. Weyl, 'Antitrust Remedies for Labor Market Power', *Harvard Law Review* 132: 2 (2018), pp. 536~601의 p. 555 참조.

64 위의 책.

65 위의 책, pp. 590~591.

66 B. Christophers, *The Great Leveler: Capitalism and Competition in the Court of Law* (Cambridge, MA: Harvard University Press, 2016), pp. 4~5.

67 Naidu 외, 'Antitrust Remedies', p. 544. 물론 현실 세계에 관심을 기울이는 사람이라면 그 누구도 애초에 노동시장이 경쟁적이라는 사실을 믿지 않을 것이다.

68 위의 책, p. 601.

69 D. Coyle, 'Precarious and Productive Work in the Digital Economy', *National Institute Economic Review* 240: 1 (2017), pp. R5~R14의 p. R12 참조.

70 Lanchester, 'You Are the Product'.

71 다음 장에서 외주화가 디지털 플랫폼 노동자뿐만 아니라 노동자 전반에 미치는 영향을 구체적으로 살펴볼 것이다.

72 'Social Media's Dirty Secret: Workers in the Developing World Screen Graphic Content for Facebook and Google', 6 May 2018, cbc.ca 참조.

73 S. Bowers, 'Google UK Staff Earned Average Wage of £160,000 Each in 2015', *Guardian*, 28 January 2016.

74 Sandbu, 'How Internet Giants Damage the Economy and Society'.

75 예를 들어 T. Perrault, 'Why Digital Companies Grow Without Adding Headcount', 11 February 2016, at hbr.org; B. Schiller, 'Today's Tech Giants Are Creating Loads of Wealth but Pitifully Few Jobs', 1 April 2016, fastcompany. com을 참고할 것.

76 Sandbu, 'How Internet Giants Damage the Economy and Society'.

77 Kenney and Zysman, 'The Rise of the Platform Economy'. 미국에서 '1099 일자리'는 직원이 아니라 자영업 계약사업자 또는 별도 사업체가 제공하는 일자리를 가리키는 일상용어다. 여기서 '1099'는 회사가 독립 계약사업자에게 지급한 금액과 기타 비급여 지급액을 보고할 때 활용하는 국세청 서류 양식의 번호를 가리킨다. 따라서 케니와 지스먼이 언급한 '1099 경제'는 상당량의 노동을 직원보다는 독립 계약사업자가 제공하는 경제를 의미한다.

78 이러한 저항에 대해서는 특히 캘럼 캔트Callum Cant의 글을 참고할 필요가 있다. 예를 들어 'The Fast Food Strikes Put Britain's Exploited Service Workers on the Offensive', 12 October 2018, vice.com 참조.

79 C. Johnston, 'Uber Drivers Win Key Employment Case', 28 October 2016, bbc.com 참조.

80 'Uber Loses Latest Legal Bid Over Driver Rights', 19 December 2018, bbc.com 참조.

81 Forde 외, 'Social Protection of Workers', p. 54.

82 K. Forrester, 'What Counts as Work?', *London Review of Books*, 41: 23 (2019), pp. 23~28의 p. 23 참조.

83 Forde 외, 'Social Protection of Workers', p. 11.

84 위의 책, p. 12.

85 Pesole 외, 'Platform Workers in Europe', pp. 7~8.

86 A. Broughton, R. Gloster, R. Marvell, M. Green, J. Langley and A. Martin, 'The Experiences of Individuals in the Gig Economy', February 2018, pp. 8~9, 88~89. pdf 파일은 assets.publishing.service.gov.uk에서 이용할 수 있다.

87 A. Chakrabortty, 'Luton's Cabbies Are Giving Brexit Britain a Lesson in Political Courage', *Guardian*, 6 April 2019.

88 A. Madrigal, 'The Servant Economy', 6 March 2019, at theatlantic.com.

89 'Facebook's UK Tax Bill Jumps as Profits Rise', 8 October 2018, at bbc.com; K. Ahmed, 'Google's Tax Bill Rises to £50m', 28 March 2018, bbc.com 참조.

90 H. Somerville, 'Uber Posts $50 Billion in Annual Bookings as Profit Remains Elusive Ahead of IPO', 15 February 2019, uk.reuters.com 참조.

91 R. Molla, 'Why Companies Like Lyft and Uber Are Going Public Without Having Profits', 6 March 2019, recode.net 참조.

92 Sandbu, 'How Internet Giants Damage the Economy and Society'.

93 'Google UK Limited: Report and Financial Statements Year Ended 30 June 2018', March 2019, p. 2. pdf 파일은 beta.companieshouse.gov.uk에서 이용할 수 있다.

94 G. Turner, 'Top five tech companies in the UK avoided an estimated £1.3bn in tax in 2018—new analysis', 10 February 2020, taxwatchuk.org 참조.

95 Bowers, 'Google UK Staff Earned Average Wage of £160,000 Each in 2015'.

96 위의 글에서 인용.

97 I. Kaminska, 'Uber Is a Test Case for Taxing Digital Platforms', *Financial Times*, 15 October 2019.

98 'Policy paper: Digital Services Tax', 11 March 2020, gov.uk 참조.

99 D. McCann and M. Hall, 'The Digital Services Tax Won't Tackle the Real Threat of Tech Giants', 9 November 2018, huffingtonpost.co.uk 참조.

5장 외주화: 계약 지대

1 B. Christophers, 'Making Finance Productive', *Economy and Society* 40: 1 (2011), pp.112~140의 p. 112에서 인용함.

2 B. Walsh, 'Apple Goldman (in Revenue and Profit per Employee)', 1 November 2013. blogs.reuters.com 참조.

3 P. Crosman, 'Can Banks Band Together to Solve Vendor Risk Problems?', 27 June 2017. americanbanker.com 참조.

4 J. Edwards, 'These Companies Have Most to Lose in Apple's Strategic "In-sourcing" Drive—Ranked by Revenues', 17 April 2017. nordic.businessinsider.com 참조.

5 T. Martin and T. Mickle, 'Why Apple Rival Samsung Also Wins if iPhone X Is a Hit', *Wall Street Journal*, 2 October 2017.

6 Oxford Economics, 'The Size of the UK Outsourcing Market—Across the Private and Public Sectors', April 2011, p. 4. pdf 파일은 oxfordeconomics.com에서 이용할 수 있다.

7 House of Commons Public Administration and Constitutional Affairs Com-

mittee, After Carillion: Public Sector Outsourcing and Contracting, 9 July 2018, HC 748, Seventh Report of Session 2017~19, p. 8.

8   Oxford Economics, 'Size of the UK Outsourcing Market', p. 4.

9   L. Weber, 'The End of Employees', *Wall Street Journal*, 2 February 2017.

10   예를 들어 Chartered Institute of Internal Auditors, 'Outsourced Services', 29 November 2018을 보라. pdf 파일은 iia.org.uk에서 이용할 수 있다. Oxford Economics, 'Size of the UK Outsourcing Market'.

11   Weber, 'End of Employees'에서 인용함.

12   J. Peck, *Offshore: Exploring the Worlds of Global Outsourcing* (Oxford: Oxford University Press, 2017).

13   Weber, 'End of Employees'.

14   U. Huws and S. Podro, 'Outsourcing and the Fragmentation of Employment Relations: The Challenges Ahead', August 2012, p. 5. pdf 파일은 acas.org.uk 에서 이용할 수 있다.

15   위의 글, p. 9.

16   B. Beyazay-Odemis, *The Nature of the Firm in the Oil Industry: International Oil Companies in Global Business* (New York: Routledge, 2016), pp. 32~36.

17   E. Crooks, 'BP Raises Pressure on Key Suppliers', *Financial Times*, 8 February 2009.

18   A. West and D. Wolfe, 'Academies, the School System in England and a Vision for the Future', June 2018, p. 4. pdf 파일은 lse.ac.uk에서 이용할 수 있다.

19   N. Roberts and S. Danechi, 'FAQs: Academies and Free Schools', House of Commons Briefing Paper 07059, 27 February 2019, p. 4.

20   'Timeline: Outsourcing and the Public Sector', *Guardian*, 15 April 2003.

21   D. Campbell, 'Scrap Laws Driving Privatisation of Health Service, Say NHS Bosses', *Guardian*, 28 February 2019.

22   National Audit Office, The Role of Major Contractors in the Delivery of Public Services, 12 November 2013, HC 810, Session 2013~14, p. 13.

23   House of Commons Transport Committee, *Rail Franchising*, 5 February 2017, HC 66, Ninth Report of Session 2016~17, p. 6.

24   S. Sodha, 'The Great Academy Schools Scandal', *Guardian*, 22 July 2018에서 인용함.

25   *Economist*, 'The Good, the Dumb and the Desperate: Britain's Outsourcing Model, Copied Around the World, Is in Trouble', 28 June 2018.

26   C. Crouch, 'The Paradoxes of Privatisation and Public Service Outsourcing', *Political Quarterly* 86 (2015), pp. 156~171의 p. 162 참조.

27   Oxford Economics, 'Size of the UK Outsourcing Market', p. 6.

28 HM Treasury, *Public Expenditure: Statistical Analyses 2010* (Cm 7890), July 2010, p. 71.

29 National Audit Office, 'Commercial and Contract Management: Insights and Emerging Best Practice', November 2016, pp. 3~4. pdf 파일은 nao.org.uk에서 이용할 수 있다.

30 N. Davies, O. Chan, A. Cheung, G. Freeguard and E. Norris, 'Government Procurement: The Scale and Nature of Contracting in the UK', December 2018, p. 8. pdf 파일은 instituteforgovernment.org.uk에서 이용할 수 있다. 저자들(p. 5)은 아카데미의 계약 자금조달이 포함되면 연간 총 공공 부문 계약 지출이 3,000억 파운드로 증가한다고 언급한다. 내 생각과 마찬가지로 그들은 그렇게 해야 한다고 생각한다.

31 위의 글, p. 6.

32 위의 글, p. 10.

33 계약 수의 추정치는 Center for Health and the Public Interest, 'The Contracting NHS—Can the NHS Handle the Outsourcing of Clinical Services?', March 2015, p. 4에서 가져온 것이다. pdf 파일은 chpi.org.uk에서 이용할 수 있다.

34 C. Copus, M. Roberts and R. Wall, *Local Government in England: Centralisation, Autonomy and Control* (London: Palgrave Macmillan, 2017), p. 50.

35 인용은 각각 Copus 외, *Local Government in England*; J. Benjamin, 'Capita Don't Just Provide a Few Services, They Seem Practically to Run Entire Councils', *Independent*, 31 January 2018에서 나온 것임.

36 P. Bond, 'UK: Barnet Council Proceeds with Public Services Outsourcing', 16 January 2013. wsws.org 참조.

37 Davies 외, 'Government Procurement', p. 10.

38 위의 글, pp. 12~13.

39 자료는 National Audit Office, 'Commercial and Contract Management', p. 5에서 가져온 것임.

40 'Aberdeen Bypass Completion Pushed Back to December', 23 March 2018. theconstructionindex.co.uk 참조.

41 J. Beard, 'Contracting Out Probation Services', House of Commons Briefing Paper 06894, 4 July 2018, p. 3.

42 'Rail Finance 2017~18 Annual Statistical Release', 11 October 2018, p. 9. pdf 파일은 orr.gov.uk에서 이용할 수 있다.

43 National Audit Office, *Role of Major Contractors*, pp. 22~23.

44 Office of Fair Trading, 'Supply of Information and Communications Technology to the Public Sector', March 2014, pp. 49, 72. pdf 파일은 webarchive.nationalarchives.gov.uk에서 이용할 수 있다.

45　Davies 외, 'Government Procurement', p. 27.

46　위의 글, p. 28.

47　'2018 full year review', arvato.com 참조.

48　각각 G. Plimmer, 'MoD Awards Capita New Contract Despite Handing It Highest Risk Rating', *Financial Times*, 19 June 2018; J. Simpson, 'HS2: Winners for £6.6bn Civils Contracts Revealed', 17 July 2017. constructionnews. co.uk 참조.

49　House of Commons Public Administration and Constitutional Affairs Committee, *After Carillion*, p. 9

50　Benjamin, 'Capita Don't Just Provide a Few Services'.

51　각각 National Audit Office, *Role of Major Contractors*, p. 22; Ernst & Young, 'UK Construction: Margin Pressure', 2017, p. 4. pdf 파일은 ey.com에서 이용할 수 있다.

52　J. Froud, 'The Private Finance Initiative: risk, uncertainty and the state', *Accounting, Organizations and Society* 28 (2013), pp. 567~589의 pp. 581, 583 참조.

53　House of Commons Transport Committee, *Rail Franchising*, p. 9.

54　National Audit Office, *Role of Major Contractors*, p. 22.

55　위의 책, p. 14. 다른 논평자들은 '수백 건의 회의와 문서가 포함된 번거로운 과정'과 '입찰할 다양한 기술과 재무 능력을 갖춘 회사의 수를 줄이는 대형의 다루기 힘든 계약에 초점을 맞추는 것'이 경쟁에 미치는 위축 효과를 유사하게 설명했다. 각각 House of Commons Public Administration and Constitutional Affairs Committee, *After Carillion*, p. 32; G. Plimmer and M. Harlow, 'Sole Outsource Bidders Win More Public Sector Contracts', *Financial Times*, 14 January 2019 참조.

56　National Audit Office, The Role of Major Contractors in the Delivery of Public Services, p. 14.

57　Office of Fair Trading, 'Supply of Information and Communications Technology', pp. 77~78.

58　위의 글, pp. 14, 72.

59　*Economist*, 'The good, the dumb and the desperate'.

60　House of Commons Transport Committee, *Rail Franchising*, pp. 9~10.

61　예를 들면 Plimmer and Harlow, 'Sole Outsource Bidders'가 제기한 바와 같다.

62　House of Commons Public Administration and Constitutional Affairs Committee, *After Carillion*, p. 31.

63　Davies 외, 'Government Procurement', pp. 15~16.

64　House of Commons Public Administration and Constitutional Affairs Committee, *After Carillion*, p. 31.

65 S. Curtis, 'Watchdog Criticises BT Rural Broadband "Monopoly"', *Telegraph*, 1 April 2014.

66 Serco, 'Annual Report and Accounts 2017', p. 3, pdf 파일은 serco.com에서 이용할 수 있다.

67 Plimmer and Harlow, 'Sole Outsource Bidders'.

68 House of Commons Transport Committee, *Rail Franchising*, p. 9.

69 16 October 2018, medium.com 참조, 강조는 원문.

70 P. Hollinger, 'Defence Groups Team Up to Bid for Type 31e Frigate Contract', *Financial Times*, 8 January 2018.

71 예를 들면 House of Commons Public Accounts Committee, *The Rural Broadband Programme*, 1 April 2014, HC 834, Fiftieth Report of Session 2013-14, p. 10 참조.

72 'Trafford Council: Bins Contractor Amey Penalised for Poor Service', 31 October 2018, bbc.com 참조.

73 Centre for Health and the Public Interest, 'Contracting NHS', p. 16에서 인용.

74 위의 글.

75 Benjamin, 'Capita Don't Just Provide a Few Services'.

76 House of Commons Public Administration and Constitutional Affairs Committee, *After Carillion*, p. 6.

77 'Carillion Contracts Complete Transfer', 6 August 2018, gov.uk.참조.

78 House of Commons Public Administration and Constitutional Affairs Committee, *After Carillion*, p. 6.

79 'Construction Industry in England: Bid-Rigging', 22 September 2009, gov.uk 참조.

80 House of Commons Transport Committee, *Rail Franchising*, p. 8.

81 G. Plimmer, 'FirstGroup Reaps £40m Dividend from Great Western Railway', *Financial Times*, 11 November 2018.

82 The MP Margaret Hodge, chair of the Public Accounts Committee—C. Jee, 'HMRC's Capgemini "Aspire" Contract Costs Spiral to £10.4 bn', 23 July 2014, cio.co.uk에서 인용.

83 M. Fazekas and G. Kocsis, 'Uncovering High-Level Corruption: Cross-National Objective Corruption Risk Indicators Using Public Procurement Data', *British Journal of Political Science* 50 (2020), pp. 155~164의 p. 161 참조.

84 House of Commons Committee of Public Accounts, *Private Finance Initiatives*, 20 June 2018, HC 894, Forty-Sixth Report of Session 2017~19, p. 7.

85 위의 글, p. 5.

86 House of Commons Treasury Committee, *Private Finance Initiative*, August 2011, HC 1146, Seventeenth Report of Session 2010-12, pp. 29~30에서 훌륭한 논의를 보라.

87 House of Commons Committee of Public Accounts, *Equity Investment in Privately Financed Projects*, 2 May 2012, HC 1846, Eighty-First Report of Session 2010~12, p. 6.

88 House of Commons Committee of Public Accounts, *Private Finance Initiatives*, p. 5; *Safe as Houses: Private Greed, Political Negligence and Housing Policy After Grenfell* (Manchester: Manchester University Press, 2019), 스튜어트 호드킨슨Stuart Hodkinson은 영국 공공주택 공간의 PFI 프로젝트에서 얻은 막대한 이윤에 대한 탁월한 분석(6장)을 제공한다.

89 House of Commons Committee of Public Accounts, *Private Finance Initiatives*, p. 6.

90 National Audit Office, PFI and PF2, 18 January 2018, HC 718, Session 2017~19, p. 17.

91 Froud, *Private Finance Initiative*, p. 583.

92 위의 책, p. 581에서 인용함.

93 House of Commons Committee of Public Accounts, *Private Finance Initiatives*, p. 13.

94 National Audit Office, PFI and PF2, p. 10.

95 Centre for Health and the Public Interest, 'Contracting NHS', pp. 4~5.

96 G. Monbiot, 'This Great Free-Market Experiment Is More Like a Corporate Welfare Scheme', *Guardian*, 4 September 2007.

97 House of Commons Public Administration and Constitutional Affairs Committee, *After Carillion*, p. 24.

98 *Economist*, 'The Good, the Dumb and the Desperate'.

99 A. Chakrabortty, 'Some Call It Outsourcing. I Call It Spivvery', *Guardian*, 23 April 2018.

100 "카릴리언이 우리에게 주겠다고 제안한 거래를 받지 못했다"라고 많은 고객 중 한 고객이 회고했다. "카릴리언이 우리에게 제안한 것이 완전히 지속 불가능하다는 것이 밝혀졌기 때문이다." *Economist*, 'The good, the dumb and the desperate'.

101 T. Sasse, C. Britchfield and N. Davies, 'Carillion: Two years on', March 2020, p. 7. pdf 파일은 instituteforgovernment.org.uk에서 이용할 수 있다.

102 House of Commons Public Administration and Constitutional Affairs Committee, *After Carillion*, p. 25.

103 Smith Institute, 'Outsourcing the Cuts: Pay and Employment Effects of Contracting Out', September 2014, p. 12에서 인용함. pdf 파일은 smithinstituteth-

inktank. files.wordpress.com에서 이용할 수 있다.

104 House of Commons Committee of Public Accounts, *Government Contracts for Community Rehabilitation Companies*, 21 March 2018, HC 897, Twenty-Seventh Report of Session 2017~19, p. 5.

105 위의 글, p. 7.

106 H. Warrell, 'How Part-Privatising the UK Probation System Backfired', *Financial Times*, 22 February 2019.

107 L. Dearden, '"Dangerous" Part-Privatisation of Probation Services Costing Taxpayers Extra £467m, Watchdog Finds', *Independent*, 28 February 2019.

108 *Economist*, 'The Good, the Dumb and the Desperate'.

109 Jee, 'HMRC's Capgemini "Aspire" contract costs spiral'.

110 House of Commons Public Administration and Constitutional Affairs Committee, *After Carillion*, p. 26.

111 Dearden, '"Dangerous" Part-Privatisation of Probation Services'.

112 Plimmer, 'MoD Awards Capita New Contract'.

113 Sodha, 'Great Academy Schools Scandal'.

114 Hodkinson, *Safe as Houses*, p. 12.

115 Warrell, 'How Part-Privatising the UK Probation System Backfired'.

116 Centre for Health and the Public Interest, 'Contracting NHS', pp. 15~18.

117 위의 글, p. 17.

118 위의 글, p. 14.

119 J. Ormerod, 'NHS Commissioning Support Units: The Public Sector Beyond Scrutiny', 4 December 2018, publicmatters.org.uk 참조.

120 Hodkinson, *Safe as Houses*, 5장.

121 West and Wolfe, 'Academies', p. 5

122 각각 T. Rutter, '"Secretive Sub Departments of Government": MP Slams Whitehall's Handling of Major Suppliers', 29 June 2018, civilserviceworld. com; A. White, *Shadow State: Inside the Secret Companies that Run Britain* (London: Oneworld, 2016)을 보라.

123 Centre for Health and the Public Interest, 'Contracting NHS', pp. 15~16.

124 Smith Institute, 'Outsourcing the Cuts', p. 12에서 인용.

125 Huws and Podro, 'Outsourcing and the Fragmentation of Employment Relations', pp. 10~19.

126 위의 글, p. 11.

127 Smith Institute, 'Outsourcing the Cuts', pp. 6~7, 15~16.

128 C. Coleman, '"Outsourced" Workers Seek Better Deal in Landmark Case', 21 November 2017, bbc.com에서 인용.

129 Smith Institute, 'Outsourcing the Cuts', p. 15.

130 각각 Warrell, 'How Part-Privatising the UK Probation System Backfired';
     S.Butler, 'Government Urged to Investigate Capita and FDM Group's Training
     Schemes', *Guardian*, 16 June 2018을 보라.

131 Smith Institute, 'Outsourcing the Cuts', pp. 11~12.

132 J. Doward, '"Second-Class" NHS Workers Struggle as Pay Gap Widens',
     Guardian, 7 April l2019.

133 J. C. Wong, 'Google Staff Condemn Treatment of Temp Workers in "Historic"
     Show of Solidarity', *Guardian*, 2 April 2019.

134 J. Croft, 'Outsourced University Workers Seek Collective Bargaining Rights',
     Financial Times, 26 February 2019.

135 J. Croft, 'High Court Dismisses Outsourced Workers' Bid for Collective Bar-
     gaining Rights', *Financial Times*, 25 March 2019.

136 Chakrabortty, 'Some Call It Outsourcing'.

137 연간 계약된 PFI/PF2 거래 건수는 2007/08년 60건 이상에서 2016/17년 1건으로
     급감했으며, PF2는 2018년 중반까지 총 6개 프로젝트에만 쓰였다. 각각 National
     Audit Office, PFI and PF2, p. 24; House of Commons Committee of Public
     Accounts, *Private Finance Initiatives*, p. 7을 보라.

138 W. Hutton, 'At Last We Are Turning Away from Our Mania for Hiving Off
     Public Services', *Guardian*, 3 March 2019.

139 H. Warrell, 'Birmingham Prison to Return to Public Ownership', *Financial
     Times*, 1 April 2019에서 인용.

140 R. Davies, 'Surge in Outsourcing after Carillion Collapse "Staggering", Unions
     Say', *Guardian*, 15 January 2019.

141 Cabinet Office, 'The Outsourcing Playbook: Central Government Guidance
     on Outsourcing Decisions and Contracting', February 2019. pdf 파일은 assets.
     publishing.service.gov.uk에서 이용할 수 있다.

142 Sasse 외, 'Carillion'.

143 위의 글, p. 23.

144 National Audit Office, PFI and PF2, p. 4.

6장 X 인자: 인프라 지대

1   L. M. Khan, 'Amazon's Antitrust Paradox', *Yale Law Journal* 126 (2016-17), pp.
     710~805의 pp. 754~755.

2   J. Ford and G. Plimmer, 'Pioneering Britain Has a Rethink on Privatisation',
     Financial Times, 22 January 2018; J. Guinan and T. Hanna, 'Privatisation, a

Very British Disease', 5 November 2013, opendemocracy.net 각각 참조할 것.

3   C. Rhodes, D. Hough and L. Butcher, *Privatisation*, House of Commons Library Research Paper, 14/61, 20 November 2014, p. 2. 이 단락의 모든 인용문은 동일한 출처와 페이지에서 가져온 것이다.

4   토지와 주택은 제외되며, 이에 대한 사유화는 다음 장에서 검토된다. 그러나 [표 6-1]에 나열된 기업 중 일부는 주요 토지 소유자였으며, 이들의 토지자산도 함께 사유화되었다.

5   케이블앤드와이어리스와 브리토일의 두 경우에서 민영화가 1983년 이전(각각 1981년과 1982년)에 시작되었다. 나는 이러한 각 민영화의 날짜를 다음 중요한 민영화 단계가 발생한 해로 잡았다.

6   문제를 더욱 복잡하게 만드는 것은, 이 경우 멀티플렉스 운영 사업자는 지상파 방송 채널을 운영하려는 채널 사업자에게 또 다른 유형의 인프라이자 경매를 통해 라이선스를 취득한 방송 주파수 용량을 판매한다는 점에서 일종의 인프라 불로소득자(하위 불로소득자)가 될 수 있다는 점이다.

7   N. Hawkins, 'Utility Gains: Assessing the Record of Britain's Privatized Utilities', September 2015, p. 1. pdf 파일은 static1.squarespace.com에서 이용할 수 있다.

8   위의 글, p. 13.

9   BBC, 'Taxpayers "Lost £1bn" on Royal Mail Sale, MPs Say', 11 July 2014, bbc.com 참조.

10   National Audit Office, 'The Privatisation of Royal Mail', 1 April 2014, p. 4에서 존경스러운 논의를 보라. pdf 파일은 nao.org.uk에서 이용할 수 있다. Rhodes 외, *Privatisation*, p. 27.

11   R. A. Posner, 'Natural Monopoly and Its Regulation', *Stanford Law Review* 21 (1969), pp. 548~643의 p. 548.

12   J. Meek, *Private Island: Why Britain Now Belongs to Someone Else* (London: Verso, 2015), pp. 105~106.

13   위의 책, p. 149.

14   T. Krazit, 'State of the Cloud: Amazon Web Services Is Bigger than Its Other Four Major Competitors, Combined', 3 August 2018. geekwire.com 참조.

15   K. Stacey, 'Watchdog Accuses Water Groups of Retaining £800m Excess Profits', *Financial Times*, 14 October 2015.

16   M. Wolf, 'Britain's Utility Model Is Broken', *Financial Times*, 12 June 2008.

17   Hawkins, 'Utility Gains', pp. 1, 18.

18   위의 글, p. 1.

19   Wolf, 'Britain's Utility Model Is Broken'.

20   Hawkins, 'Utility Gains', p. 19.

21   위의 글, p. 10.

22   슬롯은 일반적으로 수년 동안 획득하며, 공항의 정체성과 수용 능력 제약뿐만 아니라 슬롯의 상대적 매력도(시간대 측면)에 따라 가치가 크게 달라진다.

23   T. Powley and A. Hancock, 'EasyJet Buys Thomas Cook's Slots at Gatwick and Bristol Airports', *Financial Times*, 8 November 2019.

24   K. Done and M. Peel, 'Watchdog Hits at BAA's Airport Monopoly', *Financial Times*, 22 Apri l2008.

25   위의 글에서 인용.

26   M. Kiesel, 'Emphasize Barriers to Entry', September 2014, p. 2. pdf 파일은 global.pimco.com에서 이용할 수 있다.

27   D. Harvey, *Seventeen Contradictions and the End of Capitalism* (London: Profile, 2014), p. 139.

28   Kiesel, 'Emphasize Barriers to Entry', p. 6.

29   J. Ford, 'Lax Regulation Has Turned Britain into a Rentier's Paradise', *Financial Times*, 1 October 2017.

30   Hawkins, 'Utility Gains', pp. 15, 4, 12.

31   House of Commons Culture, Media and Sport Committee, *Spectrum*, 3 November 2011, HC 1258, Eighth Report of Session 2010~12, p. 35.

32   K. Binmore and P. Klemperer, 'The Biggest Auction Ever: The Sale of the British 3G Telecom Licences', *Economic Journal* 112: 478 (2002), pp. C74~C96의 p. C /4.

33   J. Warrington, 'Small Businesses Face "Wild West" from Big Three Mobile Providers, Report Warns', 28 November 2018, cityam.com 참조.

34   British Infrastructure Group, 'Mobile Coverage: A Good Call for Britain?', October 2016, p. 5. pdf 파일은 britishinfrastructuregroup.uk에서 이용할 수 있다.

35   J. Grierson, 'Lord Adonis Says Ofcom Must Tackle "Deplorable" Mobile Coverage', Guardian, 18 December 2017.

36   British Infrastructure Group, 'Mobile Coverage', pp. 5, 12~13.

37   Sky 비판에 대해서는 BBC, 'Ofcom Seeks Views on Splitting BT and Openreach', 16 July 2015, bbc.com 참조.

38   British Infrastructure Group, 'Broadbad: A New Study into Broadband Investment and the Role of BT and Openreach', 23 January 2016, pp. 9, 21. pdf 파일은 britishinfrastructuregroup.uk에서 이용할 수 있다.

39   House of Commons Culture, Media and Sport Committee, Establishing World-Class Connectivity Throughout the UK, 19 July 2016, HC 147, Second Report of Session 2016/17, pp. 3, 5.

40 J. Cox, 'BT Slapped with Record £42m Ofcom Fine for Regulatory Breaches at Openreach', *Independent*, 27 March 2017.

41 House of Commons Culture, Media and Sport Committee, Establishing World-Class Connectivity, pp. 3, 4.

42 British Infrastructure Group, 'Broadbad', p. 3.

43 위의 글, pp. 15, 18. 2019년 3월, BT/오픈리치는 마침내 구리선 네트워크에서 더는 버틸 수 없다는 결론을 내리고 실제로 광섬유로 업그레이드하겠다고 발표했다. 이는 BIG가 무한연기를 비판한 지 3년이 넘은 시점이다.

44 Ford, 'Lax Regulation'.

45 K. Marx, Letter to Pavel Vasilyevich Annenkov, 28 December 1846. hiaw.org 참조.

46 Ford and Plimmer, 'Pioneering Britain'.

47 Department for Digital, Culture, Media and Sport, 'Future Telecoms Infrastructure Review', 23 July 2018, p. 7. pdf 파일은 gov.uk에서 이용할 수 있다.

48 BBC, 'BT Should Be Forced to Sell Openreach Service, Report Says', 23 January 2016, bbc.com 참조.

49 House of Commons Culture, Media and Sport Committee, Establishing World-Class Connectivity, p. 6.

50 M. Lewis, *The Big Short: Inside the Doomsday Machine* (New York: W. W. Norton, 2010), p. 205에서 인용.

51 Done and Peel, 'Watchdog Hits at BAA's Airport Monopoly'.

52 BAA는 2001년에 프레스트윅 공항을 매각했는데, 2008년 경쟁위원회가 개입했을 때 6개의 공항을 보유하게 되었다. 2009년 개트윅, 2012년 에든버러(그해에 BAA는 사명을 히드로 공항 홀딩스Heathrow Airport Holdings로 변경했다), 2013년 스탠스테드, 마지막으로 2014년 애버딘과 글래스고 공항이 매각되었다.

53 Ofcom, 'Broadcasting Transmission Services: A Review of the Market', 31 March 2016, p. 3. pdf 파일은 ofcom.org.uk에서 이용할 수 있다.

54 Hawkins, 'Utility Gains', p. 18.

55 Ford and Plimmer, 'Pioneering Britain'.

56 D. Coyle, 'Protect Faith in Privatised Monopolies with Tougher Regulation', *Financial Times*, 6 October 2017.

57 위의 글.

58 Ford and Plimmer, 'Pioneering Britain'.

59 Ford, 'Lax Regulation'.

60 위의 글.

61 House of Commons Culture, Media and Sport Committee, *Spectrum*, p. 6.

62 T. W. Hazlett, D. Porter and V. Smith, 'Radio Spectrum and the Disruptive

Clarity of Ronald Coase', *Journal of Law and Economics* 54: S4 (2011), pp. S124~S165의 p. 137.

63   House of Commons Culture, Media and Sport Committee, *Spectrum*, p. 6.

64   T. W. Hazlett, 'Ronald Coase and the Radio Spectrum', *Financial Times*, 16 December 2009.

65   Infrastructure and Projects Authority, 'National Infrastructure Delivery Plan 2016-2021', 23 March 2016, p. 20. pdf 파일은 assets.publishing.service.gov.uk 에서 이용할 수 있다.

66   HM Treasury, 'Investing in UK Infrastructure', July 2014, pp. 11~12. pdf 파일 은 assets.publishing.service.gov.uk에서 이용할 수 있다.

67   위의 글, p. 11; Infrastructure and Projects Authority, 'National Infrastructure Delivery Plan', p. 19를 참조할 것.

68   HM Treasury, 'Investing in UK Infrastructure', p. 10.

69   위의 글, p. 2.

70   House of Commons Culture, Media and Sport Committee, *Spectrum*, pp. 22~3.

71   Ofcom, 'Mobile Coverage Obligation', 9 March 2018, ofcom.org.uk 참조.

72   Ofcom, 'Ofcom Varies Mobile Operators' Licences to Improve Coverage', 2 February 2015. ofcom.org.uk 참조.

73   Ford, 'Lax Regulation'.

74   M. Robinson, 'How Macquarie Bank Left Thames Water with Extra £2bn Debt', 5 September 2017, bbc.com 참조.

75   G. Plimmer, 'Thames Water Faces Probe over "Unacceptable" Leaks', *Financial Times*, 14 June 2017.

76   G. Plimmer, 'Water Companies Criticised after Thousands of UK Homes Lose Supply', *Financial Times*, 5 March 2018.

77   Ford and Plimmer, 'Pioneering Britain'.

78   Done and Peel, 'Watchdog Hits at BAA's Airport Monopoly'.

79   Arqiva, 'Annual Report for the Year Ended 30 June 2018', pp. 66~68. pdf 파 일은 arqiva.com에서 이용할 수 있다.

80   Ford and Plimmer, 'Pioneering Britain'.

81   Ford, 'Lax Regulation'.

82   D. Helm, 'Tradeable RABS and the Split Cost of Capital', 2 January 2008, p. 4. pdf 파일은 dieterhelm.co.uk에서 이용할 수 있다.

83   Ford, 'Lax Regulation'.

84   위의 글.

85   Ford and Plimmer, 'Pioneering Britain'.

86 Tideway, 'Annual Report 2017/18', p. 10. pdf 파일은 tideway.london에서 이용할 수 있다.

87 BBC, 'Peer Calls on Thames Water Not to Pay Shareholders', 15 January 2013, news.bbc.co.uk 참조.

88 Ford and Plimmer, 'Pioneering Britain'에서 인용.

89 Hawkins, 'Utility Gains', p. 17.

90 D. Fortson, 'Fury as BAA Looks to Double Profits at "National Disgrace" Heathrow', *Independent*, 15 May 2008.

91 위의 글에서 인용.

92 Ford and Plimmer, 'Pioneering Britain'.

93 Meek, *Private Island*, pp. 126~127.

94 특히 W. Megginson and J. Netter, 'From State to Market: A Survey of Empirical Studies on Privatization', *Journal of Economic Literature* 39 (2001), pp. 321~389를 보라.

95 Ford and Plimmer, 'Pioneering Britain'.

96 Infrastructure and Projects Authority, 'National Infrastructure Delivery Plan 2016~2021', p. 9.

97 'Water firms hit by toughest profit crackdown in 30 years', 16 December 2019, bbc.com 참조.

98 G. Plimmer and J. Ford, 'Infrastructure Investors Put "Blanket Ban" on UK Assets', *Financial Times*, 22 January 2019.

99 Ford and Plimmer, 'Pioneering Britain'.

100 G. Plimmer, 'Water rates set to fall after regulatory shake-up', *Financial Times*, 16 December 2019.

101 National Audit Office, *Electricity Networks*, 30 January 2020, HC 42, Session 2019~20.

102 'Energy Networks Making £7.5bn in Unjustified Profit over 8 years, Citizens Advice Finds', 12 July 2017, citizensadvice.org.uk 참조.

103 Helm, 'Tradeable RABS', pp. 3~4.

104 Wolf, 'Britain's Utility Model Is Broken'.

105 A. Broughton and C. Manzoni, 'Employment in Privatised Utilities: A Higher Risk of Precariousness?', June 2017, pp. 26~27. pdf 파일은 europarl.europa.eu에서 이용할 수 있다.

106 Economic Reconstruction Group, 'Final Report of the Nationalised Industries Policy Group', 8 July 1977, p. 16. pdf 파일은 margaretthatcher.org에서 이용할 수 있다.

107 Broughton and Manzoni, 'Employment in Privatised Utilities', p. 34.

108 위의 글, pp. 32~33.

109 A. Hall, 'Royal Mail Loses Appeal against Record £50m Ofcom Fine', *Financial Times*, 12 November 2019에서 인용함.

110 M. Pooler, 'Royal Mail Avoids New Price Controls', *Financial Times*, 25 May 2016.

111 M. Pooler, 'Royal Mail Union Votes to Strike in Run-Up to Christmas', *Financial Times*, 15 October 2019.

112 Alkvarez & Marsal, 'Targeted Review of Corporation Tax', 13 May 2016, pp. 11~13. pdf 파일은 ofwat.gov.uk에서 이용할 수 있다.

113 또한 영국 법인세율이 이자율 하락과 병행하여 점진적으로 하락한 것도, 규제당국이 이를 'x'에 반영하지 않았기 때문에, 실제 비용과 추정 비용 간 격차를 확대하는 데 기여했다는 점도 주목할 필요가 있다. 예를 들면 2015년 영국 감사원은 2010년부터 2015년 사이에 영국의 법인세가 28퍼센트에서 21퍼센트로 하락했기 때문에 영국 수도회사가 2010/11년부터 2014/15년까지 약 4억 1,000만 파운드의 세금을 덜 낸 것으로 추정했는데, 이는 2009년 가격 제한을 설정할 때 - 28퍼센트의 고정 세율을 가정했을 경우 - 오프왓이 해당 기간 회사의 매출 한도를 고려한 것보다 더 적은 금액이다. National Audit Office, 'The Economic Regulation of the Water Sector', 14 October 2015, p. 4. pdf 파일은 nao.org.uk에서 이용할 수 있다.

114 Ford and Plimmer, 'Pioneering Britain'.

115 Arqiva, 'Annual Report for the Year Ended 30 June 2017', p. 68; Arqiva, 'Financial Report: Year Ended 30 June 2018', p. 21. pdf 파일은 arqiva.com에서 이용할 수 있다.

116 Ford, 'Lax Regulation'.

117 C. Elphicke, 'Water Companies' Tax Dodging Is Beyond the Pail', 13 September 2013, blogs.spectator.co.uk 참조.

118 R. Clancy, 'UK Water Companies Avoid Paying Tax', *Telegraph*, 15 February 2013.

119 Elphicke, 'Water Companies' Tax Dodging'.

120 Ford and Plimmer, 'Pioneering Britain'.

121 Energy and Climate Intelligence Unit, 'Monopoly Money: How the UK's Electricity Distribution Network Operators Are Posting Big Profits', September 2017. pdf 파일은 eciu.net에서 이용할 수 있다.

122 Hawkins, 'Utility Gains', p. 10.

123 위의 글, pp. 10~13.

7장 지상 지배: 토지 지대

1   P. Thompson, *Sharing the Success: The Story of NFC* (London: Collins, 1990).

2   위의 책, p.150.

3   K. Cahill, *Who Owns Britain* (Edinburgh: Canongate, 2001), p. 138. 민영화 이후의 철도 부지의 운명은 매우 복잡했다. 민영화 당시 철도 부지의 대부분은 레일트랙사에 팔렸는데 이후 레일트랙사는 일부 토지를 매각한 상태에서 2002년 파산했다. 레일트랙사의 파산 이후 철도 부지는 다시 공공 소유로 바뀌었고 네트워크 레일사의 수중으로 넘어갔다. 그러나 네트워크 레일사가 2018년 상업용 부동산 포트폴리오를 매각할 때 이 포트폴리오는 주로 철도 교량이었기 때문에 재국유화된 철도 부지가 모두 지금까지 국유 상태로 남아 있는 것은 아니다.

4   NFC의 토지 판매와 채무 상환에 대해서는 Thompson, *Sharing the Success*, 121쪽을 참고할 것.

5   G. Hiscott, 'Royal Mail Makes 565% Mark-up on Sale of Land for Luxury Flat', *Mirror*, 30 August 2017.

6   Royal Mail, 'Annual Report and Financial Statements 2017~2018', p. 127. pdf 파일은 royalmailgroup.com에서 이용할 수 있다.

7   D. Harvey, *The Limits to Capital* (Oxford: Blackwell, 1982), 11장을 참고할 것.

8   N. Rovnick, 'Severn Trent Unveils Plan to Sell Unused Land for Housebuilding', *Financial Times*, 23 November 2017.

9   United Utilities Group, 'Annual Report and Financial Statements for the Year Ended 31 March 2018', p. 10. pdf 파일은 unitedutilities.annualreport2018.com에서 이용할 수 있다.

10   J. Pickard, 'National Grid Plans £800m Property Sale', *Financial Times*, 13 September 2007.

11   G. Plimmer, 'National Grid Sells 80-Acre Southall Site to Berkeley Homes', *Financial Times*, 30 July 2013.

12   National Grid, 'Annual Report and Accounts 2017/18', pp. 32~33. pdf 파일은 nationalgrid.com에서 이용할 수 있다.

13   National Grid, 'About Us', ngpp.co.uk에서 이용할 수 있다. 'Annual Report and Accounts 2017/18', p. 130.

14   B. Green, 'Is It Time for Housing Policy to Pay More Heed to the Costs and the Benefits of Location?', 23 July 2013, bdonline.co.uk에서 이용할 수 있다. 통계청에 따르면 2017년 말 영국 주택가치의 69퍼센트는 토지가치이며 31퍼센트가 건물의 가치다. 'The UK National Balance Sheet Estimates: 2018', 29 August 2018, p. 6. pdf 파일은 ons.gov.uk에서 이용할 수 있다.

15   특히 M. Wolf, 'Why We Must Halt the Land Cycle', *Financial Times*, 8 July

2010을 참고할 것. P. Askenazy, *Tous Rentiers! Pour une autre répartition des richesses* (Paris: Odile Jacob, 2016)과 비교할 것.

16   이전 장에서 설명한 현상과 유사함에 주목할 필요가 있다. 즉, 영국 상하수도회사와 같이 수직 통합된 네트워크의 소유자면서 서비스 제공자이기도 인프라 불로소득자는 서비스 제공 '기관'이 내적인 지대를 인프라 '기관'에 지불하고 그것을 소비자에게 비용으로 전가한다.

17   GVA는 어떤 산업 부문의 경제에 대한 순 기여를 의미하며 산출량에서 '중간재 소비량'을 뺀 값을 나타낸다.

18   Office for National Statistics, *United Kingdom Input-Output Analyses 2006 Edition* (London: Office for National Statistics, 2006), pp. 25, 37.

19   P. Collinson, 'On Reflection', *Guardian*, 26 August 2006.

20   Office for National Statistics, 'Supply and Use Tables, 1997~2014'. 자료는 ons.gov.uk에서 이용할 수 있다.

21   필자의 책 *The New Enclosure: The Appropriation of Public Land in Neoliberal Britain* (London: Verso, 2018)을 참고할 것. 달리 명시되지 않는 한, 다음 문단에 포함된 1970년대 이후 영국의 토지 민영화에 대한 모든 정보는 이 책에서 가져온 것이다.

22   J. Meek, *Private Island: Why Britain Now Belongs to Someone Else* (London: Verso, 2015), p. 193.

23   N. Barker, 'Councillor Renting Out 10 Ex-Authority Homes in "Right to Buy to Let" Capital', 17 January 2018. 자료는 insidehousing.co.uk에서 이용할 수 있다.

24   W. Self, 'A Rentier Nation's Fading Dreams of Home', *Financial Times*, 16 January 2015.

25   P. Ciaian, D. Kancs, J. Swinnen, K. Van Herck and L. Vranken, 'Key Issues and Developments in Farmland Rental Markets in EU Member States and Candidate Countries', February 2012, p. 17. pdf 파일은 aei.pitt.edu에서 이용할 수 있다.

26   Savills, 'GB Agricultural Land', 12 February 2018, p. 10. pdf 파일은 pdf.euro.savills.co.uk에서 이용할 수 있다.

27   다양한 추정치가 존재한다. Oxford Economics, 'Forecasting UK House Prices and Home Ownership', November 2016, Fig. 8. pdf 파일은 oxfordeconomics.com에서 이용할 수 있다. Institute for Fiscal Studies, 'The IFS Green Budget: October 2018', October 2018, p. 288. pdf 파일은 ifs.org.uk에서 이용할 수 있다.

28   영국통계청의 'Index of Private Housing Rental Prices' 자료에 근거한 것이다. 이 자료는 소비자 물가로 조정되었다.

29   J. Rugg and D. Rhodes, 'The Evolving Private Rented Sector: Its Contribution

and Potential', 2018, p. 87. pdf 파일은 nationwidefoundation.org.uk에서 이용할 수 있다.

30 P. Scott, *The Property Masters: A History of the British Commercial Property Sector* (Abingdon: Taylor & Francis, 1996), pp. 271~274.

31 J. Coakley, 'The integration of property and financial markets', *Environment and Planning A* 26 (1994), pp. 697~713, 특히 p. 699.

32 Property Industry Alliance, 'Property Data Report 2017', September 2017, p. 11. pdf 파일은 bpf.org.uk에서 이용할 수 있다.

33 UK 부동산 가격 상승, 주요 구성요소인 지가 상승을 포함해서, 그 원인과 결과는 이 장의 뒷부분에서 살펴볼 것.

34 Property Industry Alliance, 'Property Data Report 2009', July 2009, p. 6. pdf 파일은 bpf.org.uk에서 이용할 수 있다.

35 예상 임대료는 영리를 추구하는 민간 집주인에 대해서만 공표하고 지자체나 주택조합이 받는 임대료는 제외한다.

36 W. Wilson, *A Short History of Rent Control*, House of Commons Briefing Paper Number 6747, 30 March 2017, pp. 9~10.

37 P. A. Kemp and M. Keoghan, 'Movement into and out of the Private Rental Sector in England', *Housing Studies* 16 (2001), pp. 21~37, 특히 p. 22.

38 2019년 4월 영국 보수당 정부는 21조(특별한 이유 없이 임대 계약 종료 가능)를 폐기하겠다고 했고 2019년 말 선거 캠페인에서 이 공약을 되풀이했다. 그러나 2020년 3월 이 글을 쓰는 시점에도 21조는 여전히 법령집에 남아 있다.

39 D. Mullins and A. Murie, *Housing Policy in the UK* (Basingstoke: Palgrave Macmillan, 2006), p. 120.

40 'Selling Off the Public Estate', *Public Money* 5: 4 (1986), pp. 54~57, 특히 p. 57.

41 HC Deb 17 November 1983, c975.

42 'Selling Off the Public Estate', pp. 55, 57.

43 *Housing and Planning Act 2016* (s. 209), legislation.gov.uk 참조.

44 J. Grierson and V. Dodd, 'Met Police Sold £1bn of Property to Soften Blow of Budget Cuts', *Guardian*, 13 July 2017.

45 더 자세한 내용은 A. Bawden, 'Councils Forced to Sell Off Parks, Buildings and Art to Fund Basic Services', *Guardian*, 14 March 2018; D. Campbell, 'Amount of NHS Land in England Earmarked for Sale Soars, Figures Show', *Guardian*, 9 September 2018을 참고할 것.

46 R. Fincher, 'The Political Economy of the Local State', in R. Peet and N. Thrift, eds, New Models in Geography: The Political-Economy Perspective (London: Routledge, 1989), pp. 338~360, 특히 p. 351.

47 'Table 671: Annual Right to Buy Sales for England'. 자료는 gov.uk에서 이용할

수 있다.

48 S. Wilcox, 'A Financial Evaluation of the Right to Buy', 24 January 2008, 6쪽 을 참고할 것. pdf 파일은 assembly.wales에서 이용할 수 있다. Ministry of Housing, Communities and Local Government, 'Social Housing Sales: 2017~2018, England', 28 November 2018, p. 7. pdf 파일은 assets.publishing.service.gov.uk 에서 이용할 수 있다.

49 영국의 평균 주택 가격은 'UK House Prices Adjusted For Inflation-Nationwide' 에서 추출했다. 자료는 nationwide.co.uk에서 이용할 수 있다.

50 예를 들어 P. Apps, 'Right to Buy to Let', *Inside Housing*, 14 August 2015를 참 고할 것.

51 사회주택 매입권에 관한 2003년 보고서는, 매입권이 일부 지역에서 이윤 창출의 수 단으로 악용되었다는 유력한 증거를 발견했다고 보고했다. 세입자는 매입한 주택 을 '인센티브 회사'가 그를 대신해 임대주택으로 활용하다가 3년 후에 매입하는 방 식이다. 인센티브 회사가 3년 후에 매입하는 것은 세입자가 매입한 후 3년 내에 팔 면 지자체에 벌금을 물어야 하는 규정이 있어서 이를 피하기 위한 것이다. 자세한 내용은 House of Commons ODPM: Housing, Planning, Local Government and the Regions Committee, *The Draft Housing Bill*, 22 July 2003, HC 751-I, Tenth Report of Session 2002~2003 (Volume I), p. 53을 참고할 것.

52 A. Homer, 'Right to Buy Homes Re-Sold since 2000 Made £6.4bn in Profit', 14 March 2019, bbc.com 참조.

53 Christophers, *New Enclosure*, pp. 265~266; B. Christophers, 'How Developers Bought the Tory Party', 15 January 2019을 참고할 것. unherd.com 참조.

54 Cabinet Office, *Guide for the Disposal of Surplus Land* (London: Cabinet Office, 2017), p. 22.

55 H. Watt, 'Property Firms Make Millions Buying and Selling on MoD Land', *Guardian*, 18 March 2018.

56 House of Commons Communities and Local Government Committee, *Housing Associations and the Right to Buy*, 10 February 2016, HC 370, Second Report of Session 2015-16, p. 7.

57 T. Copley, 'Right to Buy: Wrong for London', January 2019, p. 7. pdf 파일은 tomcopley.com에서 이용할 수 있다.

58 'Rail Land Privatisation Policy Reversed after Two Decades as Network Rail Takes Back Over 100 Freight Yards', 16 November 2014, rail.co.uk 참조. 또한 M. Leftly, 'Network Rail: Paranoia, Bonus Bungles and Debt', *Independent*, 27 January 2013을 참고할 것.

59 HC Deb 11 March 2016, c30287W.

60 예를 들어 Wolf, 'Why We Must Halt the Land Cycle'을 참고할 것.

61 M. Robertson, 'The great British housing crisis', *Capital & Class* 41 (2017), pp. 195~215, 특히 p. 199.

62 P. Bunn, A. Pugh and C. Yeates, 'The Distributional Impact of Monetary Policy Easing in the UK between 2008 and 2014', 27 March 2018, p. 8. pdf 파일은 bankofengland.co.uk에서 이용할 수 있다.

63 A. Chakrabortty, 'Let's Stop Lining Housebuilders' Pockets and Tax Them Instead', *Guardian*, 9 November 2018.

64 Landsec, 'Annual Report 2018', p. 139, pdf 파일은 landsec.com에서 이용할 수 있다.

65 Office for National Statistics, 'The UK National Balance Sheet Estimates: 2018', pp. 7~8.

66 주택용 부동산을 처분할 때 개인들은 거주 주택이 아닌 경우에만 자본이득세CGT를 내며 세율은 18퍼센트 혹은 28퍼센트를 적용받으며 기업은 20퍼센트의 단일세율을 적용받는다. 상업용 부동산을 처분할 때 개인은 10퍼센트 혹은 20퍼센트의 세율을 적용받으며 기업은 19퍼센트의 법인세를 낸다.

67 J. S. Mill, Principles of Political Economy (London: Longman, Green, Longman, Roberts & Green, 1865), p. 492

68 Wolf, 'Why We Must Halt the Land Cycle'.

69 P. Collinson, 'Welcome to London, Where Homes Earn More than Their Owners', *Guardian*, 17 March 2015.

70 Wolf, 'Why We Must Halt the Land Cycle'.

71 Winston Churchill, speech made to the House of Commons, 4 May 1909. pdf 파일은 rundskyld.dk에서 이용할 수 있다.

72 Department for Communities and Local Government, 'Land Value Estimates for Policy Appraisal', December 2015. pdf 파일은 assets.publishing.service.gov.uk에서 이용할 수 있다.

73 S. Tilford, 'Why British Prosperity Is Hobbled by a Rigged Land Market', Centre for European Reform, 13 February 2013, cer.org.uk 참조.

74 G. Shrubsole, 'How Pension Funds Are Land Banking in the Green Belt', 4 February 2018, whoownsengland.org 참조.

75 상속세 감면도 상업용 부동산 소유주들도 상속세를 감면받을 수 있다. 그래서 여기에서도 영국의 가장 부유한 가계들이 압도적으로 혜택을 누렸다. 2015/16년에 100만 파운드 이상의 상업용 부동산을 가진 가계 중에서 234개 가계가 4억 5,800만 파운드의 세금감면을 받았는데 이는 전체 감면의 77퍼센트를 차지한다. Tax Justice UK, 'In Stark Relief: How inheritance tax breaks favour the well off', June 2019. pdf 파일은 taxjustice.uk에서 이용할 수 있다.

76 R. Evans and D. Pegg, 'Peers and MPs Receiving Millions in EU Farm Subsi-

dies', *Guardian*, 27 January 2019.

77 Christophers, New Enclosure, pp. 110~112.

78 C. Giles, 'Tory Land Compensation Plan Is First Step in Housing Reform', *Financial Times*, 15 May 2017.

79 예를 들어 R. Dye and R. England, 'Assessing the Theory and Practice of Land Value Taxation', Lincoln Institute of Land Policy, 2010, p. 2를 참고할 것. pdf 파일은 lincolninst.edu에서 이용할 수 있다.

80 Tilford, 'Why British Prosperity Is Hobbled'.

81 Deloitte UK, 'UK Real Estate Investment Trusts', October 2018, deloitte.com 참조.

82 T. Key, A. Moss, R. Chaplin and V. Law, 'The Size and Structure of the UK Property Market: End-2017 Update', December 2018, p. 14. pdf 파일은 ipf.org.uk에서 이용할 수 있다.

83 'Facts and Figures: 30th September 2018'. pdf 파일은 annington.co.uk에서 이용할 수 있다.

84 Grainger pic, 'Annual Report and Accounts 2018', pp. 4, 97, 106. pdf 파일은 graingerplc.co.uk에서 이용할 수 있다.

85 Grosvenor Group, '2016 Financial Statements', p. 5. pdf 파일은 grosvenor.com 에서 이용할 수 있다.

86 British Land, 'Annual Report and Accounts 2018', p. 113. pdf 파일은 british-land.com에서 이용할 수 있다.

87 D. Massey and A. Catalano, *Capital and Land: Private Landownership by Capital in Great Britain* (London: Edward Arnold, 1978), Chapter 6.

88 Harvey, *Limits to Capital*.

89 D. Massey, 'The Pattern of Landownership and Its Implications for Policy', Built Environment 6 (1980), pp. 263~271, 특히 p. 268.

90 D. Massey, 'The Analysis of Capitalist Landownership', International Journal of Urban and Regional Research 1 (1977), pp. 404~424, 특히 p. 420.

91 M. Griffith, We Must Fix It: Delivering Reform of the Building Sector to Meet the UK's Housing and Economic Challenges (London: Institute for Public Policy Research, 2011), p. 29. 또한 J. Plender, 'The Compact at the Heart of the Dysfunctional Housing Market', *Financial Times*, 14 May 2017을 참고할 것. 이에 따르면 영국의 많은 건설업자가 마치 건설업을 부차적으로 운영하는 토지 투기자들처럼 활동했다고 한다.

92 S. Goodley and L. Haddou, 'Tesco Hoarding Land that Could Build 15,000 Homes', *Guardian*, 26 June 2014.

93 R. Peston, 'Supermarkets' Land Battles', 31 October 2007, bbc.co.uk 참조.

94 T. Piketty, *Capital in the Twenty-First Century* (Cambridge, MA: Harvard University Press, 2014).

95 위의 책, p. 264.

96 Ministry of Housing, Communities and Local Government, 'English Private Landlord Survey 2018', January 2019. pdf 파일은 assets.publishing.service. gov.uk에서 이용할 수 있다.

97 위의 책, p. 13.

98 위의 책, pp. 6, 24.

99 위의 책, p. 5.

100 Massey and Catalano, *Capital and Land*, p. 12.

101 Self, 'Rentier Nation's Fading Dreams of Home'.

102 R. Arundel, 'Equity Inequity: Housing Wealth Inequality, Inter—and Intra—generational Divergences, and the Rise of Private Landlordism', *Housing, Theory and Society* 34 (2017), pp. 176~200, 특히 p. 192.

103 K. Allen and J. Pickard, 'UK Landlords Make £177bn from Rising House Prices over 5 Years', *Financial Times*, 12 January 2015.

104 J. Pickford, 'London Buy-to-Let Profit Gain Hits Average of £248,000', *Financial Times*, 13 May 2019.

105 Office for National Statistics, 'Wealth in Great Britain Wave 5: 2014 to 2016', 1 February 2018, p. 10. pdf 파일은 ons.gov.uk에서 이용할 수 있다.

106 'FA3211 (S422): Mean and Median Rent before Housing Benefit by Type of Accommodation', gov.uk 참조.

107 예컨대 사회적 지대의 변화와 관련한 것은 'Table 701: Local Authority Average Weekly Rents, by Country, United Kingdom, from 1998'을 보라. gov.uk 참조.

108 [그림 7-3]에서 연간 주택 임대료 600억 파운드보다 뒤에 나온 임대료가 870억 파운드로서 큰 이유는 지방당국과 주택협동조합에 지급된 임대료를 제외한 것이기 때문이다.

109 [그림 7-10]의 원래 자료인 가족자원조사Family Resources Survey의 정의에 따르면, 주거비에는 임대료, 수도요금, 주택담보대출 이자 지급, 건물 보험 지급, 토지 임대료와 서비스 요금이 포함된다.

110 K. Marx, *Theories of Surplus Value*, Part II (Moscow: Progress, 1968), p. 208.

111 Harvey, *Limits to Capital*, p. 360.

112 G. Wood, S. Parkinson, B. Searle and S. J. Smith, 'Motivations for Equity Borrowing: A Welfare-Switching Effect', *Urban Studies* 50: 12 (2013), pp. 2,588~2,607.

113 B. Christophers, 'Tntergenerational Inequality? Labour, Capital, and Housing through the Ages', *Antipode* 50: 1 (2018), pp. 101~121.

114　"Millennials have paid £44,000 more rent than the baby boomers by the time they hit 30", 16 July 2016, resolutionfoundation.org 참조.

115　Self, 'Rentier Nation's Fading Dreams of Home'.

116　K. Polanyi, *The Great Transformation: The Political and Economic Origins of Our Time* (Boston, MA: Beacon, 2001).

117　K. Marx and F. Engels, 'Address of the Central Committee to the Communist League', March 1850, marxists.org 참조.

결론: 불로소득 자본주의를 어떻게 넘어설까

1　Jack, *Before the Oil Ran Out: Britain, 1977-86* (London: Secker & Warburg, 1987).

2　I. Jack, 'North Sea Oil Fuelled the 80s Boom, But It was, and Remains, Strangely Invisible', *Guardian*, 19 April 2013.

3　위의 글.

4　R. Bregman, 'No, Wealth Isn't Created at the Top. It Is Merely Devoured There', *Guardian*, 30 March 2017.

5　서장에서 언급했듯이, 소득 불평등을 측정하는 여러 지표는 서로 다른 추세를 보여준다. 하지만 가계조사 자료, 세금신고 자료 또는 두 자료 모두 1970년대 말 이후 영국의 소득 불평등이 현저하게 증가했음을 보여준다. 비교를 위해서는 다음을 참고할 것. R. V. Burkhauser, N. Hérault, S. P. Jenkins and R. Wilkins, 'What Has Been Happening to UK Income Inequality since the mid-1990s? Answers from Reconciled and Combined Household Survey and Tax Return Data', NBER Working Paper 21991, February 2016, p. 25 (Figure 1). pdf 파일은 nber. org에서 이용할 수 있다.

6　T. Piketty, *Capital in the Twenty-First Century* (Cambridge, MA: Belknap, 2014).

7　소득 불평등과 마찬가지로 측정 방법은 다양하다. 최신 경제 분석 자료는 다음을 참고할 것. G. Zucman, 'Global Wealth Inequality', NBER Working Paper 25462, January 2019, Figures 4 and 5. pdf 파일은 nber.org에서 이용할 수 있다.

8　W. Davies, 'England's Rentier Alliance Is Driving Support for a No-Deal Brexit', *New Statesman*, 1 August 2019.

9　위의 글.

10　데이비스는 다음 자료를 언급하고 있다. Social Metrics Commission, 'Measuring Poverty 2019', July 2019. pdf 파일은 socialmetricscommission.org.uk에서 이용할 수 있다.

11　M. Goodwin and O. Heath, 'Brexit Vote Explained: Poverty, Low Skills and Lack of Opportunities', 31 August 2016, jrf.org.uk 참조.

12 할리키오풀루와 블란다스는 빈곤 위험이 높은 사람들 사이에서 브렉시트에 대한 지지가 더 강함을 찾아냈고, 베커 등은 낮은 교육 수준, 과거 제조업 고용에 대한 의존도, 낮은 소득, 높은 실업률이 이러한 지지의 동인임을 알아냈다. 그리고 알라브레세 등은 브렉시트 투표가 낮은 교육 수준, 건강 악화, 수당 지급에 대한 의존도와 관련이 있다는 것을 밝혀냈다. 각각 다음을 참고할 것. D. Halikiopoulou and T. Vlandas, 'Voting to leave: Economic insecurity and the Brexit vote', in B. Leruth, N. Startin and S. Usherwood, eds, *The Routledge handbook of Euroscepticism* (London: Routledge, 2017), pp. 444~455; S. Becker, T. Fetzer and D. Novy, 'Who voted for Brexit? A comprehensive districtlevel analysis', *Economic Policy* 32: 92 (2017), pp. 601~650; E. Alabrese, S. Becker, T. Fetzer and D. Novy, 'Who voted for Brexit? Individual and regional data combined', *European Journal of Political Economy* 56 (2019), pp. 132~150.

13 G. Mann, *In the Long Run We Are All Dead: Keynesianism, Political Economy, and Revolution* (London: Verso, 2017), p. 353.

14 M. Bulman, 'Nearly 4 million UK Adults Forced to Use Food Banks, Figures Reveal', *Independent*, 6 June 2018.

15 Mann, In the Long Run We Are All Dead, p. 117.

16 N. Cohen, 'Brexiters' Adoption of War Language Will Stop Britain from Finding Peace', *Guardian*, 12 October 2019.

17 Mann, In the Long Run We Are All Dead, p. 354.

18 사이먼 쿠퍼가 지적했듯이, 브렉시트를 지지하는 계층은 '반엘리트주의' 감성이 강하다. 다음을 참고할 것 S. Kuper, 'The revenge of the middle-class anti-elitist', *Financial Times*, 13 February 2020.

19 Mann, *In the Long Run We Are All Dead*, p. 7.

20 W. Hutton, 'Let's Continue to Resist Brexit. Our Economy and Values Are at Stake', *Guardian*, 17 March 2019.

21 위의 글.

22 B. Christophers, *The Great Leveler: Capitalism and Competition in the Court of Law* (Cambridge, MA: Harvard University Press, 2016), pp. 240~256.

23 예를 들어 T. Harford, 'Monopoly Is a Bureaucrat's Friend but a Democrat's Foe', *Financial Times*, 12 August 2014.

24 C. Giles, 'Head of UK Competition Watchdog Says It Must Do More to End Rip-offs', *Financial Times*, 8 May 2019.

25 P. Stephens, 'How to Save Capitalism from Capitalists', *Financial Times*, 15 September 2016.

26 위의 글.

27 Giles, 'Head of UK Competition Watchdog Says It Must Do More to End Rip-

offs'.

28   C. Giles, 'UK Public Finances Near the Bottom of IMF League Table', *Financial Times*, 10 October 2018.

29   G. Monbiot, 'Wheel of Fortune', 22 February 2018, monbiot.com 참조.

30   Piketty, Capital in the Twenty-First Century, p. 355.

31   위의 책, pp. 356~357.

32   산업정책의 재부상에 대해서는 예를 들어 다음을 참고할 것. R. Mason and P. Walker, 'Theresa May's Industrial Plan Signals Shift to More State Intervention', *Guardian*, 23 January 2017. 제조업 물신주의에 대해서는 다음을 볼 것. *Financial Times*, 'The Distracting Lure of Manufacturing Fetishism', 9 April 2018.

33   다음을 볼 것. B. Christophers, *Banking Across Boundaries: Placing Finance in Capitalism* (Oxford: Wiley-Blackwell, 2013), p. 47.

34   N. Macpherson, 'The UK Must Learn from Its Interventionist Failures', *Financial Times*, 9 February 2019.

35   W. Lütkenhorst, 'Industrial Policy Is Not Just about Picking Winners', *Financial Times*, 28 March 2019.

36   BBC News, 'Scottish National Investment Bank Legislation Published', 28 February 2019, bbc.com 참조.

37   M. Mazzucato and M. McPherson, 'The Green New Deal: A Bold Mission-Oriented Approach', December 2018, p. 2. pdf 파일은 ucl.ac.uk에서 이용할 수 있다.

38   M. Mazzucato, *The Entrepreneurial State: Debunking Public vs. Private Sector Myths* (New York: PublicAffairs, 2015), p. 4.

39   위의 책, p. 2.

40   [그림 C-1]은 영국 예산담당국에서 생산한 수치를 활용했고 [그림 C-2]는 OECD 수치를 활용했기 때문에 두 수치 간 약간의 차이가 있다.

41   Foundational Economy Collective, *Foundational Economy: The Infrastructure of Everyday Life* (Manchester: Manchester University Press, 2018), p. 3.

42   예를 들어 A. Pettifor, *The Case for the Green New Deal* (London: Verso, 2019). 또 다음을 볼 것. N. Castree and B. Christophers, 'Banking Spatially on the Future: Capital Switching, Infrastructure, and the Ecological Fix', *Annals of the Association of American Geographers* 105 (2015), pp. 378~386.

43   D. Coyle, 'Managing Assets Well Is Better than Managing Them Badly', 10 April 2016, enlightenmenteconomics.com 참조.

44   Monbiot, 'Wheel of Fortune'. P. Krugman, 'The Rentier Regime', *New York Times*, 6 June 2011.

45   P. Krugman, 'Rule by Rentiers', *New York Times*, 9 June 2011.

46   M. Wolf, 'Why Rigged Capitalism Is Damaging Liberal Democracy', *Financial Times*, 18 September 2019.

47   M. Lawrence and N. Mason, 'Capital Gains: Broadening Company Owner-ship in the UK Economy', December 2017, p. 2. pdf 파일은 ippr.org에서 이용할 수 있다.

48   N. Srnicek, 'We Need to Nationalise Google, Facebook and Amazon. Here's Why', *Guardian*, 30 August 2017.

49   'Our Mission', weownit.org.uk 참조.

50   'What We Do', common-wealth.co.uk 참조.

51   Lawrence and Mason, 'Capital Gains', p. 2.

52   예를 들어 다음을 참고할 것. A. Chakrabortty, 'Want to Save Your Job and Make More Money? Buy Out Your Boss', *Guardian*, 14 March 2018; Z. Wood, 'Richer Sounds Founder Hands Over Control of Hi-Fi and TV Firm to Staff', *Guardian*, 14 May 2019.

53   A. Chakrabortty, 'How a Small Town Reclaimed Its Grid and Sparked a Com-munity Revolution', *Guardian*, 28 February 2018.

54   O. Petitjean and S. Kishimoto, 'List of (Re)Municipalisations', in O. Petitjean and S. Kishimoto, eds, *Reclaiming Public Services: How Cities and Citizens Are Turning Back Privatisation* (Amsterdam/Paris: Transnational Institute, 2017), pp. 178~224.

55   D. Hall and C. Hobbs, 'Public Ownership Is Back on the Agenda in the UK', in Petitjean and Kishimoto, *Reclaiming Public Services*, pp. 131~144.

56   위의 책, pp. 136~138.

57   4장에서 살펴본 디지털 플랫폼 유형에 대한 노동자 소유를 옹호하는 최근의 매력적인 주장에 대해서는 예컨대 다음을 볼 것. L. Hyman, *Temp: How American Work, American Business, and the American Dream Became Temporary* (New York: Viking, 2018), Chapter 13.

58   A. Chakrabortty, 'How a Small Town Reclaimed Its Grid'.

59   A. Chakrabortty, 'The Town that Refused to Let Austerity Kill Its Buses', *Guardian*, 6 June 2018.

60   D. Harvey, *The Limits to Capital* (Oxford: Blackwell, 1982), p. 360.

61   Land Reform Review Group, *The Land of Scotland and the Common Good* (Edinburgh: Scottish Government, 2014), p. 87.

62   Piketty, Capital in the Twenty-First Century, pp. 115~116.

63   D. Harvey, *Seventeen Contradictions and the End of Capitalism* (London: Pro-file Books, 2014), pp. 139~140.

64   Piketty, Capital in the Twenty-First Century, p. 395.

65   Mann, In the Long Run We Are All Dead, pp. 355, 298.

66   K. Marx, 'The Eighteenth Brumaire of Louis Bonaparte', in T. Carver, ed., *Marx: Later Political Writings* (Cambridge: Cambridge University Press, 1996), pp. 31~127, 특히 p. 57.

67   S. Wren-Lewis, 'Does Brexit Represent an Alliance of Rentiers?', 6 August 2019, at mainlymacro.blogspot.com.

68   D. Edgerton, 'Brexit Is a Necessary Crisis—It Reveals Britain's True Place in the World', *Guardian*, 9 October 2019.

69   Wren-Lewis, 'Does Brexit Represent an Alliance of Rentiers?'

70   Edgerton, 'Brexit Is a Necessary Crisis'.

71   위의 글.

72   이 주장에 대한 그의 매우 자세한 설명은 다음을 볼 것. D. Edgerton, *The Rise and Fall of the British Nation: A Twntieth-Century History* (London: Allen Lane, 2018).

73   P. Anderson, 'The Figures of Descent', *New Left Review* I/161 (1987), pp. 20-77.

74   적어도 여기서 에저턴은 현 정부가 "현대 자본주의의 복잡성에 대한 전문가적 관점을 거의 취하지 못하고 있다"라고 비웃는데, 이는 나와 같은 생각이다. Edgerton, 'Brexit Is a Necessary Crisis'.

75   Monbiot, 'Wheel of Fortune'.

76   위의 글.

77   2020년 3월 이 글을 쓰는 시점에 코빈은 여전히 노동당 대표이긴 하지만, 2019년 12월 총선에서 당이 패배한 후 사임 의사를 밝혔기 때문에 대표직에 오래 머물지는 않을 것이다.

78   J. Pickard and N. Thomas, 'Labour Plans to Nationalise Energy Networks at Below Market Value', *Financial Times*, 14 May 2019; J. Pickard, 'UK Labour Party Plans Land Law Shakeup to Cut Prices', *Financial Times*, 29 April 2019. 또한 다음을 볼 것. Labour Party, 'Alternative Models of Ownership', October 2017. pdf 파일은 labour. org.uk에서 이용할 수 있다.

79   C. Lewis, 'A Corbyn Government, Unlike New Labour, Would Tax the Rich Properly', *Guardian*, 12 November 2018; A. Perkins, 'Labour Says Land Value Tax Would Boost Local Government Budgets', *Guardian*, 22 February 2018.

80   Labour Party, 'Achieving 60 Renewable and Low Carbon Energy in the UK by 2030', September 2018. pdf 파일은 labour.org.uk에서 이용할 수 있다.

81   Labour Party, 'It's Time for Real Change: The Labour Party Manifesto 2019', November 2019, pp. 60, 73. pdf 파일은 labour.org.uk에서 이용할 수 있다.

82   Bregman, 'No, Wealth Isn't Created at the Top'.

83   E. Thicknesse, 'National Grid and SSE Shift to Overseas Ownership to Counter Labour Nationalisation Plans', 24 November 2019, at cityam.com.

84   G. Monbiot, 'After Urging Land Reform I Now Know the Brute Power of Our Billionaire Press', *Guardian*, 3 July 2019.

85   *Financial Times*, 'Labour's Manifesto Adds Up to a Recipe for Decline', 21 November 2019.

86   R. Partington and G. Wearden, 'UK's biggest firms gain more than £30bn in value after Tory win', *Guardian*, 13 December 2019.

87   Bregman, 'No, Wealth Isn't Created at the Top'.

88   W. Davies, 'Bloody Furious', 20 February 2020, lrb.co.uk 참조.

89   위의 글.

90   Davies, 'England's Rentier Alliance'.

91   Monbiot, 'After Urging Land Reform I Now Know the Brute Power of Our Billionaire Press'.

92   J. Prestridge, 'A Spiteful Raid that Will Horrify Millions', Mail on Sunday, 23 June 2019.

93   Monbiot, 'Wheel of Fortune'.

94   Piketty, *Capital in the Twenty-First Century*, p. 118.

95   위의 책.

96   Monbiot, 'Wheel of Fortune'.

97   Piketty, *Capital in the Twenty-First Century*, p. 6.

찾아보기

옮긴이

이병천李炳天 강원대학교 경제·정보통계학부 명예교수. 서울대학교 경제학과에서 경제학 박사
학위를 받았다. 현재 한국 경제발전의 역사와 교훈, 한국의 경제사상, 불로소득 자본주의, 기후
위기 시대 사회생태적 전환에 관심을 갖고 연구하고 있다.

정준호鄭埈豪 강원대학교 부동산학과 교수. 영국 옥스퍼드 대학교 지리·환경학부에서 박사학
위를 받았다. 현재 소득과 자산 불평등, 부동산 시장, 산업·혁신 정책을 포함해 한국의 경제발
전에 관심을 두고 연구 중이다.

정세은丁世銀 충남대학교 경제학과 교수. 프랑스 파리13대학에서 경제학 박사학위를 받았다.
한국 경제의 성장과 분배라는 주제를 중심으로 복지·조세·재정 등을 공부하고 있다. 유럽 국
가들의 경험도 중요한 연구 주제다.

이후빈李厚彬 강원대학교 부동산학과 조교수. 서울대학교 지리학과에서 서브프라임 모기지가
공간을 어떻게 생산하는지에 관한 논문으로 박사학위를 받았다. 현재 주택의 금융화와 주거
불평등의 악화를 연구하고 있다.

불로소득 자본주의 시대
누가 경제를 지배하고 그들은 어떻게 자산을 불리는가?

2024년 3월 8일 초판 1쇄 발행
2024년 5월 3일 초판 2쇄 발행

지은이 | 브렛 크리스토퍼스
옮긴이 | 이병천·정준호·정세은·이후빈
펴낸곳 | 여문책
펴낸이 | 소은주
등록 | 제406-251002014000042호
주소 | (10911) 경기도 파주시 운정역길 116-3, 101동 401호
전화 | (070) 8808-0750
팩스 | (031) 946-0750
전자우편 | yeomoonchaek@gmail.com
페이스북 | www.facebook.com/yeomoonchaek

ISBN 979-11-87700-54-8 (93320)

여문책은 잘 익은 가을벼처럼 속이 알찬 책을 만듭니다.